KB043873

영어일기
표현사전

내가 쓰고 싶은 말이 다 있는
영어일기 표현사전 최신 개정판

지은이 하명옥
펴낸이 임상진
펴낸곳 (주)넥서스

초판 1쇄 발행 2005년 7월 20일
초판 49쇄 발행 2009년 8월 20일

2판 1쇄 발행 2010년 1월 12일
2판 26쇄 발행 2018년 8월 30일

3판 1쇄 발행 2019년 4월 10일
3판 10쇄 발행 2024년 12월 12일

출판신고 1992년 4월 3일 제311-2002-2호
주소 10880 경기도 파주시 지목로 5
전화 (02)330-5500 팩스 (02)330-5555

ISBN 979-11-6165-623-6 13740

www.nexusbook.com

최신 개정판

내가 쓰고 싶은 말이 다 있는

영어일기 표현사전

ENGLISH EXPRESSIONS FOR YOUR DIARY

하명옥 지음

넥서스

There are a lot of Koreans who desire to become fluent in English. Though they sometimes manage to communicate in spoken English by using some gestures, they become helpless when writing in English.

It is not easy for Koreans to write their thoughts and opinions freely in English, unless they have lived in an English speaking country for a long time. More importantly, it is much harder for Koreans to learn how to write in English under the current educational environment, as it is geared at helping them pass a university entrance exam. That is why many English learners can not write in English and are even afraid to attempt it.

While having taught English to high school students for more than 15 years, I have a deep appreciation for the struggle of teaching how to write in English.
I asked my students to hand in just one English diary to evaluate their writing skills. To my surprise, many of their diaries were written by using Korean-English translator programs on the Internet. As a result, most of their sentences were wrong, because the online translator programs have many errors. Others tried to translate them word by word in English after writing diaries in Korean.

It is because most of them do not know the basic structures in English and even the difference between Korean and English word order. They need to recognize that the two languages are so different in how they express a situation, because each has a different word order and a unique culture of language. One thing that we need to keep in mind is that writing in English does not mean that we should simply translate Korean sentences into English ones. Very often, it's impossible to find equivalent English expressions to Korean ones, so many seem to think it is difficult to write in English.

While reading their English diaries, I realized that they needed some useful expressions for their writing, so I decided to provide as many English expressions and much information about writing as possible. In the fall of 2002, I opened my homepage and started posting some learning materials including vocabulary lists, situational expressions, diary examples, etc.

This book contains many English expressions about various situations including 30 patterns for writing and example diaries for keeping a diary, and they can be useful in English conversation as well as in writing in English.

To begin to keep a diary, English learners should learn the basic English structure at first. And then they had better begin with very easy and useful expressions related to each situation. The 2nd edition includes the tip boxes that are very useful to know and new expressions. While acquiring various situational expressions in this book and making it a point to keep a diary, they can improve their English writing skills. I just hope this book will be helpful to English learners when writing in English.

영어를 유창하게 구사하고 싶어 하는 한국인들이 많다. 그런데 말로 할 때는 손짓 발짓으로 의사소통에 성공하는 경우도 있지만 영어로 글을 쓸 때는 막막해 한다.

영어를 사용하는 나라에서 오랜 기간을 살지 않는 한 자신의 생각과 의견을 영어로 자유롭게 쓴다는 것은 그리 쉬운 일이 아니다. 더욱이 모든 교육이 대입 시험 준비를 위해 존재하는 듯한 한국의 현 교육 환경에서 영어로 글쓰는 법을 습득한다는 것은 매우 어려운 일이다. 그런 이유로 많은 영어 학습자들이 영어로 글을 잘 쓰지 못하고 또한 시도하는 것조차 두려워한다.

15년이 넘는 세월 동안 고등학생들에게 영어를 가르치면서 필자는 영어 글쓰기 지도가 얼마나 힘든 것인가를 뼈저리게 느꼈다. 학생들의 쓰기 능력을 평가하기 위해 영어일기 한 편을 써서 제출하라고 한 적이 있다. 놀랍게도 그 일기들 중에는 인터넷에 있는 한영 번역 프로그램을 이용한 것들이 많았다. 아직은 온라인 번역기의 프로그램이 완벽하지 못하기 때문에 문장들 대부분이 엉터리 문장이었다. 또 다른 학생들의 영어일기는 한국어로 일기를 쓴 후 한 단어 한 단어를 그대로 영어로 옮겨 써온 글들이었다.

이는 학생들 대부분이 아주 기본적인 영문의 구조를 이해하지 못하고 있고 아주 기초적인 어순조차 잘 모르기 때문이다. 영어와 한국어는 어순이 다르고 언어 속에 담긴 문화도 서로 다르기 때문에 각 언어가 어떤 상황을 표현하는 방법이 아주 상이하다는 것을 인식해야 한다. 한 가지 명심해야 할 것은, 영어로 글을 쓰는 것은 우리말 문장을 영어로 그대로 옮겨 쓰는 것이 아니라는 점이다. 우리말의 표현과 똑같은 적절한 영어 표현을 찾기 어려울 때가 많이 있기 때문에 영어로 글쓰기를 어렵게 생각하는 것 같다.

학생들의 영어일기를 읽으면서, 쓰기에 필요한 유용한 표현들을 지도해야겠다는 생각이 들었고 그래서 쓰기에 관련된 여러 정보와 가능한 한 많은 영어 표현들을 제시해야겠다고 마음먹었다. 그래서 2002년 가을, 영어일기에 관한 홈페이지를 개설하고 일기 쓰기에 필요한 어휘, 상황별 표현들, 일기 예문 등을 포함한 학습 내용들을 게재하기 시작했다.

이제 책을 통해 영어일기 쓰기에 유용한 것들, 즉 영작을 위해 필요한 30가지 유형의 패턴과 일기의 예를 포함하여, 여러 상황에 대한 다양한 영어 표현들을 제시하게 되었다. 이는 영어 글쓰기뿐 아니라 일상 영어회화에도 도움이 될 것이다.

영어일기를 시작하기 위해 영어 학습자들은 우선 기본적인 영어의 구조를 학습해야 하며, 그런 후에 각 상황에 관련된 쉽고 유용한 표현들을 활용하여 글을 쓰기 시작해야 한다. 특히 개정판에는 상황별 표현과 함께 익혀 두면 좋은 내용과 새로운 표현들을 추가하였다. 이 책에 있는 다양한 상황별 표현들을 습득하고 일기를 꾸준히 쓴다면 영어 쓰기 능력을 향상시킬 수 있을 것이다. 아무쪼록 영어 학습자들이 영어로 글을 쓰는 데 이 책이 도움이 되기를 바란다.

하명옥

다음은 인터넷 홈페이지 〈하명옥의 영어일기〉와
이 책에 소개된 내용을 먼저 경험하신 분들의 글입니다.

정말 좋은 책을 만난 것 같아서 기분이 너무 좋고 설레네요. 제가 찾는 일기 표현들이 여기 다 있어요. 좋은 표현들을 많이 익혀서 완전히 제 것으로 만들도록 할 거예요. 이젠 영어에 흥미가 붙었어요. 영어일기, 자신 있습니다!

- HYUNSU

글쓰기에 꼭 필요한 좋은 표현들이 거의 다 담겨 있어요. 일기 쓸 때 참고하면서 썼더니 선생님께 꽤 잘 썼다는 칭찬도 받았어요. 여기서 소개되는 표현들 대부분이 실생활에 자주 쓰이는 생생한 표현들이라 회화에도 사용하기 아주 좋아요.

– 김혜인

전 영어를 썩 잘 하지는 못하지만 영어를 잘 하고 싶다는 욕심만큼은 누구 못지 않게 많은 학생입니다. 영어일기를 쓰면 영어 실력이 향상된다고 해서 혼자 책상에 앉아 써보려고 했는데 도저히 못 쓰겠더군요. 상황별로 일기에 필요한 거의 모든 예문들을 정리해 놓은 이 책을 만나기 전까지는 말이죠. 이 책을 통해 많은 용기를 얻었습니다. 앞으로는 내가 쓴 영어가 설사 틀리더라도 매일매일 꾸준히 써나갈 것입니다. 그렇게 하면 언젠가는 제 영어 실력도 일취월장해질 날이 있을 거라 확신합니다.

- SHINBR

정말 다양하고 방대한 내용들을 정리해 놓으셨네요. 여러모로 많은 도움이 됩니다. 이 책 하나면 다른 영어책은 필요 없겠네요.

– 윤혜린

이렇게 다양하고 폭넓은 표현 자료들을 상황별로 일목요연하게 정리하셨다니 정말 감탄했습니다. 항상 영어 공부에 목말라 있는 저에게 이 책은 사막의 오아시스 같은 존재입니다. 정말 없는 표현이 없군요. 대단합니다!

– 이권칠

늘 영작 실력이 부족하다고 느껴오던 차에 영작에는 꾸준히 영어일기를 쓰는 것만큼 좋은 방법이 없다는 얘기를 듣고 실천해 보기로 했습니다. 하지만 혼자서 끙끙거리며 며칠 일기를 써보다가 금새 흥미를 잃어 그만두곤 했죠. 그러던 중 일기를 쓰는 데 필요한 표현들이 풍부하게 있는 이 책을 통해 많은 도움을 받았고 지금도 그 도움을 받으며 꾸준히 영어일기를 쓰고 있습니다.

– 보거스

영어일기를 쓰기로 결심했지만 막상 쓰려니 막막하기만 했던 내게 이 책은 하나의 돌파구가 되었습니다. 하명옥 선생님이 제시하신 예문들로 내가 하고 싶은 모든 이야기를 다 할 수 있고 예문들을 하나둘 익혀가고 동시에 그 예문들을 활용해서 영어일기를 써나가다 보니 어느새 영어실력이 부쩍 향상된 느낌입니다.

– skylight_god

외국어 영역 1등급의 비결! 외국어 영역에 작문 문제는 따로 없지만 여기에 제시된 일상적인 영어표현들을 익힘으로써 영어의 기초를 확실히 닦아 놓으면 지문도 빨리 읽히고 문법 실력과 어휘력 또한 확실히 늘릴 수 있습니다.

– chazzangv

영어에 정말 자신이 없거나 영문법 기초가 부족한 학생들에게 영어일기는 정말 큰 골칫거리일 것입니다. 그러나 여기에 제시된 상황별 영어일기 표현들을 배우고 익힌다면 영어일기, 이보다 더 쉬울 수 없습니다!

– 범생이

영어를 잘 하려면 영어식 사고 방식을 가져야 한다고 쉽게들 말한다. 그러나 우리말을 하고 우리말을 쓰는 곳, 영어를 모국어로 하지 않는 우리나라와 같은 환경에서 영어식 사고 방식을 갖기란 당연히 어려운 일이다. 하루를 돌아보며 일기를 쓰는 시간만이라도 영어로 일기를 써 보자. 우리말 어순이 아닌 영어의 어순으로 우리말과는 전혀 다른 영어식 어순으로 사고하는 연습을 하자. 이런 식으로 영어일기를 쓰면 잠시나마 영어식 사고를 할 수 있다. 즉 영어에 좀 더 익숙해지는 것이다.

영어를 모국어로 하는 곳에 오랜 시간 노출되어 영어에 익숙해지지 않는 한, 영어로 일기를 쓴다는 것은 어려운 일이다. 더구나 우리나라처럼 불균형적인 입시 위주의 영어 교육 환경에서는 영어일기 쓰기가 더욱더 어렵다. 거의 모든 학생들이 영어일기를 쓰기도 전에 겁을 먹고 두려워한다.

길고 어려운 독해 문제를 척척 풀어내는 학생들이 아주 간단하고 쉬운 영어 문장 하나 쓸 때는 끙끙 앓는 소리를 할 정도다. 시험을 위한 준비의 일환으로 영어를 공부하고 영어를 직접 사용할 수 있는 기회가 적어서도 그렇지만, 학생들 대부분이 아주 기본적인 영문의 구조조차 이해하지 못하고 있고 아주 기초적인 동사의 사용법 또한 숙지하지 못하기 때문에 우리말 식으로 영어 단어만 나열하려 한다. 그러다 보니 영어도 아니고 우리말도 아닌 엉터리 문장이 되고 마는 것이다.

영어일기 쓰기는 영작 공부가 아니다. 많은 학생들이 먼저 우리말로 일기를 쓴 후 각 문장들을 영어로 번역하려 하기 때문에 영어일기 쓰기가 어렵다고 생각한다. 영어와 우리말은 문장의 어순뿐 아니라 정서를 표현하는 방법이 많이 다르다. 따라서 우리말 표현에 대응되는 영어 표현이 없을 수도 있다. 우리말에 딱 맞는 영어식 표현을 찾으려 하기 때문에 영어일기 쓰기가 더욱더 어려워지는 것이다.

영어일기를 쓸 때는 아주 간단하고 쉬운 문장부터 시작해야 한다. 처음부터 긴 문장을 쓰려 하기 때문에 체감 난이도가 높아지는 것이다. 영어일기를 쓰면서 이 책에 소개되는 표현들처럼 영어 문장 구조의 이해를 돕는 쉬운 영어 예문을 인용하는 것도 좋다.

이런 노력을 꾸준히 지속한다면 어느 정도 시간이 지난 후 지나간 일기 내용을 돌아보며 지난 일에 대해 즐거운 추억도 해 보고 향상된 자신의 영어 실력에 감탄을 할 수도 있을 것이다.

영어일기, 이렇게 쓴다

영어일기라고 해서 특별한 형식이 있는 것은 아니다. 우리말로 쓰는 일기와 크게 다르지 않다. 영어일기의 기본 요소는 날씨, 요일, 날짜, 제목, 본문이지만 꼭 이 모두를 갖추어 써야 하는 것은 아니며 날씨나 제목은 경우에 따라 쓰기도 하고 쓰지 않기도 한다. 영어일기와 우리말 일기의 차이점이라 하면 날씨, 요일, 날짜의 배열 순서가 다르다는 것이다.

❶ 날씨

우리말 일기에서는 날씨를 맨 뒤에 쓰지만 영어일기에서는 일반적으로 날씨가 맨 앞에 온다. 그러나 날씨를 뒤에 쓴다고 해서 틀린 것은 아니다. 또한 우리말 일기와는 달리 영어일기에서는 보통 형용사를 사용해서 날씨를 표현한다. 단, 알파벳 첫 자는 대문자로 한다.

Ex. 2005년 7월 1일 토요일 맑음 - Clear, Saturday, 1 July 2005

❷ 요일

요일은 날씨 다음에 쓰며 다음과 같이 간단히 표시하기도 한다.

Ex. 월요일 - Mon. | 화요일 - Tues. | 수요일 - Wed. | 목요일 - Thurs. | 금요일 - Fri.
토요일 - Sat. | 일요일 - Sun.

❸ 날짜

날씨와 요일을 쓴 후 날짜를 적는다. 날짜 표현은 우리말 일기와 배열 순서가 완전히 다르니 주의해야 한다. 영어에서는 시간을 표현할 때 작은 개념에서 큰 개념의 순서로 열거한다는 점을 상기하자. 가령 '2005년 7월 1일'을 나타낼 경우 작은 개념인 날짜부터 써서 1 July 2005라고 표현한다. 그러나 간혹 월과 일을 바꿔 July 1 2005라고 쓰기도 한다. 월을 간단히 표시할 경우는 다음과 같이 표현한다. 단, 5월(May)과 6월(June), 7월(July)은 보통 약자로 쓰지 않는다.

Ex. 1월 - Jan. | 2월 - Feb. | 3월 - Mar. | 4월 - Apr. | 8월 - Aug. | 9월 - Sep.
10월 - Oct. | 11월 - Nov. | 12월 - Dec.

❹ 제목

영어일기에 제목이 꼭 필요한 것은 아니지만 하루 일과 중 특별히 기억하거나 기록하고 싶은 내용을 제목으로 정해 놓고 쓰게 되면 글이 산만해지지 않고 나름대로의 논리를 갖추게 된다.

❺ 본문

일기의 본문은 일기 쓰는 사람의 취향과 기호에 따라 매우 다양한 형식으로 구성할 수 있다. 어떤 형태의 일기를 쓰든 영어 문장 구사력이 요구되는데, 이 책에 제시된 표현들을 적극 활용하여 자신이 쓰고 싶은 말들을 모두 표현해 보는 연습을 꾸준히 한다면 큰 도움을 받을 수 있을 것이다.

차례

CHAPTER 3

가족

CHAPTER 4

집안 일

CHAPTER 5

일상생활

CHAPTER 6

집안 행사

CHAPTER 11

언행

CHAPTER 12

건강

CHAPTER 13

학교생활

CHAPTER 14

학교 행사

CHAPTER 15

친구

CHAPTER 16

사랑

CHAPTER 17

취미 활동

CHAPTER 18

운동

CHAPTER 19

쇼핑

CHAPTER 20

여가 활동

CHAPTER 21

직장 생활

영어의 뼈대를 세워 주는

영어일기 필수패턴 30

PATTERN

01 학교에 갔다 일본에 두 번 다녀왔다

1 ~에 갔다

'~에 갔다'는 [go to+장소], '~하러 갔다'는 [go for+명사] 또는 [go+-ing, go to+동사원형]의 형태로 씁니다.

서둘러 학교에 갔다.
I went to school in a hurry.

우리 가족은 지난 휴가 때 공원에 갔다.
My family went to a park during the last vacation.

우리는 산으로 단풍놀이를 갔다.
We went to the mountains to enjoy the autumn leaves.

우리는 산책을 하러 갔다.
We went for a walk.

날씨가 아주 좋아서 드라이브 가고 싶다.
The weather is so nice that I want to go for a drive.

나는 더위를 식히기 위해 친구들과 함께 수영하러 갔다.
I went swimming with my friends to beat the heat.

꽃구경 갔다.
I went to view the flowers.

2 ~에 다녀왔다, ~에 가본 적이 있다

'~에 갔다'는 go의 과거형인 went를 써서 표현하면 되지만 '~에 다녀왔다, ~에 가본 적이 있다'는 현재완료형 have been to로 나타냅니다.

나는 일본에 두 번 다녀왔다.
I have been to Japan twice.

나는 전에 중국에 가본 적이 있다.
I have been to China before.

나는 거기에 한 번도 가본 적이 없다.
I have never been there.

c.f. 그녀는 미국으로 떠나 버렸다.
She has gone to America.
(= She went to America, so she is not here now.)
– go의 현재완료형인 have gone은 1 · 2인칭 주어를 사용하면 대화 중인 사람이 가고 없다는 의미가 되므로, 3인칭의 주어를 사용하여 '~에 가버리고 지금 이 자리에 없다'라는 의미를 나타냅니다.

LET'S PRACTICE

01 우리는 벚꽃을 구경하러 진주에 갔다. (벚꽃 cherry blossoms)

____

02 아버지는 삼촌과 낚시하러 가셨다. (낚시하러 가다 go fishing)

____

03 조카들과 썰매를 타러 갔다. (썰매 타러 가다 go sledding)

____

04 실내 스케이트장으로 스케이트를 타러 갔다. (실내의 indoor)

____

05 스키 리프트를 타고 더 높이 올라갔다. (~를 타고 by+수단)

____

06 나는 지금 막 PC방에 다녀왔다. (PC방 Internet cafe)

____

07 실망스럽게도 그는 아무 말 없이 미국으로 가버렸다. (실망 disappointment)

____

08 세계에서 가장 큰 경기장에 다녀왔다. (경기장 stadium)

____

09 나는 그의 콘서트에 여러 번 가본 적이 있다. (여러 번 several times)

____

10 나는 인도에 사업차 두 번 가본 적이 있다. (사업차 on business)

____

ANSWER

01 We went to Jinju to see the cherry blossoms. **02** My father went fishing with my uncle. **03** I went sledding with my nephews. **04** I went skating at an indoor skating rink. **05** I went up higher by taking the ski lift. **06** I've just been to an Internet cafe. **07** To my disappointment, he has gone to America without a word. **08** I have been to the biggest stadium in the world. **09** I've been to his concert several times. **10** I've been to India twice on business.

PATTERN

02 그곳에는 사람들이 많이 있었다

'~에 …가 있다'라는 존재를 나타내는 표현은 유도부사 there를 사용하는 방법과 be동사 또는 have동사를 써서 나타내는 방법이 있습니다. 유도부사 there를 사용해서 '~에 …가 있다'를 표현할 때는 [There+be+주어+장소]의 형태를 씁니다. 이때 be동사는 be동사 뒤에 나오는 명사의 수를 따르는데, 주어가 단수일 경우는 단수 동사 is(was)를 쓰고, 주어가 복수일 경우 are(were)를 씁니다.

그곳에는 사람들이 많이 있었다.
There were a lot of people there.

비가 오고 있어서 공원에는 사람들이 거의 없었다.
There were few people in the park, because it was raining.

황사가 있었다.
There was yellow dust in the air.

[주어+be+장소/때]의 형태로 '존재'를 나타낼 경우, be동사가 장소를 나타내는 말과 함께 쓰이면 '~의 장소에 …가 있다', 때를 나타내는 말과 함께 쓰이면 '~의 때에 …가 있다'라는 표현이 됩니다.

내 지갑이 가방에 있었다.
My wallet was in my bag.

해가 중천에 떠 있었다.
The sun was high in the sky.

내 생일은 2월 2일이다.
My birthday is on the second of February.

have동사를 사용하여 '~에 …가 있다'라는 표현을 할 경우에는 [주어+have+목적어]로 소유의 의미가 포함된 경우가 많습니다.

우리 동아리에는 회원이 많이 있다.
Our club has a lot of members.

주머니에 돈이 한 푼도 없었다.
I had no money in my pocket.

LET'S PRACTICE

01 에펠탑은 프랑스에 있다. (에펠탑 the Eiffel Tower)

____

02 가지고 다닐 것들이 많았다. (가지고 다니다 carry)

____

03 러시아워에는 지하철에 사람이 너무 많았다. (지하철 subway)

____

04 바람 한 점 없었다. (바람 wind)

____

05 그 기차에는 식당차가 있었다. (식당차 dining car)

____

06 나는 곤경에 처해 있었다. (곤경에 처한 in trouble)

____

07 나는 아주 작은 문제점이 하나 있었다. (아주 작은 slight)

____

08 오늘 아침에 심한 두통이 있었다. (심한 terrible)

____

09 그의 편지에 좋은 소식이 있었다. (소식 news)

____

10 나는 여행에 대한 많은 에피소드가 있었다. (에피소드 episode)

____

ANSWER

01 The Eiffel Tower is in France. **02** There were many things to carry. **03** There were so many people in the subway during the rush hour. **04** There was no wind. **05** The train had a dining car. **06** I was in trouble. **07** I had a slight problem. **08** This morning, I had a terrible headache. **09** There was good news in his letter. **10** I had many episodes about the trip.

PATTERN

03 살을 빼려고 운동을 하고 있다 실수하지 않으려고 조심했다

1 ~하려고

to + 동사원형
so as to + 동사원형
in order to + 동사원형
so that + 주어 + may(might) + 동사원형
in order that + 주어 + may(might) + 동사원형
for the purpose of + 명사/동명사

나는 요즘 살을 빼려고 운동을 하고 있다.
I work out to lose weight these days.

기차 시간에 늦지 않으려고 빨리 달려갔다.
I ran fast so as to be on time for the train.

정보를 좀 더 얻기 위해 여행사에 갔다.
I went to the travel agency in order to get some information.

그에게 줄 선물을 사기 위해 돈을 모았다.
I saved money so that I might buy a present for him.

나는 그를 만날 목적으로 거기에서 기다리고 있었다.
I was waiting there for the purpose of meeting him.

2 ~하지 않으려고

not to + 동사원형
so as not to + 동사원형
in order not to + 동사원형
lest + 주어 + should + 동사원형

실수하지 않으려고 조심했다.
I was careful not to make a mistake.

나는 지각으로 꾸중을 듣지 않기 위해 서둘러야 했다.
I had to be in a hurry so as not to be scolded for being late.

나는 그와의 약속을 깨뜨리지 않기 위해 최선을 다했다.
I did my best lest I should break my promise with him.

LET'S PRACTICE

01 우리가 영어를 마스터하기 위해서는 많은 노력을 할 필요가 있다. (노력 effort)

____

02 그는 영어 공부를 할 목적으로 미국에 갔다.

____

03 자외선을 피하기 위해 양산을 이용해라. (양산 parasol, 자외선 ultraviolet rays)

____

04 나는 유럽을 여행하기 위해 돈을 저축했다. (저축하다 save)

____

05 그는 내가 그 일을 정각에 끝마칠 수 있도록 도와주었다. (정각에 on time)

____

06 부모님을 실망시켜드리지 않기 위해 최선을 다했다. (실망시키다 disappoint)

____

07 넘어지지 않으려고 천천히 걸었다. (넘어지다 fall down)

____

08 나는 감정을 드러내지 않으려고 노력했다. (드러내다 reveal)

____

09 수업에 늦지 않으려고 서둘렀다. (서두르다 hurry up)

____

10 피자가 식지 않도록 보온기에 담았다. (보온기 warmer)

____

ANSWER

01 We need to make a lot of effort to master English. **02** He went to America for the purpose of studying English. **03** Use your parasol to avoid ultraviolet rays. **04** I saved money in order to take a trip to Europe. **05** He helped me so that I could finish the work on time. **06** I did my best in order not to disappoint my parents. **07** I walked slowly in order not to fall down. **08** I tried not to reveal my feelings. **09** I hurried up in order not to be late for class. **10** I put the pizza in a warmer lest it should get cold.

PATTERN

04 두통 때문에 갈 수가 없었다 비가 와서 소풍을 갈 수가 없었다

1 ~ 때문에

이 경우는 [because of/owing to/on account of+명사(구)]의 형태로 '이유'를 나타내며, [thanks to+명사(구)]는 '~덕분에'라는 의미로 주로 결과에 도움이 되었을 경우에 사용합니다.

두통 때문에 거기에 갈 수가 없었다.
I couldn't go there because of a headache.

날씨 때문에 우울했다.
I felt depressed because of the weather.

모기들 때문에 잠을 잘 수가 없었다.
I couldn't sleep well owing to mosquitoes.

선약 때문에 그 파티에 참석하지 못했다.
I couldn't attend the party on account of a previous appointment.

선생님들 덕분에 시험에 합격할 수 있었다.
I was able to pass the exam thanks to my teachers.

2 ~가 …하기 때문에

'이유'의 내용으로 절이 올 경우는 [because/since/as/now that/for+주어+동사]를 써서 표현합니다. because는 직접적인 원인을 나타낼 때, since와 as는 간접적인 원인이나 because보다 인과 관계가 약한 이유를 나타낼 때 사용되며, now that은 since와 같은 의미입니다. for는 뒤에 [주어+동사]가 와서 '이유'를 나타내는 접속사로 쓰이는데 주로 이유를 추측할 경우 사용되며 주절 뒤에 씁니다.

비가 와서 소풍을 갈 수가 없었다.
We couldn't go on a picnic because it rained.

너무 서두르다가 휴대폰 가지고 오는 것을 잊었다.
Since I was in such a hurry, I forgot to bring my cell phone.

어젯밤에 늦게까지 공부를 해서 오늘 아침에 일찍 일어날 수가 없었다.
As I studied till late last night, I couldn't get up early this morning.

이제 일기도 다 썼으니, 잠자리에 들 수 있겠다.
Now that I have finished my diary, I can go to bed.

난 감기에 걸린 것이 틀림없다. 왜냐하면 기침이 나기 때문이다.
I must have a cold, for I cough.

LET'S PRACTICE

01 나는 가끔 영어 때문에 좌절하기도 한다. (좌절한 frustrated)

____

02 나는 노래를 정말 잘해서 인기가 있다. (인기 있는 popular)

____

03 비 때문에 경기가 연기되었다. (연기되다 be postponed)

____

04 시험 때문에 그 계획을 미루었다. (미루다 delay)

____

05 교통 체증 때문에 늦었다. (교통 체증 traffic jam)

____

06 나는 운동 부족으로 피로를 자주 느낀다. (운동 부족 a lack of exercise)

____

07 그의 조언 덕분에 나는 자신감을 갖게 되었다. (자신감 있는 confident)

____

08 시험에서 떨어져서 우울했다. (우울한 gloomy)

____

09 시험이 끝났으므로 긴장을 좀 풀 수 있었다. (끝나다 be over, 긴장을 풀다 relax)

____

10 아파서 출근을 못한다고 전화했다. (아파서 못 간다고 전화하다 call in sick)

____

ANSWER

01 Sometimes I am frustrated because of English. **02** I am popular because I sing really well. **03** The game was postponed because of the rain. **04** I delayed the plan because of the test. **05** I was late because of the traffic jam. **06** I often feel tired owing to a lack of exercise. **07** I became confident thanks to his advice. **08** I was gloomy because I failed the test. **09** Now that the test was over, I could relax a little. **10** Since I was sick, I called in sick.

PATTERN

05 너무 피곤해서 쉬어야겠다 너무 화가 나서 더 이상 참을 수 없었다

1 너무 ~해서 …하다

so + 형용사/부사 + that + 주어 + 동사
such + a/an + (형용사) + 명사 + that + 주어 + 동사

너무 피곤해서 쉬어야겠다.
I am so tired that I need to take a rest.

나는 너무 창피해서 방에서 나올 수가 없었다.
I was so embarrassed that I couldn't go out of the room.

너무 추워서 히터를 켰다.
It was so cold that I turned on the heater.

그 버스에는 너무 사람이 많아서 자리가 없었다.
It was such a crowded bus that there was no seat to sit on.

그는 너무 멋진 남자여서 나는 그를 좋아한다.
He is so nice that I like him.
He is such a nice guy that I like him.

2 너무 ~해서 …할 수 없다

이 표현은 [too ~ (for+의미상의 주어+) to+동사원형]의 형태로 표현하며 이는 [so ~ that+주어+can't]로 바꿔 쓸 수도 있습니다.

나는 너무 화가 나서 더 이상 참을 수가 없었다.
I was too angry to stand it any more.
I was so angry that I couldn't stand it any more.

너무 바빠서 그에게 전화를 못 했다.
I was too busy to call him.
I was so busy that I couldn't call him.

내게는 이 책이 너무 어려워서 읽을 수가 없었다.
This book was too difficult for me to read.
This book was so difficult that I couldn't read it.

모기들이 너무 성가시게 해서 잠을 잘 수가 없었다.
The mosquitoes were too annoying for me to sleep.
The mosquitoes were so annoying that I couldn't sleep.

LET'S PRACTICE

01 날씨가 너무 좋아 외출하고 싶었다. (외출하다 go out)

02 너무 바빠 영화 보러 갈 시간이 없었다. (영화 보러 가다 go to the movies)

03 너무 흥분되서 잠이 안 온다. (흥분한 excited)

04 너무 일찍 도착해서 한 시간을 기다려야 했다. (~해야 한다 have to)

05 너무 당황해서 대답을 할 수 없었다. (당황한 embarrassed)

06 너무 초조해서 손이 떨렸다. (떨리다 tremble)

07 그 영화는 너무 어려워서 이해할 수가 없었다. (어려운 hard)

08 너무 어두워서 그를 알아볼 수가 없었다. (알아보다 recognize)

09 너무 놀라서 운전을 할 수가 없었다. (운전하다 drive)

10 너무 낙심해서 전혀 말을 할 수가 없었다. (낙심한 depressed)

ANSWER

01 The weather was so nice that I wanted to go out. **02** I was so busy that I had no time to go to the movies. **03** I am so excited that I can't fall asleep. **04** I arrived so early that I had to wait for an hour. **05** I was so embarrassed that I couldn't answer. **06** I was so nervous that my hands trembled. **07** The movie was too hard to understand. **08** It was too dark to recognize him. **09** I was too surprised to drive. **10** I was so depressed that I could not speak at all.

PATTERN

06 그는 아픈 것 같았다

'~인 것 같다, ~처럼 보인다'라는 뜻의 '추측'을 나타낼 경우, 다음과 같은 다양한 영어 표현들을 사용할 수 있습니다.

It seems that+주어+동사 (=주어+seems to+동사원형)
It appears that+주어+동사 (=주어+appears to+동사원형)
It is likely that+주어+동사 (=주어+is likely to+동사원형)

I think+주어+동사
I guess+주어+동사
In my mind, I think+주어+동사
In my opinion, 주어+동사

doubt/be afraid that+주어+동사
look like+that+주어+동사
look+형용사

그는 아픈 것 같았다.
It seemed that **he was sick.**
He seemed to **be sick.**

그는 전에 어디에선가 본 사람 같았다.
It seemed that **he was a person I had seen somewhere before.**
He seemed to **be a person I had seen somewhere before.**

그는 파티에 오지 않을 것 같았다.
It wasn't likely that **he would come to the party.**
He wasn't likely to **come to the party.**

그 남자는 내가 원하는 것은 무엇이든지 다 해줄 것 같았다.
I thought **he would do whatever I wanted.**

내 생각에는 그가 잘 해낼 것 같았다.
In my mind, I thought **he would be able to do it well.**

그녀가 진실을 말할 것 같지 않았다.
I doubted that **she would tell the truth.**

내가 거기에 갈 수 없을 것 같았다.
I was afraid that **I couldn't go there.**

비가 올 것 같아서 우산을 가지고 갔다.
It looked like that **it was going to rain, so I brought an umbrella with me.**

그 음식이 맛있을 것 같았다.
The food looked **delicious.**

LET'S PRACTICE

01 내가 실수한 것 같았다. (실수하다 make a mistake)

02 그는 정말 오만한 것 같다. (오만한 haughty)

03 그는 참 느긋한 사람인 것 같다. (느긋한 easy-going)

04 살 빼는 것은 어려운 일이라고 생각된다. (살 빼다 lose weight)

05 감기에 걸릴 것 같았다. (감기에 걸리다 catch a cold)

06 그는 성실한 사람인 것 같다. (성실한 sincere)

07 그것은 아무런 해가 되지 않는 것 같다. (해로운 harmful)

08 내가 회의에 참석하지 못할 것 같다. (참석하다 attend)

09 나는 그것은 그의 잘못이라고 생각했다. (잘못 fault)

10 그가 화났을 때, 그는 괴물 같았다. (괴물 monster)

ANSWER

01 I seemed to make a mistake. **02** He seems to be really haughty. **03** He seems to be an easy-going person. **04** I think that it is difficult to lose weight. **05** I was likely to catch a cold. **06** I guess that he is a sincere person. **07** It seems that it is not harmful. **08** I am afraid that I can't attend the meeting. **09** I thought it was his fault. **10** He looked like a monster when he was angry.

PATTERN

07 내 실수가 틀림없다
배탈이 난 게 틀림없었다

1 ~이 틀림없다

~이 틀림없다: must + 동사원형
~일지도 모른다: may + 동사원형
~일 리가 없다: can't + 동사원형

내 실수가 틀림없다
It must be my fault.

틀림없이 뭔가 문제가 있다.
Something must be wrong with it.

그것은 사실일지도 모른다.
It may be true.

그가 시험에 떨어질 리가 없다.
He can't fail the exam.

2 ~이 틀림없었다

~이 틀림없었다: must have + 과거분사
~이었을지도 모른다: may have + 과거분사
~이었을 리가 없다: can't have + 과거분사

배탈이 난 게 틀림없었다.
I must have had an upset stomach.

그가 그렇게 말씀하시는 것을 보니 화가 난 것이 틀림없었다.
He must have been angry to talk like that.

소매치기가 있었던 게 틀림없었다.
There must have been a pickpocket.

그의 말이 맞았을지도 모른다.
He may have been right.

내가 그것을 쓰레기통에 버렸을 리가 없다.
I can't have thrown it away in the waste basket.

그가 그런 거짓말을 했을 리가 없다.
He can't have told a lie like that.

LET'S PRACTICE

01 어제는 그가 아팠음에 틀림없다. (아픈 sick)

02 그가 과식한 게 틀림없다. (과식하다 overeat)

03 그가 약을 먹었을 리가 없다. (약을 먹다 take medicine)

04 그가 거짓말쟁이일지도 모른다. (거짓말쟁이 liar)

05 그 소문은 거짓일지도 모른다. (거짓의 false)

06 그가 스무 살이 넘었을 리가 없다. (~이상 over)

07 그는 나에게 관심이 없는 게 틀림없다. (~에 관심이 있다 be interested in)

08 그가 나에게 전화를 했을 리가 없다. (전화하다 call)

09 그는 한국을 떠났을지도 모른다. (떠나다 leave)

10 그가 그 비밀을 그녀에게 말했음에 틀림없다. (비밀 secret)

ANSWER

01 He must have been sick yesterday. **02** He must have overeaten. **03** He can't have taken medicine. **04** He may be a liar. **05** The rumor may be false. **06** He can't be over twenty. **07** He must not be interested in me. **08** He can't have called me. **09** He may have left Korea. **10** He must have told her the secret.

PATTERN

08 그 모임에 참석해야 했다 거짓말을 해서는 안 된다

1 ~해야 한다

'필요 · 의무'를 나타내는 표현으로 [must/have(has) to/ought to/should+동사원형]이 있습니다. 과거형 '~해야 했다'는 [had to+동사원형], 미래형 '~해야 할 것이다'는 [will have to+동사원형]을 사용합니다.

나는 그 모임에 참석해야 했다.
I had to join the meeting.

나는 지체없이 그 일을 해야 한다.
I must do the work immediately.

우리는 부모님 말씀에 순종해야 한다.
We ought to obey our parents.

나는 수영하는 방법을 배워야 한다.
I should learn how to swim.

나는 지시받은 대로 해야만 했다.
I had to do as I was told.

그 문제를 해결해야 했지만 당장 그렇게 할 필요는 없었다.
I had to solve the problem, but I didn't need to do so right away.

원하지는 않지만 나는 거기에 가야만 할 것이다.
I will have to go there even if I don't want it.

2 ~해서는 안 된다

must의 부정인 must not은 '~해서는 안 된다'라는 강한 금지를 나타내며, '~할 필요가 없다'라는 말은 need not이나 don't have to로 표현합니다. '~하지 않아야 한다'는 [ought not to/should not+동사원형]의 형태로 씁니다.

거짓말을 해서는 안 된다.
One must not tell a lie.

그가 나를 도울 거라고 기대해서는 안 된다.
I must not expect him to help me.

난 이번 기회를 놓쳐서는 안 된다.
I ought not to lose this chance.

사람들이 쓰레기를 아무 데나 버리지 말아야 한다고 생각했다.
I thought that people should not throw trash everywhere.

LET'S PRACTICE

01 네가 먼저 사과해야 한다. (사과하다 apologize)

02 음식을 낭비해서는 안 된다. (낭비하다 waste)

03 이제 너의 방은 네가 청소해야 한다. (청소하다 clean)

04 올해 나는 꼭 직업을 구해야 한다. (직업을 구하다 get a job)

05 그에게 말을 걸기 위해서는 용기를 내야 한다. (용기를 내다 be brave)

06 나쁜 것은 다 잊어야 할 것이다. (잊다 forget)

07 우리는 회의 시간에 침묵을 지켜야 했다. (침묵을 지키다 keep silent)

08 나는 그에게 조언을 해 줄 필요가 없다. (조언을 해주다 give ~ advice)

09 우리는 선생님들께 공손해야 한다. (공손한 polite)

10 우리는 차를 남의 집 앞에 주차하면 안 된다. (주차하다 park)

ANSWER

01 You must apologize first. **02** You must not waste food. **03** Now you must clean your room. **04** I must get a job this year. **05** I have to be brave to talk to him. **06** I will have to forget all bad things. **07** We had to keep silent during the meeting. **08** I don't have to give him any advice. **09** We should be polite to teachers. **10** We should not park our car in front of others' houses.

PATTERN

09

백화점을 가는 데 한 시간이 걸렸다
쓸데없는 일을 하느라 시간을 낭비했다

1 ~하는 데 …가 걸리다/든다

It takes + (사람) + 시간 + to + 동사원형
It takes + 시간 + (for + 사람) + to + 동사원형
It costs + (사람) + 시간/돈 + to + 동사원형

백화점에 가는 데 약 한 시간이 걸렸다.
It took me about an hour to go to the department store.
It took about an hour for me to go to the department store.

그 일을 끝내는 데 1주일이 걸렸다.
It took me a week to finish the job.
It took a week for me to finish the job.

단소 부는 법을 배우는 데 끈기가 필요했다.
It took patience for me to learn how to play the danso.

컴퓨터를 고치는 데 비용이 많이 들었다.
It cost me a lot of money to have my computer repaired.

이를 교정하는 데 시간과 돈이 많이 들었다.
It cost me a lot of time and money to have my teeth corrected.

2 ~하느라 …를 소비하다/낭비하다

spend + 시간/돈 + (in) -ing
spend + 시간/돈 + on + 명사
waste + 시간/돈 + (in) -ing
waste + 시간/돈 + on + 명사

나는 컴퓨터 게임을 하면서 하루 종일을 보냈다.
I spent all day long playing computer games.

컴퓨터를 사는 데 돈이 많이 들었다.
I spent a lot of money on the computer.

쓸데없는 일을 하느라 시간을 낭비했다.
I wasted a lot of time doing trivial things.

충동구매로 옷에 많은 돈을 낭비하고 말았다.
Because of my impulse shopping, I wasted a lot of money on clothes.

LET'S PRACTICE

01 버스 정거장에 가는 데 10분이 걸렸다. (버스 정거장 bus stop)

02 그 문제를 해결하는 데 시간이 오래 걸렸다. (해결하다 solve)

03 머리 파마하는 데 세 시간이 걸렸다. (파마하다 have one's hair permed)

04 그 파티를 준비하는 데 비용이 많이 들었다. (준비하다 prepare)

05 연주회 티켓을 사는 데 비용이 많이 들었다. (연주회 concert)

06 나는 지난 주말을 형과 카드놀이 하면서 보냈다. (카드놀이하다 play cards)

07 내 방을 대청소하느라 두 시간을 보냈다. (대청소하다 clean up)

08 나는 새로 나온 옷을 사는 데 돈을 다 써버렸다. (새로 나온 brand new)

09 도박에 시간과 돈을 낭비하지 마라. (도박 gambling)

10 나는 다시는 신발에 돈을 낭비하지 않을 것이다.

ANSWER

01 It took 10 minutes to go to the bus stop. **02** It took a long time to solve the problem. **03** It took three hours to have my hair permed. **04** It cost me a lot of money to prepare for the party. **05** It cost a lot of money to get the concert ticket. **06** I spent last weekend playing cards with my brother. **07** I spent two hours cleaning up my room. **08** I spent all my money buying brand new clothes. **09** Don't waste time and money on gambling. **10** I will not waste money on shoes again.

PATTERN

10 라디오를 켜 놓은 채 잠이 들었다

이 표현은 부대 상황을 나타내는 구문으로 [with+목적어+형용사/부사(구)/현재분사/과거분사]의 형태로 나타냅니다. 목적어 다음에 현재분사가 오느냐, 과거분사가 오느냐는 목적어와의 관계에 따라 달라지는데, 동사와 목적어와의 관계가 '능동'일 때는 현재분사, 목적어와의 관계가 '수동'일 경우에는 과거분사를 씁니다.

그녀는 머리카락을 휘날리며 달려왔다.
She came running with her hair flying over her head.

바람이 약간 부는 상쾌한 아침이었다.
It was a refreshing morning with a little wind blowing.

나는 물이 끓는 냄비를 그대로 둔 채 잠이 들었다.
I fell asleep with the pot boiling.

나는 눈을 감은 채 음악을 들었다.
I listened to music with my eyes closed.

입에 음식을 넣은 채 말하지 않으려고 노력했다.
I tried not to speak with my mouth full.

창문을 열어 놓고 외출을 했다.
I went out with the windows open.

나는 손에 책을 든 채로 벤치에 앉아 있었다.
I was sitting on the bench with a book in my hand.

나는 라디오를 켜 놓은 채 잠이 들었다.
I fell asleep with the radio on.

그녀는 새옷을 입고 나타났다.
She appeared with her new clothes on.

나는 모자를 쓰고 걷고 있었다.
I was walking with my hat on.

나는 손에 케이크 한 조각을 든 채 넘어졌다.
I fell down with a piece of cake in my hand.

나는 벽에 등을 기댄 채 거기에 서 있었다.
I stood there with my back against the wall.

나는 조용히 앉아 있고, 언니는 내 옆에서 뜨개질을 했다.
I sat silently, with my sister knitting beside me.

LET'S PRACTICE

01 그는 팔짱을 끼고 나를 쳐다보고 있었다.

02 그는 꽃을 입에 물고 나에게 다가왔다. (다가오다 approach)

03 나는 눈을 감은 채 누워 있었다. (누워있다 be lying)

04 손을 주머니에 넣은 채 인사하지 마라. (인사하다 greet)

05 오른 손을 올리고 기다려라.

06 그는 항상 다리를 꼬고 앉는다.

07 그녀는 젖은 옷을 입은 채 울고 있었다. (젖은 wet)

08 나는 종종 TV를 켜 놓은 채로 책을 읽는다. (켜다 turn on)

09 그는 새 모자를 쓰고 춤을 추고 있었다.

10 그는 입을 벌리고 내 이야기를 들었다. (~을 듣다 listen to)

ANSWER

01 He was watching me with his arms crossed. **02** He approached me with a flower in his mouth. **03** I was lying with my eyes closed. **04** Don't greet others with your hands in your pocket. **05** Wait with your right hand up. **06** He always sits with his legs crossed. **07** She was crying with her wet clothes on. **08** I sometimes read books with the TV turned on. **09** He was dancing with his new hat on. **10** He listened to my story with his mouth open.

PATTERN

11 깜짝 놀랐다

감정을 나타내는 동사들은 아래와 같이 주로 타동사가 많습니다. 이 동사들을 이용하여 감정 표현을 하고자 할 때는 수동태 형식을 취합니다. 예를 들어, surprise는 '놀라게 하다'라는 타동사이기 때문에, '놀라다'는 말은 '~한 요인으로 놀라움을 당하다'라는 의미를 나타내는 수동태로 표현해야 합니다.

기쁨 · 만족 · 흥미: delight, please, satisfy, excite, interest
놀람 · 무서움: surprise, astonish, amaze, startle, shock, scare, frighten, terrify
화: upset, offend, irritate
당황감 · 창피함: confuse, embarrass, puzzle, perplex
감동: move, touch, impress
피로 · 지루함: tire, bore
걱정: worry, concern

나는 정말 좋은 선물을 받아서 아주 기뻤다.
I was very delighted to receive such a nice gift.

나는 그의 편지를 받고 기뻤다.
I was pleased to receive his letter.

나는 그의 모습을 보고 깜짝 놀랐다.
I was astonished to see his appearance.

무서워서 죽을 뻔했다.
I was frightened to death.

나는 그의 무례한 행동에 기분이 상했다.
I was offended at his rude behavior.

나는 그의 말에 짜증이 났다.
I was irritated with his words.

나는 그가 한마디 말도 없이 떠나버려서 당황했다.
I was embarrassed because he left without a word.

나는 그 경기를 보고 매우 흥분했다.
I was very excited to watch the game.

나는 그 영화에 깊은 인상을 받았다.
I was impressed by the movie.

나는 그의 계속되는 변명에 아주 피곤했다.
I was very tired with his constant excuses.

LET'S PRACTICE

01 나는 그 소식을 듣고 신났다.

02 나는 선물을 받고 정말 기뻤다. (선물 present)

03 나는 그들의 선물에 감동받았다.

04 나는 그 예기치 않은 결과에 당황했다. (예기치 않은 unexpected)

05 나는 그의 새로운 모습에 깜짝 놀랐다.

06 그의 계속되는 잔소리에 짜증이 났다. (잔소리 nagging)

07 그의 거짓 대답에 나는 실망했다. (거짓의 false)

08 그의 강의에 너무 지루했다. (강의 lecture)

09 나는 그의 성실한 태도에 만족했다. (성실한 sincere)

10 그가 약속을 지키지 않아 실망했다. (약속을 지키다 keep one's promise)

ANSWER

01 I was excited to hear the news. **02** I was really pleased to get the presents. **03** I was moved by their presents. **04** I was embarrassed by the unexpected result. **05** I was surprised at his new appearance. **06** I was irritated by his constant nagging. **07** I was disappointed by his false answer. **08** I was so bored by his lecture. **09** I was satisfied with his sincere attitude. **10** I was disappointed because he didn't keep his promise.

PATTERN

12 그가 말썽꾸러기라고들 한다

1 ~라고들 한다

People say that+주어+동사
It is said that+주어+동사
주어+is(are) said to+동사원형
주어+is(are) said to have+과거분사

사람들은 그가 말썽꾸러기라고들 한다.
People say that **he is a troublemaker.**
It is said that **he is a troublemaker.**
He is said to **be a troublemaker.**

그는 예전에 매우 예의바른 사람이었다고들 한다.
People say that **he was a very polite guy long ago.**
It is said that **he was a very polite guy long ago.**
He is said to **have been a very polite guy long ago.**

직접 들은 내용임을 강조하고자 할 경우 '~라고 하는 말을 들었다'라는 뜻으로 [I heard that+주어+동사], [I am told that+주어+동사]라고 표현할 수도 있습니다.

그 일을 완벽히 해내는 것은 불가능하다고 한다.
I heard that **it's impossible to finish the job perfectly.**
I was told that **it's impossible to finish the job perfectly.**

2 ~에 의하면 …라고 한다

보도에 의하면 적게 먹는 것이 건강에 좋다고 한다.
According to **the report, it's good to eat less.**

일기예보에 따르면 날씨가 곧 좋아질 것이라고 한다.
According to **the weather forecast, the weather will improve soon.**

3 ~라는 소문이 있다

그가 한국을 떠났다는 소문이 있다.
There is a rumor going around that **he left Korea.**
Rumor has it that **he left Korea.**
It is rumored that **he left Korea.**
He is rumored to **have left Korea.**

LET'S PRACTICE

01 그가 그녀에게 데이트 신청을 했다고 한다. (데이트 신청하다 ask out)

02 그는 유머 감각이 있다고 한다. (유머 감각 sense of humor)

03 그들이 사랑에 빠져 있다고 한다. (사랑에 빠지다 fall in love)

04 그가 그녀와 말다툼을 했다고 들었다. (~와 말다툼하다 argue with~)

05 그가 다른 사람들과 싸웠다고 들었다. (싸우다 fight)

06 그는 예전에 매너가 참 좋았다고 한다. (매너 manners)

07 그가 그녀를 배신했다고 한다. (배신하다 betray)

08 그들은 헤어졌다는 소문이 있다. (헤어지다 break up)

09 그가 그녀를 많이 그리워한다고 들었다. (그리워하다 miss)

10 그가 그녀와 화해했다는 소문이 있다. (~와 화해하다 make up with ~)

ANSWER

01 People say that he asked her out. **02** It is said that he has a sense of humor. **03** It is said that they are falling in love. **04** I heard that he argued with her. **05** I was told that he fought with others. **06** It is said that he had good manners long ago. **07** People say that he betrayed her. **08** Rumor has it that they broke up. **09** I heard that he missed her a lot. **10** It is rumored that he made up with her.

PATTERN

13 일찍 일어나기가 어려웠다

'~하는 것'을 표현할 때는 동명사, to부정사 또는 that절을 이용하여 나타낼 수 있습니다. 그런데 주어로 쓰인 to부정사나 절이 긴 경우에는 가주어 it을 사용하여 주어를 나타내고 원래의 주어, 즉 진주어는 뒤에 씁니다.

일찍 일어나기가 어려웠다.
Getting up **early is difficult.**
It is difficult to get up **early.**

클라리넷을 부는 것은 쉽지 않다.
Playing **the clarinet is not easy.**
It is not easy to play **the clarinet.**

그가 올 것인지 확실하지 않았다.
Whether he would come **wasn't certain.**
It wasn't certain whether he would come**.**

그가 그렇게 행동하는 것이 이상했다.
That he behaved like that **was strange.**
It was strange that he behaved like that**.**

가주어 · 진주어 구문의 진주어가 to부정사일 경우, to부정사의 행동을 하는 주체, 즉 의미상의 주어를 나타낼 때는 to부정사 앞에 [for+목적격]의 형태로 씁니다.

내가 그렇게 무거운 박스를 들어올리기는 불가능하다.
It's impossible for me to lift **such a heavy box.**

그러나 사람의 성격이나 성품을 나타내는 경우는 to부정사의 의미상 주어를 [of+목적격]의 형태로 써야 합니다. 사람의 성격이나 성품을 나타내는 형용사로는 good, fine, bad, kind, unkind, wise, clever, stupid, foolish, silly, polite, thoughtful, considerate, cruel, rude, careful, generous 등이 있습니다.

그가 친절하게도 나 대신 개에게 먹이를 주었다.
It was kind of him to feed **my dog for me.**

내가 그에게 그렇게 말한 것은 사려 깊은 행동이 아니었다.
It wasn't considerate of me to talk **to him like that.**

LET'S PRACTICE

01 영어로 생각하는 것은 어렵다. (영어로 in English)

---

02 적절한 정보를 얻는 것이 성공의 열쇠이다. (~의 열쇠 key to ~)

---

03 영어를 배우는 것은 꼭 필요한가? (필요한 necessary)

---

04 인도를 혼자 여행하는 것은 위험하다. (혼자 alone)

---

05 또 다른 기회를 잡는 것은 쉬운 일이 아니다. (잡다 catch)

---

06 우리가 그것에 대해 이야기할 수 있어서 좋다. (이야기하다 talk)

---

07 다른 사람을 속이는 것은 나쁘다. (속이다 deceive)

---

08 그가 그녀를 나쁘게 말하는 것은 현명한 일이 아니다. (나쁘게 말하다 speak ill of ~)

---

09 너그럽게도 너는 나를 잘 이해해 주는구나. (너그러운 generous)

---

10 아플 때는 즉시 병원에 가는 것이 좋다. (즉시 at once)

ANSWER **01** Thinking in English is hard. **02** Obtaining proper information is the key to success. **03** Is it necessary to learn English? **04** It is dangerous to travel alone in India. **05** It is not easy to catch another chance. **06** It is good that we can talk about that. **07** It's bad to deceive others. **08** It's not wise of him to speak ill of her. **09** It's generous of you to understand me well. **10** When you are sick, it is better to go to a doctor at once.

PATTERN

14 동생에게 청소를 하도록 했다

남에게 일을 시킬 때 사용하는 동사, 즉 '~에게 …하도록 시키다(하다)'의 의미를 가진 동사들을 '사역동사'라고 합니다. 사역동사의 목적보어로는 동사원형이 오는 경우가 많지만, 상황에 따라 목적보어로 과거분사도 올 수 있습니다. 목적어와 목적보어의 관계가 능동일 때는 동사원형이 쓰이고 수동일 경우는 과거분사가 쓰입니다.

make/have/let + 목적어 + 동사원형: 목적어와 목적보어의 관계가 능동
make/have/let + 목적어 + 과거분사: 목적어와 목적보어의 관계가 수동

동생에게 방청소를 하도록 했다.
I made my brother clean the room.

그의 조언을 듣고 내 문제에 대해 다시 생각하게 되었다.
His advice made me think about my problem again.

그는 나를 두 시간 동안 기다리게 했다.
He made me wait for two hours.

그가 내게 옷을 바꿔 입도록 했다.
He let me change my clothes.

나는 지갑을 도둑맞았다.
I had my wallet stolen.

머리를 깎았다
I had my hair cut.

사역동사는 아니지만 '~하게 하다'의 의미를 가진 동사인 get은 목적어와 목적보어의 관계가 능동일 경우일 때는 [get+목적어+to+동사원형]으로, 목적어와 목적보어의 관계가 수동일 경우일 때는 [get+목적어+과거분사]의 형태로 쓰이는데, 이 때 get도 주로 '~당하다, ~하여 받다'의 의미를 나타냅니다.

그녀가 내게 설거지를 하도록 했다.
She got me to wash the dishes.

우리 부모님은 내게 짐을 꾸리도록 하셨다.
My parents got me to pack the trunk.

머리를 깎았다.
I got my hair cut.

LET'S PRACTICE

01 그는 언제나 나를 웃게 만든다. (웃다 laugh)

____

02 그는 우리가 영화를 볼 수 있게 해 주었다.

____

03 그 영화는 내가 나의 미래에 대해 다시 생각해 보도록 만들었다. (미래 future)

____

04 그는 나에게 주방 청소를 하도록 했다. (주방 kitchen)

____

05 그는 나에게 그의 신발을 빨도록 시켰다. (빨다 wash)

____

06 나는 그에게 새 신발을 한 켤레 살 수 있도록 했다. (한 켤레 a pair of~)

____

07 그는 나에게 영수증을 받아 놓도록 했다. (영수증 receipt)

____

08 나는 아침 6시에 라디오가 켜지도록 해 놓았다. (켜다 turn on)

____

09 드디어 오늘 머리를 깎았다. (드디어 finally)

____

10 머리를 염색하고 싶다. (염색하다 dye)

____

ANSWER

01 He always makes me laugh. **02** He let us see the movie. **03** The movie made me think about my future again. **04** He had me clean the kitchen. **05** He had me wash his shoes. **06** I let him buy a pair of new shoes. **07** He made me get the receipt. **08** I made the radio turned on at 6 in the morning. **09** Finally, I got my hair cut today. **10** I want to get my hair dyed.

PATTERN

15 그 일에 익숙하지 않다 물어뜯는 버릇이 있다

1 ~에 익숙해지다

be used to + 명사/동명사
get/become used to + 명사/동명사

나는 늦게까지 잠자지 않고 있는 것에 익숙하다.
I am used to staying up late.

나는 아침에 일찍 일어나는 것에 익숙해졌다.
I became used to getting up early in the morning.

나는 지각하는 것에 익숙해졌다.
I got used to being late.

나는 그 일에 익숙하지 않다.
I am not used to the work.

2 ~하는 습관이 있다

현재의 일반적인 습관: 동사의 현재형
특정한 습관이나 습성: will + 동사원형
과거의 습관: would/used to + 동사원형
습관적으로 ~하다: make it a point to + 동사원형
~하는 버릇이 있다: have a habit of -ing

나는 보통 주말이면 영화를 보러 간다.
I usually go to a movie on the weekend.

그는 자주 밤샘을 한다.
He will often stay up all night.

나는 만화책을 읽느라 밤늦게까지 잠을 자지 않곤 했다.
I would stay up late to read comic books.

나는 그에게 잠자기 전에 매일 전화를 하곤 했다.
I used to call him before going to bed every night.

아침에 늦게 일어나는 습관이 있다.
I make it a point to get up late in the morning.

나는 무언가를 물어뜯는 버릇이 있다.
I have a habit of chewing things.

LET'S PRACTICE

01 나는 이 거리가 익숙하다. (거리 street)

____

02 나는 혼자 영화 보러 가는 것에 익숙하지 않다. (혼자 alone)

____

03 서양 음식에 익숙해지고 있다. (서양의 Western)

____

04 그는 나에게 잠자리에서 책을 읽어 주곤 했다. (잠자리에서 in bed)

____

05 종종 그와 다툼을 하곤 했다. (다투다 quarrel)

____

06 나는 우물거리며 말하는 버릇이 있다. (우물거리며 말하다 mumble)

____

07 그는 코 파는 습관이 있다. (코를 파다 pick one's nose)

____

08 나는 다리를 흔드는 나쁜 습관이 있다. (흔들다 shake)

____

09 나는 자주 눈을 깜빡이는 버릇이 있다. (깜빡이다 blink)

____

10 나는 식사를 하고 나면 습관적으로 눕는다. (눕다 lie)

____

ANSWER

01 I'm used to this street. **02** I am not used to going to the movies alone. **03** I am getting used to Western food. **04** He used to read me books in bed. **05** Sometimes I used to quarrel with him. **06** I have a habit of mumbling. **07** He has a habit of picking his nose. **08** I have a bad habit of shaking my leg. **09** I have a habit of blinking my eyes often. **10** I make it a point to lie down after meals.

PATTERN

16 함께 놀 친구가 없었다

'~할, ~하는, ~해야 할'의 의미로 형용사처럼 명사나 대명사를 꾸며 주는 말을 표현할 때는 간단히 to부정사를 사용하면 됩니다. [명사+to+동사원형]의 구문으로 to부정사가 앞에 있는 명사를 수식하면서 '~할 …'라는 의미를 나타냅니다.

나는 마실 물이 좀 필요하다.
I need some water to drink.

읽을 책이 많다.
I have many books to read.

끝내야 할 숙제가 있다.
I have homework to finish.

우물쭈물할 시간이 없었다.
I had no time to lose.

하루 종일 할 일이 많았다.
I had a lot of work to do all day.

to부정사가 수식하는 명사와 to부정사의 동사 사이에 전치사가 필요할 경우는 동사 뒤에 전치사를 꼭 붙여 써야 합니다. 예를 들면, '친구들과 놀다'는 play with friends라고 표현하므로 to부정사를 써서 '함께 놀 친구'라는 말을 표현할 경우에는 friends to play with라고 해야 합니다.

나는 함께 놀 친구가 별로 없었다.
I had few friends to play with.

나는 앉을 곳을 찾지 못했다.
I didn't find anything to sit on.

나는 쓸 펜이 없었다.
I had no pen to write with.

나는 믿고 의지할 부모님이 안 계시다.
I don't have any parent to depend on.

나는 처리해야 할 일이 많았다.
I had many things to deal with.

생각해 봐야 할 문제가 있다.
I have a problem to think about.

그건 걱정할 일이 아니었다.
It was nothing to worry about.

LET'S PRACTICE

01 개에게 밥 줄 시간이다. (밥을 주다 feed)

---

02 나는 긴장을 풀 시간이 좀 필요하다. (긴장을 풀다 relax)

---

03 그 일을 완성할 시간이 충분하지 않다. (완성하다 finish)

---

04 그것을 살 돈이 없다.

---

05 그들이 먹을 것을 가지고 왔다.

---

06 조사해야 할 자료가 많았다. (조사하다 look into)

---

07 나는 원어민들과 대화할 수 있는 기회가 없다. (원어민 native speaker)

---

08 다시 시도해 볼 자신감이 없다. (자신감 confidence)

---

09 내 고민을 말 할 수 있는 누군가가 필요하다. (고민 trouble)

---

10 내가 설거지를 할 차례였다. (차례 turn, 설거지를 하다 do the dishes)

ANSWER

01 It is time to feed the dog. **02** I need some time to relax. **03** I don't have enough time to finish the job. **04** I have no money to buy it. **05** They brought something to eat. **06** I had lots of materials to look into. **07** I have no opportunities to talk with native speakers. **08** I have no confidence to try again. **09** I need someone to tell my troubles to. **10** It was my turn to do the dishes.

PATTERN

17 재미있는 일이 있으면 좋을 텐데 돈이 충분했더라면 살 수 있었을 텐데

1 ~라면 좋을 텐데, ~했더라면 좋았을 텐데

I wish (that) + 주어 + 동사의 과거형
I wish (that) + 주어 + had + 과거분사

뭔가 좀 재미있는 일이 있으면 좋을 텐데.
I wish **something interesting** would happen**.**

내가 슈퍼맨이라면 좋을 텐데.
I wish **I** were **Superman.**

지난 학기에 공부를 좀 더 열심히 했더라면 좋았을 텐데.
I wish (that) **I** had studied **harder last semester.**

2 ~라면 …할 텐데, ~했더라면 …했을 텐데

If + 주어 + 동사의 과거형, 주어 + 조동사의 과거형 + 동사원형
If + 주어 + had + 과거분사, 주어 + 조동사의 과거형 + have + 과거분사

내가 부자라면 해외여행을 할 수 있을 텐데.
If **I** were **rich, I** could travel **abroad.**

내가 그의 주소를 안다면 그에게 편지를 쓸 텐데.
If **I** knew **his address, I** would write **to him.**

돈이 충분했더라면 그 가방을 살 수 있었을 텐데.
If **I** had had **enough money, I** could have bought **the bag.**

그 외 가정의 표현들로는 [unless+주어+동사](~하지 않으면), otherwise/or(그렇지 않으면), without(~이 없다면, ~이 없었더라면), with(~이 있다면, ~이 있었더라면)] 등이 있습니다.

거기에 가지 않았으면 그를 만나지 못했을 것이다.
Unless **I had gone there, I wouldn't have been able to meet him.**

그가 바빴음에 틀림없다. 그렇지 않았더라면 수업에 빠지지 않았을 것이다.
He must have been busy. Otherwise **he wouldn't have missed the class.**

그가 없으면 나는 아무 일도 해내지 못할 것이다.
Without **him, I couldn't work out anything.**

LET'S PRACTICE

01 키가 좀 더 컸으면 좋겠다.

____

02 내가 영어를 유창하게 말할 수 있으면 좋겠다. (유창하게 fluently)

____

03 시간을 되돌릴 수 있으면 좋겠다. (되돌리다 turn back)

____

04 나도 형이 있으면 좋겠다.

____

05 그에 대해서 좀 더 자세히 알면 좋겠다. (자세히 in detail)

____

06 그와 함께 있다면, 덜 지루할 텐데. (지루한 bored)

____

07 내가 거기 있었더라면, 그를 도울 수 있었을 텐데.

____

08 내가 차가 있다면, 그를 보러 갈 수 있을 텐데.

____

09 컴퓨터가 있다면 그 정보를 찾아볼 수 있을 텐데. (찾아보다 search for)

____

10 자막이 없었더라면 그 영화를 이해하지 못했을 텐데. (자막 subtitle)

____

ANSWER

01 I wish I were taller. **02** I wish I could speak English fluently. **03** I wish I could turn back time. **04** I wish I had a brother. **05** I wish I knew about him in more detail. **06** If I were with him, I would be less bored. **07** If I had been there, I could have helped him. **08** If I had a car, I could go to see him. **09** I could search for the information with a computer. **10** I couldn't have understood the movie without subtitles.

PATTERN

18 내 손을 잡았다

신체부위에 어떠한 동작을 가할 때 쓰는 표현법을 알아봅시다. '그가 나를 쳤다'라고 할 때는 He hit me.라고 하지만, '그가 내 머리를 쳤다'처럼 어떤 신체부위에 대한 접촉을 표현하고자 할 경우에는 대개 He hit my head.라고 하지 않고 He hit me on my head.라고 합니다. 즉, [주어+동사+목적어+전치사+the+신체부위]의 형태으로 나타냅니다.

'~를 치다'라는 의미를 가진 동사들, 즉 hit, strike, touch, beat, tap, pat, kiss 등은 보통 전치사 on을 사용합니다.

그가 내 머리를 쳤다.
He beat me on the head.
He struck me on the head.

그가 내 빰을 때렸다.
He slapped me on the face.

나는 그의 어깨를 툭툭 쳤다.
I patted him on the shoulder.

나는 그녀의 빰에 키스했다.
I kissed her on the cheek.

'~를 잡다'라는 의미를 가진 동사들, 즉 catch, seize, take, hold 등은 by를 전치사로 사용합니다.

그녀는 그의 소매를 잡았다.
She caught him by the sleeve.

그는 내 손을 잡았다.
He caught me by the hand.

나는 그녀의 손을 잡았다.
I took her by the hand.

look, stare, gaze 등의 동사는 전치사 in을 씁니다.

나는 그의 눈을 바라보았다.
I looked him in the eye.

나는 그녀의 얼굴을 응시했다.
I stared her in the face.

LET'S PRACTICE

01 그가 내 등을 툭툭 쳤다. (등 back)

____

02 그가 갑자기 내 머리를 찰싹 때렸다. (찰싹 때리다 slap)

____

03 나는 그녀의 이마에 뽀뽀를 했다. (이마 forehead)

____

04 나는 그의 다리를 찼다. (다리 leg)

____

05 나는 그의 손을 잡아 보고 싶었다.

____

06 나는 조심스레 그의 팔을 잡았다.

____

07 그가 실수로 내 정강이를 찼다. (실수로 by mistake, 정강이 shin)

____

08 그는 나의 얼굴을 응시하고 있었다.

____

09 나는 그의 눈을 바라볼 수가 없었다.

____

10 안 넘어지려고 그의 팔을 잡았다. (넘어지다 fall down)

____

ANSWER

01 He patted me on the back. **02** Suddenly he slapped me on the head. **03** I kissed her on the forehead. **04** I kicked him on the leg. **05** I wanted to take him by the hand. **06** I seized him by the arm carefully. **07** He kicked me on the shin by mistake. **08** He was staring me in the face. **09** I couldn't look him in the eyes. **10** I grabbed him by the arm so as not to fall down.

PATTERN

19 좀 더 조심했어야 했다

should, ought to, need 등의 조동사에 [have+과거분사] 형태를 써서 과거에 이루지 못한 일에 대한 후회나 유감을 표현합니다.

---

should have+과거분사
ought to have+과거분사

should not have+과거분사
ought not to have+과거분사
need not have+과거분사

나는 좀 더 조심했어야 했다.
I should have been more careful.

그것을 미리 체크했어야 했다.
I should have checked it in advance.

시간을 낭비하지 말았어야 했다.
I should not have wasted my time.

우산을 가져갈 필요가 없었다.
I need not have brought the umbrella.

아래와 같은 형태로 미래를 나타내는 동사(wish, hope, intend)를 사용하여 후회나 유감을 표현하기도 한다.

---

had+미래 동사의 과거분사+that+주어+동사의 과거형
had+미래 동사의 과거분사+to+동사원형
미래 동사의 과거형+to+have+과거분사

어제 그녀를 만나기를 바랐다. (그러나 만나지 못했다.)
I had hoped that I would see her yesterday.
I had hoped to see her yesterday.
I hoped to have seen her yesterday.
I hoped to see her yesterday, but I couldn't.

그를 성가시게 할 의도는 아니었다. (그러나 성가시게 했다.)
I hadn't intended to annoy him.
I didn't intend to have annoyed him.

LET'S PRACTICE

01 뭐라도 먹었어야 했다.

02 어젯밤에 아무것도 먹지 말았어야 했다. (어젯밤 last night)

03 그런 것을 묻지 말았어야 했다. (그런 것 such a thing)

04 그에게 좀 더 친절했어야 했다.

05 그와 싸우지 말았어야 했다. (싸우다 fight)

06 그것을 명심했어야 했다. (명심하다 keep ~ in mind)

07 그의 말을 귀 기울여 들었어야 했다. (귀 기울여 듣다 listen to)

08 그 비싼 컴퓨터를 사지 말았어야 했다. (비싼 expensive)

09 그 백화점에 갈 의도는 없었다. (백화점 department store)

10 좀 더 싼 컴퓨터를 사기를 바랐다. (더 싼 cheaper)

ANSWER **01** I should have eaten something. **02** I should not have eaten anything last night. **03** I shouldn't have asked such a thing. **04** I should have been kinder to him. **05** I should not have fought with him. **06** I should have kept it in mind. **07** I should have listened to him. **08** I shouldn't have bought the expensive computer. **09** I hadn't intended to go to the department store. **10** I had hoped to buy a cheaper computer.

PATTERN

20 그만큼 키가 컸으면 좋겠다

1 ~만큼 …한, ~만큼 …하지 못한

as ~ as ...
not so (as) ~ as ...
less ~ than ...

나는 농구 선수만큼 키가 컸으면 좋겠다.
I wish I were as tall as a basketball player.

나는 형만큼 사려 깊지 못하다.
I am not so thoughtful as my brother.
I am less thoughtful than my brother.

2 ~처럼 …한

A. 동물 비유 표현

as hungry as a bear 곰처럼 배고파 하는
as weak as a kitten 새끼 고양이처럼 연약한
as happy as a lark 종달새처럼 즐거운
as poor as a church mouse 매우 가난한
as wise as an owl 올빼미처럼 현명한
as sly as a fox 여우처럼 교활한
as meek as a lamb 새끼 양처럼 온순한
as stubborn as a mule 노새처럼 고집 센
as playful as a puppy 강아지처럼 쾌활한
as graceful as a swan 백조처럼 우아한
as fat as a pig 돼지처럼 뚱뚱한
as strong as an ox 황소처럼 강한
as quiet as a mouse 쥐처럼 조용한
as blind as a bat 박쥐처럼 눈먼
as busy as a bee 벌처럼 바쁜
as silly as sheep 양처럼 어리석은
as fierce as a lion 사자처럼 사나운
as fast as a hare 산토끼처럼 빠른
as slow as a snail 달팽이처럼 느린
as big as a cow 암소처럼 큰

B. 식물 비유 표현

as alike as two peas 완두콩처럼 똑같은
as fresh as a daisy 데이지처럼 발랄한
as cool as a cucumber 오이처럼 냉정한, 침착한
as green as grass 풀처럼 애송이 같은

C. 기타 비유 표현

as true as steel 강철처럼 충실한
as white as snow 눈처럼 하얀
as cold as ice 얼음처럼 차가운
as hard as iron 쇠처럼 단단한
as tough as leather 가죽처럼 질긴
as sharp as a razor 면도칼처럼 날카로운
as neat as a new pin 새 핀처럼 말쑥한
as firm as a rock 바위처럼 견고한
as sweet as honey 꿀처럼 달콤한
as easy as ABC ABC처럼 아주 쉬운
as different as night and day 낮과 밤처럼 다른
as comfortable as an old shoe 오래된 신발처럼 편안한

LET'S PRACTICE

01 그는 나만큼 특이하다. (특이한 unusual)

02 그는 나만큼 민감하다. (민감한 sensitive)

03 그는 우리 아버지만큼 보수적이다. (보수적인 conservative)

04 그는 우리 형만큼 세련되지 못했다. (세련된 stylish)

05 이 가방은 내가 기대했던 만큼 크지 않다. (기대하다 expect)

06 나는 그만큼 수영을 잘할 수 있다.

07 그는 언제나 냉정하다.

08 그 일은 아주 쉽다.

09 그가 여우처럼 교활해졌다.

10 나의 사촌은 강아지처럼 아주 쾌활하다. (사촌 cousin)

ANSWER

01 He is as unusual as me. **02** He is as sensitive as me. **03** He is as conservative as my father. **04** He is not as stylish as my brother. **05** This bag is not as big as I expected. **06** I can swim as well as him. **07** He is always as cool as a cucumber. **08** The job is as easy as ABC. **09** He became as sly as a fox. **10** My cousin is as playful as a puppy.

PATTERN

21 더 시원하다 훨씬 더 비쌌다

1 ~보다 더 …한

[형용사/부사+-er than ~]의 형태로 비교급을 나타냅니다. 이때 형용사나 부사가 3음절 이상일 경우는 [more+형용사/부사+than ~] 형태를 사용하나 다음과 같은 단어는 불규칙 형태를 취합니다.

good/well – better – best	**bad/ill – worse – worst**
many/much – more – most	**little – less – least**

오늘은 어제보다 더 시원하다.
It's cooler today than it was yesterday.

그는 내게 좀 더 있다 가라고 했다.
He asked me to stay a bit longer.

나는 집에서보다 도서관에서 공부하는 것이 더 좋다.
It's better to study in the library than at home.

좀 더 먹고 싶었다.
I wanted to have some more.

나는 내 친구들보다 유행에 더 민감한 편이다.
I tend to be more fashion-conscious than my friends.

식당은 보통 때보다 더 많은 사람들로 붐볐다.
The restaurant was more crowded than usual.

나는 고기를 덜 먹고 채소를 더 많이 먹으려고 노력했다.
I tried to eat less meat and more vegetables.

2 ~보다 훨씬 더 …한

비교급을 강조하기 위해서는 비교급 앞에 much, still, far, a lot, even을 씁니다.

그 가방은 내가 예상했던 것보다 훨씬 더 비쌌다.
The bag was much more expensive than I expected.

훨씬 더 싼 것을 사고 싶었다.
I wanted something much cheaper.

온라인 쇼핑이 카탈로그 쇼핑보다 훨씬 더 값이 싼 경향이 있다.
On-line shopping tends to be a lot cheaper than catalog shopping.

그 옷을 입으면 훨씬 더 날씬해 보이는 것 같다.
I seem to look even more slender in the clothes.

LET'S PRACTICE

01 오늘이 어제보다 더 따뜻하다. (따뜻한 warm)

02 나는 그에 대해서 더 많이 알 필요가 있다. (~할 필요가 있다 need to ~)

03 그는 내가 기대했던 것보다 더 생각이 깊었다. (생각이 깊은 thoughtful)

04 그는 나보다 더 열정적이다. (열정적인 passionate)

05 이 소파가 너의 것보다 더 편하다. (편한 comfortable)

06 그녀는 영화배우보다 더 눈부시게 멋지다. (눈부시게 멋진 gorgeous)

07 그는 개그맨들보다 더 웃기다. (개그맨 comedian)

08 내 남자 친구가 그보다 훨씬 더 마음씨가 좋다. (마음씨가 좋은 good-natured)

09 이 프로젝트가 너의 것보다 훨씬 더 중요하다. (프로젝트 project)

10 나는 메리보다 훨씬 더 활발하다. (활발한 active)

ANSWER

01 It is warmer today than yesterday. **02** I need to know more about him. **03** He was more thoughtful than I expected. **04** He is more passionate than I. **05** This sofa is more comfortable than yours. **06** She is more gorgeous than a movie star. **07** He is funnier than comedians. **08** My boyfriend is much more good-natured than him. **09** This project is much more important than yours. **10** I am even more active than Mary.

PATTERN

22 그때 가장 행복했다 지금까지 본 영화 중 최악이었다

1 가장 ~한

최상급은 일반적으로 [the+형용사/부사+-est]로 표현하며, 형용사나 부사가 3음절 이상일 경우는 [the most+형용사/부사]의 형태를 써서 나타냅니다.

그때 가장 행복했다.
I was the happiest at that time.

그것이 가장 중요한 것은 아니다.
It isn't the most important thing.

오늘이 내 인생에서 가장 슬픈 날인 것 같았다.
Today seemed to be the saddest day of my life.

그 선물은 내가 정말 갖고 싶었던 것이다.
The present is what I wanted most.

그가 우리 반에서 가장 뚱뚱하다.
He is the fattest of all his classmates.

나는 건강을 가장 중요하게 여긴다.
I consider health the most important.

연습이 영어를 배우는 데 가장 중요한 것이라고 생각한다.
I think practice is the most important thing in learning English.

가장 가까운 식당을 찾았다.
I looked for the nearest restaurant.

회전 기구가 가장 높이 올라갔을 때 좀 무서웠다.
When the ferris wheel went up to the highest point, I was a little scared.

2 지금까지 ~한 것 중 가장 …한

[최상급+I have ever+과거분사]의 형태를 통해 경험을 바탕으로 한 최상급을 나타낼 수 있습니다.

그것은 지금까지 본 영화 중 최악인 것 같다.
I think it is the worst movie I've ever seen.

그것은 지금까지 내가 저지른 것 중 최악의 실수였다.
It was the worst mistake I've ever made.

그 치마는 내가 지금까지 입어 본 옷 중 가장 우아한 것이었다.
It was the most graceful skirt I've ever tried on.

그는 내가 만나본 사람 중 가장 웃기는 사람이었다.
He was the funniest person I've ever met.

LET'S PRACTICE

01 그는 나의 제일 친한 친구이다.

____

02 연습이 영어 공부에 가장 좋은 방법이다. (연습 practice)

____

03 이 영화가 제일 감동적이었다. (감동적인 impressive)

____

04 그는 우리 회사에서 가장 인기 있는 사람이다. (인기 있는 popular)

____

05 그가 우리 그룹에서 가장 긍정적인 멤버이다.

____

06 가장 어려운 일은 그의 제안을 거절하는 것이었다. (거절하다 refuse)

____

07 그때가 내 생애에 가장 행복했던 순간이었다. (순간 moment)

____

08 그것은 가장 잊지 못할 추억 중의 하나이다. (잊지 못할 unforgettable)

____

09 그것이 내가 해 본 여행 중 가장 스릴 있는 경험이었다. (스릴 있는 thrilling)

____

10 그는 지금까지 내가 만나본 사람 중 가장 사교적인 사람이다. (사교적인 social)

____

ANSWER

01 He is my best friend. **02** Practice is the best way to learn English. **03** This movie was the most impressive. **04** He is the most popular person in my company. **05** He is the most positive member in my group. **06** The hardest thing was to refuse his proposal. **07** It was the happiest moment of my life. **08** It is one of the most unforgettable memories. **09** It was the most thrilling experience I've ever had. **10** He is the most social person I've ever met.

PATTERN

23 나는 가끔 과식을 한다

다음은 횟수의 정도에 따라 나열된 빈도부사입니다. 이들 부사는 문장에서 보통 일반동사 앞, be동사나 조동사 뒤에 위치합니다.

always: 언제나, 항상
usually: 보통으로, 일반적으로
often: 흔히, 자주, 종종
sometimes: 때때로, 이따금, 간혹
rarely/seldom/hardly/scarcely: 드물게, 좀처럼, 거의 ~않다
never: 한 번도 ~않다

그는 언제나 늦게 온다.
He always comes late.

나는 항상 부지런히 일을 하려고 노력한다.
I always try to be an industrious worker.

나는 보통 TV를 많이 보는 편이다.
I usually watch too much TV.

나는 저녁이면 보통 집에 있다.
I am usually at home in the evenings.

나는 종종 그를 방문한다.
I often visit him.

인터넷 접속이 자주 끊긴다.
I often get disconnected from the Internet.

나는 가끔 과식을 한다.
I sometimes eat too much.

그는 좀처럼 늦지 않는다.
He is rarely late.

거의 흥분을 가라앉힐 수가 없었다.
I could hardly contain my excitement.

밤 12시 이전에는 거의 잠자리에 들지 않는다.
I hardly ever go to bed before midnight.

나는 아직 한 번도 외국에 나가본 일이 없다.
I have never been abroad.

나는 내가 한 일에 대해서는 절대 걱정하지 않는다.
I am never anxious about what I did.

LET'S PRACTICE

01 나는 보통 하루에 한 시간씩 컴퓨터 게임을 하며 보낸다. (시간을 보내다 spend)

____

02 나는 주말마다 자주 인터넷 서핑을 즐긴다. (주말마다 on weekends)

____

03 나는 가끔 바이러스를 체크해 본다. (체크하다 check)

____

04 나는 거의 온라인으로 쇼핑을 하지 않는다. (온라인으로 on line)

____

05 나는 가끔 친구들과 노래방에 간다. (노래방 Karaoke)

____

06 나는 절대 인터넷에서 노래를 무료로 다운받지 않을 것이다. (다운받다 download)

____

07 나는 가끔 그와 인터넷에서 채팅을 한다. (채팅하다 chat)

____

08 그는 좀처럼 나의 이메일을 답장하지 않는다. (답장하다 reply)

____

09 작업한 것을 자주 백업해 두는 게 좋다. (백업하다 back up)

____

10 나는 거의 인터넷에 글을 올리지 않는다. (게시하다 post)

____

ANSWER

01 I usually spend one hour a day playing computer games. **02** I often enjoy surfing the internet on weekends. **03** I often check for a virus. **04** I rarely shop on line. **05** I sometimes go to Karaoke with my friends. **06** I'll never download songs for free from the Internet. **07** I sometimes chat with him on the internet. **08** He seldom replies to my e-mails. **09** It is good to back up your work often. **10** I hardly ever post messages on the Internet.

PATTERN

24 후회해 봤자 소용없다

'이미 엎질러진 물'이란 말을 영어로 나타낼 때 '엎질러진 우유에 대고 울어 봤자 소용없다'라는 표현을 사용합니다. 이처럼 '~해 봤자 소용없다'는 뜻을 다음과 같은 구문들로 표현합니다.

There is no use -ing
It is no use -ing
It is of no use to+동사원형
It is useless to+동사원형

후회해 봤자 소용없다.
There is no use **repenting.**
It is no use **repenting.**
It is of no use to **repent.**
It is useless to **repent.**

이미 엎질러진 물이다.
There is no use **crying over spilt milk.**
It is no use **crying over spilt milk.**
It is of no use to **cry over spilt milk.**
It is useless to **cry over spilt milk.**

이 외에도 use를 사용해서 쓸모, 소용을 나타내는 말에는 다음과 같은 다양한 표현들이 있습니다.

쓸모 있다.
It is of use**.**
It is useful**.**

아주 쓸모가 있다.
It is of great use**.**

쓸모 없다.
It is of no use**.**
It is useless**.**

아무짝에도 쓸모 없다.
It is of no use **whatsoever.**

그것은 지금 사용되고 있다.
It is in use**.**

그것은 더 이상 사용되지 않는다.
It is of no use **any longer.**

LET'S PRACTICE

01 그에게 아무리 말해 봤자 소용이 없었다.

02 어떤 노력을 해 봤자 소용없었다. (노력을 하다 make ~ effort)

03 나중에 후회해 봤자 소용없는 일이다. (나중에 later)

04 실수한 후에 후회해 봤자 소용없다. (실수하다 make a mistake)

05 그에게 전화해 봐야 소용없었다. (전화하다 call)

06 울어도 소용없다는 것을 나는 알고 있다.

07 그에게 사과해도 소용없는 일이다. (사과하다 apologize)

08 그 회사에 지원해 봤자 소용없는 일이다. (지원하다 apply)

09 그런 종류의 펜은 더 이상 사용되지 않는다. (종류 kind)

10 그 도구는 아주 쓸모가 있다. (도구 tool)

ANSWER

01 It was no good talking to him. **02** It was no use making any effort. **03** There is no use repenting later. **04** It is useless to repent after making a mistake. **05** There was no use calling him. **06** I know it is no use crying. **07** There is no use apologizing to him. **08** It is useless to apply to that company. **09** That kind of pen is of no use any longer. **10** The tool is of great use.

PATTERN

25 테니스를 칠 것이다

---

will + 동사원형: ~할 것이다
be going to + 동사원형: ~할 것이다
왕래발착 동사(come, go, start, leave, arrive): 현재시제나 현재 진행형으로 미래를 표현
be supposed to + 동사원형: ~하기로 되어 있다
be to + 동사원형: ~할 예정이다
be about to + 동사원형: 막 ~하려고 하다
be at the point of -ing: 막 ~하려던 참이었다

올해는 운동을 할 것이다.
I will work out this year.

그와 테니스를 칠 것이다.
I am going to play tennis with him.

오늘은 내가 내려고 했다.
Today I was going to foot the bill.

다음 주에 그에게 진실을 말하려고 한다.
I am going to tell him the truth next week.

곧 비가 올 것 같았다.
It was going to rain soon.

우리는 내일 아침에 출발할 것이다.
We start tomorrow morning.

나는 내일 서울로 떠날 것이다.
I am leaving for Seoul tomorrow.

그는 내일 여기로 오게 되어 있었다.
He was supposed to come here tomorrow.

나는 오늘 발표를 할 예정이었다.
I was to make a presentation today.

막 외출하려던 참이었다.
I was about to go out.

그에게 막 전화를 하려고 하는데 초인종이 울렸다.
When I was about to call him, the doorbell rang.

막 출발하려던 참이었다.
I was at the point of leaving.

LET'S PRACTICE

01 우리는 다음 휴가 때 제주도를 여행할 것이다. (여행하다 travel)

02 곧 형이 김포 공항에 도착한다. (곧 soon)

03 우리는 그를 위한 깜짝 파티 계획을 세우려고 한다. (계획을 세우다 plan for)

04 그는 내일 그 회의에 참석하기로 되어 있다. (참석하다 attend)

05 나는 그에게 그것에 대한 자료를 좀 보내려고 한다. (보내다 send)

06 그 프로그램을 막 시작시키려던 참이었다. (시작시키다 start)

07 회장이 다음 달에 우리를 방문할 예정이다. (회장 president)

08 나는 다음 주말에 서울을 떠날 것이다. (떠나다 leave)

09 나는 이번 겨울에 골프 치는 방법을 배울 예정이다. (~하는 방법 how to ~)

10 계약서에 사인을 하려는 순간이었다. (계약서 contract)

ANSWER

01 We will travel to Jeju Island next holiday. **02** Soon my brother arrives at Gimpo airport. **03** We are going to plan for a surprise party for him. **04** He is supposed to attend the meeting tomorrow. **05** I am going to send him some data about it. **06** I was about to start the program. **07** The president is to visit us next month. **08** I leave Seoul next weekend. **09** I am going to learn how to play golf this winter. **10** I was at the point of signing the contract.

PATTERN

26 영화 보러 가고 싶다

want to+동사원형: ~하기를 원하다, ~하고 싶다
would like to+동사원형: ~하고 싶다
hope to+동사원형: ~하기를 바라다
hope that+주어+동사: ~가 …하기를 바라다
look forward to -ing: ~을 학수고대하다
feel like -ing: ~하고 싶다, ~하고 싶은 기분이 든다
feel inclined to+동사원형: ~하고 싶어지다
can't wait to+동사원형: 몹시 ~하고 싶다, 빨리 ~하고 싶다
long to+동사원형: ~하기를 열망하다
yearn to+동사원형: ~하기를 갈망하다
be eager to+동사원형: ~하기를 간절히 바라다

나는 훌륭한 선생님이 되고 싶었다.
I wanted to be a good teacher.

혼자 있고 싶다.
I'd like to stay alone.

멋진 사람을 만날 수 있기를 바랐다.
I hoped to meet a nice person.

그가 빨리 회복되기를 바란다.
I hope he will get well again soon.

나는 그를 만나기를 학수고대하고 있다.
I am looking forward to seeing him.

영화 보러 가고 싶었다.
I felt like going to the movies.
I felt inclined to go to the movies.

나는 별로 일을 하고 싶지 않았다.
I didn't feel much inclined to work.

찍은 사진을 빨리 보고 싶었다.
I couldn't wait to see the picture that I had taken.

나는 꼭 그 나라에 가고 싶다.
I long to enter the country.

나는 내가 제일 좋아하는 가수를 꼭 만나보고 싶었다.
I yearned to meet my favorite singer.

나는 정말 영화 보러 가고 싶었다.
I was eager to go to the movies.

LET'S PRACTICE

01 그 뮤지컬을 꼭 보고 싶었다. (뮤지컬 musical)

02 당신의 사인을 꼭 받고 싶어요. (사인 autograph)

03 그와 악수를 꼭 하고 싶었다. (악수하다 shake hands)

04 당신의 사랑이 영원하길 바란다. (영원한 endless)

05 왠지 그에게 내 사랑을 표현하고 싶었다.

06 이번 해외여행을 기대하고 있다. (해외로 가는 overseas)

07 빨리 찬물로 샤워하고 싶을 뿐이다. (찬물로 하는 샤워 cold shower)

08 개를 목욕시키고 싶었다. (목욕시키다 bathe)

09 나는 애완동물로 고양이를 간절히 갖고 싶다. (애완동물로 as a pet)

10 나는 아버지와 낚시하러 가기를 갈망한다.

ANSWER

01 I really wanted to see the musical. **02** I'd like to get your autograph. **03** I wanted to shake hands with him. **04** I hope your love will be endless. **05** I felt like expressing my love to him. **06** I'm looking forward to this overseas trip. **07** I can't wait to take a cold shower. **08** I wanted to bathe the dog. **09** I am eager to have a cat as a pet. **10** I long to go fishing with my father.

PATTERN

27 창문을 닫으라고 했다

다른 사람이 한 말을 옮겨 쓸 경우, 즉 직접 화법을 간접 화법으로 바꾸어 써야 할 때 문장의 종류에 따라 그 전달 방식이 달라집니다. 먼저 옮기는 문장이 평서문 형태일 경우는 전달 동사로 say, tell을 사용하고 직접 화법의 내용을 that절로 쓴 후 인칭 및 시제를 일치시킵니다.

그는 내가 누구에게나 친절하다고 했다.
He said, "You are kind to everyone."
→ He said that I was kind to everyone.

그는 나를 한 번 본 적이 있다고 말했다.
He said to me "I have seen you once."
→ He told me that he had seen me once.

의문문으로 한 말을 옮길 때는 전달 동사로 ask 또는 inquire of를 사용합니다. 의문사가 없는 의문문일 경우는 [if/whether+주어+동사], 의문사가 있는 의문문일 경우는 [의문사+주어+동사]의 어순으로 씁니다. 부탁이나 권유를 나타내는 경우는 [ask+목적어+to+동사원형]의 형태를 사용합니다.

그가 나에게 음악 듣는 것을 좋아하느냐고 물었다.
He asked me "Do you like to listen to music?"
→ He asked me if/whether I liked to listen to music.

그가 내게 무엇을 하고 있는지 물었다.
He asked me, "What are you doing?"
→ He asked me what I was doing.

그에게 나를 태우러 와 줄 수 있는지 물어보았다.
I said to him, "Could you pick me up?"
→ I asked him to pick me up.

명령문 형태의 문장을 옮길 때는 전달 동사 tell, order, advise, ask 등을 사용하여 [전달동사+목적어+to+동사원형]의 형태로 씁니다.

그가 내게 창문을 닫으라고 했다.
He said to me, "Close the window."
→ He told me to close the window.

그는 내게 좀 더 열심히 공부해야 한다고 했다.
He said to me, "You had better work harder."
→ He advised me to work harder.

LET'S PRACTICE

01 그는 축구에 미쳐 있다고 했다. (~에 미쳐 있다 be crazy for)

____

02 그는 나에게 축구 경기 보는 것을 좋아한다고 말했다.

____

03 그는 나에게 축구 경기규칙을 잘 아느냐고 물었다.

____

04 그는 매일 공차기를 연습한다고 말했다.

____

05 그는 그들이 경기를 연속해서 이길 수 있다고 했다. (연속해서 in a row)

____

06 그는 나에게 좋아하는 축구선수가 누구인지 물었다.

____

07 그는 나에게 축구 경기를 함께 보러 가자고 했다.

____

08 그들은 비 때문에 그 경기가 취소되었다고 했다. (취소하다 call off)

____

09 나는 그에게 왜 다쳤냐고 물었다. (다치다 be hurt)

____

10 나는 그에게 좀 더 조심하라고 했다.

____

ANSWER

01 He said that he was crazy for soccer. **02** He told me that he liked to watch soccer games. **03** He asked me whether I knew the rules of the soccer game. **04** He said that he practiced kicking balls every day. **05** He said that they could win the games in a row. **06** He asked me who is my favorite soccer player. **07** He told me to go to see the soccer game together with him. **08** They said that the game was called off because of the rain. **09** I asked him why he was hurt. **10** I told him to be more careful.

PATTERN

28 무엇을 해야 할지 몰랐다

[의문사+to부정사] 구문은 문장에서 명사구의 역할을 하여 주어, 목적어, 보어로 사용되는데 [의문사+주어+should+동사]의 절 형태로 바꾸어 쓸 수 있습니다.

who to+동사원형: 누가 ~해야 하는지, 누굴 ~해야 하는지
when to+동사원형: 언제 ~해야 할지
where to+동사원형: 어디에서 ~해야 할지
what to+동사원형: 무엇을 ~해야 할지
which one to+동사원형: 어떤 것을 ~해야 할지
how to+동사원형: 어떻게 ~해야 할지, ~하는 방법
whether to+동사원형: ~해야 할지
whether to+동사원형+or not: ~해야 할지 말아야 할지

나는 언제 출발하는지 알고 싶었다.
I wanted to know when to start.

문제는 언제 그 일을 끝내야 하느냐는 것이었다.
The problem was when to finish the work.

나는 무엇을 해야 할지 몰랐다.
I didn't know what to do.

어떤 것을 사야 할지 결정할 수 없었다.
I couldn't decide which one to buy.

나는 컴퓨터 사용법을 모른다.
I don't know how to use the computer.

가야 할지 말아야 할지 결정하기가 어려웠다.
It was difficult for me to decide whether to go or not.

나는 그를 언제 만나야 할지 몰랐다.
I didn't know when to meet him.
I didn't know when I should meet him.

그가 내게 어디로 가야 할지 가르쳐 주었다.
He told me where to go.
He told me where I should go.

어떤 가방을 선택해야 할지 몰랐다.
I didn't know which bag to choose.
I didn't know which bag I should choose.

나는 운전을 할 줄 모른다.
I don't know how to drive a car.
I don't know how I should drive a car.

LET'S PRACTICE

01 내일 무엇을 해야 할지 생각 중이다.

02 무슨 말을 해야 할지 몰랐다.

03 이런 상황에서 어찌해야 할지를 몰랐다. (상황 situation)

04 무엇을 주문해야 할지 빨리 결정할 수가 없었다. (주문하다 order)

05 누가 그것에 대한 돈을 내야 하는지 결정하자. (돈을 내다 pay)

06 어디에서 내려야 하는지 그에게 물어보았다. (내리다 get off)

07 그는 컴퓨터를 어떻게 작동시키는지 모른다. (작동시키다 operate)

08 우리는 화재에 어떻게 대처해야 하는지 알아야 한다. (~에 대처하다 deal with)

09 어떤 음식을 요리해야 할지 생각 중이다.

10 영어로 감정을 표현하는 방법을 알고 싶다. (표현하다 express)

ANSWER

01 I am thinking about what to do tomorrow. **02** I didn't know what to say. **03** I didn't know what to do in this situation. **04** I couldn't decide quickly what to order. **05** Let's decide who is to pay for it. **06** I asked him where to get off. **07** He doesn't know how to operate a computer. **08** We have to know how to deal with fire. **09** I am thinking about which food to cook. **10** I want to know how to express feelings in English.

PATTERN

29 나를 보자마자 달아나 버렸다

다음과 같은 시간의 접속사를 이용하여 '때'를 나타낼 수 있습니다.

~할 때: when, as, in -ing	**~하는 동안: while**
~하자마자: as soon as, upon -ing	**~하면서: as**
~하고 나서야 비로소 …하다: not ~ until …	**~할 때까지: until**

눈이 올 때는 밖에 나가 이곳 저곳을 뛰어다니고 싶다.
When it snows, I want to go out and run here and there.

운전을 할 때는 항상 조심해야 한다.
When we drive a car, we should be careful.
We should be careful when driving a car.

내가 없는 동안 누군가가 전화를 했다.
While I was away, someone called me.

내가 집에 오자마자 비가 왔다.
As soon as I came home, it rained.

그는 나를 보자마자 달아나 버렸다.
He ran away upon seeing me.

그 편지를 마치면서 한 가지만 더 이야기하고 싶었다.
As I ended the letter, I wanted to say one more thing.

오늘이 되어서야 비로소 그 뉴스를 듣게 되었다.
I didn't hear the news until today.
Not until today did I hear the news.

나는 그가 돌아올 때까지 거기에서 기다리고 있었다.
I was waiting until he came back.

LET'S PRACTICE

01 그가 도착했을 때, 나는 요리 중이었다.

02 라디오 듣다가, 잠이 들었다. (잠들다 fall asleep)

03 나는 그를 만나자 마자, 그를 안아 줄 것이다. (안다 hug)

04 친구들과 함께 있을 때면 마음이 편하다. (마음이 편하다 feel comfortable)

05 나는 만화책을 읽다가 큰 소리로 웃었다. (큰 소리로 loudly)

06 오늘이 되어서야 그의 도착 시간을 알았다. (도착 arrival)

07 그가 문을 열 때까지 우리는 여기에서 기다릴 것이다.

08 그는 그저께 나에게 작별인사를 했다. (작별인사 하다 say good-bye)

09 우리는 격주로 할머니 댁을 방문한다. (격주로 every other week)

10 우리는 동시에 그의 질문에 대답을 했다.

ANSWER

01 When he arrived, I was cooking. **02** While I was listening to the radio, I fell asleep. **03** As soon as I meet him, I will hug him. **04** I feel comfortable when I am with my friends. **05** While I was reading the comic books, I laughed loudly. **06** I didn't know his arrival time until today. **07** We will wait here until he opens the door. **08** He said good-bye to me the day before yesterday. **09** We visit my grandmother every other week. **10** We answered his question at the same time.

PATTERN

30 필수 연결어

1 게다가, 더구나, 또한

in addition, additionally, moreover, furthermore, besides, what is more, also, too, as well

2 마찬가지로, 비슷하게, 유사하게

similarly, likewise, in the same way, equally

3 반면에, 대조적으로, 달리

on the other hand, as opposed to, unlikely, instead, in contrast, contrastingly, contrary to, whereas

4 그러나, 그럼에도 불구하고

however, yet, but, nevertheless, despite, in spite of, although, nonetheless, notwithstanding, for all, with all, after all, yet

5 그래서, 따라서, 결과적으로

thus, therefore, consequently, hence, in consequence, so, as a result, accordingly

6 간단히 말해, 요약하면, 결국

in brief, in short, in conclusion, to conclude, in summary, eventually

7 가령, 예를 들면

for example, for instance

8 즉, 다시 말하면

namely, in other words, that is to say, that is, so to speak

LET'S PRACTICE

01 그 영화는 웃길 뿐 아니라 감동적이기도 하다. (재미있는 funny)

____

02 나는 언제나 늦게 자고 늦게 일어난다.

____

03 그는 멋지다. 게다가 마음도 따듯하다. (마음이 따듯한 warm-hearted)

____

04 그의 결점에도 불구하고 나는 그를 사랑한다. (결점 fault)

____

05 그 품질은 좋다. 반면에 매우 비싸다. (품질 quality)

____

06 나도 마찬가지로 그 잡지를 갖고 싶었다. (잡지 magazine)

____

07 그가 나에게 거짓말을 여러 번 했지만, 그럼에도 불구하고 나는 그를 믿는다. (믿다 trust)

____

08 우리는 비슷하게 생각하는 것 같다.

____

09 나는 김치찌개, 된장찌개 같은 한국 음식을 좋아한다. (된장찌개 bean-paste stew)

____

10 나는 모든 문제를 다 풀 수는 없다. 다시 말하면, 나는 천재가 아니다. (천재 genius)

____

ANSWER **01** The movie is impressive as well as funny. **02** I always go to bed late; therefore I wake up late. **03** He is nice. In addition, he is warm-hearted. **04** I love him despite his faults. **05** Its quality is good. On the other hand, it is expensive. **06** Likewise, I wanted to have the magazine. **07** He told me lies several times; nevertheless, I trust him. **08** We seem to think in the same way. **09** I like Korean food such as kimchi stew, and bean-paste stew. **10** I can't solve all the questions, that is, I am not a genius.

시간을 나타내는 부사구

지금	now	재작년	the year before last
오늘	today	내년	next year
어제	yesterday	내후년	the year after next
그저께	the day before yesterday	작년 이맘때	at this time last year
내일	tomorrow	내년 이맘때	at this time next year
모레	the day after tomorrow	오는 일요일에	on this coming Sunday
지난주	last week	매일	every day, each day
다음주	next week	매달	every month, each month
지난 주 오늘	a week ago today	격주로	every two weeks, every other week
다음 주 오늘	a week from today	격일로	every two days, every other day
1주일 전에	a week ago		
1주일 후에	a week later		
작년	last year		

자주 쓰이는 시간 표현

처음으로	for the first time	최근에	these days, of late, lately, recently
처음에는	at first	그 당시에는	in those days
곧	at once, at the same time, in no time, right away, right now	옛날 옛적에	once upon a time
머지 않아	after a while, before long	지금까지는	so far, up to now, until now
갑자기	all at once, all of a sudden, without notice	앞으로는	from now on, in the future
드디어	at last, in the end, in the long run, after all	나중에	later on, some time later, in the future
잠시 동안	for a minute, for a while, for a short time, for a little while	가끔	now and then, on and off, from time to time, once in a while
오랫동안	for ages, for years, for a long time	~하는 중에	in the course of, in the middle of
		영원히	forever, for good

CHAPTER

01

날씨 · 계절

1. 날씨
2. 봄
3. 여름
4. 가을
5. 겨울

01 날씨

WEATHER

좋은 날씨

- 화창한 날씨였다. It was fine.
- 햇살이 밝았다. It was sunny.
- 햇볕이 밝게 내리쬐고 있었다. The sunlight was shining brightly.
- 평온한 날씨였다. It was serene.
  * serene 평온한, 화창한, 맑게 갠
- 청명한 날씨였다. It was bright.
- 상쾌한 날씨였다. It was balmy.
  * balmy 향기로운, 기분 좋은, 상쾌한
- 쾌적한 날씨였다. It was delightful.
- 온화한 날씨였다. It was mild.
- 정말 날씨가 좋았다. It was really nice.
- 날씨가 매우 좋았다. It was very good.
- 아주 산뜻한 날씨였다. It was so beautiful.
- 날씨가 좋은 날이었다. It was a nice day.
- 오늘은 날씨가 좋았다. It was fair today.
- 해가 비치고 있었다. The sun was shining.
- 하늘이 맑았다. The sky was clear.
- 구름 없는 날씨였다. There wasn't a cloud in the sky.
- 이상적인 날씨였다. The weather was ideal.
- 아주 완벽한 날씨였다. The weather was perfect.
- 날씨가 더할 나위 없이 좋았다. The weather couldn't be better.
  * couldn't be better 더 이상 좋을 수 없다
- 말로 표현할 수 없을 정도로 날씨가 좋다. The weather is beyond description.
- 날씨가 좋아지고 있었다. The weather was improving.
  The weather was changing for the better.
  * change for the better 개선되다, 호전되다
- 날씨가 점점 더 좋아지고 있었다. The weather was getting better.

- 지난 며칠동안 날씨가 좋아졌다. The weather has gotten better in the last few days.
- 며칠만에 화창한 날씨로 돌아왔다. It's been a few days since we've had nice weather.
- 날씨가 개었다. It cleared up.
  ★ up 완전히, 모조리 (=completely)
- 비가 갠 뒤의 좋은 날이었다. It was fine weather just after the rainfall.
- 오늘은 운동하기에 아주 좋은 날씨였다. Today was a perfect day for a workout.
- 날씨가 너무 좋아 밖에 나가 돌아다니고 싶었다. The weather was so nice that I wanted to hang around.
  ★ hang around 돌아다니다, 배회하다
- 햇살이 좋으면 기분도 좋다. I feel great when it is sunny.

날씨를 나타내는 주어 it

날씨를 나타낼 때 쓰는 비인칭 주어 it은 상대방이 문맥상 날씨를 나타내는 말이라는 것을 알고 있을 때 사용합니다. 앞뒤 상황 없이 It is fine.이라고 할 경우, '그것이 좋다'라고 받아들일 수 있습니다. 날씨 이야기라는 것을 명확히 전달하려면 The weather is fine.이라고 해야겠죠. 비인칭 주어 it은 '계절, 요일, 날짜, 시간, 거리, 명암 등'을 나타낼 때도 사용하는데, 이는 우리말로 따로 해석하지 않습니다.

흐린 날씨

- 구름 낀 날씨였다. It was cloudy.
- 날씨가 우중충했다. It was dull.
  ★ dull 무딘, 활기 없는, 흐린
- 음울한 날씨였다. It was gloomy.
- 우울하게 흐린 날씨였다. It was dismally gray.
  ★ dismally 침울하게, 우울하게
- 구름으로 뒤덮인 날씨였다. It was overcast.
  ★ overcast 흐린, 음침한, 구름으로 뒤덮인
- 컴컴한 날씨였다. It was dark.
- 어둑한 날씨였다. It was dim.
- 날씨가 궂었다. It was nasty.
  ★ nasty 불쾌한, 날씨가 험악한
- 음산한 날씨였다. It was murky.
  ★ murky 어두운, 자욱한, 음산한
- 구름이 하늘을 덮기 시작했다. Clouds began to cover the sky.

- 하늘이 먹구름에 뒤덮여 매우 어둑했다. The skies were heavily overcast with dark clouds.
- 부분적으로 흐린 날씨였다. It was partly cloudy.
- 전체적으로 흐린 날씨였다. It was generally cloudy.
- 잔뜩 찌푸린 날씨였다. The weather looked threatening.
  * threatening 위협적인, (날씨가) 험악한
- 아침 내내 흐렸다. It's been gray all morning.
- 날씨가 너무 흐려서 기분도 가라앉았다. I felt down because it was so cloudy.
- 날씨 때문에 마음이 우울했다. I felt depressed because of the weather.
- 구름이 끼는 것을 보니 금방 비가 올 것 같았다. It was likely to rain soon judging from the clouds.
  * judging from ~로 판단컨대

날씨를 나타내는 형용사

일반 형용사로 날씨를 표현할 때가 있는데, 어떤 날씨를 나타낼까요? balmy는 '향기로운, 부드러운'의 의미로 상쾌하고 기분 좋은 날씨를 나타내고, '무딘'의 dull과 '회색의'의 gray는 흐린 날씨를, '불쾌한, 불결한'의 nasty는 궂은 날씨를, '우울한'의 gloomy는 어둑어둑하고 음울한 날씨를 나타냅니다.

변덕스러운 날씨

- 날씨가 변덕스러웠다. The weather was erratic.
  * erratic 불규칙적인, 변하기 쉬운, 변덕스러운
- 날씨가 불안정했다. The weather was unstable.
- 날씨를 예측할 수가 없었다. The weather was unpredictable. We couldn't predict the weather.
- 요즘은 날씨 예측하기가 어렵다. The weather has been unpredictable lately.
- 하늘은 곧 소나기가 쏟아 부을 것만 같았다. The sky looked like a rain shower was about to pour down.
- 따듯하다가 갑자기 추워졌다. It had been warm, but it suddenly got cold.
- 오늘은 계절에 맞지 않게 추웠다. Today, it was unseasonably cold.
- 아침에는 비가 오락가락했다. It rained occasionally in the morning.
  * occasionally 이따금, 수시로
- 날씨가 점차로 갤 것 같았다. I thought it would clear up by and by.
  * by and by 점차로, 차츰
- 날씨가 점점 좋아지는 것 같았다. It seemed that the weather was improving.

- 햇빛이 나는데도 비가 내렸다. It rained even if the sun shone.
- 우리는 그런 날씨를 호랑이가 시집가는 날씨라고 한다. We call that 'the weather of the day when tiger brides get married.'
- 이와 같은 날씨가 오래 계속되지 않을 것이다. This weather will not hold so long.
  * hold 들다, 잡다, (상태가) 계속되다
- 심란한 날씨 때문에 머리가 아픈 것 같다. I have a headache probably because of the disturbing weather.
  * disturbing 불안하게 하는, 어지럽히는

여우비

햇빛이 밝게 나는 데도 비가 내리면, 호랑이가 시집가는 날씨라고 하거나 여우비가 내린다고 하죠. 그런 여우비는 sunshower로 표현할 수 있으므로 We have a sunshower.라고 하면 됩니다.

일기예보

- 나는 아침마다 일기예보에 귀를 기울인다. I listen to the weather forecast every morning.
- 일기예보를 확인했다. I checked the weather report.
- 일기예보에서 구름이 낀다고 했다. The weather forecast called for a cloudy sky.
  * call for (날씨를) ~라고 예보하다
- 일기예보에서 황사바람이 몰려올 거라고 한다. The weather forecast called for a yellow sand storm.
- 일기예보에 따르면, 날씨가 곧 좋아질 것이라고 한다. According to the weather forecast, the weather will improve soon.
- 일기예보에 의하면 내일은 비가 온다고 한다. The weatherman says it will rain tomorrow.
- 일기예보에서 오후에 천둥을 동반한 폭풍우가 올 것이라고 했다. Heavy thunderstorms are forecasted for the afternoon.
- 일기예보원에 따르면 폭설이 온다고 한다. According to the weatherman, it will snow heavily.
  * according to ~에 따르면, ~에 의하면
- 일기예보에서 내일 날씨가 맑을 것이라고 예보하였다. The weather forecast predicted sunshine for tomorrow.
- 일기예보에 따르면 곳에 따라 소나기가 올 것이라고 한다. The weather forecast predicts scattered showers.
  * scattered 뿔뿔이 흩어진, 산발적인
- 기상청에서 태풍주의보를 내렸다. The weather bureau issued a warning about a typhoon.
  * issue (명령, 경고를) 내리다, 발포하다
- 오늘의 일기예보가 맞았다. Today's weather forecast proved right.
  * prove (to be)+형용사 ~임이 판명되다

- 예보된 대로 날씨가 아주 좋았다. It was fine as forecasted.
- 오늘의 일기예보가 틀렸다. Today's weather forecast turned out wrong.
  * turn out ~라고 입증되다
- 가끔은 일기예보를 믿지 못할 때가 있다. Sometimes I don't believe the weather forecast.

weather가 이런 뜻도!

weather가 날씨를 나타내는 의미뿐 아니라 이런 뜻도 있어요. 좋을 때만 친한 척하는 친구를 표현할 때 fair weather friend라고 하고, under the weather라고 하면 몸이 찌뿌드드하게 좋지 않은 상태를 나타냅니다.

기온

- 오늘 기온은 영상 5도였다. Today's temperature was 5 degrees Celsius.
  * Celsius(=Centigrade) 섭씨 (cf. Fahrenheit 화씨)
- 오늘 기온은 영하 5도였다. Today's temperature was 5 degrees Celsius below zero.
- 온도계는 25도를 가리키고 있었다. The thermometer stood at 25°C.
  * stand (값, 정도가) ~이다
- 기온이 갑자기 올랐다. The temperature suddenly rose.
- 기온이 급상승했다. The temperature soared.
  * soar 높이 솟다, 급상승하다
- 기온이 35도까지 올랐다. The temperature rose up to 35°C.
  * rose rise(오르다)의 과거형
- 기온이 갑자기 떨어졌다. The temperature fell all of a sudden.
  * all of a sudden 갑자기 (=suddenly)
- 기온이 영하 10도까지 떨어졌다. The temperature dropped to 10°C below zero.
- 오늘 오후 최고 기온은 30도가 될 것으로 예상되었다. The high temperature was expected to be 30°C this afternoon.
- 오늘의 최고 기온은 35도였다. Today's high temperature was 35°C.
- 오늘의 최저 기온은 영하 5도였다. Today's low temperature was 5°C below zero.
- 오늘은 흐린 날씨로 최고 기온이 20도, 최저 기온이 12도이었다. It was cloudy today with a high of 20°C, a low of 12°C.
  * high 최고 기온 (↔ low 최저 기온)
- 체감 기온이 영하 20도였다. The wind chill index was 20°C below zero.
  * wind chill index 체감 온도
- 오늘은 평균 기온을 넘어서면서 더웠다. Today it was hot, with temperatures rising over average.

02 봄

SPRING

봄맞이

• 봄이 빨리 오면 좋겠다.	I hope for an early spring. I hope spring will come quickly.
• 봄이 살며시 오고 있다.	Spring is coming quietly.
• 해가 점점 길어지고 있다.	The days are getting longer. * get+비교급 점점 더 ~하다
• 이젠 봄기운을 느낄 수 있다.	Now I can feel the breath of spring. * breath 호흡, 생명, 기미
• 봄이 되었다.	It became spring. Spring has come.
• 지금 봄이 한창이다.	Spring is now in all its glory. * be in all one's glory 한창이다, 전성기다
• 봄기운이 완연하다.	Spring is already in the air.
• 봄은 1년 중 제일 즐거운 계절이다.	Spring is the most pleasant of all the seasons.
• 나는 일년 중 모든 계절 중에서 봄을 제일 좋아한다.	I like spring best of all the seasons in a year.
• 아지랑이가 피어나는 것을 보았다.	I saw heat rise from the ground. * see+목적어+동사원형 ~가 …하는 것을 보다
• 봄에는 나무들이 움을 틔운다.	Trees put forth new leaves in the spring. * put forth (싹을) 틔우다
• 봄이 되니 새싹이 돋아난다.	As spring comes, the trees push out fresh shoots. * shoot 명 어린 가지, 새싹, 사격, 발사 동 쏘다
• 봉오리 진 꽃들을 보니 봄이 느껴진다.	Seeing flowers in bud, I feel spring.
• 나는 봄을 탄다.	I suffer from spring fever. * suffer from ~를 겪다, ~로 고통 받다
• 날씨가 따듯해져서 두꺼운 외투를 벗었다.	It became warmer, so I took off my warm clothes.
• 봄에 어울리는 짧은 머리를 하고 싶다.	I'd like to have short hair for spring.
• 따듯한 날씨가 날 나른하게 만들었다.	Warm weather made me feel languid. * languid 무감동의, 늘쩍지근한, 나른한
• 봄나물을 캐러 들판에 갔다.	I went to pick spring herbs in the field.

봄 날씨

- 날씨가 풀렸다. The weather became warmer.
- 오늘은 봄날 같다. It feels like spring today.
  * feel like ~처럼 느껴지다
- 봄이 와서 날씨가 따듯해졌다. Spring has come, and the weather became warm.
- 화창한 봄날이었다. It was a gentle spring day.
- 상쾌한 봄 날씨였다. We had fine spring weather.
- 구름 한 점 없이 맑았다. It was clear without a hint of clouds.
  * a hint of 적은 양의
- 날씨가 매우 따듯해서 정말 행복했다. It was so warm, and it made me really happy.
- 산책하기에 딱 좋은 날씨였다. It was ideal for taking a walk.
  * ideal 이상적인, 아주 좋은
- 잔디에 누워 깨끗한 하늘을 보았다. I lay on my back on the grass and saw the clear sky.
  * lie on one's back 등을 대고 눕다, lay는 lie(눕다)의 과거형
- 봄바람이 너무 좋다. I really like a spring breeze.
- 황사가 있었다. There was yellow dust in the air.
  * yellow dust 황사
- 황사 바람이 불었다. There was a yellow dust storm.
- 황사 먼지로 하늘이 뿌옇게 안개 낀 것 같았다. The sky was hazy with the yellow dust.
  * hazy 안개 낀, 흐릿한
- 오늘은 황사가 정말 심했다. The yellow dust was really bad today.
- 황사가 있는 날은 마스크를 쓴다. When there is yellow dust, I wear a mask.
- 황사 때문에 외출하지 않았다. I didn't go out because of the yellow dust.
- 매년 황사가 심해지고 있다. The yellow dust is getting worse year by year.
- 기상청에서 황사주의보를 내렸다. The weather bureau issued a warning about a severe yellow dust storm.
- 화창한 날씨로 기분이 싱숭생숭했다. I felt restless because of the sunny weather.
  * restless 침착하지 못하고 들떠 있는

꽃샘추위

- 오늘 겨울의 막바지 추위가 있었다. Today was winter's last shot.
  * shot 발사, 겨냥, 시도
- 이번 주는 꽃샘추위가 예상된다. Spring frost is expected this week.

- 꽃피는 계절인데, 꽃샘추위가 매서웠다.
  It was cold and windy weather in the blooming season.
- 봄을 시샘하는 추위가 아직 매섭다.
  The cold weather envious of spring is still severe.
- 봄에 부는 산들바람은 겨울바람보다 더 차가운 것 같다.
  A spring breeze seems to be colder than a winter wind.
- 꽃샘추위가 있어서 아침에 겨울옷을 입었다.
  I put on winter clothes in the morning because of the spring chill.
  * put on 입다 (동작) (cf. wear 입고 있다)
- 일교차가 너무 크므로, 감기 걸리지 않도록 조심해야겠다.
  The daily temperature range is very wide, so I need to be careful not to catch a cold.

안개

- 오늘 아침에는 안개가 꼈다.
  It was foggy this morning.
  It was misty this morning.
- 짙은 안개였다.
  The fog was heavy.
  The fog was dense.
  The fog was thick.
- 짙은 안개 때문에 앞이 잘 안 보였다.
  I couldn't see well because of the heavy fog.
- 짙은 안개 때문에 내 앞의 차조차도 거의 보이지 않았다.
  I could hardly see even the car in front of me, because of the thick fog.
  * hardly 거의 ~ 않다
- 안개가 끼고 있었다.
  A fog was setting in.
  A fog was rolling in.
  * set in 들어오다 | roll in 몰려오다
- 갑자기 안개가 짙어졌다.
  The fog thickened suddenly.
  * thicken 짙어지다, 무성해지다
- 안개 때문에 공항은 이착륙이 불가능했다.
  Airport traffic came to a halt due to the fog.
- 안개가 걷히고 있다.
  The fog was rolling out.
- 안개가 걷혔다.
  The fog cleared up.
  The fog cleared out.
  The fog lifted.
- 해가 나니 안개가 걷혔다.
  After the sun shone, the mist cleared up.
  * shone shine(비치다)의 과거형
- 아침에 안개가 끼더니 이제는 깨끗이 걷혔다.
  In the morning the fog rolled in, but it is clear now.
- 아침에 안개가 끼면, 낮에는 화창하다고들 한다.
  It is said that when it is foggy in the morning, it will be sunny in the afternoon.

봄 음식

- 시장에 여러 봄나물이 나와 있었다. There were several spring herbs in the market.
- 우리는 봄나물을 다듬었다. We prepared spring herbs for cooking.
- 엄마는 봄나물을 삶아서 무치셨다. My mom boiled spring herbs and seasoned them.
- 우리는 떡을 만들기 위해 쑥을 샀다. We bought some mugwort to make rice cake.
- 우리는 쑥떡을 만들었다. We made rice cake with mugwort.
  * mugwort 쑥
- 나는 쑥의 향을 정말 좋아한다. I really like the smell of mugwort.
- 냉이국이 먹고 싶었다. I wanted to have shepherd's purse soup.
- 달래 무침이 나의 식욕을 돋우었다. The seasoned wild garlic stimulated my appetite.
  * seasoned 양념된 | wild garlic 달래 | stimulate 자극하다
- 씀바귀는 쓴 맛이 나서 싫어한다. I don't like sow thistle because of its bitter taste.
  * sow thistle 씀바귀
- 딸기가 제철이라 아주 달콤하다. Strawberries are in season, so they are so sweet.
- 봄에는 딸기 샐러드를 즐겨 먹는다. I enjoy strawberry salad in spring.
- 겨울에 먹으려고 딸기를 냉동실에 얼려 두었다. I put some strawberries in the freezer so as to eat them in the winter.
  * so as to+**동사원형** ~하기 위해서

봄 꽃

- 꽃이 피는 계절이다. It is flower season.
- 개나리가 도처에 피었다. Golden bells bloomed all over the country.
- 개나리는 봄의 상징이다. The golden bell is the symbol of spring.
- 올해는 개나리가 일찍 폈다. The golden bells bloomed so early this year.
- 노란 개나리꽃들로 마을이 환해졌다. The village became bright because of the yellow golden bell flowers.
- 환한 빛깔로 핀 진달래를 보러 산에 가고 싶었다. I wanted to go to the mountains to see the blooming azaleas with bright colors.
- 진달래가 음식에 이용된다고 한다. It is said that azaleas are used to make some kinds of food.
- 진달래를 몇 송이 꺾어서 화병에 꽂아 두었다. I picked some azaleas and put them in the vase.
- 나는 연한 보랏빛 목련꽃을 좋아한다. I like light purple magnolia blossoms.
  * magnolia 목련

- 봄꽃이 필 때쯤이면 생각나는 사람이 있다. One person comes to my mind around the spring flower season.
  * around ~경에, ~즈음에
- 거리에 봄 꽃가루가 많이 날렸다. Spring pollen blew in the street a lot.
  * blew blow(불다)의 과거형
- 꽃가루 때문에 자꾸 재채기가 났다. I couldn't stop sneezing because of the pollen.
- 봄이면 꽃가루 알레르기가 있다. I am allergic to pollen in spring.
- 온 세상이 꽃으로 뒤덮인 것 같다. All the world seems to be covered with flowers.
- 꽃들이 시들지 않으면 좋겠다. I hope the flowers won't wither.
  * wither 시들다
- 봄비가 온 후에 나무들이 더 푸르렀다. The tree grew greener after the spring rains.
- 봄꽃들이 벌써 다 져 버렸다. The spring flowers have already withered away.

꽃가루 알레르기

봄이면 여러 사람을 괴롭히는 꽃가루 알레르기는 hay fever라고 합니다. 그래서 꽃가루 알레르기가 있을 때 I have a hay fever.라고 하면 됩니다. 꽃가루라는 말인 pollen을 사용하여 표현하려면 '~에 알레르기가 있다'라는 [be allergic to ~] 또는 [have an allergy to ~]를 사용하여 I am allergic to pollen. 또는 I have an allergy to pollen.이라고 할 수도 있습니다.

꽃 구경

- 벚나무에 꽃이 피기 시작했다. The cherry trees began to put forth their blossoms.
  * put forth (싹이) 나오다, (꽃을) 피우다 | blossom 꽃
- 꽃구경을 갔다. I went to view the flowers.
  * view 조사하다, 바라보다
- 올해는 벚꽃이 매우 일찍 폈다. The cherry blossoms bloomed so early this year.
- 벚꽃이 절정에 달해 있다. The cherry blossoms are at their best.
  * at one's best 한창인, 전성기에
- 지금 ~에는 벚꽃이 만발해 있다. The cherry trees are in full bloom in ~.
- ~는 벚꽃으로 유명하다. ~ is well known for its cherry blossoms.
- 우리 가족은 벚꽃 구경하러 ~에 갔다. My family went to ~ to see the cherry blossoms.
- 나무에 꽃이 활짝 피어 있었다. The trees were in full bloom.
- 활짝 핀 벚꽃이 너무 아름다웠다. The full-blown cherry blossoms were so beautiful.
- 꽃들이 활짝 피었다. The flowers burst forth.

• 꽃향기가 가득했다. The flowers filled the air.
* fill 가득하게 하다, (냄새로) 채우다

• 꽃이 바람에 흩날리는 것을 보았다. I watched blossoms scattered by the wind.

• 벚꽃 잎들이 눈처럼 날리고 있었다. The cherry blossom petals were swaying like snow.

• 벌써 벚꽃이 다 져버렸다. All the cherry blossoms have already fallen.

• 꽃이 시드는 것을 보니 서글펐다. I was sad to see the flowers wither.

• 이제 봄도 다 끝났다. Now spring has ended.

꽃의 종류

개나리	forsythia	라일락	lilac
진달래	azalea	채송화	rose mose
철쭉	royal azalea	수선화	narcissus
장미	rose	나팔꽃	morning glory
들장미	wild rose	난	orchid, iris
벚꽃	cherry blossom	백합	lily
국화	chrysanthemum	수국	hydrangea
민들레	dandelion	글라디올러스	gladiolus
튤립	tulip	접시꽃	hollyhock
카네이션	carnation	붓꽃	blue flag
무궁화	rose of Sharon	제비꽃	violet
안개꽃	babies' breath	매화꽃	Japanese apricot flower

03 여름 SUMMER

여름맞이

• 봄이 가고 여름이 왔다. Spring passed into summer.
* pass into ~이 되다

• 봄이 지나면 여름이 온다. Summer follows spring.

- 여름이 된 것 같다. It seems to have become summer.
- 여름이 시작되었다. Summer has started.
- 올 여름을 어떻게 지낼 것인지 걱정이다. I'm worried about how I can pass this summer.
- 옷장에 있는 옷들을 여름옷으로 바꾸어 놓았다. I replaced clothes in the drawers with summer clothes.
  * replace ~ with... ~를 …로 바꾸다
- 올 여름은 작년보다 덜 더웠으면 좋겠다. I hope it will be less hot than last summer.
- 여름을 건너뛸 수 있으면 좋겠다. I wish we could skip summer.
- 나는 끈적거리는 여름이 정말 싫다. I really hate the sticky summer.
- 여름이면 외출하는 것조차도 싫다. I don't even like going out in summer.
- 나는 여름에는 좀 더 활동적으로 산다. I am more active in summer.
- 여름은 야외활동 하기에 더 좋기 때문에 나는 여름이 좋다. I like summer because it is better for outdoor activities.

여름 날씨

- 날씨가 점점 더워진다. It is getting hotter and hotter.
  * get+비교급+and+비교급 점점 더 ~해지다
- 오늘 날씨가 매우 더웠다. It was hot today.
- 오늘 더위를 느꼈다. I felt the heat today.
- 찌는 듯이 더웠다. It was sweltering.
  * sweltering 찌는 듯이 더운, 더위에 허덕이는
- 타는 듯이 뜨거운 날씨였다. It was scorching hot.
  * scorching 태우는 듯한, 매우 뜨거운
- 후덥지근했다. It was sultry.
  * sultry 무더운, 후덥지근하게 더운
- 끈적거리는 날씨였다. It was sticky.
- 무더웠다. It was muggy.
  * muggy 습도가 높아 무더운
- 오늘 날씨는 매우 무더웠다. We had very muggy weather.
- 찌는 듯이 더웠다. It was steaming hot.
- 무더워서 답답한 날씨였다. It was oppressive.
  * oppressive 숨이 막힐 정도로 더운
- 무더운 날씨로 짜증이 났다. I felt uneasy because of the scorching weather.
- 뜨겁고 습기 많은 바람이 불었다. The hot and humid wind blew.

- 여름치고는 시원한 날씨였다. It was cool for summer.
- 이번 여름은 작년 여름보다 약간 더 시원한 것 같다. This summer seems to be a little cooler than last summer.

무더위

습도가 높으면서 후덥지근하게 더워서 불쾌지수를 높이는 날은 sultry, muggy, sticky, sweltering한 날씨이며, 강한 햇볕에 타는 듯한 더위는 sizzling, scorching으로 나타냅니다.

비

- 하늘을 봐서는, 내일 비가 올 것이다. Judging from the looks of the sky, it will rain tomorrow.
- 하늘에 비구름이 꼈다. There were rain clouds in the sky.
- 비가 올 것 같았다. It was likely to rain. It looked like it would rain.
  * be likely to+동사원형 | look like 주어+동사 ~할 것 같다
- 내일은 비가 올 것이다. We'll have rainy weather tomorrow.
- 비가 내리기 시작했다. It began to rain.
- 비가 왔다. It rained. It was rainy.
- 그냥 잠깐 내리는 소나기였다. It was only a little shower.
- 가벼운 비였다. It was a light rain.
- 이슬비가 왔다. There was a misty rain.
- 부슬부슬 비가 내렸다. It drizzled.
- 비를 만났다. I was caught in the rain.
  * be caught in the rain 비를 만나다
- 비가 와서 좀 시원해졌다. It became a little cooler because of the rain.
- 비가 그리 많이 오지 않을 것 같았다. It was not supposed to rain that much.
  * be supposed to+동사원형 ~할 것으로 예상되다

여러 종류의 비

가랑비	sprinkle	소나기	shower
보슬비	drizzle	폭우	downpour, heavy rain
이슬비	light drizzle, misty rain	뇌우	thunderstorm

비에 젖다

- 비에 젖었다. — I got wet in the rain.
- 비에 흠뻑 젖었다. — I was soaking wet.
  * soaking 흠뻑 젖은
- 우산을 가지고 가지 않아서 옷 속까지 비에 흠뻑 젖었다. — I didn't bring an umbrella, and my skin got wet beneath my clothes.
  * beneath ~의 바로 밑에
- 옷들이 축축해졌다. — My clothes were dampened.
  * dampen 축이다, 축축해지다
- 되도록 빨리 옷을 갈아입고 싶었다. — I wanted to change my clothes as soon as possible.
- 수건으로 물기를 닦았다. — I dried myself with a towel.
- 감기에 걸릴 것 같았다. — I felt like I would catch a cold.
- 신발이 온통 진흙 범벅이 되었다. — My shoes were caked all over with mud.
  * be caked with ~로 뒤덮이다
- 젖은 옷을 입은 채 집에 돌아왔다. — I went back home with the wet clothes on.
- 처마 밑에서 비를 피했다. — I took shelter from the rain under a ledge.
  * take shelter from ~로부터 피하다 | ledge 처마
- 나무 밑에서 비가 그치기를 기다렸다. — I waited under the tree for the rain to stop.
- 비를 피해 집 안에 있었다. — I stayed indoors to keep out of the rain.
- 비가 들어오지 않도록 창문을 닫았다. — I closed the windows so that the rain couldn't blow in.

비 오는 날

- 비는 항상 나를 우울하게 한다. — Rain always depresses me.
  * depress 우울하게 하다, 풀죽게 하다
- 비가 올 때마다 우울해진다. — Whenever it rains, I get depressed.

- 갑자기 비가 와서 심란했다. | I wasn't at ease, since it rained suddenly.
  * at ease 마음이 편한
- 빗속을 혼자 걷고 싶었다. | I wanted to walk alone in the rain.
- 비가 내리는 것을 보며 감상에 젖었다. | I got sentimental, watching the rain falling.
- 빗소리에 흠뻑 빠져 있었다. | I was indulging in the sound of rain.
  * indulge in ~에 빠지다, ~를 마음껏 누리다
- 비가 오면 부침개가 먹고 싶어진다. | When it rains, I feel like eating fried flat cakes.
- 비가 오면 그저 방에서 만화책이나 읽고 싶다. | When it rains, I just want to read comic books in my room.
- 나는 창가에 서서 비를 바라보는 것을 좋아한다. | I like to stand at the window watching the rain.
- 비가 올 때는 우울한 음악을 듣는 것이 더 좋다. | It's better for me to listen to gloomy music when it rains.

비 오는 것을 지켜보다

see, watch, look은 다 본다는 말이지만 의미의 차이가 있습니다. see는 눈만 뜨면 그냥 시야에 들어와서 어쩔 수 없이 보이는 것을 보는 것이고, watch는 주의하여 지켜보는 것, look도 일부러 집중하여 바라보는 것을 나타냅니다. 한곳만을 응시해서 볼 때는 stare 또는 gaze, 힐끗 보는 것은 glance, 엿보는 것은 peep라고 하죠.

우산

- 비는 오는데 우산이 없었다. | It was raining, but I had no umbrella.
- 우산 가져오는 것을 잊었다. | I forgot to bring an umbrella.
- 비가 올 것 같아서 우산을 가지고 왔다. | It looked like it was going to rain, so I brought an umbrella with me.
- 만일을 대비해서 우산과 우비를 가지고 갔다. | I took an umbrella and a raincoat in case.
- 다행히 우산을 가지고 있었다. | Luckily, I was carrying an umbrella.
- 우산 가져오기를 잘한 것 같았다. | I was glad I brought along an umbrella.
- 우산을 폈는데 고장난 것이었다. | When I opened my umbrella, it was broken.
- 우산살이 부러져 있었다. | The umbrella frames were broken.
  * frame 뼈대, 구조
- 우산에 큰 구멍이 나 있었다. | The umbrella had a big hole.
- 우산꽂이에 우산이 하나도 없었다. | There were no umbrellas in the umbrella stand.
- 누군가가 나에게 우산을 가져다주기를 바랐다. | I hoped someone had brought my umbrella to me.
- 친구와 우산을 나누어 썼다. | I shared my umbrella with a friend of mine.

• 꼬마에게 우산을 씌워 주었다.	I let a boy under my umbrella.
• 친구와 우산을 같이 썼더니 조금 젖었다.	I got a little wet since I was under one umbrella with a friend of mine.
• 강한 바람 때문에 우산이 뒤집혀졌다.	The strong wind blew my umbrella inside out. * inside out 뒤집혀
• 강한 바람 때문에 우산을 쓰나마나였다.	The umbrella was useless because of a strong wind.
• 우산을 접었다.	I closed my umbrella.
• 우산 없이 빗속을 걸었다.	I walked in the rain without an umbrella.

폭우

• 폭풍우가 올 것 같은 날씨였다.	It looked like a thunderstorm was coming.
• 비가 퍼부었다.	It poured.
• 비가 거세게 내렸다.	It rained hard.
• 비가 많이 내렸다.	It rained heavily.
• 비가 억수같이 왔다.	It rained cats and dogs. * rain cats and dogs 비가 억수로 오다
• 호우가 내렸다.	It was a downpour. * downpour 억수, 호우
• 폭우였다.	It was a heavy rain.
• 퍼붓는 비였다.	It was a pouring rain.
• 들이붓는 듯한 비였다.	It was a torrential rain. * torrential 격렬한, 급속한
• 비가 억수로 내렸다.	It rained in torrents. * in torrents 빗발치듯이, 억수같이
• 엄청나게 많은 비가 내렸다.	There was a real downpour.
• 정말로 쏟아붓는 비였다.	It was absolutely pouring down. * absolutely 절대적으로, 완전히
• 이렇게 비가 많이 온 적이 없는 것 같다.	I can't remember the last time it rained like this.

하늘에서 개와 고양이가 떨어지는 듯한 비

비가 엄청나게 많이 온다는 표현을 rain cats and dogs라고 합니다. 이는 17세기 영국은 하수도 시설이 열악해서 큰 비가 내리면 물이 범람해서 물 위로 동물들이 떠다녔는데, 이 모습이 마치 하늘에서 개와 고양이가 떨어진 것 같았다는 데서 유래되었습니다.

홍수

- 비가 계속 내렸다. It continued raining.
- 끊임없이 비가 왔다. It rained continuously.
- 빗발이 굵어지고 있었다. The rain was picking up.
  * pick up 속도를 더하다
- 비가 더 거세졌다. It rained harder.
- 비가 하루 종일 그칠 줄 모르고 내렸다. The rain never let up all day long.
- 그렇게 비가 심하게 올 거라고는 생각하지 않았다. I didn't expect such a heavy rain.
- 이젠 더 이상 비가 오지 않으면 좋겠다. I hope it won't rain any longer.
- 비가 너무 오랫동안 많이 내려 마을들을 침수시켰다. It rained so long and hard that water flooded the villages.
  * so ~ that ... 너무 ~해서 …하다
- 비가 너무 많이 내려 강물이 넘쳤다. Because of the heavy rain, the river overflowed.
- 오늘 아침에 홍수 경보가 발령되었다. The flood warning was issued this morning.
- 거리에 물이 넘쳤다. There was a flood in the streets.
- 몇 집이 물에 잠겼다. A few houses were submerged under water.
- 마을 대부분이 물에 잠겼다. Most of the village was flooded.
- 홍수로 다리가 떠내려갔다. The flood washed away the bridge.
- 홍수로 수해를 입었다. They suffered from a flood.
- 음식, 물, 의약품 등의 부족으로 고통을 받았다. They suffered from the shortage of food, water, medicine and so on.
  * and so on 등등 (=etc.)

장마

- 장마철이다. It is the rainy season.
- 장마가 시작되었다. The rainy season has started.
- 오랫동안 비가 왔다. We have had a long spell of rain.
  * spell 한 동안의 시간, 주문
- 모든 것이 다 눅눅한 것 같다. Everything seems to be damp.
  * damp 축축한, 습기 찬
- 반짝이는 햇살이 그립다. I miss the bright sunshine.
- 모든 것들을 햇살 아래 말리고 싶다. I want to dry everything in the sun.

- 오늘밤은 천둥을 동반한 소나기가 내릴 거라고 했다. Thunder showers were expected tonight.
- 밤에 천둥 번개가 쳤다. There were lightning and thunder at night.
- 하늘에서 번개가 번쩍 했다. Lightening flashed in the sky.
- 천둥소리가 울렸다. The thunder rolled.
- 번개가 번쩍한 후 천둥소리가 우르릉 꽝하고 들리자 겁이 났다. I was scared when I heard a few rumbles of thunder after the flash of lightning.
  * rumble 우르릉 울리는 소리 | flash 번쩍임, 섬광
- 드디어 비가 그쳤다. Finally, it stopped raining.
- 비가 그치고 다시 해가 나기 시작했다. The rain stopped, and the sun began to shine again.
- 드디어 장마가 끝났다. Finally, the rainy season is over.
  * be over 끝나다
- 올해는 장마가 너무 길었다. The rainy season was so long this year.

바람 · 태풍

- 바람 한 점 없었다. There was no wind.
- 바람이 불었다. It was windy.
- 바람이 세게 불었다. It blew hard.
- 강한 바람이 있었다. There was a strong wind.
- 바람이 확 불었다. The wind gusted.
  * gust 돌풍이 불다
- 태풍이 올 것 같았다. A typhoon was likely to come.
- 태풍주의보가 내려졌다. There is a typhoon alert.
- 태풍이 북상하고 있었다. The typhoon was approaching the north.
- 태풍이 점점 세력을 더해가고 있다. The typhoon is gradually gaining strength.
- 굉장한 폭풍이 있었다. There was a terrible storm.
- 태풍이 남부 지역을 강타했다. The typhoon hit the southern parts.
- 그 지역은 태풍으로 많은 피해를 입었다. The area suffered a lot from the typhoon.
- 산의 큰 나무들이 뿌리째 뽑혀져 있었다. The big trees on the mountain have been uprooted.
  * uproot 뿌리째 뽑다
- 폭풍우 때문에 농작물을 망쳤다. The crops were ruined by the storm.
  * ruin 못쓰게 하다, 망쳐 놓다
- 유리창 몇 개가 폭풍 때문에 깨졌다. Some windows got broken in the storm.

• 우리 지역은 태풍의 간접적인 영향을 받았다. Our area was affected indirectly by the typhoon.

• 치마가 바람에 휘날렸다. My skirt blew in the wind.

• 바람에 모자가 날라 갔다. My hat blew away in the wind.

• 강한 바람 때문에 걷기가 힘들었다. It was very hard to walk because of the strong wind.

• 바람을 안고 걸어가야 했다. I had to walk against the wind.
* against ~에 맞서, ~에 대항하여

• 바람 때문에 머리가 온통 엉망이었다. My hair was all messy because of the wind.

• 바람에 날아갈 뻔했다. I was almost blown away by the wind.

• 바람이 잠잠해지고 있었다. The wind was dying down.

• 바람이 멎었다. The wind has stopped.

가뭄

• 비가 오랫동안 내리지는 않았다. The rain didn't last long.
* last 지속되다, 계속되다 (=continue)

• 오랫동안 건조한 날씨였다. We have had a long spell of dry weather.

• 몇 달 동안 비가 한 방울도 오지 않았다. It hasn't rained a drop for months.

• 요즘은 가뭄 때문에 날씨가 훨씬 더 덥다. These days it is much hotter because of the drought.

• 비가 오랫동안 오지 않아 올 여름은 가뭄이 들었다. We had a drought this summer because it didn't rain for a long time.

• 올해는 비가 거의 오지 않았다. There was little rain this year.
* little 거의 ~않다

• 가뭄으로 논의 벼가 시들었다. The drought made the crops in the rice paddy wither.
* paddy 논, 벼

• 농부들은 농작물 걱정을 많이 하고 있다. Farmers are worrying a lot about their crops.

• 우물들이 이미 말라버렸다. The wells have already dried up.

• 곧 비가 내리기를 바랄 뿐이다. We just wish the rain would fall soon.

• 집에서 수돗물을 아껴 쓰고 있다. We are saving tap water at home.
* tap 명 수도꼭지, 가볍게 두드리기 동 가볍게 두드리다

더위

• 나는 더위를 잘 탄다. I am sensitive to the heat.
* sensitive 민감한, 예민한

• 더위를 먹었다. — I was affected by the heat.
* be affected by ~에 영향을 받다

• 정말 견디기 힘든 더위였다. — It was really intolerably hot.
* intolerably 참을 수 없게, 견딜 수 없게

• 너무 더워서 피곤하고 갈증이 났다. — I felt tired and thirsty because it was too hot.

• 더위에 숨이 막혔다. — I was almost stifled by the heat.
* stifle 숨 막히게 하다, 질식시키다

• 밖이 너무 덥고 습해서 집 안에 있었다. — It was hot and humid outside, so I stayed inside.

• 오늘은 불쾌지수가 매우 높은 날이었다. — Today's uncomfortable index was quite high.

• 높은 습도 때문에 불쾌했다. — I felt uncomfortable because of the high humidity.

• 아무 일에나 화가 났다. — I got easily upset at everything.

• 누군가 날 건드리기만 해도 화가 났다. — I felt annoyed even when someone touched me.
* annoyed 화가 난, 성가신

• 이렇게 더운 날씨에는 아무것도 하기 싫다. — I don't feel like doing anything in this hot weather.
* feel like -ing ~하고 싶어지다

• 더운 날씨가 9월까지 계속될 것이라고 한다. — It is said that the hot weather will extend up to September.
* extend 확장하다, 연장되다 | up to ~까지

• 더위 때문에 고생을 하고 있다. — I am suffering from the heat.

• 난 더위를 잘 견디지 못한다. — I can't handle the heat.
* handle 다루다, 처리하다

• 열대야 때문에 잠이 오지 않았다. — I couldn't fall asleep because of the tropical night.

• 더워서 밤새 잠을 못 잤다. — The heat kept me up all night.
* keep ~ up ~를 밤잠 못 자게 하다

더위를 탄다

'더위를 탄다'는 말을 영어로 표현할 때 한국말 그대로 옮기려면 답이 안 나오죠. 더위에 민감하다는 말이므로 I am sensitive to the heat.라고 합니다. 추위를 잘 탄다면 I am sensitive to the cold.라고 하면 됩니다.

더위 쫓기

• 종이부채로 부채질을 했다. — I fanned myself with a paper fan.

• 더위를 참을 수 없어서, 결국에는 에어컨을 켰다. — I couldn't stand the heat, so in the end I turned on the air conditioner.
* stand 참다, 견디다 | turn on 켜다 (↔ turn off 끄다)

- 냉방이 너무 셌다. The air conditioning is too strong.
- 에어컨 세기를 좀 낮추었다. I turned down the air conditioner.
- 에어컨을 계속 쐐서 냉방병에 걸렸다. I got sick from the continuous exposure to air conditioning.
  * exposure 노출, 쐼
- 시원해진 것 같아서 선풍기를 껐다. I turned off the electric fan since it got cool.
- 비라도 와서 우리를 좀 식혀 주었으면 좋겠다. I wish it would rain to cool us down.
  * I wish 주어+가정법 과거 ~하면 좋겠다
- 더위를 쫓기 위해 시원한 콜라 한 잔을 마셨다. I drank a glass of Coke to beat the heat.
  * beat 치다, 이기다
- 하루에 아이스크림을 적어도 열 번은 먹었다. I had ice cream no less than 10 times a day.
- 팥빙수가 먹고 싶었다. I wanted to have crushed ice with sweet red beans.
  * crushed 분쇄된 | red bean 팥
- 찬 물로 시원하게 세수를 했다. I washed my face with cold water.
- 찬 물로 등목을 시켜 달라고 그에게 부탁했다. I asked him to pour cold water on my back.
- 외출할 때 자외선을 피하기 위해 양산을 썼다. When I went out, I used my parasol to avoid ultraviolet rays.
  * avoid 피하다 | ultraviolet rays 자외선
- 옷을 가볍게 입었다. I wore simple clothes.

더위를 피하다

'무더위를 쫓는다'고 할 때는 '치다, 이기다'라는 beat를 사용하는데, 이는 '피하다(avoid)'의 의미를 나타내기도 합니다. 그래서 '더위를 피하다'는 beat the heat, 또 다른 예로 교통 혼잡을 피할 때도 beat를 사용하여 beat the traffic jam이라고 합니다.

땀

- 나는 땀이 많다. I sweat easily.
- 조금만 움직여도 땀이 났다. Even when I moved a little, I sweated.
- 땀이 계속 흘렀다. Sweat kept running.
  * keep -ing 계속 ~하다
- 땀이 비 오듯 했다. I sweated like a pig.
- 땀이 너무 나서 탈수될 것 같았다. I sweated too much, so I thought I would be dehydrated.

- 땀에 흠뻑 젖었다. I sweated all over.
- 티셔츠가 땀으로 흠뻑 젖었다. My T-shirt was drenched with sweat.
  * drenched 물에 담근, 흠뻑 젖은
- 땀으로 끈적거렸다. I was clammy with sweat.
  * clammy 끈끈한, 끈적끈적한
- 등이 땀으로 끈적거렸다. My back was sticky with sweat.
- 머리가 땀으로 젖었다. My hair was damp with sweat.
- 그의 얼굴이 땀으로 빛나고 있었다. His face was glistening with sweat.
  * glisten 번쩍이다, 빛나다
- 작은 땀방울들이 그의 이마에 송골송골 맺히고 있었다. Droplets of sweat were welling up on his forehead.
  * well up 솟아나오다, 분출하다
- 손수건으로 이마의 땀을 닦았다. I wiped sweat from my forehead with my handkerchief.
- 땀 냄새가 났다. I smelled sweaty.
- 몸에서 땀 냄새가 났다. My body smelled of sweat.
- 땀투성이가 돼서 찬물로 샤워를 했다. Because I was sweaty, I took a cold shower.
- 나는 거의 땀을 흘리지 않는다. I hardly sweat at all.
  * hardly 거의 ~않다

샤워를 할 때는 take

'샤워를 하다'라고 표현하고자 할 때는 동사 do를 사용하여 do a shower라고 하지 않고, have나 take를 사용하여 have a shower 또는 take a shower라고 해야 합니다. '목욕을 하다'라는 표현도 do a bath라고 하지 않고 have a bath 또는 take a bath라고 합니다.

피서

- 야외에서 수영을 할 수 있어서 여름이 좋다. I like summer because I can swim outside.
- 어디로 피서를 가야 할지 아직 결정하지 못했다. I haven't decided yet where to go to avoid the hot summer.
  * where to+**동사원형** 어디로 ~해야 할지
- 더위를 식히려고 수영하러 갔다. I went swimming to beat the heat.
- 수영장 안에 있는 미끄럼틀을 타고 내려올 때 정말 신났다. I was excited when I slid down a water slide in the swimming pool.
- 매년 여름이면 우리 가족은 휴양지로 떠난다. Every summer, my family goes to a resort.

• 시골에 별장이 있어서 우리 가족은 여름마다 그곳에서 지낸다.	We have a cottage in the country, so my family stays there every summer.
• 올 여름은 시골 별장에서 머물 계획이다.	I am planning to stay at a cottage in the country this summer.
• 우리 가족은 산 계곡으로 갔다.	My family went to a valley in the mountains.
• 계곡 물에 발을 담그고 있었다.	I was dipping my feet into the valley. * dip 담그다, 적시다
• 정말 시원했다.	It was really cool.
• 더위를 잊을 수 있었다.	I could forget the heat.
• 밤에는 반딧불이를 볼 수 있었다.	I could see fireflies at night.

여름 바다

• 우리는 올 여름 휴가 때 해수욕을 할 것이다.	We will swim in the sea this summer vacation.
• 해변을 따라 걷는 것은 아주 멋질 것이다.	It will be nice to walk along the beach.
• 해변의 부드러운 바람이 그립다.	I miss the gentle breeze on the beach.
• 바닷냄새가 그립다.	I miss the scent of the sea.
• 드디어 우리 가족은 해변에 가기로 했다.	Finally, my family decided to go to the beach.
• 해변의 바람이 우리의 더위를 식혀 주었다.	The wind on the beach cooled us. * cool 형 시원한 동 차게 하다, 시원하게 하다
• 비치파라솔에 앉아서 바다를 바라보았다.	I watched the sea, sitting under the beach umbrella.
• 파도를 타고 놀았다.	I enjoyed the waves of the sea.
• 수영 튜브를 타고 파도를 즐겼다.	I enjoyed the waves in a swimming tube.
• 바나나 보트를 탔다.	I rode a Banana Boat.
• 정말 시원했다.	It was so cool.
• 동생과 서로 물을 튀겼다.	My brother and I splashed water on each other.
• 모래를 쌓아 모래성을 만들었다.	I heaped sand to make a sandcastle. * heap 쌓아 올리다
• 모래를 덮고 쉬었다.	I covered myself with sand and relaxed.
• 모래찜질을 하였다.	I took a sand bath.
• 해변에서 친구들과 족구를 했다.	I played kickball at the beach with my friends.
• 밤에 친구들과 해변을 거닐었다.	I took a walk along the beach with my friends at night.

• 물에 빠져 허우적거리다 짠 바닷물도 엄청나게 많이 먹었다.

I fell in the sea, and I drank so much salty sea water while struggling to get up.

* struggle 싸우다, 버둥거리다

• 바다가 날 삼킬 것 같은 기분이 들었다.

I felt as if the sea could swallow me up.

• 물에 빠져 죽을 뻔했다.

I almost drowned.

* drown 물에 빠지다, 익사하다

바닷가

해안가를 나타내는 말로 beach, seashore, seaside, coast가 있습니다. beach는 모래사장이 있고 파도가 밀려오는 물가로 비교적 좁은 곳을, seashore, seaside는 바닷가와 해안을 포함하는 해안 일대를, coast는 the Pacific coast(태평양 연안)에서처럼 대양의 넓은 연안 일대를 나타냅니다.

일광욕

• 해변에서 일광욕을 했다.

I sunbathed on the beach.

• 햇볕이 우리를 내리 쬐고 있었다.

The sun glared down on us.
The sun shone down on us.

* glare 강렬하게 빛나다

• 선크림을 발랐다.

I applied sunscreen.

• 피부가 타지 않도록 신경을 썼다.

I cared about keeping myself from getting sunburnt.

* care about ~를 걱정하다, ~에 신경 쓰다

• 올 여름에는 선탠을 잘 해보고 싶었다.

I wanted to get a good suntan this summer.

• 새까맣게 탔다.

I got really tan.

• 햇볕에 노출을 너무 많이 해서 피부가 벗겨진다.

I was so exposed to the sun that my skin is peeling.

• 햇빛에 가벼운 화상을 입었다.

I got a light sunburn.

• 햇빛에 심한 화상을 입었다.

I got a severe sunburn.

• 햇빛에 의한 화상 때문에 피부가 따끔거린다.

My skin hurts from the sunburn.

선크림을 바르다

선크림은 sun cream이라고 하지 않고 sunscreen이라고 합니다. 로션이나 크림을 얼굴에 바른다는 말은 apply를 사용하여 나타내는데, 연고 같은 약을 피부를 바르는 경우도 apply로 표현합니다. 문질러서 바르는 경우는 rub을 쓰기도 하고, 립스틱이나 화장품을 바르는 동작은 put on, 바르고 있는 상태는 wear로 나타냅니다.

모기

- 모기 때문에 잠을 잘 잘 수가 없었다. — I couldn't sleep well because of mosquitoes.
- 모기 한 마리가 계속 소리를 내며 날아다녔다. — A mosquito was buzzing continually.
- 불을 켜고 그 모기를 찾아보았다. — I turned on the light and looked for the mosquito.
- 그 모기를 찾지 못하고 다시 잠자리에 들었다. — I couldn't find the mosquito, so I went to bed again.
- 또 모기 소리가 났다. — I heard the mosquito buzzing again.
- 모기가 밤새 나를 잠 못 들게 했다. — Mosquitoes kept me up all night.
- 모기들이 너무 성가시게 해서 잠을 잘 수가 없었다. — The mosquitoes were so annoying that I couldn't sleep.
- 모기 소리 때문에 잠을 잘 수가 없었다. — I couldn't fall asleep because of the noise of mosquitoes.
- 모기 때문에 잠이 깨어 다시 잠들지 못했다. — I couldn't get back to sleep after waking up, because of the mosquitoes.
- 여름에 모기는 참으로 귀찮은 존재다. — Mosquitoes are a great nuisance in summer.
  * nuisance 성가시고 귀찮은 존재
- 모기장을 쳤다. — I put up a mosquito net.
- 모기에 물렸다. — I was bitten by mosquitoes.
- 모기를 잡기 위해 모기향을 이용했다. — I used mosquito incense to catch mosquitoes.
- 모기약을 뿌렸다. — I sprayed the mosquitocides.
- 모기 물린 곳이 무척 가려웠다. — I felt itchy on the mosquito bite.
- 모기 물린 곳을 박박 긁었다. — I scratched the mosquito bite hard.

04 가을 FALL

가을맞이

- 가을이 시작된 것 같다 — It seems that fall has begun.
- 가을 하늘은 정말 멋지고 깨끗하다. — The autumn sky is really nice and clear.

• 정말 이런 맑은 가을 하늘이 좋다.	I really like this clear autumn sky.
• 맑은 하늘을 보니 기분이 상쾌해진다.	I feel refreshed when I look up at the clear sky.
• 가을은 공부하기에 좋은 계절이라고들 한다.	It is said that autumn is a good season for studying.
• 가을은 독서하기에 가장 좋은 계절이다.	Autumn is the best season for reading.
• 가을은 공부하기에 일 년 중 가장 좋은 계절이다.	Autumn is the best season of the year for studying.
• 나는 가을을 제일 좋아한다.	I like autumn best.
• 나는 가을을 좋아하는데, 그 이유는 날씨가 춥지도 않고 덥지도 않고 선선해서이다.	I like autumn, for it is cool and neither cold nor hot. * for ~ (이유의 부연 설명) 그 이유는, ~이기 때문에
• 가을은 식욕이 왕성해지는 계절이다.	Everyone has a good appetite in autumn.
• 가을은 추수의 계절이다.	Autumn is the harvest season.
• 가을이 깊어져 5시만 되도 어두워진다.	As autumn progresses, it gets dark as early as 5 o'clock. * progress 진행되다, 진척되다
• 해가 점점 짧아지고 있다.	The days are getting shorter.
• 나는 나무를 스치는 산들바람을 좋아한다.	I like a breeze passing through the trees.
• 바람이 불자 잎이 떨어졌다.	As the wind blew, the leaves fell.
• 잎이 떨어지는 것을 보니 마음이 공허했다.	I felt empty seeing the leaves falling.
• 아무 이유 없이 왠지 마음이 쓸쓸했다.	I felt lonely for no reason.
• 나는 누군가에게 편지를 쓰고 싶어졌다.	I felt like writing to someone.
• 떨어지는 낙엽 한 잎이 가을이 온다는 신호인 것 같았다.	A falling leaf seemed to be a sign of autumn coming. * sign 기호, 신호, 징조
• 낙엽이 바람에 흩날렸다.	The dead leaves were scattered by the wind.
• 귀뚜라미 소리가 들렸다.	I heard a cricket chirp. * chirp (벌레가) 울다
• 과수원에는 사과가 익었다.	The apples are ripe on the fruit farm.
• 농부들이 들판에서 곡식을 추수하느라 바쁘다.	The farmers are busy harvesting in the field. * be busy -ing ~하느라 바쁘다
• 풍성한 곡식들을 보면 마음이 풍요로워진다.	I feel rich upon seeing abundant crops. * upon -ing ~하자마자
• 올해는 풍년이다.	They have an abundant harvest. * abundant 많은, 풍부한
• 올해는 흉작이다.	They have a bad harvest.

• 감기에 걸리기 쉬운 때이다. It is the time when we catch a cold easily.

가을을 탄다

'봄을 탄다'는 말은 봄의 따뜻한 날씨에 나른해지는 상태를 나타내는 spring fever를 사용하여 I get spring fever. 라고 하거나, I suffer from spring fever. 즉, spring fever로 고생을 하고 있다고 할 수 있지만, '가을을 탄다'는 말은 가을이 되면 감상적이 된다는 의미로 사용되므로 I get sentimental in the fall.이라고 합니다.

가을 날씨

• 맑은 가을 날씨였다. It was fine autumn weather.

• 상쾌한 바람이 불었다. There was a refreshing breeze.

• 산들바람이 불고 있었다. A gentle breeze was blowing.

• 상쾌한 바람이 불고 있었다. There was a fresh breeze blowing.

• 정말 시원하고 상쾌한 바람이었다. It was a very cool and refreshing breeze.

• 시원한 날씨였다. It was cool.

• 오늘은 여느 때보다 하늘이 더 파래 보였다. Today, the sky looked bluer than usual.

• 구름이 하늘에 여러 모양을 만들고 있었다. Clouds were forming various shapes in the sky.

• 날씨가 맑은 후 흐려졌다. It was clear but got cloudy later.

• 한기가 느껴졌다. I felt a chill.

• 음산한 날씨였다. It was bleak weather.
* bleak 쓸쓸한, 황폐한

• 쌀쌀했다. It was chilly.

• 오늘은 겨울 날씨 같았다. It felt like winter today.

• 이맘때 치고는 날씨가 꽤 추웠다. It was too cold for this time of the year.

• 바람이 더 차가워져서 카디건의 단추를 다 채웠다. I buttoned up my cardigan because the wind was colder.

단풍놀이

• 가을이 되면 산은 아름다운 색으로 물든다. Autumn tints the mountains with beautiful colors.
* tint ⓢ 물들이다 ⓜ 엷은 색깔

• 나무들이 단풍이 들었다. The trees turned red and yellow.
The trees are tinted with red and yellow.

- 단풍나무 잎들이 빨갛게 단풍이 들었다. The maple leaves have turned red.
- 산들이 가을 단풍 빛으로 불타는 것 같았다. The mountains seemed to be aflame with autumnal tints.
  * aflame 불타오르는
- 마음 내키는 대로 어디든 가고 싶었다. I wanted to take a trip to wherever I felt like going.
  * wherever ~하는 곳은 어디든지
- 단풍놀이를 가고 싶었다. I wanted to go on an excursion to view autumn leaves.
  * go on an excursion 소풍 가다
- 우리는 산으로 단풍놀이를 갔다. We went to the mountains to enjoy the autumn leaves.
- 길가에 코스모스가 멋지게 피어 있었다. The cosmoses were in full bloom along the streets.
- 산에는 사람들이 매우 많았다. There were so many people on the mountains.
- 가을 단풍들이 형형색색으로 매우 아름다웠다. The autumn leaves were so wonderful in various colors.
- 낙엽이 바스락거리는 소리가 좋았다. I liked the crunching sound of the fallen leaves.
  * crunching 짓밟혀 바스락거리는
- 낙엽을 저벅저벅 밟으며 걸었다. I walked, crunching through the fallen leaves.
- 노란 은행잎을 몇 개 주웠다. I picked up several yellow ginkgo leaves.
- 낙엽을 책갈피 속에 넣어 두었다. I put some fallen leaves between the pages of a book.
- 우리는 그림 같은 경치를 즐겼다. We enjoyed the picturesque scenery.

05 겨울

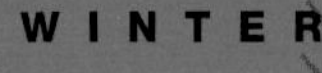

겨울 날씨

- 며칠 동안 추운 날씨가 계속되고 있다. The weather has been cold for several days.
- 날씨가 추워졌다. It became cold.
- 매우 쌀쌀해졌다. It became very chilly.
- 날씨가 본격적으로 추워졌다. It cooled down.

- 차가운 날씨가 시작되었다. — The cold weather has set in.
  * set in (나쁜) 날씨가 시작되다
- 매우 추웠다. — I felt very cold.
- 꽤 추웠다. — It was quite cold.
- 몹시 추웠다. — It was awfully cold.
- 혹독한 추위였다. — It was severely cold.
- 쌀쌀한 날씨였다. — It was icy.
- 엄청나게 추운 날씨였다. — It was frigid.
  * frigid 아주 추운
- 오늘 아침은 온도가 많이 내려갔다. — The temperature dropped very low this morning.
- 밖은 온도가 영하 10도까지 떨어졌다. — The temperature fell to 10 degrees below zero outside.
- 서리가 내렸다. — It frosted. / It was frosty.
- 어젯밤에 내린 서리로 땅이 하얗다. — The ground was white with last night's frost.
- 날씨가 겨울처럼 느껴지기 시작한다. — It is beginning to feel like winter.
- 얼어붙는 듯한 날씨였다. — It was freezing.
- 겨울치고는 따듯한 날씨였다. — It was warm for winter.

추위의 정도

cool (시원한) < chilly (쌀쌀한) < cold (추운) < cold to the bone, piercing cold (뼛속까지 추운) < nippy, biting cold (살을 에는 듯이 추운) < freezing (얼어붙을 듯이 추운)

추위

- 겨울 준비를 해야겠다. — I need to get ready for the coming winter.
- 해가 지면서 더 추워졌다. — It became colder as the sun set.
- 너무 추워 얼어 죽는 줄 알았다. — I was freezing to death.
  * to death 죽을 정도로, 몹시
- 추위가 뼛속까지 스몄다. — I was cold to the bone.
- 매서운 추위였다. — It was nippy.
  * nippy 살을 에는 듯이 매서운
- 살을 에는 듯한 추위였다. — It was biting cold.
- 혹한이었다. — It was bitterly cold.

- 정말 뼛속까지 스미는 추위였다. — It was really piercing cold.
  * piercing 꿰뚫는, 뼈에 사무치는
- 추워서 덜덜 떨었다. — I shivered because of the cold.
- 온몸에 소름이 끼쳤다. — I had goose bumps all over.
  * goose bumps 소름
- 추위를 견뎌야 했다. — I had to put up with the cold.
  * put up with ~을 견디다, 참다
- 겨울바람 때문에 손이 곱았다. — My hands were numb because of the winter wind.
  * numb 곱은, 마비된
- 동상에 걸렸다. — I am chilblained.
  * chilblained 동상이 (약하게) 걸린
- 동상이 아주 심했다. — I am frostbitten.
  * frostbitten 동상이 심한

추위 이기기

- 나는 추위를 많이 탄다. — I get cold easily. / I am sensitive to the cold.
- 추운 날씨에 대비하여 옷을 입었다. — I was dressed for cold weather.
- 이제는 겨울용 속내의를 입어야겠다. — Now I am going to wear underclothes for winter.
- 옷을 많이 껴입었다. — I bundled up.
  * bundle up 따듯하게 몸을 감싸다
- 아침에 따듯한 옷을 챙겨 입었다. — I put on warm clothes in the morning.
- 두꺼운 옷을 입었다. — I wore thick clothes.
- 재킷의 지퍼를 올려 입었다. — I zipped up my jacket.
- 목도리로 귀와 목을 감쌌다. — I wrapped my ears and neck with a scarf.
- 벙어리장갑을 꼈다. — I put on my mittens.
- 겨울용 부츠를 신었다. — I put on my winter boots.
- 언 손을 녹이려고 따듯한 입김을 불어 보았다. — I tried blowing warm breath on my numb hands to warm them up.
- 외출할 때마다 휴대용 손난로를 가지고 다녔다. — I carried a portable hand heater whenever I went out.
  * portable 들고 다닐 수 있는, 휴대용의
- 너무 추워서 히터를 켰다. — It was so cold that I turned on the heater.
- 히터의 세기를 올렸다. — I turned the heater up.

- 히터의 세기를 낮추었다. I turned the heater down.
- 추위를 이겨 보려고 운동을 했다. I worked out to beat the cold.
- 이제 좀 따듯해졌다. Now I have gotten warm.

첫눈

- 첫눈이 오기를 기다리고 있다. I am waiting for the first snow of the year.
- 첫눈을 기대하고 있다. I am looking forward to seeing the first snow of the year.
  * look forward to -ing ~하기를 학수고대하다
- 한국의 젊은이들은 첫눈에 의미를 많이 둔다. The first snow of the year has a lot of meaning to Korean youngsters.
- 많은 젊은이들은 첫눈 오는 날 친구를 만날 것이다. Many youngsters will meet their friends on the first day of snow.
- 첫눈 오는 날 남자친구를 만나기로 약속을 했다. I had a plan with my boyfriend on the first snow day.
- 오늘 올해의 첫눈이 왔다. The first snow of the year fell today.
- 예년보다 한 달 일찍 첫눈이 왔다. The first snow came a month earlier than usual.
- 첫눈을 보니 매우 반가웠다. I was so glad to see the first snow of the year.
- 첫눈이 펄펄 내리고 있었다. The first snowflakes were falling.
  * snowflake 눈송이
- 첫눈을 보니 옛 시절 때 생각이 났다. The first snow this year reminded me of the good old days.
  * remind ~ of ... ~에게 …를 생각나게 하다
- 첫눈을 보자마자 친구들에게 전화를 했다. As soon as I saw the first snow this year, I called my friends.
- 전화로 친구들에게 첫눈이 온다고 알려 주었다. I informed my friends of the first snow of the year over the phone.
  * inform ~ of ... ~에게 …를 알려 주다
- 첫눈이 왔으니 이젠 더 추워질 것 같다. It is likely to get colder since the first snow of the year fell.

만나자는 약속

병원에서처럼 만날 시간과 장소를 미리 정해 놓는 고객과의 약속은 appointment, 지각을 안 하겠다거나 거짓말을 안 하겠다는 것과 같은 약속은 promise, 약혼처럼 공식적으로 무언가를 하겠다고 약속하는 것은 engagement라고 합니다. 친구와 만나기로 한 약속이 있다고 할 경우에는 have a plan이라고 하는 게 좋습니다.

눈

• 눈이 내린다.	It snows. We have snow.
• 눈이 내렸다.	It snowed. It was snowy. We had a snowfall.
• 함박눈이 내리고 있었다.	It was snowing in large flakes.
• 함박눈이 내렸다.	Big snowflakes fell down. * snowflake 눈송이
• 눈이 펑펑 내렸다.	It snowed heavily.
• 눈송이들이 펄펄 흩날렸다.	Snowflakes fluttered in the air. * flutter 흩날리다, 훨훨 날다, 퍼덕이다
• 비 섞인 눈이 내렸다.	It snowed with rain.
• 진눈깨비가 내렸다.	It sleeted. * sleet 진눈깨비가 내리다
• 싸락눈이었다.	It was a powdery snow.
• 간밤에 눈이 약간 내렸다.	We had a light snow last night. There was a light snowfall last night.
• 금년은 예년보다 눈이 적게 내렸다.	This year we have had less snow than usual. * than usual 보통 때보다, 여느 때보다
• 우산 없이 눈을 맞으며 걸었다.	I walked in the snow without an umbrella.
• 나는 눈을 맞으며 거니는 것을 좋아한다.	I like taking a walk in the snow.
• 큰 눈송이를 잡아 보려 펄쩍 뛰기도 했다.	I jumped high to catch big snowflakes.
• 머리와 어깨에 눈이 쌓였다.	Snow piled up on my head and shoulders.
• 코트에 쌓인 눈을 털었다.	I knocked snow off my overcoat. * knock ~ off ~를 털어내다
• 발을 굴러 눈을 털었다.	I stamped my feet to get the snow off. * stamp ~에 우표를 붙이다, 발을 구르다

눈의 종류

폭설	**heavy snow**	진눈깨비	**sleet**
눈보라	**snowstorm, blizzard**	함박눈	**big snowflakes**
싸락눈	**powdery snow, soft hail**		

폭설

• 눈이 엄청나게 많이 내렸다.	It snowed heavily.
• 폭설이었다.	We had a heavy snow.
• 일주일 내내 눈이 내렸다.	We had snowfalls throughout the week.
• 길가에 눈이 많이 쌓여 있었다.	There was a lot of snow piled up along the roadside.
• 눈에 갇혔다.	I was snowed in.
• 눈 때문에 오도 가도 못했다.	I was blocked by the snow. * be blocked 봉쇄되다
• 우리는 눈에 갇혀 집에서만 하루를 보냈다.	We were snowed in and spent a day only in the house.
• 눈이 1m나 내렸다.	The snow was a meter deep.
• 온 세상이 눈에 덮였다.	The world was covered with snow.
• 온 세상이 하얗게 변했다.	The world has changed to white.
• 올해는 10년 만에 가장 많은 눈이 내렸다고 한다.	This year, it was reported that we had the heaviest snowfall we had had in ten years.
• 폭설 때문에 학교가 휴교했다.	My school is closed because of the heavy snow.
• 눈이 녹지 않으면 좋겠다.	I hope the snow won't melt.
• 폭설 때문에 교통이 마비되었다.	The heavy snow tied up traffic. * tie up 꼼짝 못하게 하다, 교통을 두절시키다
• 폭설 때문에 모든 비행기가 결항되었다.	All flights were canceled because of the heavy snow.
• 폭설 때문에 세상이 온통 뒤죽박죽되도 나는 눈이 많이 오는 것이 좋다.	Even though all the world is messed up because of a heavy snowfall, I like it. * even though 비록 ~할지라도

눈 치우기

- 눈을 치워서 길을 내야 했다. — We had to remove the snow and clear the way.
- 제설차가 도로의 눈을 제거했다. — The snowplow car removed snow from the street.
- 눈을 쓸어서 치웠다. — I swept the snow away.
- 길에 있는 눈을 치웠다. — I cleared the road of snow.
  * clear ... of ~ ~에서 …를 치우다
- 나는 집 앞의 눈을 삽으로 치웠다. — I shovelled the snow in front of my house.
  * shovel ⓢ 삽으로 일하다 ⓜ 삽
- 눈이 얼어서 치우기가 어려웠다. — We had trouble removing the snow because it had frozen.
  * have trouble -ing ~하는 데 어려움을 겪다
- 눈이 녹고 있었다. — The snow was melting.
- 눈이 녹으면서 길이 미끄러워졌다. — As snow melted, the road became slippery.
- 눈이 녹아 없어졌다. — The snow has melted.

눈싸움

- 눈싸움을 했다. — We had a snowball fight. We fought with snowballs.
  * snowball 눈 뭉치
- 친구들과 눈싸움을 하려고 눈 뭉치를 만들었다. — I made snowballs for a snowball fight with my friends.
- 나는 친구들보다 눈 뭉치를 더 크게 만들었다. — I made bigger snowballs than my friends.
- 우리는 서로에게 눈 뭉치를 던졌다. — We threw snowballs at one another.
  * one another 서로
- 친구들이 나를 눈 뭉치로 맞혔다. — My friends hit me with the snowballs.
- 친구들은 내 눈 뭉치를 잘 피했다. — My friends stepped well out of the way of my snowballs.
  * step out of ~로부터 발걸음을 옮겨 피하다
- 친구들에게 눈을 먹이기도 했다. — I made my friends eat snow.
- 친구들에게 눈을 뿌렸다. — I sprinkled snow on my friends.
  * sprinkle 뿌리다, 끼얹다
- 친구 옷 속에 눈을 넣었다. — I put snow in my friend's clothes.
- 눈 위에서 친구와 서로 부둥켜안고 뒹굴었다. — My friend and I rolled in the snow hugging each other.

눈사람

- 우리는 큰 눈사람을 만들기로 했다. We agreed to make a big snowman.
- 우리는 운동장에서 두 개의 큰 눈 뭉치를 굴렸다. We rolled two big snowballs in the playground.
- 귀여운 눈사람을 만들고 싶었다. I wanted to make a cute snowman.
- 작은 눈 뭉치를 큰 눈 뭉치 위에 올려놓았다. We put one small snowball on the big snowball.
- 눈사람 얼굴을 만들기 위해 우선 나뭇가지로 눈썹을 만들었다. At first, I made eyebrows with twigs to form the snowman's face.
- 눈사람의 눈, 코, 입을 만들었다. I made the snowman's eyes, nose and mouth.
- 드디어 멋진 눈사람이 되었다. Finally it was a nice snowman.
- 아주 작은 눈사람도 만들었다. I made a very small snowman, too.
- 눈사람과 사진을 찍었다. I took pictures with the snowman.
- 눈사람이 녹지 않고 그대로 있으면 좋겠다. I hope the snowman will stay as it is without melting.

take와 함께하는 표현들

take는 '취하다'의 의미뿐 아니라, 다음의 표현들처럼 다른 명사와 함께 쓰여 '찍다, 받다, 보다, 먹다, 걸리다 등'을 나타내기도 합니다.

사진을 찍다	**take a picture**	자리에 앉다	**take a seat**	레슨을 받다	**take a lesson**
시험을 보다	**take an exam**	낮잠 자다	**take a nap**	소변보다	**take a pee**
잠시 쉬다	**take a break**	보다	**take a look at**	약을 먹다	**take medicine**
시간이 걸리다	**take time**				

겨울 스포츠

- 나는 겨울 스포츠를 즐긴다. I enjoy winter sports.
- 다양한 겨울 스포츠를 즐길 수 있어서 여름보다 겨울이 훨씬 더 좋다. I like winter much more than summer because I can enjoy various winter sports.
- 특히 스키를 타고 싶다. I especially want to get on the slopes.
  * get on the slopes 스키를 타다
- 이번 겨울에는 스노우보드 타는 것을 배우고 싶다. I want to learn how to snowboard this winter.

- 썰매를 타러 갔다. I went sledding.
  * go -ing ~하러 가다 | sled 썰매 타다
- 강물이 얼어서 썰매를 탈 수 있었다. I could sled because the river was frozen over.
  * freeze over 동결하다, 얼어붙다, frozen은 freeze(얼다)의 과거분사
- 겨울에는 놀이 공원에 눈썰매장이 개장될 것이다. The amusement park will open a snow sledding area in winter.
- 놀이 공원에서 눈썰매를 탔다. I sledded over the snow in the amusement park.
- 썰매를 위로 끌고 올라가는 것이 힘들었다. It was hard for me to drag my sled to the top.
- 썰매를 타고 눈 위를 미끄러져 내려 올 때는 정말 신났다. I was really excited when sliding down over the snow in my sled.
- 다른 썰매와 부딪치기도 했다. My sled happened to bump into another.
  * bump into ~에 부딪히다
- 실내 스케이트장으로 스케이트를 타러 갔다. I went skating in an indoor skating rink.
- 빠르게 스케이트를 탈 때 정말 재미있었다. It was really pleasant when I was skating fast.
- 친구와 손을 잡고 스케이트를 탔다. I skated hand in hand with a friend of mine.
- 얼음 위로 여러 번 넘어졌다. I fell down on the ice several times.

썰매

아이들이 타는 작은 썰매로 아래에 날이 있는 것은 sled라고 하고, 말이나 개 등의 동물이 끄는 썰매는 sleigh라고 합니다. 썰매 아래에 날이 없이 만들어진 썰매는 toboggan이라고 하는데, 이는 눈썰매장에서 타는 그런 모양의 썰매입니다. 그리고 스포츠로 하는 썰매는 bobsleigh라고 하죠.

스키

- 나는 스키가 정말 재미있다. I really enjoy skiing.
- 눈이 오면 스키를 타러 가고 싶다. When it snows, I feel like skiing.
- 스키가 몹시 타고 싶다. I can't wait to hit the slopes.
  * can't wait to+동사원형 ~를 몹시 하고 싶다
- 나는 스키를 잘 탄다. I am a good skier.
- 매년 겨울이면 우리 가족은 스키를 타러 간다. My family goes skiing every winter.
- 우리 가족은 스키를 타러 스키 리조트에 갔다. My family went skiing at the ski resort.
- 스키 장비를 빌렸다. I rented the ski equipment.
- 나는 야간에 스키 타는 것을 좋아한다. I like skiing at night.

- 다치지 않기 위해서 안전 규칙을 명심해야 한다. We have to keep the safety tips in mind in order not to get hurt.
  * keep ~ in mind ~를 명심하다
- 초보 스키 코스부터 시작했다. I started out on an easy slope.
- 초보자치고는 아주 잘 탄다고 생각되었다. For a beginner, I thought I was excellent.
- 스키를 타고 천천히 내려왔다. I slowly skied down the slope.
- 속도 조절하는 것이 약간 어려웠다. It was a little difficult to control my speed.
- 초보 코스 다음에 중간 수준의 코스를 타고 내려왔다. After the easy slope, I went down the intermediate slopes.
  * slope 경사면, 비탈, 스키장
- 리프트를 타고 더 높이 올라갔다. I went up higher by ski lift.
- 전문가 코스를 타 보았다. I tried skiing down the expert slopes.
  * try -ing ~를 시도해 보다
- 좀 더 어려운 코스에 도전하는 것은 흥미로운 일이다. The more difficult slopes are an exciting challenge.
- 진로에서 벗어나지 않으려고 조심했다. I was careful not to veer off course.
  * veer off 진로에서 벗어나다
- 스키 코스를 몇 번 내려온 후 간식을 먹었다. After several runs down the slopes, we had some snacks.
- 내가 넘어지자 스키 안전요원 중 한 명이 내가 일어나도록 도와주었다. When I fell down, a member of the ski patrol helped me get up.
- 시간 가는 줄도 모르고 재미있게 스키를 탔다. I enjoyed my skiing so much that I lost track of time.
  * lose track of time 시간의 흐름을 놓치다, 시간 가는 줄 모르다

DIARY 01

Sizzling Summer

Monday, July 30. Too hot

The sunshine is so strong and hot and it seems to have become summer.
I don't like summer because I am very sensitive to the heat and I sweat easily.
One of things that I hate most is mosquitoes on a summer night.
Last summer, it was really intolerably hot. The sizzling weather really bothered me. I remember that I used several ways to beat the heat. I took a shower several times a day and even rubbed a bag of ice on my body. I ate hot chicken broth with ginseng to fight fire with fire.
I worry about how to spend the hot summer this year. I think I need something to help me withstand the heat well. I want to go to the beach with my family to avoid the heat this summer. I hope it will be less hot than last summer. Or I wish we could skip summer.

찌는 듯한 여름

7월 30일 월요일 매우 더움

햇살이 강하고 뜨거운 것을 보니 여름이 온 것 같다.
나는 더위를 잘 타고 땀이 많이 때문에 여름을 좋아하지 않는다. 내가 가장 싫어하는 것은 여름밤의 모기들이다.
작년 여름에는 정말 견디기 힘든 더위였다. 그 푹푹 찌는 더위는 정말 나를 힘들게 했다. 그 더위를 쫓기 위해 여러 방법을 사용했던 것이 생각난다. 하루에도 몇 번씩 샤워를 했고, 얼음주머니를 몸에 문지르기도 했었다. 이열치열이라고 뜨거운 삼계탕을 먹기도 했다.
올 여름을 어떻게 지낼지 또 걱정이 된다. 무더위를 잘 이겨내는 데 도움이 될 만한 뭔가가 필요할 것 같다. 올 여름에는 가족들과 바닷가에 가서 피서를 하고 싶다. 올 여름에는 작년보다 덜 더웠으면 좋겠다. 아니면 아예 여름을 건너뛸 수 있다면 좋겠다.

NOTES

sizzling 찌는 듯이 더운 | **sensitive** 예민한, 민감한 | **sweat** 땀을 흘리다 | **intolerably** 견딜 수 없게, 참을 수 없게 | **bother** 귀찮게 하다, 성가시게 하다 | **beat** 치다, 이겨내다 | **rub** 문지르다, 비비다 | **broth** 묽은 수프, 고깃국 | **fight fire with fire** 이열치열 | **withstand** 잘 견디다, 버티다 | **avoid** 피하다 | **skip** 건너뛰다

Hope is useful when things are hopeless.

희망이 쓸모가 있을 때는 희망이 없을 때이다.

_Karl Menninger 칼 메닝거

CHAPTER 02

하루 일과

01 아침 MORNING

아침을 나타내는 부사구

날이 밝기 전에	before dawn	새벽부터 해 질 때까지	from dawn till dark
새벽에	at dawn	하루 종일	all day long, around the clock
새벽녘에	at break of day	아침 일찍	early in the morning, at an early hour
아침에	in the morning	토요일 아침에	on Saturday morning
아침마다	every morning, each morning	아침 내내	all the morning
오늘 아침	this morning	어느 여름날 아침에	one summer morning
아침부터 밤까지	from morning till night		

잠 깨기

• 날이 밝아왔다.	Morning dawned.
• 해가 떴다.	The sun rose.
• 방에 햇살이 비치고 있었다.	The sun was shining into the room.
• 날이 밝았다.	It got light.
• 또 다시 새로운 한 주가 시작되었다.	It was another fresh start to the week.
• 나는 보통 아침 여섯 시에 잠이 깬다.	I usually get up at six in the morning.
• 나는 6시에 깼다.	I woke up at six.
• 일어날 시간이었다.	It was time to get up.
• 자명종 시계가 울리지 않았다.	The alarm clock didn't ring. The alarm clock didn't go off. * go off (경보 · 자명종 등이) 울리다
• 자명종 시계 소리가 나를 깨웠으나 일어날 수가 없었다.	The alarm clock woke me up, but I couldn't get up.
• 자명종 시계 소리가 아주 크게 울렸다.	The sound of the alarm clock was so loud.
• 나는 자명종 시계에 아랑곳하지 않았다.	I didn't care about the sound of the alarm clock.
• 자명종이 10분 동안이나 계속 울리고 있었다.	The alarm was ringing for 10 minutes.

- 자명종 시계를 껐다. I turned off the alarm clock.
- 다시 잠이 들었다. I went back to sleep.
- 이불을 끌어당겨 머리까지 덮었다. I pulled the blanket over my head.
- 좀 더 자고 싶었다. I wanted to sleep a little longer.
- 여전히 잠이 덜 깬 상태였다. I was still half asleep.
- 나는 완전히 잠에서 깨려면 시간이 좀 걸린다. It takes time for me to become wide awake.
  * wide awake 완전히 잠에서 깬
- 나는 커피를 마셔야 잠이 깬다. A cup of coffee wakes me up.
- 잠이 깨도록 커피를 마셨다. I drank coffee to wake myself up.
- 커튼을 젖히고 창문을 열었다. I pulled the curtain and opened the window.
- 밖은 아직 어둑어둑했다. It was still dark outside.
- 아침 공기가 아주 맑고 신선했다. The morning air was very clean and fresh.
- 신선한 공기를 마시니 잠이 깨었다. Some fresh air woke me up.
- 어제 비가 온 덕분에 아침 공기가 보통 때보다 더욱 신선했다. Thanks to yesterday's rain, the morning air was fresher than usual.
  * thanks to ~덕분에

wake up한 후에 get up

시끄러운 알람시계 소리에 눈을 비비며 깨는 것은 wake up, 잠자리에서 몸을 일으켜 일어나는 것은 get up입니다. 하지만 get up은 잠에서 깨는 wake up의 의미로 쓰이기도 합니다.

일찍 일어나기

- 내가 제일 싫어하는 것이 아침에 일찍 일어나는 일이다. The thing I hate most is getting up early in the morning.
- 아침에 일찍 일어나는 게 점점 힘들어진다. It's getting harder for me to get up early in the morning.
- 어떤 일이 있든 간에 아침에 일찍 일어나야 한다. I have to get up early in the morning no matter what.
  * no matter what 무슨 일이 있어도
- 여느 때보다 일찍 일어났다. I got up earlier than usual.
- 오늘 아침에는 보통 때보다 한 시간 일찍 일어났다. I got up an hour earlier than usual this morning.

- 늘어지게 기지개를 켜면서 하품을 했다. — I yawned stretching myself.
  * yawn 하품하다 | stretch oneself 기지개를 켜다
- 서둘러 침대에서 빠져 나왔다. — I got out of bed in a hurry.
- 침대에서 일어나 침대를 정리했다. — I got out of bed and made it.
- 일찍 일어나면 여유를 가질 수 있다. — I can take my time when I get up early.
  * take one's time 천천히 하다
- 일찍 일어나는 습관을 가지려고 노력하고 있다. — I am trying to get used to getting up early.
  * get used to -ing ~에 익숙해지다
- 일찍 일어나는 일에 익숙해졌다. — I got accustomed to getting up early.
  * get accustomed to -ing ~에 익숙해지다
- 나는 아침에 잘 일어난다. — I wake up easily from sleep in the morning.
- 일찍 일어나는 사람이 될 것이다. — I will be an early bird.
- 아침형 인간이 되기 위해 일찍 일어나려 한다. — I am going to rise early to be a morning person.
- 나는 아침마다 조깅을 한다. — I jog every morning.
- 일찍 자기로 결심했다. — I decided that I would go to bed early.
- 일찍 자고 일찍 일어나는 것은 건강, 부, 지혜의 근본이다. — Early to bed and early to rise makes a man healthy, wealthy and wise.
- 일찍 일어나는 새가 벌레를 잡는다. (부지런해야 한다.) — The early bird catches the worm.

잠

- 나는 언제나 늦게 자고 늦게 일어난다. — I always keep late hours. I always go to bed late; therefore I wake up late.
- 나는 늦잠꾸러기이다. — I am a late riser.
- 나는 잠꾸러기이다. — I am a sleepyhead.
- 나는 매일 늦잠을 잔다. — I oversleep every morning.
- 주말에는 보통 늦잠을 잔다. — I usually sleep in on weekends.
  * sleep in 마음먹고 늦잠자다
- 난 항상 졸린다. — I am always sleepy.
- 아침 늦게까지 잠을 잤다. — I stayed in bed till late in the morning.
- 오늘 아침에 두 시간이나 늦게 눈을 떴다. — I woke up two hours late this morning.
- 잠자리에서 나와야 하는 시간이었다. — It was time to get out of bed.
- 오늘 아침에는 한 시간 늦잠을 잤다. — I overslept one hour this morning.

• 내가 늦잠꾸러기여서 매일 아침 누군가가 나를 깨워 주어야 한다.	I am a late riser. That's why someone has to wake me up every morning. * that's why 그런 이유로
• 밤늦게까지 공부를 해서 일찍 일어날 수가 없었다.	I couldn't get up early in the morning because I studied till late at night.
• 정말 일어나고 싶지 않았다.	I really didn't want to get up.
• 잠이 깨고 나서도 한동안 침대에 누워 있었다.	I was in bed for a while after I woke up.
• 침대에서 꾸물거렸다.	I procrastinated getting out of bed. * procrastinate 꾸물거리다, 질질 끌다
• 어젯밤에 잠을 늦게 잤기 때문이었다.	It was because I had gone to bed late last night.
• 해가 중천에 떠 있었다.	The sun was high in the sky.
• 어젯밤에 동생에게 일찍 깨워달라고 부탁했었다.	Last night, I asked my brother to wake me up early.
• 동생이 날 깨우는 것을 잊었다.	He forgot to wake me up.
• 좀 더 일찍 나를 깨워 주지 않은 것에 대해 동생에게 불평했다.	I complained to him that he had not woken me up earlier.
• 동생이 일어나라고 소리쳤다.	He shouted, 'Rise and shine!' * rise and shine 기상해라, 일어나라
• 누군가가 잠자고 있는 나를 깨울 때 짜증이 났다.	I got annoyed when someone woke me up.
• 자명종이 울리지 않아서 아침 일찍 깨지 못했다.	The alarm clock didn't ring, so I couldn't wake up early.
• 알람 맞추는 것을 잊었다.	I had forgotten to set the alarm.
• 나는 자명종 없이는 못 일어난다.	I can't get up without an alarm.
• 어젯밤에 알람을 맞추어 놓았다고 생각했다.	I thought I had set the alarm last night.
• 내가 잠을 깼을 때는 모두들 일어나 있었다.	When I awoke, everybody was up.

늦잠

'늦잠을 잤다'는 표현을 sleep late로 하지 않습니다. sleep late는 '늦게 잠을 잔다'는 말로 늦잠과는 다르죠. 의도한 것보다 오래 자게 돼서 늦잠을 잤다면 oversleep, 늦잠 자겠다고 마음먹고 늦게까지 잔 거라면 sleep in, 평소보다 좀 늦게 일어난 경우는 get up late라고 하면 됩니다.

욕실 사용하기

• 일어나자마자 욕실에 갔다.	I entered the bathroom as soon as I got up.
• 욕실에 누군가 있었다.	There was someone in the bathroom.
• 동생이 샤워 중이었다.	My brother was taking a shower. My brother was in the shower.
• 나는 샤워하는 데 5분도 안 걸린다.	It takes less than 5 minutes for me to take a shower.
• 욕실에서 빨리 나오라고 하면서 문을 두드렸다.	I knocked at the door asking him to get out of the bathroom quickly.
• 욕실에서 큰 볼일을 보았다.	I went to the bathroom. * go to the bathroom 볼일을 보다
• 큰 볼일을 보면서 신문을 읽는다.	I read the newspaper while going number two on the toilet. * number two 대변 (cf. number one 소변)
• 화장실 물 내리는 것을 잊었다.	I forgot to flush the toilet.
• 내 동생은 화장실에 변기 뚜껑을 올리지 않고 볼 일을 본다.	My brother doesn't lift up the seat when he uses the toilet.
• 그의 오줌이 변기 주변에 튀었다.	His urine splashed around the toilet.
• 냄새가 지독했다.	The smell was terrible.
• 화장실 물을 내렸다.	I flushed the toilet.
• 욕실에 방향제를 놓아야겠다.	I need to put air freshener in the bathroom.
• 방향제를 좀 뿌렸다.	I sprayed some air freshener.
• 아침에는 세수만 한다.	I wash just my face in the morning.
• 오늘 아침에는 겨우 세수만 했다.	I managed to wash my face this morning. * manage to ~ 간신히 ~하다, 그럭저럭 ~하다
• 아침 식사 전에 세수를 했다.	I washed up before breakfast.
• 오늘 아침에 샤워를 했다.	I took a shower this morning.
• 나는 매일 아침 머리를 감는다.	Every morning I wash my hair.
• 머리를 말리는 데 시간이 약 10여분이 걸렸다.	It took about 10 minutes to dry my hair.
• 드라이기로 머리를 말렸다.	I blow-dried my hair.
• 머리를 빗었다.	I brushed my hair.
• 머리를 빗은 후 바닥에 떨어진 머리카락을 치웠다.	After combing my hair, I removed the fallen hairs from the floor.
• 얼굴에 로션을 발랐다.	I applied lotion on my face. * apply 적용하다, 이용하다, 바르다

양치질

• 나는 식사를 하고 나면 꼭 양치를 한다.	I always brush my teeth after each meal.
• 아침 식사 후에 양치질을 했다.	I brushed my teeth after breakfast.
• 칫솔 위에 물을 조금 묻혔다.	I ran some water over my toothbrush. * run 흐르게 하다
• 칫솔 위에 치약을 짰다.	I squeezed toothpaste onto my toothbrush. * squeeze 짜내다, 꽉 쥐다
• 치약의 윗부분을 짜지 말라는 말을 들었다.	I was asked not to squeeze the upper part of the toothpaste.
• 내 동생은 늘 치약의 중간을 눌러 짠다.	My brother always squeezes the toothpaste tube in the middle.
• 위아래로 그리고 양 옆으로 칫솔을 움직여 닦았다.	I moved my toothbrush up and down and back and forth.
• 위아래로만 이를 닦으려 한다.	I try to brush my teeth just up and down.
• 물을 조금 마시고 입안을 헹구었다.	I rinsed my mouth with some water.
• 입안에서 물을 이리저리 움직였다.	I swished it back and forth in my mouth. * swish 입 안에서 물을 이리저리 움직이다
• 세면대에 물을 뱉었다.	I spat it into the sink. * spat spit(뱉다)의 과거형
• 칫솔을 물로 씻어 칫솔걸이에 걸었다.	I rinsed off my toothbrush and put it back in the toothbrush rack.

아침 신문

• 나는 시대에 뒤떨어지지 않기 위해 매일 아침 신문을 읽는다.	I read the newspaper every morning in order not to fall behind the times. * behind the times 시대에 뒤떨어진
• 나는 ~ 신문을 구독한다.	I subscribe to the ~ newspaper. * subscribe to ~을 정기 구독하다
• 나는 학생용 영자 신문을 구독한다.	I subscribe to an English newspaper for students.
• 아침에는 신문을 대충 훑어본다.	I skim through the newspaper in the morning. * skim 찌꺼기를 걷어내다, 대충 훑어보다
• 아침에는 신문 전체 내용을 다 읽을 수 없다.	It's impossible to read the whole newspaper in the morning.
• 나는 신문에서 주로 사회면을 본다.	I usually read the local news section of the newspaper.

• 나는 스포츠면만 읽는다. I read just the sports page.

• 나는 거의 사설을 읽지 않는다. I hardly read the editorials.

• 오늘 신문에 놀라운 기사가 있었다. There was a shocking article in today's newspaper.

• 내가 아는 사람이 오늘 신문에 나왔다. My acquaintance appeared in today's newspaper.
* acquaintance 아는 사람, 지식, 면식

• 내 취미에 관한 좋은 기사 내용이 있어 오려 두었다. I cut out a good article about my hobby.

• 몇 개의 기사를 스크랩북에 스크랩해 두었다. I pasted some article clippings into my scrapbook.
* clip 오려 내다, 잘라내다

거의 ~하지 않다

hard는 '열심인, 열심히'인 형용사와 부사의 뜻으로 다 쓰입니다. hardly는 hard의 부사가 아니라 '거의 ~하지 않다'로 not과 함께 쓰지 않는 준부정어입니다. 이처럼 준부정어로 쓰이는 말로는 seldom, rarely, scarcely, barely 등이 있습니다.

아침 식사

• 아침 식사할 시간이었다. It was time for breakfast.

• 아침 먹을 시간이었다. It was time to have breakfast.

• 아침 식사가 벌써 준비되어 있었다. Breakfast was already ready.

• 여유롭게 식사를 했다. I took my time with the meal.
* take one's time 천천히 하다

• 급히 아침을 먹어야 했다. I had to eat my breakfast in a hurry.

• 나는 우유 한 잔과 시리얼을 먹었다. I had some cereal with a glass of milk.

• 아침 식사 대신 우유를 마셨다. I had milk for breakfast instead.

• 오늘은 아침으로 빵과 계란 프라이를 먹었다. Today I had bread and some fried eggs for breakfast.

• 나는 보통 아침에 커피만 마신다. I only drink coffee in the morning.

• 나는 보통 한식으로 아침을 먹는다. I usually eat a Korean-style breakfast.

• 식사를 잘 했다. I enjoyed my meal.

• 아침을 많이 먹었다. I had a heavy breakfast.

• 밥을 한 그릇 더 먹고 싶었다. I felt like eating another bowl of rice.

• 아침을 간단히 먹었다. I had a light breakfast.

- 한 입만 먹었다. I ate just one bite.
- 서둘러 아침 식사를 끝냈다. I quickly finished my breakfast.
- 아침 식사는 준비되었지만 먹을 시간이 없었다. Breakfast was ready, but I had no time to eat it.
- 아침을 먹지 않으면 힘이 없다. Not having breakfast makes me weak.
- 아침에 입맛이 없었다. I didn't feel like eating in the morning.
- 오늘 아침은 건너뛰었다. I skipped today's breakfast.
- 오늘은 아침을 먹지 않았다. I didn't eat breakfast today.

아침 겸 점심은?

아침의 breakfast는 fast(단식)를 break(깨다)라는 의미로 break one's fast는 '아침 식사를 하다'라는 말이 됩니다. 늦게 일어나 아침 겸 점심으로 먹는 식사는 brunch라고 합니다.

옷 입기

- 잠옷을 벗었다. I took off my pajamas.
- 속옷을 갈아입었다. I changed my underwear.
- 옷을 벗었다. I got undressed.
  I took my clothes off.
- 어떤 옷을 입을지 결정하기가 어려웠다. It was difficult to decide which clothes to wear.
- 오늘 입을 옷을 고르느라 시간을 많이 보냈다. I spent a lot of time selecting my clothes for the day.
- 깨끗한 바지가 하나도 없었다. There were no clean pants.
- 엄마가 빨래를 해 놓지 않으셨다. My mom didn't wash them.
- 옷장에서 옷을 꺼냈다. I picked up the clothes in the wardrobe.
- 옷이 구겨져 있었다. The clothes were wrinkled.
- 나는 급하게 다림질을 했다. I ironed in haste.
- 오늘 줄무늬 셔츠를 입었다. I wore my striped shirt today.
- 오늘은 따뜻한 옷을 입었다. I wore warm clothes today.
- 셔츠, 조끼, 넥타이 그리고 바지를 입었다. I put on my shirt, vest, neck-tie and trousers.
- 옷의 앞뒤를 바꿔 입었다. I put my clothes on backwards.
- 옷을 뒤집어 입었다. I put my clothes on inside out.
- 나는 셔츠를 입으면 꼭 바지 안에 넣어 입는다. I never wear a shirt without tucking it in my pants.
  * never ~ without ... ~하면 반드시 …하다

• 옷 입는 것을 도와줄 누군가가 필요했다. I needed someone to help me dress myself.

• 벗은 옷을 옷걸이에 걸어 놓지 않았다. I didn't hang the clothes that I had taken off on the clothes hanger.

• 옷을 바닥에 두었다. I left the clothes on the floor.

• 옷을 벗은 후 바닥에 그냥 다 던져 놓았다. I just threw all my clothes on the floor after I undressed myself.

몸에 입고 걸치고 씌우고~

옷을 입는 것, 모자나 안경을 쓰는 것, 귀걸이나 목걸이를 하는 것, 양말이나 신발을 신는 것, 장갑을 끼는 것, 화장을 하는 것 등 몸에 입고 부착되는 동작은 put on이라고 하고, 그렇게 몸에 부착되어 있는 상태는 wear를 씁니다. 그리고 옷을 벗는 것은 take off라고 합니다. dress/undress가 동사로 쓰이면 '옷을 입히다/옷을 벗기다'이므로 '옷을 입다/벗다'는 dress/undress oneself, 또는 be/get dressed/undressed로 나타냅니다.

엄마의 당부

• 선생님 말씀 잘 들어라. Listen to your teacher.

• 선생님 말씀하실 때 딴짓하지 마라. Pay attention to your teacher.

• 친구들과 싸우지 마라. Don't fight with your friends.

• 친구들과 사이좋게 지내라. Be nice to your friends.

• 친구들 괴롭히지 말아라. Don't pick on your friends. Don't bully your friends.

• 길을 건널 때 조심해라. Be careful when you cross the street.

• 차조심 해라. Watch for cars.

• 길 양쪽을 잘 살펴라. Look carefully both ways.

• 천천히 다녀라. Don't go too fast.

• 학교에서 잘 지내라. Have a good day at school.

• 수업 시간에 잠자지 말아라. Don't sleep during classes.

• 땡땡이치지 마라. Don't play hooky.

• 학교 끝나면 집으로 곧장 와라. Come home straight after school.

• 쓰레기를 아무데나 버리지 마라. Don't be a litterbug.

• 거리에 껌 뱉지 마라. Don't spit gum on the street.

• 낯선 사람을 조심해라. Watch out for strangers.

- 조심해라. Take care.
- 손을 항상 깨끗이 해라. Keep your hands clean.
- 재미있게 지내라. Have fun.
- 즐겁게 보내라. Have a good time.

시간을 잘 지켜라

엄마의 또 다른 당부 하나가 더 있다면 시간을 잘 지키라는 말이죠. '시간을 잘 지켜라'는 말을 Keep the time well. 이라고 하면 안 됩니다. 시간을 지키라는 말은 정해진 시간에 늦지 말라는 표현이므로 Don't be late! 또는 '시간을 엄수하는'의 뜻을 가진 punctual을 사용하여 Be punctual!이라고 해야 합니다.

집 나서기

- 우리 부모님은 아침마다 항상 나를 재촉하신다. My parents always rush me every morning.
  * rush 돌진하다, 몰아대다
- 빨리 준비해야 했다. I had to get ready quickly.
- 필요한 것들을 챙겼다. I took what I needed.
- 서둘렀다. I hurried up.
- 서두를 필요가 없었다. I didn't have to hurry up.
- 버스 시간까지는 넉넉했다. I had a lot of time until the bus came.
- 집을 나섰다. I left home.
- 학교에 늦지 않으려고 서둘렀다. I hurried up in order not to be late for school.
- 늦어서 머리가 젖은 채로 집을 나섰다. I left home with my hair wet since it was late.
- 늦잠을 자서 10분 지각했다. I overslept and was 10 minutes late for school.
- 자명종이 울릴 때 일어났어야 했다. I should have gotten up when the alarm clock rang.
  * should have+과거분사 ~했어야만 했다
- 좀 더 부지런해져야겠다. I need to be more diligent.
- 우물쭈물할 시간이 없었다. I had no time to lose.
- 서둘러 택시를 타고 학교에 갔다. I went to school in a hurry by taxi.
- 오늘 아침에 너무 서두르는 바람에 지갑을 놓고 갔다. Since I was in such a hurry this morning, I didn't bring my wallet.
- 서두르다가 일을 망친다는 말을 기억해야겠다. I need to remember that haste makes waste.
- 집에서 버스 정류장까지 걸어서 20분 정도 걸린다. It takes about twenty minutes to walk to the bus stop from my house.

02 점심

LUNCH

도시락

- 나는 매일 도시락을 싸 가지고 다닌다. — I take my lunch everyday.
- 점심을 싸 가지고 갔다. — I brought my own lunch. / I brought a lunch with me.
- 엄마가 점심 도시락을 싸 주셨다. — My mom packed a lunch box for me.
- 엄마의 사랑이 도시락에 담겨 있는 것 같았다. — I think the lunch box had her love.
- 밥 위에 콩으로 하트 모양을 장식했다. — I decorated the rice with beans in the shape of heart.
  * in the shape of ~의 모양으로
- 점심으로 샌드위치를 싸 왔다. — I brought sandwiches for lunch.
- 나는 도시락을 가지고 다니는 것이 번거롭다. — It's uncomfortable for me to carry a lunch box.
- 가끔은 도시락 통을 잃어버리기도 한다. — Sometimes I lose my lunch box.

학교 급식

- 우리 학교에서는 점심시간에 급식을 한다. — My school provides meals for students at lunch time.
- 우리는 점심 식권을 이용해야 한다. — We have to use lunch vouchers.
  * voucher 식권, 증명서, 증표
- 때때로 반찬이 좋지 않다. — Sometimes the side dishes are not good.
- 식당에서 그 음식 좀 그만 내놓았으면 좋겠다. — I wish the cafeteria would stop serving that food.
- 오늘 반찬 중 돈가스가 있었다. — One of today's dishes was pork cutlet.
- 나는 짭짤한 고기반찬을 좋아한다. — I like nicely salted meat.
- 오늘 오후에 점심을 같이 먹으려고 친구를 만났다. — I met with my friends to have lunch together this afternoon.
- 점심에 먹을 것이 너무 많았다. — I had too much to eat at lunch.
- 배탈이 날 정도가 될 때까지 먹었다. — I ate to the point that I got sick.
  * to the point that ~가 될 정도까지
- 나는 점심에 김밥과 샌드위치를 먹었다. — I had kimbap and sandwiches for lunch.

- 점심을 가볍게 먹었다. — I had a light lunch.
- 점심을 조금 먹었다. — I grabbed a bite for lunch.
  * grab a bite 식사를 조금 하다
- 저녁을 잘 먹을 것 같아서 점심은 간단히 먹었다. — I ate a light lunch in expectation of a good dinner.
  * in expectation of ~를 기대하여
- 점심 식사를 건너뛰었다. — I skipped lunch.

빨리 가볍게 먹어야 하나, 굶어야 하나

시간이 충분하지 않아서 대충 식사를 때워야 하는 경우, grab a bite라고 합니다. 빨리 조금 먹고 말았으면 grab a quick bite라고 하면 되죠. '샌드위치로 간단히 때웠다'는 I grabbed a sandwich.라고 합니다. 그조차도 먹을 시간이 없으면 건너뛰어야 하는데, 이는 skip으로 표현합니다.

점심시간

- 정오에 점심시간이 한 시간 있다. — We have an hour's lunch break at noon.
  * break 잠깐의 휴식
- 점심시간에 방송부원들이 음악을 틀어 주었다. — The broadcasting members played music during lunch time.
- 친구들과 함께 이야기하고 음악을 들었다. — I listened to music, talked with my friends together.
- 짧은 점심시간에 친구들과 시간을 보냈다. — I spent time with my friends during the short lunch time.
- 우리는 점심시간에 10분 정도 축구를 했다. — We played soccer for about 10 minutes during lunch time.
- 점심을 많이 먹으면 졸린다. — I get sleepy when I have a heavy lunch.
- 점심 식사 후 잠시 낮잠을 잤다. — After lunch, I took a short nap.
- 점심시간이 좀 더 길었으면 좋겠다. — I wish we had a longer lunch time.
- 낮잠을 충분히 잘 시간이 없었다. — I didn't have enough time to take a nap.

군것질

- 나는 간식을 즐긴다. — I am a snacker.
  * snacker 간식을 좋아하는 사람
- 간식으로 우유를 마신다. — I drink milk between meals.
- 간식을 조금 먹었다. — I had some snacks.

- 나는 군것질하는 것을 좋아한다.

  I like eating between meals.

  * eat between meals 군것질하다

- 나는 단것을 좋아한다.

  I have a sweet tooth.

- 쉬는 시간에 간식을 사러 매점에 갔다.

  I went to the snack bar to buy snacks during the break time.

- 나는 매끼 식사도 규칙적으로 하고 간식으로 여러 가지를 먹는다.

  I eat meals regularly and various things between meals.

  * regularly 규칙적으로 (↔ irregularly 불규칙적으로)

- 나는 간식으로 과일만 먹는다.

  I have only fruit for my snack.

- 간식하는 횟수가 잦아서 살이 찌는 것 같다.

  I think I am gaining weight because I eat between meals so often.

  * gain weight 살찌다

- 먹는 것을 조심해야 할 필요가 있다.

  I need to watch what I eat.

- 간식으로 빵을 먹어서 그런지 입맛이 없다.

  I had some bread between meals, so I have no appetite.

- 지금부터 어떠한 간식도 먹지 않아야겠다.

  From now on, I won't have any snacks.

스낵 코너

우리는 흔히 매점을 스낵 코너라고 부릅니다. 영어로는 snack corner라고 하지 않고 snack bar라고 합니다. 백화점 내에서도 여성복 코너, 남성복 코너 등의 이름으로 부르는데, 백화점에서의 코너는 department라고 합니다. 그래서 예를 들어, 여성복 코너라면 women's clothing department라고 합니다. 그러나 실제 백화점에서는 여성복 코너는 women's apparel, 남성복 코너는 men's apparel 등으로 표시해 놓는 경우가 많습니다. apparel은 '의복, 복장'을 나타내는 말입니다.

03 저녁

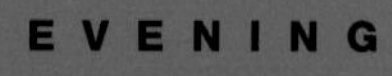

저녁 활동

- 나는 저녁 8시 이후에는 보통 집에 있다.

  I am usually at home after eight in the evening.

- 오늘 저녁에는 그냥 집에 있었다.

  I just stayed at home this evening.

- 나는 이따금 저녁에 친구를 만나러 간다. I sometimes go and see some of my friends in the evening.
- 오늘은 친구들과 6시에 만나기로 되어 있었다. I was expected to meet my friends at 6 o'clock.
- 친구들과 저녁에 시내를 돌아다녔다. I hung out downtown with my friends in the evening.
- 오늘 저녁에는 할 일이 아무것도 없었다. I had nothing to do this evening.
- 나는 오늘 저녁을 먹은 후에 산책을 했다. I went for a walk after dinner.
- 곧 어두워져서 집에 돌아왔다. It became dark, so I came back home.
- 해질 무렵에 친구를 만났다. I met a friend of mine at dusk.
- 할 일이 별로 없어 친구네 집에 갔다. I went to my friend's house since I didn't have anything to do.
- 오늘은 친구의 집에서 잘 것이다. I'm going to sleep over at my friend's house.
  * sleep over 외박하다
- 부모님의 어깨를 두드려 드렸다. I massaged my parents on their shoulders.
- 음악을 들으며 오늘의 피로를 풀었다. I relaxed by listening to music.
- 잠자기 전에 내일의 할 일을 점검했다. Before going to bed, I checked things to do tomorrow.
- 나는 잠자리에 들기 전에 일기를 쓴다. I keep a diary before I go to bed.
- 나는 잠자리에 들기 전에 늘 일기를 쓴다. I make it a point to keep a diary before going to bed.
  * make it a point to+**동사원형** 반드시 늘 ~하다

통금

- 우리 집 통금 시간은 밤 10시이다. My curfew at home is 10 o'clock p.m.
  * curfew 통행금지 시간
- 늦어도 저녁 10시까지는 집에 들어가야 한다. I have to be home by 10 o'clock p.m. at the latest.
- 어머니께 전화를 걸어 늦게 들어간다고 말씀 드렸다. I called my mother and said that I would come home late.
- 밤에 늦게 집에 돌아와서 부모님께 꾸중을 들었다. I came home late at night, so I was scolded by my parents.
- 1주일동안 외출금지를 당했다. I was grounded for a whole week.
  * ground 기초를 두다, 외출을 금지시키다
- 나는 밤에 놀러 다니는 것을 좋아한다. I am fond of going out in the evening for pleasure.
  * for pleasure 그저 재미로, 재미삼아
- 우리 부모님은 휴일에 늦게 들어오는 것을 허락해 주신다. My parents allow me to stay out late on holidays.

- 내가 집에 늦게 들어와도 우리 부모님께서 좀 더 이해를 해주셨으면 좋겠다. — I wish my parents would be more understanding when I come home late.

씻기

- 간단히 샤워를 했다. — I took a short shower.
- 샤워 커튼을 치지 않아서 욕실 여기저기에 물이 튀었다. — I didn't draw the shower curtain, so the water splashed here and there in the bathroom.
- 수건으로 물기를 닦았다. — I dried up the water with a towel.
- 피곤해서 뜨거운 물을 채운 욕조 안에서 휴식을 취했다. — I was so tired that I relaxed in the bathtub full of warm water.
- 뜨거운 물로 목욕을 했다. — I had a hot bath.
- 때를 밀었다. — I scrubbed my body.
  * scrub 문질러 닦다
- 목욕을 하고 나니 기분이 상쾌했다. — I felt refreshed after my bath.
- 건강을 위해 반신욕을 했다. — I took a bath dipping just half of my body for health.
  * dip 담그다
- 몸의 물기를 수건으로 닦았다. — I dried myself with a towel.

저녁 식사

- 오늘은 오후 늦게까지 아무것도 못 먹었다. — I had not eaten anything till late in the afternoon.
- 저녁을 준비했다. — I prepared dinner.
- 저녁이 거의 다 준비되었다. — Dinner is almost ready.
- 오늘은 집에서 저녁을 먹었다. — I had dinner at home this evening.
- 오늘 저녁은 외식을 했다. — I ate out this evening.
  * eat out 밖에서 식사하다, 외식하다
- 우리 집은 항상 6시에 저녁을 먹는다. — We always have dinner at 6 o'clock in the evening.
- 일찌감치 저녁을 먹었다. — I had an early dinner.
- 저녁 식사를 하면서 우리는 오늘 일어난 일에 대해 이야기를 나누었다. — While having dinner, we talked about things that happened today.
- 저녁 식사 때 우리는 하루를 어떻게 보냈는지에 대해 이야기했다. — At dinner, we talked about how our day went.
- 아빠가 항상 늦게 집에 오셔서 함께 저녁 식사하는 일이 별로 없다. — My dad always comes home late, so we seldom have dinner together.
  * seldom 좀처럼 ~않다

- 한동안 가족들과 저녁 식사를 함께하지 못했다. I haven't had dinner with my family for a long time.
- 저녁을 먹으면서 가족들과 즐거운 대화를 나누었다. I had a pleasant conversation with my family over dinner.
- 저녁을 먹고 나니 기분이 좋았다. After dinner, I felt wonderful.
- 우리 가족은 저녁을 먹을 때 서로 아무 말도 하지 않는다. My family doesn't usually talk to each other while eating dinner.
- 우리 가족은 보통 TV를 보면서 저녁을 먹는다. My family usually eats dinner while watching TV.
- 오늘은 엄마가 편찮으셔서 저녁은 내가 직접 차려 먹었다. Today I fixed dinner myself because my mom was sick.
- 오늘은 점심도 못 먹고, 저녁도 못 먹었다. I didn't eat any lunch and then skipped dinner as well.
  * as well 또한, 역시
- 오늘 저녁에 외국인 친구를 저녁 식사에 초청했다. We invited a foreign friend to have dinner with us this evening.
- 저녁 식사에 초대되어 친구의 집에 갔다. I went to my friend's house because I was invited for dinner.
- 오늘 저녁은 나가서 외식하고 싶었다. Today I wanted to go out for dinner.
- 오늘 저녁에는 근사한 식당에서 식사를 했다. I ate at a nice restaurant this evening.
- 저녁으로 비프스테이크를 먹었다. I ate steak for dinner.
- 저녁에 이탈리아 음식을 먹었다. I had Italian food for dinner tonight.

저녁 식사

저녁 식사는 dinner라고도 하고 supper라고도 하는데, 그 차이점은 무엇일까요? dinner는 하루 중 제일 푸짐한 식사, 즉 그날의 주된 식사로 오후 늦게 먹을 수도 있고, 저녁에 먹을 수도 있는 식사인데 반해, supper는 하루 중 제일 마지막 식사라는 의미를 가지고 있습니다.

TV 시청

- 저녁 식사를 끝내자마자 TV를 켰다. I turned on the TV as soon as I finished eating dinner.
- 아무 할 일 없이 텔레비전만 보았다. I just watched TV without doing anything else.
- 나는 보통 TV를 너무 많이 보는 편이다. I usually watch too much TV.
- 내 동생은 TV만 본다. My younger brother is a couch potato.
  * couch potato TV를 보면서 시간을 보내는 사람

• 나는 하루에 3시간 정도 텔레비전을 본다.
I watch TV for about 3 hours a day.

• 나는 밤에는 늘 채널 서핑을 즐긴다.
I always enjoy surfing the channels at night.
* surfing the channels 채널을 이리저리 돌림

• 나는 손에 리모컨을 항상 들고 있다.
I always hold the remote control in my hand.

• 우리 가족은 나를 리모컨이라고 부른다.
My family calls me the 'remote control.'

• 동생과 리모컨을 가지고 싸웠다.
I fought over the remote control with my brother.

• 나는 TV에 중독된 것 같다.
I seem to be addicted to TV.
* be addicted to+**동사원형** ~에 빠지다, 중독되다

• 나는 TV를 볼 때 너무 가까이 본다.
I sit too close to the TV while watching it.

• TV에서 뒤로 좀 물러났다.
I moved back from the TV.

• 저녁 식사 후 거실에서 TV를 보았다.
After dinner, I watched TV in the living room.

• 매일 9시 뉴스를 본다.
I watch the 9 o'clock news every day.

• 나는 언제나 CNN 뉴스를 본다.
I always watch the news on CNN.

• TV 6번 채널에서 뮤직 쇼를 보았다.
I watched 'Music Show' on Channel 6.

• 내가 가장 좋아하는 프로그램은 쇼 프로그램이다.
My favorite program is a variety show.

• 그 쇼 프로그램은 MBS에서 매주 월요일마다 방영된다.
The show is on MBS every Monday.

• 이번 금요일에 MBS에서 흥미로운 게임 쇼를 한다.
There is an exciting game show on MBS this Friday.

• 오늘은 채널 7번에서 재미있는 코미디 프로그램이 있었다.
Today there was a funny comedy on channel 7.

• 나는 그 프로그램을 즐겨 본다.
I like to watch the program.

• 그것이 정말 우습고 재미있었다.
It was really funny and interesting.

• 드라마가 재방송되었다.
The soap opera was a rerun.
* rerun 재방송, 재상영, 재방영

• 나는 텔레비전 연속극이라면 질색이다.
I hate the drama series.

• 우리 가족은 주말 연속극은 꼭 본다.
My family never misses the weekend drama series.

• TV 광고도 참 재미있다.
TV commercials are really fun.

• 다른 방송으로 채널을 돌렸다.
I turned to another channel.

• 우리 부모님께서는 나에게 교육 방송을 보라고 강요하셨다.
My parents forced me to watch EBS programs.
* force ~ to ... ~에게 …하라고 강요하다

• 그 프로그램은 나에게는 매우 지루했다.
The program was very boring to me.

- TV 볼륨을 줄였다. — I turned the TV volume down.
- TV 볼륨을 높였다. — I turned the TV volume up.
- 마감 뉴스를 보고 TV를 껐다. — I turned off the TV after watching the closing news.
- TV 보는 것을 줄여야 한다. — I have to cut down on my TV watching.
  * cut down on ~를 줄이다
- 나는 TV를 너무 많이 본다고 부모님께 종종 꾸지람을 듣는다. — I am often scolded by my parents because I watch TV too much.
- 대화를 위한 시간을 더 많이 갖도록 하기 위해서 거실의 TV를 없앴다. — We took the TV set away from the living room to have more time for conversations.
  * take ~ away ~를 가져가다, 치우다
- 한동안 TV를 볼 수 없었다. — I couldn't watch the TV for quite a while.

라디오 · 비디오

- 나는 TV를 보지 않고 라디오를 듣는다. — I listen to the radio instead of watching TV.
  * instead of ~대신에
- 나는 라디오를 들으며 공부를 했다. — I studied while listening to the radio.
- 방에서 라디오가 소리가 없으면 왠지 허전하다. — When there is no sound from the radio, I feel empty.
- 나는 항상 라디오를 듣다가 잠이 든다. — I always fall asleep while listening to the radio.
- 라디오는 밤새 켜져 있었다. — The radio was on all night.
- 비디오로 영화를 보고 싶었다. — I wanted to watch a movie on video.
- 비디오 하나를 빌렸다. — I rented a video.
- 오늘은 하루 종일 비디오로 영화를 봤다. — Today, I watched movies on video all day long.
- 너무 재미있어서 시간 가는 줄 몰랐다. — It was so interesting that I lost track of time.
- 내가 가장 좋아하는 여가 활동은 집에서 비디오를 보는 것이다. — My favorite pastime is watching videos at home.

TV 프로그램 종류

광고 방송	commercial	드라마	drama series
아침 정보 프로그램	morning show	연속극	soap opera
음악 쇼	music show	시트콤	situation comedy
종합 오락쇼	variety show	만화	cartoon
게임 프로	game show	코미디	comedy
다큐멘터리	documentary	토크 쇼	talk show
뉴스	news		

TV 종류

고화질 TV (HDTV)	high-definition television	프로젝션 TV	projection TV
액정화면 TV (LCD TV)	liquid crystal display television	위성 TV	satellite television
평면 TV	flat screen TV	유선 TV	cable television
평판 디스플레이	TV flat-panel display	벽걸이 TV	wall-mounted TV

저녁 하늘

- 저녁놀이 지는 것을 바라보았다. I watched the sun setting.
- 저녁노을이 너무 멋졌다. The sunset was so nice.
- 달이 일찍 떴다. The moon was up early.
- 달무리가 아주 멋졌다. The moon's halo was wonderful.
- 달이 참 밝았다. The moon was so bright.
- 보름달이 하늘 높이 떠 있었다. The full moon was high up in the sky.
- 하늘에는 반달이 있었다. There was a half moon in the sky.
- 초승달이었다. It was the sickle moon.
- 초승달이 차고 있었다. The crescent is on the wax.
  * on the wax 달이 차는
- 보름달이 이지러지고 있었다. The full moon is on the wane.
  * on the wane 달이 기우는
- 하늘에 별이 많았다. There were a lot of stars in the sky.

• 하늘에 별들이 총총했다.	The sky was starry.
• 하늘에 별들이 반짝거렸다.	The stars twinkled in the sky.
• 별들이 떨어질 것 같았다.	The stars looked as if they were falling. * look as if ~ 마치 ~인 것처럼 보이다
• 별들을 세어 보았다.	I tried counting the number of stars.
• 내가 가장 좋아하는 별에 소원을 빌었다.	I wished upon my favorite star.

달의 종류

초승달	crescent, new moon, sickle moon	보름달	full moon
상현달	waxing crescent moon, young moon	하현달	waning crescent moon, old moon
반달	half moon	그믐달	dark moon, old moon

잠 잘 준비하기

• 내일은 늦잠을 자고 싶다.	I want to get up late tomorrow.
• 자기 전에 밤참을 먹었다.	I had a midnight snack before going to bed.
• 하품이 났다.	I yawned.
• 일찍 잠을 자야겠다.	I am going to bed early.
• 부모님께 안녕히 주무시라는 인사를 했다.	I said goodnight to my parents.
• 잠옷으로 갈아입었다.	I changed into my pajamas.
• 내일 약속에 늦지 않으려면 일찍 자야만 한다.	I had better go to bed early so as not to be late for my appointment tomorrow.
• 영화를 보느라 밤늦게까지 있었다.	I stayed up late to see a movie. * stay up late 늦게까지 잠자지 않고 있다
• 자명종 시계를 6시에 맞추어 놓았다.	I set the alarm clock for 6 o'clock.
• 잠자리에서 잠시 책을 읽었다.	I read in bed for a while.
• 내가 어릴 때 우리 부모님은 잠자리에서 내가 좋아하는 책을 읽어주시곤 했다.	When I was younger, my parents used to read me my favorite book in bed. * used to+**동사원형** ~하곤 했다
• 잠자리에 들기 전에 뭔가를 먹고 싶었다.	I felt like eating something before going to bed.

- 잠자리에 들 때가 되어서야 비로소 일을 끝마쳤다. I didn't finish my work until I went to bed.
  * not ~ until ... …가 되어서야 비로소 ~하다
- 눈꺼풀이 무겁고 매우 졸린다. My eyelids are heavy and I am very sleepy.
- 부족한 잠을 좀 보충해야겠다. I need to catch up on my sleep.
  * catch up on 부족한 것을 채우다
- 나는 문이 다 잠겼는지 확인을 한 후 잠자리에 든다. After I check out whether the doors are locked up, I go to bed.

잠자리에 들기

'잠자리에 들다'는 가장 일반적인 표현은 go to bed인데, 그 이외에는 turn in, hit the sack, hit the hay 등도 잠자리에 든다는 의미로 쓰입니다. '잠이 들다'는 fall asleep, 잠이 들어 '자고 있다'는 상태는 sleep으로 표현합니다.

잠자기

- 푹 자고 싶다. I want to sleep soundly.
- 음악을 들으며 잠이 들었다. I fell asleep listening to music.
- 너무 피곤해서 곧 잠이 들 것 같다. I am so tired that I am going to fall asleep soon.
- 오늘밤에는 달콤한 꿈을 꾸고 싶다. I want to have sweet dreams tonight.
- 불을 끄자마자 동생은 금방 잠들었다. As soon as I turned off the light, my brother fell asleep.
- 베개에 눕자마자 잠이 들었다. I fell asleep as soon as I hit the pillow.
- 잠옷으로 갈아입지도 못하고 잠이 들었다. I fell asleep without changing into my pajamas.
- 눕자마자 잠이 들었다. I went out like a light.
  * go out like a light 눕자마자 잠들다
- 오늘 잠을 잘 못 잘 것 같은 생각이 든다. I don't think I will be able to sleep well tonight.
- 저녁을 먹지 않고 잠자리에 들었다. I went to bed dinnerless. I went to bed without eating dinner.
- TV를 켠 채 잠이 들었다. I fell asleep with the TV on.
- 화장도 못 지우고 잠이 들었다. I fell asleep with my makeup on.
- 자정이 넘어서야 잠자리에 들었다. I didn't get to bed until after midnight.

오늘 밤

'오늘 밤(에)'라는 말은 today night라고 하지 않고 tonight라고 하죠. 또한 어젯밤은 yesterday night가 아니라 last night, 오늘 아침은 today morning이 아니라 this morning, 오늘 오후는 today afternoon이 아니라 this afternoon, 며칠 후에는 a few days after가 아니라 a few days later라고 합니다.

잠버릇

• 잠을 잘 때는 푹신한 베개를 베고 자는 것을 좋아한다.	When I sleep, I like to lay my head on a fluffy pillow. * fluffy 솜털의, 푹신한 | pillow 베게
• 나는 딱딱한 베개보다는 부드러운 베개가 더 좋다.	I prefer a soft pillow to a hard one.
• 나는 다른 사람의 팔베개를 하고 잠을 자면 불편하다.	It is uncomfortable for me to sleep on someone's arm.
• 나는 엎드려 자는 것이 편안하다.	It is comfortable for me to sleep on my stomach. * stomach 배, 복부
• 등을 대고 누워 자면 불편하다.	I feel uncomfortable sleeping on my back.
• 나는 옆으로 자는 것을 좋아한다.	I like to sleep on my side.
• 나는 가끔 잠꼬대를 한다.	I sometimes talk in my sleep.
• 동생은 내가 잠꼬대를 한다고 했다.	My brother said that I talked while asleep.
• 동생은 잘 때 침을 흘린다.	My brother drools in his sleep. * drool 침을 흘리다
• 나는 잠을 잘 때 이를 간다.	I grind my teeth while I sleep. * grind 으깨다, 갈다
• 우리 아빠는 주무실 때 코를 심하게 곤다.	My dad snores heavily while sleeping.
• 나는 밤에 자주 깬다.	I often wake up at night.
• 나는 잠을 늦게 잔다.	I am a night owl. * owl 올빼미, 밤에 일하는 사람
• 나는 밤샘을 잘 하지 못한다.	I don't pull all-nighters. * all-nighter 밤새 하는 공부
• 나는 일찍 자고 일찍 일어난다.	I don't keep late hours.
• 나는 아침 일찍 일어난다.	I am an early riser.

꿈

• 나는 잠을 자면서 꿈을 많이 꾼다.	While I am asleep, I usually dream a lot.
• 나는 꿈을 너무 많이 꾼다.	I dream too much.
• 오늘 밤에는 그 남자의 꿈을 꾸고 싶다.	I want to dream about him tonight.
• 나는 가끔 악몽으로 고생을 한다.	Sometimes I suffer from nightmares.
• 무서운 영화를 봐서 악몽을 꿀까봐 두려웠다.	I watched a scary movie, so I was afraid I would have a nightmare.
• 어젯밤에 악몽을 꾸었다.	Last night I had a nightmare.
• 어젯밤에 이상한 꿈을 꾸었다.	I had a strange dream last night.
• 괴물에게 쫓기는 꿈을 꾸었다.	I dreamed that I was being chased by a monster. * be chased by ~에게 쫓기다
• 내가 낭떠러지에서 떨어지는 꿈을 꾸었다.	I dreamed that I was falling from a cliff.
• 어젯밤에 악몽을 꾸었는데 깨어 보니 온통 식은땀 범벅이 되어 있었다.	Last night I had a nightmare, and when I awoke, I found myself in a night sweat. * night sweat 식은땀
• 한 축구 선수의 꿈을 꾸었다.	I dreamed about a soccer player.
• 꿈속에서 할머니를 보았다.	I saw my grandmother in a dream.
• 꿈이 너무 달콤해서 잠에서 깨기 싫었다.	I hated to wake up, because my dream was so sweet.

꿈 깨!

잠자는 동안 꾸는 꿈도 dream, 희망을 나타내는 꿈도 dream입니다. 가끔은 잠자면서 꾸는 꿈도 실제 상황을 구분 못하고 가능성이 없는 허황된 꿈을 꾸는 사람들이 있죠. 그런 사람들에게 '꿈 깨!'라고 한 마디 해 주고 싶을 땐, Get real! 또는 Dream on!이라고 하세요. 제발 정신 차리고 현실을 깨달으란 말로 Wake up and smell the coffee! 라는 표현도 있습니다.

숙면

• 잘 잤다.	I slept well.
• 곤하게 잤다.	I slept heavily.
• 깊은 잠을 잤다.	I slept soundly.
• 단잠을 잤다.	I had a sound sleep.
• 푹 잘 잤다.	I slept like a baby. * sleep like a baby 아기처럼 푹 자다

• 충분히 잘 잤다. I had a good sleep.

• 누가 업어 가도 모르게 정신없이 잠을 잤다. I slept like a log.
* sleep like a log 정신없이 자다

• 오후 내내 잤다. I slept the whole afternoon.

• 숙면은 건강에 아주 중요하다. Sound sleep is essential for good health.

불면증

• 나는 잠을 깊게 자지 못한다. I am a light sleeper.

• 나는 밤에 자주 깬다. I wake up often at night.

• 잠을 푹 자지 못했다. I didn't sleep soundly.

• 밤에 전혀 잠을 자지 못했다. I had a sleepless night.

• 밤을 지새웠다. I sat up all night.

• 밤을 꼬박 새웠다. I stayed up all night.

• 나의 문제가 걱정되어 밤에 잠을 잘 못 잤다. I lost sleep over my problem.
* lose sleep over ~때문에 밤잠을 설치다

• 불면증으로 고생이다. I suffer from insomnia.
* insomnia 불면증

• 잠귀가 밝다. I sleep lightly.

• 나는 한 숨도 잘 수가 없었다. I couldn't sleep a wink.
I couldn't sleep at all, not even a wink.

• 어젯밤에 잠을 그리 많이 못 잤다. I didn't sleep that much last night.

• 한밤중에 잠이 깼다. I woke up in the middle of the night.

• 잠자리에서 뒤치락거렸다. I tossed in my bed.
* toss 던지다, 뒤치락거리다

• 밤새 잠자리에서 뒤척였다. I tossed and turned all night.
* toss and turn 잠을 잘 못 자고 뒤척이다

• 잠이 오지 않을 땐 따듯한 우유를 마시면 좋다고 한다. It is said that it's good to drink some warm milk when we can't fall asleep.

• 결국 수면제를 먹었다. At last, I took a sleeping pill.

04 하루의 정리

CLOSING ONE'S DAY

즐거운 하루

- 하루의 일을 잘 마쳤다. — I finished the day well.
- 모든 일이 다 잘 되었다. — Everything went well.
- 즐거운 하루였다. — Today was pleasant.
- 유쾌한 하루를 보냈다. — I had a pleasant day.
  I passed the day pleasantly.
- 신나는 하루를 보냈다. — It was an exciting day.
- 오늘은 기분이 좋은 하루였다. — I felt great today.
- 정말 즐거운 하루였다. — I had a really nice day.
  I had a really terrific day.
  I had a really fantastic day.
  I had a really wonderful day.
- 좋은 경험을 한 날이었다. — I had a good experience.
- 저녁을 재미있게 보냈다. — I enjoyed the evening very much.
- 오늘의 일을 잊지 못할 것이다. — I won't forget today's incident.
  * incident 사건, 일
- 오늘은 일진이 좋은 날이었다. — Today things went my way.
  * go one's way 일이 잘 진행되다

오늘 일은 이제 그만!

긴 하루를 힘들게 보내고 '오늘 일을 끝내자'는 말을 어떻게 할까요? Let's finish today.라기보다는, '하루의 일을 끝내다'라는 call it a day를 사용하여 Let's call it a day.라고 하세요. '일을 이제 마무리 짓자'고 할 때는 Let's wrap it up.이라고 합니다.

바쁜 하루

- 오늘은 할 일이 많았다. — I had many things to do today.
- 일에 묻혀 지냈다. — I was buried in work.

- 아직도 일이 잔뜩 쌓여 있다. I'm still overloaded with work.
- 일이 몰려 정신을 못 차렸다. I was swamped with work.
  * be swamped with 바빠서 정신 못 차리다
- 오늘은 매우 바빴다. I was very busy today.
- 오늘은 정말 바쁜 하루였다. I have had a really busy day today.
- 바쁜 하루를 보냈다. I passed a busy day.
- 이런저런 일로 바빴다. I was busy with one thing or another.
- 눈코 뜰 새 없이 바빴다. I was as busy as a bee.
  * as busy as a bee 아주 바쁜
- 오늘 일에 얽매여 있었다. I was tied up today.
- 오늘 일이 많아 틈이 없이 바빴다. I was engaged in work today.
  * be engaged in ~로 바쁘다
- 오늘은 일이 아주 많았다. I had a lot of pressure at work today.
- 시간 가는 줄도 몰랐다. I didn't know the time of the day.
- 오늘 내 정신이 아니었다. I was not myself today.
- 하는 일 없이 바빴다. I was busy doing nothing.
- 공연히 하는 일 없이 바빴다. I was busy without anything particular to do.
- 너무 바빠 그에게 전화도 못했다. I was too busy to call him.
  * too ~ to ... 너무 ~해서 …하지 못하다
- 너무 바빠서 다른 생각은 할 수도 없었다. I was too busy to think about anything else.
- 너무 바빠서 숨 쉴 틈도 없었다. I was too busy to catch my breath.
- 요즈음 일에 몰두하여 너무 바쁘다. I'm up to my neck in work these days.
  * up to one's neck 일에 몰두한
- 일에 빠져 죽을 것 같다. I'm drowning in work.
- 언제 쉴 여유가 있을지 의문이다. I wonder when I can afford to get some rest.

힘겨운 하루

- 하루 종일 일에 많이 시달렸다. I was under a lot of pressure at work all day long.
- 나는 오늘 너무 창피스러웠다. I was so embarrassed today.
- 오늘은 시간이 지독히도 안 갔다. Time was really dragging today.
  * dragging (시간이) 오래 걸리는
- 정말 힘든 하루였다. I had a really tough day.
- 오늘은 정말 몹시 지친 날이었다. Today I am really stressed out.

• 오늘은 피곤한 하루였다.	Today was an exhausting day. It was a very tiring day.
• 녹초가 되었다.	I am flat out of energy.
• 지쳤다.	I am worn out. I am run down. I am exhausted. I am wiped out.
• 피곤하다.	I am tired. I am feeling tired.
• 몹시 피곤하다.	I'm dead-tired.
• 지칠 대로 지쳤다.	I am completely exhausted.
• 정신적으로 피곤하다.	I am mentally tired.
• 육체적으로 피곤하다.	I am physically tired.
• 지친 몸을 이끌고 집으로 왔다.	I came back home dragging my fatigued body. * drag 끌다, 끌고 가다
• 집에 오자마자 소파에 털썩 주저앉았다.	I flopped down on the sofa as soon as I got home.
• 끔찍한 하루였다.	It was a terrible day.

기운 없어

너무 피곤해서 힘도 없고 기운이 없을 때, power가 '힘'이라는 뜻이라고 해서 I have no power.라고 하지 않습니다. power는 '능력, 권한, 권력'의 의미를 가진 말이므로 이런 경우에는 적절하지 못합니다. 피곤하거나 녹초가 되어 힘이 없을 때는 I have no energy.라고 해야 합니다.

우울한 하루

• 하루 종일 기분이 나빴다.	I was in a bad mood all day long.
• 오늘은 기분이 울적했다.	I felt down today.
• 왠지 모르게 기분이 씁쓸했다.	I felt bitter for some reason.
• 하루 종일 기분이 불쾌했다.	I felt awful all day long.
• 오늘 내가 한 일이 걱정된다.	I am worried about what I did today.
• 오늘 아무것도 먹지 않았다.	I have not touched any food today.
• 오늘 기운이 없었다.	I felt low today.

- 오늘 나의 계획이 허사로 돌아갔다. Today my plan ended up as nothing.
  * as nothing 허사로
- 나의 계획이 엉망이 되었다. My plan became a mess.
- 결국에는 계획이 좌절되었다. The plan was ruined in the end.
- 일진이 별로 좋지 않은 날이었다. It wasn't my day.
- 정말 며칠 쉬고 싶다. I really want to take a break for a few days.
- 오늘 하루 쉬었다. I took a day off.
  * take ~ off ~동안 쉬다

지루한 하루

- 오늘은 매우 지루했다. I was very bored today.
- 오늘이나 어제나 매일 똑같다. Every day is the same.
- 그럭저럭 하는 일 없이 하루가 지나갔다. The day has been wasted on this and that.
- 특별한 일이 없이 그저 시간만 보냈다. I killed time doing nothing in particular.
- 하루 종일 빈둥거리며 지냈다. I fooled around all day long.
- 하루 종일 집에서 빈둥거렸다. I lay about the house all day long.
  * lie about 빈둥거리다
- 나는 요즘 허송세월로 지내고 있다. I've just been whittling away my time.
  * whittle away 시간을 헛되이 낭비하다
- 언제나 모든 것이 똑같다. Everything is just the same.
- 매일매일이 똑같다. Every day is one of those days.
- 매일 똑같은 일상이 지겹다. I am tired of my daily routine.
  * routine 정해진 일, 일과
- 이렇게 지루한 나날들이 정말 싫다. I really hate these boring days.
- 변화가 필요하다. I need a change.
- 뭔가 좀 신나는 일이 있으면 좋겠다. I wish something exciting would happen.

매일의 똑같은 일상

반복해서 매일 판에 박은 듯이 일어나는 똑같은 일상은 daily routine이라고 하는데, 이런 일상에 때로는 지치고 지겨울 때가 있죠. '~가 지겹다, ~가 넌더리가 나다'라는 [be sick and tired of ~]라고 하는데, 이때 [sick and]는 종종 생략되어 [be tired of ~]로만 표현하기도 합니다. [be tired with ~]라고 하면 '~로 피곤하다'라는 말이죠.

내일의 계획

- 나는 항상 미리 계획을 세운다. — I always plan ahead.
- 내일에 대해 생각해 볼 시간이다. — It is time to think about tomorrow.
- 나는 무엇이든 하루하루 미루는 버릇이 있다. — I have a habit of putting things off from day to day.
  * have a habit of -ing ~하는 버릇이 있다
- 내일 무엇을 해야 할지 생각 중이다. — I am thinking about what to do tomorrow. What I should do tomorrow is under consideration.
  * under consideration 고려 중인, 생각 중인
- 내일 그곳에 갈 계획이다. — I am planning to go there tomorrow.
- 내일 날씨에 따라 그 일을 할지 안 할지 결정해야겠다. — I'll decide whether or not to do it depending on tomorrow's weather.
  * depending on ~에 따라
- 학습 계획을 세웠다. — I made a plan to study.
- 내일의 일정을 확인해 보았다. — I checked tomorrow's schedule.
- 내일 할 재미있는 일이 하나 생각났다. — I had a fun idea for tomorrow.
- 내일 나는 해야 할 다른 중요한 일이 있다. — Tomorrow I have other fish to fry.
  * fish to fry 해야 할 일
- 내일 저녁 이맘때에는 그를 보러 갈 것이다. — Tomorrow evening at this time, I'll go and see him.
- 계획된 대로 내일 여행을 갈 것이다. — I will take a trip as planned.
- 장래의 계획까지 세워 봐야겠다. — I am going to make plans for the future.
- 이틀 동안의 주말 계획을 세웠다. — I made plans for this two-day weekend.
- 내 생각으로는 그 계획이 성공할 것 같지 않다. — I don't think the plan will be successful.
- 지금부터라도 마음을 고쳐먹어야겠다. — I am going to turn over a new leaf starting now.
  * turn over a new leaf 마음을 고쳐먹다

굳은 다짐

- 오늘 해야 할 일을 내일로 미루지 않으려고 한다. — I try not to postpone today's work till tomorrow.
- 계획이 흐지부지 끝나지 않도록 해야겠다. — I won't let my plans go up in smoke.
  * go up in smoke 연기처럼 사라지다
- 별 다른 문제가 없는 한 계획을 바꾸지 않을 것이다. — I won't change my plans, unless there is a big problem.
  * unless ~하지 않는다면, ~하지 않는 한
- 계획을 지키도록 노력해야겠다. — I will make every effort to stick to my plan.

- 계획대로 일이 잘 되기를 바란다. — I hope to do a good job as planned.
- 내 계획이 허사가 되지 않도록 최선을 다해야 겠다. — I will do my best so that my plan won't end up as nothing.
- 내일이란 결코 없다. — Tomorrow never comes.
- 오늘 할 일을 내일로 미루지 말라. — Don't put off till tomorrow what you can do today.

  * put off 연기하다, 미루다 (=postpone)

05 기분 · 감정 FEELINGS

기분 · 감정을 나타내는 형용사

기쁜	happy, pleased	뉘우치는	regretful
슬픈	sad, sorrowful	걱정하는	anxious, worried
피곤한	tired	분개한	indignant, resentful
화가 난	angry	부끄러운	ashamed, shy
우울한	blue, melancholy, dismal, gloomy	놀란	surprised, astonished
만족하는	satisfied, pleased	지루한	bored
희망에 찬	hopeful	음울한	dreary
흥분한	excited	창피한	embarrassed
안도한	relieved	질투하는	envious, jealous
낙천적인	optimistic	단조로운	monotonous
비관적인	pessimistic	감정이 상한	offended
냉정한	cold	시끄러운	noisy
겁먹은	frightened, scared	호기심이 있는	curious
초조한	nervous	신경질이 난	irritated
긴장되는	tense	성가신	annoying
무관심한	indifferent	관대한	generous
실망한	disappointed	혼란스러운	confused

감정 조절하기

- 인간은 감정의 동물이다. — Man is a creature of feelings.
- 나는 내 감정을 너무 쉽게 드러낸다. — I betray my feelings too easily.
  * betray 배반하다, 무심코 드러내다
- 남의 감정을 무시하는 것은 좋지 않다. — It's not good to ignore others' feelings.
- 감정을 다스리는 법을 알아야만 한다. — We had better know how to control our feelings.
- 나는 기분에 쉽게 영향을 받는다. — I am influenced easily by my mood.
- 나는 기분에 따라 행동하는 경향이 있다. — I tend to behave according to my feelings.
- 나는 나의 기분을 잘 감추지 못한다. — I can't hide my feelings.
- 때로는 사리분별에 감정이 앞선다. — Sometimes my emotions win over my judgement.
  * judgement 판단력, 사리분별
- 나는 다른 사람의 기분을 나쁘게 하지 않으려고 노력한다. — I try not to step on others' toes.
  * step on one's toes ~의 기분을 나쁘게 하다

좋은 기분

- 아침에 기분이 좋았다. — I felt good in the morning.
  I was in high spirits in the morning.
  I was in a good mood in the morning.
- 나는 즐거운 기분으로 집을 나섰다. — I left for school in a pleasant mood.
- 시골길을 걸으면 기분이 좋다. — It is pleasant to walk along country roads.
- 나는 지금 기분이 참 좋다. — I am in a wonderful mood at the moment.
- 아주 기분이 좋았다. — I was happy as a clam.
  * happy as a clam 아주 행복한, 아주 좋은
- 모두가 기분이 좋은 것 같았다. — Everyone seemed to be in high spirits.
  * seem to+**동사원형** ~인 것 같다
- 새 옷을 사서 오늘 기분이 좋았다. — I was in a good mood today because I bought a new dress.
- 새 옷에 대한 칭찬을 들어서 기분이 좋았다. — I was happy to receive compliments on my new clothes.
  * compliment 경의, 칭찬
- 그의 따뜻한 말이 내 기분을 좋게 만들었다. — His warm words put me in a good mood.
- 그는 머리를 뒤로 젖히고 웃었다. — He threw back his head and laughed.
- 세상을 다 얻는 듯한 기분이었다. — I felt like I was on top of the world.

• 꿈꾸는 듯한 기분이었다. — I felt as if I were in a dream.
* as if 마치 ~인 것처럼

기분이 좋다

'기분이 좋다'는 말은 My feeling is good.이 아니라 I feel good.이라고 해야 합니다. '기분이 ~하다'는 표현은 [feel+형용사]로 나타냅니다. 기분이 나쁘면 I feel bad.라고 하면 되겠죠.

나쁜 기분

• 오늘은 기분이 이상했다. — I felt strange today.

• 오늘 아침 기분이 좋지 않았다. — I was in a bad mood this morning.

• 친구가 나에게 소리를 질러서 오늘 기분이 나빴다. — I felt terrible today because a friend of mine yelled at me.
* yell at ~에게 고함치다, 소리 지르다

• 그가 내 기분을 나쁘게 했다. — He hurt my feelings.

• 그와의 관계가 살얼음판 위에 있는 듯한 기분이었다. — I was on thin ice with him.
* be on thin ice (사람과의 관계가) 살벌한

• 하루 종일 기분이 상쾌하지 않았다. — I haven't felt refreshed all day long.

• 기분이 나빴다. — I felt bad.
I was in a bad temper.

• 나는 매우 기분이 나빴다. — I felt down in the dumps.
I was like a bear with a sore head.
* in the dumps 울적하여, 우울하여 | sore head 화난 사람

• 그것이 내 신경을 건드렸다. — It got on my nerves.
* get on one's nerve ~의 신경을 건드리다, ~를 짜증나게 하다

• 뭔가 잘못된 것 같은 기분이 들었다. — I felt something went wrong.

• 감정을 억제하려고 애썼다. — I tried to control my feelings.

• 나는 기분 좋게 놀 기분이 아니었다. — I was in no mood to make merry.
* make merry 흥겨워하다, 명랑하게 놀다

• 스트레스로 폭발하기 직전이었다. — I was at my breaking point.
* at one's breaking point 폭발하기 전 최고 절정에 있는

• 온종일 부루퉁해 있었다. — I was sullen all day long.
* sullen 부루퉁한, 음울한

• 기분을 바꾸고 싶었다. — I wanted to change my mood.

• 그는 기가 죽어 있었다.	He was in low spirits. * in low spirits 의기소침한
• 기분이 한결 좋아졌다.	I felt better.

기쁨 · 즐거움

• 나는 기뻤다.	I was glad.
• 나는 행복했다.	I was happy.
• 나는 즐거웠다.	I was pleased. I was joyful. I was joyous.
• 나는 매우 기뻤다.	I felt so good.
• 그 소식을 듣고 기뻤다.	I was glad to hear the news.
• 그 소식은 너무 좋아서 사실이라고 믿기 어려울 정도였다.	The news was too good to be true.
• 정말 믿을 수 없는 소식이었다.	It was really incredible news. * incredible 믿기 어려운 (=unbelievable)
• 정말 엄청난 소식이었다.	It was really fabulous news. * fabulous 엄청나게 좋은
• 매우 환상적인 소식이었다.	The news was so fantastic.
• 날듯이 기뻤다.	I was in heaven. I was on cloud nine. I was walking on air. I was over the moon. I was on top of the world.
• 복권에 당첨이 되어서 하늘을 날듯이 기뻤다.	I was flying high because I won the lottery.
• 더할 나위 없이 좋았다.	I couldn't be better.
• 좋아서 껑충껑충 뛰었다.	I jumped with joy.
• 너무 기뻐서 눈물이 났다.	I cried for joy.
• 나는 기뻐서 어쩔 줄을 몰랐다.	I was beside myself with joy. * beside oneself 흥분된, 제정신이 아닌
• 이보다 더 기쁜 일은 없다.	Nothing would make me happier than this.
• 지금보다 더 행복할 수는 없을 것 같다.	I couldn't be happier than I am now.
• 내 생애에 가장 기뻤던 순간이었다.	It was the biggest moment of my life.

• 형의 대학 합격에 기뻤다.	I was pleased with my brother's success on his university exam.
• 그와 함께 있으면 매우 기쁠 텐데.	I would be very happy to be with him.
• 그를 보니 눈물이 나올 정도로 기뻤다.	When I saw him, I nearly wept for joy. * nearly 거의 (=almost) | wept weep(울다)의 과거형
• 그의 눈에 눈물이 맺혔다.	His eyes welled up with tears. * well 솟아나오다
• 나도 모르게 웃음이 났다.	I smiled in spite of myself. * in spite of oneself 자신도 모르게
• 나는 너무 기뻐 입이 귀에 걸렸다.	I was so delighted that I grinned from ear to ear. * grin 이를 드러내고 크게 웃다
• 나는 그로부터 기쁜 소식을 들어 행복했다.	I was happy to hear some delightful news from him.
• 정말 즐겁다.	I am as happy as a lark. * as happy as a lark 매우 즐거운
• 그가 회복되었다는 말을 들으니 말 할 수 없이 기뻤다.	I was overjoyed to hear that he recovered.
• 너무 기뻐 말이 나오질 않았다.	I was so happy that I was speechless.
• 너무 기뻐 흥분을 가라앉힐 수가 없었다.	I could hardly contain my excitement. * contain 억누르다, 참다
• 그 소식을 들었을 땐 마치 꿈이 이루어진 것 같았다.	When I heard the news, I felt as if my dreams had come true.
• 그의 밝은 얼굴이 나를 기쁘게 했다.	His delightful look pleased me. * look 얼굴 표정
• 오랜만에 친구들을 다시 만나니 무척이나 기뻤다.	It was really a sweet pleasure to meet my friends again after such a long time.
• 나의 가슴은 기쁨으로 두근거렸다.	My heart pounded with delight.
• 내 자신에 흡족했다.	I was pleased with myself.
• 그는 나를 기쁘게 했다.	He inspired joy in me. * inspire 느끼게 하다, 불어넣다
• 나는 기쁨을 친구들과 나누고 싶었다.	I wanted to share my joy with my friends.
• 그가 기뻐하는 것을 보니 나도 기분이 좋았다.	I felt good upon seeing his delight.
• 정말 행복했다.	I was as happy as a king.
• 더할 나위 없이 행복했다.	I was as happy as could be.
• 기쁨이 너무 커서 꿈이 아닌가 싶었다.	My rapture was so intense that I could scarcely believe it. * rapture 환희, 큰 기쁨 | intense 격앙된, 심한 | scarcely 거의 ~ 않다

우울함

• 나는 우울했다.	I felt down. I was moody. I was unhappy. I was down. I was distressed. I was long-faced. I was melancholy. I was blue. I had the blues.
• 나는 의기소침했다.	I was depressed.
• 그는 매우 우울해 보였다.	He looked blue.
• 그는 침울해 보였다.	He looked down in the dumps. * in the dumps 우울하여, 침울하여
• 시험을 못 봐서 우울했다.	I was gloomy since I failed the test.
• 오늘은 왠지 우울했다.	Today I felt blue for no reason.
• 비가 나를 우울하게 만들었다.	The rain got me down. The rain depressed me.
• 그와 이별을 한 후에 한동안 울적했다.	I moped for a while after my breakup with him. * mope 울적해 하다, 침울해 하다 | for a while 한동안
• 농담할 기분이 아니었다.	I was not in the mood to be joked with.
• 외출하고 싶지 않았다.	I didn't feel like going out.
• 신경쇠약에 걸린 것 같다.	I seem to be having a nervous breakdown. * nervous breakdown 신경쇠약
• 나 혼자 있고 싶었다.	I wanted to be alone.
• 울고 싶었다.	I felt like crying.
• 울적한 기분에서 빠져나오고 싶었다.	I wanted to get the gloomy feelings out.
• 흥겨운 음악을 들으면서 울적한 기분을 풀었다.	I diverted my mind by listening to exciting music. * divert 위로하다, 기분을 풀다
• 그는 하루 종일 우울한 얼굴을 하고 있었다.	He was so long-faced all day long.
• 그는 매우 침울한 얼굴을 하고 있었다.	He had a face as long as a fiddle. * a face as long as a fiddle 우울한 얼굴, fiddle은 '바이올린'

파란색은 우울해 보여 ~

look blue라고 하면 우울해 보인다는 말이죠. black 또한 우울하고 암울한 것을 나타내기는 하지만, 사람이 우울해 보일 때는 blue로 표현합니다. '미래가 암울해 보인다'는 말은 The future looks black.이라고 하면 되는데, 이처럼 어떤 순간이나 시기가 우울할 때는 black으로 쓰세요.

슬픔

• 슬펐다.	I was sad.
• 슬픔에 잠겨 있었다.	I was mournful. * mournful 슬픔에 잠긴, 애처로운
• 비탄에 잠겨 있었다.	I was sorrowful.
• 상심했다.	I was heartbroken.
• 가슴 아픈 일이었다.	It was breaking my heart.
• 가슴을 치며 슬퍼했다.	I beat my chest.
• 하릴없이 슬퍼할 때가 아니었다.	That was no time to give way to sorrow.
• 슬픈 광경을 보았다.	I saw a sad sight.
• 슬픈 장면을 보고 목이 메었다.	When I saw the sad scene, I felt a lump in my throat. * feel a lump in one's throat 감정에 복받쳐 목이 메다
• 슬퍼서 목이 메었다.	I was choked up with sorrow. * be choked up with ~로 목이 메다
• 그의 실패가 나를 슬프게 만들었다.	His failure made me sad.
• 그가 시험에서 떨어진 일은 참 안 된 일이다.	It is a pity that he failed the test.
• 그의 불행에 슬펐다.	I felt sorry for his misfortune.
• 오늘 슬픈 일이 있었다.	I had a sad incident today.
• 나는 그의 이야기를 듣고 슬펐다.	I felt sad hearing his words.
• 내가 그의 입장이라면 나도 똑같이 할 것이다.	If I were in his shoes, I would do the same thing. * be in one's shoes ~의 입장에 서다
• 그것이 내 인생의 전환점이 되었다.	It became a turning point in my life.
• 그는 오늘 참 슬퍼 보였다.	He looked sad today.
• 그는 남모르는 슬픔을 가지고 있는 것 같았다.	He seemed to hide his sorrow.
• 너무 슬퍼 울고 말았다.	I cried in my grief.
• 눈이 퉁퉁 붓도록 울었다.	I cried my eyes out.

- 가슴이 터지도록 울었다. — I cried my heart out.
- 눈물을 참으려고 노력했다. — I tried to hold back the tears.
  * hold back 담아두다, 참다
- 기쁨과 슬픔이 엇갈렸다. — I had feelings mingled with joy and sorrow.
  * mingled 섞인, 혼합된
- 시간이 지나면 슬픔은 치유될 것이다. — Time will cure me of my sorrow.
  * cure ~ of ... ~에게서 …를 치료하다
- 삼촌의 죽음에 슬퍼했다. — I felt sorrow for my uncle's death.
- 그 슬픈 소식을 듣고 울음을 터뜨렸다. — I burst into tears at the sad news.
- 그분이 돌아가신 지 3년이 지났는데도 아직 깊은 상실감을 느끼고 있다. — I still feel a deep sense of loss, even though he passed away three years ago.
  * pass away 돌아가시다 (=die)
- 내가 제일 좋아하는 애완견이 죽어서 몹시 슬펐다. — I was very sad because my favorite dog died.
- 세월이 약이다. — Time heals all wounds.
  * heal 치료하다, 낫게 하다
- 기쁨은 나누면 배가 되고 슬픔은 나누면 반이 된다. — Joy is doubled and sadness is halved when they are shared.

괴로움

- 괴로웠다. — I was distressed.
- 마음이 불안했다. — I was ill at ease.
  * ill at ease 불안한 (=uncomfortable)
- 고민 속에 괴로워 소리를 질러댔다. — I cried out in anguish.
  * anguish 괴로움, 번민, 고민
- 나는 지금 힘든 시기를 경험하고 있다. — I am going through a difficult time.
  * go through 경험하다 (=experience)
- 제대로 풀리는 일이 하나도 없다. — Nothing has worked out for me.
- 복잡한 일은 모두 잊고 싶었다. — I wanted to forget all my troubles.
- 그 괴로움을 견뎌내야 했다. — I had to bite the bullet.
  * bite the bullet 이를 악물고 견디다
- 그 괴로움을 견디느라 매우 힘들었다. — It was very hard for me to bear my suffering.
- 나는 몹시 괴로워했다. — I was suffering severely.
- 나는 두통으로 괴로웠다. — I was suffering from a headache.
- 그는 생활 문제로 괴로워하고 있다. — He is troubled with the question of living.

- 그것은 참으로 힘든 일이었다. It was really hard work.
- 그 일로 마음이 아팠다. It broke my heart. It caused me heartache.
- 나는 창피스러운 입장에 놓였다. I was in an embarrassing situation.
- 그 일을 생각하면 지금도 양심이 괴롭다. The matter still troubles my conscience.
- 그것은 너무 신경 쓰이게 하는 것이었다. It was nerve-racking.
  * nerve-racking 신경 쓰이게 하는, 괴롭히는
- 너무 힘들어서 버티기가 어려울 정도였다. It was too tough to get over it.
  * get over 극복하다, 이겨내다
- 그것이 항상 마음에 걸린다. It always weighs on my mind.
  * weigh on one's mind 마음에 걸리다
- 그 일을 잊으려고 노력했다. I tried to forget about it.
- 그 일을 생각에서 떨쳐버리려고 노력했다. I tried to get it out of my mind.
  * get ~ out of mind ~를 머리에서 떨쳐버리다
- 그만하기 다행이다. I should be glad it wasn't worse.
- 이렇게 추운 날 일찍 일어나기가 괴로웠다. It was very hard to get up early on such a cold morning.
- 하루 종일 일만 해야 하는 일이 힘들었다. It was terrible to work all day long.
- 내가 그에게 많은 괴로움을 끼치고 싶지 않았다. I didn't want to annoy him much.
- 그는 세상의 짐은 다 짊어지고 있는 것 같다. He seems like he is carrying the world on his shoulders.
- 세상에 완전한 행복은 없다. Every rose has its thorn.
- 괴로움이 있으면 즐거움도 있다. Every cloud has a silver lining.
- 비 온 뒤에 땅이 굳어진다. After rain comes fair weather.
- 번개는 똑같은 곳에 두 번 떨어지지 않는다. (불행은 두 번 다시 오지 않는다.) Lightning never strikes twice in the same place.
- 고통 없이는 얻는 것도 없다. No pain, no gain. No cross, no crown.
  * cross 고난, 시련, 십자형, 십자가

화

- 화가 났다. I got mad. I was angry.

- 기분이 상했다. I was offended.
  * be offended 성나다, 불쾌하게 느끼다
- 열 받았다. I was burned up.
- 울화통이 터졌다. I lost my temper.
  * lose one's temper 화를 내다, 성질을 부리다
- 분개했다. I felt provoked.
  * provoked 성난, 분개한
- 화를 내었다. I got into a bad temper.
- 화가 치밀어 올랐다. I became enraged.
  * enraged 몹시 화난, 분노한
- 벌컥 화가 났다. I became passionate.
- 나는 거의 화를 내지 않는다. I hardly ever get angry.
- 나는 그가 화내는 것을 본 적이 없다. I have never seen him lose his temper.
- 문이 잠겨 있어서 화가 났다. I was angry that the door was locked.
- 그가 날 화나게 만들었다. He drove me nuts.
  He drove me mad.
  He drove me crazy.
  He made me angry.
  He drove me up the wall.
- 그는 나를 열 받게 했다. He made my blood boil.
- 그에게 화가 났다. I was angry with him.
- 그 때문에 화가 치밀었다. I was furious with him.
  * furious 화가 치민, 성난
- 그는 해도 너무 했다. He went over the limit.
- 그가 내 자존심을 상하게 했다. He hurt my pride.
- 화나는 것을 억누르려고 애썼다. I tried to suppress my anger.
  * suppress 참다, 억누르다
- 화가 진정이 안 됐다. I couldn't calm myself down.
  * calm ~ down ~를 진정시키다
- 화를 참을 수가 없었다. I couldn't control my temper.
- 거의 이성을 잃을 뻔했다. I was almost out of my mind.
- 아직도 화가 안 풀린다. My anger has not gone away yet.
- 그는 화를 잘 낸다. He gets angry easily.
- 그는 부르르 화를 잘 낸다. He is quick to be angry.
  He is quick to take offense.

• 그는 아무 일도 아닌데 화를 냈다.	He lost his temper over nothing.
• 그는 아주 작은 일에도 화를 낸다.	He gets angry at the slightest provocation. * provocation 도전, 자극
• 그는 자기가 하고 싶은 대로 하지 못하면, 화를 낸다.	If he doesn't have his own way, he gets angry.
• 그가 나에게 이상한 이야기를 해서 화가 났다.	He told such a strange story that I got upset.
• 그의 무례함에 항상 화가 난다.	His rudeness always gets me crazy.
• 갑자기 화가 나서 얼굴이 빨개졌다.	My face turned red with sudden anger.
• 화가 나서 얼굴이 붉어졌다.	My face was flushed with anger. * flushed 붉어진, 홍조를 띤
• 나는 화난 목소리로 소리를 질렀다.	I shouted with an angry voice.
• 그는 화난 것 같았다.	He looked angry.
• 그가 그렇게 말하는 것을 보니 화가 난 것이 틀림없었다.	He must have been angry to talk like that.
• 그는 아직도 화가 나 있다.	He is still angry.
• 왜 그가 그렇게 화가 났는지 모르겠다.	I don't know what made him angry.
• 나의 말에 그가 무척 성을 내고 있음이 얼굴 표정에 나타나 있었다.	His countenance showed me that he was much annoyed at what I said. * countenance 표정 | be much annoyed 불쾌하게 느끼다, 노하다
• 그가 화가 난 것은 내가 말대꾸를 했기 때문이다.	He got angry because I talked back to him. * talk back to ~에게 말대꾸하다
• 그가 나에게 화를 내는 것도 당연한 일이었다.	He might well get angry with me. He had good reason to get angry with me. It was natural that he should get angry with me.
• 나는 그의 입장이 되어 생각해 보았다.	I tried thinking in his place.
• 사소한 일에 화를 내지 않을 것이다.	I won't get angry over trivial matters.
• 화를 낸다고 달라지는 일은 없었다.	Nothing changed by getting angry.
• 그것은 화낼 가치조차 없는 일이었다.	It was not worth getting angry about. * worth -ing ~할 가치가 있는
• 만약에 그가 이 일을 안다면 화를 낼 것이다.	If he came to know of this matter, he would be angry.
• 그가 약속을 지키지 않아서 화가 났다.	I was upset because he didn't keep his promise.
• 폭발하려 했다.	I was ready to blow up. * blow up 폭발하다, 터지다
• 너무 화가 나서 폭발할 것 같았다.	I felt like I am going to explode. * explode 폭발하다

- 가슴에 분노가 치밀어 올랐다. My heart swelled with indignation.
  * indignation 분개, 분노
- 너무 화가 나서 말을 할 수가 없었다. I was so angry that I could not speak at all.
- 너무 화가 나서 잠을 잘 수가 없었다. I was too upset to sleep.
- 누군가에게 분풀이를 하고 싶었다. I wanted to take it out on someone.
  * take it out on ~에게 분풀이하다
- 나는 개에게 화풀이를 했다. I took out my anger on the dog.
- 그는 가끔 기분 나쁜 것을 나에게 분풀이를 한다. Sometimes, he takes out his bad temper on me.
- 그가 불난 데 부채질을 했다. He fanned the flames.
- 화가 나서 진정하려고 노력했다. I was very angry, so I tried to calm down.
- 화를 꾹 참았다. I swallowed my anger.
- 화나는 것을 억눌렀다. I controlled my temper.
- 마음을 가라앉혔다. I recovered my temper.

화를 담아 두지 마!

화가 나면 마음속에 담아 놓지 말고 해소를 시켜야 건강에 좋다고 해서 아무에게나 분풀이를 하면 안 되겠죠. 대화나 긍정적인 사고를 통해서 화를 풀도록 해야 합니다. 화가 나서 속상해 하는 친구에게 Don't bottle up your anger!, 즉 '마음에 화를 담아 두지 마!'라고 하세요.

짜증

- 짜증이 났다. I was irritated.
  I was annoyed.
- 그가 나를 짜증나게 했다. He grossed me out.
  * gross ~ out ~를 화나게 하다
- 정말 짜증이 났다. It really pissed me off.
  * piss ~ off ~를 짜증나게 하다
- 그가 그렇게 행동하면 정말 짜증이 난다. It really annoys me when he behaves like that.
- 그의 비열한 행동에 정말 짜증이 났다. His nasty behavior really irritated me.
  * nasty 심술궂은, 비열한
- 아무런 이유 없이 짜증을 냈다. I showed my temper for no reason.
- 정말 열 받게 했다. It really burned me up.
- 그에게 신경질이 났다. I got irritated with him.

- 그는 참 나를 짜증나게 했다. He got in my hair.
- 불끈 화가 났다. I threw one of my tantrums.
  * tantrums 울화, 불끈 화내기
- 짜증을 내지 않으려고 노력했으나 허사였다. I tried in vain to keep my cool.
  * in vain 헛되이, 허사로
- 그 일은 짜증스러웠다. The work was tedious.
  * tedious 지루한, 짜증나는, 싫증나는
- 그녀는 짜증을 잘 낸다. She is very irritable.
  * irritable 성미가 급한, 과민한

열 받게 하지 마!

별일 아닌데도 짜증나게 하는 사람들에게 '열 받게 하지 마!'라고 해야 할 경우에 Don't piss me off. 또는 Don't burn me up.이라고 하면 됩니다. [burn ~ up]은 '~를 태우다, 달구다'라는 말로 우리말의 '열 받게 하다'라는 표현과 비슷하죠.

실망 · 낙담

- 그 소식은 나를 실망시켰다. The news let me down.
  The news disappointed me.
- 그 소식을 듣고 나는 실망했다. I was disappointed at the news.
- 기대가 클수록 실망이 더 크다. The higher the expectation, the greater the disappointment.
- 나는 최선을 다했지만, 결과는 실망스러웠다. I did my best, but the result was disappointing.
- 내가 그를 실망시킨 것 같았다. I thought I let him down.
  * let ~ down ~를 실망시키다
- 내 성적을 보고 부모님은 실망하신 듯해 보였다. They looked disappointed after seeing my grades.
- 부모님을 실망시키지 않도록 더 열심히 해야겠다. I will work harder so as not to disappoint them.
  * so as not to+**동사원형** ~하지 않도록
- 친구가 약속을 지키지 않아 실망했다. I was disappointed because a friend of mine didn't keep his promise.
- 실망스럽게도 그는 아무 말 없이 가버렸다. To my disappointment, he went away without a word.
- 시원섭섭했다. It was bittersweet.
  * bittersweet 쓰면서도 달콤한, 괴로우면서도 즐거운
- 비참한 생각이 들었다. I felt miserable.
  * miserable 비참한, 가련한, 불쌍한

• 나는 낙담했다.	I lost heart. I was depressed. I was discouraged.
• 나는 시험에서 떨어져서 매우 낙담했다.	I was discouraged by my failure on the exams.
• 그는 학교를 졸업하지 못해서 좌절했다.	He was frustrated because he couldn't graduate.
• 그가 그렇게 했다니 참으로 유감이었다.	It was a pity that he did so.
• 다른 사람 같았으면 벌써 포기했을 것이다.	Any other man would have given up.
• 열에 하나 있는 기회였다.	It was one chance in ten.
• 십중팔구 실패했다.	I failed nine out of ten times.
• 벼랑 끝에 서 있는 것 같았다.	I felt like standing on a cliff. I felt like standing on the edge.
• 좋은 기회를 놓쳐서 유감이다.	It is a pity to miss a good opportunity.
• 어느 일도 순조롭게 되는 일이 없다.	Nothing works out smoothly.
• 그는 부모님이 돌아가신 이후로 항상 낙심해 있다.	He has been depressed ever since his parents passed away.
• 그때는 세상이 끝나는 것 같았다.	At that time, I felt like the world was coming to an end.
• 그를 더 이상 볼 수 없다는 것은 고통스러운 일이다.	It is painful not to see him any more.
• 여자 친구가 나타나지 않아 낙담하고 있었다.	I was getting down because my girlfriend didn't show up.
• 유감스럽게도 그는 전화 연락도 없었다.	To my disappointment, he didn't call me.
• 설상가상이었다.	Things went from bad to worse.
• 너무 어처구니없는 일이어서 참을 수가 없었다.	I couldn't bear it because it was so ridiculous. * ridiculous 우스운, 어리석은, 엉뚱한
• 칠전팔기	If at first you don't succeed, try, try again.

감정 표현

'-가 ~하게도'라는 감정 표현은 [to+인칭소유격+감정명사]의 형태로 나타냅니다. 감정을 나타내는 명사는 놀라움(surprise, astonishment), 실망 · 절망(disappointment, despair, discouragement), 기쁨 · 즐거움(joy, pleasure, delight), 만족(satisfaction), 슬픔(sorrow, grief) 등이 있습니다. 예를 들어 '내가 놀랍게도'는 to my surprise, '그녀가 기쁘게도'는 to her joy 등으로 나타내면 됩니다.

체념

• 나는 슬럼프에 빠졌다.	I am in a slump.
• 어쩔 수 없었다.	I couldn't help myself.
• 그러지 말았어야 했다.	I should not have done so.
• 나이는 어쩔 수 없다.	Age will tell.
• 그런 일은 어쩔 수 없었다.	I couldn't do anything about things like that.
• 나는 아무 일도 할 수 없었다.	I couldn't do anything at all.
• 이미 끝난 일이다.	It is over and done with.
• 이미 화살은 날아갔다.	The bolt is shot.
• 이미 주사위는 던져졌다.	The die is cast. * cast 던지다
• 될 대로 되라!	Que sera, sera! Whatever will be, will be!
• 아! 이제 그만!	Enough is enough.
• 내가 정신이 나갔었나 보다.	I must have been out of my mind.
• 어쩔 수 없이 가야 했다.	I was obliged to go there. * be obliged to+**동사원형** ~하지 않으면 안 된다, 어쩔 수 없이 ~하다
• 나는 더 이상 참을 수가 없었다.	I couldn't stand it any more.
• 나는 정말 지쳤다.	I am really exhausted.
• 그 일은 정말 나를 지치게 한다.	It really wears me out. * wear ~ out ~를 지치게 하다
• 계란으로 바위치기였다.	It was like banging my head against a brick wall. * bang 꽝하고 치다
• 막다른 길이었다.	That was a dead-end street. * dead-end 빈민가의, 막다른
• 기회가 없었다.	There was no chance.
• 나는 포기하고 싶었다.	I wanted to give up.
• 나는 항복하고 싶었다.	I felt like throwing in the towel. * throw in the towel 패배를 인정하다, 항복하다
• 모든 것을 단념했다.	I resigned myself to everything.
• 피할 수 없는 운명으로 체념했다.	I am resigned to my fate.
• 체념하기에는 너무 이르다.	It is too early to give up.
• 내가 가치 없는 사람처럼 느껴진다.	I feel worthless.

- 무슨 일이 일어나든 관심 없다. I don't care what happens.
- 내 삶의 희망이 안 보인다. My life is hopeless.
- 나는 내가 할 수 있는 일은 다 해보려 애썼다. I tried to do everything that I could.
- 어떤 노력을 해도 소용없었다. It was no use making every effort.
  * it was no use -ing ~해봤자 소용없다
- 불행한 일은 잊고 행복한 일만 기억하기로 했다. I decided to forget about unhappy things and remember only happy things.
- 그림의 떡이다. It is pie in the sky.
- 모래 위의 성이다. It is a castle in the air.
- 남의 떡이 더 커 보인다. The grass is always greener on the other side of the fence.

놀람

- 나는 그 소식에 어안이 벙벙했다. I was stunned by the news.
  * stunned 어리벙벙한, 깜짝 놀란
- 나는 그 소식에 깜짝 놀랐다. I was so surprised at the news.
- 나는 그 소식을 듣고 놀랐다. I was surprised to hear the news.
- 그 소식은 우리를 깜짝 놀라게 했다. The news took us by surprise.
- 그 소식은 정말 놀라운 뉴스였다. It was really hot news. It was really surprising news.
- 그것은 놀라운 일이었다. It was a surprise.
- 그것은 참으로 충격적이었다. It was a real shock. It was really shocking.
- 내 귀를 믿을 수가 없었다. I couldn't believe my ears.
- 눈이 휘둥그레질 정도의 놀라운 소식이었다. It was eye-opening big news.
- 그가 농담하는 것이길 바랐다. I wished he had been joking.
- 그것은 신문에 크게 났다. It hit the headlines. It made the headlines.
- 믿을 수 없었다. It was incredible. It was unbelievable.
- 믿기 어려운 일이었다. It was hard to believe.
- 그 소식에 가슴이 두근거렸다. My heart beat quickly at the news.

• 이렇게 놀라울 수가!	How stunning! What a shock! What a surprise!
• 심장이 멎는 것 같았다.	My heart nearly stopped.
• 너무 놀라서 말을 할 수가 없었다.	I was too surprised to speak.
• 그 소식에 놀라 할 말을 잊었다.	I was struck dumb at the news. * dumb 벙어리의, 말 못하는
• 무슨 말을 해야 할지 몰랐다.	I didn't know what to say.
• 그 소식에 너무 충격을 받아서 움직이지 않고 서 있었다.	I was so shocked that I stood still. * still 조용한, 정지한, 움직이지 않는
• 그 소식을 듣고 웃어야 할지 울어야 할지 몰랐다.	Hearing the news, I didn't know whether to laugh or cry.
• 그 소식에 굉장한 충격을 받았다.	The news hit me like a ton of bricks. * a ton of 아주 많은 | brick 벽돌
• 그 소식을 듣고 그는 얼굴이 창백해졌다.	He turned pale at the news. * turn+**형용사** ~해지다
• 그런 일이 일어나리라고는 생각도 못했다.	I didn't anticipate that such a thing would happen. * anticipate 예상하다, 예감하다
• 그 광경에 너무 놀랐다.	I was so surprised at the sight.
• 나는 친구의 모습에 깜짝 놀랐다.	I was surprised at my friend's appearance.
• 내 눈을 믿을 수가 없었다.	I couldn't believe my eyes.
• 그가 나를 갑자기 놀라게 했다.	He startled me.
• 그 소리에 깜짝 놀랐다.	The noise startled me. * startle 깜짝 놀라게 하다, 펄쩍 뛰게 하다
• 그것을 보고 너무 놀라 펄쩍 뛰었다.	I jumped at the sight of it.
• 나는 전혀 놀라지 않았다.	I was not surprised at all.
• 나는 놀라서 소리를 질렀다.	I cried out in surprise.
• 너무 놀라 머리가 쭈뼛 설 정도였다.	I was so stunned that the hairs on my neck stood up.
• 놀랍게도 그는 내 친구의 친구였다.	To my surprise, he was my friend's friend.
• 십 년 감수했다.	That took ten years off my life. * take ~ off ~를 떼어내다, 제거하다
• 안도의 한숨을 쉬었다.	I breathed a sigh of relief. * relief 안심, 안도
• 그것이 없어진 것을 알고 몹시 화가 났다.	I hit the ceiling when I discovered it was gone. * hit the ceiling 몹시 화나다

- 그런 일에는 놀라지 않으려고 한다. I try not to be surprised at such a thing.
- 놀라서 자리에서 벌떡 일어났다. I jumped to my feet in surprise.
- 놀라서 정지된 채 서 있었다. I stood still in surprise.
- 매우 멋진 경치에 놀랐다. I wondered at so beautiful a sight.
- 뱀에 너무 놀랐다. I was frightened by a snake.
- 정신을 잃을 정도로 무서웠다. I am scared out of my wits.
  * out of one's wits 제정신을 잃을 정도로
- 그것은 나의 간담을 써늘하게 했다. It made my blood run cold.
- 진정하기 위해 숨을 깊게 쉬었다. I took a deep breath to calm myself down.
- 자라 보고 놀란 가슴 솥뚜껑 보고 놀란다. Once bitten, twice shy.
  A burnt child dreads the fire.

꼼짝 못하고 ~

'너무 놀라서 꼼짝 못하고 정지된 채 서 있었다'고 할 때 I stood still in surprise.라고 하는데, 이때 still은 '고요한, 소리 없는, 움직임이 없는'을 나타내는 형용사로 쓰인 것입니다. still은 '아직도, 여전히'라는 의미의 부사로도, '그래도, 그럼에도 불구하고'라는 접속어로도 쓰입니다.

창피함 · 당혹감

- 나는 그 소식에 창피했다. I was embarrassed by the news.
- 나는 그 소식에 어리둥절했다. I was puzzled by the news.
  * puzzled 당혹하게 하다, 어리둥절하게 하다
- 나는 그 소식에 혼란스러웠다. I was confused by the news.
- 나는 그 소식에 어찌할 바를 몰랐다. I was perplexed by the news.
- 그가 갑자기 화를 내서 당황했다. I was confused by his sudden anger.
- 매우 어려운 상황이었다. It was a very difficult situation.
- 그런 상황에서 어찌해야 할지를 몰랐다. I didn't know what to do in that situation.
- 그 상황에 어떻게 대처해야 할지 몰랐다. I didn't know how to deal with the situation.
  I didn't know how to cope with the situation.
  * deal[cope] with ~를 다루다, 대처하다
- 갑자기 정말 창피스런 일이 나에게 일어났다. Suddenly something really embarrassing happened to me.
- 당황하여 뛰어 나갔다. I ran out in confusion.

• 진정하려고 노래를 불렀다.	I sang to remain calm.
• 나는 하나도 당황하지 않았다.	I kept perfect composure. * composure 침착함, 평정
• 매우 초조하고 긴장되었다.	I was on edge. * on edge 초조하여, 긴장하여
• 나의 실수에 매우 겸연쩍었다.	I was so abashed by my mistake. * abashed 부끄러워, 당황하여
• 너무 창피해서 제정신이 아니었다.	I was so embarrassed that I was beside myself.
• 그가 나를 곤란하게 만들었다.	He got me into trouble.
• 열쇠를 잃어버려서 매우 당황했다.	I lost my key, so I was very frustrated.
• 그 광경을 보고 매우 당황했다.	I was very confounded by the sight. * confounded 혼란한, 당황한
• 우리 집에 강도가 들어 당황했다.	I was upset when my house was robbed.
• 그 앞에서 무엇을 해야 할지 당황했다.	I was puzzled about what to do in front of him.
• 지갑을 잃어버린 것을 알고 매우 당황했다.	I was so upset to find that my wallet was stolen.
• 당황해서 무슨 말을 해야 할지 몰랐다.	I was at a loss for what to say. * at a loss 당황하여, 어찌할 바를 몰라
• 그 이야기를 어떻게 시작해야 할지 몰랐다.	I didn't know how to begin.
• 당황해서 어찌할 바를 몰랐다.	I was at my wits' end for what to do. * at one's wits' end 어찌할 바를 모르고
• 그 일로 많이 곤란해졌다.	It caused a lot of trouble.
• 나는 곤경에 처해 있었다.	I was in trouble. I was in hot water. * be in hot water 곤경에 처하다
• 어려운 상황에 처해 있었다.	I was in a tough situation.
• 내가 판단을 잘못했다.	I had a lapse in judgement. * lapse 착오, 실수
• 진퇴양난의 상황이었다.	I was between a rock and a hard place.
• 당황하지 않으려고 침묵을 지켰다.	I kept silent not to lose my head. * lose one's head 당황하다, 어쩔 줄 모르다
• 창피하여 얼굴이 달아올랐다.	My face burned with embarrassment.
• 창피하여 얼굴이 빨개졌다.	My face turned red with embarrassment.
• 나는 창피하면 얼굴이 빨개진다.	When I am embarrassed, my face gets red.
• 나는 안절부절못하고 있었다.	I was on pins and needles.

- 나는 당황하여 정신을 못 차렸다. I was all in a flurry.
  * in a flurry 당황하여 허둥지둥
- 너무 창피스러워 죽을 뻔했다. I almost died of embarrassment.
- 불안감을 감추기 위해 눈을 감았다. I closed my eyes to cover up my nervousness.
- 나는 겁을 먹었다. I got cold feet.
  * get cold feet 겁먹다, 도망갈 자세를 취하다
- 구사일생이었다. I had a narrow escape.
- 그가 나를 안정시켜 주었다. He made me at ease.
- 그럴 리가! That's impossible!
- 말도 안 돼! No way!!

왜 창피했나요?

'창피하다'는 표현은 embarrassed와 ashamed로 나타낼 수 있는 데, 이 두 단어의 쓰임은 다릅니다. embarrassed는 뜻하지 않은 실수로 인해 당황해서 창피하다는 의미고, ashamed는 잘못되거나 부끄러운 행동을 하여 수치스러움을 느낄 때 쓰는 말입니다. 사람들이 많은 곳에서 넘어져서 창피한 경우는 embarrassed, 거짓말을 하다가 들켜서 창피하다면 ashamed로 써야겠죠.

후회

- 나는 아무런 후회가 없다. I have no regrets.
- 후회가 많이 된다. I have so many regrets.
- 내가 한 일이 몹시 후회된다. I am very sorry for what I did.
- 내가 그런 일을 한 것이 후회된다. I regret to have done such a thing.
- 공부를 열심히 하지 않은 것이 후회된다. I am very sorry I didn't study hard.
- 열심히 일하지 않은 것이 유감이다. It is a pity that I didn't work hard.
- 그건 모두 내 잘못이었다. It was all my fault.
- 내가 모든 일을 망친 것 같았다. I seemed to ruin everything.
- 양심의 가책을 느꼈다. I felt compunction.
  * compunction 양심의 가책, 후회
- 죄책감을 느꼈다. I felt guilty.
- 죄책감을 덜어내고 싶었다. I wanted to rid myself of guilt.
  * rid ~ of ... ~로부터 ...를 제거하다
- 내 자신을 너무 자책하지 않으려고 애썼다. I tried not to blame myself too much.

- 전혀 그럴 의도가 아니었다. I didn't mean it at all.
- 성실하지 않았던 것이 후회된다. I regret that I was not sincere.
- 더 조심했었어야만 했다. I should have been more careful.
- 좀 더 신중을 기했어야 했다. I should have taken prudence.
  * prudence 세심, 신중
- 그의 조언을 따랐어야 했다. I should have followed his advice.
- 그의 조언대로 하지 않은 것이 정말 후회된다. I am really sorry that I didn't follow his advice.
- 후회가 문제를 해결하지는 못한다. Regret will not mend matters.
  * mend 고치다, 개선하다
- 이젠 너무 늦었다. It is too late now.
- 내가 왜 그의 말을 잘 듣지 않았는지 모르겠다. I don't know why I didn't listen to him.
- 내가 한 일이 몹시 후회된다. I feel awfully sorry for what I have done.
- 나의 게으름이 후회된다. I repent of having been lazy.
- 그렇게 빈둥거린 것이 후회된다. I regret that I fooled around so much.
- 나중에 후회해봤자 소용없는 일이다. There is no use repenting later.
  * there is no -ing ~해도 소용없다
- 실수에 대해서 후회해봤자 소용없다. It is useless to feel bad about an error.
- 나는 나중에 후회할 것이다. I'll feel sorry afterwards.
- 사소한 일에 대해서는 후회하지 않기로 했다. I decided not to repent of trivial matters.
  * trivial 하찮은, 일상의, 사소한
- 후회할 필요가 없다고 생각한다. I don't think I have to feel sorry.
- 나중에 후회하지 않도록 최선을 다해야겠다. I'll do my best not to regret it later.
- 후회 없는 삶을 살고 싶다. I want to live without any regrets.
- 이미 행한 일은 되돌릴 수 없다. What is done can't be undone.
- 이미 엎질러진 물이다. There is no use crying over spilt milk.

후회를 나타내는 조동사

should가 과거에 하지 못한 일에 대한 후회나 유감을 나타낼 때도 사용이 됩니다. '~했어야만 했는데 그러지 못했다'라는 표현을 나타낼 때는 [should have+과거분사] 형태로 씁니다. 반대로 [should not have+과거분사]로 쓰면 '~하지 말았어야 했는데 그렇게 했다'라는 표현입니다.

걱정

• 나는 그것이 걱정된다.	I am worried about it. I am anxious about it. I am apprehensive about it. I am concerned about it.
• 내 성적이 걱정된다.	I am worried about my grades.
• 큰 문제가 생겼다.	I am in big trouble.
• 나는 그것이 너무 걱정이 되어 잠도 잘 잘 수 없었다.	I was so worried that I couldn't sleep well.
• 나는 사소한 일에 쉽게 걱정하는 경향이 있다.	I tend to be uneasy about trivial matters.
• 걱정되어 죽을 뻔했다.	I was worried to death. * to death 몹시, 아주
• 너무 걱정이 되어 다리가 떨릴 지경이었다.	I was so nervous that my legs were shaking.
• 내가 한 일에 대해서는 절대 걱정 안 한다.	I am never anxious about what I did.
• 그건 걱정할 일은 아니다.	It is nothing to worry about.
• 걱정한다고 될 일이 아니다.	Worry never helps anything.
• 그건 내가 걱정할 일이 아니었다.	That was not my concern. * concern 걱정, 근심, 관심사
• 나는 건강 걱정은 없다.	I am not worried about my health.
• 나는 그런 일은 걱정하지 않으려고 한다.	I try not to worry about such a thing.
• 그런 걱정거리는 잊기로 했다.	I decided to forget about such worries.
• 그런 걱정거리는 깨끗이 잊었다.	I put such worries out of my head.
• 부모님께 걱정을 끼치지 않으려고 노력한다.	I try not to worry my parents.
• 나는 걱정거리가 없다.	I have nothing to worry about.
• 미리 걱정하지 마라.	Cross that bridge when you come to it.
• 내일 일은 내일 걱정해라.	As for tomorrow, worry about it tomorrow.

걱정? or 열망?

anxious는 뒤에 오는 전치사에 따라 다른 뜻으로 쓰입니다. [be anxious about ~]는 '~에 대하여 걱정하다'를, [be anxious for ~]는 '~를 열망하다'를 나타내므로 혼동하지 않아야 합니다. anxious의 명사형인 anxiety는 '걱정, 열망'의 뜻을 모두 가지고 있습니다.

고민

- 나는 여러 걱정거리로 고민하고 있다. — I am laden with several worries.
  * laden with ~로 괴로워하는
- 나는 신경 쓸 일이 많다. — I have a lot of things on my mind.
- 많은 일들이 신경 쓰인다. — Many things weigh heavily on my mind.
- 나는 모든 것이 끊임없이 걱정된다. — I am endlessly worried about everything.
- 너무 걱정이 되어 제정신이 아니었다. — I was out of my mind with worry.
- 상황이 더 이상 나빠질 수는 없었다. — Things couldn't get any worse.
- 그곳에 어떻게 갈지 걱정이다. — I am worried about how I'll get there.
- 그 문제에 애로점이 있었다. — I had some trouble with the matter.
- 그 문제의 한 면만을 고려한 것 같았다. — I seemed to have only considered one aspect of the problem.
  * aspect 양상, 국면, 견지
- 나는 아주 작은 문제점이 하나 있었다. — I had a slight problem.
- 생각해 봐야 할 고민이 있었다. — I had a problem to think about.
- 그것은 나에게는 매우 중요한 문제였다. — The matter was very significant to me. / The matter was of great significance to me.
- 실제로는 중요하지 않은 일이었다. — As a matter of fact, it was of no importance.
- 여러 가지로 머리가 복잡했다. — I had a lot of things on my mind.
- 하루 종일 마음 졸이고 있었다. — I've been in suspense all day.
  * be in suspense 마음 졸이다
- 보는 것처럼 쉬운 일이 아니었다. — It was not as easy as it seemed.
- 어떻게 해결해야 할지 생각 중이었다. — I was thinking about how to solve it.
- 그 문제점을 분석해서 무엇이 잘못된 것인지 알아봐야겠다. — I'll analyze the problem and see what's wrong.
- 내 문제를 시원하게 털어 놓고 싶었다. — I wanted to get my problems off my chest.
- 고민을 잊어 보려고 일찍 잠자리에 들었다. — I went to bed early to forget my agony.
  * agony 고민, 고뇌
- 고민으로 잠이 오지 않았다. — I couldn't sleep because I was worried.
- 그렇게 고민할 필요가 없다고 생각했다. — I didn't think I had to worry so much.
- 그 문제로 정신적인 고민에 빠졌다. — The matter caused me mental anguish.
- 고민하느라 아무 일도 못했다. — My anguish disabled me.

DIARY 02

Boring Everyday Life

Tuesday, April 16. Sunny

I just wanted to relax. I'm fed up with my daily routine. Every morning, I get up at the same time, eat breakfast and leave home. All day long I take classes at school. When I see some of my friends, we chat about losing weight, some gossips about popular entertainers and trivial things like that, eating some snacks and drinks. After coming back home, I have dinner and just watch TV lying on the couch reading my family members' faces. In the evening sometimes I do my homework and prepare for exams, etc. It's the same every day. I think I am just like a squirrel in a spinning wheel. I need a change. I wish something exciting would happen.

I would like to travel all over the country freely right now, but I know it's impossible. When I earn enough money in the future, I will travel all over the world. I want to meet various people from other countries. And I want to experience different cultures. I hope the day will come soon.

매일매일이 똑같아!

4월 16일 화요일 화창함

그저 쉬고 싶었다. 매일의 일상이 지겹다. 매일 아침 똑같은 시간에 일어나 아침 먹고 집을 나선다. 하루 종일 학교에서 수업 을 받는다. 친구라도 몇 명 만나게 되면 간식과 음료를 들면서 살 빼는 것이나 몇몇 인기 연예인들에 대한 소문들과 같은 사소한 것들에 대해 잡담을 나눈다. 집에 돌아와서는 저녁을 먹고 다른 가족들의 눈치를 보며 소파에 누워 텔레비전을 본다. 간혹 저녁에는 숙제를 하기도 하고 시험 준비 등을 할 때도 있지만, 매일 똑같은 일들이다. 마치 내가 쳇바퀴 도는 다람쥐 같다는 생각이 든다. 뭔가 변화가 필요하다. 뭔가 신나는 일이 있었으면 좋겠다.

나는 지금 당장 자유롭게 전국 일주를 하고 싶지만 그럴 수 없다는 것을 알고 있다. 앞으로 돈을 충분히 벌게 되면 나는 세계 일주를 할 것이다. 나는 다른 나라의 다양한 사람들을 만나고 싶다. 그리고 다른 문화들도 경험하고 싶다. 그날이 빨리 오면 좋겠다.

NOTES

relax 긴장을 풀다, 피로를 풀다 | **be fed up with** ~에 질리다, ~에 넌더리가 나다 | **routine** 일상, 판에 박힌 일 | **lose weight** 살을 빼다 (↔ gain weight 살찌다) | **entertainer** 연예인, 예능인 | **trivial** 일상의, 사소한 | **read one's face** 눈치 보다 | **spin** 돌리다, 회전시키다

CHAPTER

03

가족

1. 우리 가족
2. 조부모
3. 부모
4. 형제자매
5. 친척
6. 장래 희망
7. 종교

01 우리 가족

가족 관계

엄마	mom, mother	며느리	daughter-in-law
아빠	dad, father	사위	son-in-law
딸	daughter	처제, 시누이	sister-in-law
아들	son	처남, 매형	brother-in-law
할머니	grandmother	시어머니, 장모	mother-in-law
할아버지	grandfather	시아버지, 장인	father-in-law
조부모	grandparents	손녀	granddaughter
증조부모	great grandparents	손자	grandson
삼촌	uncle	증손자	great grandson
숙모	aunt	새어머니	stepmother
남 조카	nephew	새아버지	stepfather
여 조카	niece	이복자매, 이부자매	half-sister
사촌	cousin	이복형제, 이부형제	half-brother

가족 구성원

- 우리 가족은 대가족이다.
  My family is large.
- 우리 가족은 식구가 많다.
  We have a large family.
- 우리는 가족이 적다.
  My family is small.
  We have a small family.
- 우리 가족은 네 가족이다.
  We are a family of four.
  I have four in my family.
- 우리 가족은 네 명이다.
  I have four members in my family.
  There are four people in my family.
- 우리 가족은 엄마, 아빠, 언니 그리고 나이다.
  My family members are my mom, dad, my elder sister and myself.
- 우리 가족은 어머니, 아버지, 여동생 그리고 나 이렇게 넷이다.
  I have four members in my family, including my mother, father, younger sister and myself.
- 우리 가족에는 엄마, 아빠 그리고 동생이 있다.
  My family includes my mom, dad, my younger brother and me.
  * include 포함하다

우리 가족은 네 명이다

우리 가족은 네 명이라고 소개할 때 My family is four people.이라고 하지 않아야 합니다. I have four in my family. 또는 There are four people in my family.라고 해야 한다는 것 주의하세요.

출생

- 나는 1993년 서울에서 태어났다. I was born in Seoul in 1993.
- 나는 서울 토박이이다. I am a native of Seoul.
- 나는 불우하게 태어났다. I was born into a bad situation.
- 나는 가난한 집안에서 태어났다. I was born into a poor family.
- 나는 부자 부모님에게서 태어났다. I was born of rich parents.
- 나는 서울에서 태어났고 자랐다. I was born and raised in Seoul.
- 나는 대전에서 태어났지만 서울에서 자랐다. I was born in Daejeon, but raised in Seoul.
- 나는 서울에서 태어나서 어린 시절을 보냈다. I was born in and spent my childhood in Seoul.
- 나는 대가족에서 자랐다. I grew up in a large family.

삶의 과정

baby(아기) → infant(유아) → toddler(아장아장 걷는 아이) → youngster(소녀 · 소년) → adolescent(청소년) → bachelor, spinster(미혼남, 미혼녀) → bride, bridegroom(신부, 신랑) → adult(성인)/parent(부모) → middle aged(중년) → elderly(노년층) → corpse(시체)

행복한 가족

- 우리 가족은 함께 행복하게 산다. My family lives together happily.
- 우리는 부유하지는 않지만 행복하다. We are not rich, but we are happy.
- 우리는 비록 가난하지만 언제나 함께 행복한 시간을 보낸다. Although we are poor, we are always happy together.
- 평화롭고 화목한 가정에서 살고 싶다. I want to live in a peaceful and happy home.
- 우리 가족은 서로를 사랑하고 위한다. My family loves and takes good care of one another.
- 부자라고 해서 반드시 행복한 것은 아니다. The rich are not always happy.

• 우리 가족은 모두 행복으로 가득 찬 가족을 만들고자 노력한다.

All in my family try to have a home filled with happiness.

• 집만큼 좋은 곳이 없다.

There's no place like home.

02 조부모

GRANDPARENTS

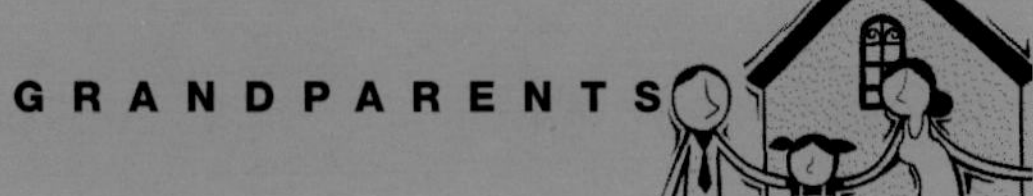

할아버지

• 그분은 나의 친할아버지이시다.

He is my paternal grandfather.

* paternal 아버지의, 아버지 쪽의

• 그분은 외할아버지이시다.

He is my maternal grandfather.

* maternal 어머니의, 어머니 쪽의

• 우리 가족은 조부모님과 함께 산다.

My family lives with my grandparents.

• 할아버지는 70세이지만 아직 건강이 좋으시다.

My grandfather is seventy years old, but he is in good health.

• 할아버지는 인격이 고결하신 분이다.

My grandfather is a man of sterling character.

* sterling 진짜의, 가치 있는 | character 인격

• 할아버지는 언제나 나를 후원하신다.

My grandfather always supports me.
My grandfather always backs me up.

* support[back] ~ up ~를 지지하다

• 할아버지는 도시생활보다 전원생활을 더 좋아하신다.

My grandfather prefers rural life to urban life.

* rural 시골의 | urban 도시의

• 할아버지는 65세에 퇴직하셨다.

My grandfather retired at the age of 65.

* retire 은퇴하다, 퇴직하다

• 할아버지는 정원 가꾸는 것을 좋아하신다.

My grandfather likes to care for the garden.

• 할아버지는 치매를 앓고 계신다.

My grandfather has Alzheimer's.

* Alzheimer's (disease) 알츠하이머병, 치매

• 할아버지 얼굴에 있는 주름을 보니 서글펐다.

I felt sad to see the wrinkles on my grandfather's face.

할아버지의 깊은 주름

할아버지 얼굴에 있는 깊은 주름을 보면 세월은 속일 수가 없다는 것을 알 수 있죠. 그렇게 생긴 이마의 깊은 주름은 밭의 깊은 고랑을 나타내는 단어인 furrow를 사용하여 표현합니다. 눈 가장자리에 있는 주름은 까마귀 발처럼 주름이 잡힌다고 해서 crow's feet라고 합니다.

할머니

• 할머니는 우리 집에 계시면서 나를 돌보아 주신다.	My grandmother stays at our home and nurtures me. * nurture 양육하다, 교육하다
• 우리 엄마는 내가 어릴 때 돌아가셔서 할머니 밑에서 자랐다.	My mom died when I was a child, and I was brought up by my grandmother.
• 할머니는 우리를 편하게 해 주신다.	My grandmother makes us feel comfortable.
• 할머니는 항상 우리에게 다정한 미소를 지어 주신다.	My grandmother always gives us a tender smile.
• 할머니는 마음이 아주 넓으시다.	My grandmother is quite tolerant. * tolerant 관대한, 아량 있는
• 할머니는 나를 다 받아 주신다.	My grandmother never says "no" to me.
• 할머니는 잘 때 자장가를 불러 주시곤 하셨다.	My grandmother would sing me a lullaby to sleep.
• 할머니는 가난한 사람들을 위해 봉사를 많이 하셨다.	My grandmother volunteered a lot for the poor.
• 할머니는 당신의 도움이 필요하면 항상 그 사람들을 도우신다.	My grandmother helps people whenever they need her help. * whenever ~할 때마다
• 할머니는 낡은 옷을 모아서 필요한 사람들에게 보내셨다.	My grandmother collected used clothes and sent them to those in need. * in need 어려움에 처한, 궁핍한
• 편찮으신 이후로 다른 사람들을 돕는 일을 그만둬야 했다.	She had to stop helping others since her sickness.
• 할머니는 건강이 좋지 못하셨다.	My grandmother was in poor health.
• 할머니는 등이 굽으셨다.	My grandmother's back is bent.
• 할머니가 나를 안경 너머로 쳐다보시곤 했다.	My grandmother used to look at me over the top of her glasses.
• 할머니가 편찮으실 때 내가 시중을 들었다.	When my grandmother was sick, I waited on her. * wait on ~의 시중을 들다

• 할머니가 작년에 돌아가셨다.

I lost my grandmother last year.
My grandmother passed away last year.
* pass away 돌아가시다

죽다

'죽다'라는 동사가 die이지만, 어른이 돌아가셨을 경우에는 좀 더 완곡한 표현인 pass away로 쓰는 게 좋습니다. 이 외에도 '죽다'라는 표현으로 breathe one's last breath(마지막 숨을 거두다), leave this world(타계하다), go to one's final rest(영면하다), 그리고 속어로 쓰이는 kick the bucket 등이 있습니다. 갑자기 죽는 것은 drop dead, 물에 빠져 죽는 것은 drown, 자살하는 것은 commit suicide, 암살당하는 것은 be assassinated, 교수형에 처해 죽는 것은 be hanged라고 합니다.

03 부모

PARENTS

부모님

• 우리 부모님은 맞벌이 하신다.

My parents both work.
My parents are a two-income couple.
We are a double-income family.

• 우리 엄마, 아빠는 사이가 좋으시다.

My mom and dad get along well together.

• 우리 부모님은 잉꼬부부이다.

My parents are like a pair of lovebirds.
* lovebirds 다정한 부부, lovebird는 '잉꼬'

• 우리 부모님은 항상 신혼 같다.

My parents are always like newlyweds.
* newlyweds 갓 결혼한 신혼부부

• 우리 부모님은 결혼하신 지 15년이 되었다.

My parents have been married for 15 years.

• 우리 부모님이 자랑스럽다.

I am proud of my parents.

• 나는 항상 부모님 말씀을 잘 듣는다.

I always obey my parents.

• 우리 부모님은 내가 더 좋은 아들이 되어야 한다고 생각하신다.

My parents think I should be a better son.

• 우리 부모님은 우리가 아쉬운 것이 없도록 다 해 주시려고 하신다.

My parents try to make us want for nothing.

- 좋은 아들이 되려고 노력한다. I try to be a good son.
- 나는 내 앞가림을 할 만한 나이가 되었다. I am old enough to look after myself.
- 내가 아무리 열심히 노력해도 우리 부모님은 절대 만족을 못하신다. No matter how hard I try, my parents never seem to be satisfied.
  * no matter how 아무리 ~할지라도
- 우리 부모님은 내게 너무 많은 것을 기대하신다. My parents expect too much of me.
- 우리 부모님은 나에 대한 기대감이 높으시다. My parents have high expectations of me.
- 우리 부모님은 가끔 내 마음을 몰라주신다. My parents sometimes don't understand me.
- 우리 부모님은 내가 하는 일마다 꾸중을 하신다. My parents scold me for everything I do.
- 우리 부모님은 내가 비행 소년이 되지 않기를 바라신다. My parents always hope I won't turn into a delinquent.
  * delinquent 비행소년(=juvenile delinquent)
- 우리 부모님은 별거 중이다. My parents are separated.
- 우리 부모님은 이혼하셨다. My parents got divorced.
- 그들은 성격차이로 이혼하셨다. They got divorced over irreconcilable differences.
  * irreconcilable 조화되지 않는, 화해할 수 없는
- 부모님이 이혼하신 이후로 엄마와 살고 있다. Since my parents' divorce, I have been living with my mom.
- 이제는 더 이상 부모님에게 짐이 되기 싫다. I don't want to be a burden to my parents any longer.
  * burden 짐, 부담

DINK족

맞벌이 부부는 a double-paycheck couple이라고 합니다. 요즘 맞벌이 부부는 아이를 갖지 않는 경우가 많다고 하는데 그런 부부들은 DINK, 즉 딩크족이라고 합니다. Double Income, No Kids의 첫 자를 딴 말로 의도적으로 아이를 갖지 않고 돈과 출세를 인생의 목표로 사는 맞벌이 부부를 일컫는 말입니다.

아빠

- 우리 아빠는 매우 엄격하시다. My dad is very strict.
- 우리 아빠는 일을 열심히 하시는 분이다. My dad is a hard worker.
- 아빠는 가게를 하시느라 하루 종일 바쁘시다. My father is very busy keeping our store all day.
- 아빠는 너무 바쁘셔서 나와 보낼 시간을 내지 못하신다. My father is too busy to spend time with me.
- 아빠와 나는 세대 차를 별로 느끼지 못한다. I don't feel the generation gap between my dad and me.

• 나는 어릴 때 아빠 등에 업히는 것을 좋아했다. When I was younger, I liked to have a piggyback ride on my dad's back.
* piggyback ride 등에 업히기

• 아빠가 나를 업어 주셨다. My dad gave me a piggyback ride.

• 아빠는 가끔 목말을 태워 주셨다. Sometimes I rode on my dad's shoulders.

• 아빠는 집안일을 종종 도와주신다. My dad often helps with the housework.

• 아빠는 일이 끝나면 곧장 집으로 오신다. My dad comes right home after work.

• 우리 아빠는 엄마에게는 이상적인 남편이시다. My dad is the ideal husband for my mom.

• 아빠는 집과 가족밖에 모르신다. There's nothing in his life except for his home and his family.

• 아빠는 직장에서 집에 오실 때 먹을 것을 사 오신다. My dad buys something to eat on his way home from work.
* on one's way home 집으로 오는 길에

• 아빠는 엄마가 요리하실 때 도와주시지도 않고 설거지도 하지 않으신다. My dad neither helps my mom cook nor does the dishes.
* neither ~ nor ... ~도 않고 …도 않다

집으로 곧장 ~

home이 '집으로'의 뜻으로 쓰일 때는 앞에 to를 쓰지 않습니다. home(집으로), there(거기에, 거기로), here(여기에, 여기로), downtown(시내로, 시내에), abroad(해외로), upstairs(위층으로), downstairs(아래층으로) 등의 장소 부사는 '~로, ~에'의 의미를 포함하고 있기 때문에 그 앞에 전치사를 쓰면 안 됩니다.

엄마

• 우리 엄마는 가정주부이시다. My mom is a housewife.

• 우리 엄마는 보통 집에 계시면서 살림을 하신다. My mom is usually at home and keeps house.

• 우리 엄마는 세 아이를 돌보느라 여념이 없으시다. My mom is always busy with three kids.

• 우리 엄마는 가게에 일하러 다니신다. My mom goes to work at a store.

• 우리 엄마는 학교에서 일하신다. My mom works at school.

• 우리 엄마는 나를 매우 귀하게 여기신다. I am the apple of my mom's eye.
* apple of someone's eye 매우 소중하게 여기는 것

• 엄마는 가정을 행복으로 채우려고 노력하신다. My mom tries to fill our home with happiness.
* fill ~ with ... ~를 …로 채우다

• 엄마와 함께 있으면 마음이 편하다.	Being with my mom makes me feel at home. * feel at home 편하게 느끼다
• 우리 엄마는 우리를 돌보느라 아침부터 밤까지 바쁘다.	My mom is busy taking care of us from morning till night.
• 엄마가 모든 집안일을 하신다.	My mom does all the housework.
• 우리 엄마는 부엌일에 매여 있는 것 같다.	My mom seems to be chained to the kitchen sink. * be chained to ~에 속박되다
• 우리 엄마는 바느질을 매우 잘 하신다.	My mom does needlework very well. My mom is good at sewing. * be good at ~를 잘하다
• 우리 엄마는 바느질에 손재주가 있으시다.	My mom is handy with a needle. * be handy with ~에 손재주가 있다
• 엄마는 가끔 사랑이 담긴 편지를 나에게 주신다.	Sometimes my mom gives me a letter filled with her love.
• 나는 뭔가 필요한 게 있으면 엄마를 찾는다.	I call my mom when I need something.
• 우리 엄마의 잔소리는 끝이 없으시다.	My mom never stops nagging. * nag 잔소리하다
• 우리 엄마는 간섭을 잘 하신다.	My mom is so nosy. * nosy 참견이나 간섭을 좋아하는

The images of Mother

4세 : My mommy can do anything! (우리 엄마는 뭐든지 다 할 수 있어요!)
8세 : My mom knows a lot! A whole lot! (우리 엄마는 많은 걸 아시죠. 정말 많이요.)
12세 : My mother doesn't really know quite everything. (어머니 정말 모든 걸 다 아는 것 같지는 않아요.)
14세 : There are many things that mother doesn't know.(어머니는 모르는 게 매우 많아요.)
16세 : Mother? She's hopelessly old-fashioned. (어머니? 어머니는 어쩔 수 없는 구식이에요.)
18세 : That old woman? She's out of date! (그 노인네요? 아주 구식이라고요!)
25세 : Well, she might know a little bit about it. (글쎄, 어머니가 그것에 대해 조금 아실 지도 몰라요.)
35세 : Before we decide, let's get mom's opinion. (우리가 결정하기 전에 엄마의 의견을 들어 보자.)
60세 : I wonder what mom would have thought about it. (엄마는 그것에 대해 어떻게 생각하셨을까 궁금하다.)
65세 : I wish I could talk it over with mom once more. (한 번만 더 어머니와 그것에 대해 이야기해 볼 수 있다면 좋겠는데.)

04 형제자매

SIBLING

형제 관계

- 나는 외동딸이고 형제가 없다. I am the only daughter and have no brothers.
- 나는 우리 가족의 외동이다. I am the only child in my family.
- 나는 2남 1녀 중 장남이다. I am the oldest son of two brothers and one sister.
- 나는 둘째 아들이다. I am the second son.
- 나는 삼대독자이다. I am the third generation of only sons.
- 우리는 삼형제이다. There are three boys in my family.
- 나는 남동생이 한 명 있다. I have a younger brother.
- 나는 형이 두 명 있다. I have two elder brothers.
- 내가 막내이다. I am the youngest.
- 내가 우리 집의 유일한 희망이다. I am the one my family depends on.
  * depend on ~에 의지 · 의존하다
- 내 동생과 나는 이란성 쌍둥이이다. My younger brother and I are fraternal twins.
  * fraternal 형제의
- 우리는 쌍둥이지만 매우 다르게 생겼다. We look entirely different even though we are twins.
- 우리는 일란성 쌍둥이여서 구별하기가 매우 어렵다. We are identical twins, so it is hard to distinguish between us.
  * identical 아주 똑같은

동생

- 나는 동생과 매우 닮았다. I look a lot like my younger brother.
- 우리는 매우 닮았다. We are like two peas in a pod.
  * like two peas in a pod 똑같이 생긴
- 사람들은 내가 동생과 똑같이 생겼다고 한다. They say that I look exactly like my younger brother.
- 사람들은 나와 동생을 많이 혼동한다. People often confuse me with my younger brother.
  * confuse ~ with ... ~를 …와 혼동하다
- 나는 동생과 공통점이 많다. My younger brother and I have a lot in common.
  I have a lot in common with my younger brother.
  * have ~ in common ~을 공통으로 가지다

• 나는 동생과 만나기만 하면 싸운다.	Whenever my younger brother and I meet, we quarrel. My younger brother and I never meet without quarreling. When my younger brother and I meet, we always quarrel.
• 내 동생은 나보다 세 살 어리다.	My younger brother is three years younger than I. My younger brother is three years my junior. My younger brother is younger than I by three years.
• 나는 동생보다 세 살 많다.	I am three years older than my younger brother. I am older than my younger brother by three years.
• 나는 동생보다 키가 작다.	I am shorter than my younger brother.
• 나는 동생과 성격이 매우 다르다.	I am quite different from my younger brother in character.
• 나는 동생에 비해서 수줍음을 잘 탄다.	Compared to my younger brother, I am shy.
• 나는 동생과 공통점이 하나도 없다.	My younger brother and I have nothing in common. I don't have anything in common with my younger brother.
• 나는 책 읽기를 싫어하는 반면 동생은 책 읽기를 좋아한다.	I don't like to read books. On the other hand, my younger brother does. * on the other hand 반면에
• 나는 달리기에 있어서는 동생을 따라가지 못한다.	I can't keep up with my younger brother in running.
• 나는 동생에 대한 애정이 깊다.	I am affectionate toward my younger brother.
• 그를 보면 내 동생이 생각난다.	He reminds me of my younger brother. * remind ~ of ... ~에게 …를 생각나게 하다
• 내 동생은 악몽을 꾸면 침대에 오줌을 싼다.	My younger brother often pees in his bed when he has nightmares.
• 그는 가끔 이불에 오줌을 싼다.	He often wets his bed.
• 나의 여동생은 항상 인형을 가지고 다닌다.	My sister always carries her doll.
• 내 동생은 가족에게 큰 골칫거리이다.	My younger brother is the black sheep in our family. * black sheep 악한, 집안의 말썽꾼
• 내 동생은 자주 난리를 친다.	My younger brother often makes a big fuss.
• 내 동생은 청개구리이다.	My younger brother always does the opposite of what he is told.
• 내 동생은 내가 하는 대로 한다.	My younger brother does whatever I do.

- 내 동생은 날 따라하려고 한다.

My younger brother tries to copy me.

* copy 복사하다, 모방하다

- 내 동생은 엄마에게 자주 뭘 사달라고 조른다.

My younger brother often begs my mom to buy him something.

* beg 구걸하다, 간청하다

- 내 동생은 항상 찡찡거린다.

My brother is a crybaby.

- 내 동생은 항상 엄마를 졸졸 따라다닌다.

My younger brother always follows my mom around.

- 내 동생은 사춘기이다.

My younger brother is in puberty.

- 내 동생은 지금 어른이 다 된 것 같다.

My younger brother seems to be in adolescence now.

* adolescence 청년기, 사춘기

형 · 오빠 · 누나 · 언니

- 형은 나를 잘 이해해 주고 잘 상대해 준다.

My elder brother understands me and relates well with me.

* relate with ~와 어울리다, 상대하다

- 나는 형의 것이 다 좋아 보인다.

Everything my elder brother has looks good to me.

- 나는 형이 하는 것을 다 따라한다.

I imitate all that my elder brother does.

- 형은 나를 손금 보듯이 잘 안다.

My elder brother knows me like the palm of his hand.

- 우리 형은 못하는 게 없다.

My elder brother is a jack of all trades.

* jack of all trades 다재다능한 사람

- 우리 형은 유머 감각이 꽤 풍부하다.

My elder brother has a pretty good sense of humor.

- 우리 형은 정말 재미있다.

My elder brother is really funny.

- 우리 형은 나를 많이 웃게 만든다.

My elder brother makes me laugh so much.

- 우리 형은 항상 웃는 얼굴이다.

My elder brother is full of smiles.

- 우리 형은 가끔 내 물건을 마음대로 쓴다.

My elder brother sometimes uses my things without permission.
My elder brother makes free use of my things.

- 나는 자라면서 물려받은 옷만 입었다.

When I was growing up I only wore hand-me-downs.

* hand-me-down 물림 옷, 물려받은 옷

- 가끔 나를 때릴 때는 기분이 나쁘다.

I felt bad when my elder brother hit me.

- 우리 형은 약간 괴짜이다.

My elder brother is a bit of an oddball.

* oddball 별난 사람

- 우리 형은 대입 시험 때문에 매일 늦게까지 공부한다. My elder brother studies till late at night preparing for the university entrance exam.
- 나는 다른 누구보다도 우리 큰형이 제일 좋다. I like my eldest brother better than the others.

연년생

연년생이란 말은 한 해에 태어나고 뒤 이은 해에 또 태어난 것이므로 '잇달아, 연달아'의 표현을 나타내는 'one after another'를 사용하여 표현하면 됩니다. one year after another라고 하면 '1년 차이로 연달아'라는 말이 되죠. 그래서 '우리는 연년생이다'는 We were born one year after another.라고 합니다.

05 친척

RELATIVES

친척 관계

- 서울에 몇 분의 친척이 계신다. I have several relatives in Seoul.
- 나는 그와 친척이다. I am related to him. I am closely related to him.
- 나는 그와 가까운 친척이다. He is my close relative.
- 나는 그와 먼 친척이다. He is my distant relative. I am distantly related to him.
- 그는 우리 아빠 쪽 친척이다. He is related to me on my paternal side.
- 그는 우리 엄마 쪽 친척이다. He is related to me on my maternal side.
- 우리는 친척들과 사이가 좋다. We get along with my relatives.
- 삼촌은 다음 달에 군대에 가야 한다. My uncle has to enlist in the army next month.
  * enlist in ~에 입대하다
- 우리 삼촌은 작년에 결혼했다. My uncle got married last year.
- 우리 이모는 결혼해서 두 명의 아이가 있다. My aunt is married with two kids.
- 나는 한 명의 남자 조카밖에 없다. I have just one nephew.

친척간의 왕래

• 친척들이 멀리 있어 자주 만나지 못한다.	I can't visit my relatives often since they live far away.
• 최근에 사촌의 소식을 듣지 못했다.	I haven't heard from my cousin recently.
• 오랫동안 사촌을 못 봤다.	I haven't seen my cousin for a long time.
• 그가 너무 많이 변해서 거의 알아보지 못할 뻔했다.	He had changed so much that I could hardly recognize him.
• 그는 내 나이 또래이다.	He is my age.
• 큰 명절에는 친척들을 만난다.	I see my relatives on big holidays.
• 친척집에 자주 가야겠다.	I will visit my relatives often.
• 가까운 이웃이 먼 친척보다 낫다.	A good neighbor is better than a brother far off.

06 장래 희망

MY FUTURE

나의 미래

• 내 장래에 대해서 깊이 생각해 보았다.	I thought deeply about my future.
• 나는 오랫동안 간직해 온 꿈이 있다.	I have a lifelong dream.
• 우리는 모두 미래에 대한 희망을 가지고 있다.	We all have hopes for the future.
• 나는 연예인이 될 수 있는 재능을 가지고 있다고 생각한다.	I think I have the talent to be an entertainer.
• 나는 가끔 연예인이 되는 상상을 한다.	Sometimes, I imagine myself as an entertainer.
• 내 숨은 끼를 발휘하고 싶다.	I want to show my hidden talent.
• 변호사가 되는 것이 장래성이 있다고 생각한다.	I think that being a lawyer will show promise of better things. * promise 약속, 전망, 장래성
• 나는 장래가 유망하다고 생각한다.	I think I have bright prospects.
• 내 앞에는 훌륭한 미래가 있다.	I have a great future ahead of me.

- 나의 장래는 창창하다. I have a promising future ahead.
  * promising 앞날이 창창한
- 나는 앞으로 할 일이 많은 젊은이이다. I am a young man with the world before me.
- 내가 커서 무엇이 될지 걱정이다. I am worried about what I'll grow up to be.
- 장래가 막막하다. My future looks uncertain.
- 난 별 재능이 없는 것 같다. I think I am not talented.
- 나의 꿈을 바꿔야 할 것 같다. I need to change my dream.
- 장래 계획에 대해 생각할 시간이 좀 필요하다. I need some time to reflect on my future plans.
- 성공하기 위해서는 미래를 신중하게 설계해야 한다. We have to chart our future with care to be a success.
  * chart (계획을) 설계하다
- 먼 장래를 생각하며 공부해야 한다. We have to study, thinking of the distant future.
- 인생관을 바꾸어야겠다. I need to change my outlook on life.
  * outlook 예측, 조망, 전망
- 우선 내 꿈을 실현시키기 위해 열심히 노력할 것이다. First and foremost, I will try hard to make my dreams come true.
- 보다 밝은 장래를 위해 항상 최선을 다할 것이다. I will try my best for a brighter future.
- 나의 목표를 절대 놓치지 않을 것이다. I will never lose sight of my goal.
  * lose sight of 시야에서 놓치다, 중요한 것을 잊어버리다

미래에 할 일

미래에 어떤 일을 할 것이라고 결심할 때는 말하는 사람의 의지를 나타내는 조동사 will을 사용하여 나타냅니다. 그런데 이미 계획을 세웠거나 예정되어 있는 일이어서 곧 하게 될 일이라면 will 대신에 [be going to+동사원형] 또는 [be planning to+동사원형]의 구문으로 쓰면 됩니다.

부모님의 기대

- 엄마는 내가 장래에 교사가 되기를 바라신다. My mom wants me to be a teacher in the future.
- 나의 적성은 교사가 되기에 딱 알맞은 것 같다. I think I have all the right qualifications to become a teacher.
  * qualification 조건, 자격
- 우리 엄마는 나에게 희망을 걸고 계신다. My mom puts her hopes in me.
- 우리 부모님은 내가 무엇이 되길 바라시는지 말씀을 하지 않으신다. My parents don't say what they want me to be.

• 부모님은 내가 되고 싶은 것을 위해 열심히 노력하라고 하셨다.
My parents told me to try hard for what I want to be.

• 부모님을 실망시켜드리지 않기 위해 최선을 다할 것이다.
I will do my best in order not to disappoint my parents.
* in order not to+**동사원형** ~하지 않으려고

• 우리 가족은 내 장래에 대해 큰 기대를 걸고 있다.
My family has great expectations for my future.

• 부모님은 내가 꿈을 실현할 수 있도록 항상 격려하신다.
They always encourage me to make my dreams come true.

장래 희망

• 나는 커서 변호사가 되고 싶다.
When I grow up, I want to be a lawyer.

• 나는 장래에 훌륭한 과학자가 되기로 결심했다.
I decided to become a great scientist in the future.

• 돈을 많이 벌어서 백만장자가 되고 싶다.
I want to make a lot of money to become a millionaire.

• 나는 우리 엄마처럼 현모양처가 되고 싶다.
I want to be a good housewife like my mom.

• 나는 정치가가 되어 우리나라를 더 번창하게 만들 것이다.
I want to be a politician who makes my country more prosperous.
* prosperous 번영하는, 번창하는

• 내 꿈은 노벨 평화상을 타는 것이다.
My dream is to win the Nobel Peace Prize.

• 내 장래 희망은 에베레스트 산을 정복하는 것이다.
My future dream is to conquer Mount Everest.

• 내 꿈은 전 세계를 여행하는 것이다.
My dream is traveling around the world.

• 교사가 되는 것이 내가 제일 바라는 바이다.
To be a teacher is what I desire most.

• 나는 촉망받는 전문의가 되고 싶다.
I want to be an up-and-coming medical specialist.
* up-and-coming 유망한, 진취적인

• 내가 자라면 이상형인 남자를 만나 가족과 함께 행복하게 살고 싶다.
When I grow up, I want to meet Mr. Right and lead a happy life with my family.
* Mr. Right 이상형 남성

내 꿈은 ~

'내 꿈은 의사다'라고 할 때 My dream is a doctor.라고 하면 안 됩니다. 내 꿈은 의사가 아니라 의사가 되는 것이죠. 그래서 My dream is to be a doctor.라고 해야 합니다.

07 종교

RELIGION

종교

• 나는 종교가 없다.	I am not religious.
• 나는 무신론자이다.	I am an atheist. * atheist 무신론자
• 나는 특정한 종교를 가지고 있지 않다.	I don't have any particular religion.
• 나는 신의 존재를 믿지 않는다.	I don't believe in God.
• 종교에 치우치는 것은 좋지 않다.	It is not good to be too religious.
• 광신자가 되는 것은 옳지 않다고 생각한다.	I think it is not right to be a fanatic.
• 종교는 신앙이 기본이 된다.	Religion is based on faith. * be based on ~에 근거를 두다
• 사람들은 종교에서 안식처를 구하려 한다.	People try to find relief in religion. * relief 안심, 구원, 구조
• 많은 사람들이 종교에서 위안을 찾는다.	Many people seek consolation in religion. * consolation 위로, 위안

기독교

• 나는 기독교 모태 신자이다.	I am a Christian by birth.
• 나는 어렸을 때 기독교 신자가 되었다.	I became a Christian when I was young.
• 우리 가족은 신앙생활을 한다.	My family leads a religious life.
• 나는 불교에서 기독교로 개종했다.	I was converted to Christianity from Buddhism. * convert 전환하다, 바꾸다
• 나는 독실한 기독교 신자이다.	I am a strong Christian. I am a devout Christian. * devout 독실한, 경건한
• 나는 믿음이 강하다.	I am very religious. My belief is strong. I am strong in my faith.
• 나는 믿음이 약하다.	I don't have strong beliefs. I am weak in my faith.

- 나는 진정한 믿음을 가지고 있지 않은 사이비 기독교인이다. I am a pseudo Christian without real faith.
  * pseudo 가짜의, 허위의
- 나는 매일 아침 한 시간씩 성경을 읽는다. I read the Bible for an hour every morning.
- 교회에 가면 편안함을 느낀다. I feel comforted when I go to church.
- 나는 일요일마다 교회에 간다. I go to church on Sundays.
- 가끔은 예배에 참석하지 않을 때도 있다. Sometimes I don't attend worship.
- 일요일마다 교회에서 예배를 드린다. I worship God on Sundays.
- 목사님께서 예배 기도를 하셨다. The pastor gave the benediction.
- 목사님께서 오늘은 성경에 나오는 산상수훈에 대해 설교하셨다. Our preacher delivered a sermon about the 7 beatitudes in the Bible today.
  * beatitude 그리스도가 산상수훈에서 가르친 행복 7가지
- 목사님 설교하실 때 졸았다. I dozed while the minister was giving a sermon.
- 나는 교회 성가대원이다. I am a member of the church choir.
- 우리는 예배 때마다 찬송을 부른다. We sing praises to God every worship service.
- 나는 큰 소리로 찬송가를 불렀다. I sang hymns loudly.
- 예배 시간에 헌금을 했다. I gave offerings to God in the worship service.
- 나는 매달 십일조를 낸다. I give tithes every month.
  * tithe 십일조
- 목사님의 설교가 있은 후 헌금을 거뒀다. After the pastor's sermon, they took up a collection.
- 목사님께서 모든 교인들에게 축복 기도를 해 주셨다. The minister asked God to bless the whole congregation.
  * congregation 집회, 신도들
- 세례를 받았다. I was baptized.
- 나는 물 속에 무릎을 꿇고 앉았고, 목사님이 나를 침례함으로 축복해 주셨다. I knelt down in the pool, the pastor immersed me in the water and he blessed me.
  * immerse 가라앉히다, 침례를 베풀다
- 기도회에 참석했다. I attended the prayer meeting.
- 정성껏 하나님께 기도를 드렸다. I prayed to God wholeheartedly.
- 무릎을 꿇고 기도를 드렸다. I knelt in prayer.
- 기도할 때 할머니를 위한 기도도 했다. I included my grandmother in my prayers.
- 나는 항상 그를 위해 기도한다. He is always in my prayers.
- 하나님께 우리 가족에게 은총을 내려 달라고 기도했다. I prayed to God to bless my family.

• 하나님께 나의 죄를 용서해 달라고 기도했다.	I asked for forgiveness from God. I prayed to God to forgive my sins.
• 예수 그리스도의 이름으로 기도를 마쳤다.	I ended my prayer in the name of Jesus Christ.
• 1주일 동안 물만 마시면서 단식을 했다.	I fasted on water for a week. * fast ⓢ 단식하다 ⓗ 빠른
• 크리스마스와 부활절은 교회에서 가장 큰 축제이다.	Christmas and Easter are the most important church celebrations.
• 부활절에 몇 가지 행사가 있었다.	We held some events on Easter.
• 부활절에는 기독교인들이 예수 그리스도의 부활을 기념한다.	On Easter, Christians celebrate the resurrection of Jesus Christ. * resurrection 소생, 부활
• 우리는 성찬을 가짐으로써 예수 그리스도를 기념했다.	We remembered Jesus Christ by taking the Lord's Supper.
• 부활절에 우리는 달걀에 색칠을 하고 그림을 그려 서로 주고받았다.	We colored and etched the eggs, and we exchanged them with one another on Easter. * etch 그림이나 무늬를 새기다
• 매주 토요일마다 친구들과 전도를 한다.	Every Saturday, I spread my faith with my friends.
• 나는 선교사가 되어 복음을 전하고 싶다.	I want to be a missionary and spread the Gospel.

기독교의 교파

감리교	**the Methodist Church**	순복음교	**the Evangelist Church**
장로교	**the Presbyterian Church**	루터교	**the Lutheran Church**
침례교	**the Baptist Church**		

가톨릭교

• 우리 가족은 일요일마다 미사에 간다.	My family goes to mass every Sunday. * mass 미사, 모임, 대중
• 나는 예비자 교리를 받고 있다.	I'm taking catechism. * catechism 교리문답
• 미사에 참석했다.	I attended mass.
• 머리 위에 미사 베일을 썼다.	I wore my veil on my head. * veil 베일, 면사포

- 나의 병을 치료받기 위해 성수를 묻혔다. — I touched the holy water to cure my sickness.
- 신부님께 어제 영세를 받았다. — I was baptized by the priest yesterday.
- 신부님은 성수를 내 이마에 묻히고 나를 축복해 주셨다. — The priest touched my forehead using the holy water and blessed me.
- 세례명을 마리아라고 받았다. — I was baptized Maria.
- 나의 세례명은 베드로이다. — My baptismal name is Peter.
- 가슴에 십자를 그리며 기도했다. — I prayed, making the sign of cross on my chest.
- 성모 마리아와 예수의 이름으로 기도를 드렸다. — I prayed in Saint Maria's and Jesus' names.
- 고해성사를 했다. — I made a sacramental confession.
  * sacramental 신성한 | confession 자백, 고백, 신앙고백
- 우리 부모님은 내가 가톨릭 신자로 크기를 바라신다. — My parents want me to be brought up as Catholic.
- 나는 신부가 되고 싶다. — I want to be a priest.
- 나는 수녀가 되고 싶다. — I want to be a nun.
- 신부와 수녀는 자신들의 모든 행동에 대해 매우 엄격하고 책임감이 강하다. — Priests and nuns are very strict and responsible in all their doings.

일요일마다 ~

'~마다'를 나타내는 말은 [every+단수시간명사] 또는 시간을 나타내는 말을 복수로 써서 전치사와 함께 표현합니다. '매일'은 every day, '아침마다'는 every morning, 또는 in the mornings, '일요일마다'는 every Sunday 또는 on Sundays라고 하면 됩니다.

불교

- 나는 불교를 믿는다. — I believe in Buddhism.
- 불교는 부처님의 가르침을 전한다. — Buddhism gives us Buddha's teaching.
- 우리 가족들은 불교 신자이다. — My family professes Buddhism.
  * profess ~를 믿는다고 고백하다
- 나는 불교의 조계종파에 속해 있다. — I belong to the Jogae branch of Buddhism.
  * belong to ~에 속해 있다, ~의 소속이다
- 그는 불교의 교리를 체득한 것 같다. — He seems to master Buddhist doctrines.
  * doctrine 교의, 교리
- 나는 절에 불공 드리러 갔다. — I went to a temple to worship.

• 염불을 하였다.	I said a prayer to the Buddha.
• 나는 염불 소리가 좋다.	I like the sound of Buddhist invocations.
• 나는 염주를 세며 명상을 했다.	I meditated with my beads. * meditate 명상하다, 묵상하다
• 시간이 나면 명상을 하러 절에 간다.	When I am free, I go to the temple to meditate.
• 나는 절의 고요한 분위기를 좋아한다.	I like the tranquil atmosphere of temples.
• 부처님께 공양을 올렸다.	I offered food to Buddha.
• 내 친구 중 한 명이 여승이 되었다.	A friend of mine became a Buddhist nun.
• 그는 성자 같은 사람이다.	He is a saintly man. * saintly 성자 같은, 거룩한
• 부처님도 원래는 우리와 같은 사람이었다.	The Buddha was originally a common mortal like us. * mortal (죽음을 면할 수 없는) 인간

DIARY 03

My Mom Is Mysterious

Wednesday, May 24. Cloudy

I can't really understand my mom. Sometimes, I try to understand my mom, but I don't know exactly who she is now. My friends know my mom as someone who is just interested in my educating. And sometimes, she is kind enough to bring me some snacks when I didn't eat breakfast and went to school. However, there is something about her that I never understand. Usually, she is interested only in my education. She tells me to take good care of my 'company'. Of course, it's not a wrong saying. But to her friends are just people who study very hard or do well and whose examples I can follow.

I thought she would never judge my friends just by grades. But she seems to set me up with guys who have very good grades. I don't want her to be like that. Of course, some friends who have good grades can be helpful to me. However, do I have to make friends only with those who have good grades? I never want to be like that. I can't really understand my mom.

이해할 수 없는 우리 엄마

5월 24일 수요일 흐림

정말로 나는 우리 엄마를 이해할 수 없다. 가끔은 엄마를 이해하려고 노력하지만 나는 아직도 엄마가 정확히 어떤 분인지 잘 모르겠다. 다른 아이들 눈에 비치는 우리 엄마는 거의 내 교육에만 관심을 보이시는 엄마이다. 그리고 때로는 아침을 못 먹고 학교에 간 딸에게 간식을 가져다 주실 만큼 자상한 엄마이시기도 하다. 그렇지만 내가 절대로 이해할 수 없는 부분들이 있다. 평소에는 교육에만 관심을 보이시면서, '교우관계'에도 신경을 쓰라고 하신다. 물론 틀린 말은 아니다. 하지만 엄마에게 있어서 친구란 공부를 열심히 하거나 잘하는, 그리고 내가 본받을 수 있을 만한 친구에 해당한다.

우리 엄마는 절대로 단지 공부로 친구를 판단하진 않으실 줄로만 알았다. 그런데 엄마는 성적이 좋은 아이들을 정해 주시는 것 같다. 난 엄마가 그러시는 것이 싫다. 물론 공부를 잘하는 친구는 나에게 도움을 줄 수 있다. 하지만 그렇다고 공부 잘하는 친구와만 사귀라는 법은 없지 않은가? 난 그러고 싶지 않다. 엄마는 정말로 이해할 수 없는 존재이다.

NOTES

company 친구들, 교제, 회사 | **take care of** ~를 돌보다, ~에 조심하다 | **judge** 판단하다 | **grade** 성적, 등급, 학년

CHAPTER

04

집안 일

1. 청소
2. 세탁
3. 부엌 일
4. 정원 관리
5. 집 꾸미기
6. 집 수리
7. 기타 집안 일

01 청소 CLEANING

지저분한 방

• 방이 지저분했다.	The room was messy. * messy 어질러진, 더러운
• 방이 엉망이었다.	The room was a mess.
• 방이 온통 어질러져 있었다.	The room was messed up.
• 방이 돼지우리 같았다.	The room looked like a pigsty.
• 며칠 동안 청소를 못 했더니 먼지가 쌓여 있었다.	Since I haven't cleaned the house for a few days, the dust has piled up.
• 집에 온통 종이와 옷들이 널브러져 있었다.	There were papers and clothes everywhere.
• 집안일을 더 이상 미룰 수가 없었다.	I couldn't put off the housework any longer. * put off 미루다, 연기하다 | not ~ any longer 더 이상 ~않다
• 내 방은 내가 청소해야 했다.	I had to clean my room myself.
• 어지른 것을 좀 치워야 했다.	I needed to clean up the mess.
• 방을 좀 구석구석 청소해야 했다.	I needed to clean the room from top to bottom.

정리정돈

• 지저분한 것을 깨끗이 치웠다.	I cleaned up the mess.
• 필요 없는 것들을 치웠다.	I got rid of unnecessary things. * get rid of ~를 제거하다, 없애다
• 방을 정돈했다.	I tidied up the room. * tidy up 말끔하게 치우다
• 방을 정리정돈했다.	I set the room in order. * in order 순서대로, 정돈되어
• 흩어져 있는 책들을 정리했다.	I arranged the scattered books.
• 책들을 제자리에 놓았다.	I put the books back.
• 책상의 책들을 평소에 잘 정리해 두는 것이 낫겠다.	It would be better to keep the books in order on the desk.
• 장난감을 정리했다.	I put the toys away. * put ~ away ~를 정리하다, 치우다

• 옷들을 옷장에 걸었다. I hung the clothes up in the closet.

• 더러운 옷들은 빨래 바구니에 넣었다. I put the dirty clothes in the laundry basket.

• 집을 정돈했다. I got my house shipshape.

방 청소

• 방을 깨끗이 청소하기로 마음먹었다. I decided to clean up the room.

• 우선 환기를 위해 창문을 열었다. First of all, I opened the window to air out the place.

• 집 안의 먼지를 털었다. I removed the dust from the house.

• 가구의 먼지를 닦았다. I dusted the furniture.

• 여기저기 널려 있는 것들을 집어 올렸다. I picked up things that were lying around.

• 비로 방을 쓸었다. I swept the room with the broom.
* swept sweep(쓸다)의 과거형

• 진공 청소기를 이용했다. I used the vacuum cleaner.

• 진공 청소기로 방들을 청소했다. I vacuumed the rooms.

• 걸레로 바닥을 닦았다. I cleaned the floor with a rag.

• 젖은 걸레로 바닥을 훔쳐냈다. I wiped off the floor with a wet rag.

• 현관은 대걸레로 닦았다. I mopped the entry way.
* mop 대걸레로 청소하다

• 청소는 내가 한다고 약속했다. I promised that I would clean the house.

• 혼자서 집 안을 다 청소했다. I cleaned all the house by myself.

• 창문을 닦았다. I wiped off the window.

• 쓰레기는 휴지통에 넣었다. I put the garbage in the garbage can.

• 쓰레기통을 비웠다. I emptied the trash can.

• 쓰레기를 내다 놓았다. I took out the garbage.

걸레

걸레는 보통 낡은 옷이나 천으로 하는 경우가 많죠. 그런 천을 나타내는 말이 rag입니다. 낡은 천이 아니라 먼지를 닦기 위한 용도로 만들어진 걸레는 dustcloth 또는 duster라고 하는데, duster는 걸레뿐 아니라 먼지를 없애기 위한 먼지떨이 같은 도구를 지칭할 수 있는 말입니다. 현관이나 넓은 바닥을 닦는 대걸레는 mop인데, 이는 동사로 쓰여 '대걸레로 청소하다'라는 뜻으로도 쓰입니다. 걸레 이외의 청소 도구는 진공청소기 vacuum cleaner, 먼지떨이 duster, 빗자루 broom, 솔 scrub brush, 수세미 scouring pad, 쓰레받기 dustpan, 쓰레기통 trash can, 세제 detergent 등이 있습니다.

Chapter 04 집안일

욕실 청소

• 욕조를 닦았다.	I scrubbed the bathtub. * scrub 북북 문질러 닦다
• 변기의 물을 내렸다.	I flushed the toilet.
• 변기 솔로 변기를 닦았다.	I scrubbed the toilet with a toilet brush.
• 타월로 욕실의 물기를 닦아냈다.	I dried water off the bathroom with a towel.

닦는 동사

'닦다'에 해당하는 표현은 닦는 방법에 따라 다릅니다. 물로 닦는 것은 wash, 손이나 천으로 훔쳐 닦는 것은 wipe, 대걸레로 닦는 것은 mop, 솔로 닦는 것은 brush, 수세미나 솔로 북북 문질러 닦는 것은 scrub, 물기를 마른 걸레로 닦아주는 것은 dry, 광을 내며 닦는 것은 polish라고 합니다.

욕실 용품

욕실	bathroom	샴푸	shampoo
세면대	washstand, washbowl	수건	towel
욕조	bathtub	손수건	handkerchief
샤워 커튼	shower curtain	수건걸이	towel-hanger
수도꼭지	faucet	화장지	toilet paper
수도관	water pipe	두루마리 화장지	toilet roll
칫솔	toothbrush	화장지 걸이	toilet paper holder
치약	tooth paste	변기	stool
비누 받침	soap case	빨래판	washboard
비누	soap	빨랫솔	scrub brush
물비누	liquid soap	면도기	razor
눌러 쓰는 비누	soap-dispenser	전기면도기	electric razor
종이비누	paper soap, soap leaf	빗	comb

02 세탁

WASHING CLOTHES

빨래 준비하기

• 세탁물이 쌓여 있었다.	The laundry has piled up.
• 해야 할 빨래가 많았다.	I had a large load of wash to do. I had lots of laundry to do. There were plenty of clothes to wash. * load 작업량, 짐 | lots[plenty] of 많은
• 식구들에게 빨래감을 세탁 바구니에 넣어 달라고 말했다.	I asked my family to put their laundry in the laundry basket.
• 빨래를 해야 했다.	I had to do the laundry. I had to do the wash.
• 빨래 바구니를 세탁실로 가지고 갔다.	I carried the laundry basket to the laundry room.
• 몇 개의 빨래는 삶아야 했다.	Some laundry should be boiled.
• 세탁기로 빨 수 있는 옷들을 골라냈다.	I picked up the washable clothes.
• 빨래를 색깔별로 구분했다.	I sorted the laundry by separating dark colors from light. * sort 분류하다, 가려내다
• 뒤집어 놓은 양말을 제대로 해 놓았다.	I reversed the socks that were inside out.
• 옷들의 주머니를 확인했다.	I checked the pockets of the clothes.
• 이틀에 한 번 빨래를 한다.	I do the washing every other day.

빨래하다

'빨래하다'는 말은 wash the clothes 또는 do동사를 사용하여 do the laundry, do the wash, do the washing이라고 표현합니다. '설거지하다'는 표현도 wash the dishes 또는 do the dishes라고도 합니다. 이외에도 do the housework(집안일하다), do the sewing(바느질하다), do the cooking(요리하다), do some gardening(정원 일을 하다), do one's shopping(쇼핑하다), do one's homework(숙제하다), do one's hair(머리하다), do flowers(꽃꽂이하다) 등처럼 do동사를 사용하여 나타내는 표현들이 있습니다.

빨래하기

- 세탁기에 빨래를 넣었다. I loaded the washing machine.
- 세탁기에 많은 양의 빨래를 넣었다. I put a load of laundry into the washing machine.
- 세탁기에 세제를 적당히 넣었다. I put detergent properly in the washing machine.
- 세탁기의 전원을 켰다. I turned on the washing machine.
- 세탁기를 작동시켰다. I pushed the start button of the washing machine.
- 마지막 헹굼 이전에 섬유 유연제를 넣었다. I put in some fabric softener before the last rinse.
- 빨래를 탈수시키는 소리를 들었다. I heard the washing machine spinning the laundry dry.
- 빨래를 탈수시켰다. I had the laundry spin-dried.
  * spin-dry 탈수시키다
- 세탁이 끝났다는 것을 알리는 소리가 났다. I heard the washing machine beep, letting me know it was done.
- 빨래를 세탁기에서 꺼냈다. I took the laundry out of the washing machine.

세탁물 문제

- 빨았더니 옷이 줄었다. The clothes shrank after washing.
  * shrank shrink(줄어들다)의 과거형
- 옷 솔기가 터졌다. The seam of the clothes ripped.
  * rip 찢어지다
- 옷 색깔이 바랬다. The color of the clothes faded.
- 물이 빠졌다. The clothes lost their color.
- 다른 빨래에까지 물이 들었다. The dyes bled into one another.
  * bled bleed(염색이 번지다)의 과거형
- 세탁기에 같이 넣지 말았어야 했다. I should not have put them together in the washing machine.
  * should not have+**과거분사** ~하지 말았어야 했다

손빨래

- 그 옷은 손빨래로 빨아야 했다. I had to wash the clothes by hand.
- 옷들을 손빨래 했다. I hand-washed the clothes.
- 빨래를 빨래판에 놓고 비벼 빨았다. I scrubbed the clothes on the washboard.

- 빨래 방망이로 빨래를 두드렸다. I beat the clothes with the laundry paddle.
- 빨래를 한 후에 빨래를 헹구었다. I rinsed the laundry after washing.
- 빨래를 헹구는 데 시간이 너무 많이 걸렸다. It took me too much time to rinse the clothes.
- 빨래를 짜기가 힘들었다. It was hard for me to wring out the clothes.
  * wring (out) 짜다, 쥐어짜다
- 옷을 비틀어 짰다. I squeezed out the clothes.
- 그 옷은 주름이 잘 생기기 때문에 비틀어 짜면 안 좋다. It's not good to squeeze out the clothes because it wrinkles them easily.

얼룩 없애기

- 셔츠에 얼룩이 졌다. The shirt has some stains on it.
- 심하게 얼룩이 져 있었다. The clothes were badly stained.
- 카펫에 커피를 엎질러서 얼룩이 졌다. I spilt some coffee on the carpet. As a result, it stained.
  * spilt spill(엎지르다)의 과거형
- 얼룩을 마른 수건으로 닦았다. I wiped the stains out with a dry towel.
- 소금을 이용하여 그 얼룩을 제거해 보려고 했다. I tried to remove the stain by using salt.
- 빨기 전에 물에 담가 놓았다. I let them soak in the water before washing.
- 잉크 얼룩을 빼 내기 위하여 여러 방법을 사용했다. I used several methods to get the ink spot out.
- 얼룩이 다 빠지지 않았다. The spot didn't come out completely.
- 얼룩을 뺄 수가 없었다. I couldn't get the stain out.
- 얼룩 제거하기가 불가능했다. It was impossible to remove the stain.
- 얼룩을 빼기 위해 표백을 해봤다. I tried bleaching it to remove the stain.
  * bleach 표백하다, 희게 하다
- 얼룩이 제거되었다. The stain was removed.
- 그 세제가 얼룩 빼는 데 효과적이었다. The detergent was good for taking out stains.

얼룩의 종류

spot은 얼굴이나 몸에 있는 작은 점을 가리키는 말이죠. 피부에서 튀어나온 좀 큰 점은 mole이라고 하구요. 옷에 묻어 있는 작은 반점 모양의 얼룩도 spot이라고 합니다. 하지만 커피, 피, 김치 국물 같은 것이 묻어서 그것이 번지거나 변색되어 있는 얼룩은 stain이라고 하고, 문지르거나 비벼서 생기게 된 얼룩은 smudge라고 합니다.

빨래 말리기

- 빨래를 줄에 널었다. I hung the clothes on the clothesline.
- 몇 가지 옷은 그늘에 널었다. I dried some clothes in the shade.
- 날씨가 흐려서 빨래 마르는 데 시간이 좀 걸릴 것 같았다. Because it was cloudy, I thought it would take some time for the clothes to dry up.
- 햇빛이 잘 들어 빨랫줄에 널은 빨래가 금방 말랐다. The clothes on the clothesline have dried up quickly because of the sunny weather.
- 세탁물 건조기가 있어서 빨래를 널 필요가 없다. I don't have to hang the clothes because I have a clothes dryer.
- 세탁물 건조기는 빨래에 열을 가하고 회전을 시켜 말린다. The clothes dryer dries the clothes by heating and tumbling them.
  * tumble 뒹굴리다

빨래 정리하기

- 빨랫줄에서 빨래를 걷어냈다. I took the laundry off the clothesline.
- 빨랫줄에서 빨래를 걷어 모았다. I gathered up the laundry from the clothesline.
- 옷이 아직 눅눅했다. The clothes were still damp.
- 옷이 아직 마르지 않았다. The clothes weren't dry yet.
- 옷이 다 말랐다. The clothes dried up.
- 빨래를 갰다. I folded the clothes.
  * fold 접다, 접어 포개다
- 옷을 다림질했다. I ironed the clothes. I pressed the clothes.
- 옷에 풀을 먹였다. I starched the clothes.
- 옷장에 넣었다. I put the clothes in the drawers.

세탁소

- 옷에 좀이 슬었다. The clothes are moth-eaten.
  * moth 옷좀나방
- 그 옷은 드라이클리닝 해야 하는 옷이었다. The clothes had to be dry-cleaned.
- 그 옷을 드라이클리닝 해야 했다. I needed to get the clothes dry-cleaned.
- 그 옷을 세탁소에 가져갔다. I took the clothes to the dry cleaners.

• 세탁소에 바지 몇 벌을 드라이클리닝 하도록 맡겼다.

I dropped off several pairs of pants for dry-cleaning at the dry cleaners.
* drop off 내려놓다, (물건을) 맡기다

• 그 옷을 드라이클리닝 했다.

I had the clothes dry-cleaned.

• 그 천은 드라이클리닝 하면 줄지 않을까 걱정이 되었다.

I was afraid, lest the fabrics shrink when dry-cleaned.
* lest ~하지 않도록, ~은 아닐까 하고

• 얼룩을 빼 달라고 했다.

I asked him to remove the stain.

• 세탁소에 양복 한 벌을 드라이클리닝과 다림질을 해 달라고 했다.

I had a suit dry-cleaned and ironed at the dry cleaners.

• 세탁소에 맡긴 옷을 찾아 왔다.

I picked up my clothes from the dry cleaners.
* pick up 맡긴 것을 찾아오다

빨래방

동전을 넣고 사용하는 자동 세탁기와 건조기가 있는 빨래방은 launderette 또는 coin laundry라고 합니다. laundromat라고도 하는데, 이는 빨래방에 설치되어 동전 넣고 사용하는 세탁기의 상표명입니다.

03 부엌 일 KITCHEN WORK

식사 준비하기

• 나는 주방에서 엄마 일 거드는 것을 좋아한다.

I like to help my mom out in the kitchen.
* help ~ out ~를 거들다, 돕다

• 엄마가 저녁 준비하는 것을 도와드렸다.

I helped my mom prepare dinner.

• 상을 차릴 시간이었다.

It was time to set the table.

• 식탁 위에 식탁보를 폈다.

I spread a cloth on the table.

• 엄마가 상 차리는 것을 도와드렸다.

I helped my mom set the table.

• 식탁을 닦았다.

I wiped the table.

• 식탁에 숟가락과 젓가락을 놓았다.

I placed the spoons and chopsticks on the table.

• 나는 부엌일을 잘 못한다.

I am all thumbs in the kitchen.
* be all thumbs 서툴다, 무디다

- 엄마는 음식을 준비하셨다. My mom prepared the food.
- 식탁 위에 반찬을 놓았다. I put the side dishes on the table.
- 밥그릇에 밥을 담았다. I put the rice into the rice bowls.
- 냄비에서 국을 펐다. I scooped soup out of the pot.
  * scoop 동 국자로 푸다 명 국자
- 컵에 물을 따랐다. I poured water into the glasses.
- 물을 엎질렀다. I spilt water.
- 요리한 후에 가스레인지 끄는 것을 잊어버려서 냄비가 타고 말았다. I forgot to turn off the gas stove after cooking, so the pot was burned.
- 식사 감사 기도를 했다. I said grace.
  * say grace 식사 감사 기도를 드리다

설거지

- 식사 후에 식탁 위를 치웠다. I cleared the table after the meal.
- 식탁 위를 깨끗이 닦았다. I cleaned up the table.
- 식탁 위를 훔쳐냈다. I wiped up the table.
- 설거지 할 것이 많았다. I had a lot of dishes to wash.
- 손을 보호하려고 고무장갑을 꼈다. I put on rubber gloves to protect my hands.
- 식사 후 설거지를 했다. I did the dishes after the meal.
  I washed the dishes after the meal.
- 세제를 수세미에 묻혔다. I soaped the sponge.
- 싱크대에 물을 받고서, 거기에 세제를 풀었다. I filled the sink with water and dissolved the detergent in it.
- 더러워진 접시들을 수세미로 닦았다. I scrubbed some dirty dishes with a scrubbing pad.
- 탄 냄비를 닦는 게 매우 어려웠다. It was very difficult to scrub the burned pot.
- 그릇들을 헹구었다. I rinsed the dishes.
- 그릇을 씻은 후에 뒤집어 놓았다. I put the dishes down after washing them.
- 설거지를 하다가 컵을 떨어뜨렸다. I dropped a glass while washing the dishes.
- 컵이 산산조각 나서 조심스럽게 바닥을 치웠다. The glass broke into pieces, so I cleaned the floor carefully.
- 설거지를 할 때마다 꼭 접시를 하나씩 깬다. I never wash dishes without breaking a dish.
  * never ~ without -ing ~할 때마다 …하다
- 컵의 이가 빠졌다. The cup chipped.
  * chip 그릇의 이가 빠지다, 잘게 썰다

~할 때마다 늘 …

설거지를 할 때마다 접시를 깬다면 '~할 때마다'의 의미를 가진 whenever를 사용하여 I always break a dish whenever I wash dishes.라고 쓸 수도 있고, '~할 때마다 …하다, ~하면 반드시 …하다'라는 [never ~ without -ing]구문으로 I never wash dishes without breaking a dish.라고 표현하기도 합니다. She never speaks without smiling.이라고 하면 '그녀는 말할 때마다 늘 웃는다'라는 말입니다.

부엌 정리하기

- 접시걸이에 물 묻은 접시를 올려놓았다. — I put the wet dishes in the dish rack.
- 접시의 물기를 접시 타월로 닦았다. — I dried the dishes with a dish towel.
- 찬장에 그릇을 넣었다. — I put the dishes in the cupboard.
- 주방용품들을 정리했다. — I arranged the kitchen utensils.
  * arrange 정리하다, 배열하다 | utensil 주방용품, 부엌살림
- 유리그릇이 깨지지 않도록 조심했다. — I was careful not to break the glassware.
- 싱크대를 깨끗이 닦았다. — I cleaned off the sink.
- 남은 음식들을 반찬통에 넣었다. — I put the leftovers into containers.
  * leftover 먹다 남은 음식
- 상한 음식은 버렸다. — I threw away spoiled food.
- 행주를 빨았다. — I washed kitchen towels.
- 행주의 세균을 없애기 위해 냄비에 넣고 삶았다. — I boiled the kitchen towels in the pot to remove their bacteria.

cupboard는 컵보드가 아니다

그릇을 보관하는 찬장을 cupboard라고 하는데, [컵보드]라고 발음하지 않습니다. p가 발음되지 않아 [kʌ́bərd], 즉 [커보드]라고 읽어야 합니다. 이처럼 p를 발음하지 않는 단어로는 receipt [risíːt] 영수증, psychology [saikɑ́lədʒi] 심리학, pneumonia [njuːmóunjə] 폐렴 등이 있습니다.

04 정원 관리

GARDENING

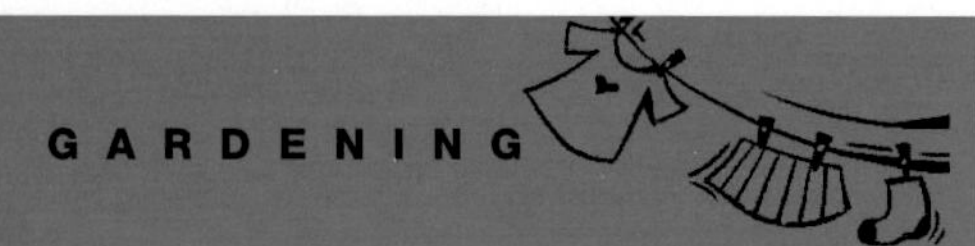

꽃 가꾸기

- 나는 꽃을 기르는 것을 좋아한다. I like to raise flowers.
- 나는 난초 보살피는 것을 좋아한다. I like to care for orchids.
  * care for ~를 보살피다
- 나는 난초 키우는 것을 좋아한다. I like to cultivate orchids.
  * cultivate 양식하다, 경작하다
- 봄비가 내린 후 정원에 몇 가지 꽃씨를 뿌렸다. After the spring rain, I sowed several kinds of flower seeds in the garden.
- 씨를 뿌리기 전에 삽으로 흙을 뒤섞었다. I turned the soil with a spade before sowing.
- 묘목도 몇 개 심었다. I planted some seedlings.
- 나는 정원에 몇 종류의 꽃을 옮겨 심었다. I transplanted a few kinds of flowers to the garden.
- 허브 몇 개를 화분에 심었다. I potted a few herbs.
- 봉선화 꽃을 조금 땄다. I picked up some touch-me-not flowers.
- 봉선화 꽃 즙으로 손톱에 빨갛게 물을 들였다. I dyed my nails red with the juice of touch-me-not flowers.
- 꽃에 씨들이 여물었다. The flowers went to seed.

정원 가꾸기

- 우리는 마당에 정원을 만들었다. We made a garden in the yard.
- 나는 정원 가꾸는 것이 좋다. I like to do some gardening.
- 나는 정원 일을 잘한다. I am good at gardening.
- 나는 원예에 재능이 있다. I have a green thumb.
- 마당을 비로 쓸었다. I swept the yard with a broom.
- 정원에 잡초가 많았다. My garden has gotten a lot of weeds.
- 정원이 잡초로 뒤덮여 있었다. The garden was covered with the weeds.
- 정원의 풀을 뽑았다. I removed the weeds from the garden.
- 잔디를 깎아야 했다. The grass needed cutting.

• 잔디에 물을 주어야 했다.	The grass was in need of water. * be in need of ~를 필요로 하다
• 잔디를 깎은 후 물을 주었다.	After mowing the lawn, I watered it. * mow 베다, 베어 내다
• 잔디에 물을 주기 위해 스프링클러를 켰다.	I turned on the sprinkler to water the lawn.
• 갑자기 스프링클러에서 물이 뿜어져 나와서 깜짝 놀랐다.	I was surprised that the water suddenly spurted out of the sprinkler. * spurt 분출하다, 뿜어져 나오다
• 비가 온 뒤 정원이 무성해졌다.	The garden was thriving after the rain.
• 정원의 나무들을 손질해야 했다.	The plants in the garden needed to be tended.
• 나무의 웃자란 가지를 쳐 주었다.	I cut the aged branches of the tree.
• 나무를 예쁘게 다듬어 쳐 주었다.	I trimmed the tree nicely.
• 시든 나뭇잎과 꽃들을 제거했다.	I removed the withered leaves and flowers. * withered 싱싱하지 않은, 시든
• 불필요한 잎들을 쳐 주었다.	I pruned extra leaves from the tree. * prune 나뭇가지를 치다, 잘라내다
• 낙엽들은 갈퀴로 긁어모았다.	I raked fallen leaves.
• 그늘을 만들기 위해 나뭇가지 몇 개를 기둥에 묶었다.	I tied some branches on the pole to make shade.
• 식물들이 싱싱하도록 비료를 주었다.	I used some fertilizer for the plants to be healthy.
• 해충이 있는지 살펴보았다.	I checked for harmful insects.
• 나무의 벌레들을 없애기 위해 살충제를 뿌렸다.	I sprayed pesticides to remove insects from the trees.
• 곤충으로부터 나무를 보호하기 위해 나무 주위에 새끼줄을 감았다.	I wound the ropes around the trees to protect them from insects. * wound wind(감다)의 과거형
• 흙에 비료를 주었다.	I fertilized the soil. * fertilize 기름지게 하다, 비료를 주다

엄지손가락으로 표현해요

원예에 재능이 있다고 표현할 때 I have a green thumb.라고 하는데, 이때 green thumb, 즉 초록 엄지손가락이 '원예 분야에 재능이 있다'는 것을 나타냅니다. 그러면 I am all thumbs.라고 하면 무슨 뜻일까요? 다섯 손가락 저마다의 역할이 있는데, 손가락이 모두 엄지손가락이면 손으로 무엇을 할 때 아주 어색하겠죠. 그래서 이 표현은 '손재주가 없다'는 말입니다. 또한 무언가가 좋거나 잘했을 때 엄지손가락을 들어 올리는 데서 유래한 thumbs up이란 표현은 어떤 계획이나 제안에 찬성할 때나, 영화나 책 등에 좋은 평가를 내릴 때 쓰입니다. 두 개의 엄지손가락을 올리면 아주 좋다는 말로, The movie is two thumbs up.이라고 하면 영화가 매우 좋았다는 말이 됩니다.

05 집 꾸미기 HOME DECORATION

• 방안을 좀 바꾸었다.	I changed my room around.
• 집의 가구를 재배치했다.	I rearranged the furniture in the house.
• 집 안을 꽃으로 장식했다.	I decorated the house with flowers.
• 꽃을 화병에 꽂았다.	I put some flowers in the vase.
• 새 식탁보를 하나 샀다.	I bought a new table cloth.
• 액자를 걸기 위해 벽에 못을 박았다.	I hammered nails in the wall to hang the frames. * hammer 망치로 못을 박다 | frame 액자, 틀
• 멋진 그림을 거실 벽에 걸었다.	I hung a wonderful picture on the wall of the living room.
• 날씨가 더워져서 겨울 커튼을 얇은 커튼으로 바꾸었다.	I replaced the winter curtains with light curtains since it got hot.
• 벽지와 장판을 좀 더 밝은 색으로 바꾸었다.	I changed the wallpaper and floor to brighter colors.
• 낡은 커튼을 떼고 새것으로 달았다.	I took down the old curtains and put up new ones.
• 안락한 소파를 사서 거실에 놓았다.	I bought a comfortable sofa and placed it in the living room.
• 아주 매력적인 고가구 한 점을 거실 한 구석에 놓았다.	I placed an attractive old piece of furniture in the corner of the living room. * attractive 매력적인, 매혹적인
• 우리는 집을 개조했다.	We remodeled our house.
• 우리는 집 울타리를 하얀색으로 색칠했다.	We painted the fence around our house white.

집안 가구

소파	sofa	서랍	drawer
휴식용 소파	couch	화장대	dresser
탁자	tea table	선반	shelf
스툴	stool	신발장	shoe shelf
흔들의자	rocker, rocking chair	책장	bookshelf, bookcase
팔걸이의자	armchair	콘솔	console
장식장	cabinet	스탠드	lamp
장롱	wardrobe	침대	bed
옷장	closet	침대 탁자	nightstand
서랍장	chest	식탁	dining table

집안 소품

베개	pillow	옷걸이	hanger
누비이불	quilt	모자걸이	hat rack
침대보	coverlet	다리미판	ironing board
담요	blanket	리모콘	remote control
쿠션	cushion	가습기	humidifier
무릎 덮개	kneepad	식탁보	table cloth
액자	frame	쌀통	rice chest
벽걸이 융단	tapestry	진공청소기	vacuum cleaner
벽시계	clock	비	brush
돗자리	grass mat	쓰레받기	dust pan
카펫	carpet	대걸레	mop
마루 깔개	rug	마루 걸레	floor cloth
거울	mirror	쓰레기통	waste basket
샹들리에	chandelier	옥외용 쓰레기통	trash can
걸이	rack	쓰레기통용 봉지	trash liner
초인종	doorbell	실내화	slippers
인터폰	intercom	반짇고리	workbox
콘센트	outlet	백열등	incandescent light
플러그	plug	형광등	fluorescent light
문 손잡이	handle	창문 블라인드	window shade
서랍 손잡이	knob	커튼	curtain

06 집 수리 HOUSEWORK

누수

- 수도꼭지에서 물이 새고 있다. The faucet was leaking.
  * leak 새다, 새어나오다
- 수도꼭지가 새서 물이 뚝뚝 떨어지고 있었다. The faucet was dripping.
- 아빠가 물이 새는 수도꼭지를 고치셨다. My dad repaired the leaky faucet.
- 변기가 새는 것 같았다. The toilet seemed to be leaking.

• 나사를 죄어 보았다.

I tried tightening the screw.
* tighten 죄다, 단단하게 하다

• 새는 곳을 막았다.

I plugged up a leak.
* plug up 구멍을 막다

수돗물

수돗물을 영어로 뭐라고 하는지 학생들에게 물었더니 capital water라고 대답해서 웃은 적이 있습니다. 수돗물은 tap water라고 합니다. tap은 faucet과 같은 뜻으로 수도꼭지를 나타내는 말입니다. 수도꼭지에서 나오는 물이므로 tap water라고 하는데, 배관을 통해서 흘러들어온 물이라 해서 running water라고도 합니다.

막힘

• 싱크대가 막혔다.

The sink is blocked up.
The sink is clogged up.

• 싱크대가 막혀 물이 올라온다.

The sink is backed up.

• 부엌 하수구가 막혔다.

The kitchen drain is plugged up.
* drain ⓜ 배수관 ⓓ 배수하다

• 하수구 물이 잘 빠지지 않았다.

It didn't drain well.

• 따듯한 물이 안 나온다.

Hot water doesn't come out.

• 변기가 무언가로 막혀서 물이 안 내려갔다.

The toilet was plugged up with something, so it didn't flush.

• 변기 뚫는 기구를 사용해 보았지만 소용이 없었다.

I used a plunger, but it didn't work.
* plunger 막힌 곳을 뚫는 흡인용 고무기구

• 배관공을 불렀다.

I called the plumber.

고장

• 비디오가 고장 났다.

The VCR was broken.
* VCR(=video cassette recorder) 비디오

• 전화가 작동이 안 되었다.

The telephone wasn't working.

• 전화가 고장 났다.

The telephone was on the fritz.
* on the fritz 고장이 난

• 내가 좋아하는 TV 프로그램을 보고 있을 때 TV가 고장 났다.

My TV broke down while I was watching my favorite TV program.

• TV가 잘 안 나왔다.

The TV reception was poor.
* reception (TV의) 수신 상태, 수령

• TV가 이상하게 나왔다. The TV started acting weird.
* weird 수상한, 이상한

• TV가 흑백으로 나왔다. The TV went to black and white.

• TV 안테나가 휘었다. My TV antenna is bent.

• TV가 지지직거리며 나온다. The TV looks like snow.

• 세탁기에서 계속 이상한 소리가 났다. The washing machine kept making a strange noise.

• 냉장고가 고장 나서 냉장이 잘 안 됐다. The refrigerator was broken down, so it didn't get cool enough.

• 냉동실에 문제가 있는 것 같았다. Something was wrong with the freezer.

• 다리미의 자동 온도 조절기가 고장 났다. The thermostat in my iron was broken.

• 전구의 불빛이 밝지가 않았다. The light bulb wasn't bright enough.

• 시계가 멈추었는데, 아마 전지가 다 닳아서 그럴 것이다. The clock has stopped, probably because the batteries have run out.
* run out 다 써버리다, 바닥나다

• 나는 그것을 애프터서비스 받으려고 맡겼다. I took it in to be serviced.

가정용품 Broken English

가정용품 중에 영어 그대로 외래어로 사용하는 경우가 있는데, 올바른 영어 표현은 다음과 같습니다. 가스레인지(gas range)는 stove, 전자레인지(electric range)는 microwave oven, 인터폰(interphone)은 intercom, 카세트(cassette)는 cassette player, 콘센트(concent)는 outlet, 후레쉬(flash)는 flashlight, 프라이팬(fry fan)은 frying fan, 오디오(audio)는 stereo, 비디오(video)는 videotape recorder, 스피커(speaker)는 loudspeaker, 마이크(mike)는 microphone, 드라이버(driver)는 screw driver, 트랜스(trans)는 transformer, 믹서(mixer)는 blender가 적절한 영어 표현입니다. mixer는 혼합만 해주는 반죽기를 뜻하는 말입니다.

수리 의뢰하기

• 서비스 센터에 전화를 했다. I called the repair center.

• 회사의 수신자 부담 번호로 전화했다. I used the company's toll-free number.
* toll 통화료, 통행료

• 수리해 주는 사람이 고장을 신속하게 처리해 주었다. The serviceman took care of the problem promptly.
* promptly 신속히, 재빠르게

• 그 제품은 보증 기간 중이어서 수리 요금이 무료였다. The repair was free, because the product was still under warranty.
* warranty 담보, 보증

A/S

A/S는 after service가 아니라 after-sales service입니다. 제품의 수리를 요구하는 A/S center라고 하는 것도 repair center, repair shop이라고 해야 합니다.

전기 문제

- TV를 220볼트에서 사용해야 하는데, 110볼트에 꽂았기 때문에 작동이 안 되었다. — The TV uses 220 voltage, but I plugged it into a 110 voltage outlet, so it didn't work.
  * plug into ~에 플러그를 끼우다 | outlet 콘센트, 배출구
- 스위치가 작동되지 않았다. — The switch didn't work.
- 등이 깜박거렸다. — The light was flickering.
  * flicker 흔들리다, 깜빡이다
- 전구가 나갔다. — The light bulb has burned out.
- 전구가 불이 안 들어온다. — The light bulb has gone out.
- 여분의 전구가 있어서 불이 나간 전구를 갈아 끼웠다. — I changed the light bulb that had gone out, because I had extra ones.
- 퓨즈가 나갔다. — The fuse has burned out.
- 정전이 되었다. — We had a blackout.
- 전기가 나갔다. — The electricity was out. The electricity has gone off.
- 플래시를 찾았다. — I found a flashlight.
- 희미한 불빛으로는 아무것도 볼 수가 없었다. — I couldn't see anything in the dim light.

해충

- 우리 집에는 바퀴벌레가 많다. — There are lots of cockroaches in my house.
- 바퀴벌레들은 귀찮은 존재라고 생각한다. — I think cockroaches are troublesome.
- 바퀴벌레들을 박멸하기가 참 어렵다. — It is very hard to exterminate the cockroaches.
  * exterminate 근절하다, 전멸시키다
- 바퀴벌레 약을 샀다. — I bought some cockroach poison.
- 뿌리는 바퀴벌레 약을 사용했다. — I used roach spray.
- 바퀴벌레를 없애기 위해 집을 항상 청결하게 하려고 노력한다. — I try to keep my house clean to remove the cockroaches.

- 우리 집은 개미가 많다. My house has lots of ants.
- 방에 파리가 많았다. There were so many flies in my room.
- 파리를 파리채로 잡았다. I killed flies with a fly swatter.
  ★ swatter 파리채, 철썩 때리는 것
- 파리 쫓는 약을 사용했다. I used a fly repellent.
  ★ repellent 해충약, 방충제
- 살충제를 뿌렸다. We sprayed.

기타 문제

- 자물쇠가 고장 났다. The lock is broken.
- 문이 꼼짝도 안 한다. The door is stuck.
  ★ stuck 고정된, 들러붙은
- 문이 끼여 움직이지 않는다. The door is jammed.
- 문의 손잡이가 빠졌다. The door handle has come off.
- 강력 접착제를 사용하여 그것을 붙였다. I bonded it with a strong adhesive.
- 벽의 페인트가 벗겨지고 있다. The paint on the wall has been peeling.

집안 구조

현관	porch, veranda	광	shed, barn
베란다	balcony	지하실 창고	cellar
테라스	terrace	지하실	basement
거실	living room	차고	garage
욕실	bathroom	다락방	attic
욕조	bathtub	옥내 층계	stairs
변기	toilet	옥외 층계	steps
침실	bedroom	지붕	roof
부엌	kitchen	굴뚝	chimney
식당	dining room	안테나	antenna
세탁실	laundry room	안마당	courtyard, front yard
다용도실	utility room	뒤뜰	backyard
서재	library	울타리	fence
공부방	study	정원	garden
육아실	nursery	잔디	lawn
아이들 방	kid's room	대문	gate

가정용 공구

연장통	tool box	못	nail
가위	scissors	나사못	screw
펜치	pliers	망치	hammer
핀셋	pincers	망치 자루	handle of a hammer
집게	nippers	장도리	nail puller
족집게	tweezers	철사	wire
원예용 가위	shears	전선	electric wire
톱	saw	레버	lever
저울	scales	재단기	cutter
쌍안 망원경	binoculars	접착제	adhesives
스패너	spanner, wrench	접는 자	folding ruler
드라이버	screwdriver	삽	spade

07 기타 집안 일 HOUSEHOLD CHORES

• 음식 재료를 사러 식료품점에 갔다.
I went to the grocery store to buy some ingredients.
* ingredient 식재료, 원료

• 엄마를 위해 심부름을 했다.
I ran an errand for my mom.

• 이불을 햇빛에 내다 널었다.
I exposed the blankets to the sun.
* expose 쐬다, 노출시키다

• 이불을 햇빛에 널어 공기를 쐬었다.
I aired out the blankets in the sun.
* air out ~을 공기에 쐬다, ~에 바람을 통하게 하다

• 이불의 먼지를 털었다.
I shook out the blankets.
* shook shake(흔들다, 털다)의 과거형

• 세차를 했다.
I washed my car.

• 전기 소비를 줄이기 위해 가전제품의 플러그를 빼 놓았다.
I unplugged the appliances to cut down on the consumption of electricity.
* appliance 가전제품 | consumption 소비

• 집에서 할 일이 매우 많았다.
I had a lot of work to do in the house.

- 하루 종일 집안 일에 얽매여 있었다. I was tied up with housework all day long.
- 청소하고 식사 준비하다가 하루를 다 보냈다. I spent all day cleaning the house and cooking food.
- 집안일은 끝이 없다. The housework is never ending. The housework is never done.
- 끝이 없는 집안일은 나를 지치게 한다. The endless chores around the house take a lot out of me.
  * take a lot out of ~를 지치게 하다
- 가정부를 고용해야 할 것 같다. We really need to hire a housekeeper.
- 집안일은 가족 모두가 같이 해야 한다고 생각한다. I think all the family should do the housework together.

가정부와 가정주부

집에서 머물며 가정살림을 도와주는 가정부가 점점 없어지고, 시간제로 집안일을 도와주는 파출부가 생겼죠. 그리고 요즘은 파출부라고 부르지 않고 가사도우미라고 칭하는데, 영어로 어떻게 표현할까요? 가정부는 housekeeper, 시간제 파출부 및 가사도우미는 visiting housekeeper 또는 part-time domestic helper라고 합니다. 가정부는 housekeeper, 가정주부는 housewife/homemaker라고 하니 혼돈하지 않도록 하세요.

DIARY 04

Doing Chores

Monday, September 5. Fair

Today I realized again that doing chores at home seemed to be so hard, doing household chores all day long.

In the morning, I prepared breakfast and washed dishes. Upon finishing the chores in the kitchen, I cleaned up the house. I had lots of laundry to do. I picked up the washable clothes and sorted the laundry by separating dark colors from light. Then I did the laundry in the washing machine. My waist hurt a little when I hung the wash out on the clothesline. I checked the time when I wanted to sit and relax. It was lunch time. I had bread for lunch. I studied my major subject for a short time, and then it was time to prepare dinner. I washed rice and made kimchi soup. My family came back home one after another, and we had dinner all together.

It was a very hard day. I thought women's house chores are the hardest in the world. Housewives live a harder life than any other women.

집안일은 힘겨워

9월 5일 월요일 맑음

오늘 하루 온종일 집에서 집안일을 하면서 집안일이 너무 힘겹다는 것을 또 한 번 깨달았다.

아침에 아침 식사를 차리고 설거지를 했다. 부엌에서의 일을 끝마치고 집안을 청소했다. 해야 할 빨래가 많았다. 세탁할 수 있는 옷을 모아서 색깔별로 분류했다. 그런 후 세탁기로 빨래를 했다. 빨랫줄에 빨래를 널 때 허리가 좀 아팠다. 앉아서 좀 쉬고 싶어져서 시간을 보니 점심 시간이었다. 점심으로는 빵을 먹었다. 잠깐 동안 전공 공부를 하고 나니 다시 저녁 식사를 준비할 시간이 되었다. 쌀을 씻고 김치국을 끓였다. 식구들이 하나둘 들어오기 시작했고, 다 같이 저녁을 먹었다.

정말 힘겨운 하루였다. 세상에서 집안일이 가장 힘든 것 같다. 특히 주부들이 다른 여성들보다 더 힘든 것 같다.

NOTES

chores 집안의 허드렛일 | **household** 가족의, 가사의 | **upon -ing** ~하자마자 | **laundry** 세탁물 | **washable** 세탁할 수 있는 | **sort** 분류하다, 구별하다 | **wash out** 빨래가 다 된 세탁물 | **clothesline** 빨래줄

CHAPTER

05

일상생활

1. 일상생활
2. 생리 현상
3. 놀이
4. 교통
5. 통신
6. 은행
7. 절약
8. 봉사활동
9. 실수 · 잘못
10. 사건 · 사고

01 일상생활 EVERYDAY LIFE

오전

- 우리 가족의 일상은 아침 6시에 시작된다. — My family's daily routine begins at six o'clock in the morning.
- 나는 6시에 일어나서 이불을 갠다. — I get up at 6 o'clock and fold the blankets.
- 엄마는 식구들 중 제일 먼저 일어나셔서 아침을 짓는다. — My mom gets up the earliest and prepares breakfast.
- 나는 아침에 샤워를 한다. — I take a shower in the morning.
- 7시쯤에 아침을 먹는다. — I have breakfast around seven o'clock.
  * around+시간 ~경에
- 아침 식사를 하고 옷을 입는다. — I get dressed after breakfast.
- 우리 부모님은 내게 어딜 다니든 조심하라고 늘 말씀하신다. — My parents always tell me to be very careful on my way to and from any place.
- 아침 식사 후에 아빠가 출근하시고, 그리고 나서 나와 동생이 학교에 간다. — After breakfast, my dad goes to his office. Then my brother and I go to school.
- 엄마가 현관에서 배웅을 해 주신다. — My mom sees me off at the porch.
  * see ~ off ~를 배웅하다
- 동생은 걸어서 학교에 다닌다. — My brother walks to school.
- 나는 버스로 학교에 간다. — I go to school by bus.

오후

- 학교가 끝나면 집으로 돌아온다. — After school, I come back home.
- 가끔은 방과 후에 PC방으로 직행할 때도 있다. — Sometimes I make a beeline for an Internet cafe after school.
  * make a beeline for ~로 바로 가다, 직행하다
- 엄마가 나를 데리러 오신다. — My mom picks me up.
- 방과 후에 나는 영어 학원에 간다. — I go to an English academy after school.
- 집에 오자마자 샤워를 한다. — As soon as I come back home, I take a shower.
- 컴퓨터를 이용하여 숙제를 한다. — I do my homework on the computer.
- 우리는 보통 7시에 저녁을 먹는다. — We usually have dinner at seven o'clock.

- 저녁 식사 후 보통 TV를 본다. I usually watch TV after dinner.
- 잠자리에 들기 전에 일기를 쓴다. I keep a diary before going to bed.
- 10시 쯤에 잠자리에 든다. I go to bed (at) about 10 o'clock.

PC방은 ~

방과 후에 PC방에 가나요? PC방을 영어로 PC room이라고 하지 않습니다. PC방을 영어로 표현하려면 Internet cafe 또는 cyber cafe라고 하세요.

휴일

- 오늘은 쉬는 날이다. Today is my day off.
- 여가를 잘 이용하는 것이 중요하다. It is important to make use of spare time.
- 요즘엔 여가 시간이 거의 없다. These days I have little time for leisure.
  * little 거의 ~없는
- 여가 활동을 즐길 시간이 없다. I have no time for leisure activities.
- 여가 시간에 독서하는 일을 좋아한다. I like to read books in my free time.
- 음악을 들으며 흔들의자에 앉아 있는 것을 좋아한다. I like to sit in the rocking chair while listening to music.
  * rocking 흔들리는
- 이번 휴일에는 하루 종일 집에서 책을 읽었다. I spent all day reading at home this holiday.
- 이번 연휴에는 특별한 계획이 없었다. I had no plans for this holiday weekend.
- 하루 종일 집에서 빈둥거렸다. I lazed around at home all day.
  * laze around 빈둥거리다, 꾸물거리다
- 휴일에는 하루 종일 그냥 집 안에 뒹굴며 있는 것이 좋다. I like to sit around all day long on holidays.
  * sit around 빈둥거리며 지내다
- 이번 휴가엔 그냥 집에 있을 계획이다. I am planning to stay at home this holiday.
- 휴일에는 종종 목욕하러 목욕탕에 간다. I often go to the bathhouse to bathe on holidays.
- TV를 보면서 시간을 보냈다. I killed time watching TV.
- 보통 여가 시간에 TV를 보며 보낸다. I usually spend my leisure time watching TV.
- 여가 시간을 만화책을 읽으며 보냈다. I passed my spare time reading comic books.
- 멋진 드라이브를 했다. I went for a nice drive.
- 나는 바빠서 여가가 별로 없다. I have no time to spare because I am so busy.
  * spare (시간, 돈을) 할애하다

- 한가할 때 나는 영화를 보러 간다. I go to the movies at my leisure.
- 시간이 있으면 친구들과 시내를 돌아다니는 것을 좋아한다. When I have free time, I like to hang out downtown with my friends.
- 공원에서 자전거를 탔다. I rode my bike in the park.
- 오늘은 시간이 많아 백화점에서 쇼핑을 했다. Today I had a lot of free time, so I went shopping at the department store.
- 나는 종종 비디오게임을 하러 오락실에 간다. I often go to an arcade to play video games.
  * arcade 게임하는 곳, 오락실
- 시간이 나면 친구들과 보드게임을 한다. When I have spare time, I play board games with my friends.
- 쉬는 날에는 하루 종일 인터넷 서핑을 한다. I surf the Internet all day long on my day off.
- 쉬는 날에는 음악도 듣고 악기도 연주한다. I listen to music and play a musical instrument on my day off.
- 시간이 많아서, 요리를 해 보았다. Since I had a lot of time, I tried cooking a meal.
- 특별히 할 일이 없어서, 친구들에게 메일을 보냈다. Because I had nothing special to do, I sent an e-mail to my friends.

시내에서 친구들과 놀 경우

친구들과 놀았다고 해서 play를 사용해서 표현하지 않도록 하세요. play는 '인형을 가지고 놀다'의 play with a doll, '축구를 하다'의 play soccer, '컴퓨터 게임을 하다'의 play a computer game에서처럼 장난감 같은 놀이 도구를 가지고 놀거나 또는 경기를 하거나 게임을 할 경우에 씁니다. 시내나 PC방 같은 곳에서 머물러 노는 것은 hang out 또는 hang around로 표현합니다. '시내에서 친구들과 놀았다'고 하려면 I hung out downtown with my friends.라고 하면 됩니다.

02 생리 현상 PHYSIOLOGY

입 · 목

- 식사를 하다가 재채기를 했다. I sneezed while I was eating a meal.
- 콜라 한 잔을 마시자 트림이 났다. I burped after drinking a glass of coke.

• 아기에게 우유를 먹인 후에 트림을 하도록 등을 두드려 주었다.	I patted the baby's back to make it burp after feeding.
• 사레가 걸렸다.	I choked on something. * choke on ~가 목에 걸리다
• 사레에 걸렸을 때 누군가 등을 쳐 주었다.	When I choked, someone stroked my back.
• 갑자기 딸꾹질이 났다.	Suddenly I hiccupped.
• 딸꾹질을 참아 보려고 했으나 더 큰 소리가 났다.	I tried to stop a hiccup, but I made a bigger sound.
• 딸꾹질을 멎게 하려고 물을 마셨다.	I drank some water to stop my hiccups.
• 책을 보며 하품을 했다.	I yawned while reading a book.
• 한 사람이 하품을 하면 다른 사람들도 따라 하는 것 같다.	If one person yawns, everyone else seems to start too.
• 하품은 전염된다.	Yawning is contagious. * contagious 전염성의
• 방안에 담배 연기가 자욱해서 기침이 멈추질 않았다.	It was so smoky in the room that I couldn't stop coughing.
• 가래가 끓는다.	I get phlegm in my throat. * phlegm 가래, 점액질 | throat 목구멍, 인후, 식도
• 목소리가 안 나온다.	I lost my voice.
• 목이 아파서 목소리가 쉬었다.	I have a frog in my throat. * a frog in one's throat 아파서 쉰 목소리
• 숨이 찼다.	I was out of breath. * out of breath 숨이 차서, 헐떡이는
• 나는 숨이 자주 찬다.	I easily get out of breath.
• 심호흡을 했다.	I took a deep breath.
• 달리기를 한 후에 숨을 돌렸다.	I caught my breath after running.
• 숨이 막혀서 창문을 열고 싶었다.	I felt suffocated, so I wanted to open the window.
• 그는 자주 한숨을 쉰다.	He often sighs.
• 그는 깊은 한숨을 쉬었다.	He drew a long breath.

숨 쉬다

'숨 쉬다, 호흡하다'는 take a breath로 표현하는데, 심호흡을 한다면 take a deep breath, 얕은 호흡을 한다면 take a shallow breath라고 할 수 있죠. 숨을 들이 마시는 것은 breathe in 또는 inhale, 숨을 내쉬는 것은 breathe out 또는 exhale이라고 합니다. 숨을 헐떡이는 것은 gasp라고 하고, 한숨을 쉬는 것은 sigh, 숨죽이는 것은 hold one's breath입니다. 그러면 save one's breath라는 말은 무슨 뜻일까요? 이는 '쓸데없는 말을 하지 않고 잠자코 있다'라는 의미입니다.

코

- 콧물이 난다. I have a runny nose.
- 콧물이 흐른다. My nose is running.
- 코가 막혔다. I had a stuffy nose.
- 코가 막혀서 냄새를 맡을 수 없었다. I had nasal congestion, so I couldn't smell a thing.
- 코가 막혀서 음식 맛을 느낄 수도 없었다. I couldn't taste anything because my nose was blocked.
- 코가 근질거렸다. My nose felt itchy.
  * itchy 간지러운, 근질거리는
- 나는 잠 잘 때 코를 곤다. I snore when I sleep.
- 그는 코를 자주 후빈다. He often picks his nose.
- 코피가 난다. I have a bloody nose.
- 그는 냄새를 잘 맡는다. He has a good sense of smell.

눈

- 눈에 무언가가 들어가서 눈을 깜박였다. I blinked because something went into my eyes.
  * blink 깜박거리다
- 눈곱이 있다. I have sleep in my eyes.
  * sleep ⓜ 눈곱(구어), 잠 ⓢ 잠자다
- 눈곱이 진득하게 끼어 있다. My eyes are gummed up.
  * gum 진득진득하다, 들러붙다
- 눈에 지저분하게 눈곱이 붙어 있다. My eyes are crusted over.
  * crusted 지저분하게 엉겨 붙어 있는
- 눈물이 나왔다. Tears welled up in my eyes.

• 눈물이 흘렀다. Tears flowed.

• 갑자기 눈물이 나왔다. Tears rushed to my eyes.

• 눈물을 참았다. I kept back my tears.

• 눈물을 흘렸다. I shed tears.
* shed (눈물, 피를) 흘리다

• 눈물을 닦았다. I wiped my wet eyes.

• 무의식적으로 눈을 비볐다. I rubbed my eyes unconsciously.
* unconsciously 자기도 모르게, 무의식중에

• 너무 감동을 받아 눈물이 났다. I was moved to tears.

• 오른쪽 눈이 충혈되었다. My right eye is bloodshot.

귀

• 귀가 간지럽다. 누가 내 이야기를 하나 보다. My ear is burning. Someone must be talking about me.

• 귀가 멍멍했다. My ears were ringing.

• 귀가 울린다. I have a ringing in my ears.

• 귀지가 가득 찼다. My ears are full of earwax.

• 귀를 팠다. I picked my ears.

• 그 소리는 귀에 익은 소리였다. The sound was familiar to my ears.

• 그는 귀가 밝다. He is quick to hear.
He has good hearing.

• 그는 귀가 어둡다. He has poor hearing.

얼굴 · 머리

• 나는 창피하면 얼굴이 붉어진다. When I am embarrassed, I blush.

• 나는 놀라면 창백해진다. When I am surprised, my face turns pale.

• 요즈음 머리가 빠진다. I have been losing my hair recently.

• 머리가 쭈뼛 섰다. My hairs stood up on my neck.

• 머리가 조금 세었다. Some of my hair has turned gray.

• 나는 새치가 있다. I have gray hair.

• 나는 머리가 빨리 자란다. My hair grows well.

- 나는 머리가 잘 자라지 않는다. My hair grows slowly.
- 두피가 너무 건조하다. My scalp is too dry.
- 머리가 푸석푸석하다. My hair is brittle.
- 머리카락 끝이 다 갈라졌다. I have so many split ends.
- 머리에 비듬이 있다. I have dandruff.
- 머리에 있는 비듬을 털었다. I shook the dandruff out of my hair.

팔 · 다리

- 커피를 많이 마시면 손이 떨린다. My hands tremble when I drink a lot of coffee.
- 다리에 쥐가 났다. I have a cramp in my leg.
  * cramp 경련, 쥐
- 다리에 쥐가 나서 전혀 걸을 수가 없었다. I had a cramp in my leg. That's why I couldn't walk at all.
- 다리 근육이 뻣뻣해졌다. My leg muscles are stiff.
  * stiff 뻣뻣한, 경직된, 굳은
- 다리가 뻐근했다. I had stiff legs.
  My legs were stiff.
  I felt stiff in my legs.
- 다리가 저렸다. My legs were asleep.
- 다리가 저려 따끔따끔하다. I have pins and needles in my legs.
- 한쪽 발이 저렸다. My foot has gone to sleep.
- 발이 저려 감각이 없어졌다. My foot became numb.

소변 · 대변

- 소변이 마렵다. I feel like peeing.
- 소변을 보고 싶다. I want to pass water.
- 소변을 보러 가고 싶다. I want to urinate.
  I want to go number one.
  I want to answer the call of nature.
  * number one 소변 | answer the call of nature 자연의 부름에 응하다 (소변이나 대변을 보다)
- 소변을 보러 갔다. I went to the restroom to take a pee.
- 똥이 마려웠다. I felt the call of nature.

• 대변을 보고 싶었다. I wanted to relieve myself.
I wanted to go potty.

• 대변을 보았다. I defecated.
I went number two.
I had a bowel movement.

• 설사가 난다. I have diarrhea.
I have loose bowels.
* diarrhea 설사

• 묽은 설사가 난다. I have watery diarrhea.

• 설사가 심해 고생했다. I suffered from violent diarrhea.

• 볼일을 참았다. I neglected the calls of nature.

작은 거, 큰 거

소변은 number one, 대변은 number two로 표현하므로, 소변을 보고 싶으면 I want to take a number one, 대변을 보고 싶으면 I want to take a number two.라고 하면 됩니다. 또한 대변을 보는 것은 '장을 비운다'고 하여 empty one's bowels로 나타내기도 합니다. 화장실을 가고 싶다는 말을 Nature calls. 즉 '자연이 부른다'고 하기도 합니다.

기타 생리 현상

• 생리 중인데, 생리통이 심하다. I'm having my period, and it is very painful.

• 배가 고파 꼬르륵 소리가 난다. My stomach is growling.

• 속이 안 좋아 배에서 꾸르륵 소리가 났다. My stomach rumbled.
* rumble 우르르 울리다

• 운동을 하면 땀이 난다. When I work out, I sweat.

• 온몸에 소름이 돋았다. I got goose bumps all over.
* goose bumps 소름

• 너무 놀라서 식은땀이 났다. I was so surprised that I broke out in a cold sweat.

• 자다가 식은땀이 났다. I had night sweats.

• 차 안에서 방귀를 뀌었다. I broke wind in the car.
I passed gas in the car.

• 나는 원래 방귀를 잘 뀐다. I tend to pass gas a lot.
* tend to+**동사원형** ~하는 경향이 있다

• 방귀 냄새가 지독했다. The gas smelled terrible.
The smell of the fart was terrible.

방귀

'방귀 뀌다'는 표현은 break wind, pass gas, fart, cut a cheese 등으로 표현할 수 있습니다. 생리 현상인데 방귀를 어떻게 참을 수(hold in one's fart) 있겠습니까? 하지만 심한 냄새에 '누가 방귀 뀌었니?'라고 하려면 Who broke wind? 또는 Who cut the cheese? 등으로 말하면 됩니다. 그리고 '방귀 뀐 놈이 성낸다'는 속담은 He blames his own mistakes on others.라고 합니다.

03 놀이

PLAYING

집 안에서

• 내 여동생은 인형을 가지고 노는 것을 좋아한다.	My sister likes to play with her dolls.
• 내 동생은 까꿍놀이를 좋아한다.	My sister likes to play peek-a-boo.
• 여동생과 소꿉놀이를 했다.	I played house with my sister.
• 공기놀이를 했다.	I played jacks.
• 집에서 고양이와 놀았다.	I played in the house with my cat.
• 주사위 놀이를 했다.	We played dice. * dice 주사위
• 수수께끼를 냈다.	We told riddles.
• 내가 수수께끼 몇 개를 맞췄다.	I guessed a few riddles.
• 스무고개 놀이를 했다.	We played twenty questions.
• 퍼즐을 맞췄다.	I put a puzzle together.
• 나는 조각 그림 맞추기 퍼즐을 완성했다.	I completed the jigsaw puzzle.
• 홀짝 놀이를 했다.	We played odd or even. * odd 홀수 | even 짝수
• 장기를 두었다.	I played chess. I played Korean checkers.
• 바둑을 두었다.	I played baduk.

- 카드놀이를 하였다. I played cards.
- 카드놀이는 내가 좋아하는 오락거리 중 하나이다. Playing cards is one of my favorite pastimes.
- 그는 카드놀이를 잘 한다. He plays a good hand.
- 그 게임은 운이 좋아야 잘 되는 게임이다. That is a game of chance.
- 내 동생은 카드놀이 할 때 가끔 속인다. My brother sometimes cheats when playing cards.
- 가족들과 화투를 했다. I played Hwa Tu with my family.

복수형 이름

영어에서는 관용적으로 병명, 학문명, 놀이의 이름을 복수형으로 씁니다. 병명의 경우, measles(홍역), mumps(이하선염), diabetes(당뇨병), hepatitis(간염) 등이 있고, 학문명에서는 ethics(윤리학), economics(경제학), politics(정치학), mathematics(수학), physics(물리학) 등이 있으며, 놀이 이름으로는 billiards(당구), cards(카드놀이), marbles(구슬치기), darts(다트), dice(주사위 놀이) 등이 있습니다.

운동장에서

- 공 잡기 놀이를 했다. We played catch.
- 구슬치기를 했다. I played marbles.
  * marble 대리석, 공깃돌 | marbles 공기놀이
- 구슬을 많이 땄다. I gained many marbles.
- 딱지치기를 했다. I played ddakji.
- 친구의 딱지를 세게 쳤다. I slapped my friend's game piece.
- 딱지를 쳐서 넘겼기 때문에 내 것이 되었다. I turned over the game piece by slapping it, so I took it.
- 하루 종일 운동장에서 뛰어 놀았다. I spent all day playing on the playground.
- 숨바꼭질을 하였다. We played hide-and-seek.
- 동전을 던져 누가 술래를 할지 정했다. I tossed a coin to decide who was "it."
  * toss 가볍게 던지다 | it 술래(=tagger)
- 내가 술래였다. I was it. I was the tagger.
- 바람개비를 가지고 놀았다. I played with a pinwheel.
- 고무줄놀이를 했다. We played elastic-rope jumping.
- 우리들은 해적 놀이를 했다. We pretended we were pirates.
  * pretend ~인 체하다, ~하는 시늉을 하다 | pirate 해적, 해적선

• 전쟁놀이를 했다. — We played soldiers.

• 우선 두 편으로 편을 짜기로 했다. — First of all, we decided to divide the group into two.

• 두 편으로 가르기 위해 가위바위보를 했다. — We played rock-paper-scissors to form two groups.

• 그를 놀이에 끼워 주었다. — We counted him in.
* count ~ in ~를 참여시키다, 포함시키다

• 그를 놀이에서 뺐다. — We counted him out.
* count ~ out ~를 제외하다

놀이터에서

• 친구들과 놀이터에 갔다. — I went to the playground with my friends.

• 시소를 타고 놀았다. — I played on a seesaw.

• 그네를 탔다. — I swung.

• 그네를 세게 굴렀다. — I rocked the swung hard.
* rock (앞뒤로) 흔들다

• 미끄럼틀을 탔다. — I slid on a playground slide.
* slid ⓢ slide(미끄러지다)의 과거형 | slide 미끄럼틀

• 정글짐에서 신나게 놀았다. — I played excitingly on a jungle gym.

• 철봉에서 운동을 했다. — I exercised on the horizontal bar.
* horizontal 수평의, 가로의

• 모래 장난을 했다. — I played in the sand.

명절놀이

• 우리는 닭싸움을 했다. — We played chicken.

• 제기를 찼다. — I played hacky sack.

• 내가 친구들보다 더 많이 차서 내가 이겼다. — I juggled the hacky sack more times than my friends did, so I won.

• 가족들과 친척들이 모두 모여 윷놀이를 했다. — My family and relatives got together and played yut.

• 친척들과 네 개의 윷을 던지면서 윷놀이를 했다. — I played yut, throwing four yut sticks with my relatives.

• 팽이치기를 했다. — I whipped the top to make it spin.
* whip 채찍질하다, 때리다 | top 팽이

• 팽이가 잘 돌아갔다. — The top spun well.
* spun spin(돌리다, 돌아가다)의 과거형

• 자치기를 했다. I played stick tossing and hitting games.

• 우리는 하늘 높이 연을 날렸다. We flew kites high in the sky.

• 내 연이 나무에 걸렸다. My kite was caught in a tree.

• 널뛰기를 했다. We played on the seesaw.

04 교통 VEHICLES

교통수단

차량, 탈것	vehicle, carriage	경운기	cultivator
자동차	motorcar, automobile, car	트랙터	tractor
버스	bus	순찰차	patrol car
미니버스	minibus	밴	van
2층 버스	double-decker	택시	cab, taxi
관광버스	sightseeing bus	자가용	private car
공항버스	airport shuttle, limousine bus	소방차	fire engine, fire truck
		기중기	crane
관광버스	sightseeing bus	불도저	bulldozer
통근버스	commuter bus	기차	train
통학버스	school bus	급행열차	express train
트럭	truck	완행열차	local train, slow train
지게 차	forklift	쓰레기 수거차	garbage dump

택시

• 기차 시간에 맞추어야 했다.	I had a train to catch.
• 서둘러 가야 했다.	I had to rush. * rush 급히 가다, 돌진하다
• 어떤 교통수단을 타야 할지 몰랐다.	I didn't know what kind of transportation I should use.
• 시간이 없어 택시를 타야 했다.	I didn't have enough time, so I had to catch a taxi.
• 택시로 거기까지 가려면 30분이 걸린다.	It takes me half an hour to get there by taxi.
• 그곳은 택시를 잡을 수 없는 곳이었다.	That was the place where I couldn't flag down a taxi. * flag down 신호를 보내 정지시키다
• 택시 정류장이 어디인지 몰랐다.	I didn't know where a taxi stand was. * stand 택시 정류장, 대기하는 곳
• 빈 택시들이 길가에 줄 지어 있었다.	There were empty taxis lined up along the street.
• 택시 승강장에서 택시가 오기를 한참동안 기다렸다.	I waited for a taxi to come at the taxi stand.
• 택시를 불러야 했다.	I had to call a taxi.
• 택시를 불러 세웠다.	I hailed a taxi. * hail 큰 소리로 불러 세우다
• 택시를 합승하고 탔다.	I shared the taxi with others.
• 나는 다른 사람과 합승할 것을 거절했다.	I refused to share the taxi with others.
• 나는 택시 뒷좌석에 탔다.	I got into the back seat of the taxi.
• 택시 운전기사에게 그 주소로 데려다 달라고 부탁했다.	I asked the taxi driver to take me to the address.
• 택시 운전기사가 그 목적지를 몰라서 내가 길을 안내했다.	The taxi driver didn't know the destination, so I directed him. * direct (방향을) 안내하다, 지시하다
• 택시를 타고 가면서 운전기사에게 목적지로 가는 방향을 안내했다.	During the ride, I gave the taxi driver directions to the destination.
• 운전기사에게 역으로 가는 가장 가까운 길로 가자고 했다.	I asked the taxi driver to take the shortest way to the station.
• 택시를 타고 역으로 가는 지름길로 갔다.	I took a short-cut to the station by taxi. * short-cut 지름길, 최단로
• 운전기사에게 그 건물 입구에서 세워 달라고 했다.	I asked the taxi driver to stop at the building entrance.
• 운전기사가 매우 친절했다.	The taxi driver was very kind to me.

- 택시 요금이 너무 많이 나온 것 같았다. I thought I was overcharged.
  * overcharge 과다 청구하다
- 운전기사에게 요금을 냈다. I paid the driver the fare.
- 운전기사가 잔돈을 가지고 있지 않았다. The driver didn't have change.
- 운전기사에게 잔돈은 그냥 가지라고 했다. I told the driver to keep the change.
- 택시에서 서둘러 내렸다. I got out of the taxi in a hurry.
- 총알택시는 위험하다. A speeding taxi is dangerous.
- 나는 운전기사에게 천천히 가 달라고 부탁했다. I asked the driver to slow down.
  * slow down (속도를) 늦추다
- 택시 파업으로 거리에 택시가 없었다. There was no taxi on the street because of the taxi drivers' strike.
- 빨리 파업이 끝났으면 좋겠다. I wish they would end the strike.

교통수단은 by로 ~

어떤 교통수단으로 가는지 나타내려면 [by+교통수단]으로 나타내면 되는데, 이때 교통수단 앞에 관사를 쓰지 않고 by taxi, by bus, by train, by car, by plane, by subway 등으로 씁니다. 하지만 '자동차로 직장에 다닌다'고 할 경우, I go to work by car.라고 하는 것보다 I drive to work.라고 해야 더 영어다운 표현이죠.

지하철

- 러시아워일 때 나는 지하철을 탄다. When it is rush hour, I ride the subway.
- 지하철이 버스보다 더 편하다. The subway is more comfortable than the bus.
- 나는 자가용이 있지만, 출근할 때 지하철을 탄다. Even though I have my own car, I take the subway to work.
  * even though 비록 ~할지라도
- 가장 가까운 지하철역을 찾아야 했다. I have to find the nearest subway station.
- 표를 사기 위해 매표구 앞에서 줄을 섰다. I stood in line in front of the ticket booth to get a ticket.
- 나는 티켓 자동 판매기에서 표를 구입했다. I got a ticket at an automated ticket machine.
  * automated 자동화된
- 나는 전철 정액권을 이용한다. I use a subway commuter pass.
- 나는 교통카드를 이용한다. I use a traffic fare card.
- 지하철이 올 때는 안전선 뒤로 물러서 있어야 한다. We have to stay behind the safety line when the trains are coming.

• 지하철에서는 책이나 신문 읽기가 좋다. It is good to read books or newspapers on the subway.

• 지하철에 서 있을 때는 어디에 시선을 두어야 할지 모르겠다. When I stand on the subway, I don't know what to look at.
* what to+**동사원형** 무엇을 ~해야 할지

• 러시아워에는 지하철에 사람이 매우 많다. The subways are very crowded during rush hour.

• 반대편으로 가는 지하철을 탔다. I got on the opposite side of the tracks.

• 많은 사람들과 부딪쳤다. I bumped into many people.

• 지하철에 사람이 많을 때 다른 사람과 부딪치는 것이 싫다. When the subway is crowded, I hate being bumped by others.

• 계단을 어렵게 오르시는 할머니를 도와드렸다. I helped an old lady that was having difficulty climbing up the stairs.

• 갈아타는 역에는 항상 사람이 많다. The transfer stations are always overcrowded.

• 누군가가 내 발을 밟았다. Someone stepped on my foot.

• 노약자석이나 장애인석에 앉으면 마음이 불편하다. I am uncomfortable when sitting in the seats for the old or the disabled.

• 젊은이들이 노인 분에게 자리를 양보하지 않는 경향이 있다. The young tend not to offer their seats to the elderly.
* the+**형용사** ~한 사람들

• 나는 장애인에게 자리를 양보했다. I made room for a physically handicapped man.
* make room for ~에게 자리를 내주다

• 가끔은 어느 출구로 나가야 하는지 모르겠다. Sometimes I don't know which exit I should use.

• 때때로 안내 방송이 안 들릴 때도 있다. Occasionally I can't hear announcements.
* occasionally 이따금, 가끔

• 나는 매일 순환선인 2호선을 이용한다. Every day I use Line 2 which is a loop.
* loop 둥글게 생긴 모양의 고리, 순환되는 전철선

• 거기에 가려면 한 번 갈아타야 한다. I should change subway trains to go there.

• 다른 노선으로 갈아탔다. I transferred to another line.

• 자리에 앉아 졸다가 한 정거장을 지나쳤다. I passed one stop while I was napping in the seat.

• 지하철에서 내려서 3번 출구로 나왔다. After getting off the subway, I took exit number 3.

택시를 탈 때와 지하철을 탈 때 다르다?

bus, subway, train, plane 등과 같이 몸을 세워서 탈 수 있는 교통수단에 타는 것은 get on, 내리는 것은 get off 하고 하지만, car, taxi 등과 같이 머리를 숙이고 몸을 굽혀 타는 것은 get in, 내리는 것은 get out of로 표현합니다. 하지만 타고 내리는 행동이 아닌 어떤 교통수단을 이용한다는 의미인 '~을 타고 다니다'라는 말은 take로 나타냅니다. 자전거나 말처럼 올라타는 경우는 ride라고 해야 합니다.

버스

• 버스 정류장에 많은 사람들이 줄 서 있었다.	There were many people standing in line at the bus stop.
• 백화점으로 가는 버스를 타기 위해 줄을 서서 기다리고 있었다.	I was waiting in line to get on the bus to the department store.
• 어떤 사람이 내 앞에서 새치기를 했다.	Somebody cut in line in front of me.
• 버스를 놓쳐서 20분을 더 기다려야 했다.	I missed the bus, so I had to wait for another 20 minutes.
• 그곳에 가기 위해 시외버스를 탔다.	I took an intercity bus to go there.
• 개찰구를 통과해 시외버스를 탔다.	After passing through the wicket, I took the intercity bus. * wicket (역의) 개찰구, 작은 문
• 그곳에 가는 직행버스가 없었다.	There was no direct route to the place.
• 전세 버스로 거기에 갔다.	I went on a chartered bus. * charter 전세 내다
• 셔틀버스를 이용했다.	I took a shuttle bus.
• 그 버스는 20분 간격으로 운행된다.	The buses run every 20 minutes.
• 버스 배차 간격이 너무 길다고 생각했다.	I thought the interval between buses was very long.
• 버스를 30분 기다렸으나 오지 않았다.	I waited for a bus for 30 minutes, but no bus turned up.
• 교통 체증 때문이라고 생각했다.	I thought it was because of the heavy traffic.
• 버스가 30분 늦게 도착했다.	The bus arrived thirty minutes late.
• 가끔은 버스가 제시간에 오지 않기도 한다.	Sometimes the bus is not on time.
• 버스 노선 안내도를 찾았다.	I looked for the bus route map.
• 나는 버스 카드를 이용한다.	I use a bus pass.
• 그 공원까지의 버스 요금은 ~이다.	The bus fare to the park is ~.
• 버스 요금은 미리 준비해야 한다.	We have to prepare the bus fare in advance.
• 내가 버스 정류장에 도착하자마자 버스가 왔다.	As soon as I got to the bus stop, the bus came.
• 버스 카드를 기계에 대면서 버스에 탔다.	I got on the bus, scanning my bus pass on the machine. * scan 훑다, (정보를) 읽다, 탐지하다
• 버스가 거의 비어 있어서 자리에 앉을 수 있었다.	The bus was almost empty, so I could sit down.
• 버스에서 연세가 많으신 분에게 자리를 양보했다.	I offered my seat to an elderly person on the bus.

- 버스에서 잠이 들어 종점까지 갔다. I fell asleep on the bus, so I went to the end of the bus line.
- 버스가 승객들로 가득 차 있었다. The bus was packed with passengers.
  The bus was crowded with passengers.
- 버스에 사람이 너무 많아서 버스 타기가 무척 힘들었다. The bus was overcrowded, so I had difficulty getting on the bus.
  * have difficulty in -ing ~하는 데 어려움이 있다
- 만원 버스를 밀치고 억지로 탔다. I squashed into a crowded bus.
  * squash 짓누르다, 밀치고 들어가다
- 버스 운전기사가 버스 뒤쪽으로 들어가 달라고 소리쳤다. The bus driver shouted for the passengers to move to the rear of the bus.
- 버스 안이 너무 더웠다. It was too hot in the bus.
- 버스 안이 콩나물시루 같았다. We were packed in like sardines.
- 버스에 사람이 많아서 앉을 자리가 없었기 때문에 내내 서 있었다. The bus was so crowded that I could not find a seat, so I kept standing all the way.
- 내가 내릴 곳까지는 여기에서 열 정거장을 간다. It is ten stops from here to my stop.
- 그 공원에 가기까지는 세 정거장이 남아 있었다. There were three stops before the park.
- 버스에서 내리기 위해 벨을 눌러야 했다. I had to push one of the buzzers on the bus to get off.
- 버스에서 벨을 누르지 않아 내릴 정거장을 지나쳤다. I missed my stop because I didn't push the buzzer on the bus.
- 사람이 너무 많아 내릴 수가 없었다. I couldn't get off the bus because it was so crowded.
- 사람들이 한 사람씩 버스에서 내렸다. The passengers got off the bus one by one.
- 만원 버스 타는 것에 지쳤다. I am tired of taking a jam-packed bus.
- 기차역에 가려면 어디에서 내려야 하는지 운전기사에게 물었다. I asked the driver where to get off to go to the train station.
- 버스가 다른 방향으로 가고 있었다. The bus was going in another direction.
- 그 버스가 어느 방향으로 가는지 몰랐다. I didn't know where the bus was bound for.
  * bound for ~의 행의, ~로 가는 중인
- 그 버스가 백화점 앞에 서는지 물어보았다. I asked someone whether the bus stopped at the department store.
- 버스를 잘못 탔다. I had taken the wrong bus.
- 길 반대편에서 탔어야 했다. I should have taken the bus from the other side of the street.
- 나는 20번 버스를 탔어야 했다. I should have taken bus number 20.

- 버스 운전사가 내가 모르는 곳에 내려 주었다. The bus driver dropped me off at a place that I didn't know.
- 버스 기사에게 다음 정거장에서 내려 달라고 부탁했다. I asked the bus driver to let me off at the next stop.
- 버스가 갑자기 급정거를 했다. The bus stopped suddenly.
- 버스가 펑크가 났다. The bus had a flat tire.
- 버스가 고장이 나서 지각을 했다. I was late because the bus broke down.
- 막차는 11시에 있다. The last bus is at 11 o'clock.
- 막차를 놓쳐서 어떻게 해야 할지 몰랐다. I missed the last bus, so I didn't know what to do.
- 결국에는 집까지 걸어 와야 했다. At last, I had to walk home.

콩나물시루 같은 만원 버스

만원 버스는 crowded bus, jam-packed bus로 표현할 수 있습니다. 또한 버스 안에 사람들이 가득 차 발 디딜 틈이 없는 상황을 우리는 콩나물시루 같다고 하는데, 영어에서는 이를 sardines(정어리) 또는 sardine can(정어리 통조림) 같다고 합니다. 정어리가 캔 안에 빽빽이 들어 있는 모습을 생각해 보시면 유사한 점이 있죠? The bus was packed like sardines.라고 하면 '버스가 콩나물시루처럼 붐볐다'는 말이 됩니다.

기차

- 기차를 타면 멀미가 나지 않는다. When I take a train, I don't get train sick.
- 대전으로 가는 좌석을 예매했다. I reserved a seat to Daejeon.
  * reserve 예약하다
- 고속 열차인 KTX로 가고 싶었다. I wanted to go by the express train, KTX.
  * express 급행의
- 편도 한 장을 샀다. I got a one-way ticket.
- 왕복표 한 장을 샀다. I got a round trip ticket.
- 아빠가 기차역까지 태워다 주셨다. My dad gave me a ride to the station.
- 기차 출발 10분 전에 개찰구를 통과했다. I passed the gate 10 minutes before the train departed.
- 내가 탈 기차가 30분 연착되었다. My train arrived thirty minutes behind schedule.
- 기차가 고장 나서 한 시간 연착된다고 했다. They said that the train was out of order, so it would arrive one hour late.
- 기차가 또 연착이 되어서 짜증이 났다. I was annoyed because the train was delayed again.

- 기차를 타기 전에 대전행 기차인지 확인했다. Before getting on the train, I made sure it was the right one for Daejeon.
- 그 기차에는 식당차가 있었다. The train had a dining car.
- 기차표에 있는 좌석번호의 자리를 찾았다. I found the seat on my ticket.
- 누군가가 내 자리에 앉아 있었다. Someone was sitting in my seat.
- 내 좌석 번호를 다시 확인해 보았다. I checked my seat number again.
- 창가 쪽 자리에 앉았다. I took a window seat.
- 거기에 가려면 기차를 갈아타야 했다. I had to change trains to get there.
- ~에서 기차를 갈아탔다. I transferred to another train at ~.
  * transfer 옮기다, 갈아타다
- 마지막 기차는 10시에 있다. The last train leaves at 10 o'clock.

자가용

- 나는 새 차를 가지고 있다. I have a brand new car.
  * brand new 아주 새 것인, 신품의
- 내 차의 기어는 오토매틱이다. My car is an automatic.
- 내 차는 여행할 때 사용하기 매우 편리한 밴이다. I have a van which is very convenient to use for travel.
- 내 차는 아홉 명이 탈 수 있다. My car seats 9 people.
- 내 차는 모든 옵션이 다 달려 있다. My car is fully equipped.
  * equipped 설비를 갖춘
- 내 차는 소형차이다. My car is a compact.
- 소형차는 주차하기가 쉽다. A compact car is easy to park.
- 내 차는 중형차이다. My car is a sedan.
- 내 차는 사륜 구동이다. My car is a four-wheel drive car.
- 지붕이 열리는 차를 갖고 싶다. I want to have a convertible.
  * convertible 명 지붕이 접히는 자동차 형 개조할 수 있는, 지붕이 접히는
- 차를 잘 길들이고 있다. I am breaking my car in.
  * break in ~를 길들이다
- 내 차는 연비가 좋다. My car gets a good gas mileage.
- 내 차는 연료가 많이 들어간다. My car is a gas guzzler.
  * guzzler 꿀꺽꿀꺽 마시는 것
- 차 유지비가 많이 들어간다. It costs a lot to maintain my car.

• 자동차 보험을 들었다.	I have taken out insurance on my car.
• 내 차는 중고차이지만 잘 달린다.	Even though mine is an old car, it runs well.
• 내 차는 여기저기가 찌그러졌다.	My car has some dents here and there.
• 나는 보통 차를 지하 주차장에 주차해 놓는다.	I usually park my car in the underground parking lot.
• 나는 자동차 관리를 잘 못한다.	I take bad care of my car.
• 나는 한 달에 두 번 세차를 한다.	I wash my car twice a month.
• 일주일에 한 번은 자동 세차를 하러 간다.	I go to a drive-through car wash once a week. * drive-through 차에 탄 채로 하게 되어 있는
• 세차 하기 전에 차의 창문을 완전히 닫았다.	I rolled up the car windows before washing the car.
• 나는 차를 항상 깨끗하게 유지한다.	I keep my car clean all the time.

차 부속품

핸들	steering wheel	바퀴	wheel
안전벨트	seat belt	미등	tail light, rear light
브레이크	brake	헤드라이트	headlight
핸드 브레이크	emergency brake	후진 등	back up light
액셀러레이터	accelerator	브레이크 등	brake light
클러치	clutch	깜빡이 등	blinker
기어 변속기	gear shift	트렁크	trunk
수동 변속기	stick	보조 타이어	spare tire
자동 변속기	automatic	와이퍼	wiper
자동차 계기판	instrument panel	보닛	hood, bonnet
주행기록계	odometer	번호판	license plate
속도계	speedometer	선루프	sun roof
연료계	fuel gauge	스키 걸이	ski rack
시동 거는 열쇠 구멍	ignition	앞 시트	front seat
백미러	rearview mirror	뒤 시트	back seat
사이드 미러	side-view mirror	조수석	passenger seat

자동차 관련 Broken English

자동차 관련 용어 중에 영어 그대로 외래어로 사용하는 경우가 있는데, 올바른 영어 표현은 다음과 같습니다. 오픈카(open car)는 convertible, 리어카(rear car)는 pushcart, 레미콘(remicon)은 truck mixer, 오토바이(autobi)는 motorcycle, motorbike, 핸들(handle)은 steering wheel, 윈도우 브러시(window brush)는 windshield wiper, 휘발유(oil)는 gas, gasoline, 휠 캡(wheel cap)은 wheel cover, 카퍼레이드(car parade)는 motorcade, 선팅(sunting)은 window tinting, 타이어 펑크(tire punk)는 flat tire, 백미러(back mirror)는 rear view mirror, 미션 오일(mission oil)은 transmission oil, 교통위반 딱지(sticker)는 ticket, 카센터(car center)는 repair shop, maintenance shop입니다.

자동차 정비

• 나는 항상 차 관리를 잘한다.	I always maintain my car well.
• 일년에 두 번 자동차 점검을 받는다.	I get my car serviced twice a year.
• 매년 겨울이 되기 전에 차의 타이어를 바꾼다.	I change the tires of my car before every winter.
• 겨울에는 스노우 타이어를 사용한다.	I use my snow tires in the winter.
• 나는 6개월마다 차의 엔진을 정비한다.	I tune up my car every six months. * tune up 조율하다, 조정하다
• 차의 에어컨에 프레온 가스를 넣었다.	I put freon in the air conditioner of my car.
• 브레이크 오일이 떨어졌다.	My brakes are out of fluid.
• 브레이크 오일을 넣기 위해 수리공을 불러야 했다.	I had to call the mechanic to put in brake fluid.
• 안전벨트가 빠지지 않았다.	The seat belt was stuck.
• 시동이 걸리지 않았다.	I couldn't start my car.
• 시동이 갑자기 꺼졌다.	My car suddenly stalled. * stall 엔진이 멎다
• 차가 뭔가 문제가 있는 것 같았다.	My car seemed to have something wrong.
• 차의 상태가 아주 안 좋다.	My car is in terrible condition.
• 브레이크가 잘 잡히지 않았다.	My brakes didn't work properly.
• 브레이크에 뭔가 문제가 있는 것임이 틀림없었다.	Something must have been wrong with the brakes.
• 도로 한가운데서 차가 고장 났다.	My car broke down in the middle of the road.
• 엔진이 과열되었다.	The engine overheated.

• 엔진에서 이상한 소리가 났다.
I heard a strange noise from the engine.

• 아무런 이유 없이 엔진이 자주 꺼진다.
The engine often stops for no reason.

• 차에 문제가 있었음이 틀림없다.
The car must have had a problem.

• 엔진에는 아무 문제가 없었다.
There was nothing wrong with the engine.

• 오일이 새는 것 같다.
It seems that the oil is leaking.

• 오일을 점검했다.
I checked the oil.

• 마침내 시동이 걸렸다.
Finally the engine started.

• 배터리가 다 되었다.
The battery was dead.

• 연료가 불충분했다.
There wasn't enough gas.

• 배터리를 충전시켰다.
I had the battery charged.

• 냉각수를 채웠다.
I filled up with coolant.

• 워셔액을 보충했다.
I added more washer fluid.

• 에어컨 필터를 교체해 달라고 했다.
I had the AC filter changed.

• 타이어가 다 닳았다.
All the tires are worn out.

• 타이어를 점검했다.
I checked the tires.

• 타이어를 교체해 달라고 했다.
I had the tires replaced with new ones.

• 나는 재생 타이어를 사용하지 않는다.
I don't use retreads.
* retread 재생 타이어

• 타이어 공기압을 점검해 달라고 했다.
I had the tire pressure checked.

• 타이어에 공기를 가득 채워 달라고 했다.
I had the tires filled up.

• 차바퀴의 얼라인먼트를 고쳐 잡았다.
I had the alignment of my car straightened.
* alignment 정렬, 배열, 줄 맞춤

• 앞 타이어가 바람이 빠진 것 같았다.
The front tires looked low on pressure.

• 타이어가 펑크 났다.
I had a flat tire.

• 타이어의 펑크 난 곳을 땜질해서 다시 사용하기로 했다.
I decided to patch the flat tire and reuse it.
* patch 조각을 대어 수선하다

• 타이어의 구멍을 때웠다.
I had the hole plugged.

• 차를 세차하고 왁스를 칠했다.
I washed and waxed the car.

• 차의 창문이 내려지지 않아서 고장 났다고 생각했다.
The window of the car didn't roll down, so I thought it was broken.

• 차에서 내리기 전에 창문을 닫는 것을 잊었다.
Before leaving the car, I forgot to close the windows of my car.

• 그때 비가 와서 빗물이 차 안으로 들어왔다.
At that time rain fell, so the rainwater went in the car.

• 하루 종일 차 문을 열어 둔 채 차를 말렸다.	I dried out my car with the doors open all day long.
• 냉각수가 부족해서 더 넣었다.	My car needed radiator fluid, so I added more. * radiator 냉각장치 | fluid 유체, 액체
• 깜빡이 등 하나가 나갔다.	One of the blinkers is burned out.
• 주차하다가 차를 긁혔다.	My car was scratched while it was parked.
• 범퍼가 찌그러졌다.	My bumper got smashed.
• 수리공에게 차를 점검하도록 했다.	I had the mechanic check my car.
• 수리공이 차를 수리했다.	The mechanic repaired the car.
• 수리비 견적 내역을 받고 요금이 너무 많이 청구된 것 같다고 생각했다.	When I received the bill for the repairs, I thought they had overcharged me. * estimate 견적서
• 보험에서 수리비용을 지불했다.	The insurance covered the fee for repairs.
• 차에 열쇠를 두고 내렸다.	I was locked out of my car.
• 여분의 열쇠를 가지고 있지 않았다.	I had no spare key.
• 긴급 자동차 서비스에 전화를 해서 도움을 요청했다.	I called Emergency Car Service and asked for their help.

운전 실력

• 나는 초보 운전자이다.	I am a novice driver. I am a beginning driver.
• 나는 운전에 서투르다.	I am a poor driver.
• 나는 끼어들기를 잘 못한다.	I am poor at cutting in.
• 나는 항상 안전 운전을 하려고 노력한다.	I always try to drive safely.
• 나는 기어를 넣는 운전은 못한다.	I can't drive a stick shift.
• 나는 차를 뒤로 빼는 것을 잘 못한다.	I am not good at backing up.
• 나는 일렬 주차를 못한다.	I can't do parallel parking.
• 나는 절대 난폭 운전을 하지 않는다.	I never drive recklessly. * recklessly 분별없이, 무모하게
• 그는 공격적으로 운전한다.	He is an aggressive driver.
• 나는 아직은 빨리 운전하지 못한다.	I am a Sunday driver.
• 젖은 도로에서는 운전하고 싶지 않다.	I don't want to drive on wet roads.
• 밤에는 운전을 잘 못한다.	I don't drive well at night.

- 러시아워에는 차를 운전하지 않는다. I don't drive during rush hours.
- 나는 무사고 운전자이다. I am an accident-free driver.
- 나는 한 번도 딱지를 떼이거나 사고를 낸 적이 없다. I've never had a ticket or an accident.
- 나는 운전을 잘한다. I am a good driver.
- 운전 경력이 10년이다. I have been driving for 10 years.

Sunday driver

운전이 서툴러서 한가한 일요일이나 휴가에만 운전하는 초보 운전자나 너무 신중하게 천천히 운전하여 교통의 흐름을 방해하는 운전자를 Sunday driver라고 합니다. 그래도 reckless driver(난폭 운전자)보다는 Sunday driver가 낫겠네요. 그리고 과속을 하며 폭주족처럼 운전한다는 표현은 have a lead foot라고 합니다.

운전

- 차의 시동을 걸었다. I started my car.
- 속도를 높였다. I speeded up. I stepped on it.
- 속도를 늦추었다. I slowed down.
- 앞차를 추월했다. I caught up with the car ahead of me.
  * catch up with ~를 따라잡다
- 차선을 잘못 들어 매우 당황했다. I was so embarrassed because I was in the wrong lane.
  * lane 차선, 좁은 길
- 길을 잘못 들었다. I took the wrong road.
- 좌회전했어야 했다. I should have turned left.
- 막다른 길이었다. There was no outlet.
  * outlet 출구
- 잘못된 방향으로 갔다. I went in the wrong direction.
- 이정표를 잘못 이해했다. I misunderstood the milepost.
- 연료가 부족해서 주유소를 찾아야 했다. I was running out of gasoline, so I needed to find a gas station.
  * run out of ~를 다 써버리다, 바닥나다
- 고속도로로 갔다. I took the expressway.

• 우리는 교대로 운전했다. | We took turns driving.
* take turns 교대로 하다, 서로 교대하다

• 차 안이 너무 더워서 유리창을 내렸다. | I rolled down the window because it was too hot in the car.

• 연료가 다 떨어져서 주유소에서 가득 채웠다. | We were running out of gas, so I filled it up at the gas station.

• 기름이 다 떨어졌다. | I was all out of gasoline.

• 무연 휘발유로 가득 채웠다. | I filled the car up with unleaded.
* fill ~ with ... ~를 …로 채우다 | unleaded 명 무연 가솔린 형 무연의, 납 성분이 없는

• 빨간 신호마다 다 걸렸다. | I hit every red light on the way.

• 길이 울퉁불퉁해서 운전하기가 힘들었다. | It was very hard for me to drive because the road was bumpy.

• 무단 횡단하는 사람 때문에 깜짝 놀랐다. | I was very surprised by a jaywalker.

주유소에서

gas는 휘발유의 gasoline을 줄인 말로, gas station은 주유소를 나타냅니다. 주유소에서 휘발유를 채워 달라고 할 때 Please fill it up. 또는 자동차를 여성 취급하여 Fill her up.이라고 하죠. 대화 중 빨리 말할 경우 Fill'er up.이라고 합니다. Top it up.이란 표현도 가득 채워달라는 표현입니다.

안전 운전

• 차를 타면 안전벨트를 매야만 한다. | When we are in a car, we had better fasten our seat belts.

• 안전벨트는 사고에서 사망이나 부상의 위험을 줄여 준다. | Seat belts reduce the risk of death or injury in an accident.

• 나는 안전벨트를 매면 불편해서 매지 않곤 했다. | I wouldn't wear my seat belt because it made me uncomfortable.

• 운전자가 안전벨트 매는 것이 의무로 되어 있다. | It is the law that drivers must wear their seat belts.

• 안전벨트가 나를 보호해 줄 수 있다고 생각한다. | I think the seat belt can protect me.

• 이제부터는 안전벨트를 꼭 매기로 했다. | I decided to fasten my seat belt from now on.

• 운전을 할 때 집중하지 않으면 위험하다. | It is dangerous not to concentrate while we drive.
* concentrate 주의를 집중하다

• 앞 차와의 안전거리를 두어야 한다. | We should keep a safe distance between our car and the car in front.

• 차선 변경할 때는 깜빡이를 켜야 한다. | We should use our indicator when we change lanes.
* indicator 방향 지시등

- 운전 중에 조는 것은 매우 위험하다. It is very dangerous to doze off at the wheel.
  * doze off 깜빡 졸다
- 밤에 빨리 운전하는 것은 더 위험하다. It is more dangerous to drive fast at night.
- 어두운 길에서는 운전자들은 속도를 높이지 말아야 한다. Drivers must not speed up on a dark road.
- 운전하면서 휴대폰으로 전화를 하는 것은 위험하며 사고를 일으킬 수도 있다. Talking on a cell phone while driving is dangerous and causes accidents.
- 교차로에서는 항상 조심해야 한다. We have to be careful at intersections.
- 차선을 변경하거나 방향을 바꿀 때는 신호를 해 줘야 한다. We have to signal when we change lanes or make a turn.
- 커브 길에서는 주위를 잘 살펴야 한다. We need to look around on curves.
- 비나 눈이 오는 날에는 과속하면 안 된다. We should not drive too fast on a rainy or snowy day.
- 나는 술을 마시면 대리 운전을 시킨다. When I am drunk, I call and ask someone else to drive.

back-seat driver

운전자 뒷좌석에 앉아 운전자에게 이래라 저래라 지시하고, 잘 못할 경우는 핀잔도 하면서 계속 잔소리하는 사람을 back-seat driver라고 합니다. 꼭 운전 중이 아니더라도 심한 잔소리를 하거나 참견을 잘하는 사람을 빗대어 말하는 표현입니다. '그가 잔소리 좀 그만하면 좋겠다'라고 하려면 I want him to stop being a back-seat driver.라고 하면 됩니다.

교통 규칙 위반

- 시간이 없어서 교통 법규를 위반하고 말았다. I didn't have enough time and committed a traffic violation.
  * commit 범하다, 저지르다
- 내가 과속하는 것을 경찰관이 잡았다. The police officer caught me speeding.
- 경찰관이 차를 세우라고 신호를 했다. The police officer signaled me to pull over.
  * pull over 차를 길가에 대다
- 속도위반을 했다. I went over the speed limit.
- 제한 속도를 넘었다. I exceeded the speed limit.
  * exceed 초과하다, 넘다
- 제한 속도가 시속 80킬로미터였다. The speed limit was 80 kilometers per hour.
- 나는 시속 100킬로미터로 달리고 있었다. My car was running at 100 kilometers per hour.

• 내 차의 속도가 속도 측정기에 체크되었다.	The speed of my car was checked by the radar gun.
• 그가 운전 면허증을 제시하라고 했다.	He asked me to show my driver's license.
• 속도위반 딱지를 떼였다.	I got a ticket for speeding.
• 과속으로 ~원의 벌금이 부과되었다.	I was fined ~ won for speeding.
• 과속으로 벌금을 냈다.	I paid my speeding ticket.
• 출근하다가 불법 유턴을 하여서 딱지를 끊었다.	I got a ticket for an illegal U-turn on my way to work.
• 중앙선을 침범하였다.	I drove over the centerline.
• 길에 주차를 하여서 차가 견인되었다.	My car was towed because I parked on the street. * tow 견인하다
• 내 차가 불법 주차로 견인되었다.	My car was towed away for being illegally parked.
• 그곳은 주차 금지 구역이었다.	It was a no parking zone.
• 주차 견인 구역이었다.	It was a tow-away zone.
• 견인된 차를 찾으러 가야 한다.	I'm picking up my car that was towed.
• 주차위반 딱지를 떼었다.	I got a parking ticket.
• 주차위반 요금을 내었다	I paid a parking fine.
• 빨간색 신호를 무시하고 달렸다.	I ran a red light.
• 빨간색 신호에도 멈추지 않았다.	I didn't stop for a red light.
• 빨간색 신호에 멈추지 않아서 딱지를 떼였다.	I got a ticket for running a red light.
• 안전벨트를 안 매서 벌금을 물었다.	I was fined for not fastening my seat belt.
• 경찰관들이 음주 운전 단속을 하고 있었다.	The police officers were checking for drunk drivers.
• 음주 측정기에 대고 입김을 불었다.	I blew into the breathalyzer.
• 음주 운전으로 경찰이 딱지를 발급했다.	The police officer issued a ticket for drunk driving.
• 30일간 면허 정지를 당했다.	I had my license suspended for 30 days. * suspended 정지가 된
• 운전면허가 취소되었다.	My driver's license was revoked. * be revoked 취소되다, 무효가 되다
• 대리 운전 서비스를 불렀어야 했다.	I should have called a chauffeur service.

신호등

신호등은 traffic light, 또는 signal light라고 합니다. 빨간 신호등을 무시하고 그냥 지나치는 것은 run a red light라고 표현합니다. 외국에는 도심을 벗어난 한가한 도로에는 보행자 신호등(pedestrian light)이 많이 사용되는데, 이는 보행자가 버튼을 눌러야 신호가 바뀌는 신호등입니다.

교통 규칙

- 교통 규칙을 위반하지 않아야 한다. We should not violate traffic laws.
  * violate 어기다, 위반하다
- 제한 속도 이내로 운전해야 한다. We should drive within the speed limit.
- 어린이 보호 구역에서는 속도를 낮춰야 한다. We should slow down in school zones.
- 횡단보도를 건널 때는 꼭 신호를 지켜야 한다. When we cross at the crosswalk, we had better obey the traffic signs.
- 신호를 무시하면 안 된다. We shouldn't run the light.
- 파란색 불이 켜져 있을 때만 길을 건너야 한다. We have to cross the road only when the light is green.
- 빨간색 불이 켜져 있을 때는 기다려야 한다. We have to wait when the light is red.
- 노란색 불이 켜져 있을 때는 길을 건너기 시작하지 말아야 한다. We had better not start crossing the road when the light is yellow.
- 아무 곳에서나 길을 건너면 안 된다. We shouldn't cross the road at just any place.
- 육교 아래로 길을 건너면 안 된다. We shouldn't cross under a pedestrian overpass.
  * pedestrian ㉠ 보행자용의 ㉡ 보행자 | overpass 육교
- 육교가 있는 곳에서는 육교로 길을 건너야 한다. When there is a pedestrian overpass, we have to take it.
- 무단 횡단하지 않아야 한다. We shouldn't jaywalk.
  * jaywalk 교통 신호를 무시하고 무단 횡단하다
- 보행자들은 보통 오른쪽으로 걷는다. Pedestrians usually walk on the right-hand side.
- 길을 건널 때 조심해야 한다. We should be careful when crossing the road.

도로 상황

- 교통이 한산했다. The traffic was light.
- 도로 상황이 양호했다. The traffic was moderate.
- 어떻게 해서든지 거기에 시간에 맞춰 가야 했다. I had to get there on time by any means.
- 오늘 교통 상황이 매우 안 좋았다. The traffic was terrible today.
- 출퇴근 시간에는 항상 그렇다. It is always like that during rush hour.
- 교통이 매우 혼잡했다. The road was congested.
  * congested 혼잡한, 정체된
- 차가 많아 소통이 더뎠다. The traffic was very heavy.
- 차가 꼬리에 꼬리를 물고 이어져 있었다. It was bumper-to-bumper traffic.

- 도로가 주차장 같았다. The road was like a parking lot.
- 도로 사정이 점점 나빠지고 있었다. Traffic was getting worse.
- 도로가 폐쇄되었다. The roads were blocked.
  * blocked 막힌, 봉쇄된
- 교통이 정체되어 있었다. The traffic was backed up.
- 도로들이 차량들로 막혀 있었다. The roads got packed with traffic.
- 학교 가는 길에 교통 체증이 심했다. There was a terrible traffic jam on the way to school.
- 교통 체증으로 꼼짝 못하게 되었다. I was tied up in traffic.
- 교통 정체에 묶여 있었다. I got caught in a traffic jam.
- 최악의 교통 정체인 것 같았다. It seemed to be the heaviest traffic I'd ever seen.
- 도로가 봉쇄되었다. The road was closed.
- 도로 공사 중이어서 교통 통행이 되지 않았다. The traffic was blocked off since the road was under construction.
- 도로 작업 때문에 차들이 서행하고 있었다. The traffic was crawling along because of the road work.
- 차 한 대가 도로를 막고 있었다. A car was in the way.
  * in the way 방해가 되어
- 앞에 교통사고가 있었다. There was a car accident ahead.
- 그 사고로 집에 돌아가는 길이 느려졌다. The accident slowed the ride home.
- 차들이 정체되어 있었고 시끄럽게 경적들을 울렸다. The cars were backed up and honked wildly.
- 경찰들이 교통을 차단시키고 있었다. The policemen were holding up the traffic.
- 나는 돌아갔다. I went around.
- 다른 길로 우회해 갔다. I made a detour.
- 다른 길을 택했다. I took another way.
- 시내로 들어가는 길의 교통량이 늘어나고 있었다. Traffic was increasing on the roads into the city's center.
- 교통경찰들이 교통을 통제했지만 별 도움이 되지 않았다. The traffic police directed traffic, but it didn't much help.
- 그런 러시아워의 교통 상황이 지겹다. I am tired of rush hour traffic like that.
- 이렇게 거북이처럼 느린 교통 정체가 빨리 사라졌으면 좋겠다. I hope this snail-paced traffic disappears soon.
  * snail-paced 달팽이 걸음 속도의
- 교통 상태가 좋아지고 있다. The traffic is easing up.
  * easy up 수월해지다

• 더 많은 사람들이 대중교통을 이용해야 한다고 생각했다. | I thought more people should use public transportation.

트래픽 잼?

jam은 과일로 만든 맛있는 잼이기도 하지만, 꽉 들어차거나 끼어 있는 것을 나타내는 말이기도 합니다. 복사기를 사용하다가 종이가 걸리면 paper jam이라고 하죠. 교통이 꽉 들어찬 교통체증은 traffic jam이라고 하는데 jam을 생략하고 traffic이라고 써도 같은 의미가 됩니다. 교통이 혼잡하면 자동차의 bumper가 맞닿을 정도로 늘어서 있다고 해서 bumper to bumper라고 표현하기도 합니다.

05 통신 COMMUNICATION

편지 · 펜팔

• 나는 내 또래의 소녀와 편지 왕래를 하고 있다. | I correspond with a girl who is about the same age.
* correspond with ~와 서신 왕래를 하다

• 나 같은 초보자들은 영어로 편지 쓰는 것이 쉽지 않다. | It is not easy for beginners like me to write in English.

• 나는 편지를 잘 쓴다. | I am a good writer.

• 나는 편지를 잘 쓰지 않는다. | I am a poor correspondent.

• 나는 펜팔 친구가 있다. | I have a pen pal.

• 우리는 서로에게 자주 편지를 쓴다. | We write to each other very often.

• 처음에는 영어로 내 자신의 의견과 느낌을 표현하기가 아주 어려웠다. | At first, it was very difficult for me to express my own opinion and feelings in English.

• 나는 편지에 주로 학교생활에 대해 쓴다. | I write letters mainly about my school life.

• 학교에서 돌아와서 보니 우편함에 그의 편지가 있었다. | I found his letter in the mailbox when I came home from school.

• 집에 돌아오니 날 기다리는 편지 한 통이 있었다. | When I got home, there was a letter waiting for me.

• 나는 오늘 친구의 답장을 받았다. | I got a letter from my friend.

- 답장을 빨리 받았다. I received a quick reply.
- 2005년 10월 1일자의 편지를 받았다. I received his letter dated October 1, 2005.
- 그의 편지를 받고 기뻤다. I felt happy to get his letter.
- 그로부터 그렇게 빨리 답장을 받게 되어 기뻤다. I was very glad to get a reply from him so soon.
- 그가 학교에서 찍은 사진을 보내 주었다. He sent me a photo taken at school.
- 내가 예상했던 것보다 훨씬 일찍 그의 소식을 들어 기뻤다. I was very pleased to hear from him much earlier than I expected.
- 나는 그의 편지를 급하게 읽어내렸다. I quickly read his letter.
- 편지에 좋은 소식이 있었다. There was good news in his letter.
- 나는 즉시 답장을 했다. I answered the letter immediately.
- 한동안 답장을 못했다. I couldn't answer the letter for a while.
- 일찍 답장을 하지 못한 데에는 몇 가지 이유가 있었다. There were a few reasons why I couldn't reply to his letter earlier.
- 너무나 오랫동안 그에게 편지를 쓰지 못했다. I haven't written to him for such a long time.
- 오랫동안 편지를 못 써서 미안했다. I was sorry that I couldn't keep in touch for a long time.
- 좀 더 일찍 그에게 편지를 썼어야 했다. I should have written to him much sooner.
- 요즘 너무 바빠 그에게 편지 쓸 시간을 낼 수가 없었다. These days, I have been so busy that I couldn't find any time to write to him.
- 오랜만에 편지를 썼다. I wrote a letter after a period of long silence.
  * silence 침묵, 무소식의 기간
- 편지지를 독특하게 접었다. I folded up my letter uniquely.
- 편지와 함께 사진 몇 장을 동봉했다. I enclosed some pictures with the letter.
- 편지를 봉했다. I sealed the envelope.
- 우표에 침을 발라 봉투에 붙였다. I licked a stamp and stuck it on the envelope.
  * lick 핥다 | stuck stick(붙이다)의 과거형
- 봉투 가운데에 그의 주소를 적었다. I wrote his address on the middle of the envelope.
- 보내는 사람의 주소는 왼쪽 윗부분에 적었다. I wrote my return address in the upper left corner.
- 최근에는 그의 편지를 받지 못했다. I haven't heard from him lately.
- 나는 그의 다음 편지를 고대하고 있다. I am looking forward to his next letter.
- 한참 동안 편지를 못 받으면 쓸쓸한 생각이 든다. I feel lonely when I don't hear from him for some time.
- 우리는 오래 전에 연락이 끊겼다. We lost touch with each other long ago.
  * lose touch with ~와 연락이 끊어지다

- 무소식이 희소식이다. — No news is good news.
- 요즘 우리의 편지 왕래가 점차 뜸해지고 있다. — Our correspondence is getting slower these days.
- 편지가 반송되었다. — The letter has returned.
- 그와 계속 편지 왕래를 하고 싶다. — I want to keep in touch with him.
- 나의 ~가 잘 될 때까지 그에게 편지 보내는 것을 잠시 중단해야겠다. — I am going to stop sending him letters for a while until I succeed in ~.

가능한 한 빨리 답장 줘 ~

답장을 빨리 받고 싶다거나 가능한 한 빠른 답을 원할 때는 메모나 편지의 마지막 부분에 A.S.A.P.라고 씁니다. 이는 as soon as possible의 이니셜로 '될 수 있는 한 빨리'해 달라는 의미를 나타내는 것입니다. 또는 어떤 일을 부탁할 때 되도록 빨리 해 달라는 말은 The sooner, the better.라고 하면 되는데, 이는 '빠르면 빠를수록 좋다'라는 말이죠.

우체국

- 소포를 부치러 우체국에 갔다. — I went to the post office to mail a parcel.
- 우표 몇 장을 샀다. — I bought some stamps.
- ~로 보낼 항공 우표를 몇 장 샀다. — I bought a few airmail stamps to ~.
- 기념우표 몇 장을 샀다. — I bought some commemorative stamps.
  * commemorative 기념하는
- 우표 두 줄을 샀다. — I bought two rolls of stamps.
- 친구에게 편지를 부쳤다. — I mailed a letter to my friend.
- 편지를 우체통에 넣었다. — I put the letter in the mailbox.
- 편지를 속달로 보냈다. — I sent a letter express.
  I sent a letter by express mail.
- 전보를 보냈다. — I sent a telegram.
- 항공 우편으로 보냈다. — I sent it by air mail.
- 배편으로 보냈다. — I sent it by ship.
- 항공 우편 요금이 꽤 비쌌다. — The airmail postage was quite expensive.
  * postage 우편 요금
- 편지를 등기로 보냈다. — I sent a letter by registered mail.
- 빠른 우편으로 보냈다. — I sent it by overnight mail.
- 책 몇 권을 소포로 보내 주었다. — I sent some books by parcel post.

• 소포의 내용물이 깨지지 쉬운 것이어서 "깨지기 쉬운 것"이라고 표시했다.	The contents of the package were fragile, so I marked it "FRAGILE". * fragile 깨지기 쉬운, 망가지기 쉬운
• 소포를 보내는데 가장 빠른 방법을 물어 보았다.	I asked them what was the fastest way to send my package.
• 항공편으로 ~까지 1주일 후면 도착할 거라고 했다.	They said that it would get to ~ by airmail about a week later.
• 무게를 재기 위해 소포를 저울 위에 올려놓았다.	I put my package on the scale to weigh it.
• 무게가 1kg이었다.	It weighed 1 kilogram.
• 1 kg까지는 ~원이다.	It costs ~ won for up to 1 kilogram. * up to ~까지
• ~를 우편환으로 바꾸었다.	I bought a money order for ~.
• 우편환을 그에게 보내 주었다.	I sent him the postal money order.

이메일 친구

• 이메일 친구 간의 편지를 통해 우리는 서로에 대해, 그리고 서로의 나라에 대해 배울 수 있다.	Through letters between e-pals, we learn about each other and about each other's countries. * e-pal 이메일을 주고받는 친구
• 이메일 편지를 씀으로써 새 친구도 사귀고 영어 실력도 향상시킬 수 있다.	By writing e-mail letters, I can make new friends and improve my English.
• 나는 미국인 이메일 친구가 있다.	I have an American e-pal.
• 그의 메일 주소를 주소록에 추가했다.	I added his e-mail account to my contacts list.
• 나는 외국인 이메일 친구와 약 2년 동안 메일을 주고받았다.	I have corresponded with my foreign e-pal for about 2 years.
• 우리는 거의 매일 인터넷으로 서로 연락을 주고받는다.	We communicate with each other on the Internet almost every day.
• 나는 때때로 인터넷에서 그와 채팅하기도 한다.	Sometimes I chat with him on the Internet.
• 외국 친구가 있다는 것은 매우 흥미로운 일인 것 같다.	Having a friend from abroad sounds very interesting.
• 매일 아침마다 이메일을 확인한다.	I check my e-mail every morning.
• 집에 오자마자 이메일을 확인했다.	As soon as I came home, I checked my e-mail.
• 그가 그의 사진을 첨부해 보냈다.	He attached his pictures to my e-mail.
• 요즘은 너무 바빠서 이메일을 확인할 시간도 없다.	These days I am so busy that I have no time to check my e-mail.

- 나는 오늘 처음으로 이메일 친구에게 메일을 받았다. Today I got an e-mail from an e-pal for the first time.
- 1주일에 두 번 정도 이메일을 쓴다. I send e-mails about twice a week.
- 이메일 친구로부터 메일을 받으면 기분이 좋다. I feel good when I get an e-mail from my e-pal.
- 오늘은 이메일 친구로부터 좋은 소식을 들어서 기분이 좋았다. Today I heard good news from my key pal, so I was happy.
- 내 이메일 친구는 그 나라의 음식 문화에 대한 이야기를 많이 쓴다. My e-pal writes a lot about the food culture of his country.
- 나는 이메일 친구에게 선물을 하나 보내 주었다. I sent my e-pal a present.
- 앞으로 언젠가 ~에 가서 내 이메일 친구를 만나고 싶다. I want to go to ~ and see my e-pal someday in the future.
- 그의 이메일을 받자마자 답장을 썼다. I replied as soon as I received his e-mail.
- 그에게 답장을 보냈다. I wrote back to him.
- 이메일 전송이 계속 실패되었다. My e-mail account kept failing to send messages.
- 첨부파일이 용량 제한을 초과했다. The attached file exceeded the file size limit.
- 그에게 보낸 이메일이 반송되었다. The e-mail that I had sent to him has returned.
- 숙제로 너무 바빠서 답장을 못 썼다. I have been so busy with my homework, so I couldn't reply.
- 가능한 한 빨리 그의 소식을 듣고 싶다. I hope to hear from him as soon as possible.
- 며칠 동안 메일 확인을 못했다. I didn't check my e-mail for a few days.
- 그에게 간단하게나마 몇 줄 써 보내야겠다. I will drop him a line.
  * drop ~ a line 글을 몇 줄 써서 보내다
- 그에게 최근의 내 생활에 대해 적어 보냈다. I sent him a message about the latest events in my life.

휴대폰

- 현대 사회에서 휴대폰은 필수품이 된 것 같다. Cell phones seem to be a necessity in modern society.
- 내가 장학금을 타면, 우리 부모님께서 선물로 휴대폰을 사 주신다고 하신다. My parents say that when I receive a scholarship, they will buy me a cell phone.
- 나는 휴대폰이 없다. I don't have a cell phone.
- 내 휴대폰은 구형이어서 새 휴대폰으로 바꾸고 싶다. My cell phone is outdated, so I want to buy a new one.
  * outdated 시대에 뒤떨어진, 구식의
- 새 휴대폰을 갖게 되었다. I got a brand new cell phone.

• 나는 폴더 휴대폰을 가지고 있다.	I have a flip phone.
• 내 휴대폰은 64화음이다.	The ringer on my cell phone has 64 options. * option 옵션, 추가선택
• 다기능 휴대폰을 갖고 싶다.	I want to have a multifunctional cell phone.
• 휴대폰 회사를 바꾸려고 한다.	I am going to change my cell phone service provider.
• 나는 중요한 전화를 꼭 받기 위해 항상 휴대폰을 가지고 다닌다.	I carry my cell phone at all times so that I won't miss important calls.
• 휴대폰을 이용해서 게임이나 스케줄 관리 등과 같은 많은 일들을 한다.	By using my cell phone, I do many things such as playing games, making my schedule and so on.
• 그냥 시간을 보내야 할 때에도 휴대폰으로 내내 무언가를 한다.	Even when I have time to kill, I do something with my cell phone all the time.
• 나는 휴대폰에 중독된 것 같다.	I seem to be obsessed with my cell phone.
• 내 핸드폰은 어디에서나 잘 걸린다.	My cell phone works anywhere.
• 내 핸드폰은 무선 인터넷을 사용할 수 있다.	My cell phone has wireless Web access. * wireless 무선의 | access 접근
• 내 휴대폰으로 화상통화를 할 수 있다.	I can do video calls with my cell phone.
• 벨소리와 게임을 다운받았다.	I downloaded ring-tones and games.
• 나는 발신자 확인 서비스를 받는다.	I have caller ID service.
• 부재 중 전화가 왔다.	I had a missed call.
• 가끔은 발신자 번호가 뜨지 않는다.	Sometimes my phone doesn't show caller ID.
• 나는 착신 전환 서비스를 받는다.	I have call forwarding. * forwarding 회송, 발송, 전송
• 내 휴대폰으로 사진을 찍을 수 있다.	I can take pictures with my cell phone.
• 내 휴대폰은 받을 수만 있다.	I can only receive calls.
• 내 휴대폰은 발신만 된다.	My cell phone only dials out.
• 그가 수신자 부담 전화를 했다.	He called me collect. * collect 수신자 부담으로
• 전화 요금이 많이 나왔다.	I got a big phone bill.
• 나의 월 기본요금은 ~이다.	My monthly service rate is ~.
• 친구들에게 휴대폰으로 문자를 보냈다.	I sent my friends text messages with my cell phone.
• 휴대폰 메시지가 왔다.	I got a message on my phone.
• 벨소리를 줄였다.	I turned my ring-tone down.
• 수업시간에 벨이 울려 꾸지람을 들었다.	I was scolded because my phone rang during class.

• 수업 중에는 진동 모드로 바꾸어 놓았다.
I turned my cell phone to vibration mode during class.

• 벨소리를 껐다.
I turned my ring-tone off.

• 진동으로 설정하기 위해서는 샵 버튼을 누르고 잠시 있으면 된다.
I press and hold the pound key to set my cell phone to vibrate.
* pound key 휴대폰에 있는 #모양의 키

• 수업 시간 중이어서 휴대폰을 받을 수가 없었다.
I couldn't answer the phone because it was during class.

• 휴대폰으로 통화를 하고 있었다.
I was talking on my cell phone.

• 신호음이 들렸다.
I heard a dial tone.

• 전화를 걸었다.
I dialed the number.

• 누군가가 전화를 받았다.
Someone answered the phone.

• '여보세요'하면서 전화를 받았다.
I answered the phone by saying 'hello.'

• 인사를 하고 내가 누구인지 밝혔다.
I said hello and identified myself.
* identify ~라고 신원을 밝히다

• 전화가 통화 중이었다.
The line was busy.

• 아마 그는 전화를 계속하고 있는 모양이었다.
He was probably hogging the phone.
* hog 게걸스레 먹다, 전화기를 오래 잡고 있다

• 그와 전화 통화가 되지 않았다.
I couldn't get through to him by phone.

• 그의 휴대폰에 음성 메시지를 남겼다.
I left a voice message on his cell phone.

• 그의 전화를 기다리고 있었다.
I was expecting his call.

• 그의 전화번호를 잊어버려서 그에게 연락을 할 수가 없었다.
I couldn't contact him because I had lost his phone number.

• 그의 전화번호를 전화번호부에서 찾아보았다.
I looked up his phone number in the phone book.
* look up (사전 · 전화번호부 등을) 찾아보다

• 그녀가 나에게 그의 전화번호를 알려 주었다.
She told me his number.

• 그녀의 전화번호를 내 휴대폰에 저장했다.
I saved her phone number on my cell phone.

• 친구의 휴대폰을 빌려 썼다.
I borrowed my friend's cell phone.

• 공중전화를 사용했다.
I used a pay phone.

• 전화를 잘못 건 것 같았다.
I seemed to dial the wrong number.

• 내가 모르는 사람이 전화를 받았다.
I didn't know the person who answered the phone.

• 그는 내가 전화를 잘못 걸었다고 했다.
He said that I had the wrong number.

• 죄송하다고 말하고 전화를 끊었다.
I apologized and hung up.

• 다시 한 번 걸었다.
I tried dialing again.

- 그가 받을 때까지 계속 전화를 했다. I kept calling until he answered his phone.
- 그는 전화를 오래 하는 경향이 있다. He tends to talk too long on the phone.
- 통화 내역을 확인해 보았다. I checked my phone records.

셀리켓을 지키자!

셀리켓(celliquette)은 cell phone과 etiquette의 합성어로, 공공장소에서의 휴대폰 사용 에티켓을 뜻하는 말입니다. 아직도 회의나 수업 중에 휴대폰 발신음을 들리게 하거나, 지하철이나 영화관에서도 큰 목소리로 통화를 하고, 또한 여럿이 함께하는 장소에서 이어폰 없이 휴대폰 스피커로 DMB를 보거나 게임을 하는 사람들이 많죠. 이런 사람들에게 필요한 것이 바로 celliquette입니다.

휴대폰 문제

- 잡음이 많이 났다. My phone made a lot of noise.
- 배터리가 다 돼가고 있다. The battery is getting low.
- 배터리가 다 되었다. The battery was dead.
- 배터리 교환이 필요했다. The battery needed changing.
- 배터리 충전이 필요했다. The battery needed charging.
- 배터리를 미리 체크했어야 했다. I should have checked the battery in advance.
  * in advance 미리, 앞당겨
- 배터리 충전하는 것을 잊었다. I forgot to charge the battery.
- 전화가 갑자기 끊어졌다. Suddenly the phone was disconnected.
- 연결이 끊어졌다. I was disconnected.
- 전화가 갑자기 연결이 안 되었다. The phone went dead suddenly.
- 전화가 갑자기 먹통이 되었다. The phone stopped working all of a sudden.
- 전화가 혼선되었다. The phone lines were crossed.
- 전화 연결이 잘 되지 않았다. There was a bad connection.
- 전화를 떨어트려서 액정이 망가졌다. I dropped my phone, so the LCD was ruined.
  * LCD(=liquid crystal display) 액정 표시기
- 휴대폰 스팸문자에 질렸다. I am sick of cell phone spam mail.
- 장난 전화가 계속 온다. I've been getting prank calls.
- 장난 전화가 많아서 나는 전화를 골라 받는다. I screen my calls, because there are many prank calls.

전화를 받을 때는 answer

'전화를 받다'라는 표현을 receive the phone이라고 표현하면 누가 던져 준 전화기를 받는다는 의미가 됩니다. 전화기 벨이 울려 전화를 받는 경우는 answer the (phone) call, get the (phone) call이라고 해야 합니다. 또한 문에서 초인종 소리가 날 경우 누가 왔는지 가보는 것도 동사 answer를 사용하여 answer the door라고 표현합니다.

컴퓨터

- 요즈음은 컴퓨터를 쓸 줄 아는 능력이 필수적이다.
  These days, it's necessary to be computer literate.
  ⋆ literate 읽고 쓸 수 있는
- 요즈음은 컴퓨터가 필수품인 것 같다.
  A computer seems to be a must lately.
- 시대의 흐름에 뒤쳐지지 않기 위해 컴퓨터 사용법을 배웠다.
  I learned how to use computers so as not to be behind the times.
- 컴퓨터가 학습을 쉽게 해 주어 자주 사용한다.
  I use computers often because they facilitate learning.
  ⋆ facilitate 용이하게 하다, 쉽게 하다
- 나는 장래에 웹 사이트 디자이너가 되고 싶다.
  I want to be a web site designer in the future.
- 대학에서 컴퓨터를 전공하고 싶다.
  I want to major in computers at university.
- 컴퓨터는 우리가 할 수 있는 많은 일들을 도와준다.
  Computers help us with many things that we can do.
- 컴퓨터를 사용함으로써 우리는 은행일 같은 많은 일을 할 수 있다.
  By using a computer, we can do a lot of things such as Internet banking.
- 인터넷으로 정보를 검색하고 쇼핑을 하고 메시지도 보낼 수 있다.
  I can search for information, go shopping and send messages on the Internet.
- 부모님께서 새 컴퓨터를 사 주셨다.
  My parents bought me a new computer.
- 그는 주변기기까지 모두 사느라 많은 돈을 지불했다.
  He paid a lot of money to buy all the extras.
- 내 컴퓨터는 모니터가 26인치 LCD이다.
  My computer has a 26-inch LCD monitor.
- 컴퓨터를 사용할 때 명심해야 할 몇 가지가 있다.
  There are a few things we should keep in mind when using our computer.
  ⋆ keep in mind 명심하다, 유념하다
- 액체는 컴퓨터로부터 멀리 놓아야 한다.
  We should keep liquids away from our computer.
  ⋆ liquid 액체
- 항상 일정한 간격으로 작업한 것을 저장해야 한다.
  We had better always save work at regular intervals.

• 작업한 것을 플로피 디스크나 다른 저장 매체에 백업해 두는 것이 좋다. It's better to back up the work, either on floppy disks or other storage media.

• 어떤 케이블을 연결 혹은 분리하기 전에 전원을 꺼야 한다. We should turn off the power before connecting or disconnecting any cables.

• 전원을 끄기 전에 시스템 종료 명령을 내리는 것이 좋다. It's better to use the shut-down command before turning off the power.
* shut-down 폐쇄, 중단 | command 명령

• 프린터를 컴퓨터에 연결시켰다. I hooked my computer up to the printer.
* hook ~ to ... ~를 …에 연결하다

• 컴퓨터에 새로운 프로그램을 설치했다. I loaded a new program on the computer.

• 약 10메가바이트의 공간이 남아 있다. I have about 10 megabytes of space left.

• 내가 필요한 정보를 프린트해 두었다. I printed out the information that I needed.

인터넷으로 ~

'인터넷으로'라는 표현은 on the Internet이라고 하지만, online으로도 표현하는데, 이는 형용사나 부사로 사용됩니다. '인터넷 게임을 했다'라고 하려면 I played games on the Internet. 또는 I played online games.라고 할 수 있습니다.

컴퓨터광

• 나는 컴퓨터 하는 것을 무척이나 좋아한다. I love to work on my computer.

• 나는 컴퓨터광이다. I am a computer enthusiast.
* enthusiast 열광자

• 나는 컴퓨터에 중독된 것 같다. I seem to be addicted to the computer.

• 나는 다른 어떤 것보다 컴퓨터에 관심이 많다. I am more interested in computers than anything else.

• 웹 사이트 디자인에 특별한 관심이 있다. I have a special interest in web site design.

• 집에 있을 땐 항상 컴퓨터 앞에 앉아 있는다. When I stay at home, I always sit in front of the computer.

• 나는 컴퓨터에 대해 많은 것을 알고 있다. I know a lot about computers.

• 나는 컴퓨터에 관한 한 누구에게도 뒤지지 않는다. I am second to none as far as computers are concerned.
* second to none 어느 누구에게도 뒤지지 않는

• 나는 컴퓨터에 관련된 것을 개발하고 싶다. I want to develop things related to computers.

• 우리 부모님들은 내가 매일 컴퓨터를 하느라 몇 시간씩 보내는 것을 원치 않으신다. My parents don't want me to spend several hours each day working on my computer.

- 컴퓨터 게임은 재미있고 흥미롭다. Computer games are very interesting and exciting.
- 나는 컴퓨터에 능숙하다. I am accustomed to computers.
  * be accustomed to ~에 익숙하다, 능숙하다
- 나는 컴퓨터를 잘한다. I am good at computers.
- 나는 컴퓨터를 능숙하게 다룬다. I am proficient at operating the computer.
  * proficient 숙달된, 능숙한
- 나는 진짜 컴퓨터 도사다. I am a real computer whiz.
- 나는 컴퓨터의 암호도 풀 수 있다. I can even break codes.
- 나는 활동적인 취미나 놀이보다 컴퓨터 게임 하는 것을 더 좋아한다. I prefer playing on a computer to active hobbies and other pastimes.
- 내가 제일 좋아하는 컴퓨터 게임은 스타 크래프트이다. My favorite computer game is Star Craft.
- 컴퓨터를 하면 시간이 너무 빨리 지나가는 것 같다. I feel that time goes by so fast when I work on the computer.
- 컴퓨터 게임을 하느라 너무 많은 시간을 낭비 했다. I wasted a huge amount of time playing computer games.
- 컴퓨터에 보내는 시간이 많아졌다. The time I spend on the computer increased.
- 나는 하루 종일 컴퓨터에 붙어 있었다. I was glued to the computer all day.
  * be glued to ~에 붙어 있다
- 컴퓨터 앞에 너무 오래 앉아 있어서 허리가 아팠다. Since I sat at my computer for so long, I got a backache.
- 컴퓨터에 붙어 있는 학생들은 자세가 나빠지게 되고, 이로 인해 나중에 요통이 생기게 될 것이다. Computer-bound students develop poor posture which will lead to back pain in later years.
  * posture 자세, 태도
- 게임을 하느라 밤늦게까지 잠을 못 자기도 한다. Sometimes I stay up late playing games.
- 나는 컴맹이다. I am computer-illiterate.
  * illiterate 읽고 쓰지 못하는, 문맹의, 무식한
- 컴퓨터에 관한 것은 아무것도 모른다. I am ignorant when it comes to computers.
  * ignorant 무지한, 무식한 | when it comes to ~에 관한 한
- 컴퓨터를 어떻게 작동시키는지 모른다. I don't know how to operate a computer.

인터넷

- 나는 인터넷 탐색하는 것을 즐겨 한다. I enjoy surfing the Internet.
- 적어도 하루에 한 번은 인터넷에 접속한다. I log on to the Internet at least once a day.
- 가끔은 하루 종일 인터넷 서핑을 한다. Sometimes I surf the Internet all day long.

- 인터넷에서 무료로 영화를 다운받았다. I downloaded a free movie from the Internet.
- 무료로 이용할 수 있는 백신 프로그램을 찾아보았다. I looked for an available free antivirus software.
- 스팸을 차단하는 프로그램을 설치했다. I installed a program to block spam.
  * install 장치하다, 설치하다
- 설치가 끝난 후, 컴퓨터를 다시 부팅했다. After the installation was complete, I restarted the computer.
- 인터넷 정보 중 반 이상이 영어로 되어 있다. Over half the information on the Internet is written in English.
- 나는 인터넷 전용선을 사용하는데 속도가 매우 빠르다. I use broadband which is so fast.
  * broadband 인터넷 전용선
- 내 컴퓨터는 인터넷 서핑을 하기에 너무 느리다. My computer is very slow for Internet surfing.
- 인터넷 전용선에 문제가 있는 것이 틀림없다. There must be a problem with my broadband connection.
- 인터넷 접속이 자주 끊긴다. I often get disconnected from the Internet.
- 로그인을 했다. I logged in.
- 로그아웃을 했다. I logged out.
- 아이디와 비밀번호를 잊어버렸다. I forgot my ID and password.
- 때때로 친구들과 인터넷에서 채팅을 한다. Sometimes, I chat with my friends on the Internet.
- 나는 인터넷에 글을 올리는 것을 좋아한다. I like to post messages online.
- 게시판에 글을 올렸다. I posted a message on the board.
  * post 붙이다, 게시하다
- 그녀는 인터넷 쇼핑몰을 운영한다. She runs an Internet shopping site.
- 인터넷 동호회에 가입했다. I signed up for an Internet community.
- 그에게 컴퓨터로 이메일 보내는 방법을 알려 줬다. I showed him how to send e-mails.
- 집에서는 컴퓨터를 못하게 해서 PC방으로 갔다. I went to an Internet cafe because I wasn't allowed to use the computer at home.
- 나중에 방문하려고 그 사이트를 즐겨찾기 해 놓았다. I saved the web site as a favorite to visit later.
- 인터넷의 유익한 사이트를 잘 이용하면 도움이 많이 된다. It's very helpful when we use useful sites on the Internet.
- 인터넷 서핑을 하느라 밤을 새고 말았다. I ended up staying up all night surfing the Internet.
  * end up ~ing 결국에는 ~가 되다
- 나는 인터넷이 없으면 불안하다. I feel uneasy without the Internet.

• 인터넷이 잘 안 되면 정말 불편하다. — It is so inconvenient when the Internet doesn't work properly.

회사 내에서만 통하는 인터넷

internet은 전 세계적으로 통하는 연결망이지만, 회사나 어떤 조직 내에서만 연결되어 운영되는 네트워크는 intranet이라고 합니다.

홈페이지 · 블로그

• 내 홈페이지가 있다. — I have my own homepage.

• 새 홈페이지를 만들었다. — I created my new homepage.

• 내 홈페이지에 멋진 사진과 좋은 글들을 올렸다. — I posted nice pictures and text on my homepage.

• 지난 주에 내 홈페이지를 업데이트했다. — I upgraded my homepage last week.

• 네이버에 블로그를 개설했다. — I opened a blog on NAVER.

• 나는 블로그 관리하는 것을 즐겨한다. — I enjoy maintaining my blog.

• 블로그 관리하는 게 쉬운 일이 아니다. — It's not easy to maintain my blog.

• 나는 여행 사진들과 그 느낌을 글로 적어 블로그에 올렸다. — On my blog I posted my pictures and reflections on the feelings I had on my trips.

• 각 사진에는 내가 좋아하는 음악을 함께 올렸다. — I posted each picture with my favorite music.

• 누군가 내 블로그에 악플을 달아 놓았다. — Someone wrote malicious comments on my blog.

• 그가 나에게 쪽지를 보냈다. — He sent me an online note.

• 나는 가끔 그의 블로그에 가본다. — I sometimes visit his blog.

• 그의 블로그 사진첩에서 그의 사진을 볼 수 있었다. — I could see his pictures on his blog galleries.

• 그의 블로그 방명록에 글을 남겼다. — I posted a message on the guest book of his blog.

• 그가 나의 댓글에 답글을 썼다. — He posted his reply to my comment.

• 네이버에 이메일 계정을 만들었다. — I created an email account with NAVER.

• 나는 매일 아침 포털 사이트의 신문기사를 읽는다. — I read news articles on portal sites every morning.

• 가끔은 인터넷 기사의 댓글을 읽는다. — I often read comments about articles online.

컴퓨터 고장

• 컴퓨터가 갑자기 느려졌다.	My computer was suddenly slowing down.
• 틀림없이 뭔가 문제가 있었다.	Something must have been wrong with it.
• 마우스가 제대로 작동이 안 됐다.	The mouse was not working.
• 오류 메시지가 떴다.	An error message popped up.
• 컴퓨터 화면이 정지되었다.	The screen was frozen.
• 내 컴퓨터가 다운되었다.	My computer was down. My computer was frozen.
• 내 컴퓨터가 고장 났다.	My computer was not working. My computer was on the blink. My computer crashed. My computer broke down.
• 시스템에 문제가 있는 것 같았다.	The system seemed to have a failure.
• 컴퓨터를 껐다가 다시 켜 보았다.	I tried turning the computer off and on.
• 컴퓨터 부팅이 되지 않았다.	I couldn't boot up the computer.
• 시스템을 다시 부팅해 보았다.	I tried rebooting the system.
• 바이러스를 체크해 보았다.	I checked for a virus.
• 내 컴퓨터가 바이러스에 걸렸다.	My computer got a virus.
• 백신 프로그램을 작동시켜 바이러스를 없앴다.	I ran antivirus software and got rid of the virus.
• 내 컴퓨터에 뭔가 이상이 있는 것 같았다.	I thought there was something wrong with my computer.
• 바이러스가 내 파일을 모두 지워버렸다.	The virus erased all my files.
• 컴퓨터가 고장 나서 파일을 모두 잃어버렸다.	The computer crashed, so I lost all my files. * crash 망가지다, 고장 나다
• 컴퓨터는 유용하지만 때때로 문제를 일으키기도 한다.	Computers are useful, but sometimes they cause some problems.
• 무엇이 문제인지 수리 센터에 전화로 문의했다.	I made a call to a service center to ask what the problem was.
• 내 컴퓨터는 하드웨어가 문제였다.	My computer had a hardware problem.
• 하드 드라이브를 다시 포맷해야 했다.	I had to reformat my hard drive.
• 컴퓨터를 수리해야 했다.	The computer needed to be fixed.
• 컴퓨터를 수리시켰다.	I had my computer repaired.
• 프로그램을 모두 다시 깔았다.	I reloaded all the programs.

- 컴퓨터를 수리하는 데 많은 비용이 들었다. It cost me a lot to have my computer repaired.
- 컴퓨터를 자주 점검해야겠다. I need to check the computer often.
- 프린터에 종이가 걸렸다. The printer was jammed.
- 프린터의 토너가 떨어졌다. The printer was out of toner.
- 글씨가 흐릿하게 나왔다. The letters came out fuzzy.
  * fuzzy 분명치 않은, 희미한
- 토너를 갈아야 했다. I had to replace the toner.

컴퓨터를 수리시켰다

다른 사람에게 어떤 일을 시켰다는 문장을 쓸 때는 '~에게 -하도록 하다, 시키다'의 의미를 가진 사역동사로 표현합니다. 이 사역동사로는 make, have, let 등이 있는데 이 동사들은 목적어와 동사의 관계가 능동의 관계이면 목적보어로 동사원형을, 수동의 관계이면 과거분사를 쓸 수 있죠. make는 강제성을 띤 경우가 많으며, have는 요구, 요청의 의미, let은 허락의 의미로 주로 사용됩니다. 그래서 컴퓨터를 수리시켰다면 have를 사용하여 I had my computer repaired.라고 써야 합니다.

06 은행 BANKING

돈

- 돈이면 다 해결된다. Money talks.
  Money is everything.
- 나는 돈을 많이 벌고 싶다. I want to earn a lot of money.
- 돈은 저절로 생기는 것이 아니다. Money doesn't grow on trees.
  * grow on trees 손쉽게 얻다
- 돈 없이는 살아갈 수 없다. We can't get along without money.
  * get along 잘 지내다
- 나는 낭비를 심하게 하는 사람이 되지 않도록 노력하고 있다. I try not to be a spender.
- 돈을 지혜롭게 쓰는 것이 중요하다. It is important to spend money wisely.

• 나는 가계 수입과 지출을 맞추려고 노력한다. | I try to balance the household budget.
* balance 균형을 맞추다 | household 가족의, 가사의 | budget 예산, 생활비

• 행복은 꼭 돈과 함께 오는 것은 아니다. | Happiness doesn't necessarily come from money.
* not ~ necessarily 반드시 ~한 것은 아니다

• 쉽게 번 돈은 쉽게 나간다. | Easy come, easy go.

돈이 많으면 좋은 점

Being without money doesn't automatically make someone unhappy, but neither does having money guarantee happiness. However, money can do one thing for us: it can give us more freedom to choose how we use our time. (돈이 없다는 것은 자동적으로 누군가를 불행하게 만들지 않지만 돈이 있다는 것 또한 행복을 보장해 주는 것은 아니다. 그러나 돈이 우리를 위해 해 줄 수 있는 한 가지가 있는데, 그것은 돈이 우리가 시간을 어떻게 쓸 것인지 선택하는 데 있어 보다 많은 자유를 줄 수 있다는 것이다.)

용돈

• 나는 한 달에 한 번 용돈을 받는다. | I get a monthly allowance.
I get pocket money once a month.
* allowance(=pocket money) 용돈

• 우리 부모님은 나에게 용돈으로 1주일에 ~원을 주신다. | My parents give me ~ won a week for my allowance.

• 나의 한 달 용돈은 평균 ~원이다. | My monthly allowance is ~ won on average.
* on average 평균적으로, 대략

• 내 용돈은 내가 번다. | I earn my own pocket money.

• 용돈을 받기 위해서 부모님의 구두를 닦아 드렸다. | I polished my parents' shoes to get my allowance.

• 나는 부모님을 도우면서 용돈을 번다. | I earn my own pocket money by helping my parents.

• 용돈을 벌기 위해 아르바이트를 한다. | I work part-time to make some money.

• 용돈을 위해 매일 아침 신문을 배달한다. | I deliver newspapers every morning for my pocket money.
* deliver 배달하다

• 용돈을 다 써버렸다. | I spent all my allowance.

• 용돈이 다 떨어졌다. | I ran out of allowance.

• 용돈이 바닥났다. | I ran short of my allowance.

• ~원으로 며칠을 지내야 한다. | I have to live on ~ won for several days.

- 나는 부모님께 용돈이 너무 적다고 불평했다. I complained to my parents that my allowance was too small.
- 부모님께 용돈을 더 달라고 졸라댔다. I pressed my parents for more allowance.
- 부모님께 용돈을 미리 달라고 부탁드렸다. I asked my parents for my allowance in advance.
- 기꺼이 내게 돈을 주셨다. They were willing to give me some money.
  * be willing to+**동사원형** 기꺼이 ~하다

돈이 부족하다

- 나는 돈 씀씀이가 너무 헤프다. I am too much of a spender.
- 그는 정말 씀씀이가 큰 사람이다. He is a real big spender.
  * big spender 통이 큰 사람, 씀씀이가 헤픈 사람
- 나는 돈에 쪼들리고 있다. I am pressed for money.
- 나는 돈이 궁하다. I am distressed about money.
  * distressed 가난한, 고뇌에 찬
- 주머니 사정이 좋지 않았다. My purse was half full.
  My purse was half empty.
- 나는 돈이 부족했다. I fell short of money.
  I ran short of money.
- 현금이 모자랐다. I came short on cash.
- ~원이 부족했다. I was ~ won short.
- 돈이 충분하지 않았다. My money was insufficient.
  My money was not enough.
  * insufficient 불충분한
- 우리 집은 형편이 넉넉하지 않다. My family is not affluent.
  * affluent 유복한, 풍부한
- 우리 집은 그리 부유하지 않다. My family is not well-off.
  * well-off 부자인, 부유한
- 생활비가 오르고 있다. The cost of living has increased.
- 우리 집은 예전보다 살림이 더 어려운 것 같다. My family seems to be on a tighter budget than before.
- 이런저런 일로 돈이 필요했다. I needed money for this and that.
- 돈이 없어 그것을 살 수 없었을 때 비참한 생각이 들었다. I felt miserable when I couldn't buy it since I had no money.
- 현금이 모자란 걸 알고서 멋쩍은 생각이 들었다. I felt awkward to find myself short of cash.
  * awkward 서투른, 곤란한, 멋쩍은

- 친구를 속여 돈을 빼앗고 싶지는 않았다. I didn't want to cheat my friends out of their money.
  * cheat ~ out of ... ~를 속여서 …를 빼앗다
- 그는 나를 속여 돈을 가져갔다. He swindled some money out of me.
  * swindle ~ out of ... …에게서 ~를 속여 빼앗다
- 부정한 방법으로 돈을 얻고 싶지는 않다. I don't want to get money by wrong means.
- 분수에 맞는 생활을 할 것이다. I will cut my coat according to my cloth.
  * according to ~에 따라

파산하다

- 나는 돈을 척척 잘 쓴다. I am generous with money.
- 빚보증을 서서 많은 돈을 잃었다. I guaranteed a loan and lost a lot of money.
- 돈이 한 푼도 없다. I don't have a penny.
- 호주머니에 돈이라고는 한 푼도 없었다. There was not a single penny in my pocket.
- 나는 파산했다. I have gone bankrupt.
  * go bankrupt 파산하다
- 완전히 파산했다. I am flat broke.
  I am completely broke.
- 빚을 갚으니 한 푼도 남지 않았다. After I paid my debts, I was left penniless.
  * debt 빚 | penniless 무일푼의

빈털터리

낭비벽이 심해서든 사업에 실패해서든 파산을 하게 되면 한 푼도 없는 무일푼이 되므로, I am penniless.라고 합니다. 이처럼 빈털터리가 되었음을 나타내는 또 다른 말로 lose one's shirt라는 표현이 있습니다. 이는 기본적으로 입어야 할 셔츠까지 잃어버리게 되었다는 말로, 가진 게 아무것도 없다는 것을 나타내는 표현입니다.

돈 빌리기

- 친구에게 돈을 빌렸다. I borrowed some money from a friend of mine.
- 그가 나에게 약간의 돈을 꾸어 주었다. He loaned me some money.
  * loan 빌려 주다
- 돈을 곧 돌려 주겠다고 그에게 약속했다. I promised him that I would pay it back soon.
- 그는 나에게 ~원을 꾸어 갔다. He borrowed ~ won from me.
- 갚겠다는 다짐을 받고 그에게 돈을 빌려 주었다. I lent him money on the promise that he would pay it back.

• 일주일 이내로 되돌려 주겠다는 조건 하에 그에게 돈을 빌려 주었다.

I lent him some money on the condition that he would return it in a week.

• 나는 그에게 ~원의 빚이 있다.

I owe him ~ won.

* owe 빚지다

• 가능한 한 빨리 빚진 것을 갚으려고 한다.

I will try to pay back what I owe as soon as possible.

• 돈이 없어서 빚 갚는 것을 미루어야 했다.

I had to put off paying my debt because I had no money.

• 빚에서 벗어날 방법을 찾을 길이 없다.

I can't find a way to get out of debt.

• 빚이 눈덩이처럼 불어나고 있다.

My debt is snowballing.

• 다시는 빚지지 않을 것이다.

I will never get into debt again.

* get into debt 빚지다

빌리다

무언가를 빌릴 때 다른 사람에게 빌려 주는 것은 lend, 다른 사람으로부터 빌려 오는 것은 borrow로 표현합니다. 은행에서 계약에 의해 돈을 빌려 주는 경우는 loan으로도 나타낼 수 있는데, 대출을 받는 경우는 take out a loan이라고 합니다. 자동차나 집을 임대하여 빌리는 것은 rent, 정식 계약을 하고 집이나 장비 등을 비교적 장기간 빌리는 경우는 lease라고 합니다.

돈이 많다

• 돈이 많다.

I have a lot of money.
I am loaded.
I have loads of money.

• 우리 집은 형편이 넉넉하다.

My family is rich.
My family lives well.
My family is well off.

• 나는 경마에 돈을 걸었다.

I bet on horse races.

* bet on (내기 등에) 돈을 걸다

• 나는 자선 단체에 돈을 아낌없이 냈다.

I gave money freely to charities.

* freely 마음대로, 아낌없이 | charity 자선, 자선 단체

• 나는 비싼 물건을 사는 데 돈을 썼다.

I spent the money on expensive things.

• 나는 돈이 남아돌 만큼 많다.

I have money enough to burn.
I have more money than I can spend.

• 그는 막대한 재산을 가지고 있다.

He has an enormous fortune.

• 종종 그는 자신의 재산을 과시하려는 경향이 있다.

He often tends to show off his fortune.

* show off 자랑해 보이다 | fortune 행운, 재산

저축

- 매달 돈을 모은다. I save some money every month.
- 매달 저축을 한다. I put aside some money every month.
  * put aside 따로 모으다, 따로 챙기다
- 수입 중 많은 부분을 저축한다. I save much of my income.
- 수입의 반 이상을 저축하려고 한다. I am going to save more than half my income.
- 지출을 줄이려고 노력한다. I try to cut down on my expenditures.
  * expenditure 경비, 지출
- 저축을 좀 늘여야겠다. I need to increase my savings.
- 나는 일하여 부지런히 저축한다. I work and scrape by.
  * scrape by 긁어모으다, 저축하다
- 매달 조금씩 돈을 저축했다. I have saved a little money every month.
- 선물을 사려고 돈을 모았다. I raised money to buy a present.
- 나는 돈을 많이 소비하고 저축을 하지 않았다. I spent a lot of money, so I didn't save.
- 생활도 거의 꾸려 나갈 수 없어서 저축은 할 수가 없다. I can hardly make a living, so I can't save money.
  * hardly 거의 ~ 않다 | make one's living 생계를 꾸리다

저축의 필요성

- 앞날을 위해 저축해야 한다. We should save money for the future.
- 어려운 날을 대비하여 저축을 해야 한다. We should save up for a rainy day.
  * for a rainy day 만일의 경우를 대비하여
- 노후에 대비해서 저축을 해야 한다. We have to save money for our old age.
- 돈을 저축하는 것이 앞으로 있을 재정적인 어려움에 대비하는 것이라고 생각한다. I think saving money prepares us for financial hardships in the future.
  * financial 재정적인 | hardship 어려움, 역경
- 나는 유럽을 여행하기 위해 돈을 저축했다. I saved money in order to take a trip to Europe.

저축 계획

- 한 달에 ~원이라도 저축하고 싶다. I wish to save money even if it is only ~ won a month.
- 근검절약하고 저축하며 살아야 한다. We have to scrimp and save.
  * scrimp 절약하다

- 만일을 대비해서 용돈의 일부분이라도 따로 떼어 저축할 것이다. — I'll even put aside part of my allowance for a rainy day.
- 예산 내에서 쓰도록 할 것이다. — I'll stay within my budget.
- 나는 월급의 10%는 꼭 저축계좌에 예금해 둘 것이다. — I will put 10 percent of my salary into a savings account.
  * account 은행계좌
- 그것을 사려면 매달 백만 원씩 저축해야 한다. — I have to save one million won every month to buy it.
- 저축할 수 있을 때 저축하기로 결심했다. — I decided to save money while I could.
- 쓸데없는 것에 돈을 낭비하지 않을 것이다. — I won't waste our money on useless things.

계좌 만들기

- 은행은 오전 9시 30분에 개점한다. — The bank opens at 9:30 a.m.
- 은행에 사람이 많아서 줄을 서야만 했다. — The bank was crowded, so I had to stand in line.
- 우선 번호표를 뽑았다. — First of all, I took a number.
- 은행원이 새 통장을 만들기 위한 몇 가지 양식을 작성하라고 했다. — The teller asked me to fill out a few forms to make a new bankbook.
  * teller (은행의) 금전 출납 계원, 은행원
- 은행원이 내 신분증을 보여 달라고 했다. — The teller asked me to let her check my ID.
  * ID(=identification) 신분증, 신원 확인
- 나는 오늘 은행에 계좌를 개설했다. — I opened an account with the bank today.
- 정기 적금 계좌를 개설했다. — I opened an installment savings account.
- 은행원에게 어느 것이 이자가 가장 높은지 문의했다. — I asked the teller what had the highest interest.
  * interest 이자
- 내가 개설한 계좌의 이자율이 가장 높았다. — My new account has the highest interest rate.
  * rate 비율

은행원

은행에서 예금 및 출금을 담당해 주는 사람은 bank teller라고 하고, 일반 상점에서 물건 값을 계산하고 받는 사람은 cashier라고 합니다. 은행원을 대신하는 현금 자동 입출금기는 ATM이라고 하는데, 이는 Automatic Teller Machine의 첫 자입니다.

예금

• 은행에 돈을 예금했다.	I deposited some money in the bank. * deposit 맡기다, 예금하다
• 수입이 있을 때마다 예금을 한다.	I make a deposit whenever I get paid.
• 예금 용지를 작성했다.	I filled out a deposit slip. * fill out (서식 등을) 작성하다
• 계좌 번호와 예금할 금액을 적어 넣었다.	I filled it out by writing my account number and the deposit amount.
• 통장, 예금 용지와 함께 예금할 돈을 은행원에게 주었다.	I gave the teller my deposit with the bankbook and deposit slip.

출금

• 인출 용지를 작성했다.	I filled out a withdrawal slip. * withdrawal 인출, 철수, 취소, 동사는 withdraw(인출하다, 철회하다)
• 돈을 조금 인출했다.	I withdrew some money.
• 은행에서 저금을 인출했다.	I withdrew my savings from the bank.
• 은행에서 수표로 ~원을 인출했다.	I withdrew a check for ~ won at the bank.
• 만기가 된 적금을 인출했다.	I withdrew my account that had matured. * mature 만기가 되다
• ~를 사기 위해 은행 계좌에서 많은 돈을 인출했다.	I took a lot of money out of my bank account to buy ~.
• 통장에 돈이 충분히 남아 있지 않았다.	There wasn't enough money in my account.
• 부모님 생신 선물을 위해 저축해 둔 돈이 약간 있었다.	I had some money put aside for my parents' birthday present.
• 돈이 많이 남아 있지 않았다.	I didn't have much money left.
• 이제는 통장에 남아 있는 돈이 하나도 없다.	I have no money left in my account now.
• 이번 달은 예산 초과다.	I am over budget this month. * budget 예산, 운영비, 생활비
• 이번 달은 적자이다.	I am in the red this month. * in the red 적자인
• 이번 달은 흑자이다.	I am in the black this month. * in the black 흑자인

현금 자동 입출금기

- 돈을 좀 출금하려고 현금 자동 입출금기를 이용했다.
  I used the ATM to withdraw some money.
  * ATM(=Automatic Teller Machine) 현금 자동 입출금기
- 현금 자동 입출금기가 오프라인 상태였다.
  The ATM was off-line.
- 현금 자동 입출금기가 온라인 상태였다.
  The ATM was on-line.
- 카드를 현금 자동 입출금기에 통과시켰다.
  I slid my card on the ATM.
- 카드를 현금 자동 입출금기에 넣었다.
  I inserted my card into the slot on the ATM.
- 비밀번호를 입력했다.
  I entered my PIN number.
  * PIN(=Personal Identification Number) 은행이나 카드 이용 시 쓰는 비밀번호
- 필요한 금액을 입력했다.
  I entered the amount of money I needed.
- 현금 자동 입출금기에서 카드를 돌려받은 후 돈을 받았다.
  The ATM returned my card and then gave me the money.
- 자동 입출금기의 인출수수료가 너무 비쌌다.
  The withdrawal charge was so high when using the ATM.
- 현금 자동 입출금기에서 통장을 정리했다.
  I made the ATM check my bankbook.

비밀번호

은행이나 카드 이용할 때 사용하는 비밀번호는 password라고 하지 않습니다. password는 컴퓨터에서 로그인 할 때 쓰는 비밀번호를 일컫는 말이고, 은행이나 카드 이용 시 쓰는 비밀번호는 secret code 또는 PIN number라고 해야 합니다.

송금

- 부모님께 온라인으로 돈을 조금 부쳐드렸다.
  I remitted some money to my parents by a wire transfer.
  * remit 보내다, 우송하다, 송금하다 | by wire transfer 전산을 이용하여
- 그가 내 계좌로 ~원을 송금했다.
  He wired ~ won to my account.
  * wire 송금하다, 전보를 치다
- 돈을 엄마 계좌로 자동이체 시켰다.
  I had money automatically transferred to my mom's account.
- 입금이 되었는지 계좌를 확인했다.
  I checked my account to see if my money was deposited.
- 한 번 송금하는 데 수수료는 천원이 든다.
  They charge 1,000 won for each remittance.

• 인터넷으로 송금하면 송금 수수료를 내지 않는다.

When I send money online I don't pay charges for the remittance.
* remittance 송금, 송금액

은행 업무

• 은행에서 청구서의 금액을 냈다.
I paid the bills at the bank.

• 공과금을 냈다.
I paid my utility bills.
* utility bill 공과금

• 은행원에게 수표를 현금으로 바꾸어 달라고 했다.
I asked the teller to cash the checks.

• 내 은행 계좌의 잔고를 확인했다.
I checked the balance of my bank account.
* balance 잔고

• 잔고가 하나도 없었다.
My account was empty.

• 돈을 미화로 환전했다.
I exchanged some money for U. S. dollars.

• 오늘은 1달러가 ~원이다.
It is ~ won to one dollar today.

• 은행 계좌를 해지했다.
I closed my account.

• 집에서 폰뱅킹이나 인터넷 뱅킹을 이용하는 것이 더 편리하다.
It is more convenient to use phone banking or Internet banking at home.

공과금 종류

수도 요금	water bill	자동차세	automobile tax
전기 요금	electricity bill	재산세	property tax
전화 요금	phone bill	주민세	resident tax
도시가스 요금	natural gas bill		

신용 카드

• 신용 카드를 신청했다.
I applied for a credit card.

• 그 카드의 연회비는 ~이다.
The card's annual fee is ~.

• 나의 신용등급은 아주 높은 편이다.
My credit rating is pretty high.

• 나는 물건을 살 때 언제나 카드로 지불한다.
When I buy things, I always pay by credit card.

• 그 카드는 유효하지 않았다. The card was not valid.

• 내 카드의 신용한도는 5백만 원이다. The credit limit on my card is five million won.

• 이용한도까지 이미 다 써버렸다. I've run it up to the max.

• 카드 사용한도를 넘겼다. My credit card is maxed out.
* max out 한계를 넘어서다

• 어떤 상점은 신용 카드를 받지 않는다. Some stores don't accept credit cards.

• 카드로 현금 서비스를 받아야 했다. I had to borrow money on my card.

• 자동 입출금기에서 카드 현금 서비스를 받았다. I got a credit card cash advance at an ATM.

• 신용 카드 지불이 연체되어 있다. I'm behind in my credit card payments.
* be behind in ~이 밀리다

• 카드 대금을 연체하였다. I am falling behind on my bills.
* fall behind on ~를 연체하다

• 카드 대금을 지불할 여유가 없다. I can't afford to pay the bill.

• 나는 여기서 꿔서 저기다 메우곤 한다. I usually borrow from Peter to pay Paul.

• 카드대금을 돌려막기 하는 중이다. I'm robbing Peter to pay Paul.

• 신용 카드를 무분별하게 쓰지 말아야 한다. We shouldn't use credit cards thoughtlessly.
* thoughtlessly 생각 없이, 무분별하게

• 과도한 신용 카드의 사용은 결국에는 빚이 된다는 것을 명심해야 한다. We should keep in mind that our excessive credit card use becomes debt later.

• 신용 카드를 더 이상 사용하지 않으려고 카드를 가위로 잘라버렸다. I cut the credit card with scissors, so I wouldn't use it any more.

• 신용 카드를 해지시켰다. I canceled my credit card.

• 신용 카드를 분실했다. I lost my credit card.

• 분실 신고를 했다. I reported my lost card.

직불카드

사용 후에 그 다음 결제 일에 지불을 하게 되는 신용 카드는 credit card 또는 plastic이라고 하고, 카드를 사용할 때 통장에서 사용 금액이 지불되는 직불카드는 debit card 또는 cash card라고 합니다.

대출

• 대출을 받기 위해 대출 담당 직원과 상담했다. I consulted with the clerk in charge of the loans in order to get a loan.
* consult 상담하다, 상의하다 | in charge of ~를 맡고 있는

• 대출을 신청했다.	I applied for a loan.
• 대출 신청서를 작성했다.	I filled out the loan application form.
• 대출을 받기 위해 보증인이 필요했다.	I needed a guarantor for my loan.
• 삼촌이 보증을 서 주었다.	My uncle guaranteed the loan. My uncle cosigned the loan. * guarantee 보증하다, 보증인이 되다 | cosign 보증인으로서 서명하다
• 대출 신청 승인이 났다.	My loan was approved.
• 은행에서 대출을 받았다.	I took out a loan from the bank.
• 은행에서 대출을 해 주었다.	The bank loaned me some money.
• 집을 담보로 하여 돈을 대출받았다.	I got a loan against my house.
• 이자율이 연간 ~%이었다.	The interest rate was ~% per year.

07 절약 SAVING

근검한 생활

• 우리 부모님은 근검하신 분이다.	My parents are very thrifty.
• 엄마의 절약 때문에 우리 가족이 넉넉하게 살 수 있다고 생각한다.	I think that my family lives well because of my mom's frugality.
• 나도 절약하려고 노력한다.	I try to be economical.
• 우리 가족은 매우 검소하다.	My family is very thrifty.
• 우리 가족은 검소한 생활을 한다.	My family lives a frugal life. * frugal 검소한, 소박한
• 우리는 시간과 돈을 포함한 모든 것을 신중하게 사용하려고 노력한다.	We try to be prudent with everything including time and money. * prudent 신중한 | including ~를 포함하여

절약 관련 속담

Every penny counts.	한 푼의 돈도 가치가 있다.
Many a little makes a mickle.	작은 것들이 모여 큰 것을 만든다.
Waste not, want not.	낭비가 없으면, 부족함도 없다.
Save it for a rainy day.	만일의 경우를 대비하여 절약해라.

절약 방법

- 우리 가족은 가정에서 에너지를 절약하기 위해 여러 방법을 사용한다.
  My family uses various methods to save home energy.
- 백열등은 형광등으로 바꾸었다.
  I replaced incandescent light bulbs with fluorescent ones.
  ⋆ incandescent 백열의 | fluorescent 형광성의
- 일반 전구를 절전 전구로 바꾸었다.
  I replaced regular light bulbs with energy-saving ones.
- 사용하지 않는 곳의 전등은 항상 끈다.
  We turn off the light in the areas that we are not using.
- 우리는 에너지 절약이 되도록 고안된 가전제품을 사용한다.
  We use appliances designed to save energy.
  ⋆ appliance 가전제품
- 꼭 보아야 할 프로그램이 있을 때만 TV를 켠다.
  I turn on the TV only when I have a program to watch.
- 집안을 따듯하게 하거나 시원하게 할 때 에너지를 낭비하지 않도록 한다.
  We try not to waste energy in heating and cooling the home.
- 방에서 나올 때는 반드시 에어컨이나 난방기를 끈다.
  When I go out of a room, I make sure to turn off the air conditioner or the heater.
- 냉장고 문을 오래 열어 두지 않는다.
  We don't leave the refrigerator door open.
  ⋆ leave ~ **형용사** ~를 …한 상태로 두다
- 냉장고에 너무 많은 음식을 채우지 않는다.
  We don't fill up the refrigerator with too much food.
- 세탁물이 많이 모아진 후에 세탁기에 돌린다.
  I use the washing machine after piling up the laundry.
- 물을 절약하기 위해서 물이 적게 나오는 샤워기 꼭지를 이용한다.
  I use a low-flow shower head to save water.
  ⋆ low-flow 물이 적게 나오는
- 양치할 때는 물을 틀어 놓고 하지 않는다.
  I don't let the water run when I brush my teeth.
  ⋆ let ~+**동사원형** ~를 …하게 하다
- 자동차를 운전할 때 일정한 속도로 유지하는 게 휘발유를 아낄 수 있는 방법 중 하나이다.
  When we drive a car, one of the ways we save gasoline is driving at a steady speed.

- 가까운 곳에 갈 때는 자동차로 가지 않고 걷거나 자전거를 이용한다.
  When we go to nearby places, we walk or bike instead of using the car.
  * instead of ~ 대신에
- 필요하지 않은 물건은 절대 사지 않는다.
  I never buy things I don't need.

재활용

- 종이는 버리기 전에 이면지로 활용한다.
  I use both sides of paper before throwing it away.
- 쓰레기를 분리수거한다.
  I sort the rubbish accordingly.
  * sort 분류하다
- 지난 신문들을 재활용하기 위해 모은다.
  I collect the old newspapers for recycling.
- 지난 신문들은 묶어 놓았다.
  I bundled old newspapers.
  * bundle 다발로 묶다
- 우유팩도 다른 쓰레기와 분리한다.
  I separate milk cartons from the other trash.
- 아파트 입구에 유리병 수거통, 캔 수거통, 플라스틱 수거통 그리고 음식 쓰레기통이 항상 배치되어 있다.
  At the entrance of the apartment building, there is a bin for glass bottles, one for cans, one for plastic bottles and a trash can for food waste.
  * bin 쓰레기통 | trash 쓰레기
- 쓰레기를 버릴 때 여러 다른 재활용품 수거통에 분리하여 넣는다.
  When I throw away my garbage, I separate it into several different recycling bins.
- 쓰레기 분리하는 일이 귀찮기는 하지만 나는 재활용에 참여한다.
  Even though it is a lot of trouble to separate trash, I cooperate by recycling.
  * cooperate 협력하다, 협동하다
- 재활용은 환경을 위해서 꼭 필요한 부분이라고 생각한다.
  I think recycling is necessary for our environment.
- 알루미늄 캔 하나를 재활용하면 세 시간 동안 TV를 볼 수 있는 만큼의 에너지를 절약할 수 있다고 한다.
  It is said that recycling one aluminum can can save enough energy to run a TV for three hours.
- 재활용은 지구를 푸르게 하기 위해 우리가 해야 할 많은 방법 중 하나이다.
  Recycling is one of many things we need to do in order to make our earth green.
- 가능한 한 일회용품을 사용하지 않으려 한다.
  I try not to use disposable products if possible.
  * disposable 일회용의, 사용 후 버릴 수 있는 | if possible 가능한 한
- 일회용품을 사용해야 하는 경우, 재활용된 것으로 사용하는 것이 더 좋다.
  If we have to use disposable products, it is better to use products made from recycled materials.
- 일회용보다는 다시 쓸 수 있는 제품을 사용해야 한다.
  We had better use reusable items instead of disposable ones.
  * reusable 다시 사용할 수 있는
- 줄여 쓰고 다시 쓰고 재활용하자.
  Let's reduce, reuse and recycle.

• 티끌 모아 태산이다. | Many drops make a shower.

• 한 푼의 절약은 한 푼의 이득이다. | A penny saved is a penny earned.

• 안에서 새는 바가지 밖에서도 샌다. | One who is extravagant at home is extravagant outside as well.
* extravagant 함부로 쓰는, 낭비벽이 있는 | as well 또한, 역시

08 봉사 활동 VOLUNTEERING

자원봉사

• 자원봉사에 참여하고 싶다. | I want to get involved in volunteering.
* get involved in ~에 말려들다, 참여하다

• 올해는 자원봉사를 많이 했다. | I volunteered a lot to help others this year.

• 나는 정기적으로 교회 단체에서 봉사 활동을 한다. | I do voluntary work regularly for the church community.

• 아픈 사람들이나 사고로 고통받는 사람들처럼 다른 사람의 도움을 필요로 하는 사람들이 많다. | There are many people who need others' help, such as the sick and people suffering from accidents.

• 사회봉사 프로그램에 참여하기로 했다. | I decided to take part in a social service program.

• 봉사 활동을 하고 나면 성취감을 느낀다. | I feel fulfilled after volunteering.
* fulfilled 충족된, 실현된

• 도움이 필요한 사람들을 돕는 것은 나에게 깊은 만족감을 준다. | Helping people in need gives me deep satisfaction.

• 다른 사람을 돕는다는 것은 나에게 중요한 의미를 갖는다. | Helping others means something to me.
* something 중요한 것, 대단한 것

• 많은 사람들이 봉사 활동에 더욱 적극적으로 참여하기를 바란다. | I hope many people will join volunteering work more actively.

• 난 봉사 활동을 통해 많은 것을 배운다. | I learn many lessons through volunteering.

• 백지장도 맞들면 낫다. | Every little bit helps.

양로원에서

• 양로원에는 외로운 노인 분들이 많다.	There are a lot of lonely old people in nursing homes.
• 노인 분들을 도우러 양로원에 정기적으로 간다.	I regularly go to a nursing home for the aged to help them. * the aged 노인들
• 거기에서 청소나 빨래를 돕는다.	I help clean the rooms or wash clothes there.
• 때로는 노인 분들을 즐겁게 해드리기 위해 노래도 하고 재미있는 이야기도 해드린다.	Sometimes I sing and tell them funny stories to please them.
• 그분들의 다리도 주물러 드렸다.	I massaged their legs.
• 그들은 우리가 가면 언제나 반갑게 맞이해 주신다.	They always receive us warmly whenever we go there.

고아원에서

• 고아원 아이들의 공부를 도와주었다.	I helped the children in the orphanage study. * orphanage 고아원
• 그 아이들은 정을 몹시 그리워했다.	The children longed for affection. * long for ~를 갈망하다, 열망하다
• 그 아이들은 비록 부모와 살진 않지만 잘 지내고 있었다.	Even though the children live without their parents, they live well.
• 주말마다 아이들은 나를 만나기를 고대한다.	They look forward to seeing me every weekend.

장애인 시설에서

• 매주 일요일이면 장애인 요양 시설에 간다.	I go to the institution for the disabled every Sunday. * the disabled 장애인들
• 거기에는 혼자서 식사를 못하는 장애인도 있다.	There are some disabled men who can't eat by themselves.
• 나는 그들이 식사하는 것을 돕고 씻겨 주었다.	I fed and bathed them.
• 그들이 안쓰럽다는 생각이 들었다.	I felt pity for them.
• 그들에게 가능한 한 많은 도움을 주고 싶다.	I'd like to help them as much as possible.
• 어떻게든 그들을 돕겠다고 약속했다.	I promised to help them in any way possible.

장애인

신체적으로 장애가 있는 사람들을 the disabled라고 합니다. [the+형용사]의 형태로 쓰면 '~하는 사람들, ~하는 것들'을 나타내는데, '신체적 장애가 있는'의 형용사 disabled가 the와 함께 쓰여 '장애인들'이라는 말이 됩니다. 장애인들을 the handicapped라고 하기도 하는데, 이는 신체적인 장애뿐 아니라 정신적으로도 문제가 있는 사람을 가리키는 말이므로 정확히 쓰기 위해서는 the mentally handicapped, the physically handicapped로 구분해서 쓰는 게 좋습니다.

공원에서

- 우리는 노숙자들에게 무료로 음식을 제공할 계획을 세웠다.
  We planned to provide free food for the homeless.
  * provide ~ for ... …에게 ~를 제공하다
- 노숙자들에게 먹을 것을 나누어 주었다.
  We gave the homeless something to eat.
- 공원에서 쓰레기를 주웠다.
  I gathered trash in the park.
- 공원에 쓰레기가 너무 많았다.
  There was so much trash in the park.
- 공원이 깨끗해져서 기분이 매우 좋았다.
  I felt so good because the park got clean.
- 사람들이 쓰레기를 아무 데나 버리지 않아야 한다고 생각했다.
  I thought that people should not throw trash everywhere.
- 나는 절대 쓰레기를 아무 데나 버리는 사람이 되지 않겠다고 다짐했다.
  I decided never to be a litterbug.
  * litterbug 쓰레기를 아무 데나 함부로 버리는 사람

자선 바자회

- 어려운 사람들은 물질적인 도움도 필요로 한다.
  People in need require some material help.
- 우리는 자선활동을 지원하기 위한 기금 모금 행사를 할 것이다.
  We are going to have fund-raising events to support charities.
  * charity 자선(활동), 구호, 자비
- 나는 어려운 가정을 돕기 위한 기금 모금을 위해 자선 바자회를 하자고 제의했다.
  I suggested a charity bazaar for fund-raising to help poor families.
- 입지 않는 옷들을 모아서 팔자고 제안했다.
  I proposed that we should gather unused clothes and sell them.
- 많은 사람들이 자선 바자회에 와서 여러 물건을 사 주었다.
  A lot of people came to the charity bazaar and bought various items.
- 우리는 장애인을 위한 기부금을 많이 모금했다.
  We collected a lot of donations for the handicapped.
  * the handicapped 장애인들

• 우리는 모금한 돈을 자선 시설에 기부했다. We donated the money that we had raised to a charity.
* donate 기부하다 | raise 모금하다

09 실수 · 잘못 MISTAKES

실수

• 나는 실수를 매우 자주 한다. I make mistakes very often.

• 내가 조심성이 없어서 그런 것이라고 생각한다. I think it is because I am not careful.

• 그것은 내 경솔함 때문이었다. It was because of my carelessness.

• 실수로 화분을 깨고 말았다. I broke the vase by mistake.

• 실수로 누군가의 발을 밟았다. I stepped on someone's foot by mistake.

• 좀 더 조심했어야 했다. I should have been more careful.

• 때때로 나는 제정신이 아닌 상태에서 실수를 한다. Occasionally when I am beside myself, I make some mistakes.

• 처음엔 무엇이 잘못된 것인지 알아채지 못했다. At first, I didn't realize what was wrong.

• 다른 사람들의 말을 잘못 알아들어서 실수할 때도 있다. Sometimes I make mistakes, because I misunderstand others.

• 어처구니없는 실수로 무척 창피했다. I felt ashamed of my careless mistake.

• 가끔 실수 때문에 창피하다. Sometimes I am embarrassed because of a mistake.

• 내 실수로 그가 화가 났다. My mistake offended him.

• 내 실수를 알아채지 못했다. I didn't realize my mistakes.

• 나는 그에게 미안하다고 했어야 했다. I should have said sorry to him.
I should have apologized to him.
* should have+과거분사 ~했어야 했다

• 내가 저지른 실수에 대해서 그에게 사과했다. I apologized to him for my mistakes.
I gave my apology to him for my mistakes.

• 그는 내 사과를 받아들였다. He accepted my apology.

• 그는 그것이 누구의 실수였는지 확인하지 않았다.	He didn't check whose fault it was.
• 몇몇 실수가 큰 재앙을 불러일으킬 수도 있다.	Some mistakes can result in a big disaster.
• 내가 재난을 만드는 사람 같다는 생각이 든다.	I feel that I am a walking disaster.
• 그는 항상 내 실수를 지적한다.	He always points out my mistakes.
• 다음에는 실수 없이 잘 할 것이다.	Next time, I will do a good job without any mistakes.
• 다시는 똑같은 실수를 하지 않을 것이다.	I will try not to make the same mistake again.
• 이미 엎질러진 물이다.	It is no use crying over spilt milk.
• 저질러진 일은 돌이킬 수 없다.	What is done cannot be undone.
• 원숭이도 나무에서 떨어질 때가 있다.	Even Homer sometimes nods.
• 아무리 현명한 사람도 실수는 있는 법이다.	There isn't a wise man that never makes blunders. * blunder 큰 실수
• 현명한 사람은 실수를 통해 배운다.	A wise person profits from his mistakes. * profit from ~로부터 이익을 얻다

실수

일반적으로 잘못된 실수는 mistake, 계산이나 컴퓨터 등에서 하는 오류는 error, 큰 실수나 과오는 blunder, 부주의에 의한 가벼운 실수는 slip이라고 합니다. '실수하다'는 표현은 동사 make를 사용하여 make a mistake, make an error, make a blunder로 나타냅니다.

부주의

• 거의 모든 사고의 원인은 부주의에서 온다.	The cause of almost every accident is carelessness.
• 때때로 어처구니없는 실수 때문에 창피해진다.	Now and then I am embarrassed because of stupid mistakes.
• 똑같은 실수를 다섯 번이나 했다.	I made the same mistake five times.
• 내가 그렇게 바보 같은 실수를 할 때마다 거의 모든 사람들이 나에게 화를 낸다.	Almost everyone gets mad at me whenever I make such a silly mistake.
• 그 문제는 우리의 실수로 인한 것이었다.	That problem was caused by our mistake.
• 부주의한 실수가 심각한 결과로 나타나기도 한다.	Careless mistakes result in serious consequences. * consequence 결과, 영향
• 내 잘못은 단지 내가 약간 부주의했다는 것뿐이었다.	My only fault is that I was a little careless.

- 이번에는 내가 총대를 맸다.

I took the bullet this time.
* take the bullet 총대를 매다, bullet은 '총알, 탄알'

- 바지의 지퍼가 열린 것을 모르고 있었다.

I hadn't realized that the fly of my pants was open.
* fly 바지의 지퍼

지퍼가 열렸어!

fly는 엄밀히 말하면 지퍼(zipper)를 가리는 덮개 부분을 말하는 것으로, '지퍼가 열렸다'고 할 때 Your fly is open.이라고 합니다. 또한 '바지 지퍼가 내려갔다'고 할 때 간단히 XYZ라고 하기도 하는데, 이는 'eXamine Your Zipper'의 줄임 표현입니다.

건망증

- 나는 건망증이 있다.

I am forgetful.

- 나는 건망증이 심하다.

I have a short memory.

- 나는 잘 잊어버린다.

I am absent-minded.

- 깜빡 잊었다.

It slipped my mind.

- 중요한 물건들을 잘못 두고 어디다 두었는지 잊었다.

I misplaced some important things.

- 가끔은 중요한 물건을 어디에 놓았는지 기억 못하기도 한다.

Sometimes I can't remember where I put important things.

- 한 번은 어떤 중요한 것들을 비밀 장소에 두고는, 그것이 필요할 때 어디에 두었는지 기억을 하지 못해 결국 찾지 못했다.

Once, I put certain important things in a secret place, and then when I needed them, I couldn't find them.

- 온 집안을 뒤져 보았지만 그것을 찾을 수 없었다.

I searched the entire house, but I couldn't find it.

- 모두 혼동이 되었다.

I got all mixed up.

- 사람들의 이름과 얼굴을 잘 기억하지 못할 때도 있다.

Sometimes I have trouble remembering names and faces of people.

- 기억력이 정말 형편없다.

My memory is like a sieve.
* like a sieve 체에서 빠져 나가는 것과 같은

- 나는 요즘 기억력이 없어졌다.

I recently lost my ability to memorize things.

- 기억이 날듯 말듯 하다.

It's on the tip of my tongue.

- 그것을 생각해 내려고 머리를 쥐어짰다.

I racked my brains trying to remember it.
* rack one's brains 생각해 내려고 애쓰다

• 나는 건망증 때문에 사람들을 자주 곤란에 빠뜨린다.	I often get someone into trouble because of my forgetfulness. * get ~ into trouble ~을 곤란에 빠뜨리다, 곤경에 처하게 하다
• 시간이 충분치 않아 서두를 때는 무언가를 꼭 빠트린다.	When I don't have enough time and I hurry up, I always miss some things.
• 아파트 열쇠를 두고 나왔다.	I was locked out of my apartment.
• 아파트 현관 열쇠를 잃어버려서 안으로 들어 갈 수가 없었다.	I lost the key to the front door of my apartment and couldn't get in.
• 열쇠 수리공을 불러야 했다.	I had to call a locksmith.
• 버스에 지갑을 놓고 내렸다.	I've left my wallet behind in the bus.
• 버스에 우산을 놓고 내린 것을 집에 가서야 알았다.	It was not until I got home that I discovered I had left my umbrella on the bus. * not until ~가 되어서야 비로소

잘못

• 그가 내 잘못을 너그러이 봐 주었다.	He went easy on me.
• 그가 내 잘못을 봐 주었다.	He overlooked my faults.
• 그는 내 잘못을 절대 그냥 지나치지 않는다.	He never passes over my faults.
• 그것은 정말 내 잘못이 아니었는데 그가 오해한 것 같았다.	It was not really my fault, but he probably misunderstood me.
• 내 잘못이라고 인정했다.	I admitted my fault. * admit 인정하다, 허용하다
• 일부러 그런 것은 아니었다.	I didn't do that on purpose. * on purpose 고의로, 일부로
• 고의로 그렇게 할 의도는 없었다.	I didn't mean to do it. * mean to+**동사원형** ~할 의도이다
• 고의로 그런 것은 아니었다.	It wasn't my intention. * intention 의도, 의향, 목적
• 솔직히 말해 고의로 거기에 가지 않았다.	I honestly didn't go there intentionally.
• 그것은 단지 우연히 일어난 일이었다.	It was just an accident.
• 고의로 그런 것이 아니니 한 번 봐 달라고 그에게 부탁했다.	I asked him to give me another chance, because it was accidental.
• 그에게는 아무런 악의가 없었다.	I meant him no offense. * offense 화나게 함, 기분 상하게 함
• 내 잘못이 아니라고 주장했다.	I insisted that it was not my fault.

- 나는 옳고 그름을 가리고 싶었다. I wanted to distinguish between right and wrong.

the+비교급 ~, the+비교급 -

'~하면 할수록 더 -하다'라는 표현을 나타내기 위해서는 [the+비교급 ~, the+비교급 -]구문을 사용하는데, 동사부분이 생략되는 경우도 있습니다. 많을수록 더 좋다는 다다익선을 영어로 표현하면 The more, the better.입니다. '빠를수록 더 좋다'는 The sooner, the better. '젊을수록 더 좋다'는 The younger, the better.라고 하면 됩니다.

실언

- 뜻하지 않게 하지 말아야 할 말을 그에게 하고 말았다. I blurted something to him.
  * blurt 무심결에 불쑥 말하다
- 말하지 말아야 할 것을 무심코 이야기해 버렸다. I accidentally blurted out what I shouldn't say.
  * blurt out 얼떨결에 말하다
- 나는 큰 실언을 했다. I had a slip of the tongue.
  * slip 미끄러짐 | tongue 혀
- 나는 말실수를 했다. I really put my foot in my mouth.
- 말은 적을수록 좋다. The less said about it, the better.
  * the+비교급, the+비교급 ~하면 할수록, 더 …하다

10 사건 · 사고 ACCIDENTS

화재

- 아파트 근처에 화재가 있었다. A fire broke out near the apartment building.
  * break out 일어나다, 발생하다
- 소방차 사이렌 소리가 가까이 들려서 깜짝 놀랐다. I was surprised to hear the fire truck's siren near.
- 다행히도 소방수들이 불을 재빨리 진압했다. Fortunately the fire fighters controlled the fire rapidly.
- 다친 사람이 없어서 다행이었다. It was fortunate that there were no injuries.

- 불행히도 그 집은 다 타버렸다.
  Unfortunately, the house burned up.
- 그 화재는 누전으로 일어난 것이라고 한다.
  It is said that the fire was started by a short circuit.
  It is said that the fire was caused by a spark of electricity.
- 한 콘센트에 많이 연결하면 위험하다.
  It is dangerous to overload an outlet.
  ＊ overload 짐을 많이 싣다
- 화재 시에는 빨리 집 밖으로 빠져 나와야 한다.
  We must get out of the house fast in the event of fire.
- 불이 났을 때는 119에 전화해야 한다.
  In case of fire, we must dial 119.
  ＊ in case of ~의 경우에
- 항상 불조심 해야겠다.
  I will be careful of the fire.
- 소화기를 집에 준비해 두었다.
  I have a fire extinguisher in my house.
- 그것을 손에 닿기 쉬운 곳에 놓았다.
  I put it within our reach.
  ＊ within one's reach ~의 손이 쉽게 닿는
- 소화기를 작동시키는 방법을 배웠다.
  I learned how to operate the fire extinguisher.
- 집에 화재경보기를 달았다.
  I put a fire alarm in the house.
- 어린이가 인화성 물질을 가까이 하지 못하게 해야 한다.
  We should keep children away from flammables.
- 아이들이 성냥을 가지고 노는 것은 매우 위험한 일이다.
  Matches are very dangerous for children to play with.
  It is very dangerous for children to play with matches.
- 아이들 손이 닿지 않는 곳에 라이터나 성냥을 두어야 한다.
  We should keep matches and lighters out of the reach of children.
  ＊ out of the reach of ~의 손에 닿지 않는
- 젖은 손으로 전기 기구를 만지는 것은 위험하다.
  It is dangerous to touch electric appliances with wet hands.
- 담배꽁초를 부주의하게 버리면 안 된다.
  We should not discard cigarette butts carelessly.
- 비상시에 서두르면 안 된다.
  We should not hurry in case of emergencies.
  ＊ emergency 비상사태, 위급
- 화재는 어디에서나 일어날 수 있으므로, 우리는 미리 어떻게 대처해야 하는지 알아야 한다.
  Fires can happen anywhere. Thus we should know in advance how to deal with them.
- 우리는 언제 어디서든 항상 안전을 강조한다.
  We always emphasize safety everywhere and at all times.

Smoke Alarm

화재가 발생했을 때 이를 알려 주는 것이 바로 Smoke Alarm, 또는 Smoke Sensor입니다. 이는 천장에 접시 모양으로 부착되어 화재가 발생했을 때 소리를 내어 화재 시 사람들을 빠르고 안전하게 대피할 수 있게 해 주는 것으로 Fire Alarm이라고도 합니다. 참고로, 도난경보기는 Burglar Alarm라고 합니다.

도난

• 문을 잠그지 않고 잠깐 외출을 했다.	I went out for a short time without locking the door.
• 우리 집이 털렸다.	My house was robbed.
• 우리 집에 강도가 들었다.	There was a robbery at my house.
• 도둑이 물건을 많이 훔쳐갔다.	The thief had stolen many things.
• 어젯밤에는 이웃집에 강도가 들었다.	A burglar broke into the neighbor's last night.
• 경찰이 그 강도를 찾아 체포했다.	The policeman found and arrested the burglar.
• 흔한 일은 아니지만 그런 일이 실제로 가끔 일어난다.	It is not common, but it happens once in a while. * once in a while 이따금, 때때로
• 그 사고의 내용을 TV 뉴스에서 들었다.	I heard the details of the accident on the TV news.

소매치기

• 가방이 찢어진 것을 알고 매우 당황했다.	I was so upset to find the bag was torn.
• 소매치기를 당했다.	Someone picked my pocket.
• 주머니에 든 것을 소매치기 당했다.	I had my pocket picked.
• 내 뒤에 수상한 사람이 있었다.	There was a strange man behind me.
• 내 옆에 서 있던 사람이 의심스러웠으나, 증거가 없었다.	I suspected the man who was standing beside me, but I had no proof. * suspect 의심하다 | proof 증거
• 지하철 안에서 지갑을 도난당했다.	I had my wallet stolen in the subway.
• 지갑이 분실되었다.	My wallet was missing.
• 지갑이 없어졌다.	My wallet has disappeared.
• 순식간에 일어난 일이었다.	It happened in a flash. * in a flash 순식간에
• 소매치기가 있었음에 틀림없었다.	There must have been a pickpocket.

- 소매치기가 내 가방을 빼앗아 도망갔다. A pickpocket took my bag and ran away.
- 눈 깜짝할 사이에 훔쳐갔다. He stole it in the blink of an eye.
  * in the blink of an eye 눈 깜짝 사이에
- 그 소매치기는 경찰에게 잡혔다. The pickpocket was taken by the police.
- 집에 돌아와서야 지갑이 없어진 것을 알았다. I didn't notice my wallet was gone until I came back home.
  I noticed my wallet was gone only after coming back home.
- 지갑을 어디에서 잃어버렸는지 모르겠다. I don't know where I lost my wallet.
- 지갑을 잃어버린 것을 알고서 바로 신용 카드 분실 신고를 했다. I reported the loss of my credit cards immediately when I knew that my wallet was lost.
- 지하철에서는 소매치기를 조심해야 한다. We should beware of pickpockets in the subway.
  We should look out for pickpockets in the subway.
  We should be careful of pickpockets in the subway.

가방을 잃어버렸다

가방을 잃어버렸는데 I forgot my bag.이라고 하면 안 되죠. forget은 '기억에서 잊어버리다'라는 의미이고, lose는 '물건을 잃다'라는 말입니다. 그래서 가방을 잃어버렸을 땐 I lost my bag.이라고 해야죠. I forgot my bag.이라고 할 경우, 이는 '가방 가지고 오는 것을 잊었다' 즉 I forgot to bring my bag.의 의미입니다.

분실 · 습득

- 기차에 중요한 서류를 놓고 내렸다. I left the important documents in the train.
- 분실물 센터에 신고했다. I reported it to the lost and found center.
  * lost and found center 분실물 센터
- 우연히 식당 바닥에서 떨어진 돈을 주웠다. By chance I found some money on the floor in the restaurant.
- 공중전화 박스에서 지갑을 발견했다. I found a wallet in the public telephone booth.
- 지갑 안에 있는 연락처를 찾아 지갑 주인에게 전화를 했다. I found the owner's telephone number in the wallet and called him.
- 주인에게 돌려주고 나니 기분이 좋았다. I was glad to return it to the owner.

지하철 사고

- 나는 그 사고의 자세한 내용을 다 알고 있다. I know all the details of the accident.

- 얼마 전에 끔찍한 지하철 사고가 있었다. There was a tragic subway accident a few days ago.
- 누군가가 지하철 의자에 휘발유를 뿌리고 불을 질렀다. Someone sprayed gasoline on the subway chairs and lit a fire.
- 불이 빨리 번져서 안에 있던 사람들이 탈출할 수가 없었다. The fire spread so quickly that people in the train couldn't escape from it.
- 사람들은 의자가 탈 때 내뿜는 유독 가스 때문에 숨을 쉴 수가 없었다. People couldn't breathe because of the toxic gas the chairs were sending out as it was burning.
  * toxic 유독한, 독성의 | send out 내뿜다, 방출하다
- 많은 사람들이 부상을 당했고 사망자도 많았다. Many people were injured and died.
- 믿을 수 없을 정도로 충격적인 사고였다. It was an unbelievably shocking accident.
- 그런 일이 다시는 일어나지 않기를 바란다. I hope that such an accident will never happen again.

교통사고

- 불행히도 비극적인 자동차 사고가 있었다. Unfortunately, there was an tragic car accident.
- 내가 접촉 사고를 냈다. I had a fender-bender.
  * fender-bender 가벼운 자동차 접촉사고
- 정면충돌이었다. It was a head-on collision.
  * collision 부딪힘, 충돌
- 후면충돌이었다. It was a rear-end collision.
- 측면충돌이었다. It was a broadside collision.
  * broadside 넓은 면, 자동차의 측면
- 3중 충돌 사고였다. It was a three-car crash.
- 뺑소니 사고였다. It was a hit-and-run accident.
- 내 차가 트럭에 부딪혔다. My car crashed into the truck.
- 그 차가 내 차 옆을 들이박았다. The car hit the side of my car. The car hit mine broadside.
- 내 차가 자전거와 충돌했다. My car collided with a bicycle.
- 내 차를 전봇대에 박았다. I ran my car into the power pole.
- 누가 뒤에서 들이받았다. We got rear-ended by another car.
- 내가 뒤에서 추돌 사고를 냈다. I rear-ended someone.
- 다른 차를 박은 후, 앞 차에 바싹 붙어 운전하지 않는다. After I rear-ended another car, I have never tailgated again.
  * tailgate 앞차에 바싹 대어 차를 몰다

- 하마터면 내 차가 버스에 부딪힐 뻔했다. My car almost hit the bus.
- 위기일발의 순간이었다. It was a close call.
- 정말 아슬아슬한 순간이었다. It was a critical moment.
  * critical 비판적인, 위기의, 위급한
- 눈 깜짝할 사이에 일어난 일이었다. It happened in the blink of an eye.
- 내 차의 앞 범퍼가 움푹 들어갔다. The front bumper of my car got a dent.
- 문이 움푹 들어갔다. The door was dented.
  * dented 움푹 들어간, 움푹 패인
- 내 차는 사고로 심하게 부서졌다. My car was badly damaged in the accident.
- 차가 완전히 찌그러졌다. The car is totaled.
  * be totaled 자동차 사고로 완전히 부서지다
- 연석에 차가 긁혔다. I scraped my car against the curb.
  * curb (인도와 차도 사이에 있는) 연석
- 갑자기 한 꼬마가 차 앞으로 달려 나왔다. Suddenly a boy ran out in front of my car.
- 길에 갑자기 달려든 꼬마를 피하려 핸들을 획 돌렸다. I swerved my car to avoid the boy who had run into the road.
  * swerve 벗어나게 하다
- 자동차가 횡단보도에서 길을 건너는 한 꼬마를 쳤다. A car ran into a boy at the pedestrian crossing.
- 어떤 차가 갑자기 내 앞에서 멈추어서 깜짝 놀랐다. I was so surprised because a car suddenly stopped in front of me.
- 자동차에 치일 뻔했다. I was almost knocked down by a car.
  * be knocked down ~에 부딪히다, 충돌하다
- 아슬아슬하게 차에 치이지 않았다. I just missed being run over by a car.
- 누군가가 나를 구하러 용감하게 뛰어들어서 나를 바깥쪽으로 밀었다. Someone braved the traffic to save me and pushed me aside.
- 그가 나를 구해 주었다. He saved my life.
- 그 사고로 하마터면 죽을 뻔했다. The accident almost cost me my life.
- 오늘 나는 교통사고로 거의 죽을 뻔했다. I almost got killed in a car accident today.
- 그 운전자가 운전을 하다가 졸은 것이었다. The driver fell asleep at the wheel.
- 눈 온 뒤 빙판이 된 도로 때문이었다. It was due to the icy road conditions after snowing.
  * due to ~때문에
- 그 충돌 사고는 음주 운전 때문이었다. The collision was caused by drunk driving. The cause of the collision was drunk driving.
- 그 자동차 사고를 경찰에 신고했다. I reported the car accident to the police.

• 그 사고 장면을 내 눈으로 목격했다.	I saw the accident with my own eyes.
• 그 사고의 목격자가 여럿 있었다.	There were some witnesses to the accident.
• 그들이 교통경찰에게 상황을 설명해 주었다.	They gave a statement to the traffic police.
• 틀림없이 몇몇 사람은 심하게 다쳤을 것이다.	A few people must have been badly hurt.
• 몇몇은 중상을 입고 병원에 실려 갔다.	Some people were badly injured and carried to the hospital.
• 그는 심하게 다쳤지만 의식은 아직 살아 있었다.	He was badly hurt, but still conscious.
• 정말 끔찍한 사고였다.	It was a terrible accident.
• 보험회사로부터 보상을 받을 수 있었다.	I could get paid by the insurance company.
• 다시는 그렇게 큰 사고가 일어나지 않았으면 좋겠다.	I hope such a big accident won't happen again.
• 주로 부주의와 과속이 대부분의 교통사고를 일으킨다.	Usually carelessness and speeding cause most car accidents.

가벼운 접촉사고는?

가볍게 난 자동차 접촉사고는 fender-bender라고 합니다. fender는 자동차 바퀴를 에워싸고 있는 부분인데, 그 fender가 구부러질 정도만큼만 난 접촉사고라고 해서 살짝 부딪친 교통사고는 fender-bender라고 합니다.

DIARY 05

Eating Out

Saturday, September 18. Perfect

My family loves to eat out from time to time. Today my family had a nice dinner in a good restaurant. The restaurant is well known for steak. I like the cozy atmosphere of the restaurant. The price of the food is affordable. All of us ordered steak and ate. The food tasted like heaven. My family ate all the dishes up and there were no leftovers. Luscious fruits and ice cream were served for dessert. I wanted to have some more, but I stopped because I was afraid that I would gain weight. That was the best restaurant we had ever been to.

When we ate out, it was good that we could talk more to one another. After dinner, we took a walk near the park. A gentle breeze was blowing. I really liked it. It's a pleasure for us to eat out every weekend.

즐거운 외식

9월 18일 토요일 날씨 죽여줌

우리 가족은 모두 종종 외식하는 것을 좋아한다. 오늘도 우리 가족은 아주 멋진 식당에서 맛있는 저녁식사를 했다. 그 식당은 스테이크로 유명한 식당이다. 나는 그 식당의 아늑한 분위기를 참 좋아한다. 음식 가격도 비싸지 않고 적당했다. 우리는 모두 스테이크를 주문해서 먹었는데 정말 맛이 좋았다. 우리 가족은 하나도 남기지 않고 그릇을 깨끗이 비웠다. 후식으로 달콤한 과일과 아이스크림이 나왔다. 더 먹고 싶었지만 살이 찔까 봐 그만 먹었다. 그 식당은 내가 가본 식당 중 최고였다.

외식을 할 때 가족 간에 더 많은 대화를 할 수 있어서 좋았다. 식사를 마치고 근처의 공원에서 산책을 했다. 산들바람이 불고 있어 정말 좋았다. 주말마다 외식하는 것이 우리에게 즐거움이다.

NOTES

eat out 외식하다 | **from time to time** 때때로 | **cozy** 편안한, 아늑한 | **atmosphere** 환경, 분위기 | **affordable** 감당할 수 있는, 값이 적당한 | **taste like heaven** 매우 맛있다 | **leftover** 먹다 남은 음식 | **luscious** 달콤한, 맛있는 | **gain weight** 살찌다 | **gentle** 부드러운, 점잖은, 온화한 | **breeze** 산들바람

Years wrinkle the skin,
but to give up enthusiasm wrinkles the soul.

세월은 피부에 주름살을 만드나,
열정을 포기하는 것은 영혼에 주름살을 만든다.

_Sammual Ullman 사무엘 울먼

CHAPTER

06

집안 행사

1. 설
2. 추석
3. 생일
4. 기념일
5. 파티
6. 크리스마스
7. 연말 행사

01 설 NEW YEAR'S DAY

설날

• 곧 설날이다.
New Year's Day is around the corner.
* around the corner 곧 다가오는, 임박한

• 다른 나라와 마찬가지로 새해 첫 날은 한국에서 중요한 의미를 갖는다.
Like in other countries, New Year's Day has significant meaning in Korea.
* significant 중요한, 의미심장한

• 우리는 보신각 종 치는 것을 보러 종로에 갔다.
We went to Jongno in order to see the bell at Bosingak ring.

• 종로 주변이 사람들로 가득했다.
The area around Jongno was crowded with people.

• 12월 31일 자정, 즉 새해로 넘어가는 순간 보신각에서 33번의 종을 쳤다.
They rang the bell 33 times at the moment when the day turned to the new year, midnight on December 31st.

• 새해를 맞는 화려한 축제가 열렸다.
We held a brilliant festival welcoming the new year.

• 1월 1일은 한 해의 첫날일 뿐 아니라 또한 한국의 전통적인 명절이다.
January 1st is not only the first day of the year but also a traditional holiday for Koreans.

• 며칠 전 멀리 있는 친구들에게 연하장을 보냈다.
I sent New Year's cards to friends living far away a few days ago.

• 올해는 원숭이의 해이다.
This is the year of the monkey.

• 행복한 새해가 되길!
I wish everybody a happy New Year!

• 우리는 양력으로 설을 지내지 않는다.
We don't observe New Year's Day by the solar calendar.
* solar 양력의 (↔ lunar 음력의)

• 우리는 음력으로 설을 지낸다.
We celebrate lunar New Year's Day.

• 음력설은 신정 때보다 훨씬 더 의미가 있다.
Lunar New Year's Day is much more significant in Korea than is the first day of January.

• 음력설을 일년 중 가장 큰 명절로 생각한다.
We consider lunar New Year's Day to be one of the largest holidays of the year.

• 이번 설 연휴는 4일이었다.
We had a four-day holiday for New Year's Day this year.

• 조부모님 댁에 가는 데 시간이 꽤 오래 걸렸다.
It took quite a long time to reach my grandparents' house.

• 고향으로 가는 사람들로 인해 거의 모든 도로가 꽉 막혔다.

Almost every road was jammed up with the cars of those who were going to their hometowns.

* be jammed up with ~로 꼼짝 못하다

• 지방으로 연결된 모든 도로는 수많은 자가용 때문에 주차장이 된 것 같았다.

All the roads connecting the provinces seemed to be parking lots due to the innumerable cars.

* innumerable 셀 수 없이 많은

설날 아침

• 설날에 아침 일찍 일어나 새 옷을 입었다.

On New Year's Day, we got up early in the morning and put on new clothes.

• 나는 한국의 전통 의상인 한복을 입는 것을 좋아한다.

I like to wear hanbok, the Korean traditional costume.

• 색상이 화려하고 우아해서 나는 한복을 좋아한다.

l like hanbok because it is very colorful and graceful.

• 개량 한복은 입기 쉽고 편하다.

Modern hanboks are comfortable and easy to wear.

• 설날에는 나이를 한 살 더 먹는다는 의미로 떡국을 먹는다.

On New Year's Day, we eat rice-cake soup to signify our becoming a year older.

• 아침 식사로 떡국 한 그릇을 먹고 나이도 한 살 더 먹었다.

I ate a bowl of rice cake soup and turned a year older.

• 나이를 두 살 더 먹고 싶어서 떡국을 두 그릇 먹었다.

I wanted to gain two years an age, so I ate two bowls of rice cake soup.

• 설날에 새해 인사를 하러 친척집을 다녔다.

On New Year's Day, I visited my relatives to pay my respects.

* pay one's respect 문안을 드리다

차례 지내기

• 우리는 차례상을 차렸다.

We set the table for the ancestral memorial ceremony.

* ancestral 조상의 | memorial 기념의, 추도의

• 음식들을 상 위에 잘 정리해 놓았다.

We carefully arranged the food on the table.

* arrange 정리하다, 가지런히 놓다

• 나는 음식 놓는 방법을 잘 몰라서 좀 당황했다.

I didn't know how to place the food so I was a little embarrassed.

• 친척들과 함께 차례를 지냈다.

I performed the ancestral memorial ceremony with my relatives.

* perform 실행하다, 수행하다

- 조상님께 두 번 절을 했다. We bowed twice to our ancestors.
- 차례를 지낸 후 성묘를 갔다. After the ancestral memorial ceremony, we visited the graves of our ancestors.
- 며칠 전에 아버지께서 벌초를 해 놓으셨다. My father cut the weeds around my grandparents' graves a few days ago.
  * weed 잡초
- 아이들은 산소 근처에서 뛰어다니며 놀았다. The children skipped about around the graves.
  * skip about 이리저리 뛰놀다

세배

- 설날 아침 집안 어른들께 세배를 했다. On the morning of New Year's Day, we bowed to the elder members of the family.
- 나는 할아버지의 건강과 장수를 빌었다. I wished my grandfather good health and longevity.
  * longevity 장수
- 그들은 우리에게 덕담을 한 마디씩 해 주셨다. They gave each of us some good advice.
- 절을 한 후에 어른들께서 세뱃돈을 주었다. After the bows, they gave us some New Year's money.
- 올해는 총 ~원의 세뱃돈을 받았다. I got a total of ~ won this year.
- 처음으로 그렇게 많이 받아서 매우 좋았다. I was very happy to have such a large sum of money for the first time.
- 내가 기대했던 것보다 덜 받았다. I got less money than I expected.
- 그 돈은 내 마음대로 쓰고 싶다. I want to spend the money as I wish.

새해 다짐

- 나는 새해 결심을 했다. I made my New Year's resolutions.
  * resolution (새해에 하는) 결심, 결의, 다짐
- 나는 올해 몇 가지 새로운 계획을 세웠다. I made several resolutions for this new year.
- 내 새해 결심 중 하나는 늦지 않고 시간을 잘 지키는 것이다. One of my New Year's resolutions is to be punctual, not to be late.
  * punctual 시간을 엄수하는, 늦지 않는
- 새해에는 영어 공부를 열심히 하겠다는 결심을 했다. I made my resolution to study English hard this new year.
- 규칙적으로 운동하는 것이 내 새해 결심이다. My New Year's resolution is to work out regularly.
- 올해는 몸무게를 줄이도록 노력할 것이다. I'll try to lose weight this year.

- 올해는 몸무게가 늘지 않도록 노력할 것이다. — I'll try not to gain weight this year.
- 작년에 충분하게 공부하지 못했던 과목을 더 열심히 공부할 계획이다. — I am planning to study harder at subjects which I did not study enough about last year.
- 내 계획들이 올해에 모두 실현되었으면 좋겠다. — I hope all my resolutions will come true this year.

새해 결심

보통 결심은 decision, determination이라고 하지만, 특별히 새해에 하는 다짐 및 각오를 나타내는 결심은 resolution이라고 합니다. '결심을 하다'라는 표현은 동사 decide, determine, resolve로 나타내기도 하지만, make a decision, make a determination, make a resolution으로 형태로도 표현합니다. make up one's mind도 '결심하다'라는 뜻을 표현합니다.

새해 인사

- 새해 복 많이 받으세요! — Happy New Year!
  Season's Greetings!
  Best wishes for the coming new year!
  May the new year bring you happiness!
  Holiday greetings and best wishes for the new year!

너도! 당신도요!

연말이니 많은 사람들이 새해인사를 건네죠. Happy new year!(새해 복 많이 받으세요!)라고요. 그럴 때 대답으로 똑같이 Happy new year!라고 할 수도 있지만, 간단히 '너도 그러길 바래!'라고 하고 싶을 때 Same to you!라고 하면 됩니다. 이런 인사뿐 아니라 상대방에게 덕담을 건넬 때, 똑같은 내용으로 응답하고 싶을 때도 Same to you!라고 하면 됩니다. 반대로 '나도! 저도요!'라고 상대방과 똑같은 생각을 표현할 때는 Same here.라고 합니다.

02 추석 CHUSEOK

추석

• 내일은 추석이다.	Tomorrow is Chuseok, Korean thanksgiving day.
• 추석이 기다려진다.	I am looking forward to Chuseok.
• 추석은 우리나라 최대 명절 중의 하나이다.	Chuseok is one of the biggest national holidays.
• 추석은 음력으로 8월 15일이다.	Chuseok is on the 15th of August according to the lunar calendar.
• 올해는 9월 말에 추석이 있다.	We will have Chuseok in late September this year.
• 추석은 설날처럼 한국인에게 특별한 명절이다.	Chuseok, like New Year's Day, is a special holiday for Koreans.
• 추석에는 가족과 먼 친척들을 만나고 음식도 많이 먹는다.	We meet our family and distant relatives and eat lots of food on Chuseok.
• 많은 사람들이 양손에 선물을 가득 들고 고향을 방문한다.	Many people visit their hometown with both hands full of presents.
• 추석에 하는 전통적인 놀이 중 하나는 여자들이 손을 잡고 원을 만들며 추는 강강수월래이다.	One of the Chuseok's traditional activities is to dance the gang-gang-su-wol-lae, where women dance holding hands forming a circle.
• 친척 몇 분이 오셔서 며칠 묵으실 것이다.	Several of our relatives will come and stay for a few days.
• 친척들이 오시기 전에 대청소를 했다.	We cleaned up the house before my relatives arrived.
• 추석에 친척들이 몇 명 오셨다.	Some relatives came to visit on Chuseok.
• 우리는 그들을 반갑게 맞이했다.	We gave them a hearty welcome. * hearty 따듯한, 마음에서 우러나는
• 올해는 추석에 보름달을 볼 수 있으면 좋겠다.	I hope I can see the full moon on Chuseok this year.
• 달을 보면서 내 소원들이 성취되기를 빌 것이다.	While watching the moon, I'll pray to have my wishes fulfilled.
• 달을 보고 우리 가족의 행복을 기원했다.	I prayed to the moon for my family's happiness.
• 매일 추석만 같기를 바란다.	I hope everyday is just like Chuseok.

추석 음식

- 우리는 추석의 전통 음식을 만드느라 바빴다. — We were busy preparing traditional Chuseok dishes.
- 추석이라 특별한 음식을 만들었다. — We made special food for Chuseok.
- 추석의 대표적인 음식은 송편이다. — The typical food of Chuseok is songpyun.
  * typical 전형적인, 대표적인
- 송편은 으깬 밤이나 참깨를 속에 넣어 만든 반달 모양의 떡이다. — Songpyun is a half-moon shaped rice cake stuffed with mashed chestnuts or sesame seeds.
  * mashed 짓이긴 | stuffed 속을 가득 채운
- 추석 음식을 햇곡식으로 만들었다. — We made food for Chuseok from this year's new crops.
- 부침개도 여러 가지 만들었다. — We made various fried foods.
- 올해는 엄마가 쌀을 발효시켜 만드는 식혜를 만드셨다. — My mom prepared a sweet drink made from fermented rice this year.
  * fermented 발효된
- 곶감과 계피로 수정과를 만들었다. — She made a traditional punch with dried persimmons and cinnamon.
  * persimmon 감 | cinnamon 계피
- 수정과 위에 잣을 띄웠다. — I floated pine nuts in the Korean punch.
  * float 띄우다 | pine nut 잣

03 생일 BIRTHDAY

생일

- 오늘이 내 동생의 첫돌이다. — Today, it is my brother's first birthday.
- 며칠 후면 내 생일이다. — My birthday will be in a few days.
- 내 생일은 지금으로부터 2주 후이다. — My birthday is two weeks from now.
- 나는 4월에 태어났다. — I was born in April.
- 내 생일은 5월 2일이다. — My birthday is on May 2nd.

- 내 생일이 올해는 토요일이다. My birthday falls on Saturday this year.
  * fall on ~에 이르다, 닿다
- 나는 말띠이다. I was born in the year of the horse.
- 다음 생일에는 만 열 살이 된다. I will be ten years old on my next birthday.
- 나는 생일을 음력으로 지낸다. I celebrate my birthday according to the lunar calendar.
- 아무도 모른 채 내 생일을 그냥 지나쳐 버렸다. My birthday passed without notice.
  * notice 통지, 주의, 주목
- 아무도 내 생일을 기억하지 못했다. No one remembered my birthday.
- 내 생일을 달력에 표시를 해 놓았어야 했다. I should have marked my birthday on the calendar.
- 사람들이 나에게 관심이 없는 것 같아서 서운했다. I thought people had no interest in me, so I felt sorry for myself.
- 가족들이 내가 좋아하는 음식을 만들어 주었다. My family made my favorite food for me.
- 아침에 미역국을 먹었다. I ate brown-seaweed soup in the morning.
  * brown-seaweed 미역
- 부모님께 감사의 표현을 할 때 쑥스러웠다. I felt shy when I expressed my thanks to my parents.

생일 파티

- 가족들이 내 열여덟 번째 생일 파티를 계획했다. My family planned to throw a party for my 18th birthday.
  * throw a party 파티를 열다
- 풍선과 꽃으로 집을 장식했다. They decorated the house with balloons and flowers.
- 생일 케이크에 10개의 초를 꽂았다. They put 10 candles on the birthday cake.
- 형이 생일 케이크의 초에 불을 붙였다. My brother lit the candles on the birthday cake.
  * lit light(불을 붙이다)의 과거형
- 가족들이 생일 축하 노래를 부르며 내 생일을 축하해 주었다. My family celebrated my birthday by singing "Happy Birthday" to me.
- 케이크의 초를 불어서 껐다. I blew out the candles on the cake.
- 촛불을 끄면서 소원을 빌었다. I made a wish blowing out the candles.
- 할아버지의 회갑을 축하했다. We celebrated my grandfather's 60th birthday.
- 할아버지의 회갑을 축하하려고 파티를 열었다. We threw a party in celebration of my grandfather's 60th birthday.
  * in celebration of ~를 축하하여

• 우리는 그를 위해 진수성찬을 준비했다. We gave a great feast for him.
* feast 잔치, 진수성찬

birthday suit는 생일 파티 때 입는 옷?

birthday suit는 생일 파티에 입는 정장이 아닙니다. 이는 옷을 하나도 입지 않은 '벌거벗은 몸, 나체'라는 의미로, 태어날 때 아무 옷도 입지 않은 벌거벗은 상태를 나타내는 말입니다. The boy was sitting in his birthday suit.라고 하면 '그 꼬마가 벌거벗은 상태로 앉아 있었다'는 말이 됩니다.

생일 선물

• 생일 선물을 받았다. I got some birthday presents.

• 생일 선물을 열어 보았다. I opened my birthday presents.

• 친구들이 생일 선물로 책을 사 주었다. My friends bought me a book for my birthday present.

• 이모가 생일 선물로 지갑을 보내 주셨다. My aunt sent me a wallet as my birthday present.

• 삼촌이 내게 시계를 선물해 주셨다. My uncle presented a watch to me.
My uncle presented me with a watch.
* present ~ to ...(=present ... with ~) ···에게 ~를 선물하다

• 그 선물은 내가 정말 갖고 싶었던 것이었다. The present was what I wanted the most.

• 나를 위한 특별한 선물들이었다. The presents were especially for me.

• 친구들이 꽃 한 다발을 선물해 주었다. My friends presented me with a bunch of flowers.

• 선물을 받아서 기분이 좋았다. I was so happy to get the present.

• 그 선물은 받기에 좀 부담스러웠다. I felt uncomfortable receiving the present.

• 그의 생일에 줄 선물을 마련했다. I got a present for his birthday.

• 그에게 좋은 선물을 사 주고 싶었지만 비싼 것을 살 여유가 없었다. I wanted to give him a good gift, but I couldn't afford to buy anything expensive.
* can't afford to+**동사원형** ~할 여유가 없다

생일 축하

• 그의 생일을 축하해 주었다. We celebrated his birthday.

• 사촌의 생일을 축하해 주었다. I celebrated my cousin's birth.

• 내가 사랑하는 사람의 생일을 축하한다. Happy Birthday to the one I love.

• 그를 위해 작은 것 하나를 준비했는데 그것이 그의 마음에 들기를 바랐다.	I prepared something small for him and hoped he would like it.
• 친구에게 "생일 축하한다. 그리고 너의 멋진 앞날에 좋은 일들이 많이 생기길 바란다!"라고 말했다.	I said to my friend "Happy birthday and lots of warm wishes for a great year ahead!"
• 그의 생일에 모든 소망이 이루어지길 바랐다.	I hoped all his wishes would come true on his birthday.
• 그의 생일이 정말 특별한 것이었기를 바랐다.	I hoped his birthday was really special.
• 나이가 몇 살인지는 중요한 것이 아니다.	It's not important how old I am.
• 친구들이 "생일이구나! 생일 축하해!"라고 말하며 내 생일을 축하해 주었다.	My friends celebrated my birthday, saying to me "It's your day. Happy Birthday!"
• 오늘은 내게 정말 멋진 생일이었다.	Today was a really wonderful birthday for me.
• 오늘은 나의 날이었다.	Today was my day.
• 가족들 때문에 정말 좋은 하루를 보냈다.	My family made my day.
• 이번 생일을 영원히 잊지 못할 것이다.	I'll never forget this year's birthday.

축하하다

생일을 축하한다고 해서 congratulate라고 하지 않습니다. congratulate는 졸업이나 합격 등 힘든 과정을 겪은 후에 얻은 좋은 일에 대해서 축하의 말을 전할 때 사용하는 표현이고, 기념일이나 생일 등 특별한 날을 기념하기 위해 파티를 열거나 기념식을 하는 것은 celebrate라고 합니다. '부모님의 결혼기념일을 축하해드렸다'는 We celebrated our parents' wedding ceremony.라고 해야겠죠. '그의 졸업을 축하했다'고 하려면 I congratulated him on his graduation.이라고 합니다.

04 기념일 ANNIVERSARY

결혼기념일

• 나는 우리 가족의 생일이나 기념일을 절대 잊지 않는다.	I never forget my family's birthdays or anniversaries. * anniversary 기념일
• 어제는 우리 부모님의 결혼기념일이었다.	Yesterday was my parents' wedding anniversary.

- 아빠가 결혼기념일을 기억하지 못해서 엄마는 화가 나셨다. My mom was angry because my dad didn't remember their wedding anniversary.
- 아빠는 그것을 까마득히 잊고 계셨다. My dad forgot all about it.
- 오늘이 우리 부모님의 결혼기념일이라는 게 문득 떠올랐다. It suddenly occurred to me that today was my parents' wedding anniversary.
- 우리는 아빠에게 그 날 엄마에게 어떻게 해야 할지 조언을 해드렸다. We advised my dad on what he should do for her on that day.
- 오늘은 우리 부모님의 은혼식이다. Today is my parents' silver wedding anniversary.
- 오늘은 우리 조부모님의 금혼식이다. Today is my grandparents' golden wedding anniversary.
- 오늘은 기념할 만한 날이라고 생각한다. I think today is a memorable day.
  * memorable 기억할 만한, 잊기 어려운
- 아빠는 엄마와 결혼기념일을 축하하기 위해 저녁 식사하러 나가셨다. My dad took my mom out to dinner to celebrate their wedding anniversary.

기념일 선물

- 우리는 부모님을 위한 깜짝 파티를 할 계획을 세웠다. We planned to throw a surprise party for my parents.
- 부모님 결혼기념일 선물로 반지를 준비했다. We bought rings as my parents' anniversary gift.
- 선물할 꽃을 몇 송이 준비했다. I prepared a few flowers as a gift.
- 꽃으로 내 마음을 전했다. I showed the feelings of my heart with flowers.
- 우리는 그들에게 커다란 꽃다발을 선물했다. I presented them with a big bouquet of flowers.
- 용돈을 모아서 선물을 사드렸다. We combined our allowances to buy them a present.
  * combine 결합시키다, 모으다

개교기념일

- 우리 학교는 어제 개교 10주년을 맞았다. My school celebrated the 10th anniversary of its founding yesterday.
  * found 기초를 세우다, 설립하다
- 오늘은 개교기념일이라 학교에 가지 않았다. I didn't go to school because today was the school foundation anniversary.
- 불행히도 올해는 개교기념일이 일요일이다. Unfortunately, this year's school foundation anniversary falls on Sunday.

공식 기념일

밸런타인데이	**Valentine's Day**	스승의 날	**Teachers' Day**
삼일절	**The anniversary of the Independence, Movement of March 1st, 1919**	석가탄신일	**Buddha's Birthday**
		현충일	**Memorial Day**
		제헌절	**Constitution Day**
		광복절	**Liberation Day**
화이트 데이	**White Day**	국군의 날	**Armed Forces Day**
만우절	**April Fool's Day**	개천절	**The Foundation Day of Korea**
식목일	**Arbor Day**		
근로자의 날	**Labor Day**	한글날	**Hangeul Proclamation Day**
어린이날	**Children's Day**	크리스마스	**Christmas**
어버이날	**Parents' Day**		

밸런타인데이

- 밸런타인데이에는 여성들이 사랑하는 사람에게 초콜릿과 사탕을 주면서 사랑을 표현한다. — On Valentine's Day, women express their love by giving chocolate and candy to those who they love.
- 나는 초콜릿 줄 남자 친구도 없다. — I have no boyfriend to give chocolates to.
- 왠지 모르게 서글프다. — I feel sad, but I don't know why.
- 남자친구에게 줄 초콜릿을 샀다. — I bought some chocolate for my boyfriend.
- 그를 위해 직접 밸런타인 초콜릿을 만들었다. — I made Valentine's chocolates for him by myself.
- 그것을 바구니에 담아 정성껏 포장했다. — I put it in the basket and wrapped it with great care.
- 예쁜 카드를 동봉했다. — I enclosed a pretty card in it.
  * enclose 동봉하다
- 초콜릿을 주면서 사랑을 고백할 것이다. — I will confess my love to him by giving him the chocolate.
  * confess 자백하다, 고백하다
- 어떻게 사랑을 표현할까 고민 중이다. — I am worrying about how I will express my love.
- 그는 초콜릿 바구니를 받고 굉장히 좋아하는 것 같았다. — He looked very happy to get the basket of chocolate.
- 그 때 내가 얼마나 긴장했는지 이루 말할 수가 없다. — I can't express how nervous I was then.
- 잊을 수 없는 밸런타인데이였다. — It was an unforgettable Valentine's Day.

만우절

- 오늘은 4월 1일 만우절이다.　Today is the first of April, April Fool's Day.
- 만우절에는 악의 없는 거짓말을 해도 된다.　On April Fool's day, you are allowed to tell white lies.
  * be allowed to+동사원형 ~가 허용되다
- 난 거짓말에 서투르다.　I am poor at lying.
  * be poor at ~를 잘 못하다, ~에 서투르다
- 거짓말을 할 때는 말을 더듬는다.　When I lie, I stammer.
  * stammer 말을 더듬다
- 거짓말을 했지만 들통이 났다.　I told a lie, but it came to light.
  * come to light 진실이 밝혀지다

거짓말쟁이

거짓말을 잘하는 사람을 거짓말쟁이, 즉 liar라고 하죠. 뻔뻔한 거짓말을 잘 하는 그런 사람에게 '입에 침이나 바르고 거짓말해!'이라고 하고 싶을 땐 Don't lie through your teeth!라고 하세요. lie through one's teeth는 '새빨간 거짓말을 하다'라는 표현입니다.

어린이날

- 오늘은 어린이날이다.　Today is Children's Day.
- 5월 5일은 어린이들의 행복을 기원하는 날이다.　May 5th is the day to pray for children's happiness.
- 부모님께 멋진 선물을 기대했다.　I expected to get nice presents from my parents.
- 부모님께서 어린이날을 기념하여 외식을 하자고 하셨다.　My parents asked me to eat out to celebrate Children's Day.
- 나는 놀이 공원에 가고 싶었다.　I wanted to go to the amusement park.
- 백화점에서 어린이를 위한 다양한 행사들이 있었다.　The department store had various events for children.
- 모든 어린이들에게 사탕과 풍선을 나누어 주었다.　They gave all children candy and balloons.

어버이날

- 5월 8일은 어버이날이다.　We have Parents' Day on May 8th.
- 어버이날에 부모님께 카네이션을 드렸다.　I gave my parents carnations on Parents' Day.

- 어버이날에 선물로 손수건을 드렸다. I gave them handkerchiefs as gifts for Parents' Day.
- 부모님에 대한 사랑을 표현하기가 쑥스러웠다. I felt shy to express my love for my parents.
- 부모님의 사랑에 감사드린다. I am thankful to my parents for their love.
- 당연히 우리에 대한 부모님의 사랑이 끝이 없다는 것을 알고 있다. Of course, I know the parental love for us is endless.
- 부모님이 우리를 잘 키워 주셔서 나는 항상 부모님을 존경한다. I always respect my parents because they brought us up well.
- 부모님께서 지금의 나를 만드셨다. My parents made me what I am.
  * what I am 지금의 나, 현재의 나
- 우리 부모님은 우리를 교육시키는 데 돈을 아끼시지 않는다. My parents never spare money in educating us.
- 이제야 내가 얼마나 부모님께 빚을 지고 있는지 깨달았다. (부모님의 고마움을 알았다.) Now I understand how much I owe my parents.
  * owe ~에게 빚지다, ~의 은혜를 입다, ~의 덕이다
- 부모와 자식간의 사랑은 무한하고 무조건적인 사랑이다. Love between parents and children is usually endless and unconditional.
- 부모가 자식을 사랑하는 것은 당연한 일이다. It is natural for parents to love their children.
- 나는 부모님에 대한 애착이 강하다. I am attached to my parents.
  * be attached to ~에 대해 애착심을 가지고 있다
- 우리 부모님을 영원히 사랑할 것이다. I will love my parents forever.

스승의 날

- 스승의 날에 선생님께 드릴 편지를 썼다. I wrote a letter to my teacher on Teachers' Day.
- 그 편지는 정말 마음에서 우러나서 쓴 것이었다. The letter was really heartfelt.
  * heartfelt 마음으로부터의, 진심의
- 선생님들께 인사드리러 학교를 방문했다. I visited the school to pay my respects to the teachers.
  * pay one's respect to ~에게 문안드리다
- 선생님들은 나를 보고 반가워 하셨다. The teachers were delighted to see me.
- 감사의 표시로 선생님께 선물을 드렸다. I gave a gift to my teacher as a token of my gratitude.
  * as a token of ~의 표시로, ~의 증표로
- 선생님에 대한 감사의 마음을 잃지 않을 것이다. I won't lose my gratitude for my teachers.
  * gratitude 감사, 감사하는 마음
- 선생님의 은혜를 잊지 않을 것이다. I won't forget the goodness of my teachers.
  * goodness 친절, 미덕

석가 탄신일

• 석가 탄신일은 음력으로 4월 8일이다.	Buddha's Birthday is April 8th by the lunar calendar.
• 석가 탄신일에 절에서 여러 의식이 거행됐다.	Several rituals were held at Buddhist temples on Buddha's Birthday. * be held 열리다, 거행되다
• 석가 탄신일에 불교 신자들이 연등으로 절을 장식해 놓았다.	The Buddhists decorated the temple with the lotus lamps on Buddha's Birthday. * lotus lamp 연꽃 모양의 등
• 불교도들은 연등에 자신들의 소원을 쓴 종이를 붙여 놓았다.	The Buddhists stuck prayers written on paper to lotus lamps.
• 저녁에는 불교도인들이 거리에서 퍼레이드를 벌였다.	In the evening, the Buddhists marched in a parade down the streets. * march 행진하다 | in a parade 줄을 지어

현충일

• 6월 6일은 현충일이다.	The sixth of June is Memorial Day.
• 현충일에는 나라를 위해 돌아가신 분들을 위해 기도한다.	On Memorial day, people pray for those who died for the country.
• 우리 할아버지는 6.25 전쟁 중에 돌아가셔서 지금은 국립묘지에 묻혀 계신다.	My grandfather was killed during the Korean War and is buried at the National Cemetery. * cemetery 묘지
• 우리는 매년 현충일마다 국립묘지에 간다.	We visit the National Cemetery on Memorial Day every year.
• 우리는 모두 일어나 국기에 대한 경례를 했다.	We all stood up and saluted the national flag.
• 나는 많은 전사자들에게 경의를 표했다.	I paid my respects to a lot of war victims. * pay one's respect 경의를 표하다 | victim 희생자
• 우리는 묵념을 했다.	We paid silent tribute. * silent tribute 묵념, tribute는 '존경을 나타내는 말'

기타 기념일

• 삼일절은 매년 3월 1일에 일본의 한국 통치에 대항한 1919년의 독립운동을 기념하는 날이다.	We commemorate the Independence Movement of 1919 against the Japanese rule of Korea on the first of March every year. * commemorate 기념하다, 축하하다

• 식목일에 가족들과 함께 산에 가서 나무 한 그루를 심었다.

On Arbor Day, I went to a mountain and planted a tree.

• 제헌절에는 1948년 대한민국의 헌법이 제정된 것을 기념한다.

On Constitution Day, we commemorate the adoption of the Republic of Korea Constitution in 1948.

* adoption 채용, 채택 | constitution 헌법

• 광복절은 우리나라의 일본 식민 통치로부터 해방된 것을 기념하는 날이다.

We commemorate our liberation from the Japanese colonial occupation on Liberation Day.

* colonial 식민지의 | occupation 점유, 점령

• 개천절에는 기원전 2333년 단군 왕검의 최초 나라 건국을 기념한다.

On Foundation Day of Korea, we commemorate King Dangun's first state foundation in 2333 B.C.

• 한글날에는 우리나라의 문자인 한글에 대해 자부심을 더 느낀다.

I feel prouder of Hanguel, the Korean alphabet, on Hanguel Proclamation Day.

* proclamation 선언

05 파티 PARTY

파티의 종류

신년 파티	New Year's party	졸업 파티	graduation party
생일 파티	birthday party	다과 파티	tea party
파자마 파티 (10대 소녀들의 파티)	pajama party	댄스 파티	dance party
		가장 무도회	costume party
집들이 파티	housewarming party	디너 파티	dinner party
음식 지참 파티	potluck dinner	출산 예비 파티	baby shower
깜짝 파티	surprise party	축하연, 환영회	reception
환영 파티	welcome party	추수 감사 파티	Thanksgiving party
송별회	farewell party	크리스마스 파티	Christmas party

파티 계획

• 각자 마실 것을 가지고 오는 파티를 계획하고 있다.

I am planning a BYOB[Bring Your Own Bottle] party.

- 그를 위한 환영 파티를 할 것이다. We are going to throw a welcome party for him.
- 그를 위한 송별 파티를 비밀리에 준비했다. I secretly prepared a farewell party for him.
  * farewell 작별
- 우리는 새해 전야제를 할 것이다. We are going to throw a party on New Year's Eve.
- 우리가 파티 준비를 했다. We made arrangements for a party.
  * make arrangements for ~를 위해 준비하다
- 나는 파티 준비로 바빴다. I was busy preparing for the party.
- 나는 파티로 들떠 있었다. I was excited about the party.
- 파티에 내가 좋아하는 친구들을 초대했다. I invited my favorite friends to the party.
- 내가 초대한 친구들이 모두 파티에 올 수 있을까 궁금했다. I wondered if all the friends I had invited could come to the party.

초대카드

파티를 계획하면서 초대하고 싶은 사람들에게 초대카드를 보냅니다. 초대카드는 invitation이라고 하는데 뒤에 card를 붙이지 않아도 '초대카드'의 의미를 나타냅니다. 시간과 장소 및 목적 등의 초대 내용을 쓰고 마지막에 R.S.V.P.라고 쓰는 경우가 있는데, 불어인 Respondez s'il vous plait.의 이니셜로 영어로는 Please, reply.라는 의미입니다. 이는 참석여부를 알려달라는 말이죠.

파티 참석

- 나는 그들이 파티에 와 주어서 감사했다. I felt thankful to them for coming to the party.
- 그가 파티에 나타나서 깜짝 놀랐다. I was so surprised because he turned up at the party.
  * turn up (모습을) 나타내다 (=appear)
- 그는 초대하지도 않았는데 왔다. He wasn't invited, but he invited himself.
- 그는 불청객이었다. He crashed the party.
  * crash 돌진하다, 초대 받지도 않은 사람이 밀고 들어오다
- 그를 파티에 들어오지 못하도록 했다. He was not allowed to enter the party.
- 그가 파티를 망쳐 놓았다. He spoiled the party.
- 그가 파티의 분위기를 망쳐 놓았다. He made a mess of the party.
  * make a mess of ~을 엉망으로 만들다
- 그는 그의 친구들을 데리고 왔다. He brought his friends.
- 그가 올 것이라고 나는 확신했다. He was sure to come.
- 그는 오지 않았다. He was a no show.
  * no show 오기로 되어 있었으나 오지 않은 사람

• 그가 왜 오지 않았는지 궁금했다.	I wondered why he didn't turn up.
• 그가 오지 않아 뭔가 빠진 기분이다.	I felt something was missing because of his absence.
• 그는 시간이 많지 않아서 파티에 잠깐 들르기만 했다.	He had little time, so he made a quick trip to the party. * make a quick trip 잠깐 들르다
• 그가 당연히 오리라고 생각했다.	I took it for granted that he would come. * take it for granted that ~를 당연시 하다
• 그가 분위기를 잘 이끌어 갔다.	He broke the ice with people. * break the ice 긴장을 풀게 하다, 어색한 분위기를 깨다
• 그는 어색한 분위기를 깨려고 웃기는 이야기를 했다.	He told a funny story to break the ice.

초대

• 그들의 집들이 파티에 초대되었다.	I was invited to their housewarming party.
• 그는 나를 그의 파티에 오라고 초대했다.	He invited me to join his party.
• 예기치 않은 일 때문에 파티에 참석할 수 없었다.	I couldn't attend the party because of an unexpected event.
• 선약이 있어서 그 파티에 참석하지 못했다.	I couldn't attend the party owing to a previous appointment.
• 가도 된다는 부모님의 허락을 받아야만 했다.	I had to get my parent's permission to go.
• 나는 꼭 갈 것이다.	I won't miss it.
• 물론 그의 초대에 응했다.	Of course, I accepted his invitation.
• 나는 그에게 기꺼이 참석할 것이라고 알려 주었다.	I informed him that I would attend with pleasure.
• 그가 나를 반갑게 맞이해 주었다.	He accepted me with delight.
• 그들은 나를 따듯하게 반겨 주었다.	They gave me a warm welcome.

파티 선물

• 그들이 나에게 선물을 주었다.	They gave me presents.
• 선물 꾸러미를 풀었다.	I opened the gift. I unwrapped the gift.
• 그들은 선물로 나를 놀라게 했다.	They surprised me with presents.
• 친구에게 선물을 받아 기뻤다.	I was happy to receive presents from my friends.

- 정말로 마음에 들었다. I really liked them.
- 내가 꼭 갖고 싶었던 것이었다. That was just what I wanted.
- 이런 선물을 받게 되리라고는 생각지도 못했다. I never expected anything like this.
- 그를 위해 작은 것을 준비했다. I prepared a little something for him.
- 그를 위해 작은 선물을 하나 샀다. I bought a small gift for him.
- 큰 선물은 아니었지만 내 마음이 담긴 것이었다. The gift was not much, but it was from my heart.
- 그는 매우 고마워 했다. He was very thankful.
- 내 선물이 그의 마음에 들기를 바랐다. I hoped he would like my present.

파티 옷차림

- 무슨 옷을 입을지 아직 결정하지 못했다. I didn't decide yet which clothes to wear.
- 입을 만한 적당한 옷이 없었다. I didn't have appropriate clothes to wear.
  * appropriate 적절한, 적당한
- 파티에서 입을 옷을 골랐다. I picked out my clothes for the party.
- 정장으로 차려 입었다. I was formally dressed.
  * formally 정식으로, 격식을 차려
- 가장 멋진 옷으로 잘 차려 입었다. I was at my best.
  * at one's best 가장 좋은 상태로
- 오늘 파티를 위해 내가 가장 아끼는 옷을 입었다. I wore my Sunday best for today's party.
- 그는 가장 멋지게 보이려고 잘 차려 입었다. He was all dressed up to look his best.
- 그는 개성 있는 옷을 입고 나타났다. He appeared in unusual clothes.
- 그가 정장을 입으니 완전히 다른 사람 같았다. He looked like a totally different person when he was wearing a suit.
- 그녀의 옷차림이 눈에 띄었다. Her dress was eye-catching.
  * eye-catching 다른 사람의 시선을 끄는
- 그녀의 옷이 아주 화려했다. Her clothes were flashy.
  * flashy 번쩍이는, 야한, 번지르르한
- 그녀의 옷은 노출이 너무 심했다. Her clothes were too revealing.
- 내 옷이 촌스러워 보일까봐 걱정이 되었다. I was afraid that my clothes looked old-fashioned.
  * old-fashioned 시대에 뒤진, 구식의

Chapter 06 집안 행사

파티 즐기기

- 많은 사람들이 참석했다. — A lot of people came to the party.
- 맛있는 음식과 마실 것이 많았다. — There was a lot of delicious food and drinks.
- 맛있는 음식으로 대접을 받았다. — I was served delicious food.
  * be served 접대를 받다, 대접을 받다
- 우리는 춤과 노래를 하며 즐거웠다. — We enjoyed singing and dancing.
- 그와 춤을 추었다. — I danced with him.
- 한 멋진 남자에게 춤을 추자고 했지만 그가 거절했다. — I asked a nice guy to dance with me, but he refused.
- 재미있는 게임을 했다. — We played interesting games.
- 파티의 분위기가 정말 좋았다. — I really liked the atmosphere of the party.
  * atmosphere 주위의 상황, 분위기
- 분위기를 깨지 않으려고 노력했다. — I tried not to be a wet blanket.
  * wet blanket 분위기를 깨는 사람
- 분위기 깨는 사람은 싫다. — I don't like party poopers.
  * party pooper 분위기를 깨는 사람
- 우리는 불꽃놀이를 준비했다. — We prepared the fireworks.
- 마당에서 불꽃놀이를 했다. — We did fireworks in the yard.
- 불꽃 모양이 너무 멋졌다. — The fireworks were so wonderful.

파티 마무리하기

- 집에 갈 시간이었다. — It was time to go home.
- 그는 나에게 좀 더 있다 가라고 했다. — He asked me to stay a bit longer.
- 파티를 끝낼 시간이었다. — It was time to finish the party.
- 파티에서 잘 어울릴 수가 없었다. — I felt like a fish out of water.
  * a fish out of water 물 떠난 물고기 (잘 어울리지 못하는 사람)
- 파티에서 불편했다. — I didn't feel at ease at the party.
  * at ease 마음 편하게
- 나에게는 지루한 파티였다. — The party was so boring for me.
- 정말 재미있었다. — I enjoyed the party a lot.
- 멋진 파티였다. — It was a fantastic party.
- 굉장한 파티였다. — It was quite a wonderful party.

• 정말 신나게 놀았다.	We had a whale of a time. * a whale of 대단한
• 파티에서 지치도록 놀았다.	I partied to the max. * party 파티에서 실컷 놀다 | to the max 완전히, 최고도로
• 파티에서 즐거운 시간을 보냈다.	I had a good time at the party.
• 오랫동안 오늘 파티를 기억할 것이다.	I'll remember this party for a long time.

06 크리스마스 CHRISTMAS

메리 크리스마스

• 크리스마스가 얼마 남지 않았다.	Christmas is near at hand. Christmas is around the corner.
• 올해 크리스마스는 일요일이다.	Christmas falls on Sunday this year.
• 친구에게 줄 크리스마스카드를 만들었다.	I made Christmas cards for my friends.
• 친구들에게 크리스마스카드를 보냈다.	I sent Christmas cards to my friends.
• 이 카드를 받고 친구들이 좋아하면 좋겠다.	I hope these cards will please my friends.
• 메리 크리스마스!	Merry Christmas! A merry Christmas to you! I wish you a merry Christmas!
• 크리스마스를 축하합니다! (크리스마스카드의 인사말)	Season's Greetings!
• 올해는 크리스마스에 눈이 내리면 좋겠다!	My wish is a white Christmas this year!
• 크리스마스이브에 교회에서 큰 행사가 있었다.	There was a big event at church on Christmas Eve.
• 크리스마스에 동생과 함께 교회에 갔다.	I went to church with my younger brother on Christmas day.
• 크리스마스캐럴을 즐겁게 불렀다.	We enjoyed singing Christmas carols.
• 우리는 모두 크리스마스캐럴을 합창했다.	We all joined in singing Christmas carols.
• 선물을 여러 개 받아서 기분이 좋았다.	I was glad to receive several presents.

- 나는 크리스마스 기분에 취해 있었다. I was full of the Christmas spirit.
- 우리는 밤에 이집 저집으로 크리스마스캐럴을 부르며 다녔다. We went caroling at night.
  * go caroling 이집 저집 다니며 캐럴을 부르다

산타클로스

- 올해의 산타클로스는 우리 선생님이었다. My teacher was Santa Claus this year.
- 나는 산타클로스가 존재하지 않는다는 것을 알게 되었다. I learned that Santa Claus didn't exist.
- 우리 아빠가 산타클로스로 변장하셨다. My dad dressed up as Santa Claus.
- 매년 크리스마스 때마다 어떤 선물을 받게 될지 궁금하다. Every year I wonder which presents I will receive for Christmas.
- 잠자리에 들기 전에 머리맡에 양말을 걸어 두었다. I placed a Christmas stocking by my head before going to bed.
- 오늘 밤 좋은 선물을 받았으면 좋겠다. I hope I get good presents from Santa Claus tonight.

크리스마스 파티

- 특별히 크리스마스 장식을 한 케이크를 샀다. I bought a cake especially decorated for Christmas.
- 크리스마스를 기념하기 위해 파티를 할 것이다. We'll have a party to observe Christmas.
  * observe (축제 · 기념일을) 기념하다
- 크리스마스 파티를 고대하고 있다. I am looking forward to the Christmas party.
- 부모님께 드릴 선물을 예쁘게 포장해서 숨겨 놓았다. We wrapped and hid the presents for our parents.
  * hid hide (숨기다)의 과거형
- 선물을 드리면서 부모님을 놀라게 하고 싶었다. I wanted to surprise my parents by giving them presents.
- 우리는 선물로 크리스마스를 축하했다. We celebrated Christmas with presents.

크리스마스 장식

- 크리스마스트리를 만들었다. We decorated our Christmas tree.
- 크리스마스트리를 온 가족이 함께 장식했다. My whole family put up the decorations on the tree.
- 크리스마스트리에 크리스마스 종과 공 장식을 달았다. We put Christmas bells and balls on our Christmas tree.

- 크리스마스트리에 여러 장식을 매달았다. I hung various decorations on our Christmas tree.
- 반짝이는 별 모양의 장식을 높이 달았다. I hung the shiny star-shaped ornaments high up.
  * ornament 장식품
- 크리스마스트리에 틴슬을 좀 더 올려놓았다. I put more tinsel on the Christmas tree.
  * tinsel 크리스마스트리에 거는 긴 반짝이 장식
- 크리스마스트리에 색 전구로 장식을 했다. I decorated our Christmas tree with colored light bulbs.
- 문에는 크리스마스 리스를 걸었다. I hung up the Christmas wreath on the door.
  * wreath 화환, 화관
- 크리스마스가 지난 후, 문에 달아둔 크리스마스트리 장식들을 떼어내고 새해를 맞이하는 장식을 걸었다. After Christmas, I took down my Christmas decorations and hung up the New Year's decorations on the door.

07 연말 행사

YEAR-END PARTY

- 연말이 다가오고 있다. The end of the year is drawing near.
  * draw near 가까이 다가오다
- 이제 곧 연말이다. The end of the year is right around the corner.
- 시간이 얼마나 빠른지 믿어지지 않는다. I can't believe how quickly time flies.
- 시간이 늦게 간다고 생각된다. I feel time drags.
  * drag 느릿느릿 가다
- 망년회가 있었다. We had a year-end party.
- 우리는 가는 해를 기념하는 작은 모임을 가졌다. We had a small meeting to celebrate the passing year.
- 나는 오늘 그 모임에 갈 기분이 아니었다. I just didn't feel like going to the meeting today.
  * feel like -ing ~하고 싶다, ~할 기분이다
- 나는 그저 잠깐 들르기만 했다. I dropped by the party.
  * drop by ~에 들르다 (=stop by)
- 우리는 잔을 부딪치고 서로의 건강을 위해 건배했다. We clinked glasses and drank to one another's health.
  * clink 땡그랑 소리를 내다

- 나는 송년 파티에 참석해서 친구들과 재미있게 보냈다. — I took part in the year-end party and enjoyed it with my friends.
- 내 친구들은 내가 우리 모임에 참석해야만 모임이 재미있다고 했다. — My friends said that the meeting became interesting only after I showed up.
  * show up 모습을 나타내다
- 오늘 모임은 정말 활기차고 재미있었다. — Today's meeting was really lively and exciting.
- 식당은 왁자지껄한 수다와 웃음소리로 가득 찼다. — The restaurant was filled with our chatters and laughters.
- 지난 해에 있었던 나쁘거나 우울한 일들은 모두 잊어버릴 것이다. — I will forget all the bad and gloomy events of last year.
- 세월이 빠르다. — Time flies like an arrow.
  * arrow 화살
- 세월은 사람을 기다리지 않는다. — Time and tide waits for no man.
- 시간은 한 번 가면 다시는 돌아오지 않는다. — Time is flying never to return.

건배!

술잔을 부딪치며 건배할 때 보통 Cheers!라고 합니다. '당신의 건강을 위하여'라고 하고 싶으면 Cheers to your health!라고 하면 되죠. 우리말로 '원 샷!'이라고 외치면서 쭉 마시라는 표현은 Bottoms up!이라고 합니다. 보통 우리말로 건배할 때 '위하여'라고 많이 하죠. 그래서 영어로 건배하자는 말에 어느 유머 있는 분이 'FOR!'라고 외쳐서 웃었던 일이 생각나는군요. 그리고 건배를 제의할 때는 Let's make a toast!라고 하는데, 이는 예전에 술맛을 좋게 하려고 술에 토스트 한 조각을 넣었다는 데서 유래된 것입니다.

DIARY 06

Living Hell

Thursday, February 10. Sunny

I don't feel good. I've been vomiting all day. I thought I had eaten too much at grandma's house. I wondered how other people spent their New Year's day. Me? Well, I wanted to blow up all the cars on the road. It took our family 10 hours to get from Dae-gu to Seoul! It seemed to be a living hell. We were stuck in a traffic jam. It was reported on the radio that almost every road was jammed up with the cars of those who were coming from their hometowns. On the way, I wanted to pee, but I wasn't able to find a restroom. I had to withstand it until we reached a resting place on the highway.

I really think the government should do something about this. What are they doing with our tax money? They should set up more rest rooms along the roads. If so, I don't think I need to see any more people peeing beside the road with their car doors open. I just hope we will have a more comfortable trip to my grandparents' house next year.

고달픈 귀경길

2월 10일 목요일 화창함

기분이 그리 좋지 않다. 하루 종일 구토를 했다. 아무래도 할머니 댁에서 너무 많이 먹은 것 같았다. 다른 사람들은 도대체 새해를 어떻게 보내는지 궁금했다. 정말이지 나는 도로 위의 차들을 모두 날려버리고만 싶었다. 대구에서 서울까지 오는 데 10시간이 걸리다니! 지옥에 있는 것만 같았다. 교통 체증으로 꼼짝할 수가 없었다. 라디오에서는 고향에서 올라오는 사람들의 차들로 거의 모든 도로가 꽉 막혀 있다고 했다. 오는 길에 소변이 보고 싶었지만 화장실을 찾을 수가 없었다. 고속도로 휴게소에 도착할 때까지 참아야만 했다.

나는 정말 정부 차원에서 이런 일에 대한 대책이 있어야 한다고 생각한다. 우리가 낸 세금으로 무엇을 하고 있는 것인가? 그들은 도로 주변에 화장실을 더 많이 세워야 한다. 그러면 차문을 열어둔 채로 길가에서 소변을 보는 사람들을 더 이상 보지 않아도 될 것이다. 내년에는 할머니 댁으로의 여행이 좀 더 편안해지기를 바랄 뿐이다.

NOTES

vomit 토하다 | **blow up** 날려버리다 | **be reported** 보도되다, 보고되다 | **be jammed up** 교통체증으로 막히다 | **on the way** 도중에, 가는 길에 | **pee** 소변을 보다 | **withstand** 참다, 버티다 | **set up** 세우다, 설치하다

Once you say you're going to settle for second,
that's what happens to you in life.

일단 당신이 2위로 만족한다고 말하면,
당신의 인생은 그렇게 되기 마련이다.

_John F. Kennedy 존 F. 케네디

CHAPTER

07

식생활

1. 식성
2. 요리
3. 맛
4. 식사 전
5. 식사 후
6. 외식
7. 배달 음식

01 식성 EATING HABIT

대식가

• 나는 대식가이다.	I am a big eater. I eat like a horse. * eat like a horse 말처럼 많이 먹다
• 식탐이 있다.	I am greedy when eating. * greedy 탐욕스러운, 욕심 많은
• 나는 음식 투정을 하지 않는다.	I don't complain about food.
• 나는 식성이 까다롭지 않다.	I am not a fussy eater. * fussy 까다로운, 성가신
• 난 골고루 잘 먹는다.	I eat a balanced diet. * balanced 균형 잡힌 | diet 섭취하는 음식물
• 난 뭐든지 잘 먹는다.	I eat just about everything.
• 나는 상에 차려진 대로 잘 먹는다.	I eat everything offered at the table.
• 나는 가끔 너무 많이 먹어서 문제가 생기기도 한다.	I sometimes have problems because of overeating.

소식가

• 나는 소식가이다.	I am a light eater. I am a small eater.
• 소식하려고 노력한다.	I try to eat a little.
• 조금씩 먹으려고 한다.	I try to eat like a bird.
• 건강하기 위해 적당히 먹는다.	I eat properly to be in shape. * in shape 건강 상태가 좋은
• 살이 찌지 않도록 하려고 식사를 가볍게 한다.	I eat light not to gain weight.
• 소식하면 몸이 가벼운 것 같다.	When I eat a little, I feel light myself.

편식

• 나는 편식을 하지 않는다.	I have a balanced diet.

• 내 식성은 약간 까다롭다. I am a little picky.
I am a little particular about food.

• 나는 음식에 까다로운 편이다. I am kind of fastidious about food.
* kind of ~인 편인, 다소, 좀

• 내가 좋아하는 음식만 먹는다. I eat just the food I like.

• 나는 과일과 채소는 유기농인 것만 먹는다. I only eat organic fruits and vegetables.

• 불균형적인 식사를 한다. I have an unbalanced diet.

• 불규칙적으로 식사를 한다. I eat irregularly.
* irregularly 불규칙적으로

• 내가 좋아하는 음식이 없으면 식사를 하지 않는다. When it isn't my favorite food, I don't have the meal.

• 그는 가끔 나에게 밥알을 세며 먹는 것 같다고 한다. He sometimes says that I seem to eat my rice by counting the number of grains.

• 그는 늘 나에게 푹푹 좀 퍼서 먹으라고 한다. He always asks me not to pick at my food.
* pick at ~를 조금씩 먹다

식욕

• 나는 식욕이 왕성하다. I have a big appetite.
I have a good appetite.
I have a hearty appetite.

• 그 음식은 내 식욕을 돋아 준다. The food increases my appetite.
The food sharpens my appetite.
* sharpen 날카롭게 하다, (식욕을) 돋우다

• 내 식욕은 끝이 없다. I have a voracious appetite.
* voracious 탐욕스러운, 많이 먹는

• 식욕이 늘었다. My appetite increased.

• 그다지 식욕이 없었다. I didn't have much of an appetite.

• 식욕이 없어진다. My appetite is decreasing.

• 나는 식욕부진으로 고생하고 있다. I am suffering from loss of appetite.

• 식욕을 잃었다. I lost my appetite.

• 식욕이 거의 없다. I have little appetite.

• 식욕이 없다. I have no appetite.

• 식욕이 생기질 않는다. I have a poor appetite.

• 입안이 깔깔하다. My mouth feels dry.

• 간식을 먹어서 저녁 밥 맛이 없었다. | Since I ate between meals, it spoiled my dinner.
* spoil 망치다

좋아하는 음식

• 나는 그저 집에서 만든 음식을 좋아한다. — I just like home cooked meals.

• 나는 중국 음식을 좋아한다. — I like Chinese food.

• 나는 담백한 음식을 좋아한다. — I like low-fat food.

• 나는 순한 음식을 좋아한다. — I like mild food.
* mild 자극성이 없는

• 나는 단 것을 좋아한다. — I like sweets.
I have a sweet tooth.
* have a sweet tooth 단것을 좋아하다

• 나는 고기를 좋아한다. — I am a meat lover.
I am fond of meat.
* be fond of ~를 좋아하다

• 나는 잘 익은 스테이크를 좋아한다. — I like well-done steak.

• 나는 중간 정도로 익은 스테이크를 좋아한다. — I like medium-cooked steak.

• 나는 설익은 스테이크를 좋아한다. — I like rare steak.

• 나는 야채를 좋아한다. — I like vegetables.

• 나는 야채보다는 고기를 더 좋아한다. — I prefer meat to vegetables.
* prefer A to B B보다 A를 더 좋아하다 (A, B는 명사)

• 나는 마시는 것보다 먹는 것을 더 좋아한다. — I prefer to eat rather than drink.
* prefer to A rather than B B하는 것보다 A하는 것을 더 좋아하다(A,B는 동사)

• 생야채를 자주 먹는다. — I often eat raw vegetables.
* raw 날것의

• 나는 특별히 좋아하는 것은 없다. — I have no special preference.
* preference 더 좋아하는 것

싫어하는 음식

• 나는 생선을 먹지 않는다. — I abstain from fish.
* abstain from ~를 삼가다, ~를 피하다

• 나는 채식주의자이기 때문에 고기는 입에 대지도 않는다. — I never touch meat because I am a vegetarian.

• 나는 기름진 음식은 싫어한다. — I don't like fatty foods.

- 쓴맛이 나는 음식은 싫다. I don't like bitter tasting food.
- 짠 반찬은 좋아하지 않는다. I don't like salty foods.
- 야채를 싫어한다. I don't like vegetables.
- 나는 시금치를 절대 먹지 않는다. I never eat spinach.
- 과일은 신 맛이 나서 싫다. I don't like fruits which taste sour.
- 신 과일에 익숙해지고 있다. I am getting used to sour fruits.
  * get used to ~에 익숙해지다

채식주의자

고기나 생선을 먹지 않는 채식주의자는 vegetarian이라고 하고, 반대로 고기를 많이 먹는 사람은 meat eater 또는 meat lover라고 합니다.

입맛

- 그 음식은 내 입맛에 맞는다. The food suits my appetite. The food is pleasant to my taste.
- 그 음식이 내 입맛에 맞는다. The food is palatable.
  * palatable (음식이) 입에 맞는, 구미가 당기는
- 그 음식은 내 입맛에 맞지 않는다. The food doesn't suit my taste.
- 그 음식은 내 비위에 맞지 않는다. The food doesn't agree with my stomach.
- 그 음식은 내 몸에 맞지 않는 것 같다. The food seems to disagree with me.

건강식

- 야채가 건강에 좋다고 하지만 나는 먹고 싶지 않다. It is said that vegetables are good for health, but I don't want to eat them.
- 나는 건강에 좋은 음식만 먹고 싶다. I want to eat only foods that are good for my health.
- 체하지 않으려면 천천히 먹어야 한다. I have to eat slowly so as not to get indigestion.
- 기름진 음식은 위에 좋지 않다. Fatty foods are not good for the stomach.
- 잘 균형 잡힌 식사를 하는 것이 가장 좋다. It is best to have a well-balanced diet.
- 자극적이지 않은 음식을 먹는 것이 건강에 좋다. It's good for health to eat mild food.
- 가능한 과식하지 말아야 한다. We try not to overeat if possible.
- 나는 영양가 없는 정크 푸드는 안 먹으려고 노력한다. I try not to eat junk food.

우유

• 우유에 알레르기가 있어서 우유를 마시지 않는다.	I have an allergy to milk, so I don't drink it.
• 나는 우유의 비린 맛이 싫다.	I don't like the taste of milk.
• 나는 우유를 잘 소화시키지 못한다.	I can't digest milk well. * digest (음식물을) 소화시키다
• 우유를 먹으면 배가 아프다.	Milk upsets my stomach.
• 우유만 마시면 설사가 난다.	I get diarrhea when I drink milk.
• 나는 우유를 매우 좋아해서 물 대신 우유를 마신다.	I like milk so much that I drink it instead of water.
• 키가 더 크도록 우유를 많이 마신다.	I drink a lot of milk so that I can grow more.

커피

• 나는 커피를 블랙으로 마시는 것을 좋아한다.	I like my coffee black.
• 나는 카페인이 없는 커피를 마신다.	I usually drink decaffeinated coffee.
• 나는 커피에 설탕 두 스푼과 크림 한 스푼을 넣어 마신다.	I drink coffee with two spoonfuls of sugar and one spoonful of cream.
• 나는 진한 커피를 좋아한다.	I like my coffee strong.
• 나는 연하게 커피를 마신다.	I drink weak coffee.
• 나는 커피를 달게 마신다.	I drink my coffee sweet.
• 나는 진한 커피를 마시면 잠을 못 잔다.	When I drink a cup of strong coffee, I can't fall asleep.

02 요리

COOKING

한식

김밥	Dried Seaweed Rolls, Korean Rolls
김치볶음밥	Kimchi Fried Rice
돌솥비빔밥	Sizzling Stone Pot Bibimbap
밥	Cooked White Rice
불고기덮밥	Bulgogi with Rice
비빔밥	Rice Mixed with Vegetables and Beef
산채비빔밥	Mountain Vegetable Bibimbap
쌈밥	Rice with Leaf Wraps
영양돌솥밥	Nutritious Stone Pot Rice
오징어덮밥	Spicy Sauteed Squid with Rice
콩나물국밥	Bean Sprout Soup with Rice
잣죽	Pine Nut Porridge
전복죽	Rice Porridge with Abalone
호박죽	Pumpkin Porridge
흑임자죽	Black Sesame and Rice Porridge
만두	Mandu
물냉면	Chilled Buckwheat Noodle Soup
비빔국수	Mixed Noodles
비빔냉면	Spicy Mixed Buckwheat Noodles
수제비	Korean Style Pasta Soup
잔치국수	Banquet Noodles
쟁반국수	Jumbo Sized Buckwheat Noodles
칼국수	Noodle Soup
갈비탕	Short Rib Soup
감자탕	Pork-on-the-Bone Soup with Potatoes
곰탕	Thick Beef Bone Soup
된장국	Soybean Paste Soup
떡국	Sliced Rice Cake Soup
떡만둣국	Rice Cake and Mandu Soup
만둣국	Mandu Soup
매운탕	Spicy Fish Soup
미역국	Seaweed Soup
북엇국	Dried Pollock Soup
삼계탕	Ginseng Chicken Soup
설렁탕	Ox Bone Soup
우거지갈비탕	Cabbage and Short Rib Soup
육개장	Spicy Beef Soup
해물탕	Spicy Seafood Soup
김치찌개	Kimchi Stew
된장찌개	Soybean Paste Stew
부대찌개	Spicy Sausage Stew
순두부찌개	Spicy Soft Tofu Stew
청국장찌개	Rich Soybean Paste Stew
해물순두부찌개	Seafood Soft Tofu Stew
곱창전골	Spicy Beef Tripe Hot Pot
국수전골	Noodles Hot Pot
두부전골	Tofu Hot Pot
만두전골	Mandu Hot Pot
불낙전골	Bulgogi and Octopus Hot Pot
신선로	Royal Hot Pot
갈비찜	Braised Short Ribs
닭백숙	Whole Chicken Soup
보쌈	Napa Wraps with Pork
수육	Boiled Beef or Pork Slices
아귀찜	Spicy Angler Fish with Soybean Sprouts
족발	Pigs' Trotters
해물찜	Braised Seafood
구절판	Platter of Nine Delicacies
나물	Vegetable Side Dishes
도토리묵	Acorn Jelly Salad
오이선	Stuffed Cucumber
잡채	Noodles with Sauteed Vegetables
탕평채	Mung Bean Jelly Mixed with Vegetables and Beef
해파리냉채	Jellyfish Platter
갈치조림	Braised Cutlassfish
고등어조림	Braised Mackerel
두부조림	Braised Pan-Fried Tofu
궁중떡볶이	Royal Court Rice Cake

낙지볶음	Stir-Fried Octopus	곱창구이	Grilled Beef Tripe
닭찜	Braised Chili Chicken	더덕구이	Grilled Deodeok
두부김치	Tofu with Stir-Fried Kimchi	돼지갈비구이	Grilled Spareribs
떡볶이	Stir-Fried Rice Cake	떡갈비	Grilled Short Rib Patties
오징어볶음	Stir-Fried Squid	뚝배기불고기	Bulgogi Hot Pot
제육볶음	Stir-Fried Pork	로스편채	Pan-Fried Beef with Vegetables

외국 음식

수프	soup	새우덮밥	rice topped with deep-fried prawns
묽고 맑은 수프	consomme potage	새우 완자 튀김	deep-fried minced shrimp balls
진한 야채수프	minestrone	고기 완자	meatball
야채샐러드	green salad	꼬치	skewer
과일 샐러드	fruit salad	중국 만두	dim sum
짓이긴 감자	mashed potatoes	초밥	sushi
구운 감자	baked potato	생선회	sashimi
스테이크	steak	프라이드치킨	fried chicken
포크커틀릿	pork cutlet	양념 치킨	seasoned chicken
스파게티	spaghetti	가열해서 바로 먹는 냉동식품	TV dinner
바다가재 구이	broiled lobster		
카레라이스	curried rice		
오믈렛	omelet		

주방용품

싱크대	sink	믹서	mixer
냉장고	refrigerator	혼합기	blender
냉동고	freezer	찜통	steamer
식기 세척기	dishwasher	밀가루 반죽기	pastry blender
밥솥	rice cooker	반죽 밀대	rolling pin
가스레인지	gas stove	찬장	cupboard
그릴	grill	접시 걸이	dish rack
오븐	oven	테이블 매트	place mat
전자레인지	microwave	코르크 따개	corkscrew
토스터	toaster	칼	knife

도마	cutting board	얼음 집게	ice tongs
강판	grater	커피메이커	coffee maker
깊은 냄비	pot	행주	kitchen towel
얕은 냄비	pan	수세미	scrubbing pad
긴 손잡이 달린 냄비	saucepan	고무장갑	rubber gloves
프라이 팬	frying pan	탈취제	deodorizer
뒤집개	spatula	식기류	tableware
휘젓는 기구	whisk	숟가락	spoon
냄비 받침대	hot pad	젓가락	chopsticks
호일	aluminum foil	포크	fork
랩	plastic wrap	공기	bowl
통조림 따개	can opener	오목한 접시	dish
체	strainer	타원형의 큰 접시	platter
국자	ladle	개인 접시	plate
큰 숟가락	scoop	받침 접시	saucer
석쇠	grid	밥 그릇	rice bowl
조리용 소쿠리	colander	컵	cup
계량컵	measuring cup	유리 컵	glass
레몬즙 짜는 기구	lemon juicer	쟁반	tray
얼음통	ice bucket		

양념

양념	spice	마요네즈	mayonnaise
조미료	seasoning	마가린	margarine
설탕	sugar	소금	salt
각설탕	cubed sugar	후추	pepper
백설탕	refined sugar	식초	vinegar
갈색설탕	brown sugar	케첩	ketchup
흑설탕	unrefined sugar	겨자	mustard
참깨	sesame seed	향료	flavor
간장	soy sauce	마늘	garlic
된장	fermented soybean paste	양파	onion
고추장	red pepper paste	고추	red pepper
고춧가루	powdered red pepper	향초	herb
참기름	sesame oil	음식 재료	ingredients

야채

양배추	cabbage	콩	bean
배추	Chinese cabbage	완두콩	pea
시금치	spinach	양파	onion
오이	cucumber	파	spring onion
호박	pumpkin	마늘	garlic
당근	carrot	마늘 쫑	garlic stem
무	radish	옥수수	corn
순무	turnip	상추	lettuce
열무	young radish	쑥갓	crown daisy
브로콜리	broccoli	근대	red beet
콜리플라워	cauliflower	근대 뿌리	beetroot
아스파라거스	asparagus	미나리	dropwort
파슬리	parsley	빨간 고추	red pepper
가지	egg plant	풋고추	green pepper
부추	leek	버섯	mushroom
쑥	mugwort	미역	brown seaweed
냉이	shepherds purse	참깨	sesame
감자	potato	들깨	wild sesame
고구마	sweet potato	깻잎	sesame leaf

과일

사과	apple	수박	watermelon
풋사과	green apple	멜론 · 참외	melon
배	pear	버찌	cherry
감	persimmon	포도	grape
곶감	dried persimmon	머루	wild grape
홍시	mellow persimmon	건포도	raisin
단감	sweet persimmon	무화과	fig
바나나	banana	복숭아	peach
파인애플	pineapple	토마토	tomato
코코넛	coconut	망고	mango
귤	orange	살구	apricot
딸기	strawberry	레몬	lemon
라즈베리	raspberry	석류	pomegranate
땅콩	peanut	키위	kiwi
밤	chestnut	자두	plum
도토리	acorn		

생선 · 해산물

연어	salmon	새우	prawn
송어	trout	작은 새우	shrimp
정어리	sardine	게	crab
고등어	mackerel	바다가재	lobster
청어	herring	굴	oyster
꽁치	saury	조개	shellfish
멸치	anchovy	가재	crayfish
대구	cod	대합	clam
가자미	plaice	홍합	mussel
오징어	squid	전복	abalone
갑오징어	cuttlefish	참치	tuna
낙지	octopus	우렁이	mud snail
갈치	hair tail		

고기

쇠고기	beef	안심살	tender loin
돼지고기	pork	등심살	fillet
양고기	mutton	갈비살	rib
어린 양고기	lamb	가슴살	brisket
송아지 고기	veal	엉덩이살	rump
베이컨	bacon	옆구리살	flank
닭고기	chicken	어깨살	shoulder
닭가슴살	chicken breast		

요리 방법

자르다	cut	즙을 짜다	crush
잘게 썰다	chop	강판에 갈다	grate
다지다	mince	갈아 빻다	grind
얇게 썰다	slice	섞다	mix, blend
으깨다	mash	주사위 모양으로 토막 내다	dice
껍질을 벗기다	peel	재료를 가볍게 뒤섞다	toss
살을 발라내다	fillet	뒤섞다	mix

반죽하다	**knead**	냉장하다	**refrigerate**
휘젓다	**stir**	실온에서 식히다	**cool**
거품이 나도록 휘젓다	**whip**	프라이팬에 튀기다	**fry**
(소금 등을) 뿌리다	**sprinkle**	기름에 담가 튀기다	**deep-fry**
(밀가루 등을) 입히다	**coat**	양념하다	**season**
(고기를) 굽다	**roast**	데치다	**blanch**
석쇠에 굽다	**grill**	살짝 데치다	**parboil**
바비큐로 굽다	**barbecue**	고명을 얹다	**add garnish**
오븐에 굽다	**bake**	소스를 얹다	**place sauce**
토스터에 굽다	**toast**	소금에 절이다	**salt**
노릇노릇하게 굽다	**brown**	짜서 즙을 내다	**squeeze**
데우다	**heat**	체로 치다	**sieve**
끓이다	**boil**	밀대로 밀다	**roll out**
뭉근한 불에 끓이다	**stew**	펴 바르다	**spread**
지글지글 끓이다	**simmer**	우려내다	**steep, brew**
냉동하다	**freeze**		

요리 솜씨

• 나는 요리하는 것을 좋아한다.
I like to cook.
I like cooking.
I like preparing dishes.

• 나는 요리를 잘한다.
I am a good cook.
I am good at cooking.

• 나는 요리 솜씨가 좋다.
I am very handy at cooking.
* handy 능숙한, 솜씨 좋은

• 나는 요리를 못한다.
I am poor at cooking.
I am a bad cook.
I am a terrible cook.

• 나는 모든 종류의 음식을 요리할 수 있다.
I can cook all kinds of dishes.

• 나는 그것을 요리하는 방법을 알고 있다.
I know how to cook it.

• 조리법을 많이 알고 있다.
I know a lot of recipes.

• 요리 강습을 받았다.
I took lessons about cooking.
I took lessons in culinary art.
* culinary art 요리법

• 스파게티, 케이크 등을 만들 수 있다.
I can make spaghetti, cake and other things.

- 특히 빵을 잘 만든다. — I am especially good at baking.
- 나는 생선 요리를 잘 한다. — I do fish well.
  * fish 생선 요리를 하다
- 김치 만드는 방법을 배우고 싶다. — I want to learn how to make kimchi.
- 그녀는 그녀 자신만의 김치 요리법을 가지고 있다. — She has a special recipe for kimchi.
- 그녀가 나에게 김치 요리법을 알려 주었다. — She gave me her recipe for kimchi.

요리사

요리하는 사람은 cooker가 아니라 동사 cook과 형태가 같은 cook입니다. cooker는 요리 기구를 나타내는 말이죠. 그래서 '요리사가 되고 싶다'를 I want to be a cooker.라고 하면 '나는 요리 기구가 되고 싶다'라는 엉뚱한 말이 됩니다. 전문적인 교육을 받은 전문 요리사는 chef라고 합니다.

요리 준비

- 오늘은 내가 저녁을 준비해야 할 차례였다. — It was my turn to cook dinner tonight.
  * turn 차례, 순서
- 그 요리를 하려면 다양한 재료가 필요했다. — I needed different ingredients to make the dish.
  * ingredient 원료, 요리의 재료
- 냉장고에서 여러 재료를 꺼냈다. — I took several ingredients out of the refrigerator.
- 맛있는 요리를 만들려면 신선한 재료를 사용하는 것이 좋다. — It is better to use fresh ingredients in order to make delicious dishes.
- 양파가 필요했으나 없었다. — I needed onions but had none.
- 양파의 껍질을 깔 때, 눈이 매웠다. — My eyes smarted when I peeled the onions.
  * smart 쑤시다, 쓰리다
- 양배추 한 통을 잘게 썰었다. — I chopped a head of cabbage.
  * a head of ~ 한 통
- 오렌지의 껍질을 벗겼다. — I peeled oranges.
  * peel 껍질을 벗기다
- 오렌지를 짜서 즙을 내었다. — I squeezed the juice from oranges.
- 무를 강판에 갈았다. — I grated a radish.
  * grate 문질러 갈다
- 계란을 휘저어 섞었다. — I beat the eggs.
- 몇 가지 견과류를 빻아 가루로 만들었다. — I ground a few nuts into powder.
  * ground grind(갈다)의 과거형

- 사과를 네모 모양으로 토막 내었다. I diced an apple.
- 150도로 오븐을 예열시켰다. I preheated the oven to 150°C.
- 케이크를 만들기 위해 재료를 준비했다. I prepared the ingredients for making a cake.
- 생선을 깨끗이 손질하고 잘 씻었다. I cleaned and washed the fish carefully.
- 내장을 제거하고 굵은 소금으로 씻었다. I removed the internal organs and rinsed them with rock salt.
  * internal 내부의, 안의 | organ 기관
- 소금을 약간 문질러 생선의 비늘을 제거했다. I rubbed a little salt on to remove the scales of the fish.
  * scale (생선의) 비늘, 저울 눈

생선비린내

생선요리를 할 때 비린내가 나면 It smells fishy.라고 합니다. 그런데 fishy는 원래 '물고기의, 비린내 나는'이라는 의미이지만, 뭔가 의심스럽거나 수상한 낌새가 있는 경우를 나타낼 때도 사용됩니다. I smell something fishy around here.라고 하면 '여기 뭔가 좀 수상한 게 있다.'라는 표현입니다.

요리하기

- 가스레인지를 켜고 불꽃을 약하게 했다. I turned on the gas stove and turned down the flame.
- 가스레인지 불꽃을 강하게 했다. I turned up the flame of the gas stove.
- 팬을 레인지 위에 올려 놓았다. I put the pan on the stove.
- 물이 끓을 때까지 기다렸다. I waited until the water boiled.
- 큰 그릇에 밀가루와 베이킹파우더, 설탕을 넣고 밀가루 반죽기로 섞었다. I combined flour, baking powder and sugar in a bowl with a pastry blender.
  * pastry 가루 반죽
- 설탕과 달걀 노른자를 부드러워질 때까지 섞었다. I mixed sugar and egg yolks until they got smooth.
  * yolk (계란의) 노른자
- 밀가루 반죽에 버터를 넣었다. I put the butter into the flour mixture.
  * mixture 혼합, 혼합물
- 그릇에 밀가루를 넣고 한 번에 조금씩 물을 넣어가며 한 덩어리로 반죽했다. I put flour in a bowl, added water a little at a time and kneaded it into a ball.
- 밀가루 반죽을 여러 조각으로 나누어서 작은 공 모양으로 만들었다. I divided the dough into several pieces and shaped them into small balls.
  * divide ~ into ... ~를 …로 나누다

- 밀가루 반죽을 평평하게 폈다. | I flattened the dough.
  * flatten 평평하게 하다

- 예열된 오븐에서 30분 동안 구웠다. | I baked it in a preheated oven for 30 minutes.

- 얇은 막대기로 가운데를 찔러 봐서 묻어나지 않을 때까지 구웠다. | I baked it until a toothpick inserted in the center came out clean.
  * insert 끼워 넣다, 삽입하다

- 식을 때까지 오븐 속에 두었다. | I left them inside until they got cool.

- 한쪽에 두고 식혔다. | I set them aside to cool.

- 30분 동안 식혔다. | I chilled them for 30 minutes.

- 두꺼운 냄비에 초콜릿을 넣고 약한 불로 녹였다. | I melted the chocolate over low heat in a thick sauce pan.

- 적당한 양의 거품 낸 크림을 케이크 위에 놓고 가능한 한 평평하게 펴 발랐다. | I placed an adequate amount of whipped cream on top of the cake and spread it as evenly as possible.
  * place 놓다 | adequate 적당한 | evenly 고르게, 평평하게

- 그 위에 여러 가지 과일을 얹었다. | I topped it with assorted fruits.
  * assorted 어우러진, 골고루 넣은

- 내 취향에 따라 케이크를 장식했다. | I decorated the cake according to my preference.
  * preference 취향, 좋아하는 것

- 생선을 냄비에 담고 불 위에 올렸다. | I put the fish in the sauce pan and brought it to a boil.
  * bring ~ to a boil ~을 끓게 하다, 끓이다

- 여러 가지 양념을 넣어 생선에 배어들 때까지 지글지글 끓였다. | I added various seasonings and simmered until the fish had absorbed them.
  * seasoning 조미료, 양념 | simmer 지글지글 끓이다 | absorb 흡수하다

- 생선을 오븐에 구웠다. | I grilled fish in the oven.

- 소고기 찌개를 끓였다. | I made beef stew.

- 고기에 기본양념을 하였다. | I seasoned the meat with basic spices.

- 국에 다진 마늘과 파로 양념했다. | I seasoned the soup with crushed garlic and green onions.

- 양념과 재료들을 잘 섞었다. | I mixed the ingredients with seasoning.

- 밥에 참기름을 넣어 섞었다. | I stirred a spoonful of sesame oil into the rice.
  * a spoonful of 한 스푼의

- 요리하다가 손가락을 베었다. | I cut my finger when I was cooking.

- 오늘은 내가 맛있는 저녁과 특별 후식을 만들었다. | Today I made a very good dinner and a special dessert.

- 후식으로 애플파이를 만들었다. | I made an apple pie for dessert.

• 나는 매시 포테이토를 만들기 위해 감자를 으깨었다.	I mashed up some potatoes to make mashed potatoes. * mash 짓이기다
• 마요네즈를 다른 재료와 섞었다.	I mixed mayonnaise with other ingredients.
• 샐러드를 버무렸다.	I tossed a salad.
• 샐러드를 한 그릇 만들었다.	I mixed up a bowl of salad.
• 오븐에 빵을 구웠다.	I baked some bread in the oven.
• 소금으로 간을 잘 맞추는 것이 중요하다.	It is important to properly season a dish with salt.
• 나는 정성 들여 음식을 만들었다.	I put my heart into the food that I cooked.

03 맛

TASTE

여러 가지 맛

신선한, 싱싱한	fresh	떫은	astringent
양념 맛이 강한	spicy	맛이 잘 든	tasty
맛있는	delicious, yummy	고기가 질긴	stringy, tough
향긋한	savory	고기가 연한	tender, soft
짠	salty	맛없는	tasteless
밋밋한	flat	싱싱하지 않은	stale
부드러운	mild	날 것의, 설익은	raw
매운	hot	썩은	rotten
신	sour	기름진	greasy, oily, fat
달콤한	sweet	담백한	light
맛이 단	sugary	아삭아삭한	crispy
쓴	bitter	깨무는 소리가 나는	crunchy

맛보기

• 음식 간이 잘 되었는지 간을 보았다.	I tasted the food to see whether it was properly seasoned.

• 맛을 보았다.	I tasted the food.
• 오늘 반찬은 싱거웠다.	Today's dishes tasted bland.
• 김빠진 콜라를 마셨다.	I drank flat coke.
• 김치가 너무 짰다.	The kimchi was too salty.
• 오렌지가 덜 익어서 너무 시었다.	The oranges were so sour because they were not yet ripe.
• 그 포도는 달콤해 보였으나 매우 신맛이 났다.	The grapes looked sweet, but tasted very sour.
• 톡 쏘는 맛이 났다.	It was tangy. * tangy 맛이 싸한, 톡 쏘는 맛이 있는
• 단맛이 났다.	It tasted sweet. It had a sweet taste.
• 달았다.	It was sugary.
• 그 복숭아는 단맛이 났다.	The peach was luscious.
• 커피가 단맛이 강했다.	The coffee tasted so sugary.
• 매웠다.	It was spicy.
• 찌개가 아주 매웠다.	The stew was very hot.
• 혀가 얼얼했다.	My tongue burned.
• 자극적인 맛이었다.	It was pungent. * pungent 매운, 얼얼한, 자극성의
• 느끼했다.	It was greasy.
• 그 감은 떫은 맛이 났다	The persimmon tasted astringent. * astringent 맛이 떫은
• 감칠맛이 났다.	It was silky.
• 맛이 아주 부드러웠다.	It tasted so smooth.
• 그 요구르트는 아무런 맛이 가미되지 않은 것이었다.	The yogurt was plain. * plain 맛이나 향을 넣지 않은, 순수한, 분명한
• 포도 맛이 났다.	It was grape-flavored.
• 그것은 우리 엄마가 만든 것과 똑같은 맛이 났다.	It tasted exactly like my mom's.
• 그 음식에는 설탕이 많이 들어갔다.	The food had a lot of sugar in it.
• 그 국에는 소금이 너무 많이 들어간 것 같았다.	There seemed to be too much salt in the soup.
• 그 음식은 오래되고 상한 것 같았다.	The food looked old and stale. * stale 상한, 신선하지 않은

매운 맛

음식 맛이 맵다고 해서 I'm hot.이라고 하면, 이는 음식이 맵다는 의미가 아니라 날씨나 실온이 더워서 몸이 덥다는 말입니다. 음식이 맵다고 하려면 It is hot.이라고 하거나, 음식 이름을 주어로 써야 합니다.

요리 정도

• 밥이 잘 되었다.	The rice was well cooked.
• 밥이 설익었다.	The rice was undercooked.
• 밥이 되게 되었다.	The rice was heavy.
• 밥이 질게 되었다.	The rice was mushy. The rice was too watery. * mushy(=watery) 죽 같은, 물기가 많은
• 밥이 차지게 되었다.	The rice is sticky. * sticky 차진, 끈적한
• 수프가 걸쭉했다.	The soup was thick.
• 수프가 묽었다.	The soup was thin.
• 스테이크가 너무 익었다.	The steak was overdone.
• 스테이크가 덜 익었다.	The steak was undercooked.
• 스테이크가 반 정도 익었다.	The steak was half done.
• 스테이크가 너무 질겨서 자르기도 힘들었다.	The steak was so tough that it was hard to cut. * tough 거친, 질긴
• 음식들이 덜 익거나 너무 익었다.	Each dish was either undercooked or overcooked.
• 소스가 샐러드와 아주 잘 어울렸다.	The dressing was perfect for the salad.
• 이 음식은 양념이 너무 많이 들어갔다.	This food is overseasoned.
• 그것이 너무 딱딱해서 이 부러질 뻔 했다.	That was so hard that it almost broke my teeth.

04 식사 전 BEFORE A MEAL

군침이 돌다

• 아침을 못 먹었다.	I missed breakfast.
• 오늘은 점심을 건너뛰었다.	I skipped my lunch today.
• 냉장고에 있는 남은 음식을 먹어야 했다.	I had to eat some leftovers from the refrigerator.
• 똑같은 음식을 매일 먹는 것이 이젠 질린다.	I am sick and tired of having the same food every day. * be sick and tired of ~가 질리다
• 맛있어 보였다.	It looked delicious.
• 맛있는 냄새가 났다.	It smelled tasty.
• 식욕이 돋았다.	It was appetizing.
• 군침이 돌았다.	My mouth was watering.
• 맛있는 요리 냄새가 나서 입에 군침을 돌았다.	The smell of tasty food made my mouth water. * make one's mouth water 군침이 나게 하다
• 나는 그 음식을 보고 입맛을 다셨다.	I licked my lips at the sight of the food.

배가 고프다

• 하루 종일 아무것도 못 먹어서 무지하게 배가 고팠다.	I haven't had a bite to eat all day, so I was as hungry as a bear. * a bite 한 입, 소량의 음식
• 배가 꼬르륵 거렸다.	My stomach was growling,
• 나는 몹시 배가 고팠다.	I was famished. I was hungry like a horse. I was as hungry as a hunter. * famished 굶주린
• 뱃가죽이 등에 붙었다.	I was so hungry that I could eat a horse.
• 배가 고파 죽을 지경이었다.	I was starving to death. I was dying from hunger. * dying with ~로 죽을 지경인

간단한 요기

• 간단히 요기하려고 패스트푸드 식당에 갔다.	I went to a fast-food restaurant to grab a bite. * grab a bite 조금 먹다, 한 입 먹다, bite는 한 입, 한 입 거리
• 간단하게 뭘 좀 먹으려고 빵집에 갔다.	I went to a bakery to have a bite to eat.
• 간식으로 도넛 몇 개를 먹었다.	I had a few doughnuts for a snack.
• 음식을 다른 사람들과 나누어 먹었다.	I shared my food with others.
• 시장이 반찬이다.	Hunger is the best sauce.
• 수염이 석자라도 먹어야 양반이다.	The belly has no ears. Even a gentleman has to eat.
• 금강산도 식후경.	Eating comes first in any situation. A lot of bread is better than the song of many birds.

05 식사 후 AFTER A MEAL

맛있다

• 맛있었다.	It was nice. It was good. It was delicious.
• 아주 맛있었다.	It was wonderful.
• 환상적이었다.	It was fantastic.
• 훌륭한 맛이었다.	It was excellent.
• 음식의 향이 좋았다.	It was savory.
• 맛이 좋았다.	It was flavorful.
• 입맛에 딱 맞았다.	It was edible.
• 보기만 해도 군침이 돌았다.	It made my mouth water just looking at it.
• 그리 나쁘진 않았다.	It was not so bad.
• 매우 훌륭했다.	It was out of this world. * out of this world 더할 나위 없는

- 맛있게 먹었다. | I enjoyed the meal very much.
- 나는 스파게티를 맛있게 먹었다. | I feasted on the spaghetti.
  * feast 마음껏 먹다
- 그 음식은 입에서 녹는 듯이 맛있었다. | The food melted in my mouth.
- 고추냉이가 코를 톡 쏘았다. | The horseradish stung my nose.
- 그 음식은 정말 맛있었다. | The food tasted like heaven.
  * taste like heaven 매우 맛있다
- 더 먹고 싶었다. | I wanted to have some more.
- 엄마가 만든 음식은 다 맛있다. | All the dishes my mom makes are very delicious.

너무 맛있어서 ~

맛있는 음식을 먹을 때는 둘이 먹다 하나가 죽어도 모를 정도로 맛있다고 말하곤 하는데, 이는 [~ is to die for]를 사용하여 표현할 수 있습니다. '둘이 먹다 하나가 죽어도 모를 정도로 스파게티가 맛있다'는 The spaghetti is to die for.라고 하면 됩니다.

맛없다

- 맛이 없었다. | It was not tasty. It tasted bad.
- 아무 맛이 없었다. | It had no taste. It was flavorless.
- 그 음식은 그리 맛있지 않았다. | The food didn't have much taste.
- 맛이 형편없었다. | It tasted terrible.
- 정말 맛이 없었다. | It was disgusting.
  * disgusting 구역질 나는, 정말 맛없는
- 음식 맛이 뭔가 이상했다. | Something was wrong with the food.
- 음식이 형편없었다. | The food was awful.
- 샐러드가 싱싱하지 않았다. | The salad was not fresh.
- 그 음식은 맛이 갔다. | The food was stale.
- 그 음식에서 상한 맛이 났다. | The food smelled stale.
- 빵에 곰팡이가 생겨 있었다. | The bread was covered with mold.
- 그 음식은 상했다. | The food has gone bad. The food was rotten.

- 그 음식은 어째 좀 상한 것 같았다. The food seemed to be spoiled.
- 이 우유는 상했다. This milk had turned sour.

배부르다

• 적당히 먹었다.	I ate properly.
• 음식을 다 먹어 치웠다.	I ate up all the food.
• 배가 부를 때까지 먹었다.	I ate until my stomach was full.
• 내가 좋아하는 것을 마음껏 먹었다.	I helped myself to everything I liked.
• 배가 불렀다.	I was full.
• 배가 가득 찼다.	I was filled.
• 배가 터질 것 같다.	I was stuffed.
• 정말 배부르게 먹었다.	I really stuffed myself.
• 충분히 먹었다.	I've had enough.
• 많이 먹었다.	I ate like a horse.
• 배부르게 먹었다.	I ate my fill. I stuffed my hole. * one's fill 배불리, 잔뜩
• 먹을 수 있는 만큼 많이 먹었다.	I ate as much food as I could hold.
• 만두국을 배불리 먹었다.	I feasted on dumpling soup.
• 너무 많이 먹었다.	I had too much.
• 과식을 했다.	I overate.
• 더 이상 먹을 수가 없었다.	I couldn't eat another bite.
• 더 이상 마실 수가 없었다.	I couldn't drink another drop.

오바이트

우리는 오바이트(overeat)라고 하면 토하는 것으로 통하지만, overeat는 '과식하다'라는 의미입니다. 토한다고 하려면 vomit, throw up이라고 쓰세요.

06 외식

EATING OUT

식당의 종류

한식 식당	Korean-style restaurant	빵집	bakery
중국식 식당	Chinese restaurant	호프집	pub
뷔페	buffet	카페테리아	cafeteria
양식 식당	Western-style restaurant	간이식당	snack bar
간이매점	corner, stand, stall	피자가게	pizzeria
구내매점	concession stand	술집	bar
휴게소	rest area, rest stop		

가족 외식

- 우리 가족은 종종 외식하는 것을 좋아한다. My family loves to eat out from time to time.
- 외식을 하면 가족간에 더 많은 대화를 할 수 있어서 좋다. When we eat out, it is good that we can talk more to one another.
- 주말마다 하는 외식이 우리에게 즐거움과 행복을 주는 것 같다. Eating out every weekend seems to give us pleasure and happiness.
- 우리 가족이 가는 단골 식당이 여러 개 있다. My family has several favorite restaurants.
- 오늘 우리 가족은 아주 멋진 식당에서 맛있는 저녁 식사를 했다. Today my family had a nice dinner in a good restaurant.

외식

'외식하다'는 나가서 먹는다고 해서 eat out이라고 합니다. '나가서 ~먹다'라는 표현은 [go out for ~]를 사용하면 됩니다. '나가서 점심 먹자!'고 하려면 Let's go out for lunch!라고 하세요.

식당 예약

- 우리 가족은 오늘 외식을 하기로 했다. My family planned to eat out today.
- 일요일이면 때때로 레스토랑에서 외식을 한다. On Sundays we sometimes eat out at a restaurant.

• 멋진 레스토랑에 가기로 했다.	We decided to go to a nice restaurant.
• 삼촌이 좋은 식당을 추천해 주셨다.	My uncle recommended a good restaurant.
• 식당에 좌석을 예약했다.	I reserved a table at a restaurant.
• 오늘 저녁 6시에 네 명이 식사할 자리를 예약했다.	I made a reservation for this evening at 6 o'clock for four people.
• 금연석 자리를 원했다.	I wanted a table in a non-smoking area.
• 창가쪽 자리를 부탁했다.	I asked for a table by the window.
• 창가쪽은 모든 자리가 예약되어 있었다.	They said that all the tables by the window were taken.
• 자리가 이미 다 예약되어 있었다.	All the tables had already been reserved.
• 예약을 하지 않으면 자리를 잡을 수 없다.	We can't occupy a table without reservations. * occupy 점유하다, 차지하다
• 나는 매우 바빠서 예약을 취소해야만 했다.	I was very busy, so I had to cancel the reservation.

식당

• 식사할 만한 좋은 곳을 발견했다.	We found a good place to eat.
• 그 식당은 음식이 맛있고 가격도 적당해서 매우 인기가 있다.	The restaurant is very popular because the food is delicious and the prices are reasonable.
• 그 식당은 새로 개업한 식당이다.	The restaurant is newly opened.
• 그 식당은 이 도시에서 유명하다.	That restaurant is well known in this city.
• 그 식당은 비빔밥으로 잘 알려져 있다.	The restaurant is well known for bibimbap.
• 나는 그 식당 단골 손님이다.	I am a regular customer of that restaurant.
• 그곳에 가면 항상 극진한 대접을 받는다.	When I go there, they always give me red-carpet treatment. * red-carpet 극진한 | treatment 취급, 대우
• 그 식당의 분위기가 매우 좋다.	The ambiance of the restaurant is very good. * ambiance 주위 환경, 분위기
• 그 식당의 분위기는 참 편안하다.	The restaurant has a cozy atmosphere.
• 그 식당은 연인들에게 인기 있는 만남의 장소이다.	The restaurant is a popular rendezvous for romantic couples. * rendezvous 약속, 약속 장소
• 그 식당은 늦게까지 연다.	The restaurant keeps late hours.
• 그 식당은 음식을 잘 한다.	The restaurant serves good meals.
• 우리가 가 본 식당 중 가장 좋은 식당이었다.	That was the best restaurant we had ever been to.

• 그 식당은 비프스테이크를 전문으로 한다. The restaurant specializes in beef steak.
* specialize in ~를 전문으로 하다

• 나는 큰 테이블 위에 음식이 차려져 있고 우리가 가져다 먹는 뷔페가 좋다. I like the buffet where all the food is put on a large table and we serve ourselves.

• 원하는 만큼 많이 먹으려면 뷔페가 좋다. The buffet is good for eating as much as I want.

• 서비스가 별로 좋지 않았다. The service was not good.

• 그 식당에는 다시는 가지 않을 것이다. I am not going to that restaurant again.

• 내가 다녀 본 식당 중 최악의 식당이었다. That restaurant was the worst one that I had been to.

smart restaurant는 똑똑한 레스토랑?

smart는 '영리한, 말쑥한'의 의미로 쓰이지만, '세련된, 고급스런'의 뜻을 나타내기도 합니다. 그래서 smart restaurant는 고급 레스토랑을 나타내는 말입니다. smart가 동사로 쓰이면 '따끔따끔 쓰리다'의 의미로 The wound smarts.라고 하면 '상처가 따끔거리고 쓰리다'라는 표현이 됩니다.

식당에 도착하다

• 식당 입구에서 직원들이 우리를 반가이 맞이했다. The waiters greeted us warmly at the entrance to the restaurant.

• 식당에 사람이 너무 많아 앉을 자리가 없었다. The restaurant was so crowded that there was no place to sit.

• 우리 일행은 4명이었다. There were four people in my party.

• 자리가 다 차 있었다. All the seats were occupied.

• 그 식당에는 빈자리가 없었다. The restaurant had no available seat.
* available 유용한, 이용할 수 있는

• 식당이 텅텅 비어 있었다. There was nobody in the restaurant.

• 우리는 구석에 있는 테이블에 앉았다. We sat at a table in the corner.

• 다른 자리로 옮기고 싶었다. I wanted to move to another table.

• 냅킨을 무릎 위에 펼쳐 놓았다. I spread the napkin over my lap.

주문

• 웨이터를 불렀다. I called a waiter.

• 메뉴가 무척 많았다. There were so many choices on the menu.

- 그 식당은 30여 가지의 다양한 메뉴가 있다. The restaurant has a varied menu of about 30 items.
- 무엇을 주문해야 할지 빨리 결정할 수가 없었다. I couldn't quickly decide what to order.
- 그 식당의 특별 메뉴를 주문했다. I ordered the restaurant's specialty.
  * specialty 잘하는 특기, 전문
- 그것은 한국식 양념을 한 퓨전 스테이크였다. It was a fusion steak with Korean seasoning.
- 비프스테이크를 먹어 보고 싶었다. I wanted to try the beef steak.
- 나는 고기 소스가 곁들여진 스파게티가 먹고 싶었다. I wanted a plate of spaghetti with meat sauce.
  * a plate of 한 접시의
- 우리는 메뉴를 보고 저녁식사를 주문했다. We looked at the menu, and then we ordered dinner.
- 햄버거와 프렌치프라이를 주문했다. I ordered a hamburger with French fries.
- 나는 돈가스보다는 스파게티가 먹고 싶었다. I would rather have spaghetti than pork cutlet.
  * would rather ~ than ... …보다 ~하는 것이 좋겠다
- 애피타이저로 고기 수프를 주문했다. I ordered a bowl of beef soup for an appetizer.
  * appetizer 식욕을 돋우는 전채 요리
- 메인 요리로 잘 익힌 비프스테이크를 주문했다. I ordered a well-done beef steak for the main course.

식사

- 음식이 패스트푸드처럼 매우 빨리 나왔다. The food was served quickly like fast food.
- 음식이 나오는 데 시간이 오래 걸렸다. It took a long time for me to be served.
- 음식이 너무 늦게 나왔다. It took us a long time to be served.
- 먼저 야채수프가 나왔다. First, a bowl of vegetable soup was served.
- 수프에 소금과 후추를 뿌렸다. I sprinkled salt and pepper on the soup.
- 수프를 먹을 때는 수저를 안쪽에서 바깥쪽으로 사용했다. When eating the soup, I moved the spoon away from me to the outside.
- 포크와 나이프는 바깥에 있는 것부터 사용했다. I began with the knives and forks at the outside.
- 고기가 매우 연했다. The meat was very tender.
- 음식에 머리카락이 들어 있었다. There was hair in my food.
- 오늘의 스페셜 요리는 참 맛있었다. Today's special food was delicious.
- 그 식당은 음식을 많이 주었다. They served generous portions at that restaurant.
  * generous 아낌없이 주는
- 그들이 차려 준 음식들을 맛있게 먹었다. We enjoyed the dishes they served.

- 우리는 그릇을 깨끗이 비웠다. 하나도 남기지 않고 다 먹었다. — We ate all the dishes up and there were no leftovers.
- 그 음식은 서비스로 주었다. — The food was on the house.
  * on the house 식당에서 무료로 제공하는
- 그 음식은 무료로 제공되었다. — The food was complimentary.
  * complimentary 무료의, 칭찬의
- 음식을 좀 남겼다. — I had leftovers.
- 남은 음식을 싸 가지고 갈 봉지를 달라고 했다. — I asked for a doggy bag to take it with me.
- 남은 음식은 싸 달라고 했다. — I asked them to put the leftovers in a doggy bag.
- 물을 더 달라고 했다. — I asked for more water.
- 후식 먹을 자리는 남겨 두었다. — I had room for dessert.
  * room 공간, 여지
- 후식으로 아이스크림을 먹었다. — I had ice cream for dessert.
- 후식으로 달콤한 과일이 나왔다. — Sweet fruit was served for dessert.
  * luscious 감미로운, 달콤한
- 과일로 입가심을 했다. — I removed the aftertaste by eating fruit.
  * aftertaste 음식을 먹고 난 후의 뒷맛

서비스로 주는 음식

식당에서 주인이 공짜로 주는 음식이나 안주를 흔히 '이것은 서비스입니다'라고 말하는데 올바른 영어 표현은 It's on the house. 또는 It's complimentary.라고 합니다. 또한 식당에서 무료로 무언가를 서비스할 때, 예를 들어 '무료로 드리는 맥주입니다'는 Here's a service beer.가 아니라 Have a free beer.라고 해야 올바른 표현입니다.

밥값을 내다

- 음식 가격이 비싸지도 않고 적당했다. — The price of the food was affordable.
  * affordable 값이 알맞은
- 나는 한 사람이 전체 밥값을 내는 한국의 관습을 좋아하지 않는다. — I don't like the Korean custom of one person's paying the whole bill.
- 매우 비싸서 식사비를 각자 부담했다. — We went Dutch because it was so expensive.
  * go Dutch 비용을 각자 부담하다
- 각자 나누어 냈다. — We divided it up. We split the bill.
- 반반씩 부담했다. — We each paid half. We paid half and half.

• 계산을 서로 하겠다고 다투었다.	We fought over the check.
• 지난 번에는 친구가 한 턱을 냈다.	My friend treated me to dinner last time. * treat 대접하다, 한 턱 내다
• 내가 내려고 했다.	I was going to foot the bill. I was going to pick up the check. * foot the bill(=pick up the check) 비용을 내다
• 이번엔 내가 냈다.	This was on me. This was my treat.
• 내가 밥값을 전부 지불했다.	I paid for everything.
• 나는 그에게 저녁 식사를 얻어먹었다.	I owed him dinner.
• 저녁 값을 안 내려고 화장실에 갔다.	I went to the bathroom to avoid paying for diner.
• 돈을 안 내려고 신발 끈을 천천히 맸다.	I tied my shoestrings slowly not to foot the bill.
• 카드를 가지고 가지 않아서 돈을 내지 못했다.	I couldn't pay the bill because I didn't carry my credit card.

내가 낼게 ~

누군가와 함께 식사를 하게 되었을 경우, 음식 값을 지불하고 싶을 때, '내가 낼게'라고 해야겠죠. 영어 표현으로는 It's my treat., Lunch is on me., Be my guest. 등이 있습니다.

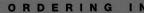

07 배달 음식 ORDERING IN

배달 음식

• 나는 배달시켜 먹는 것을 좋아한다.	I like to have food delivered. * have ~ 과거분사 ~를 …하도록 시키다
• 나는 너무 게을러서 요리를 하지 않기 때문에 거의 항상 배달 음식을 시켜 먹는다.	I am too lazy to cook, so I almost always ask for delivery.
• 가끔은 외식하는 것보다 집에서 배달시켜 먹는 것이 더 좋다.	On occasion, it is better to eat delivered food than to eat out. * on occasion 가끔, 때때로 (=occasionally)

- 밖으로 나가 식사할 시간이 없어서 음식을 배달시켜서 먹기로 했다. — I had no time to eat out, so I decided to have the food delivered.
- 음식을 배달시키면 참 편리하다. — It's so convenient to have food delivered.
- 갑자기 집에 손님이 오면 우리는 음식을 배달시킨다. — When a guest visits my home suddenly, we have food delivered.
- 음식을 먹은 후 설거지를 할 필요가 없어서 좋다. — It's good because I don't have to do the dishes after eating the food.

배달시키려면 사역동사로 ~

배달시키는 것은 다른 사람에게 음식을 가져다 달라고 시키는 것이므로 사역동사 have를 사용하여 표현합니다. [have+음식+delivered]구문으로 '~을 배달시키다'라는 말을 나타내면 되는데, 이 때 목적어로 쓰인 음식과 목적보어로 쓰인 동사 deliver의 관계가 수동관계, 즉 음식이 배달되는 것이므로 동사는 과거분사형태인 delivered로 써야 합니다.

배달시키기

- 중국 음식을 배달시켰다. — I had Chinese food delivered.
- 전화로 중국 음식을 주문했다. — I ordered Chinese food over the phone.
- 나는 닭 날개 한 세트를 전화로 주문했다. — I ordered one order of chicken wings by phone.
  * order ⓢ 주문하다 ⓜ 주문, 한 종류의 주문
- 배달이 너무 늦어서 전화를 두 번이나 했다. — I called twice because the delivery was so late.
- 배달원이 오토바이를 타고 빨리 왔다. — The delivery man came fast by motorcycle.
- 배달이 그렇게 빨리 오리라고는 생각도 못했다. — I didn't expect the delivery to be that fast.
- 피자가 식지 않도록 보온기에 담아 배달했다. — He delivered the pizza in a warmer lest it should get cold.
  * lest ~ (should) ... ~이 …하지 않도록
- 양념 치킨을 배달시켰더니 콜라를 무료로 주었다. — When I had a seasoned chicken delivered, they gave me a bottle of Coke for nothing.
  * for nothing 무료로 (=for free)
- 배달원에게 잔돈은 그냥 가지라고 했다. — I gave the delivery man the change as a tip.
- 어떤 배달원이 우리 집 초인종을 눌렀다. — A delivery man rang my house's door bell.
- 나는 그 음식을 시키지 않았으니 아마 다른 사람들 것임이 틀림없었다. — Since I didn't order some of the food, it must have been another's.
  * must have+과거분사 ~이었음에 틀림없다
- 그 배달원이 주소를 잘못 안 것이다. — The delivery man got the wrong address.

DIARY 07

Table Manners

Sunday, November 23. Snowy

Today my parents went out for a meeting, so just my brother and I had dinner together. While having dinner, I was a little upset, seeing my brother eating.
My brother made noise, smacking his lips and hogging down the food at the table. He seemed to be in the habit of making noise at the table. I really didn't like the noise. So I told him about table manners. It was as follows. There are several things we have to keep in mind at the table. First of all, we had better not make any noise while eating or drinking. Another is that we had better not burp and blow our nose which are considered very rude at the table in Korea.
I asked him not to do those things and to observe etiquette when eating from now on. He said that he would try to change his habits.

밥상 예절

11월 23일 일요일 눈

오늘은 우리 부모님께서 외출을 하셔서 동생과 나만 함께 저녁식사를 하게 되었다. 저녁을 먹으면서 동생이 먹는 것을 보니 약간 화가 났다. 내 동생은 식탁에서 음식을 돼지처럼 쩝쩝 소리를 내며 밥을 먹었다. 그는 식탁에서 소리는 내며 먹는 것이 습관이 된 것 같았다. 나는 그 소리가 정말 듣기 싫었다. 그래서 나는 동생에게 식탁 예절에 대해 말해 주었다. 다음처럼 얘기해 주었다. 식탁에서 명심해야 할 것이 몇 가지가 있다. 무엇보다 음식을 먹거나 마실 때 소리를 내지 않아야 하고, 또 한국에서는 식사 중에 트림을 하거나 코를 푸는 것이 매우 무례하다고 생각되므로 하지 말아야 한다.
나는 동생에게 이제부터는 그렇게 하지 말고 무언가를 먹을 때는 에티켓을 지키라고 부탁했다. 그는 습관을 바꾸어 보겠다고 말했다.

NOTES

make noise 떠들다, 소리를 내다 | **smack** 쩍쩍 입맛을 다시다 | **hog down** 게걸스럽게 먹다 | **be in the habit of -ing** ~하는 버릇이 있다 | **manners** 예의범절, 예절 | **keep in mind** 명심하다 | **burp** 트림하다 | **blow one's nose** 코를 풀다 | **be considered (to be)+형용사** ~라고 간주(생각)되다 | **change one's habits** 습관을 고치다

CHAPTER

08

의생활

1. 옷차림
2. 액세서리
3. 유행
4. 옷 수선

01 옷차림

CLOTHING

옷의 종류

속옷	underwear	나팔바지	bell-bottom trousers
	undergarment	쫄바지	tight pants
	undershirt	재킷	jacket
	underclothes	블라우스	blouse
	underclothing	조끼	vest, waistcoat
와이셔츠	shirt	턱시도	tuxedo
긴소매 와이셔츠	dress shirt	스포츠용 상의	blazer
반소매 셔츠	short-sleeved shirt	스포츠용 점퍼	windbreaker
티셔츠	T-shirt	점퍼	jumper
면티	sweatshirt	긴코트	overcoat
치마	skirt	목이 긴 스웨터	turtleneck
주름치마	pleated skirt	카디건	cardigan
미니스커트	miniskirt	소매 · 칼라 없는 상의	top
플레어스커트	flared skirt	스웨터	sweater
바지	pants, trousers	풀오버	pullover
짧은 바지	breeches	배꼽티	crop tops
반바지	shorts	어깨를 끈으로 단	halter-top
작업바지	overalls	바바리코트	trench coat
청바지	blue jeans	정장	suit
여자바지	slacks	예복 정장	dress suit

소재

면	cotton	스웨이드	suede
마	linen	캐시미어	cashmere
견	silk	레이스	lace
데님	denim	폴리에스테르	polyester
모	wool	나일론	nylon
벨벳	velvet	모피	fur
골덴	corduroy	밍크	mink
가죽	leather	융	flannel

무늬

꽃무늬의	**flowered, flowery**	큰 체크무늬의	**plaid**
줄무늬의	**striped**	페이즐리무늬의	**paisley**
가는 세로 줄무늬의	**pin-striped**	점무늬의	**spotted**
물방울무늬의	**polka-dotted**	격자무늬의	**tartan**
체크무늬의	**checked**	무늬가 없는	**plain**

옷 취향

• 사람들의 옷 입는 방식은 그들의 성격을 나타낸다고 생각한다.	I think the way people dress shows their character.
• 나는 최신 유행의 옷을 좋아한다.	I like fashionable clothes.
• 나는 옷이 많다.	I have a large wardrobe. * wardrobe 옷장
• 나는 치장하는 것을 좋아한다.	I like to make myself presentable. * presentable 남 앞에 내 놓을 만한
• 나는 옷을 매일 바꿔 입는다.	I change my clothes each day.
• 나는 옷에 관한 감각이 있는 것 같다.	I think I have wonderful taste in clothes.
• 그녀는 정말 옷에 신경을 많이 쓴다.	She is such a clotheshorse. * clotheshorse 몸치장에 지나치게 신경 쓰는 사람
• 팔에 흉터가 있어서 난 꼭 긴 팔 셔츠만 입는다.	I have a big scar on my arm. That's why I always wear long-sleeved shirts. * scar 상처 자국, 흉터
• 굽이 높은 신발을 신는 것을 좋아한다.	I like to wear high-heeled shoes.
• 나는 나이에 비해 젊어 보이는 옷을 입고 싶다.	I want to wear clothes that make me look younger than my age.
• 나는 순면으로 된 옷을 좋아한다.	I like clothes made of pure cotton.
• 그 코트는 순모에 손으로 짠 것이다.	The coat is pure wool and is hand-made.
• 명품은 좋아하지 않는다.	I don't like famous brand-name items. * brand-name 유명 상표가 붙은
• 그는 옷을 초라하게 입는다.	He is poorly dressed.
• 그는 지저분하고 옷차림이 단정치 못한 것처럼 보인다.	He is very scruffy and untidy-looking. * scruffy 지저분한 | untidy 단정치 못한, 흐트러진

- 나는 내가 어떻게 보이는 지에 대해 개의치 않는다. I don't care what I look like.
- 나는 옷차림에 별로 신경 쓰지 않는다. I don't care how I dress.
- 옷에 신경 쓰지 않는다. I don't care about my clothes.
- 나는 옷이 많지 않다. I have a small wardrobe.
- 입고 나갈 옷이 없다. I have nothing to go out in.

메이커 옷

우리가 흔히 말하는 메이커 옷은 maker clothes라고 하지 않고 brand-name clothes라고 합니다. 또한 유명회사에서 만든 옷을 designer brand라고 하기도 하는데, 최신에 나온 메이커 제품이라면 the latest brand라고 표현합니다.

편한 옷

- 캐주얼하게 옷 입는 것을 좋아한다. I like to dress casually.
- 캐주얼한 옷을 입는 것을 좋아한다. I like to wear casual clothes.
- 내가 좋아하는 옷 스타일은 입기 쉽고 편한 것이다. My favorite clothing style is easy and comfortable to wear.
- 닳은 청바지 입는 것을 좋아한다. I like to wear worn-out jeans.
- 나는 날씨가 더우면 반바지를 입는다. I wear shorts on hot days.
- 난 절대 넥타이를 매지 않는다. I never wear a tie.
- 나는 입기 편해서 카디건을 좋아한다. I like cardigans because they are comfortable to wear.
- 자주 헐렁한 바지를 입는다. I often wear baggy pants.
- 나는 헐렁한 바지를 좋아한다. I like loose pants.
- 나는 꽉 조이는 바지가 편하다. It's comfortable for me to wear tight pants.
- 나는 항상 다림질이 필요 없는 옷을 산다. I always buy clothes that don't need to be ironed.

옷 관련 Broken English

의류 관련 어휘 중에 영어 그대로 외래어로 사용하는 경우가 있는데, 올바른 영어 표현은 다음과 같습니다. 원피스(one piece)는 dress, 점퍼(jumper)는 jacket, 오바(over)는 overcoat, 팬티(panty)는 underwear, briefs(남성용 팬티), panties(여성용 팬티), 팬티스타킹(panty stocking)은 panty hose, 추리닝(training)은 sweat suit, 폴라 티(polar T)는 turtleneck shirts, 넥타이(necktie)는 tie, 나비넥타이(butterfly tie)는 bow tie, 타이 핀(tie pin)은 tie clip, 와이셔츠(Y-shirt)는 dress shirt, 바바리(burberry)는 trench coat, 러닝셔츠(running shirts)는 sleeveless undershirts로 써야 적절한 영어표현입니다.

정장

• 정장 입는 것을 좋아한다.	I like wearing suits. I like being dressed up.
• 격식을 갖춰 차려 입는 것을 좋아한다.	I like dressing formally.
• 정장을 입고 넥타이를 맸더니 좀 어색했다.	I felt awkward wearing a suit and tie.
• 나는 내가 옷을 꽤 잘 입는다고 생각한다.	I think I am quite a dresser.
• 그는 종종 품위 있는 옷을 입는다.	He often dresses in style. * in good style 품위 있는
• 그는 유명 회사에서 만든 옷만 입는다.	He only wears designer brands.
• 그는 항상 말끔하게 하고 다닌다.	He always looks so sharp. * sharp 날카로운, 멋진 옷차림을 한
• 그녀는 자기가 특별히 멋있는 줄 안다.	She thinks she is the cat's meow. * cat's meow 특별한 사람
• 그녀는 멋쟁이다.	She is stylish.
• 그녀는 굉장한 멋쟁이다.	She is a breathtaking dresser. * breathtaking 깜짝 놀랄 만큼
• 그녀는 정말 멋지게 차려입었다.	She was dressed to kill. * dressed to kill 반할 만큼 멋지게 차려입은

옷 잘 입는 사람

헤어스타일이나 수염 등을 아주 깔끔하게 가꿀 뿐 아니라 외모에도 신경을 많이 쓰는 사람들을 그루밍(grooming)족이라고 합니다. 다른 사람들에 비해 유난히 패션에 관심이 많고 최신 패션에 관심을 가지는 맵시꾼들은 fashion plate라고 합니다. 깔끔하고 세련된 옷차림에 매너까지 좋은 영국 신사 이미지를 가진 남성이 있다면, dandy라고 부릅니다.

야한 옷

- 나는 야한 옷을 싫어한다. I dislike loud clothes.
  * loud 시끄러운, 야한
- 그녀는 야하게 치장하는 것을 좋아한다. She likes to be dressed up like a dog's dinner.
  * dressed up like a dog's dinner 야하게 치장한
- 그녀는 가슴 노출이 심한 옷을 입었다. She wore a low-cut dress.
  * low-cut 깊이 파인
- 그녀의 옷은 그녀를 사람들 틈에서 눈에 띄게 했다. Her clothes made her stand out from everyone else.
- 나는 그녀에게 너무 파인 옷 좀 입지 말라고 조언했다. I advised her not to wear a dress cut too low.
- 나는 배꼽티를 입는 사람들을 이해하지 못하겠다. I don't understand those who wear half shirts.
- 나는 배꼽티를 입을 만큼 과감하지 못하다. Half shirts are too bold for me to wear.
- 나는 미니스커트를 즐겨 입는다. I wear miniskirts often.
- 야한 옷을 입으면 사람들이 나를 쳐다보는 것 같다. When I wear loud clothes, people are likely to look at me.

어울리는 옷

- 그 블라우스는 이 바지와 어울리지 않았다. The blouse didn't go with these pants.
  * go with ~에 어울리다
- 그 옷은 나에게 어울리지 않는다. Those clothes look terrible on me.
- 그 옷을 입으면 어색하다. I feel awkward in the clothes.
- 그 옷은 촌스러워 보였다. The clothes looked old-fashioned.
- 그 옷은 나에게 잘 어울린다. The clothes look good on me.
- 그것이 나에게 잘 어울린다. It becomes me.
It suits me well.
It sits well on me.
It is suitable for me.
- 그 바지는 스웨터와 잘 어울렸다. The pants matched my sweater.
- 그 목걸이는 드레스와 어울리지 않았다. The necklace didn't match the dress.
- 그 스웨터는 녹색 바지와 잘 어울렸다. The sweater went well with the green pants.
- 파란색이 나한테 제일 잘 어울린다. Blue suits me best.

- 나는 검은색 옷이 잘 어울린다. — I look good in black.
- 나는 어느 옷이나 잘 어울린다. — All clothes look good on me.
- 사람들이 나는 아무 옷을 입어도 잘 어울린다고 한다. — People say that I look good in everything.
- 그 옷을 입으면 예뻐 보인다. — The clothes are flattering.
  * flattering 아첨하는, 실물보다 예뻐 보이는
- 그녀는 옷도 잘 입고 우아하기도 하다. — She is well-dressed and graceful.
- 그녀는 세련되게 옷을 입는다. — She is a smart dresser.
- 그녀는 패션 감각이 있다. — She is stylish.
- 옷이 날개다. — The tailor makes the man. Fine feathers make fine birds.
- 겉만 보고 속을 판단할 수는 없다. — You can't judge a book by its cover.
- 반짝인다고 해서 다 금은 아니다. — All that glitters is not gold.

02 액세서리 ACCESSORIES

액세서리의 종류

팔찌	bracelet	옷핀	safety pin
목걸이	necklace	테 없는 모자	cap
귀걸이	earrings	테 있는 모자	hat
브로치	brooch, breastpin	양말	socks
선글라스	sunglasses	무릎까지 오는 양말	knee high socks
바지 멜빵	suspenders	스타킹	stockings
스카프, 목도리	scarf	팬티스타킹	pantihose
버클	buckle	롱부츠	thigh boots
허리띠	belt, waistband	발목 부츠	ankle boots
머리핀	hairpin	굽이 높은 신발	high-heeled shoes
머리띠	headband	굽이 낮은 신발	flat-heeled shoes
끈 머리띠	fillet	운동화	sneakers
가발	wig	샌들	sandals
타이핀	tie clip	러닝슈즈	running shoes
나비넥타이	bow tie	구두	dress shoes

액세서리

• 나는 여러 모양의 귀걸이를 가지고 있다.	I have lots of shapes in my earring collection. * collection 수집물, 소장품
• 나는 옷에 다는 브로치를 다양하게 가지고 있다.	I have various brooches for my clothes.
• 그 목걸이는 모조품이다.	The necklace is fake.
• 순금 반지가 하나 있다.	I have a 24-karat gold ring.
• 그 진주가 진짜인지 보석상에게 감정을 의뢰했다.	I had the jeweler examine the pearl to see whether it was genuine. * jeweler 보석세공인, 보석상 | examine 검사하다, 조사하다 | genuine 진짜의
• 멋진 디자인의 보석들 중 반지 하나를 선택했다.	I chose one ring from a nicely designed jewelry collection.
• 카탈로그에 있는 디자인으로 만들어 달라고 했다.	I asked the jeweler to make a ring to a certain design in the catalog.
• 금반지에 진주를 세팅했다.	I set a pearl in the gold ring.
• 남자 친구와 커플링을 했다.	My boyfriend and I each wore couple rings.
• 나는 이태리산 유리구슬로 만든 정말 멋진 팔찌를 하나 샀다.	I bought the bracelet made of strikingly beautiful glass beads from Italy. * strikingly 현저하게, 두드러지게
• 캣츠아이 구슬로 만들어진 목걸이 팬던트가 마음에 들었다.	The necklace pendent with cat's eye beads appealed to me. * appeal to ~의 마음에 들다

액세서리를 착용하다

• 귀걸이를 할 수 있도록 귀를 뚫었다.	I had my ears pierced to be able to wear earings.
• 팔찌를 하는 것은 여름에 특히 불편하다.	Wearing a bracelet makes me uncomfortable, especially in summer. * bracelet 팔찌
• 날씨가 더울 때는 땀이 나서 목걸이를 하는 게 좋지 않다.	When it is hot, wearing a necklace is not good because of sweat.
• 나는 어깨에 스카프 두르는 것을 좋아한다.	I like to use a scarf for my shoulders.
• 그녀는 금으로 된 액세서리를 하는 것을 좋아한다.	She likes to wear gold accessories.
• 술 장식이 있은 허리띠를 했다.	I wore a fringe belt. * fringe 술 장식

• 검지에 반지를 끼고 있다. I am wearing a ring on my index finger.

• 반지가 손가락에서 빠지지 않는다. I can't get the ring off my finger.

• 그 가짜 목걸이가 그녀의 멋진 드레스를 망쳐 놓았다. Her fake necklace spoiled the wonderful dress.
* fake 모조품, 위조품, 가짜

• 스타킹의 올이 나갔다. My stockings got ripped.
My stockings had a run.
I had a run in my stockings.
* ripped 찢어진, 터진 | run 스타킹이 세로로 풀린 줄

03 유행

FASHION

첨단 유행

• 그것이 유행이다. It is in fashion.

• 그것이 대유행이다. It is in vogue.
* vogue 성행, 유행

• 그것이 최신 유행이다. It is a new fashion.

• 그것은 최신의 것이다. It is up to date.

• 최신 유행하는 스타일이다. It is the latest style.

• 그것이 요즘 유행이다. It is the fad today.
* fad 일시적인 유행

• 그 패션은 매우 멋졌다. The fashion was out of this world.
* out of this world 더할 나위 없는, 매우 훌륭한

• 그 스타일이 유행하기 시작했다. That style has come into fashion.

• 그것이 지금 젊은이들 사이에서 대유행이라고 한다. It is said that it is all the rage among young people.
* rage 일시적인 대유행, 격노

• 나는 내 친구들보다 유행에 더 민감한 편이다. I tend to be more fashion-conscious than my friends.
* conscious 의식하는

• 유행에 대한 감각이 있다. I have an eye for fashion.
I have a sense of style.

- 나는 패션 감각이 있다. I have a good sense of fashion.

유행 따라하기

- 항상 유행을 따른다. I go along with the fashion of the times.
- 유행을 따르려고 한다. I try to follow fashion.
- 유행에 뒤떨어지지 않으려고 한다. I try not to get behind the times.
  * get behind the times 유행에 뒤쳐지다
- 유행에 뒤지지 않으려고 한다. I try to keep pace with the current style.
  * keep pace with ~에 뒤지지 않다
- 최신 유행을 따라간다. I keep up with the latest trends.
- 유행의 첨단을 걷고 있다. I am leading the fashion.
- 올해는 짧은 머리가 유행할 것 같다. It looks like short hair is in fashion this year.
- 그것이 인기 있는 차림이긴 하지만 누구에게나 어울리는 것은 아니다. It is a popular look, but it's certainly not for everyone.
- 그것은 그의 스타일에 정말 잘 어울린다. It is a really nice look for him.
  * look (유행 등의) 스타일, 룩
- 요즈음은 바디 피어싱이 유행이다. Body piercing is a recent fad.
- 유행되고 있는 스웨터를 하나 샀다. I bought a stylish sweater.
- 그는 멋있게 보이려고 유행하는 옷만 입는다. He wears only fashionable clothes to look cool.

유행이 지나다

- 그것은 유행이 지난 것이다. It is ancient.
  It is outdated.
  It is antiquated.
  It is out of style.
  It is not in vogue.
- 구식이다. It is out of date.
  It is old-fashioned.
  It is out of fashion.
- 시대에 뒤떨어진 것이다. It is behind the times.
- 나는 유행에 둔감하다. I have no sense of style.
- 그것은 나한테 잘 어울리지 않았다. It was not suitable for me.
- 그는 항상 어울리지 않는 모자를 쓰고 있다. He is always wearing an unbecoming hat.

• 유행은 반복되는 것 같다. Fashion seems to repeat itself.

• 너무 쉽게 유행에 휘둘리지 않도록 해야 한다. We should be careful not to be swept up in fashion.
* swept sweep(쓸다, 휩쓸다)의 과거형

04 옷 수선 CLOTHES MENDING

옷 상태

• 그것은 내게 좀 작았다. It was a little small for me.

• 그것은 내게 좀 컸다. It was a little big for me.

• 내가 커버려서 이 바지는 더 이상 나에게 맞지 않는다. These pants don't fit me anymore because I have grown out of them.
* fit (옷 등이) 꼭 맞다

• 그 옷은 수선이 필요했다. The clothes needed to be altered.

• 그 옷은 수선이 불가능했다. The clothes couldn't be altered.

• 그 치마를 좀 수선해야 했다. I needed to get the skirt altered.

• 치마가 너무 꽉 죄여서 늘여야 했다. The skirt was too tight and it needed to be let out.
* let out (을) 늘이다, 크게 고치다

• 바지 주머니가 찢어졌다. The pocket ripped from my pants.

• 코트에 단추가 떨어졌다. My coat button fell off.
My coat button came off.

• 바지에 조그맣게 구멍이 났다. My pants have a little hole.

• 바지 끝단이 다 헤어졌다. The bottom hem of the pants was worn out.
* wear out 닳게 하다

• 지퍼가 중간에서 올라가지 않는다. The zipper stuck halfway up.

옷 수선하기

• 치마 끝에 단을 댔다. I hemmed the bottom of the skirt.
* hem 에워싸다, 가장자리를 대다

• 드레스를 짧게 수선해야 했다.	The dress needed taking in.
• 바지를 수선했다.	I had the pants altered. * alter 바꾸다, 고치다, 수선하다
• 바지를 더 짧게 수선했다.	I had the pants shortened.
• 바지를 길게 수선해야 했다.	The pants needed letting out. * let out 길이를 늘이다
• 바지를 길게 수선시켰다.	I had my pants lengthened.
• 재봉사에게 바지 단을 좀 늘여 달라고 했다.	I asked the tailor to make the pants longer.
• 그에게 소매를 늘여 달라고 부탁했다.	I asked him to let out the sleeves.
• 그가 소매를 적당히 늘여 주었다.	He properly made the sleeves longer.
• 재봉사에게 치마허리가 너무 커서 줄여달라고 했다.	The skirt was so loose at the waist that I got the tailor to take it in. * take in 줄이다
• 내가 주머니를 꿰매었다.	I sewed the pocket myself. * sew 꿰매다, 깁다
• 스웨터 터진 곳을 수선했다.	The tear on my sweater was mended. * tear 찢어진 곳, 터진 곳
• 바지 구멍 난 곳에 천을 덧대었다.	I patched the hole in my pants.
• 수선하는 사람에게 바지 무릎에 천을 덧대 달라고 부탁했다.	I asked the tailor to put a patch on the knees of the pants. * patch 헝겊조각, 깁는 조각
• 양말에 난 구멍을 꿰매었다.	I stitched up the hole in my socks.
• 지퍼가 고장 나서 다시 달았다.	The zipper was broken, so I had it replaced.
• 코트에 단추를 달았다.	I put the button on my coat.
• 재킷에 단추를 다시 달았다.	I sewed the button back on my jacket.
• 그는 옷을 잘 수선했다.	He did a good job altering my clothes. * alteration 수선, 변경
• 수선을 하자 그 바지가 나에게 꼭 맞았다.	After the alteration, the pants fit me very well.

DIARY 08

Going on a Diet

Friday, August 2. Scorchingly hot

Nowadays I am worried about my appearance. I think I am gaining weight. I get stressed when being told that I am fat. It seems that it's easy to gain weight, but very difficult to lose weight.

Today it was scorchingly hot, but I wasn't able to wear a sleeveless shirt and short pants because I was afraid that I looked terrible. I always long to wear pretty and cute clothes. Sometimes I want to wear a half-shirt and even a stylish miniskirt. But those clothes usually are too small for me to put on. That's why I am irritated when I get clothes at the department store.

I decided to go on a diet. I'll never eat instant food or junk food. I think doing exercises is the best method to lose my weight. From tomorrow I will start jogging every morning and do sit-ups to reduce the fat in my stomach every night.

다이어트 돌입!

8월 2일 금요일 타는 듯이 더움

요즘 내 외모가 걱정이다. 내 생각에 난 살이 찌고 있는 것 같다. 내가 뚱뚱하다는 이야기를 들으면 스트레스를 받는다. 살찌는 것은 쉬운 데, 살을 빼는 것은 매우 어려운 것 같다.

오늘은 모든 것을 태워버릴 듯이 더웠지만 흉해 보일까 봐 민소매 옷이나 짧은 바지를 입을 수가 없었다. 나는 항상 예쁘고 귀여운 옷을 입고 싶어 한다. 가끔은 배꼽티나 멋진 미니스커트도 입고 싶다. 하지만 그런 옷들은 대개 내게는 너무 작아 입을 수가 없다. 그런 이유로 백화점에서 옷을 살 때 짜증이 난다.

다이어트를 하기로 결심했다. 인스턴트 음식이나 정크 푸드는 절대 먹지 않을 것이다. 운동을 하는 것이 살을 빼는 데 가장 좋은 방법이라 생각된다. 내일부터 매일 아침 조깅을 할 것이며, 밤에는 뱃살을 빼기 위해 윗몸 일으키기를 할 것이다.

NOTES

appearance 외모, 생김새 | **get stressed** 스트레스를 받다 | **scorchingly** 타는 듯이 뜨거운 | **stylish** 유행하는, 세련된 | **irritate** 짜증나게 하다, 화나게 하다 | **sit-up** 윗몸 일으키기 | **reduce** 줄이다

He who has made up his mind will never say impossible.

결심을 한 사람은 절대로 '불가능하다'라는 말을 하지 않는다.

_Napoleon 나폴레옹

CHAPTER 09

외모

01 외모

APPEARANCE

신체 부위

머리	head	등	back
뇌	brain	등뼈 척추	backbone, spine
머리카락	hair	배	belly
이마	forehead	팔	arm
눈썹	eyebrow	겨드랑이	armpit
속눈썹	eyelash	팔꿈치	elbow
눈꺼풀	eyelid	손목	wrist
눈	eye	손바닥	palm
안구	eyeball	손등	back of the hand
코	nose	손가락	finger
콧수염	mustache	엄지	thumb
턱수염	beard	집게손가락	index finger
구레나룻	sideburns	가운뎃손가락	middle finger
콧날	ridge of the nose	약지	ring finger
콧구멍	nostril	새끼손가락	little finger, pinky
뺨	cheek	손가락 마디	knuckles
입	mouth	지문	fingerprint
입술	lips	주먹	fist
윗입술	upper lip	손톱	nail
아랫입술	lower lip	엉덩이	buttocks
인중	philtrum	허리 아래 뒷부분	hips
혀	tongue	대퇴부	thigh
귀	ear	허벅지	inner thigh
고막 귀청	eardrum	다리	leg
목	neck	발목	ankle
목구멍	throat	무릎	knee
목젖	uvula	허리에서 무릎까지	lap
어깨	shoulder	종아리	calf
유방	breast	발가락	toe
가슴	chest	발뒤꿈치	heel
갈비뼈	rib	발톱	toenail

닮다

• 나는 엄마를 닮았다.

I resemble my mom.
I look like my mom.

- 나는 엄마 성격을 닮았다. I take after my mom.
- 나는 아빠보다 엄마를 많이 닮았다. I resemble my mom more than my dad.
- 나는 아빠를 아주 꼭 닮았다. I look very much like my dad.
I am the perfect image of my dad.
I am the spitting image of my dad.
* spitting 꼭 닮은, 침을 뱉는
- 나는 아빠를 전혀 닮지 않았다. I look different from my dad.
I don't resemble my dad at all.
- 코는 엄마를, 입과 눈은 아빠를 닮았다. I have my mom's nose and my dad's mouth and eyes.
- 나는 외가 쪽을 닮은 것 같다. I seem to resemble my mother's family.
- 우리는 생김새가 아주 다르다. In appearance, we are as different as night and day.
* as different as night and day 낮과 밤처럼 엄청나게 다른
- 나는 나이보다 더 어려 보인다. I look young for my age.
- 나는 내 나이보다 훨씬 어려 보인다. I look much younger than my age.
- 그것은 집안 내력이다. It runs in my family.
- 우리 가족 모두 다 그렇다. Everyone in my family is like that.
- 그는 나이 들어 보이지 않는다. He doesn't look his age at all.
- 그는 중년처럼 보인다. He looks middle-aged.
- 그는 항상 그 모습 그대로인 것 같다. He looks the same as always.

어디를 닮았니?

외모를 닮았다고 할 경우는 resemble, look like로 표현하고, 성격이 닮았다고 할 때는 take after로 나타냅니다. resemble은 바로 뒤에 목적어를 취하는 타동사이므로 '~와 닮다'라고 해서 '~와'에 해당하는 with와 함께 쓰면 안 됩니다. 구체적으로 누구의 어느 부분을 닮았다고 할 때는 [I have ○○'s 신체 부위]로 표현합니다. 예를 들어 엄마의 코를 닮았으면 I have my mom's nose.라고 하면 됩니다.

뛰어난 외모

- 그녀는 예쁘다. She is pretty.
She is good-looking.
- 그녀는 아름답다. She is beautiful.
- 그녀는 참 예쁘다. She is as pretty as a picture.
* as pretty as a picture 매우 아름다운

- 그녀는 매력적이다. She is attractive.
- 그녀는 지적으로 보인다. She looks intelligent.
- 그녀는 눈부시게 멋지다. She is very gorgeous.
  * gorgeous 화려한, 눈부신, 멋진
- 그녀는 꽤 미인이다. She is quite a beauty.
- 그녀는 굉장한 미인이다. She is a real knockout.
  * knockout 굉장히 매력적인 미인
- 그녀는 고운 피부와 부드러운 머릿결, 반짝이는 눈, 도톰한 입술을 가진 미인이다. She is a beauty with fair skin, silky hair, twinkling eyes and full lips.
- 그는 매력적이다. He is attractive.
- 그는 매혹적이다. He is fascinating.
- 그는 참 멋지다. He looks nice.
- 그는 잘생겼다. He is handsome.
- 그는 훤칠하게 잘생겼다. He is tall and handsome.
- 그는 얼굴은 조각처럼 잘생겼다. He's got sculpted features.
  * sculpted features 조각 같은 이목구비

평범한 외모

- 그녀는 평범하게 생겼다. Her appearance is ordinary.
- 그녀는 수수한 외모다. She looks plain.
- 그녀는 그저 그렇게 생겼다. She looks homely.
- 나는 키가 크지도 않고 잘생기지도 않았다. I am neither tall nor handsome.
  * neither ~ nor ... ~도 …도 아니다

못생긴 외모

- 그녀는 못생겼다. She is ugly.
- 그녀는 밝은 얼굴이 아니다. She has a sad face.
- 그녀의 걸음걸이는 매우 웃기다. Her gait is very funny.
- 그녀는 다른 어느 것보다 외모에 더 관심이 있다. She is more interested in her appearance than anything else.
- 그녀가 하는 일이라곤 외모에 관해 이야기하는 것뿐이다. All she ever does is talk about her appearance.
  * all ~ ever do is+**동사원형** ~가 하는 일이라곤 …뿐이다

- 그녀는 그녀의 외모에 늘 신경 쓴다.

  She always takes pains with her appearance.
  * take pains 수고하다, 신경 쓰다

- 그녀는 거울 앞에서 포즈를 취하는 것을 좋아한다.

  She likes to pose in front of the mirror.

- 사람은 겉보기로는 알 수 없다.

  We can't judge people by looks alone.

- 미모도 한낱 가죽 한 꺼풀일 뿐이다.

  Beauty is only skin deep.

호박에 줄 긋는다고 수박되니?

못생긴 사람이 치장하고 멋 부리면 '호박에 줄 긋는다고 수박되니?'라고 놀리죠? 영어로는 돼지에 립스틱을 바른다, 즉 put lipstick on a pig라고 합니다. 이는 별로 좋지 않은 것을 감추고자 할 때, 예를 들어 Your suggestion is like putting lipstick on a pig.(너의 제안은 돼지에게 립스틱 바르는 것과 같다.)처럼 쓰이기도 합니다.

성형 수술

- 나는 성형 수술을 받고 싶다.

  I want to get cosmetic surgery.
  * cosmetic 화장용의, 미용의, 성형의 | surgery 수술

- 나는 코를 높이고 싶다.

  I wanted to make my nose bigger.

- 나는 얼굴에 성형 수술을 했다.

  I had cosmetic surgery on my face.

- 나는 쌍꺼풀 수술을 받았다.

  I got double-eyelid surgery.

- 나는 턱을 깎았다.

  I had the size of my jaw reduced.
  * jaw 턱

- 코 성형 수술이 잘못 되었다.

  The cosmetic surgery on my nose had a problem.

- 나는 가슴 성형을 하고 싶다.

  I want to get a breast job.

- 나는 허벅지 지방 흡입 수술을 하고 싶다.

  I want to have liposuction on my thighs.
  * liposuction 지방 흡입술

- 나는 성형 수술을 받고 싶지 않다.

  I don't want to have any cosmetic surgery done.

- 나는 성형 수술의 부작용이 걱정된다.

  I am worried about the side effects of the cosmetic surgery.
  * side effect 부작용

- 내 외모가 어떠하든 난 상관하지 않는다.

  I don't care how I look.
  I don't care what I look like.

- 겉모습은 중요하지 않다.

  Appearance is not important.
  It is not important what I look like.

- 나는 이대로의 모습이 좋다.

  I like it the way it is.

성형 수술

우리는 성형 수술을 보통 plastic surgery라고 하는데, 이는 부상이나 화상을 입어 잘못된 부분을 원래 모습으로 되돌리기 위해 하는 수술이고, 미용을 위해서 하는 성형 수술은 cosmetic surgery라고 합니다. 또한 성형을 하기 위해서는 칼을 대야 하므로 go under the knife 또는 put under the knife라고 써도 '성형하다'라는 말이 됩니다.

02 얼굴

FACE

얼굴

- 나는 얼굴이 둥글다. — I have a round face.
- 내 얼굴은 달걀형이다. — My face is oval.
- 그녀는 얼굴이 사각형이다. — Her face is square.
- 그녀는 사각턱이다. — She has a square jaw.
- 그는 얼굴이 편평한 편이다. — His face is kind of flat.
- 나는 얼굴이 좀 통통하다. — My face is a little chubby.
  * chubby 토실토실한
- 나는 얼굴이 여윈 편이다. — I am thin-faced.
- 얼굴이 매우 야위었다. — I have a meager face.
  * meager 빈약한
- 내 얼굴이 매력적이라고 생각한다. — I think I have a charming face.
- 나는 양쪽 볼에 보조개가 있다. — I have dimples on my cheeks.
- 나는 웃으면 보조개가 생긴다. — I have dimples when I smile.
- 그녀는 광대뼈가 많이 튀어나왔다. — Her cheekbones are too high.
- 나는 근시라서 안경을 쓴다. — I am near-sighted and wear glasses.
- 그녀는 동안이다. — She has a baby face.
- 그녀는 제 나이로 안 보인다. — She doesn't look her age.
- 그녀는 나에게 얼굴을 찌푸렸다. — She made a face at me.
  * make face 얼굴을 찌푸리다

- 그는 종종 미간을 찌푸리며 인상을 쓴다. He often knits his brow.
  ⋆ knit one's brow 미간을 찌푸리다

긴 얼굴

She has a long face.라고 하면, 그녀의 얼굴이 길다는 말이 아니라, 그녀의 얼굴이 우울해 보인다는 표현입니다. 얼굴이 길다고 하려면 She has a longish face.라고 해야 합니다. long face는 슬프거나 우울해 보이는 얼굴, longish face는 긴 얼굴을 나타냅니다.

피부

- 나는 피부가 곱다. I have fair skin.
- 나는 피부가 희고 깨끗하다. I am fair-skinned.
- 그녀의 피부가 실크처럼 부드러워 보인다. Her skin looks as smooth as silk.
- 나는 피부색이 좋다. I have a fair complexion.
  ⋆ complexion 피부색, 안색, 얼굴의 윤기
- 피부가 깨끗하다. My skin is clear.
- 얼굴에 동그란 버짐이 생겼다. I have ringworm on my face.
- 피부가 텄다. I have chapped skin.
  My skin is chapped.
  ⋆ chapped 살갗이 튼
- 그는 얼굴빛이 좋다. He has good color.
  He has a good complexion.
- 그녀의 피부는 탄력이 있다. Her skin is elastic.
  ⋆ elastic 유연한, 탄력이 있는
- 그녀의 피부는 복숭아 같다. She has a peach-like complexion.
- 그녀는 화장을 할 필요가 거의 없다. She needs to wear very little make-up.
- 나는 피부가 검다. My skin is dark.
- 나는 피부가 거무스름하다. I have darkish skin.
- 나는 검은 피부를 가지고 있다. I have a dark complexion.
- 나는 햇빛에 그을려 까무잡잡하다. I was tanned by the sun.
- 내 피부는 지성이다. My skin is oily.
- 내 피부는 건성이다. My skin is dry.
- 내 피부는 심한 건성이다. My skin is super dry.

- 세수하고 나면 얼굴이 당긴다. After washing my face, it gets so dry.
- 나는 피부가 거칠다. I have rough skin.
- 나는 이렇게 거친 피부가 싫다. I don't like such rough skin.
- 여드름이 나서 기분이 좋지 않다. I feel unhappy because pimples are breaking out.
- 나는 주근깨가 좀 있다. I have some freckles.
- 나는 얼굴 전체에 주근깨가 있다. I have freckles all over my face.
- 주근깨 많은 내 얼굴이 정말 싫다. I really hate my freckled face.
- 나는 볼에 큰 흉터가 하나 있다. I have a big scar on my cheek.
- 나는 얼굴에 큰 점이 한 개 있다. I have a big mole on my face.
  * mole 점, 사마귀
- 나는 목에 사마귀가 있다. I have a protruding mole on my neck.
  * protrude 내밀다, 튀어나오다
- 나는 점을 뺄 것이다. I'll get rid of my mole.
- 나는 얼굴에 있는 점을 뺐다. I had a mole on my face removed.
- 나는 땀구멍이 너무 크다. I have huge pores.
  * pore 땀구멍
- 나는 코에 피지가 많다. I have a lot of blackheads on my nose.
- 그 피지를 종종 짠다. I often squeeze those blackheads.
- 나는 얼굴에 주름이 많다. I have lots of wrinkles on my face.
- 나는 주름을 없애고 싶다. I want to get rid of the wrinkles.
- 나는 매일 주름 방지 크림을 바른다. I apply anti-wrinkle cream every day.
- 나는 노화 방지 크림을 사용한다. I use an age-defying cream.
  * defying ~을 허용하지 않는
- 피부 관리 좀 받아야겠다. I need to get my facials.
- 보톡스 주사라도 맞아야겠다. I should get Botox injections.

피부 관리라도 ~

피부가 엉망이라면 피부 관리라도 받아야겠죠. 피부 관리를 받으러 가야겠다면 I need to go to an esthetician.이라고 하세요. esthetician이 피부 미용 관리사를 말하는 것으로, 우리가 보통 병원에 가서 진찰을 받는다고 할 때 go to the doctor라고 하듯이 '피부 관리를 받으러 가다'는 go to an esthetician이라고 합니다.

눈

• 나는 눈이 크다.	I have large eyes.
• 나는 눈이 작다.	I have small eyes.
• 나는 쌍꺼풀이 있다.	I have double eyelids.
• 나는 한 쪽만 쌍꺼풀이 있다.	Only one of my eyes has a double eyelid.
• 나는 눈꺼풀이 두껍다.	My eyelids are thick.
• 나는 눈꺼풀이 얇다.	My eyelids are thin.
• 나는 눈이 가깝게 몰려 있다.	My eyes are close together.
• 나는 눈이 멀리 떨어져 있다.	My eyes are far apart from each other.
• 나는 눈이 위로 올라갔다.	My eyes slant upward. * slant 경사지다 | upward 위쪽으로
• 나는 눈이 위로 치켜 올라갔다.	I have peaked eyes.
• 나는 눈이 아래로 처졌다.	My eyes slant downward.
• 내 눈은 가느다랗다.	My eyes are narrow.
• 내 눈은 길게 째진 눈이다.	My eyes are like slits. * slit 긴 틈새
• 내 눈은 움푹 들어갔다.	I have sunken eyes. * sunken 내려앉은, 움푹 들어간
• 내 눈은 퉁방울눈이다.	I have bug eyes.
• 그는 눈이 부리부리하다.	He has big bright eyes.
• 내 눈은 짝짝인 것 같다.	My eyelids look different.
• 그녀는 눈웃음을 친다.	She smiles with her eyes.
• 그녀는 눈이 부자연스럽다.	Her eyes look unnatural.
• 그는 눈썹이 짙다.	He has thick eyebrows.
• 그녀는 속눈썹이 길다.	She has long eyelashes.
• 나는 눈가에 주름이 많다.	I have lots of wrinkles around my eyes.

검은 눈

눈이 검다고 해서 I have black eyes.라고 하면 전혀 다른 뜻인 '나는 두 눈이 다 멍들었다'라는 의미가 됩니다. 검은 눈을 가졌을 경우는 I have dark eyes.라고 합니다.

코

• 나는 코가 납작하다.	I am flat-nosed. I have a flat nose.
• 나는 코가 높다.	I have a big nose.
• 나는 코가 들창코다.	I have a turned-up nose. * turned-up 위로 들린
• 나는 매부리코다.	I have a Roman nose. I have an aquiline nose. * aquiline 독수리 부리 같은
• 내 코는 뾰족하다.	I have a pointed nose.
• 나는 코가 넓다.	My nose is wide.
• 내 코는 좁은 편이다.	My nose is kind of narrow.
• 내 코는 주먹코다.	My nose is ball-shaped.
• 우리 형은 코주부다.	My brother has a bulbous red nose. * bulbous 알뿌리처럼 생긴
• 우리 아빠 코는 딸기코다.	My father has a strawberry nose.

코의 높이

코의 높이가 낮은 납작한 코는 low nose가 아니라 flat nose라고 합니다. 반대로 높은 코는 high nose가 아닌 big nose로 표현합니다. 오뚝하게 예쁜 코는 shapely nose라고 합니다.

입술

• 나는 입술이 얇다.	My lips are thin.
• 나는 입술이 두껍다.	My lips are full.
• 나는 윗입술이 두껍다.	My upper lip is thick.
• 나는 아랫입술은 얇다.	My bottom lip is thin.
• 나는 윗입술이 뒤집어졌다.	My upper lip is turned up.
• 나는 입술이 잘 튼다.	My lips often crack.
• 그녀의 입술은 늘 촉촉해 보인다.	Her lips always look glossy. * glossy 광택 있는
• 나는 입이 많이 돌출되었다.	My mouth protrudes too much. * protrude 불쑥 나오다

앵두 같은 입술

우리말에서는 빨갛고 예쁜 입술을 앵두 같은 입술이라고 하는데, 영어에서는 그런 입술을 보석인 ruby에 빗대어 ruby red lips라고 합니다. 이는 루비가 빨간 빛을 띠기 때문이죠. 그리고 탐스럽고 섹시한 입술은 luscious red lips라고 합니다.

치아

• 나는 이가 고르게 났다. I have straight teeth.

• 나는 이가 고르게 나질 않았다. I have crooked teeth.

• 나는 덧니가 있다. I have a double tooth.

• 나는 뻐드렁니가 있다. I have a slanted tooth.
* slanted 기울어진, 비스듬한

• 나는 때운 이가 여러 개 있다. I have a few fillings.

• 나는 이가 하얗다. My teeth are white.

• 나는 이가 누렇다. My teeth are yellowish.

• 사랑니가 나고 있다. My wisdom tooth is cutting through.
I have a wisdom tooth coming in.
* wisdom tooth 사랑니

• 사랑니가 났다. My wisdom tooth broke through.
* break through 헤치고 나오다

• 나는 의치가 하나 있다. I have a false tooth.
* false 거짓의, 가짜의, 위조의

• 우리 할머니는 틀니를 하신다. My grandmother wears dentures.
* denture 틀니

귀

• 내 귀는 아주 작은 편이다. My ears are kind of small.

• 내 귀는 넓고 크다. My ears are floppy.
* floppy 펄럭이는

• 나는 귀를 뚫는 귀걸이를 했다. I wear pierced earrings.
* pierce 뚫다

• 나는 귀를 안 뚫는 귀걸이를 했다. I wear clip-on earrings.
* clip-on 클립으로 고정되는

수염

- 우리 아빠는 콧수염이 있으시다. My dad has a moustache.
- 우리 아빠는 콧수염이 많으시다. My dad has a thick moustache.
- 우리 아빠는 턱수염이 있으시다. My dad has a beard.
- 우리 아빠는 오랫동안 턱수염을 기르셨다. My dad has grown a beard for years.
- 우리 삼촌은 귀밑 구레나룻이 짧게 있다. My uncle has sideburns.
- 우리 삼촌은 구레나룻이 많다. My uncle has mutton chops.
- 우리 형은 턱밑 수염을 기른다. My brother has a goatee.

구레나룻

귀밑으로만 짧게 나 있는 구레나룻은 sideburns라고 하고, 귀 옆에서 아래턱까지 이어져 난 구레나룻은 mutton chops 또는 whiskers라고 합니다. 고양이나 메기 등에 있는 긴 수염도 whisker라고 합니다. 그리고 우유를 먹고 나서 하얗게 콧수염처럼 생기는 것은 milk moustache라고 합니다.

03 머리

HAIR

머리색

- 나는 머리색이 까맣다. I have black hair.
- 나는 머리색이 짙은 갈색이다. I have dark brown hair.
- 나는 머리색이 갈색이다. I have brown hair.
- 나는 머리색이 금발이다. I have blond hair.
- 할아버지는 머리가 백발이시다. My grandfather is grey-haired.
- 예전에 그의 머리는 검은 색이었는데 이제는 거의 다 하얗게 되었다. He used to have black hair, but now it has become almost white.
- 나는 머리카락이 너무 상했다. I have severely damaged hair.

머리 길이

- 나는 머리가 길다. I have long hair.
- 나는 머리를 기르고 있다. I let my hair grow long.
- 내 머리는 중간 길이다. I have medium-length hair.
- 내 머리는 어깨까지 내려온다. I have shoulder-length hair.
- 나는 허리까지 내려오는 땋은 머리를 하고 있다. I have a pigtail that hangs down to my waist.
  * hang down to ~까지 늘어뜨리다
- 나는 단발머리다. I have a bob cut.
- 나는 짧은 머리를 하고 있다. I have short hair.
- 나는 거의 삭발이다. I have a buzz cut.
- 나는 군인 머리이다. I have a crew cut.

곱슬머리

- 내 머리는 곱슬거리지 않는 머리이다. My hair is straight.
- 나는 원래 타고난 곱슬머리이다. My hair is naturally curly.
- 나는 짙은 색의 곱슬머리이다. I have dark curly hair.
- 나는 파마를 하지 않아도 되는 곱슬머리이다. I have naturally curly hair that doesn't have to be permed.
- 나는 머리가 곱슬거리는 것이 싫어서 스트레이트 파마를 했다. I hate my curly hair, so I had my hair straightened.
- 나는 파마를 해서 곱슬거린다. I have wavy hair.

머리숱

- 나는 머리숱이 너무 많다. I have thick hair. I am thick-haired.
- 나는 머리가 덥수룩하다. My hair is bushy.
  * bushy 머리가 덥수룩한
- 나는 머리가 가늘어지고 있다. My hair is thinning.
- 나는 머리숱이 없다. I have thin hair. I am thin-haired.
- 나는 아직 어린데 머리가 벗겨지고 있다. I became baldheaded even though I am young.
  * baldheaded 대머리의

• 나는 전에는 머리가 더 많았었다. I used to have more hair.

• 나는 머리가 빠져서 걱정이다. I am worried about losing my hair.

• 나는 대머리가 되어가고 있어서 걱정이다. I am worried about going bald.

• 그는 정수리 부분에 머리가 없다. He has no hair on the top of his head.

• 그는 머리가 많이 빠져 뒤만 남아 있다. He has a receding hairline.

* receding 뒤편으로 물러간

• 그는 가발을 써야 한다. He has to wear a wig.

머리 모양

• 나는 머리 가르마를 가운데로 탔다. I parted my hair in the middle.
I had my hair parted in the middle.

* part 나누다

• 머리 가르마를 왼쪽(오른쪽)으로 탔다. I parted my hair on the left(right).

• 나는 올백으로 넘겼다. I pulled back my hair.

• 나는 머리를 귀 뒤로 넘긴다. I tuck my hair behind my ears.

• 나는 머리를 리본으로 맸다. I tied my hair with a ribbon.

• 말총머리를 했다. My hair is in a ponytail.

• 나는 머리를 뒤로 묶었다. I tied my hair in the back.

• 나는 양볼 옆으로 머리를 조금 내렸다. I have a few strands.

* strand (한 가닥의) 실, 머리

• 나는 머리를 올렸다. I put my hair up.

• 머리를 양옆으로 묶었다. My hair is in pigtails.

• 나는 머리를 땋았다. I put my hair in braids.

• 엄마는 가끔 내 머리를 땋아 주신다. My mom sometimes braids my hair.

• 나는 머리를 풀었다. I untied my hair.

• 머리가 헝클어졌다. My hair was tangled.

• 걱정을 하느라 머리가 하얗게 세었다. Anxiety has turned my hair gray.

04 체형

BUILD

키

• 나는 키가 180센티미터이다.	I am 180 centimeters tall. My height is 180 centimeters. I measure 180 centimeters in height. * measure (길이 · 높이 등의 수치가) ~이다
• 나는 키가 크고 여위었다.	I am tall and thin.
• 나는 키가 아주 크고 호리호리해서 친구들이 나를 키다리라 부른다.	I am very tall and slender, so my friends often call me a bean pole.
• 나는 키가 좀 큰 편이다.	I am kind of tall. * kind of ~한 편인
• 나는 키가 평균을 넘는다.	I am above average in height.
• 나는 키가 중간 정도이다.	I am of medium height.
• 나는 키가 작다.	I am short. I am small in stature. I am of diminutive stature. * stature 키, 신장 | diminutive 작은
• 나는 키 작은 것에 대해서 콤플렉스가 있다.	I have a complex about being small.
• 우리는 키를 재보았다.	We measured our height.
• 내가 그보다 조금 더 크다.	I am a little taller than he.
• 내가 그보다 3센티미터 더 크다.	I am taller than he is by 3 centimeters.
• 나는 그와 키가 같다.	I am as tall as he.
• 우리는 거의 키가 같다.	We are almost the same height. We are all similar in height.
• 작년보다 5센티미터가 컸다.	I have grown five centimeters taller than last year.

키와 몸무게를 밝혀라

키(tall), 높이(high), 너비(wide), 깊이(deep), 길이(long), 나이(old) 등의 구체적인 단위를 표현할 때는 기본적으로 [be+수치+형용사] 구문으로 나타냅니다. 예를 들어, 상자의 너비가 2m라는 것은 The box is 2m wide.라고 하면 되죠. 구체적인 키를 말하려면 I am 160㎝ tall.이라고 하면 됩니다. 몸무게를 말할 때는 '무게가 나가다'라는 동사 weigh를 사용하여 I weigh oo kilograms. 또는 My weight is oo kilograms.라고 합니다.

체형

• 나는 좀 뚱뚱하다.	I am round.
• 나는 키가 작고 좀 통통하다.	I am short and a little fat.
• 나는 땅딸막하다.	I am stocky. * stocky 단단한, 땅딸막한
• 나는 작고 뚱뚱하다.	I am stout. * stout 작고 뚱뚱한, 단단한, 튼튼한
• 나는 좀 토실토실하다.	I am a little plump. * plump 살이 찐, 포동포동한
• 나는 배가 나왔다.	I am potbellied. I am fat bellied. I am big bellied. I have a big belly.
• 요즘 배가 나오고 있다.	I've been developing a gut recently.
• 나는 키에 비해 몸무게가 많이 나간다.	I am overweight for my height.
• 나는 날씬하다.	I am slender.
• 나는 말랐다.	I am thin. I am skinny. I am lean.
• 그는 몹시 마른 체형이다.	He is all skin and bones. * all skin and bones 피부와 뼈뿐인, 매우 마른
• 나는 호리호리하다	I am slim.
• 나는 몸매가 좋다.	I have a nice figure. * figure 모양, 몸매, 숫자
• 나는 가슴에 털이 있다.	I have a hairy chest.

S라인 몸매

요즘은 마른 몸매가 대세입니다. 멋지게 날씬하게 마른 체형일 경우는 slim 또는 slender라고 하지만, 너무 말라서 피골이 상접하다면 skinny라고 표현합니다. 또한 thin이나 lean이라고 하면 건강이 안 좋아 여윈 모습일 경우를 말합니다. 날씬한 S라인 몸매는 모래시계 같은 몸매라고 하여 hourglass figure라고 하기도 하고, curvaceous body라고도 합니다.

체격

• 사람들이 나에게 몸이 좋다고 말하곤 한다.	People say I'm in great shape.
• 나는 몸이 별로 좋지 않다.	I am in bad shape.
• 나는 근육질이다.	I am muscular.
• 그는 몸이 딱 좋다.	He is so toned. * toned 지방과 근육이 적당하여 보기 좋은
• 그는 배에 왕(王)자가 있다.	He has a six-pack abs. * six-pack abs 잘 단련된 복근 | abs (abdominal muscles의 줄임말) 복근
• 그의 근육은 불룩 솟아있다.	His muscles are bulging. * bulge 불룩 솟다
• 나는 근육이 단단하다.	My muscle is solid.
• 나는 튼튼한 체격이다.	I have a strong build.
• 나는 알맞은 체격이다.	I am built just right. * built ~한 체격의
• 나는 보통 체구이다.	I am of average build.
• 나는 어깨가 넓다.	I am broad-shouldered.
• 나는 어깨가 좁다.	I am narrow-shouldered.

몸짱

'그녀는 몸짱이다'라고 하면 몸매가 좋다는 의미이므로 She has a nice figure.라고 하면 됩니다. She is in great shape., She has a shapely body.라고 하기도 하는데 이는 건강한 몸매를 가지고 있다는 의미가 더 큽니다. 그리고 '몸이 글래머하다'고 할 때는 '매혹적인'의 의미인 glamorous보다는 voluptuous(육감적인)가 더 적절한 표현입니다. 특히 남성의 근육질로 몸이 좋다고 할 경우는 He is muscular.라고 합니다.

05 화장

MAKEUP

화장품의 종류

화장품	cosmetics, makeup	볼연지	blush
스킨	toner	립스틱	lipstick
로션	lotion	립글로스	gloss, rouge
영양 크림	moisture cream, moisturizer	향수	perfume
		마스카라	mascara
노화 방지 크림	age-defying cream	눈썹 펜슬	eyebrow pencil
주름 방지 크림	anti-wrinkle cream	아이라이너	eyeliner
핸드 크림	hand cream	분	face powder
자외선 차단 크림	suntan lotion, sunscreen	분첩	puff
파운데이션 크림	foundation, base	아이래쉬 컬러	eyelash curler

화장의 진하기

- 그녀는 화장을 진하게 한다. She wears heavy makeup.
- 나는 화장을 엷게 한다. I only put on a little bit makeup.
- 기본 화장을 하고 립스틱을 발랐다. After putting on base, I applied lipstick.
- 나는 기초 화장만 한다. I just wear makeup-base.
- 나는 화장을 가볍게 하고 다닌다. I wear light makeup.
- 그는 내가 화장하는 것을 원하지 않는다. He doesn't want me to wear makeup.
- 나는 화장을 진하게 하지 않으려고 한다. I try not to wear makeup heavily.
- 피부가 민감해서 화장을 진하게 하지 않는다. My skin is sensitive, so I don't wear a lot of makeup.
  * sensitive 예민한, 민감한
- 두껍게 분을 바른 얼굴은 싫다. I don't like a thickly powdered face.
  * powdered 분을 바른
- 나는 파티를 위해 진하게 화장했다. I wore a lot of makeup for a party.
- 나는 화장을 안 해야 예쁜 거 같다. I think I look good without makeup.
- 여자들은 다 그렇게 생각하는 것 같다. It seems that all women think that way.

화장하기

- 나는 화장품을 사러 화장품 가게에 들렀다.
  I stopped by a cosmetic shop to buy cosmetics.
- 나는 샘플을 발라 보았다.
  I tried applying some samples.
- 나는 미용에 관한 것이라면 무엇에든 관심이 많다.
  I am interested in everything about beauty.
- 아침마다 세안을 한 후 화장을 한다.
  Every morning I put on makeup after washing my face.
- 먼저 로션을 바른다.
  First, I apply lotion.
- 스킨을 화장 솜에 묻혀 부드럽게 얼굴을 닦아 낸다.
  I gently wipe my face with toner on a cotton pad.
- 그것이 흡수될 때까지 얼굴을 톡톡 두드린다.
  I pat my face until it is absorbed.
- 영양 크림은 턱 쪽에서 위쪽으로 부드럽게 바른다.
  I apply the moisturizer evenly in upward movements onto my chin.
- 파운데이션 크림을 한 후에 분으로 마무리 한다.
  After the foundation cream, I finish with face powder.
- 파운데이션 색깔이 내 피부색과 잘 안 맞는 것 같다.
  The color of the foundation doesn't seem to match my skin.
- 눈썹 펜슬로 눈썹 모양을 그렸다.
  I draw in my eyebrows with an eyebrow pencil.
- 속눈썹에 마스카라를 했다.
  I put mascara on my eyelashes.
- 나는 아이라이너를 사용하지 않는다.
  I don't use any eyeliner.
- 나는 눈 화장은 안 한다.
  I don't wear eye makeup.
- 나는 색조 화장은 안 한다.
  I don't wear colored makeup.
- 오늘 눈 화장이 너무 지나친 것 같았다.
  Today, my eye makeup seemed to be so excessive.
- 분첩으로 얼굴을 톡톡 두드렸다.
  I dabbed at my face with a powder puff.
- 입술에 립스틱을 발랐다.
  I put lipstick on my lips.
- 뺨에 볼연지를 발랐다.
  I applied blusher on cheeks.
- 화장을 거의 끝냈다.
  I am almost done with my makeup.
  * be done with ~을 끝내다, 마치다
- 오늘은 향수를 뿌렸다.
  Today I put on perfume.
- 잠자기 전에는 아이 크림을 바른다.
  I apply eye-cream before going to bed.
- 화장을 고쳤다.
  I fixed my makeup.
  I retouched my face.
  I adjusted my makeup.

• 오늘은 화장이 떴다.	My make up didn't take today.
• 울어서 화장이 지워졌다.	My tears washed away the makeup from my face.
• 화장을 지웠다.	I took off my makeup. I removed my makeup.
• 나는 등에 문신이 있다.	I have a tattoo on my back.
• 문신을 제거했다.	I had a tattoo removed.

화장품 관련 Broken English

화장품 관련 어휘 중에 영어 그대로 외래어로 사용하는 경우가 있는데, 올바른 영어 표현은 다음과 같습니다. 스킨(skin)은 toner, 루즈(rouge)는 lipstick, 매니큐어(manicure)는 nail polish, 선크림(sun cream)은 sunscreen, 볼터치(touch)는 cheek shadow, 화장품 코너(corner)는 cosmetic counter입니다.

06 머리 손질

HAIRDO

머리 상태

• 머리 모양이 마음에 들지 않았다.	I didn't like my hairstyle.
• 오늘 머리가 엉망이었다.	I had a bad-hair day.
• 머리가 다 엉켰다.	My hair was so tangled.
• 머리가 이리저리 삐쳤다.	My hair is sticking up here and there. * stick up 튀어나와 있다, 내밀다
• 머리 모양이 엉망이 되었다.	My hair got messed up. * messed up 뒤죽박죽이 된, 엉망이 된
• 머리에 기름기가 흐른다.	My hair looks greasy.
• 덥수룩한 머리가 마음에 들지 않았다.	I didn't like my bushy hair.
• 머리 스타일을 바꾸고 싶었다.	I wanted to change my hairstyle.
• 요즘 유행하는 머리 모양으로 하고 싶다.	I want a fashionable haircut.
• 머리를 새로 하고 싶다.	I want a new hairdo. * hairdo 머리 치장, 머리 모양

- 내 머리는 손질하기가 어렵다. — My hair is hard to take care of.
- 앞머리는 내가 자른다. — I usually cut my bangs by myself.
  * bangs 앞머리
- 머리 손질하러 미용실에 갔다. — I went to a beauty shop to get my hair done.
- 나는 ~ 미용실에서 머리를 한다. — I get my hair styled at the ~ hairdresser's.

머리 손질을 하다

머리나 손톱 등을 손질할 때 동사 do를 사용하여 do one's hair, on one's nails라고 표현하는데, 이는 자신이 자신의 것을 손질할 때 하는 말이고, 남에게 맡겨 손질을 받는 경우는 사역동사 have를 사용하여 have one's hair done 또는 get one's hair done라고 써야 합니다. 마찬가지로 '머리를 깎았다'는 말도 미용사에 머리를 깎게 하는 것이므로, 사역동사를 사용하여 I had my hair cut. 또는 I got my hair cut.이라고 해야 합니다.

헤어컷

- 미장원에서 머리를 다듬었다. — I had my hair trimmed at a beauty shop.
  * trim 정돈하다, 손질하다, 다듬다
- 앞머리를 다듬었다. — I had my bangs trimmed.
- 머리를 전체적으로 조금씩 다듬었다. — I had my hair trimmed all over.
- 머리를 짧게 깎았다. — I had my hair cut short.
- 미용사가 위는 그냥 두고 옆만 다듬어 주었다. — The hairdresser left the top alone and trimmed the sides.
- 미용사에게 머리를 너무 짧게 자르지 말라고 부탁했다. — I asked the hairdresser not to cut my hair too short.
- ~처럼 머리를 해 달라고 했다. — I asked for the exact same hairstyle as ~.
- 머리를 층지게 깎았다. — I had my hair layered.
- 단발머리로 깎았다. — I had my hair bobbed.
  * bob 단발머리로 하다
- 머리를 어깨 길이만큼 깎았다. — I had my hair cut shoulder-length.
- 이발사가 내 머리를 짧게 잘랐다. — The barber cut my hair short.
- 상고머리를 하고 싶었다. — I wanted a crew cut.
- 스님처럼 머리를 빡빡 깎았다. — I had my hair cut closely like a monk's.
- 그는 삭발을 했다. — He shaved his head.
- 미용사가 스펀지로 머리를 털어 주었다. — The hairdresser brushed off the hair with a sponge.

• 머리를 자른 후 미용사가 머리를 감겨 주었다. After my hair cut, the hairdresser shampooed my hair.

파마

• 한 달에 두 번 머리를 깎는다. I have my hair cut twice a month.

• 굽슬거리는 파마를 하고 싶다. I want to get a wavy perm.

• 머리를 곱슬거리게 했다. I had my hair curled.

• 파마를 했다. I got my hair permed.

• 컬 클립을 풀었다. I took my curlers out.

• 약하게 파마를 했다. I had a loose permanent.

• 강하게 파마를 했다. I had a tight permanent.

• 나는 파마가 오래 간다. My permanent lasts a long time.
* last 지속되다, 계속되다

• 머리를 반듯하게 폈다. I had my hair straightened.

• 이 스타일이 나에게 잘 어울린다. This style looks good on me.

• 새로 한 헤어스타일이 정말 마음에 들지 않았다. I hated my new hairstyle.

• 새로 한 머리에 대해 불만을 토로했다. I complained about my new hairdo.

염색

• 내가 머리를 염색했다. I dyed my hair.

• 다른 사람이 내 머리를 염색해 주었다. I had my hair colored.

• 머리를 갈색으로 염색했다. I dyed my hair brown.

• 머리를 금발로 염색했다. I dyed my hair blonde.

• 머리가 하얀 부분만 염색했다. I got a touch-up.

• 머리를 탈색시켰다. I had my hair bleached.
* bleach 표백하다, 탈색시키다

• 머리를 밝은 색으로 염색하고 싶었다. I wanted to get my hair dyed bright.

• 잦은 머리 염색이 머릿결을 망쳐 놓았다. Frequent hair dyeing ruined my hair.

스타일링

- 샴푸를 하고 세팅을 했다. I had a shampoo and set.
- 머리에 젤을 발랐다. I put gel in my hair.
- 머리를 고정시키려고 무스를 발랐다. I used mousse to fix my hair.
- 무스를 발라 뒤로 넘기는 것을 좋아한다. I like to use mousse in my hair to brush it back.
- 머리를 뒤로 빗어 넘긴 후 헤어스프레이를 뿌렸다. I sprayed my hair after combing it back.
- 머리를 올렸다. I put my hair up.
- 머리를 꼬아 올렸다. I have a twisted bun.
- 머리를 풀었다. I let my hair down.

면도

- 나는 매일 아침 면도를 한다. I shave my face every morning.
- 깨끗이 면도된 얼굴이 좋다. I like a clean shaven face.
- 콧수염은 남기고 면도를 한다. I shave my face except for my moustache.
  * except for ~를 제외하고
- 면도하지 않은 얼굴로 외출하지 않는다. I don't go out with an unshaven face.
- 이발사에게 면도를 해 달라고 부탁했다. I asked the barber to give me a shave.

손톱 손질

- 손톱을 깎았다. I trimmed my fingernails.
- 발톱을 깎았다. I trimmed my toenails.
- 손톱에 봉숭아물을 들였다. I dyed my nails with touch-me-not petals.
  * petal 꽃잎
- 나는 항상 매니큐어를 바르고 다닌다. I always wear nail polish.
  * nail polish 매니큐어 (=manicure)
- 손톱을 반짝거리게 하는 매니큐어를 칠했다. I put on fingernail polish.
- 손톱에 매니큐어를 칠했다. I gave myself a manicure.
- 매니큐어 손질을 받았다. I got a manicure.
- 손톱 손질을 받았다. I got my fingernails done.
- 매니큐어를 지웠다. I removed my fingernail polish.

07 비만

OVERWEIGHT

비만 정도

- 나는 과체중이다. — I am overweight.
- 나는 체중 미달이다. — I am underweight.
- 나는 뚱뚱하다. — I am fat.
- 요즘 뚱뚱해지고 있다. — I've been getting fat recently.
- 요즘 체중이 늘고 있다. — I am gaining weight these days.
- 요즘 살이 찌고 있다. — I have been putting on weight lately.
- 계속 살이 찌고 있다. — I keep on gaining weight.
  * keep on -ing 계속 ~하다
- 체중계에 체중을 달아보았다. — I weighed myself on a scale.
- 학교 신체검사 때 선생님께서 체중을 재셨다. — The teacher measured my weight during the physical examination at school.
- 체중이 늘었다. — My weight increased.
- 체중이 줄었다. — My weight decreased.
- 체중이 70킬로그램이었다. — I weighed 70 kilograms.
- 키를 재 보았다. — I measured my height.
- 1년 만에 키가 5센티미터 자랐다. — I have grown 5 centimeters in a year.
- 키에 비해 몸무게가 많이 나간다. — I am overweight for my height.
- 10킬로그램 정도 늘었다. — I put on about 10 kilograms.
- 나는 가슴이 넓다. — I have a broad chest.
- 나는 배불뚝이다. — I have a potbelly.
  * potbelly 올챙이 배, 배불뚝이
- 똥배가 나왔다. — My belly is protruding.
- 배가 많이 나왔다. — My stomach sticks out.
- 바지를 입을 수가 없다. — I can't get my pants on.
- 나는 뚱뚱한 편이다. — I am kind of obese.
  * obese 살찐, 뚱뚱한
- 나는 비만을 치료할 필요가 있다. — I need to treat my obesity.

- 비만은 성인병의 원인이 될 수 있다. — Obesity can be a cause of adult diseases.
- 배에 군살이 있다. — I have love handles.
  * love handles (남성) 배 주변의 군살
- 군살 좀 빼고 싶다. — I want to lose my baby fat.
  * baby fat 군살
- 늘어진 군살을 없애고 싶다. — I want to get rid of extra flab.
  * flab 늘어진 군살

두려운 체중계

키와 몸무게를 함께 재는 도구에 올라가면 키에 비해 몸무게가 어떤지 알려주는 소리가 나옵니다. 과체중이면 You're overweight., 정상이면 You are normal., 체중미달이면 You're underweight.라는 말을 듣겠죠.

날씬한 몸

- 내 체중을 보고 놀랐다. — I was surprised at my weight.
- 체중이 느는 것에 매우 예민해졌다. — I got sensitive about gaining weight.
- 뚱뚱하다는 이야기를 들으면 스트레스를 받는다. — I get stressed hearing that I am fat.
- 몸매가 엉망이다. — I am out of shape.
  * out of shape 원래의 모양을 잃은
- 허리가 날씬했으면 좋겠다. — I wish to have a slim waist.
- 허리 살 좀 빼고 싶다. — I want to lose the fat around my waist.
- 그녀는 다리가 날씬하다. — She has slender legs.
- 몸무게를 좀 줄여야겠다. — I need to reduce my weight.
- 날씬해지고 싶다. — I want to slim down.
  * slim down 체중을 줄이다, 날씬해지다
- 미니스커트 좀 입을 수 있으면 좋겠다. — I wish I could wear a miniskirt.
- 균형 잡힌 몸매를 만들고자 노력 중이다. — I am trying to develop a well-balanced body.
- 예전 몸매로 돌아가고 싶다. — I want to get back into shape.
- 지난 두 달 동안 살이 도로 쪘다. — I regained weight in the past two months.
- 뭔가 먹은 후에는 운동을 해야겠다고 마음 먹었다. — I decided that I should exercise after eating something.
- 날씬한 여성은 아름답고 뚱뚱한 여성은 매력이 없다고 생각을 하는 것 같다. — Slim women seem to be considered beautiful, and fat women seem to be considered unattractive.

• 많은 여성들이 거의 먹지 않고 마른 체형을 갖기 위해 애쓰고 있다. | Many women eat little and try to be skinny.

• 많은 젊은 여성들이 모델처럼 보이기를 원한다. | Many young women want to look like models.

• 외모에 민감한 사람들이 많다. | There are many people who are sensitive about their appearance.

• 살찌는 것은 쉽지만 몸무게를 줄이는 일은 어려운 것 같다. | It seems that it is easy to gain weight, but very difficult to lose weight.

• 날씬하면 아름답다는 통념을 뒤엎고 싶다. | I want to discredit the myth that being thin is beautiful.
* discredit 믿지 않다, 평판을 나쁘게 하다

• 요즘, 남자들도 외모에 신경을 쓴다. | These days, even men care about how they look.

08 다이어트 GOING ON A DIET

음식 다이어트

• 다이어트를 하기로 결심했다. | I decided to go on a diet.

• 살을 빼려고 다이어트를 하고 있다. | I am going on a diet to lose weight.

• 지금부터 계속 소식을 할 것이다. | I am going to eat like a bird from now on.
* from now on 지금부터 계속

• 인스턴트 식품이나 정크 푸드를 절대 먹지 않을 것이다. | I never eat instant food or junk food.

• 저지방 음식을 먹어야 한다. | I have to have a low-fat diet.

• 기름진 음식은 다 줄일 것이다. | I will reduce all the fatty foods.

• 나는 고기를 덜 먹고 채소를 더 많이 먹으려고 노력한다. | I try to eat less meat and more vegetables.

• 나는 음식을 좀 절제해야 한다. | I have to eat in moderation.
* in moderation 알맞게, 적당히

• 규칙적으로 가벼운 식사를 하는 게 좋다. | It is good to have light meals regularly.

• 살을 빼기 위해 저녁 6시 이후에는 아무것도 먹지 않는다. | I don't have anything after 6 p.m. so as to lose weight.

- 잠자리에 들기 전에는 밤참을 먹지 않으려고 한다. — I try not to have a snack before going to bed.
- 나는 먹고 싶은 것이면 무엇이든 다 먹는다. — I eat everything I want.

instant food와 junk food의 차이

인스턴트 커피처럼 물만 부으면 먹을 수 있도록 만들어진 음식을 instant food라고 하고, 햄버거나 포테이토칩처럼 빨리 조리되는 음식은 fast food라고 합니다. instant food나 fast food는 편하고 빠르게 먹도록 만들어진 것일 뿐 그런 음식들이 다 몸에 나쁜 것은 아니죠. 하지만 팝콘이나 라면 등처럼 칼로리는 높지만 영양가가 없고 몸에도 좋지 않은 음식은 junk food라고 합니다. 햄버거나 튀김은 fast food이면서 junk food에 속할 수도 있는 음식이죠.

운동 다이어트

- 내게 필요한 것은 운동인 것 같다. — I think all I need is to workout.
- 규칙적으로 운동하는 것이 몸무게를 줄이기 위한 건강한 방법이다. — Regular workouts are a healthy way to lose weight.
- 다이어트를 위한 가장 좋은 방법은 운동으로 살을 빼는 것이다. — The best way to reduce fat is to work out.
- 유행되는 다이어트 방법을 무조건 따라 해서는 안 된다고 생각한다. — I think we shouldn't follow fad diets.
- 살 빼는 운동을 하고 있다. — I've been working on my weight.
- 나는 아침에 일어나면 맨손체조를 한다. — I do some calisthenics when I get up in the morning.
  ⋆ calisthenics 미용체조, 유연체조
- 나는 아침마다 뱃살 빼는 운동을 한다. — I exercise to flatten my stomach every morning.
  ⋆ flatten 평평하게 하다
- 윗몸 일으키기를 매일 50번씩 한다. — I do 50 sit-ups every day.
- 하루에 10킬로미터씩 달린다. — I run 10 kilometers a day.
- 아침마다 다리 벌려 모아 뛰기를 10번씩 한다. — I do ten jumping jacks every morning.
  ⋆ jumping jacks 제자리에서 발을 벌려 뛰면서 머리 위에서 양손을 마주 치는 동작
- 에어로빅을 해 보고 싶다. — I want to try aerobic dancing.
- 에어로빅 교실에 다니면서 운동을 한다. — I work out by taking an aerobics class.

몸매 가꾸기

• 몸매를 가꾸기 위해 운동을 시작했다.	I started exercising to have a nice figure.
• 나는 몸매를 유지하기 위해 하루에 한 시간씩 달리기를 한다.	I run for an hour every day to keep myself fit.
• 계속 건강한 몸을 유지하도록 할 것이다.	I will keep myself in good shape.
• 뱃살을 빼기 위해 윗몸 일으키기를 꾸준히 한다.	I keep on doing sit-ups to reduce the fat in my stomach.
• 그것이 날씬한 몸매를 만드는 데는 아주 좋은 것 같다.	I think it is great to get myself in shape. * get ~ in shape ~의 모양을 갖추다
• 몸매가 더 좋아졌다.	My figure got better.
• 건강한 몸을 유지하기 위해 운동을 계속한다.	I keep working out to stay in shape. * stay in shape 몸매를 유지하다
• 다이어트 효과가 있는 것 같다.	My diet seems to work.
• 체중이 줄었다.	I've lost weight.
• 체중을 좀 줄였다.	I've taken off a little weight.
• 5킬로그램을 뺐다.	I've lost 5 kilograms.
• 다시 찌지 않기를 바란다.	I hope I won't gain it back.

DIARY 09

Bad Hair Day

Sunday, October 7. Chilly

I happened to see myself in a mirror at home and my hair looked messy and disheveled. I thought I had to go to a hairdresser. I wanted to grow my hair longer, but it was so difficult to fix my hair neatly. I needed to trim my hair. I went to my favorite hair salon in sportswear and mules. I asked the hairdresser not to cut it too short and to trim only a little.

When someone touches my head, I get sleepy. That's why I seemed to doze off while she cut my hair. When I felt someone pat me on the shoulder, I woke up and saw myself in the mirror. Oh my gosh! I really didn't like my new hair style and my face looked bigger owing to the style. I felt like crying. I couldn't help it. When I complained about it, the hairdresser said that it was good on me and looked stylish. Of course, I knew that hairdressers usually talk like that. From now on, I decided I would not doze off when getting my hair cut. I need to get a nice cap, because I have to go out with my cap on for the time being.

미용실에서 생긴 일

10월 7일 일요일 쌀쌀함

집에서 우연히 거울을 보니 머리가 덥수룩하고 지저분하게 보였다. 아무래도 미용실에 가야 할 것 같았다. 좀 더 머리를 기르고 싶었지만 깔끔하게 손질하기가 어려워 좀 다듬어야겠다는 생각을 했다. 체육복 차림으로 슬리퍼를 끌고 내가 자주 이용하는 미용실에 갔다. 미용사에게 너무 짧게 자르지 말고 조금만 다듬어 달라고 부탁했다.

난 다른 사람이 내 머리를 만지면 졸음이 온다. 그래서 머리를 깎는 동안 깜빡 졸은 것 같았다. 누군가 날 톡톡 치는 것을 느끼고 잠에서 깨서 거울을 봤다. 세상에! 얼굴이 더 커 보이는 머리 스타일로 정말이지 마음에 들지 않았다. 울고만 싶었다. 이미 어쩔 수 없는 일이지만 내가 불평을 하자 미용사는 그 머리 모양이 내게 아주 잘 어울리고 세련돼 보인다고 했다. 그런 말은 미용사들이 의례 하는 말이라는 것을 나도 잘 알고 있었다. 다음부터는 미용실에서 절대 졸지 말아야겠다고 생각했다. 당분간은 모자를 눌러 쓰고 다녀야 하니 멋진 모자나 하나 골라 놓아야겠다.

NOTES

happen to+동사원형 우연히 ~하다 | **disheveled** 흩어진, 헝클어진, 단정치 못한 | **trim** 정돈하다, 손질하다 | **mules** 뒤축이 없는 슬리퍼 | **doze off** 깜빡 졸다 | **owing to** ~ 때문에 | **can't help it** 어쩔 수 없다

Laugh, and the world laughs with you.

Weep, and you weep alone.

웃어라. 그러면 세상도 그대와 함께 웃는다.

울어라. 그러면 그대는 혼자 울게 된다.

_Ella Wheeler Wilcox 엘라 휠러 윌콕스

CHAPTER 10

성격

01 성격

CHARACTER

긍정적인 성격을 나타내는 형용사

검소한	thrifty
겸손한	modest
겸허한	humble
공손한	hospitable
관대한	generous
관용적인	tolerant
귀여운	cute
근심이 없는	carefree
긍정적인	positive
기운 찬	spicy
낙천적인	optimistic
낭만적인	romantic
내성적인	introverted, reserved
느긋한, 원만한	easy-going
다정한	friendly
단호한	determined
대담한	bold
덕망 있는	virtuous
도량이 넓은	liberal
마음씨가 고운	sweet-tempered
마음이 넓은	big-hearted
마음이 따뜻한	heartwarming
매력적인	attractive, charming
명랑한	cheerful
민첩한	agile
바른	righteous
발랄한	vivacious, lively
부지런한	diligent, industrious
분별 있는	sensible
붙임성 있는	amiable
사교적인	sociable
사랑스런	affectionate
사려 깊은	thoughtful
사심 없는	selfless
상냥한	soft-hearted
생기 있는	picturesque
성실한	sincere
솔직한	frank, straightforward
순종적인	obedient, docile
신뢰할 수 있는	trustworthy, reliable
신중한	considerate
싹싹한	genial
아낌없이 주는	bountiful
야망에 찬	ambitious
애교 있는	lovable
어린이 같은	childlike
예의 바른	polite, courteous
온순한	meek, gentle, quiet
완벽한	perfect
외향적인	outgoing, extrovert,
용감한	brave, intrepid fearless
용기 있는	courageous
용맹스러운	heroic
웃기는	funny, humorous
융통성이 있는	flexible
이타적인	unselfish
이해심이 있는	kindly
인내심이 있는	patient
인자한	benevolent
인정이 많은	humane
자비로운	merciful
자신에 차 있는	self-assured
자애로운	affectionate
자제심 있는	self-contained
절약하는	economical, frugal
정숙한	modest
정열적인	passionate
중립적인	neutral
진지한	earnest
진취적인	progressive, enterprising

착한	good, nice, good-natured, kind-hearted	쾌활한	jovial
		허심탄회한	open-minded
		헌신적인	devoted
충실한	faithful	호감이 가는	likable
친절한	kind	활기 찬	animated
침착한	calm, even-tempered	활동적인	active
		협조적인	cooperative

부정적인 성격을 나타내는 형용사

거들먹거리는	pretentious	무정한	merciless
거만한	arrogant	믿을 수 없는	unreliable
겁 많은	cowardly	방어적인	defensive
경멸적인	contemptuous	변덕스런	capricious, uncertain, moody
경솔한	indiscreet, incautious		
경쟁심이 강한	competitive	보수적인	conservative
고집 센	stubborn	부주의한	careless
공격적인	aggressive	부정적인	negative
교활한	cunning	분개한	indignant, provoked
긴장을 잘하는	high-strung	비관적인	pessimistic
까다로운	picky, particular, fussy, fastidious	비열한	mean
		비판적인	critical
끈질긴	persistent, dogged	뻔뻔스러운	audacious, cheeky
나쁜	bad	사나운	fierce
난폭한	violent, ferocious, wild, outrageous	사교성이 없는	unsociable
		사악한	wicked, evil
날카로운	sharp	서투른	awkward
냉담한	coldblooded	성난	angry
단순한	simple	성미가 급한	hot-tempered
도량이 좁은	narrow-minded	소극적인	passive
둔감한	insensitive	소심한	timid, faint-hearted
따지기 좋아하는	argumentative	수다스런	talkative
마음씨가 나쁜	ill-tempered	수줍어하는	shy
마음이 차가운	frigid, icy, cold-hearted	숫기가 없는	bashful
		시끄러운	loud
매우 솔직한	candid	신뢰할 수 없는	unreliable
무관심한	indifferent	심술궂은	malevolent, ill-natured, bad-tempered
무례한	rude		
무자비한	ruthless	싸우기 좋아하는	quarrelsome

아첨하는	flattering	의심 많은	suspicious
악의 있는	vicious, malicious	의존적인	dependent
야심이 없는	unambitious	이기적인	selfish, egoistic
약아빠진	sophisticated	인내심이 없는	impatient
염치없는	impudent	인색한	stingy, miserly, tight-fisted
예민한	sensitive	자발적인	spontaneous
예의 없는	impolite, discourteous	잔인한	cruel
오만한	haughty	잔혹한	brutal
옹고집의	pig-headed, headstrong	적개심을 품은	hostile
완고한	obstinate	정직하지 않은	dishonest
요구가 많은	demanding	질투하는	jealous, envious
욕심이 많은	greedy	짓궂은	mischievous
우유부단한	indecisive, wishy-washy	탐욕스러운	avaricious
융통성이 없는	inflexible	태만한	negligent
음흉한	sly	화를 잘 내는	short-tempered
		회의적인	skeptical

비슷하나 다른 성격 비교

검소한 : 인색한	thrifty : miserly
관대한 : 무른	generous : pushover
단정적인 : 공격적인	assertive : aggressive
단호한 : 고집 센	determined : stubborn
야망에 찬 : 나서기 잘하는	ambitious : pushy
영리한 : 교활한	clever : cunning
절약하는 : 궁색한	economical : stingy
지도력이 있는 : 으스대는	leading : bossy
침착한 : 냉정한	calm : cold-hearted
호기심이 있는 : 참견을 잘하는	curious : nosy

지적 능력을 나타내는 형용사

지적인	intelligent	어리석은	stupid, silly
똑똑한	bright	바보 같은	foolish
총명한	brainy	머리가 나쁜	brainless
영리한	clever, smart, shrewd, wise	얼간이 같은	daft
		바보스러운	idiotic
타고난 재능이 있는	gifted	둔한	dim
재능이 있는	talented	우둔한	dumb
창의력이 있는	creative, original	괴팍한	peculiar
재치 있는	witty	무딘, 둔한	blunt
순발력이 있는	quick-witted	재치가 없는	dull-witted

성격

- 사람은 누구나 장점과 단점을 다 가지고 있다. — Every person has their own strong and weak points.
  * own 자신의 | strong points 장점 | weak points 단점
- 장점은 상황에 따라 단점으로 나타날 수도 있다. — The merits in someone's character can be seen as flaws depending on the situation.
  * depending on ~에 따라
- 다른 사람의 성격을 이해한다는 것은 쉬운 일이 아니다. — It is not easy to understand another's personality.
- 나는 다른 사람의 성격을 잘 판단하지 못한다. — I am not a good judge of character.
  * be a good judge of ~를 잘 판단하다
- 그는 생각했던 것보다는 나쁜 사람이 아니다. — He is not as bad as I thought he would be.
- 나는 사람을 보는 안목이 없는 것 같다. — I think I am not good at judging people by their looks.

내 성격

- 나는 내 친구와 성격이 정반대다. — My friend's character is the opposite of mine.
- 나와 내 친구는 성격이 비슷하다. — My friend and I are similar in character.
- 나는 그와 성격이 잘 맞지 않는다. — My personality is not compatible with his.
  * compatible 조화되는, 적합한
- 친구들 말로는 내가 조용하고 수줍음을 잘 타는 편이라고 한다. — According to my friends, I am a little quiet and shy.

• 나는 남의 일에는 절대 신경 쓰지 않는다. I don't care about other people's business.

• 나와 관계없는 일에는 간섭하지 않는다. I don't interfere in what does not concern me.
* interfere 방해하다, 간섭하다

• 나는 항상 다른 사람의 일에 간섭하지 않는다. I always keep my nose out of other people's business.
* keep one's nose out of ~에 간섭하지 않다

• 나는 불편한 상황에서는 부끄럼을 많이 탄다. I am so shy in uneasy situations.

• 나는 낯선 사람과 함께 있으면 불편하다. I feel ill at ease with strangers.

• 나는 말괄량이 기질이 약간 있다. I am a little bit of a tomboy.
* tomboy 말괄량이 여자아이

• 나는 친구들과 수다를 즐긴다. I enjoy chatting with friends.

• 내 성격은 우리 부모님의 성격과 다르다. I don't have the qualities of my parents.
My character is different from my parents'.
* quality 성질, 자질, 성격

• 누가 내게 마음 상하는 말을 하면 그 생각을 하느라 밤에 잠을 못 이룬다. If someone tells me something that hurts me, I lie awake at night thinking about it.

• 지금은 예전만큼 예민하지는 않다. I am not as sensitive as I used to be.

• 나는 산전수전 다 겪은 사람이다. I have known both the bitter and the sweet.

• 나는 아주 바쁜 사람이다. I am as busy as a bee.

• 나는 언제나 관심 받는 사람이 되고 싶다. I always want to be the center of attention.

• 나는 사람들 속에서 튀는 것을 좋아한다. I like to stand out from others.
* stand out 우뚝 서다, 튀다, 두드러지다

• 나는 빈틈없는 사람이다. I am a shrewd person.
* shrewd 빈틈없는, 재빠른

• 나는 완벽주의자다. I am a perfectionist.

• 나는 개성이 좀 강하다. I have a strong personality.

• 나는 매우 섬세하다. I am very delicate.
* delicate 민감한, 섬세한

• 나는 수줍음을 탄다. I am shy.

• 나는 숫기가 없어서 다른 사람들의 눈을 잘 쳐다보지 못한다. I am so shy that I can't even look into other people's eyes.

• 나는 정말 숫기가 없다. I am so bashful.
* bashful 수줍어하는, 부끄러워하는

• 나는 현실주의자이다. I am realistic.

• 나는 현실적이다. I have my feet on the ground.
* have one's feet on the ground 현실적이다

• 나는 좀 내성적이다.	I am kind of an introvert.
• 나는 내성적인 성격 때문에 친구가 많지 않다.	I don't have many friends because of my introverted personality.
• 이성에 관심을 가질 정도로 나는 조숙하지 못하다.	I'm not old enough to be interested in the opposite sex.
• 나도 내 성격에 결점이 있다는 것을 알고 있다.	I know I have a flaw in my character.
• 나는 극복해야 할 핸디캡이 있다.	I have a handicap to overcome.
• 나는 성격을 좀 바꾸고 싶다.	I want to change my personality.

성격

'성격', '성질'이란 말의 영어표현은 personality, character, nature, individuality 등이 있습니다. personality는 남에게 주는 인상으로 판단되는 '성격', '성품'을 나타내고, character는 인간을 윤리적, 도덕적 측면에서 평가한 것으로서 '인격', '됨됨이'를 나타내고, nature는 사물의 고유 성질이나 타고난 '천성', '본성'을 나타냅니다. individuality는 남과 다른 그 사람 특유의 성격, 즉 '개성'을 나타냅니다. 그래서 have a good personality라고 하면 '성격이 좋다'는 말이고, a man of character라고 하면 '인격자'라는 말이 되며, a good-natured person은 타고난 성품이 착한 사람을 일컫는 표현입니다.

02 긍정적인 성격 BEING POSITIVE

원만하다

• 나는 대체적으로 좋은 사람이라고 할 수 있다.	Most of the time, I am a good person.
• 나는 항상 어떤 일이든지 밝은 면을 보려고 노력한다.	I always try to see the bright side of everything.
• 나는 대체로 무난한 성격이다.	I generally have a neutral character.
• 나는 모든 사람들과 잘 지낸다.	I get along with everybody.
• 그는 좋은 성격을 지녔다.	He has a great personality.
• 그는 성격이 좋은 사람이다.	He is a good-natured person.
• 그는 성격이 원만한 사람이다.	He is easy to please.

- 그는 항상 긍정적이어서 나는 그를 좋아한다. I like him because he is always positive.
- 그는 편견이 없다. He is open-minded.
- 그는 절대 무모하게 행동하지 않는다. He never behaves recklessly.
- 그는 늘 침착하다. He always stays cool-headed.
  * cool-headed 차분한, 침착한
- 그는 사람에게 호감을 주는 성격이다. He is a man with a pleasing personality.
  * pleasing 즐거운, 호감이 가는

사교적이다

- 나는 다른 사람들과 함께 있는 것을 좋아한다. I like to enjoy others' company.
  I like to be together with other people.
- 난 매우 사교적이고 솔직해서 친구가 많다. I am very sociable and honest, so I have many friends.
- 나는 아무에게나 말을 거는 사교적인 사람이다. I am a sociable person who will talk to anyone.
- 나는 사람들과 잘 어울린다. I get along well with others.
- 나는 매우 활달하다. I am very jolly.
- 나는 친구들에게 신망이 두텁다. I am trusted by all my friends.
- 그녀는 매우 상냥하다. She is so sweet.

착하다

- 그는 성품이 착하다. He is a good-natured person.
- 그는 법 없이도 살 사람이다. He is a person who can live without laws.
- 그는 인격자이다. He is a man of character.
- 그는 양처럼 순한 사람이다. He is as innocent as a lamb.
- 그는 마음씨가 참 아름답다. He has a heart of gold.
  * a heart of gold 아름다운 마음씨
- 그는 참 너그럽다. He is as good as gold.
  * as good as gold 관대한, 친절한
- 그는 친절하고 이해심이 있다. He is kind and understanding.
- 그는 남의 말을 잘 들어준다. He is a good listener.
- 그는 참 사려 깊은 사람이다. He is a very thoughtful person.
- 그는 배려심이 있다. He is caring.

- 그는 어느 것에도 절대 화를 내지 않는다. He never gets upset about anything.
- 그는 어려운 사람들을 위해 착한 일을 많이 한다. He does many good things for people in need.

모범적이다

- 그는 항상 솔선수범한다. He always takes the initiative.
  * initiative 솔선수범, 진취적인 기상
- 그는 성실하다. He is sincere.
- 그는 열심히 일하는 사람이다. He is a hard-working person.
- 그는 마음이 따뜻해서 남을 잘 도와준다. He is warm-hearted, so he is good at helping others.
- 그는 어리지만 분별력이 있다. He is young, but he is prudent.
- 그는 책임감이 강하다. He has a strong sense of responsibility.
- 그는 강한 의지력의 사나이다. He is a man of strong resolve. He has strong willpower.
  * willpower 의지력
- 그는 어떤 일에도 동요되지 않는다. He is always self-possessed.
  * self-possessed 침착한, 냉정한
- 그는 의리 있는 사람이다. He is really loyal to his friends.
  * loyal 충실한, 성실한
- 그는 믿음직스럽다. He is dependable.
- 나는 언제나 그에게 신뢰감을 갖고 있다. I can always count on him.
  * count on ~를 믿다, 의지하다
- 그가 정직하기 때문에 나는 더욱더 그를 좋아한다. I like him all the better for his honesty.
  * all the better for ~ 때문에 그만큼 더
- 그에게는 무엇이든지 잘 해 낼 수 있는 인내심이 있다. He has the patience to do anything well.
- 그는 준비성이 좋은 사람이다. He is always prepared.
- 그는 항상 다른 사람에게 모범을 보인다. He always sets a good example.
  * set an example 모범을 보이다
- 그는 다른 사람에게 모범이 되는 사람이다. He is a good example to others.
- 그는 흠잡을 데가 없다. He is flawless.
- 그가 하는 일은 흠잡을 것이 없다. I can't find fault with anything he does.

적극적이다

- 나는 그전보다 더 적극적인 성격이 되었다. I have become more active than before.
- 그는 남에게 두드러지게 눈에 띄는 것을 좋아한다. He likes to stand out.
- 그는 적극적이고 긍정적이어서 인기가 좋다. He is popular because he is active and positive.
- 그는 자신감이 넘친다. He is so confident. He is very self-assured.
  * self-assured 자기 만족의, 자신감이 있는
- 그는 야심이 있다. He is ambitious.
- 그는 도전을 좋아한다. He is adventurous.
- 나는 일단 무슨 일이든 시작하면 끝까지 달라붙어 끝장을 낸다. Once I start something, I stick to it to the end.
  * stick 들러붙다, 고집하다, 끝까지 하다
- 나는 무슨 일이든 대충하는 법이 없다. I never do anything halfway.
- 그는 매사에 열정적이다. He is enthusiastic about everything.
- 그는 빈둥거리는 법이 없다. He never fools around.
  * fool around 빈둥거리며 시간을 허비하다
- 그는 성격이 좀 강한 사람이다. He is a man of strong character.
- 야망이 있는 사람은 부지런한 법이다. Ambition makes people diligent.

03 부정적인 성격 BEING NEGATIVE

이기적이다

- 그는 매우 이기적이어서 자신의 도움이 필요한 사람들을 돌보지 않는다. He is so selfish not to take care of those in need of his help.
- 그가 다른 사람과 물건을 나누어 쓰는 것을 좋아하지 않는 것을 보면 그는 이기적인 것 같다. Judging from the fact that he doesn't like to share things with others, he seems to be an egoist.
  * judging from the fact that ~의 사실로 미루어 보면
- 그는 절대 다른 사람들을 돕지 않을 사람이다. He is the last person who would help others.
  * the last 가장 ~할 것 같지 않은

- 그는 매우 자기중심적이다. He is so egocentric.
  * egocentric 자기중심의, 이기적인
- 그는 자기만 안다. He is concerned only with himself.
  * concerned 걱정하는, 관심을 갖는
- 그는 자신 밖에 모른다. He is only out for himself.
- 그는 자기 것을 잘 챙긴다. He is too smart for his own good.
  * good 이익, 물건, 선
- 그는 너무 자기만 알고 남의 말을 듣지 않는다. He is too full of himself to listen to others.
  * full of oneself 자기 일만 생각하여
- 그는 양심이라곤 하나도 없다. He puts his conscience in his pocket.
- 그는 얼굴이 두껍다. He has lots of nerve.
- 그는 참 뻔뻔하다. He is really cheeky.
- 그는 정말 치사한 기회주의자다. He is a really slimy opportunist.
- 그는 이중인격자다. He is two-faced.
- 그는 자기가 하는 일이 다른 사람에게 폐를 끼치는 일이라도 상관하지 않는다. He doesn't care if something he does bothers other people.
- 그는 너무 인색해서 구두쇠라고 불린다. He is called a penny pincher because he is so stingy.
  * penny pincher 지독한 구두쇠
- 그는 누구에게도 동전 한 닢 주지 않는다. He never gives a cent to anyone.
- 그는 절대 다른 사람과 나누는 법이 없다. He never shares anything with others.
- 그는 언제나 자기 생각대로 한다. He always gets his own way.
- 자기 방식대로만 하려 든다. He only wants his way.
- 그는 남을 배려할 줄 모른다. He is uncaring.
- 그는 다른 사람이 그를 어떻게 생각하는지 전혀 신경 쓰지 않는다. He never cares what others think of him.
- 그는 인정머리가 없다. He is heartless.

까다롭다

- 그는 잘 지내기 어려운 사람이다. He is hard to get along with.
- 그는 성미가 까다롭다. He is picky.
- 그는 꽤 까다롭다. He is very particular.
  He is very choosy.
- 그는 비위 맞추기 어려운 사람이다. He is hard to please.

- 그는 까다로운 요구를 많이 한다. — He is so demanding.
  * demanding 요구를 많이 하는
- 나는 고집이 세다. — I am pushy.
- 나는 때로는 한 가지 일에 계속 고집을 피울 때도 있다. — Sometimes I keep on insisting on one thing.
  * keep on -ing 계속 ~하다
- 그는 어느 것에나 불평을 잘한다. — He complains about things so often.
- 그의 불평에 신물이 난다. — I'm tired of his complaints.
- 그의 행동은 꼭 다섯 살짜리 어린아이 같다. — His behavior is like that of a 5-year old.

냉정하다

- 그는 참 냉정하다. — He is cold-hearted.
- 그는 냉정한 사람이다. — He is as cold as a fish.
  He has a heart of stone.
  * a heart of stone 무정하거나 냉정한 사람
- 그는 감정에 이끌리지 않는 사람이다. — He is an unemotional person.
- 그는 항상 무표정이다. — He always keeps a poker face.
  * poker face 무표정한 얼굴
- 그는 매우 냉담하다. — He is very apathetic.
  * apathetic 무관심한, 냉담한
- 그는 참 쌀쌀맞다. — He is really cold.
- 그는 동정심이 없는 냉혹한 사람이다. — He is as hard as nails.
  * as hard as nails 튼튼한, 냉혹한, 무자비한
- 그는 무정한 사람이다. — He is an unfeeling person.
- 그는 가끔 날 매정하게 대한다. — Sometimes he is heartless toward me.
  * heartless 무정한, 매정한
- 그는 아주 교활한 사람이다. — He is as sly as a fox.

신경질적이다

- 그는 항상 신경과민이다. — He is always jumpy.
- 그는 신경질적이다. — He easily gets nervous.
- 그는 신경질을 잘 부린다. — He gets his feathers ruffled easily.
  * get one's feathers ruffled 화를 내다
- 그는 성질을 잘 내는 사람이다. — He is a disgruntled person.
  * disgruntled 불만스러운, 성질을 내는

- 그는 늘 불만이다. He is always full of complaints.
- 그는 성미가 급하다. He has a short fuse.
- 그는 성질이 불같다. He is hot-tempered.
  He is short-tempered.
- 그는 아주 민감하다. He is highly sensitive.
- 그는 쉽게 화를 낸다. He loses his temper easily.
  He gets angry easily.
- 그는 다혈질이다. It doesn't take him much to get angry.
  He has a bad temper.
- 그녀는 히스테리를 잘 부린다. She gets hysterical easily.
- 그는 기회만 되면 싸우려고 하는 사람 같다. He seems to be carrying a chip on his shoulder.
  * a chip on one's shoulder 시비조

답답하다

- 그는 사람이 좀 구식이다. He is old-fashioned.
- 그는 시대에 뒤진 사람이다. He is an old fogy.
- 그는 아무 짝에도 쓸모없는 사람이다. He is good for nothing.
- 그는 융통성이 없다. He is not flexible.
- 그는 참 답답한 사람이다. He is such an inflexible person.
  * inflexible 융통성이 없는, 완고한
- 나는 좀 형광등인 것 같다. I think I am dim-witted.
- 그는 매우 보수적이다. He is very conservative.
- 그는 옹고집이다. He is headstrong.
  * headstrong 억지를 부리는, 고집이 센
- 그는 새로운 것에 적응을 잘하지 못한다. He is poor at adapting himself to new things.
  * adapt ~ to ... ~를 …에 적응시키다
- 그는 모든 일을 너무 심각하게 받아들인다. He takes everything too seriously.
- 그는 항상 주위의 시선을 의식한다. He is always conscious of the eyes of others around him.
  * be conscious of ~를 의식하다
- 그는 절대 자신을 드러내지 않는다. He never exposes himself.
- 그는 항상 뭔가를 숨기고 있다. He always has something up his sleeve.
- 그는 새로운 일 하는 것을 좋아하지 않는다. He doesn't like to do new things.

유행에 뒤쳐진 사람

행동이나 옷차림이 유행에 뒤떨어지고 새로운 시도를 꺼리는 사람을 a stick-in-the-mud라고 합니다. 또한 행동이 굼뜨거나 구식의 사고방식을 가지고 있어 진보가 없고 보수적인 사람을 나타내기도 합니다. 진흙 속에 쳐 박혀 꼼짝달싹 하지 않는 막대기를 생각하면 이해가 될 것 같군요.

잘난 체한다

• 그는 자기가 제일 잘난 줄 안다.	He always thinks he is the cream of the crop. * cream of the crop 가장 좋은 사람
• 그는 잘난 체를 한다.	He puts on airs. * airs 잘난 체하는 태도
• 그는 잘난 체하는 사람이다.	He is a show-off. * show-off 잘난 체하는 사람
• 그는 너무 많이 뽐낸다.	He shows off too much.
• 그는 자기를 내세우는 것을 좋아한다.	He likes to look big.
• 그는 너무 건방지다.	He is too cocky. * cocky 건방진, 자만심이 센
• 그는 참 오만한 것 같다.	He seems to be very haughty.
• 그는 거만하다.	He is stuck up.
• 그는 시건방지다.	He is presumptuous. * presumptuous 주제넘은, 뻔뻔한, 시건방진
• 나는 그의 콧대를 좀 꺾고 싶다.	I want to take him down a bit. * take ~ down 콧대를 꺾다
• 그는 남의 약점을 자주 들춘다.	He often reveals others' Achilles' heels. * reveal 드러내다 | Achilles' heel 사람의 약점, 흠집
• 그는 남의 약점 잡는 것을 좋아한다.	He likes to find others' weaknesses.
• 그는 항상 내가 제안하는 모든 것에 반대한다.	He always opposes everything I suggest. * oppose 반대하다, 이의를 제기하다

내가 물로 보여?

잘난 체 하는 친구들이 다른 사람을 무시하는 경향이 많죠. 상대방이 자신을 무시하는 것 같으면 이렇게 말하세요. Do I look like a pushover? 이는 '내가 물로 보여?'라는 표현입니다. pushover는 밀면 쉽게 넘어간다는 뜻으로 쉽게 꼬임에 넘어가거나 만만해 보이는 사람을 일컫는 말로 비슷한 표현으로는 soft touch나 easy touch가 있습니다. 반대말처럼 생긴 pullover는 pushover와는 아무 관련 없는 '머리로부터 입는 스웨터'를 말합니다.

의지가 약하다

- 나는 다소 우유부단한 편이다. I am somewhat wishy-washy.
- 나는 결단력이 약하다. I lack the ability to make a decision.
  * lack 부족하다, 모자라다
- 나는 결단력이 없다. I am indecisive.
- 그는 의지가 약한 남자다. He is a man of weak resolve.
  He is a man of weak willpower.
  He has weak willpower.
- 그는 무엇이든 쉽게 잘 포기한다. He easily gives up at everything.
- 그는 끝까지 해 내는 일이 없다. He never finishes anything.
- 그는 철이 없는 것 같다. He seems to be childish.
- 그는 허황된 꿈을 꾸고 있다. He's chasing rainbows.
  * chase rainbow 이룰 수 없는 꿈을 꾸다
- 그는 현실적으로 생각해야 할 필요가 있다. He needs to get real.
  * get real 현실적으로 되다
- 그는 참 미적지근하다. He is lukewarm.
  * lukewarm 미적지근한, 열의가 없는
- 그는 항상 일을 미루는 사람이다. He is a procrastinator.
- 나는 늘 마지막 순간까지 일을 미룬다. I always put things off until the last minute.
  * put ~ off ~를 미루다, 연기하다
- 나는 어느 일에도 끈기가 없다. I never stick to anything.
- 내 단점은 성격이 너무 느긋하다는 것이다. My weak point is that I have a wishy-washy personality.
- 나는 참 무딘 사람이다. I am a very insensitive person.
- 나는 항상 다른 사람이 하는 대로 따라 한다. I always follow what everyone else does.
- 그는 남이 하자는 대로 행동한다. He is too much of a follower.
  * follower 추종자, 모방하는 사람
- 그는 가끔 남의 장단에 춤을 춘다. He often dances to someone else's tune.
  * tune 곡조, 선율, 장단
- 그는 귀가 얇다. He listens to other people too much.
- 그는 남의 말에 잘 속는다. He is so gullible.
  * gullible 속기 쉬운
- 그는 다른 사람이 말하는 것에 잘 흔들린다. He is easily swayed by what others say.
  * be swayed by ~에 흔들리다, 동요되다
- 그는 제대로 하는 일이 하나도 없다. He can't do anything right.

- 그는 마음이 잘 변한다.

He is fickle.
* fickle 변하기 쉬운, 변덕스러운

- 그는 종잡을 수 없는 사람이다.

He is unpredictable.

- 그는 변덕쟁이다.

He is moody.
He is a man of many moods.

- 그는 변덕스런 사람이다.

He is a capricious person.
* capricious 일시적인, 변덕스러운

- 그는 아무 이유 없이 변덕을 부린다.

He has mood swings for no reason.
* have mood swings 변덕을 부리다

- 그는 남자답지 못하다.

He lacks masculinity.

- 그녀는 여자답지 못하다.

She lacks femininity.

- 조그만 냄비가 쉽게 뜨거워진다. (소인은 화를 잘 낸다.)

A little pot is soon hot.

이랬다저랬다 변덕쟁이

이랬다저랬다 변덕스런 것은 fickle이라고 나타내는데, '이랬다저랬다 하다'의 동사로는 blow hot and cold가 있습니다. She kept blowing hot and cold about the plan.이라고 하면 '그녀는 그 계획에 대해 계속 이랬다저랬다 했다'는 말이 됩니다. 귀가 얇아서 남의 말에 따라 우유부단하게 이랬다저랬다 하는 경우는 wishy-washy라고 합니다.

04 습관 · 버릇 HABITS

오랜 버릇

- 나는 코 파는 습관이 있다.

I have a habit of picking my nose.
* have a habit of -ing ~하는 습관(버릇)이 있다

- 나는 손톱을 물어뜯는 버릇이 있다.

I have a habit of chewing my nails.

- 나는 긴장을 하면 항상 무언가를 물어뜯는다.

I always chew things when I am nervous.

- 그 꼬마는 아직도 엄지손가락을 빤다.

The boy still sucks his thumb.
* suck 핥다, 빨다

• 나는 식사를 불규칙적으로 하는 습관이 있다.	I have irregular eating habits.
• 나는 식사를 빨리 하는 경향이 있다.	I tend to eat fast.
• 나는 눈을 치켜뜨는 버릇이 있다.	I often raise my eyes.
• 나는 거짓말을 할 때 눈을 자주 깜빡인다.	I blink my eyes frequently when I lie.
• 자주 눈을 깜빡이는 것이 버릇이 되었다.	Frequent eye blinking has grown into a habit with me. * frequent 자주 일어나는, 빈번한, 상습적인
• 나는 당황하면 머리를 만진다.	I touch my hair when I am embarrassed.
• 저녁을 먹고 나서 산책을 하는 것이 습관이 되었다.	It became my habit to go out for a walk after dinner.
• 나는 습관적으로 숙제를 하지 않는다.	I don't do my homework habitually.
• 아침에 늦게 일어나는 습관이 있다.	I make it a point to get up late in the morning. * make it a point to+**동사원형** 습관적으로 ~하다
• 그는 늘 10분씩 늦는다.	He is always 10 minutes late.
• 나는 큰 소리로 말한다.	I tend to shout.
• 나는 습관적으로 그렇게 한다.	I do things habitually.
• 그는 말할 때 침을 튀긴다.	He spits while talking.
• 내가 우물거리며 말을 할 때마다 그는 크게 말하라고 소리친다.	Whenever I mumble, he shouts at me to speak up. * mumble 중얼거리다, 우물거리다
• 나는 잠자기 전에 잠자리에서 늘 책을 읽는다.	I always read a book in bed before sleeping.
• 나는 그 습관에 익숙해졌다.	I became accustomed to the habit.
• 내 나쁜 버릇이 부끄럽다.	I am ashamed of my bad habit.
• 그 습관이 굳어져 버렸다.	The habit is ingrained in me. * ingrained 깊게 스며든
• 습관은 제2의 천성이다.	Habit is second nature.
• 세 살 적 버릇 여든까지 간다.	As the boy, so the man. What is learned in the cradle is carried to the tomb. * cradle 요람, 어린 시절

그는 늘 그래 ~

습관이나 버릇을 나타내는 또 하나의 방법으로 always와 함께 현재진행형으로 표현할 수 있습니다. '늘 ~한다'는 표현으로 주로 불만이나 불평이 담긴 부정적인 이야기를 할 때 쓰입니다. '그는 자주 손을 씻는 버릇이 있다'는 He is always washing his hands.라고 하는데, 이는 그가 손을 너무 자주 씻는다는 부정적인 의미를 담고 있습니다.

습관 고치기

- 다리를 떠는 나쁜 습관을 고쳐야겠다. I will correct the bad habit of shaking my leg.
- 버릇을 고치는 것은 쉬운 일이 아니다. It is not easy to kick the habit. It is difficult to drop the habit.
- 일단 버릇이 들면 고치기 힘들다. Once I get a habit, it always stays with me.
- 그 나쁜 버릇을 꼭 고칠 것이다. I will make sure to break off the bad habit.
  * break off (습관을) 없애다
- 엄한 선생님께서 내 지각하는 버릇을 고쳐 주셨다. A strict teacher broke me of the bad habit of being late.
- 나쁜 버릇이 들지 않도록 노력하고 있다. I am trying not to acquire bad habits.
- 아침에 일찍 일어나는 습관을 들여야겠다. I will develop a habit of waking early.
- 지각하는 버릇을 들이지 않으려고 노력하고 있다. I am trying to make a habit of not being late.
- 책을 읽는 습관을 갖도록 해야겠다. I'll develop a reading habit.
  * develop 개발하다, (습관을) 붙이다
- 오래된 버릇은 고치기 힘들다. Old habits die hard.
- 나쁜 버릇에 익숙해지기는 쉽지만 고치기는 어렵다. A bad habit is easy to get into and hard to get out of.
- 나쁜 버릇을 고치는 데 너무 늦은 법은 없다. It is never too late to mend bad habits.
  * mend 고치다, 수선하다, 개선하다

다리 떨지 마!

다리를 떠는 습관을 가진 사람을 가끔 볼 수 있는데, '다리를 떨다'는 shake one's leg라고 표현합니다. 우리는 다리를 떨고 있는 사람을 보면 종종 Don't shake your leg(s).(다리 떨지 마.)라고 하죠. 하지만 Shake a leg.라고 하면 다리를 흔들라는 말이 아니라 '서둘러라'라는 표현이 됩니다.

05 좋아하기

LIKES

좋아하다

• 나는 그것을 좋아한다.	I like it. I am fond of it.
• 나는 그것을 매우 좋아한다.	I am keen on it. I adore it. * keen 몹시 하고 싶어 하는, 날카로운 | adore 매우 좋아하다
• 나는 그것이 마음에 든다.	I fancy it.
• 나는 그것에 관심이 있다.	I'm interested in it.
• 그것이 좋아진다.	I take a fancy to it.
• 나는 그것을 소중히 여긴다.	I cherish it.
• 내가 가장 좋아하는 것은 ~이다.	My favorite is ~.
• 내가 가장 좋아하는 것들은 ~이다.	The things I like most are ~.
• 나는 그것에 끌린다.	I am attracted to it. * attract 잡아끌다, 매혹시키다
• 그것이 내 마음에 든다.	It appeals to me. * appeal to ~의 마음에 들다
• 그것에 매혹되었다.	I was fascinated with it. * be fascinated with ~에 홀리다, ~에 매혹되다
• 나는 그것에 미쳐있다.	I am crazy for it.
• 다른 어느 것보다 그것을 더 좋아한다.	I like it better than anything else.
• 나는 저것보다 이것이 더 좋다.	I prefer this to that.
• 나는 거기에 가는 것보다 이곳에 머무르는 것이 더 좋다.	I prefer to stay here rather than to go there.

더할 나위 없이 좋다

더할 나위 없이 좋은 것을 나타낼 때는 [as ~ as can be] 구문으로 표현합니다. '날씨가 더할 나위 없이 좋다'는 The weather is as fine as can be.로, '그는 그지없이 좋으신 선생님이다'는 He is as good a teacher as can be.라고 쓰면 됩니다. 과거형일 경우는 can을 could로 바꾸어 써서 I was as happy as could be.라고 하면 '나는 더할 나위 없이 행복했다'라는 말이 됩니다.

사람을 좋아하다

• 나는 그를 좋아한다.	I like him.
• 나는 그를 사랑한다.	I love him.
• 나는 그에게 애착이 간다.	I am attached to him. I have attachments to him.
• 나는 그를 사모한다.	I admire him.
• 나는 그를 존경한다.	I respect him.
• 나는 그를 우러러본다.	I look up to him.
• 나는 하나님을 숭배한다.	I worship God.
• 나는 그를 흠모한다.	I revere him.
• 그는 그녀를 우상시하고 있다.	He idolizes her. * idolize 우상시하다, 심취하다
• 나는 그 가수의 열성팬이다.	I am an enthusiastic fan of the singer.

일을 좋아하다

• 나는 그 일 하는 것을 좋아한다.	I like to do it. I love to do it.
• 나는 그 일 하기를 몹시 갈망한다.	I long to do it. I yearn to do it. I am eager to do it. I am anxious to do it.
• 나는 그 일을 몹시 하고 싶어 기다릴 수가 없다.	I can't wait to do it.
• 나는 그 일에 중독되어 있다.	I am addicted to doing it.
• 나는 그것에 몰두해 있다.	I am devoted to it.
• 나는 그것에 푹 빠져 있다.	I am indulged in it. * be indulged in ~에 빠지다
• 나는 그것에 열중해 있다.	I am absorbed in it.

06 싫어하기 DISLIKES

싫어하다

• 나는 그것을 좋아하지 않는다.	I don't like it.
• 나는 그것을 싫어한다.	I dislike it.
• 나는 그것을 증오한다.	I hate it.
• 나는 그것이 몹시 싫다.	I abhor it. I detest it.
• 나는 그것이라면 질색이다.	I loathe it. * loathe 몹시 싫어하다, 진절머리를 내다
• 나는 그것이 정말 싫다.	I am abhorrent of it. * abhorrent 몹시 싫어하는, 아주 질색인
• 나는 그것을 지독하게도 싫어한다.	I have an antipathy to it. * antipathy 반감, 혐오
• 나는 그것이 역겹도록 싫다.	I abominate it. I have an abomination to it. * abominate 지겨워하다, 혐오하다
• 내가 가장 싫어하는 것은 ~이다.	The things I hate most are ~.
• 그것은 내게 흥미를 잃게 한다.	It is my turn-off. * turn-off 흥미를 잃게 하는 것
• 나는 그것에 대해 적의를 가지고 있다.	I have animosity for it. * animosity 악의, 적의, 증오
• 나는 그것에 대해 악의를 가지고 있다.	I hold a grudge against it. * grudge 악의, 적의, 원한
• 나는 견딜 수가 없다.	I can't bear it.
• 나는 참을 수가 없다.	I can't stand it.
• 나는 싫어서 견딜 수가 없다.	I am filled with loathing.

사람을 싫어하다

• 나는 그에 대해 증오심을 가지고 있다.	I have a hatred for him.
• 나는 그것에 대한 편견이 있다.	I am biased against it.

- 그가 메스껍도록 싫다. He is so disgusting.
- 그는 내 취향이 아니다. He is not my type.
- 나는 그가 행동하는 방식에 혐오감이 들었다. I was revolted by the way he behaved.
  * revolted 불쾌감을 갖는, 혐오감을 갖는
- 나는 그를 경멸한다. I despise him.
  I look down on him.
- 나는 그를 퇴짜 놓았다. I rejected him.
  * reject 쫓아버리다, 퇴짜 놓다, 거절하다
- 나는 그를 거절했다. I turned him off.

일을 싫어하다

- 나는 그 일이 하기 싫다. I don't like to do it.
- 나는 그 일 하는 것을 싫어한다. I hate doing it.
- 나는 그 일을 하고 싶지 않다. I am unwilling to do it.
  * unwilling 내키지 않는, 마지못해 하는
- 나는 그 일을 하기가 꺼려진다. I am reluctant to do it.
  * reluctant 마음이 내키지 않는
- 나는 그 일 하는 것을 피하고 싶다. I'd like to avoid doing it.
- 나는 마지못해 그 일을 했다. I did it halfheartedly.
  * halfheartedly 내키지 않는 마음으로, 마지못해
- 나는 아무것도 하지 않고 가만히 앉아 있는 것을 싫어한다. I am loath to sit still without doing anything.
  * be loath to+**동사원형** ~하는 것을 싫어하다

My Favorite Things

Tuesday, March 10. Chilly

The other day, I sent my friends a text message asking 'What do you think about me?' One of the replies was 'a girl who likes cute things'. After seeing the message today again, I felt like thinking about my favorite things.

I have so many things I like. Among them, my family and friends are what I like most. I love them, because they take good care of and understand me. Even though sometimes I have conflicts with them and make them annoyed, they always help me with everything and guide me. When I'm in trouble, I look for someone whom I can depend on. All of them listen to my worries and agonies.

Another thing I like is cute things such as puppies, kitties, dolls, babies, etc. When I see those kinds of cute things, I approach them squealing loudly. Also, I like sleeping and eating. I am not particular about food and I like greasy, salty, spicy, sweet, and sour foods. Even when I have lunch at the school cafeteria, I am always happy, even though they are not very tasty.

내가 좋아하는 것

3월 10일 화요일 쌀쌀함

며칠 전 핸드폰으로 친구들에게 나를 어떻게 생각하느냐고 묻는 문자를 보낸 적이 있다. 대답 중 하나가 '귀여운 걸 좋아하는 아이'였다. 오늘 다시 그 문자를 보다가 내가 좋아하는 것들에 대해 생각해 보고 싶어졌다.

내가 좋아하는 것들이 많이 있지만 그 중 가족과 친구들을 가장 좋아한다. 그들은 나를 항상 잘 보살펴 주고 이해해 주기 때문에 그들을 매우 사랑한다. 가끔은 그들과 갈등이 있기도 하고 내가 그들을 화나게 하기도 하지만 그들은 항상 내 모든 일을 도와주고 잘 이끌어 준다. 내가 곤경에 처해 있을 때, 나는 내가 의지할 수 있는 누군가를 찾게 된다. 그들 모두는 내 걱정과 고민에 귀 기울여 들어 준다.

내가 좋아하는 또 다른 것은 강아지와 고양이, 인형, 아기 등과 같은 귀여운 것들이다. 그런 종류의 귀여운 것들을 보면 나는 크게 소리를 지르며 다가간다. 또한, 나는 잠자는 것과 먹는 것을 좋아한다. 나는 음식을 잘 가리지 않으며 기름진 것, 짠 것, 매운 것, 단 것 그리고 신 음식을 다 좋아한다. 비록 맛있지는 않지만 학교 식당에서 점심을 먹을 때조차도 항상 행복하다.

NOTES

text message 문자 메시지 | **conflict** 갈등 | **squeal** 비명을 지르다 | **particular** 특별한, 특정한, 까다로운 | **greasy** 기름기 많은, 느끼한

There isn't enough darkness in all the world
to snuff out the light of one little candle.

작은 촛불 하나의 빛을 꺼 버리기에 충분한 어둠은 이 세상에 없다.

CHAPTER

11

언행

1. 예절
2. 행동
3. 말
4. 조언 · 충고
5. 위로
6. 격려 · 축하
7. 기원

01 예절

MANNERS

예절 지키기

• 나는 예절을 지키는 것을 중요하게 생각한다.	I think it is important to be courteous.
• 누구에게나 예의를 지키는 것이 좋다.	It is good to be polite to everyone.
• 최소한의 예의는 지켜야 한다.	We have to have basic morals. * morals 품행, 몸가짐
• 사람은 많이 배울수록 더 겸손해져야 한다.	The more learned a man is, the more modest he should be. * the more ~ , the more ... ~하면 할수록, 더 …하다
• 예의가 바른 사람은 좋은 인상을 준다.	One who has good manners leaves a good impression.

예의 바름

• 나는 예의가 바르다.	I am polite. I am courteous. I am well-mannered. I have good manners.
• 나는 절대 예절을 잊지 않는다.	I never forget my manners.
• 나는 예의바르게 행동하려고 노력한다.	I try to behave properly.
• 나는 항상 신사답게 행동하려고 노력한다.	I always try to act like a gentleman.
• 웃어른을 만나면 당연히 인사해야 한다.	Of course, we have to bow when we meet our elders.
• 웃어른에 무언가를 드릴 때는 두 손으로 공손하게 드린다.	When I give something to my elders, I use both hands politely.
• 그는 식사 예절이 좋지 않다.	He has poor table manners.

무례함

• 그는 무례하다.	He is rude.
• 그는 예의가 없다.	He is impolite. He is ill-mannered. He is discourteous. He has no manners.

- 그는 버릇이 없다. He misbehaves.
- 그는 예절에 좀 더 신경을 써야 한다. He needs to work on his manners.
- 그의 무례한 행동이 싫다. I hate his impolite behavior.
- 그는 건방지다. He is arrogant.
  He is impudent.
  He is impertinent.
  * impertinent 건방진, 뻔뻔스런
- 그는 자만심으로 가득 차 있다. He is eaten with conceit.
  * be eaten with conceit 자만심으로 가득 차 있다
- 그는 옳고 그름을 구분하지 못한다. He can't distinguish the good from the bad.
  * distinguish ~ from ... ~를 …와 구별하다, 식별하다
- 그는 다루기 힘든 사람이다. He is hard to control.
  He is hard to manage.
- 모르는 사람에게 무례한 말을 하면 안 된다. We must not say rude things to strangers.
- 식사 중에 입에 음식을 담은 채로 말하는 것은 좋지 않다. It is not good to speak with your mouth full at the table.
  * with+목적어+형용사 ~가 …한 채
- 식사 시간에 이야기를 너무 많이 하는 것은 실례다. It is against etiquette to talk too much at the table.
  * against ~에 반대하여, ~에 어긋나는
- 남 앞에서 트림하는 것은 좋은 행동이 아니다. It is rarely good to burp in front of others.
- 껌을 씹을 때 딱딱 소리를 내는 것은 다른 사람들에게 방해가 된다. Cracking gum when we chew it disturbs others.
  * crack 우두둑 소리 내다, 금가게 하다
- 없는 사람을 욕하는 것은 나쁘다. It is bad to speak ill of the absent.
  * speak ill of ~를 나쁘게 말하다, ~에 대해서 험담하다
- 사람들이 이야기하고 있는데 도중에 말을 가로막는 것은 무례한 일이다. It is rude to interrupt people while they are talking.
  * interrupt 가로막다, 방해하다, 중단시키다
- 숙녀에게 나이를 묻는 것은 실례다. It is impolite to ask a lady her age.
- 거짓말을 하는 것이 나쁘다고 생각한다. I believe it's wrong to tell a lie.
- 은혜를 모르는 사람은 싫다. I hate those who are ungrateful.
- 예절에 관한 한 그는 최악이다. When it comes to manners, he is the world's worst.
- 인터넷에서는 네티켓을 지켜야 한다. We have to keep netiquette on the Internet.
- 그의 무례한 행동으로 기분이 매우 나빴다. I was really displeased because of his rude behavior.

어른 공경

• 그는 부모님께 매우 버릇없이 말한다.	He speaks to his parents very impolitely.
• 부모님께 불손하게 하면 안 된다.	We must not be unkind to our parents.
• 부모님을 공경해야 한다.	We ought to respect our parents. We ought to look up to our parents.
• 자식은 부모님께 순종해야 한다.	Children should obey their parents.
• 우리가 어른을 공경해야 하는 것은 당연한 일이다.	It is natural that we should respect our elders.

02 행동 BEHAVIOR

바른 행동

• 그는 언행이 일치한다.	He is as good as his word. * as good as one's word 약속을 지키는
• 그는 나이에 비해 어른스럽다.	He is mature enough for his age. * mature 성숙한, 신중한
• 나는 약속을 꼭 지킨다.	I always keep my promises.
• 나는 내가 한 약속을 행동으로 옮겼다.	I converted promise into action. * convert ~ into ... ~를 …로 전환하다, 바꾸다
• 그렇게 하기 위해 용기를 냈다.	I got the courage to do it.
• 그의 행동으로 보아 그는 정직한 사람이라고 생각한다.	I guess from his behavior that he is an honest person.
• 나는 상식에 벗어난 행동을 하지 않는다.	I don't act against common sense.
• 그는 눈치가 빠르다.	He has quick wits. He is quick-witted.
• 그는 이해가 빠르다.	He catches on quickly.
• 나는 행동이 민첩하다.	I act quickly.
• 그는 누구에게나 친절하다.	He is kind to everyone.

• 남에게 친절해서 손해 볼 일은 없다. One never loses by doing others a good turn.
* a good turn 친절한 행위

먼저 하세요

상대방에게 친절하게 대하고자 순서를 양보할 때는 '먼저 가세요', '먼저 하세요'라는 표현을 하죠. 이 말은 상대방이 어떤 일을 한 다음에 하겠다는 의미이므로 After you.라고 간단히 말하면 됩니다. 예를 들어, 어떤 입구에 들어가려는데 다른 사람과 동시에 마주치게 될 때 '먼저 가세요'라고 말할 경우 After you.라고 하거나 Please, go first. 또는 Let me follow you.라고 하세요.

잘못된 행동

• 나는 게으른 경향이 있다. I am inclined to be lazy.
* be inclined to+**동사원형** ~하는 경향이 있다

• 그는 매우 늦장을 부린다. He moves very slowly.

• 그는 늘상 꾸물거린다. He drags his feet.
* drag one's feet 꾸물거리다, drag는 '질질 끌다'

• 그는 약속을 잘 지키지 않는 경향이 있다. He tends to break his promise often.

• 그는 어린아이처럼 행동한다. He acts like a child.

• 그는 늘 기분 내키는 대로 행동한다. He always acts out on a whim.
* on a whim 즉흥적으로, 충동적으로

• 나는 다른 사람은 개의치 않고 하고 싶은 대로 한다. I do as I want regardless of others.
* regardless of ~와 상관없이, ~에 개의치 않고

• 그는 종종 지나친 행동을 한다. He often overly acts.

• 그는 과장되게 행동한다. He is really over the top.
* over the top 대담하게, 과장되게

• 그는 대담하게 행동했다. He acted boldly.

• 그의 행동이 대담해졌다. He became bold in action.

• 그는 그 사람답지 않게 행동을 했다. He didn't act like himself.

• 그의 행동은 모두를 놀라게 한다. His behavior surprises everybody.

• 나는 아무 일도 없었다는 듯이 행동했다. I behaved as if nothing had happened.

• 나는 그의 행동에 놀라지 않을 수 없었다. I couldn't help being surprised at his conduct.
* can't help -ing ~하지 않을 수 없다

• 어떤 점에서는 그의 갑작스러운 행동을 이해할 수 있다. In a sense, I can understand his sudden behavior.

- 그는 사람을 귀찮게 한다. He behaves in an annoying way.
- 그는 오만방자했다. He acted arrogantly.
- 그는 뻐겨댔다. He got up on his high horse.
  * get up on one's high horse 뽐내다, 뻐기다
- 그는 칠면조처럼 뽐냈다. He swelled like a turkey cock.
- 그는 요령이 없다. He is tactless.
  * tactless 요령 없는, 재치 없는
- 그는 눈치가 없다. He has no sense.
- 그는 징징대는 어린애 같다. He is like a crybaby.
- 누군가 가래침을 뱉는 것을 보니 역겨웠다. It was disgusting to see someone spit out phlegm.
  * phlegm 가래, 점액질

바르게 행동하기

- 정당하게 행동하는 것이 좋다. It is good to behave fairly.
- 나는 무슨 행동을 하든 항상 잘못한 것 같은 생각이 든다. Whatever I do, I always seem to do the wrong thing.
  * whatever 무엇이든, ~하는 것은 모두
- 그는 내 행동에 만족해 하지 않았다. He wasn't satisfied with my behavior.
- 그렇게 불건전한 행동은 좋아하지 않는다. I don't like such unsound behavior.
  * unsound 불합리한, 불건전한
- 더 조심성 있게 행동할 것이다. I will be more prudent.
- 부끄러운 행동을 하지 말아야겠다. I won't have shameful behavior.
- 내 태도를 고쳐야겠다. I need to mend my ways.
- 나는 분별력 있게 행동하려고 노력한다. I try to act sensibly.
- 행동은 말보다 더 영향력이 있다. Actions speak louder than words.
- 행동하기 전에 잘 생각해라. Look before you leap.
- 대접받고자 하는 대로 남을 대접해라. Do unto others as you would have them do unto you.
- 행한 대로 받는다. As one sows, so one reaps.

NATO족

실제로 행동이나 실천은 하지 않고 말로만 이러쿵저러쿵하는 사람을 나토(NATO)족이라고 합니다. 이는 No Action Talking Only의 약자로 '행동 없이 말만'이라는 뜻입니다.

03 말 SPEAKING

옳은 말

- 그 말은 일리가 있는 말이었다.
  That made sense to me.
  * make sense 뜻이 통하다, 이치에 닿다
- 나는 그의 말을 그대로 믿었다.
  I took him at his word.
- 액면 그대로 그의 말을 믿었다.
  I took his word at face value.
- 그가 하는 말이라면 나는 믿을 것이다.
  I'll have faith in what he says.
- 그의 말이라면 믿을 수 있다.
  I can rely on his word.
- 그의 약속은 믿을 만하다.
  His word is as good as his bond.
  * as good as one's bond 보증 수표와 같은
- 그는 자신이 한 말을 꼭 지킨다.
  He never eats his words.
- 그는 항상 이치에 맞게 말한다.
  He always talks sense.
  * talk sense 맞는 말을 하다, 이치에 닿는 말을 하다
- 그는 항상 솔직히 말한다.
  He always speaks frankly.
- 그는 말을 함부로 한다.
  He never minces his words.
  * mince one's words 조심스레 말하다
- 그는 항상 진실만을 말한다.
  He always tells the truth.
- 인정하기는 싫었지만 그것은 사실이었다.
  I hated to admit it, but it was true.
- 그가 무슨 말을 하든 나는 관심을 갖고 귀 기울인다.
  No matter what he may say, I listen to him with interest.
  * no matter what 아무리 ~할지라도
- 나는 그의 말을 절대 의심하지 않는다.
  I never doubt his word.
- 나는 남의 칭찬을 잘한다.
  I speak well of others.
- 나는 내가 한 말은 꼭 지킨다.
  I always keep my word.
- 나는 천성적으로 아부를 하지 못한다.
  Flattery is foreign to my nature.
  * foreign to ~에 맞지 않는

침묵

- 나는 남의 험담을 하지 않으려고 한다.
  I won't speak ill of others.
- 침묵을 지키며 있었다.
  I kept silent.

- 나는 아무 말 하지 않고 있었다. I was speechless.
- 입을 꾹 다물고 있었다. I kept my mouth shut.
- 난 좀 내성적인 성격이라서 말을 많이 하지 않는다. I am somewhat reserved, so I don't talk too much.
- 답을 잘 몰라서 우물거렸다. I didn't know the answer, so I mumbled.
- 무슨 말을 해야 할지 몰랐다. I didn't know what to say.
- 나는 아무 말도 하지 않고 머리를 숙이고 있었다. I didn't say a word, and hung my head.
- 딱 꼬집어 말할 수가 없었다. I couldn't put my finger on it.
  * put one's finger on ~ 딱 꼬집어 지적하다
- 나는 말주변이 없다. I am a poor speaker.
- 그는 나에게 잠자코 있으라고 했다. He asked me to sit tight.
  * sit tight 잠자코 있다
- 나는 당황하면 말을 더듬는다. When I am embarrassed, I stutter.
  * stutter 말을 더듬다
- 더듬거리며 사과를 했다. I stammered out the apology.
- 언제든지 말조심해야 한다. We should watch our mouth at all times.

혀를 붙잡아 두면 ~

아무리 침묵이 금이라고 해도 해야 할 말을 하지 않고는 지낼 수 없습니다. 말을 할 때는 혀가 움직이죠. 그래서 아무 말 하지 않고 있을 경우 hold one's tongue이라고 표현하기도 하는데, 이는 '입을 꽉 다물다', '침묵하다'라는 뜻입니다. 또한 I'm tongue-tied.라고 하면 혀가 묶여 있다는 말이므로, '아무 말 못했다'라는 뜻이 됩니다.

달변

- 그의 말은 마치 로맨틱 영화에 나오는 대사 같다. His words sound like a line from a romantic movie.
- 그는 말을 참 잘한다. He is a good talker.
  He is a smooth talker.
- 그의 웅변은 언제나 설득력이 있다. His speech is always eloquent.
  * eloquent 웅변의, 설득력 있는
- 그는 항상 명확하게 자신의 생각을 표현한다. He always expresses himself very articulately.
  * articulately (생각, 감정을) 분명히, 명확히
- 그는 말을 논리정연하게 한다. He is very articulate.
  * articulate 똑똑하게 발음하는, 분명하게 말하는

• 그는 절대 빙빙 돌려 이야기하지 않는다. | He never beats around the bush.
* beat around the bush 돌려 말하다

• 그는 절대 자기의 의견을 나에게 강요하지 않는다. | He never imposes his views on me.
* impose 강요하다, 부과하다

비밀

• 아무에게나 비밀을 털어놓아선 안 된다. | We shouldn't spill the beans to anyone.
* spill the beans 비밀을 털어놓다

• 비밀을 지킬 것이다. | I'll keep it a secret.

• 입을 꼭 다물고 말하지 않을 것이다. | My lips are sealed.
* seal 봉하다, 입을 막다, 비밀을 엄수하다

• 절대로 비밀을 누설하지 않을 것이다. | I won't reveal the secret.
I won't let the cat out of the bag.
* let the cat out of the bag 무심결에 비밀을 말하다

• 그것에 대해서 어느 누구에게 한마디도 안 할 것이다. | I won't breathe a word about it to anyone.
* not breathe a word 한 마디 말도 안 하다

• 그것을 비밀로 해 주기로 했다. | I decided to keep it under my hat.

• 그에게 사실대로 말하는 것이 좋겠다. | I had better give it to him straight.
I may as well give it to him straight.

• 비밀이 누설되었다. | The secret is revealed.
The secret is divulged.
The secret is exposed.
The cat is out of the bag.

• 그는 무언가를 나에게 감추고 있는 것 같았다. | He seemed to keep something back from me.

• 다른 사람에게 들었다. | A little bird told me.

• 낮말은 새가 듣고 밤말은 쥐가 듣는다. | Walls have ears.

• 호랑이도 제 말 하면 온다. | Speak of the devil and he appears.

• 오는 말이 고와야 가는 말이 곱다. | You scratch my back, and I'll scratch yours.

소문

• 그 사람은 사람들의 입에 오르내리고 있다. | Everyone is talking about him.

• 나는 그것을 소문으로 들었다. | I heard it through the grapevine.
* grapevine 포도덩굴, 헛소문, 풍문

- 그가 이상하다는 소문이 돌고 있다. There's a rumor going around that he is strange.
- 그는 남의 사적인 일에 대한 이야기를 많이 한다. He talks a lot about others' private business.
- 그는 종종 남의 사생활에 대한 소문에 관해 말을 한다. He often comments on rumors about others' personal life.
- 그는 항상 잡다한 이야기를 끊임없이 한다. He never stops gossiping.
  * gossip 잡담하다, 수군거리다
- 그것에 대해 그에게 꼭 말해 줄 필요가 있다. I need to talk to him about it for sure.
- 그는 말을 못 알아듣는 척했다. He played dumb.
  * dumb 벙어리의, 말을 하지 않는
- 그의 말은 사실이 아닌 것 같다. His words sound untrue.
- 그는 소문을 잘 퍼뜨린다. He likes to spread rumors.
- 그 소문은 일사천리로 퍼졌다. The rumors spread like a wildfire.
- 소문이 눈덩이처럼 커져 갔다. The rumor snowballed.
- 소문에 의하면 그가 한국을 떠났다고 한다. Rumor has it that he left Korea.
- 소문은 정말 빠르다. Rumors really fly.
- 나쁜 소식은 빨리 퍼진다. Bad news travels quickly.
- 아니 땐 굴뚝에 연기 날까. There's no smoke without fire.

비밀이니까 너만 알고 있어!

어떤 비밀을 알게 되면 입이 근질거려서 다른 사람에게 말하고 싶어 하는 사람이 많죠. 그럴 때 '비밀이니까 너만 알고 있어야 해!'하면서 그 비밀 이야기를 전하게 되는데, 이는 영어로 Keep it to yourself.라고 합니다. 비밀을 혼자만 알고 있을까요? 하지만 이 비밀은 분명 spill the beans되겠죠. 이 표현은 '비밀을 털어놓다'라는 말입니다. 이는 고대 그리스에서는 항아리에 흰콩과 검은 콩을 담는 방식으로 비밀조직의 회원을 가입 여부를 결정했는데, 누군가 실수로 항아리를 엎게 돼서 투표 결과를 미리 알게 되었다는 이야기에서 유래한 표현입니다.

불평 · 변명

- 그는 항상 모든 것에 불평이다. He always complains about everything.
- 그의 계속되는 불평 소리가 지겹다. I am tired of his constant complaining.
- 그는 항상 잘 둘러댄다. He always has an excuse.
- 그는 늘 변명을 늘어놓는다. He always keeps making excuses.
- 그의 변명을 듣고 싶지 않았다. I didn't want to hear his excuses.

- 그는 항상 무슨 말이든 생각 없이 해서 때때로 우리를 놀라게 한다.
  He always says everything casually, but sometimes it shocks us.
- 그는 똑같은 말을 반복해서 하는 경향이 있다.
  He tends to repeat himself.
  He tends to say the same things repeatedly.
- 나는 오늘 외출할 그럴 듯한 변명이 필요했다.
  I needed a plausible excuse to go out today.
  * plausible 그럴 듯한, 말재주가 좋은

구차한 변명

There's an excuse for everything.은 '핑계 없는 무덤 없다'라는 말입니다. 모든 일에 구차하게 변명을 늘어놓는 사람들이 가끔 있는데, 그런 '구차한 변명'을 lame excuse라고 합니다. '그런 구차한 변명 좀 그만해!'라고 하려면 Stop making that lame excuse.라고 하면 됩니다.

오해

- 그의 말은 오해받을 가능성이 있다.
  His words are likely to be misunderstood.
- 우리는 서로 어긋나는 말을 하고 있었다.
  We were talking at cross-purposes.
- 그가 오해를 했다.
  He's got it wrong.
- 그는 나를 오해하고 있다.
  He is taking me wrong.
  * take ~ wrong ~를 오해하다
- 내 생각에는 그가 말을 잘못 이해한 것 같다.
  I think he got the short end of the stick.
  * get the short end of the stick 오해하다
- 그가 말한 것은 어느 정도는 사실이었다.
  What he said was true to some extent.
  * to some extent 다소, 어느 정도는
- 나는 그것이 거짓말이라는 것을 모를 만큼 어리지 않다.
  I am mature enough to know that is a lie.
- 그가 무슨 말을 하고 있는지 도대체 이해가 안 됐다.
  I couldn't understand at all what he was talking about.
- 그가 하는 말이 무슨 말인지 알아듣지 못했다.
  I wasn't able to make heads or tails of what he said.
  * not make heads and tails 뭐가 뭔지 모르다
- 그의 말을 곧이곧대로 받아들이면 안 된다.
  We must not take him at his word.
- 나는 그가 한 말을 믿지 않았다.
  I didn't believe what he had told me.
- 내 말은 오해받을 여지가 있었던 것 같다.
  My words seemed to be misleading.
- 오해를 풀어야 한다.
  I need to resolve this misunderstanding.
- 그와 속을 터놓고 이야기하고 싶다.
  I want to have a heart-to-heart talk with him.

농담

• 그는 농담을 잘한다.	He makes jokes well.
• 그의 농담에 웃지 않을 수 없었다.	I couldn't help laughing at his joke. I couldn't help but laugh at his joke. I had no choice but to laugh at his joke.
• 우리는 그의 우스운 농담을 듣고 웃음을 터뜨렸다.	We exploded into laughter at his funny joke.
• 그의 농담은 썰렁했다.	His joke was corny.
• 그의 농담은 정말 진부했다.	His joke was so old.
• 때때로 나는 농담을 잘 이해하지 못한다.	Sometimes I don't get jokes.
• 나는 가끔 농담을 심각하게 받아들일 때가 있다.	I take jokes seriously at times. * at times 가끔, 때때로
• 그가 농담하면, 날 놀리는 것으로 생각된다.	When he makes a joke, I think he is making fun of me.
• 농담이 진담이 되는 경우도 있다.	Sometimes what was said as a joke comes true.
• 농담을 잘 받아 넘기는 방법을 배워야겠다.	I need to learn how to take a joke.
• 그저 농담으로 말했다.	I said it just for fun.
• 그건 농담할 일이 아니었다.	It was no joking matter.

썰렁한 농담

누군가의 썰렁한 농담을 들었을 경우 우리는 보통 '썰렁하다'라고 하는데, 이 영어표현은 과장되어 춥다거나 눈이 내린다거나 하는 말로 대꾸를 하곤 합니다. 썰렁하다고 해서 영어로 It is cold.라고 하지 않죠. 그런 상황에서는 That's corny. 또는 That's the lame.이라고 하면 되는데, 이때 corny가 '진부한', '시시한', '구식의' 이라는 의미를 나타내는 말이고, lame은 '절름발이의'의 뜻이지만, '어설픈', '재미없는'의 의미로도 쓰입니다.

시비 · 참견

• 그는 항상 날 무시한다.	He always puts me down.
• 그는 시비를 잘 건다.	He is very quarrelsome.
• 그가 나에게 시비를 걸었다.	He provoked me to quarrel. * provoke 선동하다, 일으키다, 유발시키다
• 나는 그와 사소한 시비가 붙었다.	I squabbled with him. * squabble 사소한 일로 말다툼하다
• 사소한 시비가 큰 싸움이 되었다.	The squabble turned into a big fight.
• 그는 이유 없이 트집을 잡았다.	He picked on me for nothing.

- 그는 말도 안 되는 이야기를 자주 한다. He often speaks nonsense.
- 아무리 말해도 소용이 없었다. It was no good talking.
Talking was no good.
⋆ no good 소용없는, 쓸모없는
- 그는 내가 하지 않은 말을 했다고 했다. He put words into my mouth.
⋆ put words into one's mouth 남이 하지 않은 말을 했다고 하다
- 그가 나에 대해서 한 말을 취소하라고 했다. I asked him to take back what he had said about me.
⋆ take back 한 말을 취소하다
- 나는 그가 잘못 말했다고 인정하기를 바랐다. I wanted him to eat his words.
⋆ eat one's words 잘못 말했다고 인정하다
- 그는 종종 나를 짜증나게 한다. He often grosses me out.
⋆ gross ~ out ~를 짜증나게 하다, 화나게 하다
- 그가 나의 말을 가로챘다. He took the words out of my mouth.
- 그는 종종 지나간 과거의 일을 이야기한다. He often talks about bygone days.
⋆ bygone 과거의, 지나간
- 그는 남을 험담하는 것을 좋아한다. He likes to talk about others behind their backs.
⋆ behind one's back 본인이 없는 데서, 몰래
- 그는 남의 일에 간섭을 잘한다. He is so nosy.
- 그는 참견하길 좋아한다. He likes to meddle.
⋆ meddle 쓸 데 없이 참견하다, 간섭하다
- 그는 참견하기 좋아하는 사람이다. He is such a back seat driver.
⋆ back seat driver 이래라 저래라 하는 사람
- 그는 항상 다른 사람들 일에 참견을 한다. He always puts his nose in other people's business.
⋆ put one's nose 코를 들이대다, 참견하다

욕설

- 그의 말이 귀에 거슬렸다. His words were offensive to the ears.
⋆ offensive 불쾌한, 마음에 걸리는
- 그가 내게 욕을 했다. He verbally abused me.
- 그는 잘 빈정댄다. He is very sarcastic.
⋆ sarcastic 빈정거리는, 비꼬는
- 그는 직선적으로 말을 한다. He is a straight talker.
- 그는 입에서 나오는 대로 생각 없이 이야기한다. He doesn't think before he speaks.
- 그는 나에게 상처를 주는 말을 했다. He stung me with words.
⋆ stung sting(찌르다)의 과거형

• 그의 말에는 가시가 있었다. His words stung.
* sting 찌르기, 비꼼, 빈정댐

• 그는 입이 거칠다. He has a foul mouth.
* foul 더러운, 아주 불쾌한

• 그는 욕쟁이다. He has a dirty mouth.

• 그의 거친 표현이 신경에 거슬렸다. His rough expressions made me uncomfortable.

• 그의 욕설이 나를 불편하게 만들었다. His abuse made me feel uneasy.

• 말이 안 나올 정도로 충격을 받았다. I was shocked speechless.

• 그의 악담으로 기분이 무척 상했다. His cursing offended me very much.
* cursing 저주, 악담

• 그가 한 말이 나에게 상처를 주었다. What he had said hurt me.

• 그가 한 말로 마음이 아팠다. His words broke my heart.

• 그의 말이 귀에 거슬렸다. I was offended by his words.

• 그것은 누워서 침 뱉는 일일 뿐이다. That's just shooting himself in the foot.

허풍 · 수다

• 그는 종종 부풀려서 말한다. He often makes a mountain out of a molehill.
* make a mountain out of a molehill 침소봉대하다

• 그는 허풍쟁이다. He talks big.
He is a big talker.
He is a tall talker.

• 그는 허풍이 심하다. He brags a lot.
* brag 자랑하다, 허풍떨다

• 그는 말뿐이다. He is all talk.

• 그는 과장을 많이 한다. He exaggerates a lot.
* exaggerate 과장하다, 침소봉대하다

• 그녀는 큰소리를 쳤다. She had a big mouth.

• 그는 입이 가볍다. He is a blabber-mouth.
* blabber 비밀을 잘 이야기하는 사람

• 그는 마치 모든 것을 다 아는 듯이 말을 한다. He talks as if he knew everything.
* as if 마치 ~인 것처럼

• 그는 자화자찬을 잘한다. He is so boastful of himself.
* boastful 자랑하는, 자화자찬하는

• 그는 항상 제 잘났다고 자랑만 한다. He always blows his own horn.
* blow one's own horn 자기 자랑을 하다, 자화자찬하다

- 그는 자신에 대해 항상 떠벌린다. He is always advertising himself.
- 그가 허풍을 치며 자랑하는 것 좀 그만두었으면 좋겠다. I wish he would stop bragging.
- 그녀는 수다쟁이다. She is so talkative.
- 그녀는 말이 많다. She talks a lot.
- 그녀는 참 수다스럽다. She is so chatty.
- 우리는 가끔 만나서 수다를 떤다. We sometimes get together and chew the fat.
  * chew the fat 재잘거리다, 수다를 떨다
- 그녀는 한번 이야기를 시작하면 끝이 없다. Once she starts talking, she goes on forever.
  * once 일단 ~하기만 하면 | go on 계속하다

허풍은 이제 그만 ~ 됐거든!

친구가 허풍을 너무 떨거나 말도 안 되는 썰렁한 농담을 계속할 때, 듣기 싫은 경우가 있죠. 그럴 때 '그만 해, 됐거든!' 이라고 말하고 싶으면 Cut it out!이라고 하세요.

거짓말

- 그는 거짓말을 잘한다. He tells lies so often.
- 그는 대단한 거짓말쟁이다. He is a great liar.
- 그는 고질적인 거짓말쟁이다. He is a chronic liar.
  * chronic 만성적인, 고질적인, 상습적인
- 그가 뻔뻔한 거짓말을 했다. He told a barefaced lie.
  * barefaced 얼굴을 드러낸, 뻔뻔한
- 그가 새빨간 거짓말을 했다. He told a downright lie.
  * downright 명백한, 노골적인
- 그가 하는 말의 대부분이 사실이 아니다. Most of what he says is not true.
- 그는 나에게 뻔뻔스럽게 거짓말을 했다. He had the nerve to tell me a lie.
- 그가 거짓말을 하고 있다는 의심이 들었다. I had a suspicion he was telling me a lie.
  * suspicion 의심, 혐의
- 그가 진실을 말하고 있지 않다는 의심이 들었다. I smelled a rat that he wasn't telling me the truth.
  * smell a rat 의심이 들다
- 그것은 사실이 아니었고 그가 지어낸 말이었다. It was not a true story, and he made it up.
- 말문이 막혔다. I was struck dumb.
- 어찌할 바를 몰라 할 말을 잃었다. I was at a loss for words.
  * at a loss 난처하여, 어쩔 줄 몰라

- 나는 그가 거짓말을 잘한다는 것을 알기 때문에 그가 한 말은 어떤 말이든 믿지 않는다. I don't believe anything he said, because I know he is a great liar.
- 그가 한 거짓말이 들통 났다. His lie came to light.
- 솔직히 말하자면 그는 절대 거짓말을 하지 않는다. To be frank with you, he never tells a lie.
- 그는 절대 거짓말쟁이가 아니다. He is anything but a liar.
  * anything but 절대 ~가 아닌
- 진실은 드러나기 마련이다. The truth will come out.

감언이설

- 그는 항상 입에 발린 소리를 한다. He always gives lip service.
  * lip service 입에 발린 소리
- 그는 아첨꾼이다. He is a flatterer.
  He is a blandisher.
  He is an apple polisher.
- 그는 누구에게나 아첨을 한다. He flatters everyone.
  * flatter 입에 발린 말을 하다, 아첨하다
- 그는 사람의 환심을 사려 아첨을 한다. He butters everyone up.
  * butter ~ up 아첨하다
- 그는 모두에게 아첨을 한다. He polishes the apple for everyone.
  * polish the apple 아첨하다
- 그것은 감언이설일 뿐이었다. It was just sweet talk.
- 그의 감언이설에 속았다. I was taken in by his sweet talk.
  * take in 속이다
- 그의 말은 사실과 완전히 달랐다. His statement was totally different from the facts.
- 그의 가식적인 이야기에 정말 짜증이 난다. His hypocritical talk really irritates me.
  * hypocritical 가식적인, 위선적인 | irritate 화나게 하다
- 말하기는 쉬우나 행하기는 어렵다. Easier said than done.
  Easy to say, hard to do.

비행기 태우지 마!

입에 발린 소리(lip service)를 자꾸 들으면 그게 진심인지 의구심이 들게 되지만, 그래도 기분은 좋죠. 쑥스럽게 자꾸 칭찬을 한다면 착각을 할 수도 있게 됩니다. 그런 경우 Stop flattering me. 또는 I'm flattered.라고 말하세요. '에이~ 비행기 태우지 마~ 쑥스러워!'라는 의미를 전달할 수 있는 표현입니다.

04 조언 · 충고

조언

- 그 일을 처리하는 방법에 대해 조언이 필요했다. — I needed a few pieces of advice on how to deal with it.
- 누구에게 조언을 부탁해야 할지 몰랐다. — I didn't know who to go to for advice.
- 그가 여기에 있다면 모든 상황을 다 얘기하고 조언을 구했을 것이다. — If he were here, I would tell him everything about the situation to get his advice.
- 그에게 고민을 털어놓고 조언을 구했다. — I got it off my chest and asked him for advice.
  * get it off one's chest 속을 털어놓다
- 그가 내게 무엇을 먼저 해야 할지 조언해 주었다. — He advised me on what to do first.
- 절대 포기하지 말라는 조언을 들었다. — I was advised never to give up.
- 그의 조언은 내 문제를 다시 생각하게 했다. — His advice made me think about my problem again.
- 그는 내가 필요할 때면 언제든 도움이 되는 말을 해 준다. — He gives me some helpful words whenever I am in need.
- 그것이 최선의 방법이라고 생각했기 때문에 그의 조언을 따르지 않을 수 없었다. — I could not help following his advice, because I thought that was the best way.
- 그의 조언으로 안심이 되고 마음이 편안해졌다. — His advice put me at ease and made me comfortable.
  * at ease 편안한, 안심이 되는
- 부모님께서는 무엇이든 제대로 잘하라고 항상 조언해 주신다. — My parents always advise me to do everything well.
- 나는 그에게 조심하라고 조언했다. — I advised him to be careful.

충고

- 너무 뛰지 말라는 말을 들었다. — I was asked not to run too much.
- 그는 나에게 낙오하지 말라고 충고했다. — He advised me not to break ranks.
  * break ranks 열을 흩트리다, 낙오하다
- 그의 충고에 진심으로 감사 드린다. — I am wholeheartedly thankful for his advice.
- 나는 그의 충고를 기꺼이 따르기로 했다. — I decided to follow his advice with delight.
- 다시는 그러지 않겠다고 약속했다. — I promised not to do that again.

- 그는 나에게 서둘지 말라고 항상 충고한다. He always advises me not to be so impatient.
- 나는 그에게 그런 곳에 가지 않는 것이 좋겠다고 말했다. I told him not to go to such a place.
- 그는 나에게 그런 종류의 책은 읽지 말라고 충고했다. He advised me not to read those kinds of books.
- 그 충고는 나에게 별 효과가 없었다. The advice was lost on me.
  * be lost on ~에 아무런 효력(효과)가 없다
- 친구에게 몇 마디 충고를 해 주었다. I gave a few pieces of advice to a friend of mine.
- 똑바로 행동하라고 그녀에게 말했다. I persuaded her to behave herself.
- 그에게 말썽 좀 피우지 말라고 충고했다. I advised him not to get into trouble.
- 그는 내 충고를 들으려 하지 않았다. He refused to follow my advice.
- 그는 내 충고를 모르는 척했다. He turned a blind eye to my advice.
  * turn a blind eye to ~를 모르는 척하다, ~를 못 본 체하다
- 그가 내 도움을 필요로 할 때마다 그에게 충고해 줄 것이다. I will give him advice whenever he asks for it.

정신 차려야 할 때

아침에 일어나 커피 향을 즐기며 커피를 마시며 잠을 깨는 사람들이 많죠. '일어나 커피 향을 맡아라'라는 Wake up and smell the coffee.는 잠이 덜 깬 듯 멍하게 앉아 집중을 못하는 사람에게 '정신 차려라'는 의미로 쓰이는 표현입니다. 환한 대낮에 누군가 자신에게 It's time for you to wake up and smell the coffee.라고 한다면 정말 정신을 바짝 차려야 합니다.

05 위로

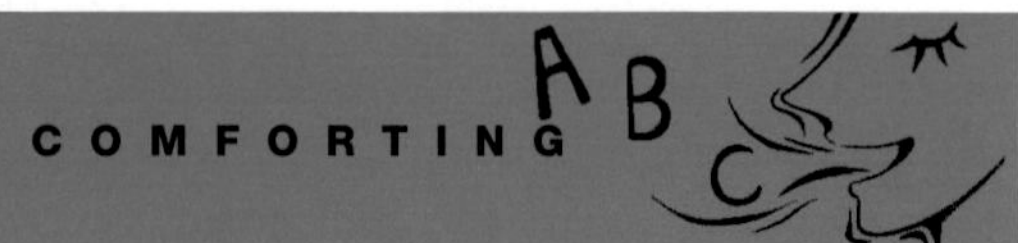

위안

- 운동을 하면서 스스로 위안을 삼았다. I consoled myself by exercising.
- 그 일은 잘 될 것이다. It will turn out alright.
  * turn out 결과가 ~가 되다

• 모든 일이 잘 될 거라고 확신한다. I am sure everything will work out fine.
* work out 결국 ~이 되다

• 그건 그리 심각한 일이 아니었다. It was nothing serious.
It wasn't such a serious thing.

• 그것은 전혀 중요하지 않은 일이다. It makes no matter.

• 그것은 생사가 걸린 문제가 아니다. It isn't a matter of life and death.

• 밝은 면을 보고 좋게 생각할 것이다. I will look on the bright side.

• 우린 모두 같은 처지에 있다. We all are in the same boat.
* be in the same boat 운명[처지]을 같이 하다

위로를 받다

• 누군가가 나를 위로해 주었으면 좋겠다. I want someone to cheer me up.

• 내게 필요한 것은 따듯한 위로의 말이다. All I need is warm words of consolation.

• 그가 나를 위로해 주었다. He encouraged me.
He gave me comfort.

• 내가 낙담해 있을 때 그가 나를 위로해 주었다. He consoled me when I was discouraged.
* console 위로하다, 위문하다

• 내가 풀이 죽어 있을 때 그가 내게 따듯한 말을 해 주었다. When I was moping, he gave me warm words.
* moping 침울한, 울적한, 기력이 없는

• 내가 슬퍼할 때 그가 내게 위로의 말을 해 주었다. He gave me some words of comfort when I was sad.

• 그의 말이 아직도 내 귓가에 맴돈다. His words still ring in my ears.

기운을 북돋우다

• 그가 나의 기분을 돋우기 위해 재미있는 이야기를 해 주었다. He told me a funny story to cheer me up.

• 귀가 솔깃한 이야기였다. It was an ear-catching story.

• 그의 말로 나는 기운을 찾게 되었다. His words encouraged me.

• 그의 말이 나의 기운을 돋우어 주었다. His words gave me quite a lift.
* give ~ a lift ~를 태워주다, ~의 기운을 돋우다

• 그의 말이 내가 기운을 내도록 해 주었다. His words made me keep my chin up.
* keep one's chin up 기운을 내다

• 우울할 땐 여행이 내 유일한 위안이 된다. Traveling is my only consolation when I feel down.

조문

- 그의 삼촌이 돌아가셔서 그에게 위로의 말을 해 주었다. — I consoled him at his uncle's death.
- 슬픔에 빠져 있는 그를 위로했다. — I consoled him in his sorrow.
- 그에게 애도의 뜻을 표했다. — I expressed my sympathy to him.
  I offered my condolences to him.
  I presented my condolences to him.
  * sympathy 동정, 위문, 문상 | condolence 애도
- 무어라 위로의 말을 해야 할지! — My deepest sympathies!
- 나는 그가 이 슬픔을 빨리 이겨내기를 바란다. — I hope he'll overcome this sorrow quickly.
- 그의 애도가 큰 위로가 되었다. — His sympathy was a great consolation.
- 그에게 무어라고 감사를 해야 할지 모르겠다. — I have no words to thank him enough.

인생이란

- 그런 게 인생이다. — That's life.
  C'est la vie.
- 원래 다 그런 거다. — That's the way it always is.
  That's just the way it is.
  That's the way it goes.
  That's the way the ball bounces.
  That's the way the cookie crumbles.
  * bounce 튀어 오르다 | crumble 부서지다, 가루가 되다
- 그럴 수도 있는 일이다. — That is one of those things.
- 살다 보면 그럴 수도 있다. — Those things will happen.
- 인생이란 우리가 그러리라고 생각하는 것만큼 흥미로운 것은 아니다. — Life is seldom as exciting as we think it ought to be.
- 인생은 마시고 놀고 하는 즐거움만 있는 것이 아니다. — Life is not all beer and skittles.
  * beer and skittles 술 마시고 노는(skittles는 '놀이', '즐거움')
- 그게 세상의 끝은 아니다. — This is not the end of the world.
- 세상은 돌고 돈다. — What goes around comes around.
- 이미 지나간 것은 지나간 것이다. — What's done is done.
- 세상은 우리가 생각하는 것만큼 그렇게 호락호락하지 않다. — The world is a lot tougher than we think.

- 세월이 약이다. | Time heals all wounds.
  * heal 고치다, 낫게 하다
- 하늘이 무너져도 솟아날 구멍이 있다. | There is always a way. When God closes a door, he opens a window.
- 쥐구멍에도 볕 들 날이 있다. | Every dog has his day. Every cloud has a silver lining.
- 그런다고 세상이 끝나는 것은 아니다. | It is not the end of the world.
- 내일의 태양은 또 다시 떠오른다. | Tomorrow is another day.
- 양지가 음지되고 음지가 양지된다. | Life is full of ups and downs.
- 오르막길이 있으면 내리막길도 있다. | Where there is an uphill road, there is a downhill road.
- 폭풍이 지나면 무지개가 뜬다. | There is always a rainbow after the storm.
- 뜻이 있는 곳에 길이 있다. | Where there is a will, there is a way.
- 최후에 웃는 자가 진정 웃는 자다. | He laughs best who laughs last.
- 고생 끝에 낙이 온다. | No sweet without sweat.
- 푸슈킨은 '삶이 그대를 속일지라도 슬퍼하거나 노여워하지 마라.'고 했다. | Pushkin said, 'Don't be sad, don't be angry if life deceives you.'

06 격려 · 축하 ENCOURAGING

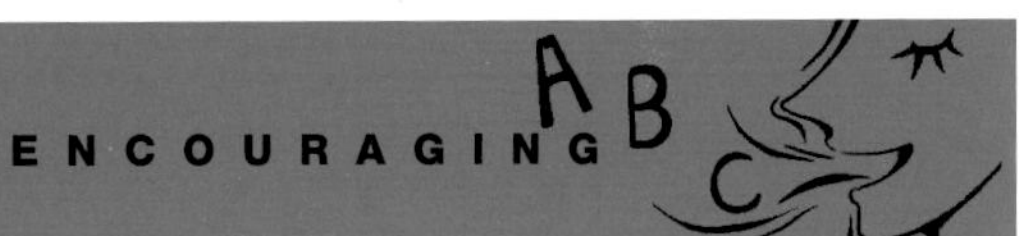

격려

- 그는 내가 원하는 것을 하도록 항상 격려해 준다. | He always encourages me to follow my heart.
- 그의 격려의 말이 항상 고맙다. | I am always thankful for his words of encouragement.
- 그가 내가 최선을 다하도록 격려해 주었다. | He encouraged me to do my best.
- 그가 내게 행운을 빌어 주었다. | He wished me luck. He kept his fingers crossed for me.
  * keep one's fingers crossed for ~의 행운을 빌다

- 그는 내가 의기소침하지 않도록 격려해 주셨다. He encouraged me to lighten up.
- 어려움을 극복할 수 있도록 그가 도와주었다. He helped me get over the difficulty.
- 그의 훌륭한 조언 덕분에 이 모든 어려움을 극복할 수 있을 것이라고 확신한다. I'm sure to overcome all of my difficulties thanks to his great advice.
- 최선을 다하라고 나를 격려해 주었다. I was encouraged to try my best.
- 그는 내게 오랫동안 꾸준히 끈기 있게 할 수 있는 일을 찾아보라고 하셨다. He asked me to find something to stick to for a long time.
  * stick to ~에 달라붙다, 충실하다
- 그는 내게 용기를 내라고 격려해 주었다. He encouraged me to cheer up.
- 성실한 사람이라는 칭찬을 받았다. I was praised for being a sincere person.
- 그는 내게 계속 잘해 나가라고 말했다. He told me to keep up the good work.
- 천재는 1%의 영감과 99%의 노력으로 이루어진다. Genius is one percent inspiration and ninety-nine percent perspiration.
- 모든 일이 잘 될 것이다. Everything will work out.
  Everything will be all right.
  Everything is going to be fine.
- 어려움을 전화위복의 기회로 삼아라. When life hands you lemons, make lemonade.
- 그는 틀림없이 잘해낼 것이다. I bet he can make it.
  * make it 성공하다, 해내다
- 나는 무엇이든 할 수 있으리라 확신한다. I am sure I can do anything.
- 괜찮다. 일어날 수 있는 일이다. That's okay. These things happen.
- 그는 내가 긍정적으로 생각하도록 해 주었다. He made me think positively.
- 그것은 걱정할 일이 아니라고 생각한다. I think there's nothing to be worried about.
- 다시 일어서려고 노력했다. I tried to get on my feet again.
  * get on one's feet 자립하다

make it이 이런 뜻도?

make it은 어떤 일을 성공적으로 해냈을 때 쓰는 표현이기도 하지만, '약속 시간이나 예정 시간에 맞추어 도착하다'라는 의미도 있습니다. 그래서 I can't make it in time.이라고 하면 '제시간에 맞춰서 갈 수가 없다'라는 뜻이 됩니다.

축하

- 우리는 서로에게 축하의 인사를 했다. We gave congratulations to one another.

- 축하합니다! Congratulations!
- 졸업을 축하한다! Congratulations on your graduation!
- 승진을 축하합니다! Congratulations on your promotion!
- 합격을 축하한다! Congratulations on passing your exam!
- 승리를 축하한다! Congratulations on your win! Congratulations on your victory!
- 그 대회에서 우승한 것을 축하한다! Congratulations on winning the contest!
- 네가 해낸 일이 자랑스럽다! I am proud of your accomplishment!
- 참으로 대단하구나! You're out of this world!
- 잘했어! You did a good job!
- 정말 잘했구나! That's fantastic! That's incredible!
- 이 경사를 기념하자! Let's celebrate this occasion!
- 결혼기념일, 축하드려요! Happy wedding anniversary!
- 50세 생신을 축하드립니다. I wish you a happy 50th birthday.
- 100일째 만남을 축하해! Congratulations on your 100th day!

하이파이브

우승을 하거나 축하할 일이 생기면 두 사람이 각각 한 손을 높이 들어 손바닥을 마주치는 것을 high-five라고 합니다. 거리가 좀 떨어진 곳에서 손바닥을 마주치지 못할 경우는 air five 또는 five up이라는 표현을 쓰는데, 이는 공중에서 손은 맞대는 흉내만 내고 입으로 부딪치는 소리를 대신하는 동작을 말합니다. We high-fived each other.(우리는 서로 하이파이브했다.)에서처럼 high-five는 동사로도 쓰이기도 합니다. 누군가가 잘했을 때 high five하자고 제안하게 되는 경우는 Give me a high five!라고 말하면 됩니다.

07 기원

WISHES

행복

- 두 분이 행복하게 사시길 바랍니다. — I hope you have many wonderful years together.
- 두 분의 사랑이 영원히 지속되길 진심으로 바랍니다. — It is my sincere wish that you keep a loving relationship forever.
- 금실 좋은 부부가 되기를! — I wish you a perfect relationship together!
- 두 분이 행복하시길 바랍니다! — May you both be happy!
- 행복하세요! — I wish you happiness!
- 세상의 모든 행복과 기쁨이 있기를 바랍니다! — I wish you all the happiness and joy in the world!
- 즐거운 크리스마스 맞으시고 새해 복 많이 받으십시오. — I wish you a Merry Christmas and a Happy New Year.
- 새해에 만사형통하시길 바랍니다. — All the best for the New Year.
- 희망하시는 모든 일을 이루시길 바랍니다. — I hope all of your wishes come true.
- 즐거운 명절 보내세요! — Happy holidays!
- 즐거운 여행 되세요! — Have a great trip!
- 시험 잘 보길! — Good luck on your test!
I wish you good luck on the exam!
- 최선을 다하길! — I wish you all the best!
- 애쓰신 일이 성공하기를 기원합니다! — I wish you success in your endeavors!
- 모든 일에 성공하시길 빕니다! — I wish you all the success!
- 모든 일이 잘 되고 있기를 바란다! — I hope everything is well with you!
- 모든 일이 잘 되길 바란다! — Best of everything!
I hope everything works out!

행운

- 새해에 행운이 깃들기를 소망합니다! — Wishing you good luck for the new year!
- 행복하길 빕니다! — May you be happy!
- 앞날에 행운이 함께하길! — Good luck on your future!
Good luck to you in the future!

• 행운을 빕니다! | Break a leg!
Best of wishes!
Good luck to you!
Best of luck to you!
I wish you the best of luck!
I'll keep my fingers crossed for you.

• 당신에게도 행운이 있기를! | Same to you!

• 신의 은총이 있기를! | God bless you!

• 한국에서 행운을 빌겠습니다! | Good luck from Korea!

• 결혼에 행운이 함께하길! | Best wishes on your wedding!

• 나에게 무언가 좋은 일이 생길 것 같은 예감이 든다. | I have a hunch that something good is going to happen to me.
* have a hunch that ~한 예감이 들다

행운

노력해서 얻은 행운이 정말 값진 행운이겠지만 때로는 예기치 않았던 행운, 즉 횡재를 만나기도 하는데 이런 뜻하지 않은 행운을 windfall이라고 합니다. 이 말은 11세기 영국을 통치하던 William이 자신과 귀족의 숲을 보호하고자 가난한 소작농들이 나무를 베지 못하게 했지만 바람에 의해 쓰러진 나무는 사용할 수 있게 했는데, 그렇게 쓰러진 나무가 소작농들에게는 절실히 필요했던 행운이었다는 이야기에서 유래되었습니다.

건강

• 쾌유를 빕니다. | I hope you'll get over your sickness.

• 건강하세요! | Stay healthy!

• 건강하길 빕니다. | I wish you good health.

• 만수무강하십시오! | Live a long healthy life!

• 당신을 위해 기도하겠습니다. | I'll keep you in my prayers.

• 당신의 건강을 위해 하나님께 기도합니다. | I pray to God for your health.

DIARY 11

A Little Problem

Monday, September 30. Clear

Today, I consulted with a counselor at school. It was because I had a little problem with my friend. It was caused by a misunderstanding. I said something about his appearance. I was not supposed to say such a thing. I never meant to hurt his feelings.

I got along with him and he was a very good friend of mine for a long time. I think he is a really wonderful guy. When a friend needs a favor, he is always there to do it. Besides, he is well-behaved. That's why the whole class likes him. I wanted to be a popular guy like him.

I asked my counselor about how to solve the problem and he gave me a piece of advice, saying that I had better apologize to him for what I said. I told him that I was really sorry for saying such things. I think we will be good friends again. I do hope our friendship will never break.

친구와 다투다

9월 30일 월요일 맑음

오늘 나는 학교에서 상담 선생님과 상담을 했다. 친구와 작은 문제가 있었기 때문이었다. 오해로 인한 문제였는데, 내가 그의 외모에 대해 이야기를 한 것이 발단이 되었다. 나는 그런 말을 하려고 했던 것은 아니었다. 나는 절대 그의 감정을 상하게 할 생각이 아니었다.

나는 그와 친하게 잘 지냈고 그는 내 오랜 친구였다. 나는 그가 정말 좋은 친구라고 생각한다. 그는 친구가 부탁을 하면 항상 들어준다. 게다가 행실도 매우 바른 친구이다. 그런 이유로 학급 전체가 그를 좋아한다. 나도 그처럼 인기가 있었으면 하고 바라기도 했다.

나는 어떻게 문제를 해결해야 할지에 대해 상담 선생님께 여쭈어 보았고, 선생님께서 조언해 주시기를 내가 한 말에 대해 그에게 사과해야 한다고 하셨다. 나는 그런 말을 한 것에 대해 정말 미안하다고 말했다. 우리는 다시 좋은 친구가 되리라 생각한다. 다시는 우리의 우정이 깨지지 않기를 진심으로 바란다.

NOTES

consult with ~와 상담하다 | **counselor** 상담원 | **be supposed to**+동사원형 ~할 작정이다, ~하기로 되어 있다 | **besides** 게다가, 더구나 | **well-behaved** 행실이 바른 | **apologize** 사과하다, 사죄하다

CHAPTER

12

건강

1. 건강
2. 건강 검진
3. 발병
4. 발열
5. 두통
6. 감기
7. 복통
8. 피부
9. 근육통
10. 골절
11. 치아 관리
12. 시력
13. 눈병
14. 귓병
15. 응급 치료
16. 진찰
17. 병원 치료
18. 약

01 건강 HEALTH

건강의 소중함

• 건강이 가장 중요하다.	Health is the most precious of all.
• 건강보다 더 소중한 것은 없다.	Nothing is as precious as health. Nothing is more precious than health. Health is more precious than anything else.
• 행복하려면 건강이 필수적이라고 생각한다.	I think that health is essential to happiness. * essential 필수적인, 가장 중요한
• 건강은 소중한 재산이다.	Health is a precious possession.
• 건강이 성공의 제1의 조건이라고 생각한다.	I think health is the first requisite for success. * requisite 필수 요소, 필수품
• 나는 건강을 최우선시 한다.	I set health before anything else.
• 나는 건강을 가장 중요하게 여긴다.	I consider health the most important.
• 젊은 사람들은 자신이 영원히 건강할 것이라고 생각한다.	The young think they can permanently stay healthy. * permanently 영원히, 영구히
• 병이 나서야 비로소 건강의 고마움을 느낀다.	It is only after we get ill that we know how blessed it is to be healthy. * it is ~ that ... …하는 것은 바로 ~이다 (강조 구문)
• 누구나 죽을 때까지 건강하기를 바란다.	Everybody hopes to stay healthy until death.

most의 여러 의미

누구나 건강이 가장 중요하다고 생각하는 것 같습니다. '가장'이라는 표현은 최상급으로, 즉 형용사나 부사에 -est를 붙이거나 그 앞에 the most를 써서 나타내죠. 그런데 most는 다른 뜻으로도 사용되기도 합니다. 관사 없이 복수명사 앞에 오는 most는 '대부분의 ~'라는 의미로 쓰이며, [most of+복수명사]는 '~의 대부분'이라는 표현으로, 이때 most는 명사로 쓰이는 경우입니다. 앞에 부정관사 a가 오는 'a most'는 very의 의미를 갖고 있습니다. He is a most diligent student.는 '그는 매우 부지런한 학생이다'라는 뜻이며, I spend most of my time reading.은 '나는 대부분의 시간을 독서로 보낸다'는 의미입니다.

건강하다

• 나는 건강하다.	I am healthy. I am sound.

• 건강 상태가 좋다. I am in good health.

• 나는 튼튼하다. I am as fit as a fiddle.
* as fit as a fiddle 튼튼한, 건강한, fiddle은 '바이올린'

• 몸 상태가 좋다. I am well.

• 나는 기운이 좋다. I have a lot of energy.

• 나는 강하다. I am strong.

• 나는 체력이 좋다. I am athletic.

• 나는 강건하다. I am robust.
* robust 강건한, 튼튼한

• 그는 그 나이치고는 건강이 좋다. He is in excellent condition for his age.

• 머리부터 발끝까지 건강하다. I am healthy from head to toe.

• 나는 잘 아프지 않는다. I don't often get sick.

• 건강한 신체에 건전한 정신이 깃든다. Sound mind, sound body.

건강이 최고

I am in the pink.라고 하면 '매우 건강하다'는 것을 나타내는 말입니다. 또한 I am as fit as a fiddle.(나는 바이올린처럼 건강하다.)이라 해도 건강하다는 의미인데, 이는 아름다운 음색과 균형 잡힌 몸매를 가진 바이올린을 건강한 사람에 비유한 표현입니다. I am sound as bell.도 건강함을 나타내는 표현으로, 청명한 종소리처럼 상태가 좋다는 것에 비유된 말입니다.

건강하지 못하다

• 나는 요즘 건강이 좋지 않다. I haven't been feeling well recently.

• 나는 보기보다 몸이 약하다. I am not as healthy as I look.
* not as ~ as ... …만큼 ~하지 못하다

• 기력이 예전 같지 않다. I feel my age.

• 건강 걱정이 많이 된다. I am very worried about my health.

• 내 건강 상태가 걱정스럽다. I am anxious about my health.

• 건강이 예전 같지 않다. I am not as healthy as I used to be.
* used to+**동사원형** ~하곤 했다, (과거에) ~이었다

• 나는 자주 앓는다. I always get sick.

• 늘 피로하다. I feel tired all the time.

• 항상 몸이 개운치 않다. I always feel lousy.

- 나는 과로로 인해 건강이 나빠졌다. — My body is shot because of overwork.
- 과로 때문에 건강이 나빠지고 있다. — My health has been failing as a result of overwork.
- 좀 쉴 시간이 필요하다. — I need some time to relax.
- 너무 자주 피곤해서 의사의 진찰을 받기로 했다. — I felt tired so often that I decided to consult the doctor.
- 그는 간에 문제가 있다. — He has something wrong with his liver.
- 그는 B형 간염이 있다. — He has hepatitis B.
  * hepatitis 간염
- 그는 당뇨병으로 고생이다. — He suffers from diabetes.
  * diabetes 당뇨병
- 그는 음식에서 설탕의 양을 제한해야 한다. — He should limit the amount of sugar in his diet.
- 나는 그의 건강이 걱정된다. — I am concerned about his health.
- 그 병은 치료할 수 없는 병이라고 한다. — The disease is said to be an incurable disease.
- 그 병은 의학적인 치료가 불가능하다고 한다. — The disease is said to be beyond medical treatment.
  * beyond ~를 넘어선, ~가 미치지 않는, ~가 어려운

건강에 해로운 것

- 스트레스는 종종 건강을 나쁘게 만든다. — Stress often causes poor health.
- 감정을 너무 억제하는 것은 건강에 좋지 않다. — It is not healthy to repress our feelings too much.
  * repress 억누르다, 억제하다
- TV만 보고 잘 움직이지 않는 생활 습관은 건강 문제를 유발할 수 있다. — Couch potato lifestyles can lead to health problems.
- 수면 부족이 점차 건강에 악영향을 미친다. — Lack of sleep gradually takes its toll on one's health.
  * take its toll on ~에 악영향을 미치다
- 아침 식사를 거르는 것은 건강에 해롭다. — It is not healthy to skip breakfast.
- 식사를 자주 거르면 영양 부족 상태가 된다. — When we often skip meals, we lack nutrition.
- 영양실조는 건강에 심각한 영향을 끼친다. — Malnutrition seriously affects our health. Malnutrition has a serious effect on our health.
  * malnutrition 영양 부족, 영양실조 | affect(=have an effect on) ~에 영향을 끼치다
- 과식은 건강에 해롭다. — Overeating is bad for our health.
- 건강을 위해서는 식사를 적절히 해야 한다. — We have to eat right for our health.
- 과로가 내게 악영향을 미치기 시작하고 있다. — The strain is starting to affect me.
- 흡연과 음주는 당연히 건강에 해롭다. — Smoking and drinking are naturally harmful to one's health.

금연

• 흡연은 건강에 해롭다.	Smoking is unhealthy.
• 담배는 백해무익하다고 한다.	People say that smoking does more harm than good.
• 흡연은 건강에 심각한 영향을 끼친다.	Smoking has devastating effects on health. * devastating 파괴적인, 황폐시키는
• 담배는 해로운 물질을 많이 함유하고 있다.	Cigarettes contain many harmful chemicals.
• 그는 담배를 많이 핀다.	He is a heavy smoker.
• 담배 연기 때문에 숨을 쉴 수가 없었다.	I could hardly breathe because of the smoke.
• 그를 제외한 나머지 가족은 모두 담배 연기를 싫어한다.	The whole family except him doesn't like cigarette smoke.
• 그는 베란다에서 몰래 담배를 핀다.	He smokes secretly on the balcony.
• 엄마는 간접흡연이 직접흡연보다 더 나쁘다고 생각하시기 때문에, 담배 연기가 집 안으로 들어오지 못하게 하신다.	My mom doesn't let smoke enter the house, because she thinks that second-hand smoke is worse than smoking directly.
• 간접흡연은 건강에 매우 해롭다.	Second-hand smoke is very harmful. * second-hand 간접의
• 흡연이 심장병의 주요 원인이라고 한다.	It is said that smoking is a major cause of heart disease.
• 흡연으로 그의 폐가 손상됐다.	Smoking has damaged his lungs. * damage ~에 손해를 입히다, 손상시키다
• 그는 담배를 많이 핀다.	He smokes like a chimney.
• 그가 담배를 끊을 수 있었으면 좋겠다.	I wish he could stop smoking.
• 그는 담배를 줄이기 시작했다.	He started to cut down on his smoking. * cut down on ~을 줄이다, 감소시키다
• 그는 두 달 전쯤에 담배를 끊었다.	He stopped smoking about two months ago.
• 그는 담배를 딱 한 대만 피우고 싶다고 했다.	He said that he wanted to smoke just one cigarette.
• 그는 금연을 한 후로 더 건강해졌다.	He became healthier after he stopped smoking.
• 건강을 유지하려면 담배를 피거나 술을 마시지 않는 게 좋다.	It is good neither to smoke nor drink in order to keep healthy.
• 건강을 위해 모든 흡연자들이 담배를 끊었으면 좋겠다.	For health purposes, I wish all smokers could quit smoking. * for ~ purposes ~를 목적으로, ~를 위해서

Smoke-Free

미국 건물의 문 앞에 종종 'SMOKE-FREE'라는 말이 붙여 있곤 합니다. 한국인들이 잘못 이해하여 흡연이 자유로운 건물인가보다 하고 담배를 피우는 경우가 있다고 하더군요. 이는 흡연이 자유라는 표현이 아니라 '금연'이라는 의미입니다. free가 '~가 없는'의 의미로도 쓰이기 때문이죠. 예를 들어, 무가당 주스는 sugar-free juice, 알코올 성분이 없는 음료는 alcohol-free beverage가 됩니다.

건강관리

• 특히 환절기에 건강관리를 잘해야 한다.	We need to take care of our health, especially when the seasons change.
• 휴식은 건강을 유지하는 데 중요하다.	Rest is essential to maintain our health.
• 휴식은 건강에 도움이 된다.	Rest is conducive to good health. * conductive to ~로 이끄는, 전도하는
• 일찍 자고 충분한 휴식을 취해야 한다.	We had better go to bed early and get enough rest.
• 병은 초기에 치료해야 한다.	Disease should be treated at the start.
• 물을 많이 마시는 것이 내가 건강을 지키는 방법이다.	Drinking a lot of water is how I keep healthy.
• 아침에 일찍 일어나는 것이 건강의 비결이 될 수 있다.	Getting up early in the morning can be a key to good health.
• 도시에서 사는 것보다 시골에서 사는 것이 건강에 더 좋다.	It is healthier to live in the country than in town.
• 건강을 유지하려면 건강한 식이요법과 건강한 생활 방식이 필요하다.	We need a healthful diet and a healthy lifestyle to keep fit.
• 건강에 좋은 음식, 특히 과일과 채소를 많이 먹어야 한다.	We should eat healthy food, especially many fruits and vegetables.
• 하루 세 끼를 골고루 먹어야 한다.	We have to eat three balanced meals a day.
• 건강을 위해 매일 비타민제를 복용한다.	I take vitamin tablets for my health every day.
• 요리할 때 소금 사용을 절제하는 것이 건강에 좋다.	It is healthy to abstain from using salt when cooking dishes. * abstain from ~를 삼가다, 절제하다
• 나는 건강이 작년보다 좋아졌다.	I am healthier now than I was last year.
• 나는 언제나 건강에 각별히 주의한다.	I always take good care of myself.
• 나는 건강 과민증 환자는 아니다.	I am not such a health nut. * health nut 건강에 지나친 관심이 있는 사람

- 나는 항상 건강을 망치지 않도록 조심한다. I am always careful not to ruin my health.
  * ruin 파괴하다, 파멸시키다
- 예방은 치료보다 낫다. Prevention is better than cure.

운동

- 나는 운동을 거의 하지 않는다. I hardly ever exercise.
- 하루에 1시간씩 운동을 하기로 했다. I made a decision to work out for an hour every day.
- 운동은 사람에게 좋다. Exercise does good for people.
  * do good 도움이 되다
- 적당한 운동은 건강에 좋다. Moderate exercise is good for our health.
- 매일 적당한 운동을 하는 것은 건강을 증진시킨다. Moderate exercise every day promotes good health.
  * promote 진전시키다, 증진시키다
- 규칙적으로 스트레스를 해소하는 것이 중요하다. It is important to relieve one's stress on a regular basis.
  * get away from ~로부터 벗어나다
- 규칙적으로 스트레스를 풀어야 한다. We need to relieve stress regularly.
  * relieve 경감시키다, 덜어주다
- 작은 질병들의 대부분은 규칙적인 운동으로 치료할 수 있다고 생각한다. I think regular exercise will cure me of most minor diseases.
  * cure ~ of ... ~에게서 …를 제거하다, 치료하다

건강 관련 속담

Good health is a great asset. 건강이 재산이다.
Health is better than wealth. 건강은 부보다 낫다.
He who loses health loses everything. 건강을 잃으면 모든 것을 잃는다.
To the well man, every day is a feast. 건강한 사람에게는 매일이 축제다.
An apple a day keeps the doctor away. 하루 한 개의 사과가 건강을 지켜준다.

02 건강 검진

CHECKUP

검진 절차

- 건강을 유지하려면 정기적인 검진이 우선인 것 같다.
  A regular checkup seems to be the first step to staying healthy.
- 건강 검진을 받고 싶었다.
  I wanted to get a medical checkup.
- 건강 검진을 받기 위해 예약을 했다.
  I made an appointment to get a medical checkup.
- 삼촌이 능력 있는 의사를 추천해 주셨다.
  My uncle recommended a great doctor.
- 매년 하는 건강 검진을 받으러 병원에 갔다.
  I went to the hospital to get my annual checkup.
- 피 검사를 위해 12시간 동안 단식해야 했다.
  I had to fast for 12 hours for blood tests.
  * fast 단식하다
- 문진표를 작성했다.
  I filled out the medical checkup questionnaire.
  * questionnaire 질문표, 질문서
- 우선, 저울에 올라서자 간호사가 체중과 키를 쟀다.
  First of all, when I stood on the scale, the nurse measured my weight and height.
- 의사는 내가 약간 과체중이어서 다이어트를 해야 한다고 하셨다.
  The doctor told me that I was a little overweight, and I must go on a diet.
- 간호사가 혈압을 쟀다.
  The nurse took my blood pressure.
- 혈압이 높았다.
  My blood pressure was high.
- 간호사가 혈액 검사를 했다.
  The nurse did some blood tests.
- 간호사가 맥박을 쟀다.
  The nurse took my pulse.
  * pulse 파동, 진동, 맥박
- 소변을 컵에 담아 간호사에게 가져다 주었다.
  I gave the nurse my urine in the cup.
- 엑스레이 기사가 가슴 엑스레이를 찍었다.
  The X-ray technician took a chest X-ray.
- 엑스레이를 찍었다.
  I had my X-ray taken.
  * have + 목적어 + 과거분사 ~에게 …하게 하다
- 내시경으로 위 검사를 받았다.
  I had my stomach examined by an endoscope.
  * endoscope 내시경
- 의사가 나에게 건강에 관한 몇 가지 질문을 했다.
  The doctor asked me some questions about my health.
- 의사가 청진기로 심장 소리를 들으며 나를 검진했다.
  The doctor examined me by listening to my heart with a stethoscope.
  * stethoscope 청진기

검진 결과

- 오늘 검사 결과를 받았다. — I received the test results today.
- 예상했던 결과가 나와서 기분이 좋았다. — I was glad to see the test results were as I expected.
- 결과에 따르면 내가 생각했던 것보다 더 건강하다고 한다. — According to the results, I am healthier than I had thought.
- 나는 건강에 몇 가지 문제가 있다고 결과가 나왔다. — The results showed that I had had several health problems.
- 의사는 ~로 진단했다. — The doctor diagnosed it as ~.
  * diagnose ~ as ... ~를 …로 진단하다
- 의사는 내가 급성 ~라고 진단했다. — The doctor's diagnosis was that I had acute ~.
  * acute 급성의 (↔ chronic 만성의)
- 의사는 심장에는 문제가 없다고 했다. — The doctor told me that my heart had no problems.
- 나는 검사를 더 받아야 했다. — I had to undergo further tests.
- 의사는 병의 진전 상황을 지켜보겠다고 했다. — The doctor said that he would wait and see how the disease progresses.
- 의사가 내게 운동을 시작하라고 했다. — The doctor advised me to start exercising.
- 의사는 내게 빵과 단 음식을 줄이고 생선과 야채를 많이 먹으라고 했다. — The doctor advised me to eat less bread and sweets and more fish and vegetables.
- 의사의 지시에 잘 따르기로 결심했다. — I decided to follow the doctor's instructions well.

03 발병 GETTING SICK

질병

- 홍역은 법정 전염병이다. — Measles is a legal epidemic.
- 백혈병은 전염병이 아니다. — Leukemia is not a contagious disease.
- 간염은 유전성 질환 중 하나이다. — Hepatitis is one of the hereditary diseases.
- 암과 에이즈는 적절한 치료약이 없는 가장 무서운 질병이다. — Cancer and AIDS are the most dreadful diseases, without proper cure.

병명

당뇨병	diabetes	홍역	measles
고혈압	hypertension	천연두	smallpox
저혈압	hypotension	수두	chickenpox
뇌졸중	stroke	유행성 이하선염	mumps
간염	hepatitis	천식	asthma
암	cancer	치질	hemorrhoids
심장병	heart disease	편도선	tonsils
심부전증	heart failure	빈혈	anemia
심장 마비	heart attack	일사병	sunstroke
기관지염	bronchitis	전염병	contagious disease, epidemic
폐렴	pneumonia		
결핵	tuberculosis	간접 전염병	infectious disease
백혈병	leukemia	법정 전염병	legal epidemic
신장병	kidney failure	직업병	occupational disease
신장 결석	renal calculus	공해병	pollution-caused, disease
위염	gastritis		
위궤양	ulcers	풍토병	endemic disease
충수염	appendicitis	만성병	chronic disease
십이지장궤양	duodenal ulcer	난치병	incurable disease
관절염	arthritis	희귀병	rare disease
류마티즘	rheumatism	꾀병	feigned illness
소아마비	polio		

신체 기관

장기	internal organs	소장	small intestine
간	liver	대장	large intestine
위장	stomach	충수	appendix
심장	heart	방광	bladder
신장	kidney	요도	urethra
폐	lungs	동맥	artery
식도	gullet, esophagus	정맥	vein
기관지	bronchus	혈관	blood vessel
췌장	pancreas	모세혈관	capillary vessel
십이지장	duodenum	림프	lymph node

초기 증상

• 몸이 별로 좋지 않았다.	I didn't feel very well.
• 몸이 찌뿌드드했다.	I was under the weather. * under the weather 몸 상태가 좋지 않은
• 몸 상태가 좋지 않았다.	I wasn't feeling like myself. I felt terrible.
• 컨디션이 좋지 않았다.	I was in bad shape. * in bad shape 건강이 좋지 않은
• 머리부터 발끝까지 몸이 쑤셨다.	My body was sore from head to toe.
• 입에서 냄새가 나서 진찰을 받으려 한다.	I have foul breath in my mouth, so I will see a doctor.
• 몸이 매우 아팠다.	I felt so sick.
• 통증이 심했다.	I had severe pain.
• 그 증상이 계속되었다.	The symptom persisted. * persist 고집하다, 지속되다
• 그렇게 심한 것은 아니었다.	It wasn't so serious.
• 나는 그것이 너무 걱정 되어 병이 났다.	I was so worried about it that I became ill.

컨디션

'컨디션이 좋지 않다'는 표현을 My condition is bad. 또는 I am in bad condition.이라고 하면 다른 뜻이 됩니다. condition은 몸매나 근육의 단련 정도를 말하는 것으로 I am in bad condition.이라고 하면 몸의 신체 조건이 별로 안 좋은 허약한 상태라는 의미입니다. 우리말로 '컨디션이 좋지 않다'는 말은 '건강 상태가 좋지 않다'는 말이므로 I am in bad shape.나 I'm feeling under the weather.라고 해야 합니다. under the weather는 '몸 상태가 찌뿌듯하고 좋지 않은'의 의미를 나타내는데, 날씨 탓으로 안 좋은 몸 상태를 표현하는 말이죠.

꾀병

• 나는 꾀병을 부렸다.	I faked an illness. * fake 속이다, ~인 것처럼 가장하다
• 나는 아픈 체했다.	I pretended to be sick. * pretend to+**동사원형** ~인 체하다
• 정말 그 일이 하기 싫어 배가 아픈 척했다.	I pretended to have a stomachache because I didn't really want to do it.

- 우리 가족들은 내가 정말 아프다고 믿었다. My family believed that I was really sick.
- 때때로 꾀병은 불편한 상황을 피할 수 있게 해 준다. Sometimes my feigned illness lets me escape uncomfortable situations.
  * feigned 가장한, 속이는

병원에 가다

'병원 건물에 간다'는 의미만 표현하려면 go to the hospital이라고 하지만, 진찰이나 치료를 받기 위해서 병원에 간다고 할 때는 go (to) see a doctor, go to a clinic, visit the doctor 등과 같이 씁니다. '치과를 간다'는 go to the dentist라고 합니다.

병가 · 병결

- 병원에 가야 했다. I needed to go see a doctor.
- 아파서 못 간다고 전화를 했다. I called in sick.
  * call in sick 전화로 병결을 알리다
- 병가 중이었다. I was on sick leave.
  * sick leave 병가, 병결
- 아파서 결석을 했다. I was absent because of my illness.
- 병원에 가려고 휴가를 냈다. I went on leave to see a doctor.
  * go on leave 휴가를 얻다
- 1주일 동안 아파서 누워 있었다. I have been ill in bed for a week.
- 부모님께서 나를 데리고 병원에 갔다. My parents took me to the hospital.
- 내가 아파서 가족들이 걱정을 많이 했다. My family was worrying about my sickness.
- 밖에 나가 신선한 공기를 마시고 나니 좀 나아졌다. After I went out to get some fresh air, I felt better.

아파서 휴가를 내다

leave는 '떠나다', '남겨두다' 등의 의미의 동사이지만, 명사로 쓰여 '(공식적으로 받는) 휴가'의 뜻을 나타냅니다. 아파서 받는 휴가는 sick leave, 한 달에 하루 받을 수 있는 휴가는 monthly leave, 출산 후 받는 휴가는 maternity leave라고 하죠. '그는 휴가로 없다'고 하려면 He is away on leave.라고 하면 됩니다. 직장에서 며칠 시간을 내어 쉬는 것은 [~ day(s) off] 형태를 씁니다.

04 발열 RUNNING A FEVER

열이 나다

• 열이 났다.	I have a fever.
• 몸에 열이 있다.	I feel feverish.
• 열이 오르고 있다.	I'm developing a fever. * develop 발전하다, 진행되다
• 열이 있다.	I have a temperature.
• 고열이 있다.	I have a high temperature.
• 약간 열이 난다.	I have a little fever.
• 미열이 있다.	I have a slight fever.
• 체온이 매우 높았다.	The temperature was very high.
• 체온이 정상보다 3도나 높았다.	The temperature was three degrees above normal.
• 체온이 비정상이었다.	My temperature was abnormal. * abnormal 비정상적인, 병적인
• 질병의 첫 징후는 고열이라고 한다.	Supposedly, the first symptom of the disease is a high temperature. * supposedly 아마, 추정으로

열 기운이 있다

'열 기운이 좀 있었다'고 하려면 I had a touch of fever.라고 하면 됩니다. 여기서 touch는 어떤 질병 일어날 것 같은 기미이나 가벼운 증세를 나타내는 말입니다. 만약 감기 기운이 있으면 I have a touch of a cold.라고 표현하면 됩니다.

열을 내리다

• 체온을 쟀다.	I took my temperature.
• 체온계의 눈금을 보고 놀랐다.	I was surprised when I read the thermometer.
• 열이 내리도록 젖은 수건을 이마에 올려 놓았다.	I put a wet towel on my forehead to bring down my fever. * bring down 떨어뜨리다

• 미지근한 물로 샤워를 했다. I took a shower by using lukewarm water.
* lukewarm 미온의, 미지근한

• 열이 내리도록 약을 먹었다. I took medicine to reduce my fever.
* reduce 줄이다, 떨어트리다

• 열이 서서히 내렸다. The fever has gone down slowly.

• 열이 내렸다. The fever was gone.

오한

• 몸이 추웠다. I felt chilly.

• 오한이 났다. I had a chill.

• 한기가 들었다. I caught a chill.

• 오한으로 떨렸다. I shivered from the chill.
* shiver 덜덜 떨다

• 몸이 떨리면서 식은땀이 났다. I broke into a cold sweat trembling.

05 두통 HEADACHE

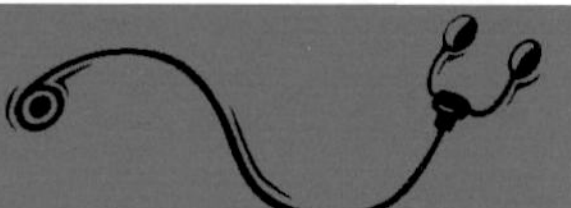

어지럼증

• 어지러웠다. I felt faint.

• 머리가 갑자기 뱅뱅 도는 것 같았다. I suddenly felt as if my head were spinning.
* spin 회전하다, 뱅뱅 돌다

• 눈이 핑핑 돌았다. My head swims.

• 현기증이 난다. My brain reels.
* reel 어질어질하다, 현기증이 나다

• 머리가 어질어질하다. I am lightheaded.
* lightheaded 머리가 어찔어찔한, 몽롱한

• 가끔 어지러움을 느낀다. Often I feel dizzy.

• 그 문제 때문에 머리가 어지럽다. My head spins because of the problem.

두통 증상

• 머리가 아팠다.	I had a headache.
• 머리가 조금 아팠다.	I had a slight headache.
• 두통이 심했다.	I had a terrible headache.
• 만성적인 편두통이 있다.	I have chronic migraines. * chronic 만성적인, 상습적인 | migraine 편두통
• 머리가 아파 죽을 지경이었다.	The pain was killing me.
• 하루 종일 머리가 계속 아팠다.	I had a constant headache all day long.
• 편두통으로 괴로웠다.	I suffered from migraines.
• 머리가 욱신욱신 쑤셨다.	My head throbbed. * throb 욱신욱신 아프다, 두근거리다
• 욱신거리는 두통이 있었다.	I had a throbbing headache.
• 머리가 깨질 듯 아팠다.	I had a splitting headache. * splitting 쪼개는, 갈라지는
• 머리가 두들기듯 아팠다.	I had a pounding headache. * pound 둥둥 두들기다
• 머리가 무거웠다.	My head felt heavy.
• 날씨 탓인지 머리가 무거웠다.	My head felt heavy, probably because of the weather.
• 뒷골이 당겼다.	I had a stiff neck. * stiff 뻣뻣한, 당기는, 경직된

두통이 있다

'머리가 아프다'고 할 때 My head hurts.라고 하면 머리에 상처가 나서 아프다는 뜻입니다. '두통이 있다'는 표현은 I have a headache.라고 합니다. 두통(headache), 복통(stomachache), 치통(toothache), 요통(backache), 귀통증(earache), 인후통(sore throat) 등의 병명으로 아프다는 표현을 할 경우 동사 have를 사용하여 나타내죠. 치통이 심하다면 I have a terrible toothache.라고 하면 됩니다.

06 감기

COLD

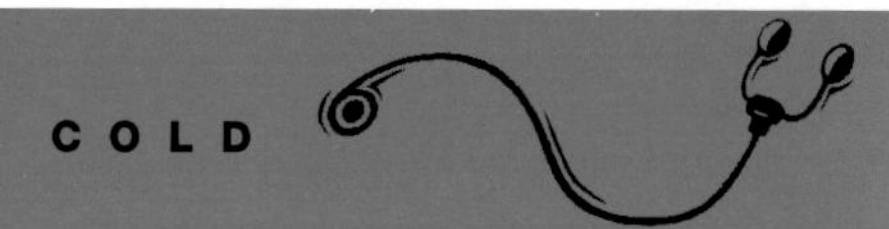

감기 몸살

- 감기는 만병의 근원이다.
  A cold may develop into all kinds of illnesses.
  * develop into ~로 발전하다
- 요즘 독감이 유행이다.
  There's a lot of the flu going around these days.
  * go around 돌아다니다, 유행하다
- 나는 감기에 잘 걸린다.
  I easily catch every cold that goes around.
- 감기에 걸릴 것 같았다.
  I was likely to catch a cold.
- 감기 기운이 있었다.
  I had a slight cold.
  * slight 가벼운, 약간의
- 감기가 오는 것 같았다.
  I felt a cold coming on.
- 감기에 걸릴 것 같은 느낌이 들었다.
  I felt as though I were coming down with a cold.
  * as though 마치 ~같은
- 기온이 일정치 않을 때는 감기를 조심해야 한다.
  We should be careful of colds when the temperature is irregular.
- 어제 창문을 열어 놓은 채 잠이 들어서 감기에 걸렸다.
  I had a cold, because I fell asleep with the window open yesterday.
- 감기에 걸려 오한이 났다.
  I had a cold and the chills.
- 감기 때문에 춥고 떨렸다.
  I felt chilly and shivered because of my cold.
- 기운이 없었다.
  I felt so weak.
- 온몸에 피로감이 느껴졌다.
  I felt general fatigue.
  * fatigue 피로, 피곤
- 감기에 걸려서 누워 있었다.
  I was in bed with a cold.

감기에 걸릴 것 같다

I am likely to catch a cold.와 I am liable to catch a cold.는 의미가 다릅니다. [be likely to+동사원형]은 '~할 것 같다', [be liable to+동사원형]은 '~하기 쉽다'라는 표현입니다. 그러므로 I am likely to catch a cold.는 '감기에 걸릴 것 같다'는 의미이고, I am liable to catch a cold.는 '나는 감기에 잘 걸린다'는 뜻입니다.

코 감기

• 코감기에 걸린 것 같았다.	I seemed to have a head cold. * head cold 코감기
• 코감기에 걸렸다.	I've got the sniffles. * sniffle ⓜ 코감기, 코를 킁킁거림 ⓢ 코를 킁킁거리다, 코를 훌쩍이다
• 콧물이 났다.	I had a runny nose. My nose was running.
• 하루 종일 콧물을 훌쩍거렸다.	I sniffled all day.
• 재채기를 했다.	I sneezed.
• 재채기가 계속 나왔다.	I couldn't stop sneezing.
• 하루 종일 코를 풀었다.	I blew my nose all day long.
• 코가 헐었다.	My nose has gotten sore.
• 코를 세게 풀었더니 귀가 멍멍했다.	When I blew my nose hard, my ears rang.
• 코가 막혔다.	My nose was stuffy.
• 코가 꽉 막혔다.	My nose was stuffed up.
• 코가 막혀 숨쉬기가 어려웠다.	I had trouble breathing because my nose was congested.
• 코가 간질간질했다.	My nose tickled. * tickle 간질이다
• 콧속이 건조했다.	My nose felt dry.
• 코피를 쏟았다.	I had a nosebleed.
• 나는 비염이 있다.	I have an inflamed nose. * inflamed 염증이 있는

목 감기

• 숨쉬기가 매우 어려웠다.	I had a lot of trouble breathing.
• 목이 아팠다.	My throat hurt. I had a sore throat.
• 편도선이 부어서 매우 아팠다.	My tonsils were swollen and painful. * tonsil 편도선 | swollen 부어오른
• 뭘 삼키기가 어려웠다.	I had trouble swallowing.
• 음식을 삼킬 때 목이 아팠다.	My throat hurt when I swallowed food.
• 목이 아파서 고생을 했다.	I suffered from a sore throat.

- 목이 바싹 말랐다. I had a dry throat.
- 목이 꽉 막힌 것 같았다. My throat felt closed up.
- 감기로 목이 쉬었다. My voice got hoarse from a cold.
  * hoarse 목이 쉰
- 기침을 많이 해서 목이 쉬었다. I coughed myself hoarse.
- 말을 할 때마다 목이 아팠다. My throat hurt whenever I talked.
- 소금물로 입 안을 헹궜다. I gargled with some salt water.
- 목 아픈 데 먹는 알약을 먹었다. I took throat lozenges.
  * lozenge 마름모 모양의 목 보호 약
- 의사 선생님께서 편도선 제거 수술을 받아야 한다고 하셨다. The doctor said that I needed to have my tonsils taken out in an operation.

목이 쉬다

기침을 하느라 목이 쉰 것은 cough oneself hoarse라고 표현하고, 고함을 질러서 목이 쉰 것은 shout oneself hoarse라고 나타냅니다. 그래서 '소리를 질러 목이 쉬었다'고 하려면 I shouted myself hoarse.라고 하면 됩니다.

기침 감기

- 기침이 심하고 열이 높았다. I had a bad cough and high fever.
- 3일 동안 기침을 했다. I have had a cough for three days.
- 가래가 계속 나온다. I am bringing up a lot of phlegm.
- 기침을 할 때마다 가래가 나왔다. Phlegm came up whenever I coughed.
- 기침을 하여 가래를 뱉었다. I coughed up phlegm.
- 기침이 계속 나왔다. I coughed constantly.
  I had a persistent cough.
- 마른 기침이 계속 나왔다. I had dry coughs continuously.
- 기침이 심할 땐 숨이 막히는 것 같다. I choked when I coughed hard.

낫지 않는 기침

기침 감기에 걸리면 약을 먹고 주사를 맞아도 잘 낫지 않는 경우가 있는데, 이런 지긋지긋한 기침을 nagging cough라고 합니다. nagging은 사람을 성가시게 계속 잔소리하는 것을 의미하는 말로, nagging mom은 잔소리가 끊이지 않는 엄마를 나타내죠. 또한 nagging은 아픈 고통이나 기침이 떨어지지 않고 계속 붙어 있는 것을 표현하기도 하는데, 그래서 밤새 지근거리며 아픈 치통을 nagging toothache라고 합니다.

독감

- 독감에 걸렸다. I had the flu.
  I was attacked by influenza.
  * be attacked by (병에) 걸리다
- 마른 기침이 나고 열이 높으며, 가슴도 아프고 호흡도 가빴다. I had a dry cough, high fever, chest pain and rapid breathing.
- 폐렴에 걸릴까 걱정이 됐다. I was afraid that I would have inflammation of the lungs.
  * inflammation 염증, 점화
- 감기가 악화되어 폐렴이 되었다. My cold developed into pneumonia.
  * develop into ~로 발전되다 | pneumonia 폐렴
- 누구에게도 감기를 옮게 하고 싶지 않았다. I didn't want to pass my cold on to anyone.
- 약을 먹고 누워서 좀 쉬어야겠다. I need to take some medicine and rest in bed.

감기 치료

- 주사를 맞았다. I got a shot.
  I got an injection.
- 처방전을 받았다. I got a prescription.
- 약국에서 처방약을 받았다. I received my prescription medication at the pharmacy.
- 감기약을 먹었다. I took medicine for my cold.
- 감기약을 먹으니 졸렸다. The cold medicine made me sleepy.
- 가래를 없애는 약을 먹었다. I took an expectorant.
  * expectorant 거담제
- 감기가 나아지고 있다. My cold is getting better.
  I am getting over a cold.
- 따듯한 물 한 컵이 아주 좋았다. A glass of hot water hit the spot.
  * hit the spot 만족스럽다, 말할 나위 없이 좋다
- 좀 쉬고 나니 한결 좋아졌다. After some rest, I felt better.
- 감기가 나았다. I got over my cold.
- 감기에서 회복되었다. I recovered from my cold.
- 감기가 낫는 데 오래 걸렸다. It took me a long time to get over my cold.
- 감기가 낫질 않는다. I can't get rid of my cold.

• 예방 접종을 받았어야 했다. | I should have gotten the vaccination.
* vaccination 예방 접종, 백신 주사

• 열이 나면 굶고, 감기에 걸리면 많이 먹어라. | Starve a fever, feed a cold.

약을 먹을 때는 take로 ~

'아침/점심/저녁 식사를 하다'는 동사 have를 사용하여, have breakfast/lunch/dinner라고 표현합니다. 어떤 구체적인 먹을거리를 먹을 때는 eat, 음료를 마실 때는 drink, 벌컥벌컥 마시면 gulp, 홀짝 마시면 sip, 꿀꺽 삼키면 swallow, 게걸스럽게 먹는 것은 devour라고 합니다. 약을 먹을 때는 eat이나 have를 쓰지 않고 take를 써야 합니다. 식사를 걸렀을 경우는 동사 skip을 사용하세요.

07 복통 STOMACHACHE

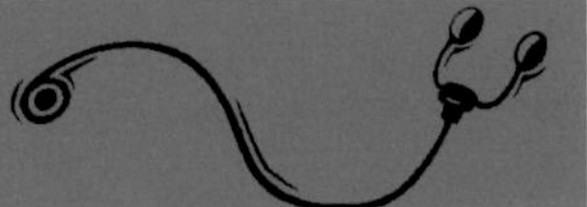

배탈

• 얼굴이 창백했다. | I was pale.

• 안색이 좋지 않았다. | I had a bad complexion.

• 속이 안 좋았다. | My stomach didn't feel well.

• 배탈이 났다. | My stomach is upset.
I have an upset stomach.

• 배가 아팠다. | My stomach hurt.
My stomach ached.
I had a stomachache.

• 뱃속이 불편했다. | I felt discomfort in my stomach.

• 배에 뭔가 문제가 있었다. | Something was wrong with my stomach.

• 밥을 먹고 났는데 배에 통증이 있었다. | After my meal, I felt a pain in my stomach.

• 배가 계속 아팠다. | I felt pain continuously in my stomach.

• 헛배가 불렀다. | My abdomen felt swollen.
* abdomen 배, 복부

• 배에 가스가 찼다. | I have gas in my stomach.

- 배가 거북했다. — My stomach felt heavy.
- 트림이 자꾸 났다. — I belched again and again.
- 그는 바늘을 소독하여 엄지손가락을 따서 피가 나도록 해주었다. — He sterilized the needle and pricked my thumb to make it bleed.
  * sterilize 살균하다, 소독하다 | prickle 찌르다

배가 아프다

상한 음식을 먹거나 과식을 해서 배가 아픈 경우는 stomachache를 쓰지만, 사촌이 땅을 사서 배가 아픈 경우는 달리 표현합니다. 이 경우는 질투나 부러움에 얼굴색이 초록빛으로 변한다고 하여 be green with envy로 나타냅니다.

구토

- 속이 울렁거렸다. — I felt queasy.
  * queasy 속이 울렁거리는, 느끼한
- 속이 느끼했다. — My stomach was churning.
  * churning 역겨운, 속이 느글거리는
- 속이 메스꺼웠다. — I felt nauseous.
  * nauseous 메스꺼운, 구역질 나는
- 구역질이 났다. — I felt nauseated.
- 뱃속이 느글거렸다. — I felt sick to my stomach.
- 토할 것 같았다. — I felt like vomiting.
  * vomit 토하다, 게우다
- 넘어올 것 같았다. — I felt like throwing up.
  * throw up 토하다
- 토했다. — I vomited.
- 먹은 것을 다 토했다. — I threw up all that I had eaten.

속이 안 좋다

I feel a knot in her stomach.이라는 표현은 knot, 즉 '매듭'이 위장 안에 있다는 표현으로 '속이 불편하다'는 것을 나타냅니다. 어떤 냄새나 광경으로 인해 속이 역겨워질 때는 turn one's stomach이라는 표현을 씁니다. The smell turned my stomach.이라고 하면 '그 냄새가 속을 역겹게 했다'는 의미가 되죠. 어떤 음식을 먹으면 속이 안 좋아지는 경우는 [disagree with ~]로 표현할 수 있는데, This food disagrees with me.라고 하면 '이 음식은 내 몸에 맞지 않다'는 의미가 됩니다.

식중독

- 점심을 먹은 이후로 배가 아팠다.
  I have had a stomachache since lunch.
- 갑자기 배가 아프기 시작했다.
  My stomach has suddenly begun to hurt.
- 상한 것을 먹은 것임에 틀림없다.
  I must have had something bad.
- 틀림없이 식중독인 것 같았다.
  It must have been food poisoning.
- 통증이 심했다.
  I felt a severe pain.
- 위가 쑤시는 것처럼 아팠다.
  My stomach twinged.
  * twinge 쑤시듯이 아프다
- 심한 위경련이 있었다.
  I had severe stomach cramps.
  * cramps 갑작스런 복통
- 위가 쥐어짜는 것 같았다.
  I had a squeezing pain in my stomach.
- 통증을 참을 수가 없었다.
  I couldn't stand the pain.
- 통증을 덜기 위해 약을 먹었다.
  I took some medicine to ease the pain.
- 그것을 먹지 말았어야 했다.
  I shouldn't have eaten it.
- 식습관에 더 주의했어야 했다.
  I should have been more careful about my eating habits.

소화

- 나는 식사를 빨리 하는 경향이 있어서 자주 배탈이 난다.
  I tend to eat quickly, so my stomach is often upset.
- 나는 위가 좋지 않다.
  I have trouble with my stomach.
- 소화에 뭔가 문제가 있었다.
  I had something wrong with my digestion.
  * digestion 소화, 소화력
- 나는 위가 약하다.
  I have a weak stomach.
- 나는 소화를 잘 시키지 못한다.
  I have poor digestion.
- 소화 불량이다.
  I have indigestion.
- 만성 소화 불량이다.
  I have chronic indigestion.
- 소화 불량으로 통증이 있었다.
  I felt pain from indigestion.
- 배 윗부분이 아팠다.
  I had heartburn.
  * heartburn 배 윗부분의 통증
- 위가 거북했다.
  I felt discomfort in my stomach.
- 배가 꾸르륵거렸다.
  My stomach rumbled.

- 배가 더부룩했다. I felt bloated.
  * bloated 부푼, 더부룩한
- 엄마가 등을 두드려 주셨다. My mom pounded my back with her fist.
- 엄마가 바늘로 손가락을 따 주셨다. My mom ran a needle into my finger.
- 소화 불량으로 내과 치료를 받았다. Because of my indigestion, I was treated internally.
- 식후 30분에 소화제를 먹었다. I took antacids half an hour after each meal.
  * antacid 제산제, 소화제

설사

- 설사가 났다. I had diarrhea.
  I had a loose bowel movement.
- 묽은 변이 나왔다. I had watery stool.
- 정상적인 변이 아니었다. I had abnormal stool.
- 설사를 심하게 했다. I had terrible diarrhea.
- 배가 계속 살살 아팠다. I felt a slight and constant pain in my stomach.
- 설사기가 있었다. I had a touch of diarrhea.
  * touch 기미, 접촉
- 식은땀이 났다. I broke into a cold sweat.
- 장염인 것 같았다. I seemed to have irritated intestines.
  * irritated 염증을 일으킨 | intestines 장
- 장염으로 고생했다. I suffered from inflammation in my intestines.
- 화장실을 여러 번 갔다. I went to the bathroom several times.
- 변에 피까지 섞여 있었다. I had blood in my stool.
  * stool 대변
- 혈변이 나온 것을 보고 깜짝 놀랐다. I was so surprised to see my bloody stool.
- 설사를 멈추게 하려고 약을 먹었다. I took medicine to stop my diarrhea.
- 변비와 설사가 번갈아 반복된다. I have constipation and diarrhea alternately.
  * alternately 번갈아, 교대로

변비

- 변비가 있다. I am constipated.
  * constipated 변비에 걸린
- 변비가 심하다. My bowels don’t move at all.

• 일주일 동안 변비에 걸려 있다. I've been constipated for a week.

• 며칠 동안 변을 못 봤다. I've had no bowel movement for a few days.

• 변비약을 먹었다. I took a laxative.
* laxative 변을 나오게 하는 완하제

• 변비로 아침마다 고생이다. I suffer from constipation every morning.

• 관장을 했다. I had an enema.
* enema 관장제, 관장기

• 매일 아침 변을 보고 싶은 게 소원이다. I wish for a loose bowel movement every morning.

위염

• 위염이 있다. I have inflammation in my stomach.

• 위장이 약한 것은 부모님으로부터의 유전인 것 같다. I think I inherited a weak stomach from my parents.
* inherit 물려받다, 상속받다

• 위궤양이 재발하는 것 같았다. My ulcers seemed to be acting up again.
* ulcer 종기, 궤양 | act up 재발하다

• 속이 비어 있을 때는 심한 통증을 느낀다. When my stomach is empty, I get a sharp pain.

• 심한 스트레스로 위경련이 자주 생긴다. I often have stomach cramps caused by too much stress.

• 식사를 하고 나니 좀 나아졌다. I felt better after meals.

• 위가 쓰렸다. I had a biting pain in my stomach.

• 위궤양 때문에 매우 아팠다. My ulcers were really painful.

• 위궤양 때문에 통증이 심해졌다. My ulcers caused me terrible pain.

속이 쓰리다

소화불량(indigestion)이나 스트레스 또는 음주로 인해 속이 쓰린 경우, sour stomach 또는 upset stomach 등으로 표현합니다. '빈속에 커피를 너무 많이 마시면 속이 쓰리다'는 I get a sour stomach when I have too much coffee on an empty stomach.이라고 하면 됩니다.

맹장염

• 배꼽 주변이 몹시 아팠다. It hurt badly around the navel.
* badly 매우, 몹시

- 바닥을 뒹굴 정도로 배가 많이 아팠다. — My stomach hurt badly enough to make me roll on the floor.
- 다리를 펼 수가 없었다. — I couldn't extend my legs.
  * extend 연장하다, 뻗다, 펴다
- 가족들이 나를 급히 병원에 데리고 갔다. — My family brought me to the hospital in a hurry.
- 의사가 배를 눌러 보았다. — The doctor pressed on my stomach.
- 오른쪽 아랫배가 매우 아팠다. — I felt terrible pain on the right lower side of my stomach.
- 의사는 내가 맹장염이라고 진단했다. — The doctor diagnosed my case as appendicitis.
- 맹장을 제거해야 했다. — I needed my appendix taken out.
- 수술을 받아야만 했다. — I had to undergo an operation.
  * undergo 경험하다, 받다
- 의사가 마취를 할 때 겁이 났다. — I was afraid when the doctor put me under anesthesia.
  * anesthesia 마취
- 의사가 맹장을 제거했다. — The doctor removed my appendix.
- 수술은 성공적이었다. — The operation was successful.

08 피부 SKIN

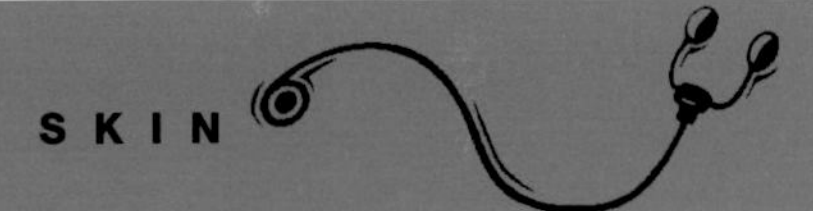

피부 질환

- 피부병에 걸렸다. — I have a skin disease.
- 땀띠가 났다. — I have prickly heat. I have a heat rash.
  * prickly 따끔 따끔 아픈 | rash 발진
- 온몸에 두드러기가 났다. — I have hives all over my body.
  * hive 두드러기
- 피부가 따끔거리고 열이 난다. — My skin feels burned.
- 온몸에 발진이 생겼다. — I have a rash all over my body.
- 온몸이 가려웠다. — I itched all over.

- 가려운 곳을 긁었다. — I rubbed the itchy spot.
  * rub 문지르다, 마찰하다, 긁다
- 손에 습진이 생겼다. — I have eczema on my hand.
  * eczema 습진
- 피부가 벗겨진다. — My skin is peeling.
- 먼지 알레르기가 있다. — I am allergic to dust.
- 털 있는 동물 알레르기가 있다. — I am allergic to hairy animals.
- 꽃가루 알레르기가 있다. — I am allergic to pollen.
  * pollen 꽃가루, 화분
- 꽃가루 때문에 볼에 발진이 생겼다. — I've got a rash on my cheek from pollen.
- 모기에 물렸다. — I got bitten by mosquitoes.
- 모기에 물려 다리가 퉁퉁 부어올랐다. — I have a swollen mosquito bite on my leg.
- 벌에 쏘였다. — I got stung by a bee.
- 손가락에 가시가 박혔다. — I've got a splinter in my finger.
  * splinter (나무의) 가시, 쪼개진 조각
- 핀으로 가시를 빼냈다. — I pulled the splinter out with a pin.
- 목에 생선 가시가 걸렸다. — I had a fishbone stuck in my throat.
- 입 주변이 헐었다. — I have a cold sore in my mouth.
  * cold sore 입가의 발진
- 입술이 갈라졌다. — My lips are cracked.
- 입술이 텄다. — My lips are chapped.
  * chap 트다

알레르기

우리가 말하는 '알레르기'는 allergy를 독일식으로 발음한 것이고, 영어로는 [ǽlərdʒi]라고 발음해야 합니다. '~에 알레르기가 있다'는 표현은 [be allergic to ~] 또는 [have an allergy to ~] 구문으로 나타냅니다.

여드름

- 얼굴에 여드름이 있다. — I have acne.
  I have pimples.
- 나는 여드름이 심하다. — I have severe acne.
- 얼굴에 여드름이 났다. — My face breaks out.
  I have a pimpled face.
  * break out 생기다, 발진하다

- 얼굴이 여드름투성이다. My face is covered with pimples.
- 나는 팔과 등에도 여드름이 있다. I even have pimples on my arms and back.
- 여드름을 짰다. I popped my pimples.
  * pop 펑 터트리다
- 턱에 난 여드름 하나를 쥐어짰다. I squeezed a pimple on my chin.
- 여드름을 짜면 흉터가 남을 것이다. If I pop the pimples, it'll leave scars.
- 여드름 치료를 받아야 할 것 같다. I think I need acne treatment.
- 이마에 뾰루지가 났다. I have a rash on my forehead.
- 볼에 종기가 났다. I have a boil on my cheek.
  * boil 부스럼, 종기
- 피부과에 가 봐야겠다. I need to go see a dermatologist.

여드름

청춘의 상징 여드름은 acne 또는 pimple이라고 합니다. acne는 여드름이 나는 질병으로 불가산명사이고, pimple은 여드름 하나하나를 나타내는 말로 가산명사입니다. 그래서 acne로 여드름이 있다는 말을 쓰려면 I have acne.라고 해야 하고, pimple로 표현하려면 I have pimples.라고 합니다. 그리고 pimple은 '여드름', dimple은 '보조개'이니 서로 혼동하지 마세요.

화상

- 바비큐를 하다가 데였다. While I was barbecuing, I burned myself.
  * burn oneself 데이다
- 손가락에 화상을 입었다. I burned my finger.
- 손에 가벼운 화상을 입었다. I had slight burns on my hand.
- 손가락에 얼음 조각을 올려 놓았다. I put a piece of ice on my finger.
- 뜨거운 물에 데였다. I got scalded.
  * get scalded 끓은 물에 데이다
- 뜨거운 욕조물에 들어가다가 다리를 데였다. I scalded my leg when I stepped into a hot bath.
- 중화상을 입었다. I had serious burns.
  I got badly burned.
- 화재로 전신 화상을 입었다. I suffered burns all over my body in the fire.
- 데여서 물집이 생겼다. I have a blister from a burn.
  * blister 물집, 수포

• 데인 피부가 벗겨지고 있다. My burnt skin is peeling off.

• 다리에 화상 흉터가 있다. I have a scar from a burn on my leg.

화상의 정도

화상의 정도를 '1도', '2도', '3도'로 나타내는데, 영어로는 first-degree burns, second-degree burns, third-degree burns로 표현합니다. '손에 1도 화상을 입었다'고 하려면 I have first-degree burns on my hand.라고 말하면 됩니다.

발 문제

• 새 신발을 신었더니 발뒤꿈치가 부르텄다. My new shoes made blisters on my heels.

• 운동화가 꽉 끼어 발뒤꿈치가 아팠다. The sneakers pinched my heels.
* sneaker 운동화 | pinch 꼬집다, 꽉 끼다

• 발뒤꿈치에 물집이 생겼다. I got a blister on my heel.

• 물집이 터졌다. The blister popped.

• 발에 티눈이 생겼다. I have a corn on my foot.
* corn (발에 생기는) 티눈, 못

• 티눈을 빼고 싶다. I want to have the corn removed.

• 발에 사마귀가 났다. I have a wart on my foot.
* wart 혹, 사마귀

• 발바닥에 굳은살이 박였다. I have a callus on the sole of my foot.
* callus 피부가 굳은 것, 못

• 무좀이 있다. I have athlete's foot.
* athlete's foot 무좀

• 무좀 치료를 받아야 한다. I need to treat the athlete's foot.

• 무좀은 쉽게 치료된다고 한다. It is said that athlete's foot can be easily cured.

• 발가락이 아프다. My toe hurts.

• 발이 아파 죽겠다. My feet are killing me.

• 발에 감각이 없다. My feet are numb.

신발의 종류

샌들	sandals	운동화	sneakers
간편화, 단화	loafers	목이 긴 운동화	high tops
장화	boots	발목 부츠	angle boots
실내화	slippers	고무 슬리퍼	flip-flops
뒤축 없는 슬리퍼	mules	굽 높은 신발	high-heeled shoes
굽 낮은 신발	low-heeled shoes		

멍 · 혹

• 나는 멍이 잘 든다.
I get bruised very easily.
* get bruised 멍들다, 타박상을 입다

• 의자에 부딪쳤다.
I ran into the chair.
* run into ~에 부딪치다

• 식탁에 머리를 부딪칠 때 별이 보였다.
I saw stars when I hit my head against the table.

• 머리에 멍이 들었다.
I had a bruise on my head.

• 눈이 파랗게 멍들었다.
I've got a black eye.

• 그 충격으로 온몸에 멍이 들었다.
I've got bruises all over my body from the impact.
* impact 충돌, 충격

• 자전거에서 넘어져 무릎에 멍이 들었다.
I fell off my bike and bruised my knee.

• 온몸이 시퍼렇게 멍들었다.
I was black and blue all over.

• 멍든 곳이 아직 아프다.
My bruise is still tender.
* tender 만지면 아픈, 예민한

• 멍든 곳을 달걀로 살살 문질러 주었다.
I rolled an egg softly on the bruise.

• 머리에 혹이 생겼다.
I had a bump.
I had swelling.
* bump 혹, 충돌 | swelling 혹, 팽창

상처

• 어쩌다가 송곳에 찔렸다.
I was accidentally stabbed by an ice pick.
* accidentally 우연히, 어쩌다가 | stab 찌르다

- 실수로 송곳에 찔렸다. — I stabbed myself with an ice pick by mistake.
- 칼에 베였다. — I've got a cut from a knife. / I cut myself with a knife.
- 종이에 베였다. — I got a paper cut.
- 칼을 가지고 장난치다가 손을 베였다. — While I fooled around with the knife, I cut my hand.
  * fool around ~을 만지작거리며 놀다
- 피가 많이 났다. — It bled so much.
  * bled bleed(피를 흘리다)의 과거형
- 피를 많이 흘렸다. — I lost a lot of blood.
- 상처를 치료받았다. — I got my injury dressed.
  * dress (상처를) 붕대로 매다
- 무릎에 생채기가 났다. — I skinned my knee.
- 무릎이 까졌다. — I scraped my knee.
- 무릎 살갗이 벗겨졌다. — My knee was chafed.
  * chafe 쓸려서 벗겨지다
- 무릎에 찰과상을 입었다. — I had a scratch on my knee.
- 손가락이 문틈에 끼였다. — I pinched my finger in the door.
- 손가락을 다쳤다. — I hurt my finger.

통증

- 상처를 입었다. — I've got a wound.
- 그 상처 때문에 너무 아팠다. — The wound hurt badly.
- 상처가 부었다. — The wound was swollen.
- 상처가 밤새 꾹꾹 쑤셨다. — The wound throbbed with pain all night long.
- 상처에 찌르는 듯한 통증이 느껴졌다. — I felt a stinging pain on my wound.
  * stinging 찌르는, 쑤시는 듯한, 날카로운
- 상처가 욱신거렸다. — The wound throbbed.
- 규칙적으로 상처에 통증이 느껴졌다. — I felt the pain on my wound regularly.
- 상처가 쓰라렸다. — My wound felt sore.
- 그 통증으로 고생했다. — I suffered from the pain.
- 무릎에 심한 통증을 느꼈다. — I felt a sharp pain in my knee.
- 통증이 점점 심해졌다. — The pain was getting worse.

• 지속되는 통증을 참을 수 없었다. I couldn't endure the persistent pain.

통증

다치거나 상처가 나서 아픈 통증은 pain이라고 하고, 두통, 치통, 복통 등처럼 몸의 일부에서 계속 무지근하게 느끼는 통증은 ache라고 합니다. 그래서 두통은 head pain이 아니라 headache라고 합니다.

상처 치료

• 상처를 소독하고 연고를 발랐다. I disinfected the wound and applied some ointment to it.
* disinfect 살균하다, 소독하다

• 의사가 상처를 꿰매었다. The doctor sewed up the wound.

• 상처에 다섯 바늘을 꿰맸다. The doctor used 5 stitches on the wound.

• 의사가 꿰맨 실을 풀었다. The doctor removed the stitches.

• 상처에 딱지가 생겼다. My wound has scabbed over.
* scab over 껍질로 덮이다

• 상처 때문에 흉터가 남지 않기를 바란다. I hope that the wound will not leave a scar.

염증

• 상처가 곪았다. The wound festered.
* fester 곪다, 짓무르다

• 상처에 염증이 생겼다. The wound was inflamed.
I had inflammation of the wound.

• 상처가 감염되었다. The wound got infected.
* get infected 감염되다

• 상처에 고름이 생겼다. Pus has formed in the wound.
* pus 고름 | form 형성되다

• 상처가 곪지 않고 나아서 다행이었다. It was lucky that the wound healed without festering.

• 염증 때문에 상처가 덧났다. The wound became bigger because of the inflammation.

09 근육통 MUSCULAR PAIN

근육통

• 근육이 쑤셨다.	I had sore muscles. My muscles felt sore.
• 근육통이 있었다.	My muscles ached. I had muscular pain. * ache 아프다, 쑤시다
• 온몸이 쑤셨다.	I was really sore.
• 온몸이 다 아팠다.	My body ached all over.
• 온몸이 쑤시고 아팠다.	I had aches and pains all over.
• 운동을 너무 많이 했더니 등이 매우 뻐근했다.	I worked out too much, and my back became really stiff. * stiff 뻐근한, 뻣뻣한

관절 문제

• 무릎 관절이 아팠다.	I had pain in my knees.
• 무릎이 부어오르고 뻣뻣하고 아팠다.	My knees were swollen, stiff and painful.
• 무릎이 저렸다.	My knees felt numb.
• 관절염에 걸린 것 같았다.	I seemed to be developing arthritis. * arthritis 관절염
• 다리를 펼 수가 없었다.	I couldn't stretch my legs.
• 과도한 운동이 관절에 무리를 주는 것 같다.	The excessive workouts seem to strain joints.
• 팔꿈치가 빠졌다.	My elbows were out of joint.
• 관절이 탈구되었다.	I had a dislocated joint. * dislocated 삔, 탈구된
• 팔걸이 붕대를 하고 있었다.	My arm was in a sling. * sling 새총, 팔걸이 붕대
• 오른쪽 팔꿈치가 아팠다.	I've got a sore right elbow.
• 무거운 상자를 들어 올리다가 균형을 잃었다.	I lost my balance when I lifted the heavy box.
• 허리가 아팠다.	I had a bad back.

- 요통으로 고생이다. I suffer from backache.
- 허리 디스크인 것 같다. I seem to have a herniated disc.
  ⋆ herniated disc 추간판탈출증, 허리 디스크
- 허리 통증으로 걷는 것이 불편했다. I had trouble walking because of a bad back.
- 책상에 오래 앉아 있어서 허리가 아팠다. My back hurt from sitting at my desk for too long.
- 깨고 나니 목을 돌릴 수가 없었다. 아마도 잠을 잘 못잔 게 틀림없다. I must have slept wrong because I woke up with a crick in my neck.
  ⋆ crick 갑자기 목이 경직되어 돌아가지 않음

10 골절 FRACTURE

넘어지다

- 넘어졌다. I fell down.
- 곤두박질쳤다. I fell upside down.
- 앞으로 넘어졌다. I fell forward.
- 뒤로 넘어졌다. I fell on my back.
- 엉덩방아를 찧다. I fell on my buttocks.
- 꽈당 넘어졌다. I fell like a log.
- 돌에 걸려 넘어졌다. I fell over a stone.
- 집에 오는 길에 돌부리에 걸려 넘어졌다. I tripped on a stone on my way home.
- 계단에서 발을 헛디뎠다. I missed a step on the stairs.
- 계단을 내려가다가 헛디뎌서 넘어졌다. I tripped and fell while walking down the stairs.
  ⋆ trip 발이 걸려 넘어지다, 헛디디다
- 계단에서 굴러 떨어졌다. I tumbled down the stairs.
  ⋆ tumble down 넘어지다, 굴러 떨어지다
- 누군가에 밀려서 넘어졌다. I was pushed down by someone.
- 빙판에서 미끄러져 넘어졌다. I slipped and fell on the ice.
- 몇몇 사람이 내가 넘어지는 것을 보았다. A few people saw me fall down.

- 누군가 나를 일으켜 주었다. Someone helped me up.
- 너무 창피해서 얼굴이 빨개졌다. I felt so embarrassed that I blushed.

뒤로 넘어져도 코가 깨진다

앞으로 넘어져서 쭉 엎드리게 되었을 경우는 fall flat on one's face, 뒤로 넘어져서 쭉 뻗었을 경우는 fall flat on one's back이라고 표현합니다. '뒤로 넘어져도 코가 깨진다'는 말은 The bread always falls buttered side down.이라고 하는데, 이는 '빵이 떨어져도 꼭 버터를 바른 쪽이 아래로 간다'는 의미입니다. 이런 상황을 '머피의 법칙(Murphy's law)'이라고도 하죠.

삐다

- 달리기 경주를 하다가 발목을 접질렸다. I twisted my ankle while running in the race.
- 발목을 삐었다. I sprained my ankle.
  I wrenched my ankle.
  * sprain(=wrench) 삐게 하다
- 삔 발목이 크게 부어올랐다. My sprained ankle swelled so big.
- 엄마가 발목에 따듯한 수건으로 찜질해 주셨다. My mom applied a hot towel to my ankle.
- 엄마가 발목에 얼음찜질을 해 주셨다. My mom applied an ice pack to my ankle.
- 발목에 파스를 붙였다. I put a medicated patch on my ankle.
- 부기가 가라앉았다. The swelling subsided.
  * subside 가라앉다, 부기가 빠지다
- 부기가 금방 빠졌다. The swelling has gone down fast.
- 걷는 데는 별 문제가 없다. I don't have much trouble walking.
- 무릎의 인대가 늘어났다. The ligament in my knee was strained.
  * ligament 인대
- 인대가 끊어졌다. My ligament is cut.
- 아킬레스건을 다쳤다. I injured my Achilles' tendon.
- 절뚝이며 걸었다. I walked with a limp.
  * limp 절뚝거림
- 심각한 부상이었다. It was a very serious injury.
- 접질린 발목을 보호하기 위해 다리에 깁스를 하고 있다. I have my leg in a cast to protect my sprained ankle.
  * cast 깁스

깁스를 하다

다리가 부러졌을 때 하는 '깁스'는 '석고'라는 독일어 gyps이며, 영어로는 cast라고 합니다. '깁스를 하다'는 put on a cast, '깁스를 풀다'는 take off a cast, '깁스를 하고 있다'는 be in a cast 또는 have ~ in a cast로 표현합니다. '나는 다리에 깁스를 하고 있다'는 My leg is in a cast. 또는 I have my leg in a cast.라고 하면 됩니다.

부러지다

- 축구를 하다가 다리를 다쳤다. — I hurt my leg playing soccer.
- 심하게 부상을 입었다. — I was seriously injured.
- 치명적인 부상은 아니었다. — It was not a fatal injury.
  * fatal 생명에 관계되는, 치명적인
- 많이 다치지 않아서 그나마 다행이었다. — It was lucky for me not to have been badly hurt.
- 다리가 부러졌다. — I broke my leg. / My leg was broken.
- 골절상을 입었다. — I suffered a fracture.
  * fracture 골절, 좌상
- 일어설 수가 없었다. — I couldn't get on my feet.
- 어깨를 다쳤다. — I hurt my shoulder.
- 척추가 부러졌다. — My spine was broken.
  * spine 등뼈, 척추
- 단순 골절이었다. — It was a simple fracture.

골절 치료

- 그가 내 다리에 부목을 대고 붕대를 감아 주었다. — He put a splint on and applied a bandage to my leg.
  * apply a bandage 붕대를 감다
- 그가 나를 업고 병원에 데리고 갔다. — He gave me a piggyback ride to the hospital.
  * piggyback 어깨(등)에 탄
- 먼저 다리 엑스레이를 찍었다. — First, I had an X-ray of my leg taken.
- 의사는 내 다리가 복합 골절이라고 했다. — The doctor said I had a compound fracture in my leg.
  * compound 합성의, 복잡한

• 다리가 세 군데 부러졌다.	My leg was broken in three places.
• 수술을 받아야 했다.	I had to have surgery.
• 수술이 간단한 것이라고 했지만 겁이 났다.	They said it would be a simple operation, but I was scared.
• 다리에 깁스를 하고 있다.	My leg is in a cast.
• 목발로 다니고 있다.	I am on crutches. * crutch 목발, 버팀목
• 목발이 있어야 걸을 수가 있었다.	I was able to walk on crutches.
• 목발을 짚고 돌아다니기가 어려웠다.	It was difficult for me to walk around on crutches.
• 빨리 깁스를 풀고 싶다.	I want to have my cast removed soon.
• 아무런 도움도 받지 않고 자유롭게 걷고 싶다.	I want to walk freely without any aid.

11 치아 관리 DENTAL CARE

구강 구조

치아	tooth, teeth(복수형)	틀니	denture
송곳니	canine tooth, eyetooth	의치	false tooth
어금니	molar	충치	decayed tooth
앞니	incisor	잇몸	gum
영구치	permanent tooth	치석	tartar
젖니	deciduous tooth	이까지 포함한 턱	jaws
작은 어금니	premolar	아래턱	chin
앞니	front teeth	위턱	upper jaw
어금니	back teeth	아래턱	lower jaw
사랑니	wisdom tooth		

치아 문제

• 나는 요즈음 치아에 문제가 있다.	I have trouble with my teeth these days.
• 흔들리던 이 하나가 빠졌다.	I lost my baby tooth which had been loose.
• 충치 때운 것이 없어졌다.	My cavity filling disappeared. * cavity 구멍, 충치 | filling 때운 것, 채움, 충전
• 이 하나가 부러졌다.	One of my teeth was chipped. * chip 작게 쪼개다
• 이 하나가 흔들렸다.	One of my teeth was loose.
• 흔들리는 이를 뺐다.	I pulled out the loose tooth.
• 이가 예민해졌다.	My teeth became sensitive.
• 내 치아는 찬 것에 민감하다.	I have teeth sensitivity in response to cold. * in response to ~에 반응하여
• 단것을 먹으면 이가 아프다.	When I eat sweet foods, I feel pain in my teeth.
• 이가 누렇게 변했다.	My teeth have turned brown.
• 어금니 하나에 충치가 있었다.	I had a cavity in one of my molars.
• 단것을 좋아하기 때문일 것이다.	It may be because I like sweets.
• 나는 단것이라면 사족을 못 쓴다.	I have a weakness for sweets. * have a weakness for ~를 매우 좋아하다
• 단것을 멀리해야겠다.	I need to keep away from all sweets.
• 충치가 생겼다.	I have tooth decay.
• 충치가 하나 있다.	I have a rotten tooth. I have a decayed tooth. * rotten(=decayed) 썩은
• 이가 누렇게 변했다.	My teeth have turned yellow.

sweet tooth

I have a sweet tooth.라고 하면 무슨 말일까요? 달콤한 이를 가지고 있다는 표현이 아니라 '달콤한 것을 좋아한다'는 말입니다. 이런 사람은 충치(decayed tooth)가 생기기 쉽겠죠.

치통

• 심한 치통이 있었다.	I had a terrible toothache.

• 문제가 심각해질 때까지 아프지 않았다.	I didn't feel any pain until a serious problem developed.
• 충치 때문에 잠을 잘 수가 없었다.	I couldn't sleep a wink because of my decayed tooth.
• 이가 욱신욱신 쑤신다.	I have a throbbing toothache.
• 아무래도 이가 썩고 있는 것 같았다.	I thought my tooth was rotting.
• 이가 아파서 귀까지 아팠다.	My toothache was also hurting my ears.
• 그 치아를 뽑아버리고 싶었다.	I wanted to pull out the tooth.
• 치통 때문에 제대로 씹지도 못했다.	I couldn't chew properly because of my toothache.
• 볼에 얼음찜질을 해 보았다.	I tried putting an ice pack on my cheek.
• 통증을 완화시키기 위해 진통제를 먹었다.	I took a painkiller to alleviate the pain. * alleviate 누그러뜨리다, 경감시키다, 완화시키다
• 치통이 심해져서 치과에 갔다.	The toothache was getting worse, so I went to see a dentist.

구강 질환

• 딱딱한 것을 먹으면 잇몸에서 피가 난다.	When I eat something hard, my gums bleed.
• 이가 서로 부딪치면 윗 잇몸이 아프다.	I feel pain in the upper gum when I grind my teeth.
• 양치를 하면 잇몸에서 피가 난다.	When I brush my teeth, my gums bleed.
• 영양부족으로 잇몸에 종기가 생겼다.	I got an abscess on my gums since I was malnourished. * abscess 종기, 농양 | malnourished 영양부족의, 영양실조의
• 잇몸병 때문에 잇몸이 부어오르고 종종 피가 난다.	Because of gingivitis, my gums are swollen and often bleed. * gingivitis 치은염, 잇몸병
• 입안에 염증이 생겼다.	I have inflammation in my mouth.
• 입안이 헐었다.	I have a small canker sore in my mouth. * canker 구강궤양, 입안의 짓무름
• 혓바늘이 났다.	I have a rough tongue.
• 혀에 발진이 생겼다.	I had a cold sore on my tongue.
• 혀에 구강용 연고를 발랐다.	I put some oral ointment on my tongue. * ointment 연고, 고약
• 입에서 고약한 냄새가 났다.	My mouth was stinky. * stinky 고약한 냄새가 나는, 악취가 나는

- 가끔 입 냄새가 난다. Sometimes I have bad breath.
- 치석을 제거했다. I had plaque removed from my teeth.

mother tongue

'혀'를 나타내는 tongue은 [tʌ́ŋ]으로 발음합니다. mother tongue은 '엄마의 혀'인가요? tongue은 '언어'라는 의미로도 쓰입니다. 그래서 mother tongue은 태어나서 엄마로부터 배운 언어인 '모국어', 즉 native language를 나타내는 말입니다.

치과 치료

- 치과에 가는 것이 두려웠다. I was afraid of going to the dentist's.
  * dentist's 치과
- 치과에 가는 것이 정말 싫었다. I really hated seeing the dentist.
- 치과 예약을 했다. I made a dental appointment.
- 이를 치료받았다. I had my teeth treated.
- 치과 의사가 충치 두 개를 때워야 한다고 했다. The dentist said that I had two cavities to be filled.
- 이를 때웠다. I got a filling.
- 치과 의사가 이를 하나 뺐다. The dentist pulled out one of my teeth.
- 사랑니를 하나 뺐다. I had a wisdom tooth pulled.
- 이에 치석이 많이 꼈다. I have lots of plaque on my teeth.
- 스케일링을 했다. I had my teeth scaled.
The dentist scaled my teeth.
- 신경치료를 했다. I got a root canal job.
- 이를 심어 넣었다. I had a tooth implanted.
  * implant 심다, 끼워 넣다
- 이 하나를 덧씌웠다. I had a tooth recapped.
  * recap 덧씌우다, 모자를 씌우다
- 충치를 방지하기 위해 불소 도포를 했다. I got fluoridized to prevent my teeth from decay.
  * fluoridize 불소 처리하다, 불소 도포하다
- 양치 후에 치실을 사용해야 할 것 같다. I need to floss after brushing my teeth.
  * floss 치실로 깨끗이 하다

치아 교정

- 이가 삐뚤게 나서 교정을 해야 한다. I have to have my teeth corrected because they are crooked.
  * crooked 비뚤어진, 꼬부라진
- 이를 교정하는 데 비용이 많이 든다. It costs a lot to have my teeth corrected.
- 이에 교정기를 하고 있는 게 싫다. I hate having braces in my mouth.
  * brace 치아 교정기, 버팀대
- 이를 반듯하게 하기 위해 나는 치아를 교정하고 있다. I am wearing braces to straighten my teeth.
- 치아 교정기를 하고 있어서 깨끗이 양치하기가 어렵다. It's hard to brush my teeth well because of my braces.
- 2년 동안 치아 교정기를 하고 있어야 했다. I had to wear my braces for two years.
- 나는 치아 교정기를 보이지 않으려고 입을 크게 벌리지 않는다. To hide my braces, I don't open my mouth widely.
- 드디어 치아 교정기를 풀었다. Finally, I had my braces removed.
- 이가 고르게 되었다. I've got straight teeth.
- 치아 교정기를 제거하고 지금은 보정기를 하고 있다. Since removing my braces, I now wear a retainer.
  * retainer 고정시키는 것, 보정기

치아 관리

- 단 음식을 줄여야겠다. I will reduce eating sweets.
- 치과에 6개월마다 가는 것이 좋다. It is good to visit a dental clinic every six months.
- 이를 보호하기 위해서 단것을 먹지 않을 것이다. In order to protect my teeth, I won't eat sweet things.
- 식사를 하고 나서는 바로 양치를 하고 치실도 사용한다. I brush and floss my teeth right after each meal.
  * floss 치실로 치아를 깨끗이 하다
- 양치질은 위 아래로 한다. I move my toothbrush up and down.
- 양치질을 할 수 없을 때에는 물로 입을 헹군다. When I can't brush my teeth, I gargle with water.
- 매 식사 후에는 구강 청정제를 사용한다. I use mouthwash after each meal.
- 나는 항상 입을 상쾌하게 하는 것을 가지고 다닌다. I always carry something to freshen my breath with.
  * freshen 상쾌하게 하다, 새롭게 하다

입 냄새

치아 관리를 잘해야 입 냄새가 나지 않죠. '입 냄새'는 mouth smell이라고 하지 않고, bad breath라고 합니다. 아침에 일어나서 나는 입 냄새는 morning breath입니다. '그는 입 냄새가 심하다'고 하려면 He has bad breath.라고 하면 됩니다.

12 시력 EYESIGHT

시력 문제

- 먼 곳이 잘 안 보인다. — I have trouble seeing at a distance.
- 가까이 있는 것이 또렷하게 보이지 않는다. — I can't clearly see things that are close.
- 잘 안 보인다. — I can't see properly.
- 특히 밤에는 잘 안 보인다. — I can't see well, especially at night.
- 시력이 떨어지고 있다. — My eyesight is getting worse.
- 시력이 나빠지기 시작했다. — I am starting to have weak vision.
- 눈이 침침하다. — My eyes are blurry.
  * blurry 흐릿한, 또렷하지 않은
- 사물이 흐릿하게 보인다. — Things look blurry.
- 사물이 일그러져 보인다. — Things look distorted.
  * distorted 일그러진, 비뚤어진
- 칠판의 글씨가 잘 안 보인다. — I can't read the letters on the blackboard accurately.
  * accurately 정확하게
- 내 눈에 무언가 문제가 있다. — There is something wrong with my eyes.
- 밤눈이 밝다. — I have the eyes of a cat.
- 밤눈이 어둡다. — I have night blindness.

잘 안 보인다

깜깜하거나 안개가 짙게 끼어서 앞이 잘 안 보이는 경우에는 I can't see well.이라고 할 수 있지만, 시력이 나빠서 잘 안 보일 때는 '올바르게', '적절하게'라는 뜻인 properly를 사용하여 I can't see properly.라고 해야 합니다.

시력 검사

• 시력 검사를 했다.	I had my eyes examined.
• 내 시력은 1.0 / 1.0 이다.	I have 1.0 / 1.0 vision.
• 시력이 좋았다.	I have good eyes. I have good vision. I have good eyesight.
• 나는 시력이 정상이다.	I have perfect vision.
• 시력이 나쁘다.	I have bad vision. I have weak sight. I have bad eyesight. I have defective eyesight. * defective 결함이 있는
• 나는 근시이다.	I am near-sighted.
• 나는 원시이다.	I am far-sighted.
• 약간 원시이다.	I am slightly far-sighted.
• 나는 난시이다.	I have astigmatism. I have distorted vision. * astigmatism[distorted] vision 난시
• 나는 색맹이다.	I am color-blind.
• 나는 색을 잘 구별하지 못한다.	I can't distinguish colors. I can't tell one color from another.
• 그는 눈이 멀었다.	He is blind.
• 라식 수술을 받고 싶다.	I want to get LASIC surgery.
• 비타민 A가 시력 향상에 좋다고 한다.	It is said that vitamin A enhances eyesight. * enhance 높이다, 강화하다
• 시력이 더 나빠지지 않도록 주의해야겠다.	I need to care for my eyes so as not to have weaker sight. * care for ~를 돌보다, 마음 쓰다
• 정기적으로 시력 검사를 받을 것이다.	I will get my eyes checked regularly.

안경

- 안경을 써야 한다. I have to wear glasses.
- 우리 반에는 안경을 쓴 친구들이 많다. I have a lot of friends in my class who wear glasses.
- 안경을 쓰면 불편하기 때문에 나는 안경 쓰는 것이 싫다. I don't like wearing glasses, because I am not comfortable wearing them.
- 안경 없이는 잘 보이지 않는다. I can't see straight without my glasses.
- 안경 없이는 책을 읽을 수 없다. I can't read books without my glasses.
- 안경을 안 쓰면 사물이 겹쳐 보인다. I see double without glasses.
- 안경을 벗으면 모든 것이 흐리게 보인다. When I take off my glasses, everything is blurred.
- 안경을 쓰면 머리가 아프다. When I wear my glasses, I have a headache.
- 안경 도수가 안 맞는 것 같다. I think my glasses aren't right for me.
- 안경 도수를 조정하러 안경점에 갔다. I went to the optician's to adjust my lens prescription.
  * optician 안경사 | adjust 조정하다, 맞추다
- 안경을 바꿀 필요가 있었다. I needed to change my glasses.
- 안경 도수를 더 높여야 했다. I had to make my eyeglasses stronger.
- 안경을 망가뜨렸다. I broke my glasses.
- 안경테가 휘어졌다. The frame of my glasses got bent.
  * frame 틀, 테, 구조
- 안경테가 부러졌다. The frames of my glasses are broken.
- 금테로 된 안경을 샀다. I bought gold-rimmed glasses.
  * rimmed ~의 테로 된
- 무테 안경으로 했다. I chose rimless glasses.
  * rimless 테가 없는
- 안경알에 흠집이 많이 났다. My glasses were scratched.
- 안경알을 바꾸었다. I had the lenses of my glasses replaced.
- 안경에 김이 서리면 정말 귀찮다. It is annoying when my glasses get fogged up.
  * fog up (수증기 등으로) 김이 서리게 하다
- 더 잘 보이게 안경을 닦았다. I cleaned my glasses in order to see better.
- 그녀는 햇빛으로부터 눈을 보호하기 위해 어두운 색 안경을 썼다. She wore dark glasses to protect her eyes from the sun.

렌즈

- 나는 콘택트렌즈를 낀다. I wear contact lenses.

- 나는 일회용 렌즈를 사용한다. I use disposable contact lenses.
  * disposable 사용 후 버리는, 일회용의
- 색깔이 있는 렌즈를 꼈다. I put on colored contact lenses.
- 눈동자를 더 커 보이게 하는 렌즈를 끼고 싶다. I'd like to wear the contact lenses that make my irises look bigger.
  * iris 눈동자, 홍채
- 나는 렌즈를 끼면 눈이 아프다. When I wear my contacts, they hurt my eyes.
- 자기 전에 렌즈를 빼야 하는 것이 참 불편하다. It is so uncomfortable to take out my contact lenses before going to bed.
- 렌즈 닦는 일이 싫다. I hate cleaning my contact lenses.
- 너무 피곤해서 렌즈 빼는 일을 잊어버렸다. I was so tired that I forgot to take out my contact lenses.

13 눈병 EYE TROUBLE

눈병

- 오른쪽 눈에 다래끼가 났다. I have a sty in my right eye.
- 눈병이 났다. I had eye trouble.
  I had an eye problem.
- 눈이 피로해진 것 같다. My eyes seem to get tired.
- 요즈음 눈이 예민해졌다. My eyes became sensitive lately.
- 사물이 두 개로 보인다. I have double vision.
- 환한 빛에는 눈이 부셔서 눈을 뜰 수가 없다. I can't open my eyes because they are overwhelmed by the bright light.
  * overwhelmed 압도된
- 아무런 이유 없이 눈물이 났다. My eyes were watery for no reason.
- 눈이 충혈되었다. My eyes have turned red.
  My eyes were bloodshot.
  * bloodshot 핏발이 선, 충혈이 된
- 눈이 많이 충혈되었다. My eyes were really red.

• 눈이 아팠다.	My eyes hurt.
• 눈이 시고 따끔거렸다.	I had sore eyes. My eyes were sore.
• 눈병 때문에 눈물이 났다.	My eye trouble made my eyes tear.
• 눈이 너무 아파서 눈을 뜰 수가 없었다.	My eyes were so sore that I couldn't keep them open.
• 눈에 뭐가 들어간 것 같았다.	I felt as if there were something in my eyes.
• 눈이 가려웠다.	My eyes itched. My eyes were itchy.
• 눈이 부었다.	My eyes were puffy. * puffy 부풀어 오른
• 눈이 따끔거렸다.	My eyes felt scratchy. * scratchy 따끔거리는, 긁히는
• 눈을 비볐다.	I rubbed my eyes.
• 속눈썹이 눈을 찔렀다.	My eyelashes got stuck in my eyes.
• 눈에 모래가 낀 것 같았다.	I felt like there was sand in my eyes.
• 눈을 빨리 깜빡거렸다.	I blinked my eyes fast.

안과 치료

• 안과에 갔다.	I went to an ophthalmic clinic. * ophthalmic 눈의, 안과의
• 의사가 약간 감염이 되었다고 했다.	The doctor said that I had a minor infection.
• 유행성 결막염에 걸렸다.	I've got pinkeye.
• 의사가 눈을 비비지 말라고 했다.	The doctor asked me not to rub my eyes.
• 눈을 치료받았다.	I had my eyes treated.
• 다른 사람과 수건을 같이 쓰지 말라고 했다.	He told me not to share a towel with anybody.
• 그는 소독된 거즈로 내 눈을 닦았다.	He cleansed my eyes with sterilized gauze.
• 눈에 안약을 넣었다.	I put some eye drops into my eyes. * eye drop 떨어뜨려 넣는 안약
• 눈에 안연고를 발랐다.	I applied eye ointment to my eyes. * ointment 연고
• 오른쪽 눈에 안대를 했다.	I wear an eye patch over my right eye.

14 귓병

EAR TROUBLE

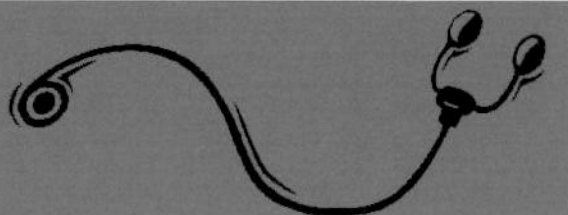

• 귀가 아팠다.	I had an earache. My ear hurts.
• 귀에 염증이 생겼다.	I've got ear infections.
• 귀를 자주 파서 그런 것 같았다.	I thought it was because I often picked my ears.
• 귀가 울린다.	I have a ringing in my ears.
• 윙윙거리는 소리가 난다.	My ears hum. * hum 윙윙거리다
• 가끔 환청이 들린다.	I sometimes have auditory hallucinations. * hallucination 환각, 환청
• 귀가 막힌 느낌이 든다.	My ears feel plugged up. * plug up 틀어막다
• 귀에 뭔가가 들어간 것 같다.	I feel something in my ear.
• 고막이 터질 뻔했다.	I almost popped my eardrums.
• 작은 소리는 잘 안 들린다.	My hearing is poor.
• 가끔 잘 안 들릴 때가 있다.	Sometimes I have trouble hearing.
• 오른쪽 귀가 안 들린다.	I am deaf in my right ear. * deaf 귀가 안 들리는, 귀먹은
• 보청기를 껴야 할 것 같다.	I need to wear a hearing aid.
• 그는 귀가 좀 어둡다.	He has poor hearing.
• 그는 귀가 안 들린다.	He is deaf.

15 응급 치료

FIRST AID

응급 상황

- 기절을 해서 즉시 병원으로 옮겨졌다. — Because I fainted, I was immediately taken to a hospital.
  * faint 실신하다, 기절하다 | immediately 즉시, 곧
- 엄마가 도움을 요청하기 위해 응급 전화를 걸었다. — My mom made an emergency call for help.
- 들것에 실려 응급실로 실려갔다. — I was carried to the emergency room on a stretcher.
- 나는 위독한 상태였다. — I was in critical condition.
  * critical 비판적인, 위기의, 위독한
- 의식이 없었다. — I had lost consciousness.
  * consciousness 자각, 의식
- 심장이 뛰지 않고 맥박도 없었다. — My heart wasn't beating, and I had no pulse.
- 나는 혼수 상태였다. — I was in a coma.
  * coma 혼수 상태

침착해!

응급상황이 생기면 누구나 당황하게 됩니다. 이럴 때일수록 서두르지 말고 침착하고 차분하게 일을 처리해야 합니다. 다급한 상황에서 당황하지 말고 침착하라고 하려면 Don't panic!이라고 하세요. 그리고 흥분한 사람에게 진정하라고 할 때는 Calm down., 화가 나서 흥분한 사람에게 냉정을 찾으라고 할 때는 Keep your cool!이라고 말하세요.

응급 처치

- 가능한 한 빨리 치료를 받아야 했다. — I needed to be treated as soon as possible.
  * as ~ as possible 가능한 한 ~하게
- 응급 처치가 필요했다. — I needed to receive first aid.
- 우선 응급 치료를 받았다. — First, I received immediate attention.
- 의사가 손으로 가슴을 누르고 인공호흡을 했다. — The doctor pressed on my chest with his hands and gave me mouth-to-mouth resuscitation.
  * resuscitation 부활, 소생

• 다시 살아났다.	I was revived.
• 고비를 넘겼다.	I was over the crisis.
• 중환자실에 있었다.	I was in the intensive care unit. * intensive 집중적인, 철저한 | care 보살핌, 간호
• 맥박이 가냘프게 뛰고 있었다고 한다.	They said that my pulse was only beating faintly.
• 수혈을 받았다.	I received a blood transfusion. * transfusion 주입, 수혈
• 거의 죽음의 문턱까지 갔다 왔다.	I was almost at death's door.
• 병원에서 의식이 돌아왔다.	I came back to consciousness in the hospital.
• 적절한 응급 처치를 받지 못했더라면 나는 지금 살아 있지 않을 것이다.	If I hadn't properly received first aid, I wouldn't be alive now.
• 병원에서 치료를 잘 받았다.	I was well treated at the hospital.
• 점차 좋아져서 이제는 위험에서 벗어났다.	I gradually improved and am now out of danger.
• 나는 병원에서 금방 회복이 되었다.	I recovered quickly in the hospital.

16 진찰 SEEING A DOCTOR

병원 예약

• 진료 예약을 위해 미리 전화를 했다.	I called in advance for an appointment. * in advance 미리, 먼저
• 진찰 예약 시간을 정해야 했다.	I needed to schedule an appointment to see the doctor.
• 예약이 가능한 시간이 언제인지 물었다.	I asked when he was available.
• 진찰을 받기 위해 진료 예약을 했다.	I made an appointment to see the doctor.
• 내일 5시에 진료 예약이 있다.	Tomorrow I have a 5 o'clock appointment to see the doctor.

예약 접수

- 접수원에게 의료 보험 카드를 제시했다. — I showed my insurance card to the receptionist.
  * receptionist 접수원
- 내 이름을 부를 때까지 대기실에서 기다리고 있었다. — I was waiting in the waiting room until I was called.
- 진료 예약을 하지 않아서 오랫동안 기다려야 했다. — I had to wait for a long time since I had no appointment with the doctor.
- 그 병원에 처음 가는 거라 질문서를 작성했다. — It was my first visit to the hospital, so I filled the questionnaire out.
- 간호사가 내 이름을 불렀다. — The nurse called my name.
- 내가 진찰받을 순서였다. — It was my turn to see the doctor.

진찰

- 전문의의 진료를 받았다. — I saw a specialist.
- 내 증상을 자세히 설명했다. — I described my symptoms in detail.
  * symptom 증세, 증상 | in detail 자세히
- 의사가 내게 병력이 있는지 물었다. — The doctor asked me whether I had my medical history.
- 체온과 혈압을 쟀다. — My temperature and blood pressure were checked.
- 진찰대에서 진찰을 받았다. — I was examined on the stretcher.
  * stretcher 진찰대, 들것
- 의사가 진찰을 하려고 배를 눌렀다. — The doctor pressed my stomach to diagnose my sickness.
- 그가 누르면 아픈 부위가 있었다. — I had pain on the area he pressed.
- 그는 청진기로 내 심장 소리를 들었다. — He listened to my heart beat by using a stethoscope.
- 의사가 내게 언제부터 아팠는지 물었다. — The doctor asked me when my pain had started.
- 의사가 내게 약을 처방해 주었다. — The doctor prescribed some medicine for me.
- 의사가 당분간은 좀 쉬라고 말했다. — The doctor told me to take it easy for the time being.
  * for the time being 당분간
- 의사가 내게 과로하지 말라고 했다. — The doctor told me not to overdo it.
  * overdo 지나치게 하다, 과로하다

17 병원 치료

TREATMENT

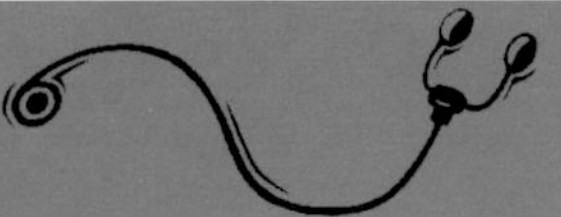

병원 · 의사의 종류

내과	internal medicine	정신과	psychiatry
내과의사	physician	정신과의사	psychiatrist
외과	surgery	산부인과	obstetrics and gynecology
외과의사	surgeon	부인과의사	gynecologist
소아과	pediatrics	정형외과	orthopedic surgery
소아과의사	pediatrician, baby doctor	정형외과의사	orthopedist, orthopedic surgeon
안과	ophthalmology	성형외과	plastic surgery
안과의사	ophthalmologist, eye doctor	성형외과의사	plastic surgeon
이비인후과	otolaryngology	방사선과	radiology
이비인후과의사	otolaryngologist	방사선과의사	radiologist
비뇨기과	urology, urinology	마취과	anesthesiology
비뇨기과의사	urologist	마취과의사	anesthesiologist
피부과	dermatology	치과	dentistry
피부과의사	dermatologist	치과의사	dentist
신경과	neurology	치과 교정의사	orthodontist
신경과의사	neurologist	한의사	Oriental doctor

병원 시설 · 의료 기구

진찰실	consultation room	내시경	endoscope
응급실	emergency room	위 내시경	gastroscope
수술실	operating room	산소 호흡기	oxygen breathing apparatus
중환자실	intensive care unit	인공호흡기	artificial respirator
회복실	recovery room	체온계	thermometer
분만실	delivery room	주사기	syringe
병실	sickroom	수술 바늘	needle
병동	ward	휠체어	wheelchair
엑스레이실	X-ray room	들것	stretcher
청진기	stethoscope		

조기 치료

• 병은 초기에 치료해야 한다.	Diseases should be treated at the very beginning.
• 아프다고 생각하면 병원에 빨리 가는 것이 좋다.	When you feel sick, it is better to go to a doctor at once.
• 적절한 치료를 등한시하면 위험하다.	It is dangerous to neglect proper treatment.
• 질병을 치료하지 않고 내버려 두면 더 악화될 수 있다.	When you leave a disease untreated, it can get worse.
• 조기 치료를 하면 완치될 수 있다.	When you treat a disease early, it's possible to be cured completely.

입원 치료

• 증세가 점점 나빠지고 있다.	I am getting worse and worse. * 비교급+and+비교급 점점 더 ~한
• 전화로 왕진을 불렀다.	I called for a doctor over the phone. * call for 요구하다, 청하다
• 특수 치료가 필요했다.	I needed a special remedy.
• 입원 치료가 필요했다.	I required hospital treatment.
• 병원에 입원을 해야 했다.	I needed to be hospitalized.
• 결국 병원에서 치료를 받게 되었다.	At last, I got to be treated at the hospital.
• 간단한 검사 후 입원 절차를 밟았다.	I checked into the hospital after a simple test.
• 입원 수속을 밟았다.	I applied for admission to the hospital.
• 병원에 입원했다.	I was admitted at the hospital. * admit 수용하다
• 나는 병원에 입원해 있다.	I am in the hospital.
• 종합 병원으로 이송해야 했다.	I had to transfer to a general hospital.
• 나는 병원에서 치료받고 있다.	I am under medical treatment.
• 의사의 치료를 받고 있다.	I am under the care of a doctor.
• 의사가 내 당뇨병을 치료했다.	The doctor treated me for my diabetes.
• 약물 치료를 하고 있다.	I am on medication. * medication 약물 치료
• 나는 항생제 치료를 계속해야 했다.	I needed to continue taking antibiotics. * antibiotics 항생물질

- 방사선 치료를 받았다. I received radiation treatment.
  I underwent radiological treatment.
  * radiation 방사선 | radiological 방사선의
- 링거 주사를 맞았다. I was given an intravenous drip.
  * intravenous 정맥의
- 1주일을 침대에 누워 있었다. I've been bedridden for a week.
  * bedridden 누워서만 지내는, 몸져 누워 있는
- 나는 수술에서 회복 중이다. I'm recovering from my operation.
- 내 입원 소식을 듣고 친구들은 깜짝 놀랐다. My friends were so surprised to hear of my admission to the hospital.
  * admission 입장, 입학, 입원
- 나는 2주 동안 병원에 입원해 있었다. I was hospitalized for a couple of weeks.
- 친구들이 병문안을 왔다. My friends visited me at the hospital.
- 그들은 내게 쾌유를 비는 카드를 주었다. They gave me a get-well card.
- 그들은 꽃과 먹을 것을 사 가지고 왔다. They brought some flowers and something to eat.

회복

- 곧 건강해졌으면 좋겠다. I hope I will get well soon.
- 상태가 좋아지기를 바라고 있다. I am hoping my condition will improve.
- 증세가 점점 좋아지고 있다. I am getting better and better.
- 상태가 눈에 띄게 좋아졌다. My condition has markedly improved.
  * markedly 현저하게, 눈에 띄게
- 의사가 효과적인 식이요법을 알려 주었다. The doctor let me know the effective dietary therapy.
  * dietary 음식의, 식이요법의 | therapy 치료, 요법
- 적절한 치료를 받는 것을 게을리 하지 않았다. I didn't neglect to have proper medical care.
  * neglect 무시하다, 방치하다, 게을리 하다
- 병이 나았다. I was cured of a disease.
- 의사의 치료 덕분에 완쾌되었다. I recovered completely, thanks to the doctor's treatment.
  * thanks to ~덕분에
- 의사의 치료하에 완전히 회복됐다. I had a complete recovery under the doctor's treatment.
- 병이 말끔히 나아 다시 건강을 회복했다. I got well again and rid of the illness completely.
  * get well 회복하다 | get rid of ~를 제거하다

- 병을 앓고 나서 다시 건강을 찾았다. — I regained my health after the illness.
- 완전히 회복되지는 않았다. — I didn't fully recover from my disease.
- 진료비를 냈다. — I paid the doctor's fee.
- 퇴원을 했다. — I left the hospital.
  I was released from the hospital.
  I was discharged from the hospital.
  * release[discharge] from ~으로부터 해방시키다, ~에서 퇴원시키다

한의원 치료

- 한의원에 갔다. — I went to a clinic for Oriental medicine.
  * oriental 동양의, 동양식의
- 한의사가 맥박을 쟀다. — The Oriental medical doctor checked my pulse.
- 침을 맞았다. — I had acupuncture done.
  * acupuncture 침술, 침 요법
- 그리 많이 아프지 않았다. — It didn't hurt so much.
- 한의원 치료는 부작용이 없어서 좋다. — I like Oriental herbal remedies since they have no side effects.
  * herbal 약 | remedy 치료, 의료 | side effect (약물의) 부작용
- 나는 감기에 걸리면 갈근탕을 먹는다. — When I have a cold, I take KalgunTang.
- 건강을 위해 일 년에 두 번 한약을 먹는다. — I take Oriental herbal medicine for my health twice a year.
- 엄마가 나를 위해 한약을 달이셨다. — My mom boiled down medical herbs for me.
- 한약은 너무 써서 싫다. — The Chinese medicine is so bitter that I don't like it.
- 요즘 나는 보약을 먹고 있다. — I'm taking some restorative medicine these days.
  * restorative 건강을 회복시키는

18 약

MEDICINE

약의 종류

시럽	syrup	소화제	peptic
알약	pill	제산제	antacid
가루약	powder	해열제	antipyretic, fever remedy
정제	tablet	진통제	painkiller
캡슐	capsule	항생제	antibiotic
연고	ointment	수면제	sleeping pill
반창고	adhesive tape	신경안정제	tranquilizer
붕대	bandage	좌약	suppository
해독제	antidote	안약	eye drops
소독약	antiseptic	보약	restorative medicine

처방전

• 처방전을 가지고 약국에 갔다.

I went to the pharmacy with the prescription.
* prescription 처방전

• 약사가 처방전대로 약을 지어 주었다.

The pharmacist filled the prescription.
* pharmacist 약사 | fill the prescription 처방전대로 조제하다

• 고통을 완화해 줄 약이 필요했다.

I needed some medicine to relieve my pain.

• 처방전 없이 약을 살 수 없었다.

I couldn't buy any medicine without a prescription.

• 처방전 없이 살 수 있는 약을 몇 가지 샀다.

I bought some over-the-counter medicine.
* over-the-counter 의사의 처방 없이 살 수 있는

• 그 시럽은 처방전 없이 살 수 있는 약이다.

The syrup is available over the counter.

• 약국에서 소독약, 붕대, 밴드를 샀다.

I bought a disinfectant, a bandage and band-aids at the drugstore.
* disinfectant 소독약, 살균제

• 우리는 약을 오용하거나 남용하면 안 된다.

We should not misuse or overdose on medicine.
* overdose on ~를 과다복용하다

약국

약국을 보통 drugstore라고 하는데, 미국에서 drugstore는 약뿐만 아니라 생필품과 식료품도 함께 파는 곳입니다. 우리나라에서처럼 약만 조제하고 판매하는 약국은 pharmacy입니다. 약국이나 약 봉지에 있는 'Rx'라는 의약품 상징은 질병과 액운으로부터 보호하는 부적 역할을 하는 것으로 Take this medicine.(이 약을 드시오.)라는 의미입니다.

복용법

- 약사가 복용법을 설명해 주었다. — The pharmacist explained the dosage.
  * dosage 복용법
- 약사가 약을 하루에 세 번 먹어야 한다고 했다. — The pharmacist said that I should take the medicine three times a day.
- 그는 식사하기 30분 전에 약을 두 알씩 먹으라고 말씀하셨다. — He told me to take two pills half an hour before each meal.
- 약사가 그 약은 씹어 먹으라고 했다. — The pharmacist told me to chew the medicine.
- 나는 가루약 먹기가 참 힘들다. — It is really hard for me to take powdered medicine.
- 나는 시럽보다 알약 먹기가 더 좋다. — It is better for me to take pills than syrup.
- 약을 6시간마다 먹었다. — I took the medicine every 6 hours.
- 그 약은 공복에 먹어야 했다. — I had to take the medicine on an empty stomach.
- 약이 매우 쓴맛이 났다. — The medicine tasted very bitter.
- 복용량을 줄여야겠다. — I need to reduce the dosage.

하루에 세 번

'한 번'은 once, '두 번'은 twice, 그리고 '세 번'부터는 [~ times]로 나타냅니다. 그래서 '세 번'은 three times, '백 번'이면 a hundred times 등으로 쓰면 되죠. '하루에 세 번'이라고 할 때, '하루에'라는 표현은 '~당', '~마다'의 뜻을 가진 each, per의 의미로 쓰인 부정관사 a/an으로 표현하여 a day로 써서 three times a day라고 하면 됩니다. '일주일에 다섯 번'은 five times a week, '한 달에 한 번'은 once a month, '일 킬로그램 당 백 원'은 100 won a kilogram이 됩니다.

약효

• 그 약을 먹으니 졸렸다.	The medicine made me drowsy. * drowsy 졸리게 하는, 졸린
• 그 약은 졸음을 일으켰다.	The medicine caused drowsiness. * drowsiness 나른함, 졸림
• 약을 먹고 좀 나아졌다.	After taking medicine, I felt better.
• 그 약을 먹으니 몸이 좀 나아졌다.	The medicine made me feel better.
• 그 약은 효과가 좋은 것 같았다.	The effect of the medicine seemed to be good.
• 그 약은 효과가 좋았다.	The medicine was effective.
• 그 약은 효능이 좋았다.	The effect of the medicine was good.
• 그 약을 먹자마자 효력이 나타났다.	The medicine worked on me instantly. * work on ~에 효험이 있다, 작용하다
• 그 약은 내게 즉각적인 효과를 나타냈다.	The medicine had an immediate effect on me.
• 그 약은 즉시 약효를 나타냈다.	The medicine showed its effect immediately.
• 그 약은 신기하게 잘 들었다.	The medicine worked like magic.
• 타이레놀 한 알이 두통을 말끔히 씻어 주었다.	One Tylenol cleared up my headache.
• 아스피린을 먹은 후 통증이 약해졌다.	After taking an aspirin, the pain decreased.
• 그것이 그 병에는 특효약이다.	It is a sovereign remedy for curing the disease. * sovereign 최상의, 효과가 아주 좋은
• 약의 부작용이 있었다.	There were side effects of the medicine.
• 그 약은 아무런 효과가 없었다.	The medicine had no effect.
• 문제가 심각하지 않을 때는 종종 민간치료법을 사용한다.	I often use home remedies when the problem is not serious.
• 좋은 약은 입에 쓰나 몸에는 좋다.	Good medicine is bitter to the mouth but of value for the body. * of value 귀중한, 중요한, 유용한
• 웃음이 약이다.	Laughter is the best medicine.

비타민제는 약인가요?

질병을 치료하기 위해서 먹어야 하는 약은 처방전이 있어야 살 수 있는데, 이런 약은 medicine이라고 합니다. 하지만 비타민제, 칼슘제, 철분제 등처럼 병 치료를 위한 것이 아니라 보조 영양제로 먹는 것은 dietary supplement라고 합니다.

ACHOO!

Monday, April 9. Cloudy

Mr. Cold, whom I haven't seen for some time, came back to me again. Mr. Cold is one of the characters of the cartoon diary series on the Internet. He is just like a human but instead of eyes, nose and mouth, he has 'a cold' on his face and his body is all blue. In the cartoon, he comes to the hero every winter.
Unfortunately, Mr. Cold came to me when I was preparing for the test. Yesterday, when I called my father, he said "Are you preparing for the test? If so, be careful not to catch a cold!" I have hardly ever caught a cold before a test. But this semester, I got a cold. Now I can't breathe well. In addition, I had a runny nose all day long and a terrible headache. I feel like I will blow the test. Oh! No way! I really want him to leave me as fast as he can.

에취!

4월 9일 월요일 흐림

오랫동안 자취를 감췄던 감기군이 돌아왔다. 감기군은 인터넷으로 연재되는 만화 일기의 한 캐릭터이다. 그는 사람 모양을 했지만 눈, 코, 입은 없고 얼굴에 감기를 가지고 있으며 온몸이 파란색이다. 그 만화에서 그는 매년 겨울마다 주인공에게 찾아온다.
불행히도 내가 시험 준비를 하고 있을 때 감기군이 찾아온 것이다. 어제 내가 아빠에게 전화를 하자 아빠는 "시험공부하고 있니? 그러면 감기에 걸리지 않도록 조심해라!" 라고 말씀하셨다. 시험 전에 감기에 걸리는 건 극히 드문 일인데, 이번 학기에는 감기에 걸리고 만 것이다. 지금은 숨쉬기도 어렵다. 하루 온종일 콧물이 흐르고 지독한 두통까지 생겨버렸다. 시험을 망칠 것 같은 기분이 든다. 아! 안 돼! 제발 하루라도 빨리 떠나줬으면 좋겠다.

NOTES
character 등장인물, 특성, 인격 | **be like** ~와 비슷하다, ~같다 | **instead of** ~대신에 | **unfortunately** 불행히도 | **hardly** 거의 ~않다 | **in addition** 게다가, 더구나 | **feel like** ~할 것 같은 기분이 든다 | **No way!** 그건 안 돼! | **as ~ as**+주어+**can** 가능한 한 ~하게

Do thou love life?
Then do not squander time;
for that's the stuff life is made of.

그대는 인생을 사랑하는가?
그러면 시간을 낭비하지 마라.
그게 바로 인생의 재료이니 말이다.

_Benjamin Franklin 벤자민 프랭클린

CHAPTER 13

학교생활

1. 학교
2. 수업
3. 공부
4. 시험
5. 성적
6. 선생님
7. 영어
8. 숙제
9. 학원 · 과외
10. 방학
11. 대학 입시
12. 대학 생활

01 학교

SCHOOL

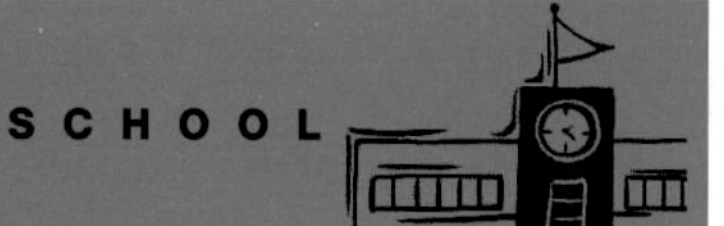

학교의 종류

유치원	kindergarten	상업고교	commercial high school
초등학교	elementary school	공업고교	technical high school
	primary school	농업고교	agricultural high school
중학교	junior high school	대안학교	alternative school
	middle school	전문대학	junior college
고등학교	high school	종합대학	university

학교 건물 내 시설

교실	classroom	학급	homeroom
교무실	teachers' office (staff's office)	교장실	principal's office
		양호실	sanatorium / school nurse's office
행정실	administration office		
상담실	guidance office	과학실	science lab
컴퓨터실	computer lab	시청각실	audio-visual room
어학실	language lab	영어전용구역	English only zone
음악실	music room	미술실	art room
가사실	home economics room	기술실	technology room
다목적실	multi-purpose room	멀티미디어실	multimedia room
회의실	conference room	도서관	library
자습실	study room	방송실	broadcasting room
동아리실	club classroom	숙직실	night duty room
인쇄실	printing room	강당	auditorium
체육관	gymnasium	기숙사	dormitory(dorm)
체력단련실	staff fitness center	학생회관	students' hall
교사휴게실	teacher lounge	학생휴게실	student lounge
식당	cafeteria	매점	school store / snack bar
현관	entrance hall	복도	hallway
놀이터 운동장	playground	운동장	field
관중석 (스탠드)	bleachers	화장실	rest room
음료수대	water fountain	계단	stairway
비상구 계단	fire escape(exit)	사물함	lockers
보관함	storage locker	교문	school gate
창고	warehouse	자전거 보관대	bicycle rack

학생 및 교직원

학생

유치원생	kindergartener
초등학생	elementary school student
중학생	middle school student
고등학생	high school student
1학년생	first grader
2학년생	second grader
3학년생	third grader
4학년생	fourth grader
5학년생	fifth grader
6학년생	sixth grader
대학생	college student
대학교 1학년생	freshman
대학교 2학년생	sophomore
대학교 3학년생	junior
대학교 4학년생	senior
신입생	freshman
졸업생	graduate
급우	classmate
학급반장	class president
학급부반장	class vice-president
학급회계	class treasurer
학급서기	class secretary
영어부장	chief of English class
동아리 대표	club representative
당번	student in charge
학생회 간부	Students' Council's staff
학생 대표	the president of students
동창	alumnus

교직원

교직원	school staff
교장	principal
교감	vice-principal
부장교사	head teacher
담임교사	homeroom teacher
양호교사	school nurse
사서교사	librarian
상담교사	school counselor
진로상담교사	guidance counselor
임시교사	substitute teacher
과학보조	science assistant
영양사	dietitian
조리사	cook
학교경비원	school guard

학교 교실 용품

교훈	school motto
교가	school song(alma mater)
바닥	floor
천장	ceiling
교단	platform
출석부	roll book
사물함	lockers
학급문고	class library
게시판	bulletin board
난방기	heater
중앙난방	central heating system
개별난방	individual heating system
냉방기	air conditioner
환기통	air vent
교과서	textbooks
칠판	blackboard / chalkboard
분필	chalk
칠판지우개	cloth(chalkboard eraser)
TV 장	TV cabinet
복사기	photocopier
분쇄기	paper shredder
선풍기	fan
블라인드	window blind
빔 프로젝터	beam projector
우산꽂이	umbrella stand

학교 활동 관련 표현

교내활동	in-school activities	장학금	scholarship
방과후 활동	after-school activities	방송	announcement
교육과정 외 활동	extracurricular activity	수업 시간표	class schedule
정규수업	regular class	장기자랑	talent show
보충수업	supplemental class	축제	school festival
부진아 보충수업	remedial class	입학식	entrance ceremony
교시	period	졸업식	graduation ceremony
쉬는 시간	recess	봉사활동	volunteer work
보강수업	make-up class	교내봉사	school service
우등생 특별수업	honors class	사회봉사	community service
필수과정 과목	required course subject	(벌로) 방과 후 학교에 남기	detention
선택과정 과목	elective course subject	성적표	report card
학생증	student identification card	성적증명서	transcript
학생규율	student discipline	재학증명서	certificate of student status:
교칙	school rules	졸업증명서	certificate of graduation
행동규정	code of conduct	봉사활동 기록부	volunteer service record
복장규정	dress code	봉사활동 확인서	community service completion form
교복	school uniform		
소풍	school trip		
견학	field trip		
수학여행	school excursion		

우리 학교

• 나는 고등학교에 다닌다.

I go to high school.
I attend high school.

• 나는 ~ 중학교 학생이다.

I am a ~ junior high school student.

• 나는 사립 학교에 다니고 있다.

I am attending a private school.
* private 사립의 (↔ public 공립의)

• 나는 고등학교 2학년 2반 2번이다.

I am in high school, 2nd grade, class 2, number 2.

• 나는 친구들과 놀 수 있어서 학교 가는 것을 좋아한다.

I like to go to school because I can play with my friends.

• 나는 공부하는 것이 싫어서 학교 가는 것이 싫다.

I hate to go to school because I don't like to study.

• 우리 학교는 폭력이 없어서 좋다.

It is good that there isn't any violence in my school.
* violence 폭행, 폭력

• 우리 학교는 폭력으로부터 안전하다. My school is safe from violence.

• 우리 학교는 어떤 때는 즐겁고, 어떤 때는 매우 힘들다. My school is sometimes enjoyable and sometimes very difficult.

하루 일과

• 우리 학교는 8시에 시작한다. My school begins at eight.

• 학교 수업은 아침 8시부터 오후 6시까지 있다. I have classes from 8 a.m. to 6 p.m.

• 우리는 매시간 10분씩 쉰다. We have a 10-minute break every hour.

• 4교시가 끝나고 한 시간 동안 점심시간이 있다. We have an hour for lunch after fourth period.

• 정규 수업은 하루 6시간이다. We have 6 regular classes a day.
* regular 정규의, 규칙적인

• 정규 수업이 끝나고 보충 수업을 받는다. After regular classes, I take a supplementary lesson.
* supplementary 보충의, 추가의

• 방과 후에는 학과 외의 특별 활동에 참여한다. After school, I take part in extracurricular activities.
* extracurricular 정규 과목 이외의, 과외의

• 5시 30분에 수업이 모두 끝난다. All of my classes are over at half past five.
All of my classes come to an end at five thirty.
* be over(=come to an end) 끝나다

• 오후 수업이 끝나고 함께 교실을 청소한다. After classes in the afternoon, we clean our classroom together.

• 나는 저녁 7시에 학교에서 돌아온다. I come home from school at seven in the evening.

• 오늘 학교에서 재미있었다. I had fun at school today.

• 나는 학교에서의 틀에 박힌 일과가 지겹다. I am tired of the same school routines.
* routine 일상, 틀에 박힌 일과

• 내일은 학교가 쉰다. I have no school tomorrow.

학교에 다니다

'학교에 다닌다'는 말은 school 앞에 관사를 쓰지 않고 go to school이라고 씁니다. 이처럼 go to work(일하러 가다), go to church(예배 보러 가다, 교회에 다니다), go to bed(잠자리에 들다), go to market(장보러 가다) 등과 같이 장소 앞에 관사를 쓰지 않는 경우가 있는데, 이는 그 장소 자체에 간 사실을 이야기하는 것보다는 그곳에 간 목적을 나타내는 표현입니다.

교칙

• 학교에서는 교복을 입어야 한다.	I have to wear a school uniform at school.
• 교복 재킷에 명찰을 단다.	I have my name tag on my school jacket.
• 우리 학교는 헤어스타일에 대해 교칙이 아주 엄격하다.	Our school has very strict rules about hairstyles.
• 머리를 짧게 해야 한다.	I have to keep my hair short.
• 염색이 허용되지 않는다.	I am not allowed to dye my hair.
• 머리 염색은 학교 규칙에 어긋난다.	Dying hair is against school rules. * against ~에 어긋나는, 거스르는
• 학교 건물 안에서는 슬리퍼를 신는다.	We wear mules in the school building. * mules 뒤축 없는 슬리퍼
• 실내화를 신고 교문을 나가면 안 된다.	It is not allowed to exit the school gate in indoor shoes. * exit 떠나다, 나가다
• 항상 학교 규칙을 지키려고 노력한다.	I always try to obey school rules.
• 가끔 학교 규칙을 어긴다.	I sometimes break school rules.
• 교칙을 어기면 벌점을 받는다.	If we violate school rules, we get black marks. * black mark 벌점

등교

• 우리 집은 학교에서 꽤 멀다.	My school is quite far from my house.
• 엄마가 차로 학교까지 데려다 주신다.	My mom drives me to my school.
• 엄마가 버스 정거장까지 태워 주신다.	My mom gives me a ride to the bus stop.
• 아빠가 학교 앞에 내려 주신다.	My dad drops me off in front of my school. * drop ~ off ~를 내려 주다
• 버스로 학교에 다닌다.	I go to school by bus.
• 나는 등교할 때 스쿨버스를 이용한다.	I take the school bus to school.
• ~에서 다른 버스로 갈아타야 한다.	I have to transfer to another bus at ~.
• 버스 환승할 때는 할인이 된다.	We can get a discount when we transfer.
• 자전거로 학교에 다닌다.	I go to school by bicycle.
• 우리 학교는 집에서 그리 멀지 않다.	My school is not far from my house.
• 걸어서 학교에 다닌다.	I walk to school.

- 학교 가는 길에 친구 집에 들렀다. I stopped by my friend's house on the way to school.
  * stop by ~에 들르다
- 우리 학교는 집에서 걸어서 2분 거리이다. My school is a two-minute walk from my house.
- 걸어서 다닐 수 있는 거리이다. It's within walking distance.

출석

- 늦잠을 자서 지각을 했다. I was late for school because I overslept.
- 늦어서 학교로 급히 뛰어갔다. I was late, so I rushed into the school.
- 다시는 지각을 하지 않겠다고 약속했다. I promised not to be late again.
- 교통이 막혀 지각했다. I was late because of the traffic jam.
- 지각을 하지 말라는 주의를 받았다. I was warned not to be late.
- 이제부터 시간을 잘 지킬 것이다. I will be punctual from now on.
  I will be on time from now on.
- 학교를 조퇴했다. I left school early.
- 학교가 끝나기 전에 집에 왔다. I went home before school was over.
- 수업 시간을 빼먹었다. I cut class.
  I skipped class.
  I played hooky.
- 학교에 결석했다. I was absent from school.
  I stayed away from school.
- 아무 이유 없이 학교에 가지 않았다. I skipped school for no reason.
- 며칠 동안 무단으로 학교를 결석했다. I was absent from school without notice for a few days.
  * notice 주의, 예고, 통지

걸어서 학교에 가요

'걸어서'라는 표현이 영어로 on foot라고 해서 '걸어서 학교에 간다'는 I go to school on foot.라고 할 수도 있지만, 더 영어다운 표현은 I walk to school.입니다. 또한 '자동차로 직장에 간다'는 I go to work by car.라고 하기보다는 I drive to work.라고 하는 게 좋습니다.

학적

- 올해 학교에 입학했다. I entered school this year.

• ~학교로 전학을 갔다. I transferred to ~ school.

• 한 학기를 휴학 중이다. I am taking a semester off.

• 곧 복학할 예정이다. I'll get back to school soon.

• 학교를 그만두고 싶다. I want to drop out.

• 학교를 그만두게 되었다. I got to leave school.

• 정학당했다. I got suspended from school.
* suspended 정지된, 정학당한

• 퇴학당했다. I was expelled from school.
* expel 쫓아내다, 몰아내다, 퇴학시키다

• 학교를 졸업했다. I graduated from school.

02 수업 CLASS

과목

국어	Korean	미술	art
한문	Chinese characters	가정	home economics
문학	literature	기술	manual training
윤리	ethics	체육	physical education
수학	mathematics	도덕	moral education
영어	English	영어독해	English reading comprehension
프랑스어	French	지구과학	earth science
일본어	Japanese	세계사	world history
중국어	Chinese	한국 근 · 현대사	Korean modern & contemporary history
독일어	German	철학	philosophy
과학	science	심리학	psychology
생물	biology	논술	essay writing
물리	physics	경제	economics
화학	chemistry	전산	computer science
지리	geography	농업	agriculture
역사	history	상업	commerce
사회	social studies	공업	industry
음악	music		

문구

문구	stationery	연필	pencil
문방구 가게	stationery store	연필깎이	pencil sharpener
문방구 주인	stationer	연필심	lead
가위	scissors	유리 테이프	cellophane tape, Scotch tape
각도기	protractor	유화 물감	oil paint
계산기	calculator	잉크통	reservoir
공책	notebook	접착테이프	adhesive tape
구멍 뚫는 기구	hole punch	제도연필	drawing pencil
그림물감	paints, colors	조각칼	chisel
도장	seal	줄자	tape measure
도화지	drawing paper	지우개	eraser
만년필	fountain pen	집게	paper clips
메모장	memo pad	책받침	pad to rest writing paper on
모눈종이	graph paper	칠판지우개	chalk eraser, blackboard eraser
몽당 연필	short pencil	컴퍼스	compass
복사용지	copying paper	크레용	crayon
볼펜	a ball-point pen	클립	clip
서예 붓	writing brush	파일 북	file, folder
그림 붓	paint brush	팔레트	palette
색연필	colored pencil	편지봉투	envelope
색종이	colored paper	편지지	letter paper, notepaper
샤프	mechanical pencil, automatic pencil	포장지	packing paper, wrapping paper
우표	stamp	풀	glue
수채 물감	watercolors	필통	pencil case
스케치북	sketchbook		
스테이플러	stapler		
압정	thumbtack		

출석 확인

- 선생님께서 출석을 부르셨다. — The teacher called the roll.
  * call the roll 출석을 부르다
- 선생님께서 학생들 출석을 확인하셨다. — The teacher checked the attendance of the students.
- 큰 소리로 대답했다. — I answered the roll loudly.
- 친구 대신 대답을 했다. — I answered the roll for a friend of mine.
- 선생님께서 눈치 채지 못하셨다. — The teacher didn't notice.
- 모든 학생이 출석했다. — All the students were present.

• 결석생이 없었다. There were no students absent.

• 학생 한 명이 결석했다. One student was absent.

• 선생님께서 그가 왜 결석했는지 우리에게 물으셨다. The teacher asked us why he was absent.

• 우리는 그가 결석한 이유를 몰랐다. We didn't know the reason for his absence.

수업

• 오늘 수학 수업은 매우 흥미로웠다. Today's math class was very interesting.

• 나는 수학을 잘한다. I am good at math.

• 나는 수리능력이 좋다. I have a good head for numbers.

• 수학에 관한 한 나는 많은 것을 알고 있다. When it comes to math, I am really on the ball.
* on the ball 빈틈없는, 잘 아는

• 나는 숫자 계산을 잘 못한다. I am poor at computing.
* be poor at ~를 잘 못하다 | computing 계산, 측정

• 문제를 풀었다. I solved the problems.
I worked out the problems.

• 나는 영어 수업을 듣는 것이 재미있다. It is fun for me to take English classes.

• 나는 영어를 제외하고는 모든 과목이 다 싫다. I dislike all subjects except English.

• 과학 시간에 화학 실험을 했다. We did a Chemistry experiment in science class.

• 오늘 사회 시간에는 종교적인 문제점에 대해 공부했다. In today's social study class, we studied religious problems.

• 체육 선생님께서 줄넘기 하는 법을 가르쳐 주셨다. My P.E. teacher taught us how to skip.

• 미술 시간에 만들기를 했다. We crafted things in art class.
* craft ~를 정교하게 만들다

• 미술 시간에 찰흙으로 동물들을 만들었다. I made animals of clay in art class.

• 나는 뭘 만드는 데 소질이 없다. I am poor at making things.

• 컴퓨터 선생님께서 인터넷에서 유용한 사이트를 이용하는 방법을 가르쳐 주셨다. My computer teacher taught us how to use useful sites on the Internet.

• 나는 인터넷에서 무언가를 검색하는 척하면서 친구들과 채팅을 했다. I pretended to look up something on the Internet and chatted with my friends.
* pretend to+동사원형 ~하는 체·하다

• 오늘 갑자기 쪽지 시험을 봤다. We had a pop quiz today.
* pop quiz 예고 없이 보는 시험

• 선생님께서 설명하실 때 선생님의 침이 얼굴에 튀었다.

While the teacher was explaining, his spit splattered on my face.

토론 수업

• 문제 해결 방법을 조별로 토론했다.

In groups, we discussed how to solve the problem.

• 오늘의 토론 주제는 종교에 관한 것이었다.

The subject of today's discussion was religion.

• 5명씩 조를 짜서 그 주제에 대해 토론을 했다.

We formed groups of five and had a discussion about the topic.

• 나는 토론에 적극적으로 참여했다.

I actively took part in the discussion.

⋆ take part in ~에 참석하다, 참여하다

• 우리는 정말 열띤 토론을 벌였다.

We had a really animated discussion.

⋆ animated 생기 있는, 활기에 넘치는

• 나는 그 문제의 중요성을 강조했다.

I emphasized the importance of the problem.

⋆ emphasize 역설하다, 강조하다

• 아무도 내 의견을 귀담아 듣지 않는 것 같았다.

I thought no one listened to my opinion.

• 그들은 내 생각에 동의하지 않았다.

They disagreed with my thoughts.

• 그것에 대한 의견을 더 듣고 싶었다.

I wanted to get a few more opinions about that.

• 다른 친구들의 의견을 귀 기울여 들었다.

I listened to other friends' opinions.

• 그들의 의견에 열심히 귀를 기울였다.

I was all ears to their opinions.

⋆ be all ears to ~에 귀를 기울이다

• 내 생각을 조리 있게 설명했다.

I explained my thoughts articulately.

⋆ articulately 또박또박 명확하게, 조리 있게

• 나는 그의 제안에 찬성했다.

I agreed on his proposal.
I approved of his proposal.
I consented to his proposal.
I was in favor of his proposal.
I went along with his proposal.
I gave the thumbs up to his proposal.

⋆ proposal 제안 | give the thumbs up ~에 찬성하다

• 우리는 만장일치로 그의 아이디어에 동의했다.

We unanimously agreed on his idea.

⋆ unanimously 만장일치로, 이의 없이

• 나는 그것에 전적으로 찬성했다.

I was all for that.

• 나는 그의 의견에 반대했다.

I opposed his opinion.
I objected to his opinion.
I was against his opinion.

I disagreed with his opinion.
I dissented from his opinion.
I gave the thumbs down to his opinion.

생각이나 의견 말하기

자신의 생각이나 의견을 나타낼 때는 문장의 앞에 I think, I believe, I guess를 덧붙여 쓰기도 하고, In my mind, (I think) ~(내 생각에는 ~인 것 같다), in my opinion(내 의견으로는), in my view(내 견해로는) 등을 이용하여 표현할 수 도 있습니다. '내 생각에는 그가 잘 해낼 것 같았다'고 하려면 In my mind, I thought he would be able to do well.이라고 하면 되죠.

발표 수업

• 다음 주에 발표할 것을 준비하고 있다.	I am preparing my presentation for the next week.
• 조사해야 할 자료가 많았다.	There were many materials to look into.
• 드디어 발표할 준비가 끝났다.	Finally I finished preparing the presentation.
• 발표 수업은 언제나 부담이 된다.	The presentation class is always overwhelming. * overwhelming 압도적인, 부담이 되는
• 나는 수업 시간에 전체 학급 앞에서 발표를 했다.	I gave a presentation in front of the whole class.
• 모두의 시선이 나에게 집중되었다.	All the eyes were focused on me.
• 웃음거리가 될까봐 걱정이 되었다.	I was afraid of making a fool of myself.
• 긴장되었지만 잘 해냈다.	I was very nervous, but I did well.
• 너무 초조해서 손이 떨렸다.	I was so nervous that my hands trembled.
• 너무 긴장되어서 입안이 바짝 말랐다.	I was so nervous that my mouth dried up.
• 자신감 있게 내 의견을 발표했다.	I expressed my opinion with confidence.
• 선생님 앞에서 발표하기가 참 어려웠다.	It was very difficult presenting in front of my teacher.
• 선생님이 내게 자신감을 더 가지라고 조언해 주셨다.	My teacher advised me to be more confident.

수업 이해하기

• 선생님께서 그 내용을 충분히 설명해 주셨다.	The teacher explained the content at length. * at length 충분히, 상세히

- 선생님의 설명을 잘 이해했다. I understood the teacher's explanation well.
- 선생님의 설명이 내겐 너무 어려워서 이해하지 못했다. The teacher's explanation was too difficult for me to understand.
- 처음에는 선생님께서 무슨 설명을 하시는지 이해할 수가 없었다. At first, I couldn't understand what the teacher explained.
- 선생님께서 요점을 자세히 설명해 주셨다. The teacher gave a full detail of the point.
  * give a full detail of ~를 자세히 설명하다
- 그가 한 말이 무슨 말인지 갈피를 잡을 수가 없었다. I wasn't able to get the point of what he said.
  * get the point of ~에 대해서 갈피를 잡지 못하다
- 그것을 이해할 수가 없었다. I couldn't understand it.
- 그것을 알아들을 수가 없었다. I couldn't follow it.
- 그 문제가 이해가 되지 않았다. I couldn't figure the question out.
  * figure ~ out 답을 생각해 내다, ~를 이해하다
- 내 능력 밖이었다. It was above my head.
- 의미를 파악할 수가 없었다. I couldn't catch the meaning.
- 내 이해력의 한계를 넘어선 것이었다. It was beyond my understanding.
- 모든 것이 이해가 되지 않았다. Everything was over my head.
  * over one's head 이해가 되지 않는
- 그가 무슨 말을 하는 지 전혀 알아들을 수가 없었다. I couldn't make out at all what he meant.
  * make out 이해하다
- 그 수업을 따라갈 수가 없었다. I couldn't catch up with the class.
- 선생님의 설명을 다시 듣고 나니 이해가 되었다. After listening again to the teacher's explanation, I understood it.

선생님께서 나누어 주시는 프린트

보충 학습을 위해 선생님께서 작성하여 주시는 복사물을 우리는 흔히 '프린트'라고 합니다. 원어민은 '프린트'라고 하면 무슨 말인지 이해를 못하죠. '프린트'라고 하지 않고 handouts 또는 printouts라고 해야 합니다.

수업 태도

- 선생님께서 말씀하시는 것에 집중하려고 노력한다. I try to keep my eye on the ball for what the teacher says.
  * keep one's eye on the ball 방심하지 않다, 집중하다
- 수업 시간 중에 친구들에게 장난을 쳤다. I played a trick on my friends during class.
  * play a trick on ~를 속이다, ~에게 장난치다

• 수업 시간에 옆 짝과 이야기를 했다. I talked to my partner in class.

• 선생님의 말씀에 주의를 기울이지 않았다. I didn't pay attention to the teacher.
I didn't listen attentively to the teacher.

• 교과서를 보는 척하면서 만화책을 읽었다. I read a comic book while pretending to read the textbook.

• 머리가 아파서 양호실에 갔다. I had a headache, so I went to the school nurse's office.

• 수업 시간에 주의가 산만했다. I got distracted in class.
* distract 흩뜨리다, 혼란스럽게 하다

• 나는 선생님의 지시를 따르지 않았다. I didn't follow the teacher's instructions.

내 말 잘 들어!

상대방에게 자신이 하고 있는 말을 귀 기울여 잘 듣도록 하거나 경고를 할 때 '내 말 잘 들어!'라고 하죠. 이를 Listen to me.라고 할 수 있지만, 좀 더 강한 의미를 나타내는 표현으로 Mark my words!라고 하는데 '내 말을 잘 표시해 두어라', 즉 '잘 새겨들어라'는 의미이죠. 수업 시간에 선생님께서 딴짓을 하는 학생들에게 또는 엄마가 아이들에게 무언가를 일러둘 때 할 수 있는 표현입니다.

졸음

• 수업 시간에 자지 않으려고 노력한다. I try not to fall asleep during class.

• 한 시간 내내 선생님의 설명을 듣고만 있으려니 졸음이 밀려 왔다. I got sleepy from just listening to the teacher's explanation during the whole class.

• 지루한 수업 때문에 너무 졸렸다. The boring class really put me to sleep.

• 수업 시간에 졸았다. I dozed during class.

• 깜빡 졸았다. I dozed off.

• 수업 시간 내내 졸았다. I dozed through my class.

• 졸음을 쫓으려고 애썼다. I tried to shake off my sleepiness.

• 지루해 죽을 뻔했다. I was bored to death.

• 수업이 끝나갈 무렵 잠이 들었다. Near the end of the class, I fell asleep.

• 잠이 들어서 중요한 부분을 놓쳤다. I missed the important part because I fell asleep.

• 수업 시작부터 끝까지 내내 잤다. I was sleeping from the beginning to the end of the class.

• 너무 졸려서 눈을 뜨고 있을 수가 없었다. I was so sleepy that I couldn't keep my eyes open.

• 뭔가 변화가 필요하다. I need something different.

a로 시작하는 형용사

'잠이 든다'고 할 때 fall asleep이라고 합니다. 이렇게 asleep처럼 a로 시작하는 형용사인 ashamed(수치스러운), awake(깨어 있는), afraid(두려워하는), alone(고독한), alive(살아 있는) 등은 동사 뒤에서 서술적 용법으로 보어로만 쓰이고 명사 앞에서 꾸며주는 역할을 하지 못합니다. 예를 들어, '잠자는 아이'는 asleep baby가 아니라 sleeping baby라고 해야 합니다.

칭찬

• 우리 선생님은 학생들이 착한 일을 하면 늘 칭찬해 주신다.	My teacher always speaks well of the students whenever they do something good.
• 담임 선생님께서 교실 청소를 잘한다고 칭찬해 주셨다.	My homeroom teacher praised me for cleaning the class well.
• 선생님께 칭찬을 들었다.	I was praised by the teacher.
• 그는 잘했다고 내 등을 두드려 주셨다.	He patted me on the back.
• 나에 대해 극찬을 해 주셨다.	He spoke highly of me.
• 나를 매우 칭찬해 주셨다.	He paid me a compliment. * compliment 칭찬, 경의
• 내가 시간을 잘 지킨다고 칭찬해 주셨다.	He praised my punctuality. * punctuality 시간 엄수, 정확함
• 칭찬의 말을 들으니 기분이 좋았다.	It felt good to hear words of praise.
• 칭찬을 받자 나는 기분이 우쭐해졌다.	When I was praised, I felt proud.
• 그분은 우리에게 칭찬을 함으로써 항상 용기를 북돋아 주신다.	He always cheers us up by praising us.

칭찬은 고래도 춤추게 한다

사람을 기분 좋게 하는 '칭찬하다'의 의미를 나타내는 동사로는 praise, compliment, speak well of ~, speak highly of ~, applaud 등이 있습니다. '고래도 칭찬받으면 춤춘다'고 하는데, 이는 Whales dance when praised.라고 할 수 있겠네요.

꾸중 · 벌

• 선생님께 꾸중을 들었다.	I was scolded by the teacher.
• 나는 나쁜 행동으로 호된 꾸지람을 받았다.	I was bawled out for my misbehavior. * bawl out 호통치며 꾸짖다

- 선생님께서 지각한 학생들을 혼내셨다. The teacher scolded students for being late.
- 담임선생님께 거짓말을 해서 꾸중을 들었다. I was scolded for having lied to my homeroom teacher.
- 꾸지람을 받아서 부끄러운 생각이 들었다. I felt ashamed that I had been scolded.
- 우리 선생님은 문제 학생을 매로 때리신다. My teacher gives troublemakers the stick.
  * troublemaker 말썽꾸러기, 문제아
- 선생님께서 회초리로 손바닥을 때리셨다. The teacher hit me on the palm with a stick.
  * palm 손바닥
- 선생님께 종아리를 맞았다. I was whipped on the calves by the teacher.
  * whip 채찍질하다, 매로 때리다
- 나는 선생님과 문제가 많다. I have many problems with my teacher.
- 수업 시간에 떠들어서 미술 선생님께 벌을 받았다. My art teacher punished me for talking in class.
- 그는 우리의 잘못을 바로잡기 위해 벌을 주셨다. He punished us to correct our misbehavior.

선생님의 질문

- 선생님께서 우리에게 질문을 하나 하셨다. My teacher asked us a question.
- 선생님의 질문에 대한 정답을 알고 있었다. I had the right answer to the teacher's question.
- 자신감 있게 그 질문에 대답했다. I answered the question with confidence.
- 선생님의 모든 질문에 정확한 답을 하고 싶었다. I wanted to answer all the teacher's questions correctly.
- 내 대답은 모든 점에서 정확했다. My answer was accurate in every detail.
- 정답을 해서 선생님께 칭찬을 받았다. I was praised by the teacher for the right answer.
- 기분이 너무 좋았다. I felt so good.
- 선생님의 질문에 대답을 못했다. I didn't answer the teacher's question.
- 틀린 대답을 했다. I gave the wrong answer.
- 선생님께서 다른 학생에게 대답할 기회를 주셨다. The teacher gave another student a chance to answer it.
- 나는 어려운 질문으로 선생님을 곤란하게 만들었다. I annoyed my teacher with hard questions.

말썽꾸러기

어디를 가나 말썽꾸러기가 있어서 문제를 일으키는데, 그런 '말썽꾸러기'를 troublemaker라고 합니다. 또한 집에서도 엉뚱한 짓을 잘하는 골칫거리 아이가 있죠. 이런 '집안의 문제아'는 black sheep이라고 합니다.

우등생

- 나는 그가 다른 학생들보다 월등히 뛰어나다고 생각한다. I think he is much better than the other students.
- 나는 그의 영리함의 비결이 무엇인지 궁금하다. I wonder what his secret is to being smart.
- 그는 걸어다니는 백과사전이다. He is a walking encyclopedia.
- 그는 다른 학생들보다 뛰어난 것 같다. He seems to be a cut above the other students.
  * a cut above ~보다 한 수 위
- 그는 성취동기가 강하다. He is highly motivated.
- 그는 정말 열심히 공부하는 학생이다. He is a really hardworking student.
- 그는 선생님께서 예뻐하는 학생이다. He is the teacher's pet.
  * teacher's pet 권위자의 환심을 산 사람, 선생님의 마음에 든 학생
- 때때로 그의 대답은 이치에 맞지 않기도 했다. Sometimes his answers didn't make sense.
- 그는 뭐든지 아는 체한다. He is a real know-it-all.
  * know-it-all 아는 체하는 사람
- 그는 모든 것을 아는 듯이 말한다. He talks as though he knew all about it.

문제 학생

- 그는 학교에서 자주 문제를 일으킨다. He is a troublemaker at school.
- 그는 항상 수업 시간에 늦는다. He is always late for class.
- 그는 밥 먹듯이 결석을 한다. He doesn't appear at school so often.
- 그는 가끔 수업을 빼 먹는다. He skips class once in a while.
- 그는 오후 수업을 땡땡이쳤다. He cut the afternoon classes.
- 그는 기분이 나쁘면 친구들을 때린다. When he feels bad, he hits his friends.
- 그는 수업 시간에 큰 소리로 떠든다. He talks loudly during class.
- 그는 복도를 뛰어다닌다. He runs in the hallway.
- 그는 선생님들의 지시를 무시한다. He disregards the teachers' instructions.
- 그는 자주 학교를 빠진다. He often is absent from school.
- 그는 절대 숙제를 하지 않는다. He never does his homework.
- 그는 자기 하고 싶은 대로 한다. He does what he likes.
- 그의 행동은 거칠다. He runs wild.
  * run wild 행동이 거칠다, 난폭하다
- 그는 무엇이든지 제멋대로이다. He does everything his own way.

- 그는 항상 문제를 일으킨다. He is always getting into trouble.
- 그는 선생님께 말대꾸를 자주 한다. He often talks back to the teachers.
  * talk back 말대꾸하다
- 그는 타고난 반항아인 것 같다. He seems to be a born rebel.
  * born 선천적인, 타고난 | rebel 반항아, 반역자

03 공부

STUDYING

공부

- 학교에서 공부를 잘한다. I do well in school.
- 학교에서 공부를 못한다. I do poorly in school.
- 공부를 게을리 했다. I neglected my studies.
- 중학생 시절에 공부를 열심히 하지 않았다. I did not study hard when I was a junior high school student.
- 수학을 공부하려고 책을 폈다. I opened the book to study math. I cracked the book to study math.
  * crack the book 책을 펴다, 공부하다
- 숙제 내준 문제들을 풀었다. I worked on the take-home test.
- 영어를 복습했다. I brushed up on English.
  * brush up 공부를 다시 하다, 복습하다
- 가끔 예습을 한다. I preread my lessons once in a while.

공부를 잘한다

study가 '공부하다'라는 뜻이라고 해서 공부를 잘한다는 표현을 study well이라고 하면 안 됩니다. study well이라고 하면 좋은 자세로 열심히 공부를 잘한다는 말이죠. 학습 내용을 잘 받아들여 성적이 좋다는 의미의 공부를 잘한다는 말은 I do well in school.이라고 합니다. 반대로 공부를 못하는 경우는 I do poorly in school.이라고 합니다.

공부에 대한 다짐

• 공부를 열심히 해야겠다고 다짐했다.	I made a decision to study hard.
• 부모님을 기쁘게 해드리기 위해 열심히 공부를 해야 한다.	I have to hit the books to please my parents. ⋆ hit the books 열심히 공부하다
• 지금부터 열심히 공부할 것이다.	I will keep my nose to the grindstone from now on. ⋆ keep one's nose to the grindstone 힘써 공부하다
• 학생으로서 해야 할 일이 많다.	As a student, I have many things to achieve.
• 노력해서 해로운 것은 없는 것 같다.	It seems that trying wouldn't do any harm.
• 많은 내용을 외우려고 노력했다.	I tried to learn a lot of information by heart.
• 각 과목 공부를 철저히 하는 것이 중요하다고 생각한다.	I think it is important to master each subject.
• 아는 것이 힘이다.	Knowledge is power.
• 공든 탑이 무너지랴!	Hard work is never wasted.
• 구르는 돌에는 이끼가 끼지 않는다.	A rolling stone gathers no moss.
• 뿌린 대로 거둔다.	As a man sows, so shall he reap.

hit과 함께하는 표현

hit the books는 '열심히 공부하다'라는 의미인데, 이처럼 hit과 함께 쓰이는 표현으로는 hit the road(길을 떠나다), hit the sack/hit the pillow(잠자러 가다), hit the slope(스키 타다), hit the bottle(술 마시다) 등이 있습니다.

공부하라는 말씀

• 엄마는 공부에 대해 계속 잔소리를 하신다.	My mom keeps nagging me about studying.
• 엄마의 끊임없는 잔소리에 짜증이 난다.	I am irritated by my mom's constant nagging.
• 가끔은 솜 마개를 해서라도 귀를 틀어막고 싶다.	I sometimes want to have cotton wool in my ears.
• 부모님은 늘상 내게 공부하라고 하신다.	My parents are always on my back to study. ⋆ be on one's back ~를 괴롭히다
• 엄마는 내가 무얼 하는지 항상 나를 지켜 보신다.	My mom always keeps her eye on what I do. ⋆ keep one's eye on ~를 지켜보다, 감시하다
• 부모님께서 돌아다니지 말고 공부 좀 하라고 하셨다.	My parents told me not to fool around and just to study.
• 부모님들의 설교를 더 이상 듣고 싶지 않았다.	I didn't want their lecture any longer. ⋆ lecture 강의, 설교, 훈계

• 부모님이 나를 그냥 혼자 내버려 두셨으면 좋겠다.	I want my parents to leave me alone. * leave ~ alone ~를 내버려두다, 방해하지 않다
• 부모님은 나에게 할 수 있는 한 열심히 공부하라고 말씀하셨다.	My parents asked me to study as hard as I could.
• 부모님은 다음 시험에는 더 열심히 공부하라고 하셨다.	My parents told me to work harder for the next examinations.
• 그들의 기대를 저버리지 않도록 학업에 열중할 것이다.	I will work hard so as not to let them down.
• 부모님을 실망시켜 드리지 않도록 학업에 열중할 것이다.	I will work hard so as not to burst my parents' bubble. * burst one's bubble ~의 희망을 깨다, ~를 실망시키다

learn과 study는 달라요

study는 수학이나 사회 같은 특정 과목을 배우는 '공부하다'의 의미이며, learn은 운전이나 수영하는 방법 등과 같은 어떤 기술이나 방법을 경험을 통해서 배우는 것을 의미합니다. '하루에 한 시간씩 영어를 공부한다'는 I study English one hour a day., '기타 치는 것을 배우고 싶다'는 I want to learn to play the guitar.라고 해야겠죠.

04 시험

EXAMS

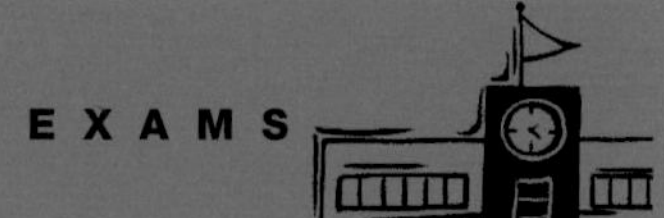

각종 시험

• 우리는 1년에 네 번 시험을 치른다.	We have examinations four times a year.
• 우리는 학기마다 중간 및 기말 시험을 치른다.	Each semester, we have midterm and final exams.
• 다음 주에 중간고사가 시작된다.	The midterm exams begin next week.
• 시험이 바로 코앞이다.	Exams are at hand. Exams are around the corner.
• 중간고사가 다가온다.	Midterms are coming up.
• 오늘 성취도 평가가 있었다.	Today we had achievement tests.
• 모의고사를 보았다.	We had a mock test. * mock 모의의, 가짜의

• 수학(과목)을 재시험 봐야 한다. I have to take a make-up test in mathematics.

시험 공부

• 시험 준비로 매우 바빴다. I was very busy preparing for the test.

• 시험을 보기 전에 배운 것을 복습해야 한다. Before the exam, I need to review what we learned.

• 시험에서 좋은 성적을 거두도록 최선을 다해야겠다. I need to do my best to get good grades on my exams.

• 시험에 대비해서 평소보다 더 열심히 공부했다. I studied for the exam harder than usual.

• 쉬지도 않고 열심히 공부했다. I studied hard without any break.

• 저녁 식사 후에 하루에 4시간씩 공부했다. I studied for four hours a day after dinner.

• 시험에 대비해서 벼락치기로 공부를 했다. I crammed for the examination.
* cram 벼락치기로 공부하다

• 막판에 가서 공부를 시작했다. I began to study at the last minute.

• 벼락치기는 좋은 공부 방법이 아니라는 것을 알고 있었지만 어쩔 수 없었다. I knew cramming was not a good way to study, but I couldn't help it.

• 밤늦도록 공부를 했다. I studied till late at night.
I burned the midnight oil.

• 밤늦도록 잠을 자지 않고 공부했다. I stayed up late at night studying.

• 시험에 대비해 밤새 복습을 했다. I stayed up all night for reviewing for the exam.

• 하루 온종일 놀지도 않고 공부만 했다. I spent all day studying without playing.

• 우선 교과서를 훑어보았다. First of all, I glanced at my textbook.
* glance at ~를 흘긋 보다, 대강 훑어보다

• 지금까지 두 문제밖에 풀지 못했다. I've only finished two exercises so far.

• 많은 것들을 외웠다. I memorized many things.

• 시험은 내게 많은 스트레스를 준다. The exams stress me out.
The exams give me a lot of stress.

• 시험 때문에 스트레스를 많이 받았다. I was very stressed a lot because of the exams.

• 자고 싶은 생각이 간절했다. I was dying to go to bed.
* dying to+동사원형 매우 ~하고 싶어 하는

• 동생이 엄청 시끄럽게 해서 공부에 집중이 잘 안됐다. I had trouble concentrating on studying because my brother was making so much noise.
* concentrate on ~에 집중하다

• 열심히 공부하는 척했다. I pretended to study hard.

• 무슨 공부를 어떻게 해야 할지 모르겠다. I don't know what to study or how to study.

- 선생님 설명을 더 잘 들었어야 했다. I should have listened to the teachers' explanation more carefully.
- 시험을 잘 보면 부모님께서 새 컴퓨터를 사 주시겠다고 약속하셨다. My parents promised me a new computer if I did well on my test.
- 부모님께서 약속을 지키시기 바란다. I hope they will keep their promise.

어떻게 듣느냐에 따라 ~

선생님이나 부모님의 말씀을 잘 들으면 자다가도 떡이 생긴다는데, 그분들의 말씀은 그냥 듣는 게 아니라 귀 기울여 들어야 하죠. 그냥 들려오는 소리를 듣게 되는 것은 hear, 귀를 기울여 잘 들으려고 하는 것은 listen to를 써야 합니다. 예를 들어, 지나가다가 어디에선가 들려오는 라디오 소리를 들었다면 hear를, 잠을 자기 전에 좋아하는 라디오 프로그램을 듣는다면 listen to로 씁니다.

시험 보기 전

- 시험 보기 전에 매우 긴장되었다. I was very nervous before the exams.
- 어제부터 긴장해 있었다. I have been very nervous since yesterday.
- 나는 시험 보기 전에는 머리를 감지 않는다. I don't wash my hair before taking exams.
- 긴장을 풀려고 노력했다. I tried to stay relaxed.
- 시험 때문에 매우 초조했다. I had butterflies in my stomach because of the exams.
  * have butterflies in one's stomach 조마조마하다
- 가슴이 두근거렸다. My heart was pounding.
- 너무 긴장돼서 한숨도 못 잤다. I was so tense that I couldn't sleep a wink.
- 숨을 깊이 들이쉬었더니 긴장을 푸는 데 도움이 되었다. Taking deep breaths helped me relax.
- 마음을 편히 하고 시험에 임할 것이다. I will take the exams at ease.
  * at ease 마음 편하게, 여유 있게
- 시험 전에 노트를 훑어보았다. I looked over the notebooks before the test.
- 나는 커닝 페이퍼를 준비했다. I prepared a cheat sheet.

시험을 보다

'시험을 본다'고 할 때, '보다'라고 해서 무조건 동사 see를 쓰지 않습니다. 시험을 보는 것은 시험지만을 쳐다보는 것이 아니라 문제를 푸는 것까지 포함된 의미이므로 '시험을 치루다'라는 표현을 써야겠지요. 그래서 '시험을 보다', '시험을 치루다'는 동사 take나 have를 사용해서 take/have an exam이라고 합니다.

시험 시간

- 시험을 보았다. — I sat for an exam. / I had an exam. / I took an exam.
- 영어 시험을 봤다. — I had an English exam. / I had an exam in English.
- 오늘은 내게 중요한 날이었다. — Today was crucial for me.
  * crucial 중요한, 결정적인
- 오늘 시험 과목은 윤리, 체육, 국어, 물리, 지리였다. — Today's test subjects were ethics, physical education, Korean, physics and geography.
- 시험에서 한 번 커닝해 본 적이 있다. — I cheated once on an exam.
  * cheat 커닝하다, 속이다, 사기 치다
- 우리 학교는 두 분의 선생님께서 시험 감독을 하셨다. — Two teachers proctored the exams in my school.
- 시험 중에 한 학생이 다른 학생에게 답을 알려주다가 적발되었다. — One student was caught giving another student the answers during the exam.
- 모르는 문제가 많아서 커닝을 하고 싶었다. — I wanted to cheat, because I had many questions that I didn't know the answers to.
- 시험을 보는 중에는 이야기하는 것도, 둘러보는 것도 그리고 커닝하는 것도 허용되지 않았다. — We were not allowed to talk, turn around, or cheat during the exams.
- 최선을 다해 문제를 풀었다. — I did my best while answering the questions.
- 능력을 최대한 발휘해서 시험에 임했다. — I took the exams to the best of my ability.

커닝

우리가 흔히 말하는 '컨닝'은 외래어로, 우리말 표준어로는 '커닝'이라고 씁니다. '커닝'은 cunning에서 나온 말인데 이는 '교활한', '악질인'이라는 형용사로, 시험 중 부정행위를 한다는 커닝의 의미를 나타내는 말이 아닙니다. '커닝하다'라는 표현은 cheat를 사용하며, '커닝'이라는 뜻의 명사로는 cheating이라고 해야 합니다. '그가 커닝했다'라고 하려면 He was cunning.이 아니라 He was cheating.이라고 합니다.

시험 문제

- 정답을 몰라서 답을 찍어야 했다. — I had to guess on questions because I didn't know the correct answers.
  * guess 추측하다, 추정하다
- 되는 대로 답을 선택했다. — I chose the answers at random.
  * at random 임의대로, 되는 대로

- 운 좋게도 그 답이 맞았다. Luckily, the answer was right.
- 그 문제가 시험에 나왔다. The question was asked in the exam.
- 예상했던 것보다 시험이 쉬웠다. The exam was easier than I expected.
- 시험이 내가 예상했던 것과는 많이 달랐다. The exam was much different from what I expected.
- 빈칸 채우기 문제가 몇 개 나왔다. There were a few fill-in-the-blank questions on the test.
- 대부분의 문제는 선다형 문제였다. Most questions were multiple-choice.
  * multiple-choice 선다형의
- 정답을 찾기 위해 면밀히 살펴보았다. I had a close look in order to find the answers.
- 함정이 있는 문제를 틀렸다. I missed the tricky question.
  * tricky 속이는, 교묘한
- 몇 문제는 내 능력 밖이었다. Some questions were beyond my ability.
- 그 문제는 너무 어려워서 풀 수가 없었다. The question was too difficult for me to solve. The question was so difficult that I couldn't solve it.
- 그 문제는 내가 풀 수 없는 문제였다. I couldn't answer the question.
- 그 문제는 내 능력 밖이었다. My ability fell short of the question.
  * fall short of ~에 미치지 못하다
- 수학 문제를 푸는 데 매우 어려웠다. I had difficulty in solving the math questions.

시험 끝

- 시간 가는 줄 몰랐는데 시간이 다 됐다. Before I knew it, the time was up.
- 시간 안에 문제를 다 풀지 못했다. I couldn't finish my exam on time.
- 서둘러 답안을 작성했다. I filled out the answer sheet in a hurry.
- 남은 시간을 확인하지 못해서 몇 문제를 놓쳤다. I didn't check the time left, so I missed some questions.
- 오늘이 시험 마지막 날이었다. Today was the last day of exams.
- 최선을 다했다. I did my best.
- 시험이 끝나서 약간의 휴식을 취할 수 있었다. Now that the exams were over, I could relax a little.
  * now that ~이므로 (=since)
- 시험이 끝나니 홀가분했다. After the exams, I felt free.
- 시험이 끝나서인지 긴장이 풀렸다. I was so relieved because the exams were over.
  * relieved 긴장을 푼, 안도한
- 시험이 다 끝나니 이제 숨 좀 쉴 것 같다. I can breathe now that my exams are all over.
- 이제 밤에 푹 잘 수 있다. Now I can sleep more soundly at night.

시험 결과

• 시험을 잘 봤다.	I did well on the exam.
• 시험에 합격했다니 운이 좋았다.	I lucked out to pass the test.
• 시험을 망쳤다.	I blew the exam. I messed up on the exam. I did terribly on the test. I screwed up on my exam.
• 수학 시험을 망쳤다.	I failed my math test.
• 수학 시험에서 낙제했다.	I flunked my math exam. * flunk 실패하다, 낙제하다
• 다음에는 최선을 다해 더 잘할 것이다.	I'll do my best to do better next time.
• 시험에서의 성공이 운에 달려 있다는 내 생각이 잘못됐다는 것을 알았다.	I found it wrong to think that success on an examination depends on chance. * depend on ~에 달려 있다
• 시험 결과가 오늘 나왔다.	The exam results came out today.
• 다음 주에 성적표를 받게 될 것이다.	I will get my report card next week.

05 성적 GRADES

성적

• 성적이 좋았다.	I made good grades in my studies.
• 나는 학급에서 성적이 제일 좋다.	I am first in my class.
• 내가 일등을 했다.	I rank highest in my class.
• 내가 우리 반에서 일등이다.	I am at the top of my class.
• 나는 일년 내내 일등을 했다.	I have been at the top of my class for one year.
• 나는 다른 학생들보다 월등하게 뛰어나다.	I am head and shoulders above the other students. * head and shoulders above 월등한
• 과학 시험에서 만점을 받았다.	I got a perfect score on my science test.

- 수학시험은 100점 만점에 90점을 맞았다. I got 90 points out of 100 on the math test.
- 영어 성적이 좋았다. I did well in English.
- 영어에서 좋은 점수를 받았다. I got a good grade in English.
- 한 문제만 틀렸다. I missed just one question.
- 학급에서 2등을 했다. I am second in my class.
- 나는 우등생이다. I have honors in my class.
  * honor 우등, 우승, 명예
- 이번 학기에 나는 성적표에 대부분 A를 받았다. This semester I got mostly A's on my report card.
- 성적 우수 장학금을 받았다. I got an academic scholarship.
- 내가 성적표를 보여 드릴 때 우리 부모님은 만족해 하셨다. My parents felt contented when I showed them my report card.
- 내 성적은 그저 그렇다. I have fair grades.
  * fair (성적이) 나쁘지 않은, 보통인
- 나는 평균 성적이다. I have average grades.
- 나는 우리 반에서 성적이 중간쯤이다. I rank in the middle of my class.
  * rank 정렬시키다, 서열이 ~이다
- 내 성적은 평균에 못 미친다. I am below average.
- 학교에서 공부를 잘 못한다. I am doing poorly in school.
- 학교에서 성적이 떨어지고 있다. I am getting poor grades in school.
- 나는 영어 성적이 나빴다. I didn't do well in English.
- 영어에서 나쁜 점수를 받았다. I got a poor grade in English.
- 영어에서 50점밖에 못 맞았다. I only got a 50 in English.
- 생각했던 것만큼 잘하지 못했다. I didn't do as well as I expected.
- 물리와 지리는 엉망이었다. I did terribly in physics and geography.
- 나는 우리 반 아이들보다 훨씬 뒤떨어진다. I am far behind my classmates.
- 나는 우리 반에서 꼴찌다. I got the worst grade in my class.
- 공부를 열심히 하지 않으니 성적이 나쁜 것은 당연하다. It's natural that my grades are poor because I don't study hard.
- 나는 성적표를 부모님께 보여 드리지 않았다. I didn't show my report card to my parents.
- 우리 부모님에게 가장 중요한 것은 성적인 것 같다. The most important thing to my parents seems to be my grades.
- 다른 아이와 비교되는 것이 정말 싫다. I really hate to be compared with others.

- 나는 기억력이 나쁜 것 같다.

I think I have a bad memory.
I think I have a head like a sieve.
* have a head like a sieve 기억력이 나쁘다, sieve는 '조리, 체'

- 성적을 올려야만 한다.

I need to improve my grades.

- 행복은 성적순이 아니다.

Happiness doesn't always depend on the rank of the grades.

최고야! 최악이군!

1등의 성적표를 받았다면 기분은 최고입니다. It couldn't be better., 즉 '더할 나위 없이 좋다'는 말이죠. 꼴찌의 성적표를 받고 나서의 기분은 최악이겠군요. It couldn't be worse.는 '더 이상 나빠질 수 없을 정도로 최악의 상태이다'라는 표현입니다. 어떤 표현을 말하고 싶으신가요? '최고야!'를 외칠 수 있도록 학업에 정진하는 게 좋겠죠.

성적이 오르다

- 이번 학기 성적이 내가 생각했던 것보다 훨씬 좋아서 매우 기쁘다.

I am very glad that my grades this semester were much better than I thought they would be.

- 이번 학기에 성적이 올랐다.

My grades have improved this semester.

- 성적이 점점 좋아지고 있다.

My grades are improving.

- 성적은 얼마나 열심히 공부하느냐에 달려 있다고 생각한다.

I think my grades depend on how hard I study.

- 성적이 오른 것에 만족한다.

I am satisfied with my improved grades.

- 나는 학교 성적이 중간 이상은 된다.

Now my school grades are above average.

06 선생님 TEACHERS

좋아하는 선생님

- 선생님들은 내가 기대했던 것보다 더 다정하시다.

The teachers are friendlier than I expected.

- 우리 수학선생님은 정말 훌륭하시고 멋지시다. — My math teacher is excellent and looks handsome.
- 나는 실력 있는 선생님이 더 좋다. — I prefer a competent teacher.
  - * competent 적당한, 유능한
- 우리 영어선생님은 수업 중에 학생에게 엄하시기도 하시고 다정하시기도 하다. — My English teacher is at once stern and tender with his students during class.
  - * at once ~ and ... ~하기도 하고 …하기도 하다
- 그 선생님이 재미있고 다정하셔서 나는 그분을 좋아한다. — I like the teacher because he is funny and friendly.
- 그분은 내가 본받고 싶은 분이다. — He is my role model.
  - * personal 개인적인, 사람의 | model 모범, 본보기
- 많은 학생들이 그분을 존경한다. — Plenty of students look up to him.
- 그분은 많은 학생들에게 존경을 받는다. — He is well respected by a lot of students.
- 나는 그 선생님에게 빠져 있다. — I have a crush on the teacher.
  - * have a crush on ~에 홀딱 반하다
- 그 선생님은 유머 감각이 있으셔서 학생들 사이에서 인기가 좋으시다. — The teacher is popular among students because of his sense of humor.
- 그 선생님은 우리에게 옳은 일의 중요성을 가르쳐 주셨다. — The teacher taught us the importance of doing the right thing.
- 그 선생님은 아주 좋으신 분이다. — He is as good a teacher as can be.
  - * as ~ as can be 더할 나위 없이 ~한
- 그 선생님은 꽤 진보적이시다. — The teacher is quite progressive.
- 그는 선생님으로서 충분한 자격을 갖추고 있다. — He is very qualified as a teacher.
  - * qualified 자격 있는, 적당한, 적임의
- 선생님은 우리에게 좋은 영향을 주셨다. — The teacher has had a good influence on us.
  - * have an influence on ~에 영향을 끼치다

싫어하는 선생님

- 그 선생님은 점수를 줄 때 매우 까다로우시다. — The teacher is very strict in his grading.
- 그 선생님은 아주 보수적이시다. — The teacher is so conservative.
- 선생님이 너무 엄해서 학생들이 모두 겁먹고 있다. — The teacher is so stern that all students are frightened.
  - * stern 엄격한, 단호한
- 우리 담임선생님은 매우 모지시다. — My homeroom teacher is really cruel.
  - * cruel 잔인한, 잔혹한, 모진
- 우리 담임선생님은 일찍 끝내 주시지 않는다. — My homeroom teacher doesn't let us go early.

- 그 선생님은 항상 우리를 짜증나게 한다. The teacher always annoys us.
- 그 선생님은 우리에게 자주 벌을 주신다. The teacher often punishes us.
- 그 선생님은 우리를 지루하게 하신다. The teacher bores us.
- 그 선생님은 학생들의 인사를 잘 받지 않으신다. The teacher doesn't accept students' bow tactfully.
  * tactfully 적절히, 재치 있게
- 그 선생님은 우리의 잘못을 자주 지적하신다. He often points out our faults.

스승의 은혜

- 선생님의 지도에 감사드린다. I am grateful for my teachers' guidance.
- 선생님께서 내게 해 주신 것에 대해 진심으로 감사드린다. I really appreciate what the teacher has done for me.
- 지금의 나는 선생님들 덕분이라고 생각한다. I think I owe what I am to my teachers.
  * owe ~ to ... ~를 …의 덕택으로 알다
- 선생님들께 어떻게 감사의 표시를 해야 할지 모르겠다. I don't know how to express my gratitude to my teachers.
  * gratitude 감사의 마음
- 졸업 후에도 선생님들을 찾아 뵐 것이다. Even after graduation, I will visit my teachers.

07 영어

영어

- 영어는 국제 언어로 사용되므로 반드시 공부해야 한다. It is necessary to study English because English is used as the international language.
- 어디에서나 영어가 필수인 것 같다. English seems to be required everywhere.
  * required 요구되는, 필요로 하는, 필수의
- 나는 5년 넘게 영어를 공부해 오고 있다. I have been studying English for more than 5 years.
- 영어 공부에 관한 한 나는 정말 문외한이다. I am clueless, when it comes to learning English.
  * clueless 무지의, 무식한 | when it comes to ~에 관한 한

- 알파벳만 봐도 머리가 어질어질하다. | My head is swimming just looking at the alphabet.
  * swimming 현기증이 나는
- 영어는 나하고 잘 맞지 않는다. | English is not my strong suit.
- 외국인이 하는 말을 알아들을 수가 없다. | I can't understand what foreigners say to me.
- 영어 때문에 가끔 좌절하기도 한다. | Sometimes I am frustrated because of English.
  * frustrated 실망한, 좌절된
- 영어라면 누구에게도 뒤지고 싶지 않다. | I want to be second to none in English.
  * second to none 어느 누구에게도 뒤지지 않는
- 내 의견을 영어로 잘 표현할 수가 없다. | I can't express my opinion well in English.
- 영어로 내 의사가 잘 전달되지 않을 때 답답한 마음이 든다. | I feel frustrated when I can't express myself well in English.
- 때때로 내가 하고 싶은 말을 제대로 전달할 수 없어서 어려움을 겪는다. | Sometimes I am in trouble not making myself understood as I want.
  * make oneself understood 자신의 생각을 상대방에게 이해시키다

영어

영어 때문에 좌절 금지! 열심히 꾸준히 영어공부를 하게 되면 영어에 능통해질 것입니다. 요즈음은 '좌절 금지!'를 이모티콘으로 No OTL이라고 나타내는데, 이는 OTL의 모습이 엎드려서 고개를 숙이고 좌절하는 모습과 비슷해서 그렇다고 합니다. 하지만 OTL은 영어로 Out Of Lunch의 약어로 '부주의한', '몰상식한'의 의미입니다. 그래서 외국인에게는 No OTL이 우리가 생각하는 '좌절 금지!'로 이해하지 못할 수도 있습니다.

유창한 영어

- 그는 영어를 원어민처럼 말한다. 그래서 그가 부럽다. | He sounds like a native speaker, so I envy him.
- 그는 영어는 물론 스페인어도 할 줄 안다. | He can speak Spanish, not to mention English.
  * not to mention ~은 말할 것도 없이, ~은 물론
- 나는 그를 따라 잡기 위해 더 열심히 공부할 것이다. | I will study harder in order to catch up with him.
- 나는 정말 영어를 유창하게 말하고 싶다. | I wish I could speak English fluently.
- 영어를 유창하게 마음대로 구사할 수 있으면 좋겠다. | I wish to have a good command of English.
  * have a good command of ~를 자유자재로 구사하다
- 유창해질 때까지 영어 공부를 열심히 하기로 결심했다. | I made up my mind to study English hard until I was fluent.
  * make up one's mind 결심하다(=decide, determine)

영어 공부의 왕도

- 영어 공부는 하루아침에 되는 것이 아니다. — Learning English takes time.
  ⋆ take time 시간이 걸리다
- 영어 공부에 왕도란 없다. — There is no best method of learning English.
- 영어를 완전히 정복하기란 쉬운 일이 아니다. — It is not easy to master English completely.
- 시행착오는 영어 학습의 핵심이다. — 'Trial and error' is the key to learning English.
- 아이들은 어른보다 영어를 더 빨리 배운다고 한다. — It is said that kids learn English faster than adults.
- 영어를 공부하는 데 어떤 방법이 가장 좋은지 궁금하다. — I wonder which method is the best for learning English.
- 중도에 포기하는 것은 아예 시작하지 않는 것보다 좋지 않다. — Giving up in the middle is worse than not starting at all.
- 내 영어가 급속도로 향상되고 있다. — My English is progressing in leaps and bounds.
  ⋆ in leaps and bounds 급속도로
- 많은 노력과 연습으로 영어에 능통해졌다. — I acquired fluency in English after lots of practice and effort.
- 영어를 배우는 데 가장 중요한 것은 연습이다. — Practice is the most important thing in learning English.
- 연습을 해야만 완벽해진다. (배우기보다 익혀라.) — Practice makes perfect.

듣기 연습

- 듣기를 위해서는 TV로 영어 프로그램을 보는 것이 좋다. — For listening, it is good to watch English programs on TV.
- 나는 듣기를 향상시키기 위해 매일 아침에 영어 비디오를 시청한다. — I watch English videos every morning to improve my listening skills.
- 나는 자막 없이 영어로 된 영화를 보려고 노력한다. — I try to watch English movies without subtitles.
  ⋆ subtitle 부제, 자막
- 나는 등하교 길에 항상 영어 테이프를 듣는다. — I always listen to my tapes in English on my way to and from school.
- 이해가 안 되는 부분은 반복해서 듣는다. — I listen repeatedly to what I can't understand.
- 여러 번 들으면 이해가 된다. — After listening several times, I come to understand it.

발음 연습

- 몇 단어는 발음이 잘 안 된다. I can't pronounce some words well.
- 나는 녹음기를 가지고 발음을 연습한다. I practice pronunciation with a tape recorder.
- 나는 발음 공부를 할 땐 영어를 소리 내어 연습한다. I practice making the sounds of English when I study pronunciation.
- 나는 그날 배운 영어 발음을 매일 밤 복습한다. Every night I review the English pronunciation that I learn during the day.
- 내 발음을 확인하기 위해 녹음을 했다. I recorded myself to check my pronunciation.
- 원어민의 발음을 듣고 잘못된 발음을 교정했다. I corrected my incorrect pronunciation after listening to a native speaker.

tongue twister

똑같은 자음으로 시작되는 단어들이 연이어져 발음하기 어려운 단어를 만들거나 그런 단어들로 쓰인 시나 글을 tongue twister라고 하는데, 이는 영어발음 연습을 하기 위해서 많이 사용하죠. 다음 tongue twister를 발음해 보세요. Betty Botter bought a bit of better butter.

어휘 학습

- 나는 어휘력이 부족하다. I have a limited vocabulary of English.
- 어휘력을 좀 늘려야 한다. I need to increase my vocabulary.
- 어휘력을 향상시키기 위해 매일 새로운 단어를 암기한다. To improve my vocabulary, I memorize new words every day.
- 나는 매일 새로운 영어 단어와 표현을 공부한다. I study new English words and expressions every day.
- 단어의 의미뿐 아니라 용법까지 알아야 한다. We had better know how to use words as well as their meanings.
- 새로운 단어들을 반복해서 쓰면서 익힌다. I learn new words by writing them repeatedly.

영작 훈련

- 나는 영작 훈련이 필요하다. I need the discipline of writing in English.
  * discipline 훈련, 단련
- 영작을 잘하기 위해 쉽고 짧은 문장들을 외운다. I memorize easy and short sentences to write good English composition.

- 영작 실력을 향상시키기 위해서는 펜팔과 영어 편지를 주고받는 것도 좋은 방법이다. To improve writing skills, it is a good idea to get a pen pal and exchange letters.
- 나는 영어로 이메일을 쓰거나 일기를 쓴다. I write e-mails or keep a diary in English.
- 영어로 글을 더 잘 쓰기 위해 더 자주 연습해야겠다. I need to practice it more often to write in English better.
- 나는 영어로 내 생각을 표현하려고 노력한다. I try to express my thoughts in English.
- 영어로 표현하는 방법을 모를 때는 종종 영어 사전을 참조한다. When I don't know how to express myself in English, I often refer to the dictionary.
  * refer to ~를 참조하다
- 영작을 잘하려면 영어의 기본 문장 구조를 알아야 한다. It's necessary to know basic English structure for good composition.
  * composition 구성, 작곡, 작문

독해 연습

- 영어로 된 책을 읽으려고 노력한다. I try to read books written in English.
- 처음에는 쉽고 단순한 영어로 된 책을 읽었다. I read books written in plain and simple English.
- 그 책은 쉬운 영어로 쓰여 있어서 이해하기가 쉬웠다. It was easy to understand since the book was written in plain English.
  * plain 평이한, 알기 쉬운, 평평한
- 독해력을 향상시키기 위해 영어 에세이를 읽는다. I read English essays to improve reading comprehension.

말하기 연습

- 실수할까봐 두려워도 영어로 말하려고 노력한다. I try to speak English even when I am afraid of making mistakes.
- 영어회화 연습을 도와줄 외국인 친구가 있었으면 좋겠다. I wish to have a foreigner to help me practice my English conversation.
- 원어민과 대화할 수 있는 기회가 있었으면 좋겠다. I wish to have opportunities to talk with native speakers.
- 영어로 의사소통이 가능하기를 원한다. I want to be able to make myself understood in English.
- 원어민처럼 영어를 잘 말하고 싶다. I wish to speak almost as well as a native speaker.

08 숙제

HOMEWORK

숙제

• 선생님께서 숙제를 너무 많이 내주셨다.
The teacher assigned us too much homework.
* assign 할당하다, 부여하다, 주다

• 숙제가 많아서 부담이 된다.
A lot of homework burdens me.
* burden ~에게 짐을 지우다, 부담을 주다

• 숙제가 많으면 부담스럽다.
I feel burdened when I have lots of homework.

• 숙제를 먼저 해야만 한다.
I had better do my homework first.

• 오늘 숙제는 내 미래에 관한 글을 쓰는 것이다.
Today's homework is to write an essay about my future.

• 숙제는 환경오염에 대해 조사하는 것이다.
The homework is to research environmental pollution.

• 최근 읽은 책에 대해 독후감을 써야 했다.
I had to write a book review on what I recently read.

• 숙제를 끝내야만 TV를 볼 수 있다.
Only after I finish my homework, I can watch TV.

• 기쁘게도 오늘은 숙제가 없다.
To my joy, I have no homework today.
* to one's 감정명사 ~가 …하게도

조별 과제

• 조별로 숙제를 해야 했다.
We had to do our homework in groups.

• 우리는 모두 숙제를 하기 위해 모였다.
We all gathered to do our homework.

• 숙제를 하려면 인터넷이 필요했다.
I needed the Internet to do my homework.

• 환경 문제에 관한 보고서를 작성하기 위해 인터넷을 검색했다.
I searched the web to write a paper about the environmental problem.

• 인터넷에서 자료를 찾아보았다.
I looked up the information on the Internet.
* look up 찾아보다, 조사하다, 알아보다

• 그것에 대해 좀 더 조사를 해야 했다.
I needed to do more research on it.

• 나는 자료 수집하는 일을 담당했다.
I was in charge of collecting the information.
* be in charge of ~을 담당하다, 책임지다

• 서로간의 협조가 필요했다.
We needed one another's cooperation.
* cooperation 협동, 협조

- 우리는 서로 협력했다. We cooperated with each other.
- 친구들이 숙제를 도와 주었다. My friends helped me with the homework.
- 친구들과 협력해서 어려운 숙제를 해결했다. I got through the hard homework in cooperation with my friends.
  * get through ~를 끝마치다

과제물 제출

- 숙제 제출 기한은 내일 모레까지이다. The homework is due the day after tomorrow.
  * due (제출 · 지불이) 만기가 된, 기일이 된
- 늦어도 오늘밤까지 숙제를 끝내야 한다. I have to finish my homework by tonight at the latest.
- 숙제를 한 시간 안에 끝내려고 노력했다. I tried to get through the homework in one hour.
- 시간 안에 숙제를 끝마칠 수 있도록 형이 도와주었다. My elder brother helped me so that I could finish my homework in time.
- 오늘 숙제를 끝마치기가 거의 불가능하다. It is next to impossible to finish my homework today.
  * next to (부정어 앞에서) 거의 (=almost)
- 숙제를 끝내려면 밤을 새워야 할 것이다. I'll stay overnight to finish the homework.

숙제를 끝내다

- 숙제 때문에 친구와의 약속을 미루었다. I delayed my plan with friends because of my homework.
- 하마터면 오늘 숙제를 잊을 뻔했다. I almost forgot today's homework.
- 숙제를 끝내는 데 하루 종일 걸렸다. It took me a whole day to finish the homework.
- 숙제를 하는 데 많은 시간과 노력이 필요했다. It took a lot of time and effort to finish the homework.
- 숙제를 끝마칠 때까지 다른 일은 아무것도 할 수 없었다. I couldn't do anything else until I finished my homework.
- 오늘 숙제를 간신히 끝마쳤다. I finished doing today's homework with difficulty.
- 나 혼자서 모두 다 해냈다. I did it all by myself.
  * by oneself 혼자서, 혼자 힘으로
- 다 마치고 나니 내 자신이 대견스러웠다. After finishing, I felt great about myself.
- 숙제를 성의 없이 너무 빨리 하는 바람에 실수가 많았다. Since I did my homework so quickly and carelessly, I made many mistakes.

• 숙제는 다 했는데 까먹고 안 가져왔다. I forgot to bring my homework even though I finished it.

숙제를 끝내지 못하다

• 시간이 부족해서 숙제를 끝내지 못했다. Because of a lack of time, I didn't finish the homework.

• 배가 아파서 숙제를 하지 못했다. I couldn't do my homework because I had a stomachache.

• 숙제를 내일로 미루었다. I put off my homework until tomorrow.

• 때때로 숙제를 하고 싶지 않을 때가 있다. Sometimes I don't feel like doing my homework.

• 잊어버리고 숙제를 가지고 오지 않아서 숙제를 제출할 수가 없었다. I forgot to bring my homework, so I couldn't hand it in.

* hand in 제출하다

• 숙제를 미리 하지 않은 것이 후회된다. I regret not doing my homework in advance.

09 학원 · 과외

ACADEMIES

학원

• 방과 후 나는 영어 학원에 다닌다. After school, I go to an English academy.

• 나는 학원에 가고 싶지 않지만 부모님께서 억지로 다니게 하신다. I don't want to go to the academy, but my parents force me to.

• 학원에 가고 올 때 학원 셔틀버스를 이용한다. I use the academy shuttle bus there and back.

• 학원에서 매일 두 시간씩 공부를 한다. I study at the academy for two hours every day.

• 때때로 학습 능력을 향상시키는 데 도움이 된다. Sometimes it helps me improve my studying abilities.

• 학원에 다니기 때문에 놀거나 쉴 시간이 충분하지 않다. I don't have enough time to play or rest because I go to the academy.

• 학원에서 개인별 수업을 받을 수 있다. I can take private lessons in the academy.

• 학원에서 공부를 하고 집에 밤늦게 돌아온다.	After studying at the academy, I come home late at night.
• 학원에서 공부를 하기 때문에 학교 수업 시간에 덜 집중한다.	I pay less attention to my classes at school, because I study at the academy.
• 매일 공부를 너무 많이 해서 매우 피곤하다.	I am very tired from studying so much every day.

과외

• 나는 수학 공부를 도와주는 과외 선생님이 있다.	I have a private tutor who helps me study math.
• 과외 선생님은 일주일에 두 번 오셔서 두 시간씩 가르치신다.	The tutor visits me at home twice a week and teaches me two hours each time.
• 과외 선생님과 일 대 일로 공부하는 것이 도움이 되는 것 같다.	It seems to be helpful when I study one on one with a tutor.
• 그 선생님의 도움으로 공부가 쉬워졌다.	The help of the tutor facilitated my studying. * facilitate 용이하게 하다, 쉽게 하다
• 다시 복습을 하지 않으면 그리 도움이 되지 않는다.	It is not very helpful unless I review again.
• 과외 선생님은 내게 가르쳐 주신 내용을 연습하도록 연습문제를 내주신다.	The tutor gives me exercises so that I can practice what he taught me.
• 과외 전에 공부할 핵심을 미리 예습을 해야 한다.	I have to preview the learning points in advance before studying with the tutor.
• 한 학기 동안 과외를 한 후에 성적을 많이 향상시킬 수 있었다.	After one semester of tutoring, I was able to improve my grade a lot.
• 나에게는 과외가 도움이 되지 않는다.	Studying with my tutor isn't helpful to me.
• 나는 과외 선생님 없이는 혼자 공부하지 못한다.	I can't study alone without my tutor.
• 나는 과외 선생님에게 너무 의존한다.	I depend on my tutor too much.
• 과외를 하게 된 이후로 이젠 더 이상 혼자 공부하지 않는다.	Since studying with my tutor, I no longer study alone. * no longer 더 이상 ~않다

10 방학

VACATION

방학 첫날

• 기다리고 기다리던 방학이 되었다.	The long-awaited vacation has come.
• 드디어 긴 방학이 시작되었다.	Finally, we get to have a long vacation.
• 오늘 방학을 했다.	Today we started our vacation.
• 오늘 학교가 방학에 들어갔다.	Today the school closed for vacation. The school began its vacation today.
• 오늘이 방학의 첫날이다.	Today is the first day of vacation.
• 이번 방학엔 보충 수업이 없다.	I have no supplementary classes during this vacation.

방학 계획

• 방학 계획을 잘 세울 것이다.	I will make good vacation plans.
• 이번 방학엔 영어 공부를 열심히 할 것이다.	I will study English hard during this vacation.
• 이번 방학엔 운동을 해서 몸을 튼튼히 해야겠다.	I will exercise to keep healthy during this vacation.
• 이번 방학엔 꼭 10권 이상의 책을 읽어야겠다고 결심했다.	I decided to definitely read more than 10 books during this vacation. * definitely 명확히, 확실히, 틀림없이
• 이번 겨울 방학엔 꼭 스키를 배울 것이다.	I will learn how to ski for sure during this winter vacation. * for sure 틀림없이, 꼭
• 멀리 있는 친척집을 방문할 것이다.	I'll visit my relatives living far away.
• 내가 가 보지 못했던 곳을 여행할 것이다.	I will travel to the places where I have never been.
• 이번 방학에는 어학연수를 받으러 외국에 갈 예정이다.	I am going to go abroad for language training during this vacation.
• 이번 방학에는 친구들과 배낭여행을 갈 예정이다.	I am going backpacking with my friends during this vacation.
• 알찬 방학이 되도록 노력할 것이다.	I will try to have a meaningful vacation. I will try to spend my vacation in a meaningful way. * meaningful 뜻 있는, 보람찬

방학을 알차게 보내다

• 부모님은 내게 방학 동안 학원에 가서 공부를 더하도록 시키셨다.	My parent forced me to study more at an academy during the vacation.
• 학교 보충 수업이 많아서 놀 시간이 없었다.	There was no time to play because I had so many supplementary classes at school.
• 방학 동안 부족한 과목들을 열심히 공부했다.	During the vacation, I studied hard at subjects which I needed to study.
• 다양한 종류의 책들을 많이 읽었다.	I read various kinds of books.
• 방학 중에 청소, 설거지, 빨래 등 엄마 일을 도와드렸다.	I helped my mom clean the house, do the dishes, wash clothes and so on during the vacation.
• 부모님을 위해 심부름을 많이 했다.	I ran many errands for my parents.
• 부모님이 안 계실 땐 내가 동생을 돌보았다.	When my parents went out, I took care of my brother.
• 방학 동안에 스키캠프에 참가했다.	I took part in a ski-camp during the vacation.
• 친구가 보고 싶으면 안부를 묻기 위해 전화를 걸었다.	I called my friends when I missed them in order to know how they were doing.

돌보다

방학이면 동생도 돌보고 애완동물도 돌봐야겠죠. '~을 돌보다'라는 말은 take care of, care for, look after 등으로 나타냅니다. take after는 '~를 닮다'의 의미이므로 '돌보다'는 뜻인 look after와 혼동하지 않도록 하세요.

방학을 헛되이 보내다

• 방학의 대부분을 그저 허송세월로 보냈다.	I spent most of the vacation doing nothing.
• 늦었다고 생각될 때가 가장 빠른 때다. 이제부터 뭔가를 할 것이다.	'Better late than never.' I'll start something from now on.
• 엄마한테 매일 늦잠 잔다고 꾸중을 들었다.	I was scolded by my mom because I got up late every day.
• 이렇게 게으른 생활은 이제 끝내야 한다.	Now I have to stop such a lazy lifestyle.
• 방학 동안 TV를 보느라 너무 많은 시간을 보냈다.	I spent a lot of time watching TV during the vacation.
• 방학 내내 동생과 싸웠다.	I fought with my brother during the vacation.
• 엄마는 제발 동생과 그만 싸우라고 소리치셨다.	Mom shouted at us to stop fighting with each other.
• 방학을 알차게 보낼 수 있으리라 생각했는데 그러지 못했다.	I had expected to have a meaningful vacation.

• 이렇게 헛되이 보내리라고는 생각지 못했다.	I didn't think that I would spend the vacation in vain like this. * in vain 헛되이, 무익하게

방학 숙제

• 방학 숙제가 너무 많아서 다 할 수 없을 것 같다.	I have so many vacation tasks, so I don't think I can do all of them.
• 방학이 끝나기 전에 계획했던 것들을 모두 끝내도록 할 것이다.	I will finish everything I planned before the vacation is over.
• 방학 숙제를 다 끝내지 못해 걱정이다.	I am worried about my unfinished homework.
• 방학 과제를 다 못했다.	I have not done all my vacation tasks.
• 미리 방학 숙제를 끝냈어야 했다.	I should have finished the homework in advance.
• 개학하는 날에 방학 숙제를 제출해야 한다.	I have to hand in the vacation homework on the first day of school after the vacation.

방학 마무리하기

• 방학이 하루 남았다.	I've got one vacation day left.
• 방학을 헛되이 보낸 것 같아 후회된다.	I regret to have wasted my vacation.
• 좀 더 부지런했어야 했다.	I should have been more diligent.
• 방학을 알차게 보낸 것 같아 만족스럽다.	I feel satisfied because I thought I had a good vacation.
• 방학을 정말 재미있게 보냈다.	I had great fun during the vacation.
• 이번 방학은 정말 보람찬 방학이었다.	This vacation was really meaningful.
• 방학 동안에 여행을 하면서 좋은 경험을 했다.	I had many good experiences through traveling during the vacation.
• 개학이 몹시 기다려진다.	I can't wait for school to start.

개학

• 내일이 개학이다.	Tomorrow school begins after the vacation.
• 친구들과 선생님들이 보고 싶다.	I miss my friends and teachers.
• 다른 친구들은 어떻게 지낼까 궁금하다.	I wonder how my friends are doing.
• 오늘이 개학날이어서 학교에 갔다.	Today was the first day of school after the vacation, so I went to school.

• 친구들과 선생님들을 오랫동안 못 봐서, 다시 만나니 무척 반가웠다.
I was so glad to see my friends and teachers again, because we hadn't seen each other for a long time.

• 몇몇 친구들은 모습이 조금 변했다.
Several of my friends changed a little in appearance.

• 친구들을 오랜만에 만나 방학 생활에 관한 이야기를 나누었다.
I met my friends after a long time, so we talked about our vacation.

• 방학 중에 있었던 일을 친구들에게 이야기했다.
I told my friends what had happened to me during the vacation.

11 대학 입시 COLLEGE ENTRANCE EXAMINATIONS

입시 공부

• 입시 준비를 하고 있다.
I am preparing for an entrance examination.

• 올해 입시를 치르게 될 것이다.
I will take an entrance examination this year.

• 시험에 합격하기 위해 공부에 전념할 것이다.
I will apply myself to studying so as to pass the exam.

• 공부에 열중할 것이다.
I will devote myself to my studies.
* devote oneself to ~에 전념하다, 몰두하다

• 부모님은 사교육비가 너무 많이 든다고 하신다.
My parents say it costs too much to take private lessons.

• 대학 입시 때문에 매일 늦게까지 열심히 공부한다.
I study hard till late at night preparing for the university entrance exam.

• 입학시험에서 좋은 성적을 거두도록 최선을 다할 것이다.
I will do my best to get good grades on the entrance exam.

• 내가 지금 할 일은 오직 공부이다.
All I have to do now is study.

진로 결정

• 나는 대학에 가야 할지 말아야 할지를 아직 결정하지 못했다.
I haven't decided yet whether I should go to university or not.

• 나는 꼭 그 대학에 가고 싶다.
I long to enter the university.
I yearn to enter the university.
I am eager to enter the university.
I am anxious to enter the university.
I aspire to enter the university.
I have a craving for entering the university.
I have a great desire to enter the university.

• 내 점수로는 그 대학에 충분히 갈 만하다.
My grades are enough to get into the university.

• 무엇을 전공해야 할지 선생님과 상의했다.
I discussed what to major in with my teacher.

• 내 적성에 맞는 전공을 찾고 있다.
I am looking for the major that will suit my aptitude.

• 어떤 전공을 선택해야 할지 결정하기가 정말 어렵다.
It's so difficult to decide which major I will choose.

• 나는 대학에서 의학을 전공하고 싶다.
I want to major in medical science at university.

• 나는 의과 대학에 진학할 예정이다.
I am going on to medical college.

대학 진학

• 세 개의 대학에 지원을 했다.
I applied to three universities.

• 그 대학에 지원했다.
I applied for admission to the university.

• 그 대학에 들어가기 위한 입학 조건이 까다로웠다.
The entry requirements for the university were fastidious.
* fastidious 까다로운

• 두 군데 대학에 합격했다.
I got accepted by two universities.

• 한 대학에 합격했다.
I got admitted to a university.
* get admitted to ~에 입학을 허락받다, ~에 합격되다

• 대학 입시에 합격했다.
I passed an entrance examination for a university.

• 시험에 가까스로 합격했다.
I scraped through the exam.
* scrape through (시험을) 가까스로 통과하다

• 간신히 합격했다.
I passed the exam by the skin of my teeth.

• 대학 생활을 통해 많은 것을 경험할 수 있을 것이다.
I will be able to experience many things through university life.

• 나는 그의 합격을 축하해 주었다.
I congratulated him on his success in the exam.

• 나는 그가 합격할 것이라고 예상했다.
I expected that he would pass.

• 그의 합격은 끊임없는 노력 덕분이다.
He passed the exam due to his endless efforts.
* due to ~ 때문에

• 나는 교환 학생으로 ~ 대학에 다닌다.
I attend ~ university on an exchange scholarship.

진학 실패

• 놀랍게도 그는 시험에서 떨어졌다.	To my surprise, he failed the exam.
• 난 그가 시험에 합격하는 데 어려움이 없을 거라고 확신했다.	I was sure that he would have no difficulty passing the exam.
• 불행하게도 나는 대입에 실패했다.	Unfortunately, I failed the university entrance exam.
• 열심히 노력했으나 실패하고 말았다.	I tried hard only to fail. * only to+동사원형 (결과적으로) ~가 되다
• 내가 시험에 떨어졌다니 믿을 수가 없다.	I can't believe my failure on the exam.
• 나는 시험에 실패했으나 낙심하지는 않았다.	Even though I failed the exam, I was not discouraged.
• 다시 한 번 시도해 볼 자신감이 없다.	I have no confidence to try once more.
• 실패는 성공을 위한 디딤돌일 뿐이다.	Failure is but a stepping stone to success.
• 실패는 성공의 어머니이다.	Failure teaches success.

재수

• 입시에서 실패해서 재수를 하기로 했다.	I failed the entrance exam, so I decided to try it again next year.
• 나는 재수 중이다.	I am studying to prepare for the second university entrance exam.
• 내년에는 실패하지 않도록 더 열심히 공부할 것이다.	I will study harder lest I should fail next year.
• 나는 대학을 다니고 있는 사촌이 부럽다.	I envy my cousin who goes to university.

12 대학 생활

COLLEGE LIFE

대학 관련 표현

단과대학	college	평점	grade point average (GPA)
종합대학교	university	1학년	freshman
과	department	2학년	sophomore
학장	dean	3학년	junior
조교	assistant	4학년	senior
전임강사	instructor	학생증	student identification card (I. D.)
조교수	assistant professor		
부교수	associate professor	중퇴자	dropout
교수	professor	학비	school tuition
학과상담원	academic advisor	학위논문	thesis
전공	major	학사학위	bachelor's degree
부전공	minor	석사학위	master's degree
학점	credit unit	박사학위	doctorate
학점 외 과목	non-credit courses	학위 수여식	commencement, ceremony
이수단위	credit hours		
교과과정	curriculum	동창생	alumni
등록	enrollment	동창회	alumni association

대학 입학

• 나는 ~대학교 신입생이다.	I am a freshman at ~ University. I am in my first year at ~ University.
• 그는 ~대학교 2학년에 재학 중이다.	He is attending ~ University as a sophomore.
• 나는 3학년이다.	I am a junior.
• 나는 4학년이다.	I am a senior. I am in my fourth year.
• 선배들이 신입생 환영파티를 열어 주었다.	The older students threw a reception party for freshmen.
• 신입생을 위한 오리엔테이션에 참석했다.	I attended orientation for first-year students.
• 몇몇 선배들이 대학 생활에 대한 조언을 해 주었다.	Some older students gave us advice about campus life.

• 나는 영문학을 전공한다.	I major in English Literature. I specialize in English Literature.
• 내 전공은 영문학이다.	My major is English Literature.
• 부전공은 불문학이다.	My minor is French Literature.
• 전공을 바꾸고 싶다.	I want to change my major.
• 내년에 일문학과로 편입하고 싶다.	I want to be enrolled in the Japanese Literature Department next year. * enroll 등록하다, 학적에 올리다
• 학생증을 발급받았다.	I had a student identification card issued.
• 학생증으로 지하철과 버스를 10% 할인받을 수 있다.	My student ID gets me 10% off subways and buses.

선배, 후배

선배를 senior, 후배를 junior라고 하지 않습니다. 자신보다 학년이 높은 학교 선배라면 S/he is an upperclassman., 학년이 낮은 선배라면 S/he is an underclassman.이라고 합니다. 그리고 직장에서의 선배는 S/he is in a higher position., 직장 후배는 S/he is in a lower position.이라고 하면 됩니다.

수강 신청

• 이번 학기에는 무슨 과정을 들어야 할지 모르겠다.	I have no idea what courses to take this semester.
• 어떤 과목이 나에게 도움이 될지 생각 중이다.	I am thinking about what subjects will be helpful for me.
• 여러 강의의 수강 신청을 했다.	I applied to attend several lectures.
• 인기 강의는 신청할 수가 없었다.	I couldn't apply for the popular lectures.
• 그 강의를 꼭 듣고 싶었다.	I wanted to attend the lecture for sure.
• 인기 교수의 강의를 신청하려면 서둘러야 한다.	We have to be in a hurry to apply for attending the popular professors' lectures.
• 그 과목은 수강 신청자가 많았다.	The lecture had a lot of applicants to attend it.
• 내가 갔을 때는 인기 강의의 신청이 종료되었다.	When I arrived, they stopped accepting applications for the popular lecture.
• 그 과목은 이미 신청이 마감되었다.	The class was already closed.
• 몇 과목은 필수 과목이었다.	Some subjects were required. Some subjects were requirements.

- 여러 선택 과목 중 중국어를 선택했다. — I chose Chinese among the several optional subjects.
  * optional 선택의, 임의의
- ~ 강의를 수강 신청했다. — I signed up for ~ class.
  * sign up for ~를 신청하다, 등록하다
- 전공과목을 들을 수 있도록 예비 필수 과목을 수강해야 한다. — I need to take prerequisite subjects for me to be able to take major subjects.
  * prerequisite 미리 필요한
- 이번 학기에 15학점을 수강할 것이다. — I am going to take 15 credit hours this semester.
  * credit 이수 단위, 학점
- 졸업을 하려면 ~ 학점을 들어야 한다. — I need to have ~ credits to graduate.
- 수강 신청을 끝내고 이번 학기 시간표를 짰다. — After signing up for the classes, I made a schedule for this semester.

점수 잘 주는 과목

수강 신청할 때 어떤 과목을 선택해야 할지는 교수의 점수 주는 성향에 따라 영향을 받기도 하죠. 점수 잘 주는 과목을 bird course라고 합니다. 별로 수강할 가치가 없고 쉬운 강의를 부정적인 표현으로 underwater basket weaving class라고 하기도 합니다. '점수 잘 주는 과목을 수강할 것이다'고 말하고 싶으면 I will take bird courses.라고 하면 됩니다.

강의

- 그 교수님의 강의는 매우 지루했다. — I was bored with the professor's lectures.
- 그 강의는 정말 재미없었다. — The lecture was very dull.
- 그 교수님은 강의를 매우 열정적으로 하신다. — The professor gives the students lectures very enthusiastically.
- 그 교수님은 항상 영어로 강의를 하신다. — The professor always gives lectures in English.
- 항상 강의에 집중하려고 노력한다. — I always try to focus on the lecture.
- 그 강의를 이해하기가 어려웠다. — It was hard for me to understand the lecture.
- 내가 수강한 강의가 너무 어려웠다. — The course I took was above me.
The course I took was too difficult.
- 그 교수는 출석에 매우 엄격했다. — The professor was very strict about attendance.
  * attendance 출석, 참석
- 대리 출석은 불가능했다 — It was impossible to answer the roll for others.
- 나는 절대 수업을 빼먹지 않는다. — I never cut class.
I never play hooky.

• 수업 시간에 필기를 많이 했다.	I took a lot of notes in class.
• 강의 시간엔 가능한 한 필기를 많이 했다.	I took notes as much as possible in the class.
• 그는 필기를 매우 깔끔하게 한다.	He takes notes very neatly.
• 그 수업을 일주일에 한 번씩 청강했다.	I sat in on the class once a week. * sit in on ~를 견학하다, 청강하다
• 나는 성적에 신경을 많이 썼다.	I kept an eye on my grades. * keep an eye on ~에 유의하다
• 그 교수님은 학점을 잘 주셨다.	The professor was generous in grading. The professor was a generous grader. The professor was a good marker.
• 역사과목에서 A를 받았다.	I got an A in history.
• 그 교수님은 학점을 잘 안 주신다.	The professor is a tough grader.

보고서

• 제출해야 할 보고서가 많다.	I have a lot of papers to hand in.
• 봐야 할 참고 문헌이 너무 많다.	There are so many reference books that I had to read. * reference 참고, 참조
• 그 보고서를 쓰기 위해 10개 이상의 참고 자료를 읽어야 한다.	I have to read more than 10 articles before writing the paper.
• 환경에 관한 에세이를 써야 한다.	I have to write an essay on the environment.
• 2주일 이내로 보고서를 제출해야 한다.	I have to submit the paper within two weeks. * submit 제출하다 (=hand in)
• 보고서를 끝내려면 아직 멀었다.	I am far from completing the paper.
• 하루 종일 긴 보고서를 작성했다.	I prepared a lengthy paper all day long. * lengthy 긴, 장황한
• 정말 열심히 보고서를 썼다.	I worked on the paper really hard.
• 보고서가 거의 완성 되어가고 있다.	The paper is close to completion.
• 좋은 점수를 받으려면 제때에 보고서를 제출해야 한다.	I have to hand in the paper on time to get a good grade.
• 보고서로 스트레스를 많이 받았다.	The paper stressed me out.
• 인터넷의 자료를 이용해서 보고서를 썼다.	I wrote the paper by using information from the Internet.
• 친구의 보고서를 베끼고 싶었다.	I wanted to copy my friend's paper.

- 솔직히 말하면 많은 문장들을 표절했다. — To be honest, I plagiarized many sentences.
  * plagiarize (남의 글을) 표절하다
- 친구의 보고서를 표절했다가 걸렸다. — I was caught plagiarizing my friend's paper.
- 보고서를 빨리 끝내려고 열심히 노력했다. — I tried hard to finish my paper quickly.
- 보고서 마감일은 ~까지이다. — The paper is due on ~.
- 보고서를 완성하기에 시간이 충분하지 않았다. — I didn't have enough time to finish the paper.
- 프로젝트를 연구하고 있다. — I am working on my project.
- 그 프로젝트에 관해 보다 심층적인 연구를 해야 했다. — I had to do further study on the project.
- 조사 자료들이 많이 필요했다. — I needed a lot of research data.
- 마감일을 1주일 더 연장해 달라고 교수님께 부탁드렸다. — I asked the professor to extend the deadline by another week.
- 마감일을 맞추려니 정말 스트레스였다. — It was so stressful to meet the deadline.
- 다행히 마감일이 연기되었다. — Luckily, the due date was extended.
- 시간을 좀 벌 수 있게 되었다. — It bought me some time.
  * buy ~ time ~의 시간을 벌어주다
- 방금 보고서를 끝냈다. — I just finished my paper a few minutes ago.

보고서 또는 리포트

우리는 대학에서 학기마다 제출해야 하는 보고서를 '리포트'라고도 하죠. 영어로는 report라고 하지 않고 paper라고 하는데, 이는 작문 과제인 essay도 포함하는 말입니다. 주로 기말에 제출하는 경우가 많은데, 그런 '기말 리포트'는 term paper라고 합니다. report는 조사나 연구결과를 쓴 보고서나 논문을 가리키는 말입니다.

동아리 활동

- 대학 캠퍼스는 언제나 생동감이 있다. — The university campus is always active.
  The university campus is where all the action is.
- 여러 학과 외에 다른 활동에도 가입했다. — I joined many extracurricular activities.
- 내 관심사를 다른 학생들과 함께할 동아리를 찾았다. — I found school clubs to join and share my interests with other students.
- 방학 동안 동아리 회원들과의 MT에 참여했다. — I took part in Membership Training with club members during the vacation.
- 에세이 작성을 위한 현장 체험 여행을 했다. — We had a field trip for writing an essay.
- 강의 사이의 빈 시간을 동아리 방에서 보낸다. — I spend time between classes in the club room.

스터디 그룹

'스터디 그룹'은 영어로도 study group이라고 합니다. '스터디 그룹에서 ~를 공부하다'고 하려면 [meet one's 과목 study group]으로 표현합니다. 영어를 공부했다면 I met my English study group.이라고 하면 됩니다.

장학금

• 나는 장학생이다.	I am a student on scholarship.
• 나는 4년 전액 장학금을 받는다.	I get a four-year, full-ride scholarship.
• 이번 학기에 나는 장학금을 탈 만큼 성적이 좋았다.	I made enough fine grades to get a scholarship this term.
• 이번에는 성적이 많이 올랐다.	My marks improved much this time.
• 내 평점이 장학금을 탈 만큼 높지 않았다.	My GPA was not high enough to get a scholarship. * GPA(=Grade Point Average) 평점, 평균점
• 모든 과목에서 A학점을 받으면 장학금을 받게 될 것이다.	If all my grades are A's, I will be able to receive a scholarship.
• 장학금을 신청했다.	I applied for a scholarship.
• 이번 학기에는 장학금을 탈 수 있었으면 좋겠다.	I wish I could get a scholarship this semester.
• 장학금을 탈 수 있도록 시험을 정말 열심히 준비할 것이다.	I will prepare for the test really hard so that I can get a scholarship.
• 이번 학기에 장학금을 받아서 너무 기뻤다.	I was so glad to get a scholarship this semester.
• 이번 장학금은 전액 장학금이다.	This scholarship is a full-ride.
• 전액 장학금을 받았다.	I received a full scholarship.
• 부분 장학금을 받았다.	I received a partial scholarship. * partial 부분적인, 일부분의
• 등록금을 면제받았다.	I am exempt from paying tuition. * exempt 면제된 | tuition 수업료 (=tuition fee)
• 나는 장학금으로 공부를 하고 있다.	I am studying on a scholarship.
• 학비 대출을 신청했다.	I applied for a student loan.

아르바이트

• 요즘은 아르바이트 자리 구하기가 매우 어렵다.	These days it's very hard to get a part-time job.
• 어렵게 아르바이트 자리를 구했다.	I got a part-time job with difficulty.

- 나는 학비를 벌기 위해 아르바이트를 한다. I work part-time for my school expenses.
- 나는 아르바이트를 해서 학비를 번다. I earn my tuition by working part-time.
- 나는 고등학생에게 영어를 가르치는 과외를 한다. I tutor a high school student in English.
- 수업이 끝나면 식당에서 접시 닦는 일을 한다. I wash dishes at a restaurant after school is over.
- 시간당 ~를 받는다. I get ~ per hour.
- 1주일에 한 번 돈을 받는다. I am paid weekly.
- 아르바이트로 항상 바쁘다. I am always busy with my part-time job.
- 밤에 녹초가 되어 집에 들어온다. I come back home exhausted at night.
  * exhausted 기운 빠진, 지쳐 버린, 녹초가 된
- 돈 받는 날에 친구들에게 저녁을 샀다. I treated my friends to dinner on my payday.

하숙 · 자취

- 나는 학교 기숙사에서 지냈다. I stayed in the campus dormitory.
- 기숙사에는 모든 가구가 설치되어 있었다. The dormitory was furnished.
  * equipped 갖추어진 (=furnished)
- 룸메이트와 아파트에서 함께 지냈다. I shared an apartment with my roommate.
- 지난주에 룸메이트가 이사갔다. My roommate moved out of the apartment last week.
- 혼자 있으니 더 외로웠다. When I stayed by myself, I felt lonely.
- 나는 원룸형 아파트에서 자취를 한다. I cook my own meals in my studio apartment.
- 보증금 ~에 월세가 …이다. The monthly rent is ... with a security deposit of ~.
  * security deposit 보증금
- 매일 빵 먹는 것에 질렸다. I am sick of eating bread every day.
- 나는 학교에서 걸어 다닐 수 있는 거리에서 하숙을 했다. I lived in a lodging within walking distance of the university.
  * lodging 전세방, 하숙집
- 대학교 근처에서 하숙을 한다. I live at a boarding house near the university.

어감의 차이

자취를 혼자 하다보면 외로움을 느끼겠죠. 혼자 있어서 외로운 것은 lonely라고 하지만, 고독감을 느끼는 외로움은 solitary를 씁니다. 또한 어떤 일이 잘못 되어서 우울한 것에는 depressed를 쓰지만, 병적으로 우울증이 있어 우울한 것에는 melancholy를 씁니다. 어감의 차이가 있으니 구분해서 쓰는 게 좋습니다.

학위

- 나는 학부생이다. I am an undergraduate student.
- 대학 학위가 필수는 아니라고 생각한다. I don't think a university degree is a must.
- 대학 학위가 인생의 전부는 아니다. A university degree is not everything in life.
- 대학 학위가 항상 더 좋은 삶을 살도록 도와주는 것은 아니다. A university degree doesn't always help us live a better life.
- 나는 불문학 학사 학위를 땄다. I have a bachelor's degree in French literature.
- 나는 석사 과정에 있다. I am a graduate student.
- 나는 워싱턴 대학에서 석사 학위를 위해 공부하고 있다. I am studying for a master's degree at Washington University.
- 내년이면 석사 학위를 따게 된다. I will earn a master's degree next year.
- 석사 학위를 받는 데 2년이 걸렸다. I did my master's degree over a two-year period.
- 나는 영문학 석사 학위를 땄다. I have a masters degree in English literature.
- 나는 박사 과정에 있다. I am in a doctor's course.
- 나는 생물학에서 박사 학위를 받았다. I have a doctorate in biology.

유학 준비

- 나는 유학을 가고 싶었다. I wanted to study abroad.
- 유학을 위해 2년 휴학했다. I took two years off to study abroad.
- 음악을 공부할 목적으로 ~에 갈 예정이다. I am going to ~ for the purpose of studying music.
- 국비로 유학하게 되었다. I got to study abroad through government funding.
- ~ 대학에 대한 정보를 수집했다. I collected some information about universities in ~.
- 나는 아이비리그 대학 중 한 대학에 지원했다. I applied to one of the Ivy league universities.
- 입학에 필요한 것들이 많았다. There were a lot of requirements for admission.
- 그 대학에 진학하기 위해 많은 것을 준비해야 했다. I had to prepare many things to apply for the university.
- 그 프로그램 과정의 지원서를 작성했다. I filled out the application form for the program.
- 교수님께 추천서를 써 달라고 부탁드렸다. I asked the professor to write me a letter of recommendation.
- 그 학교로부터 입학 허가서를 받았다. I got a letter of acceptance from the university.
- 나는 ~ 대학에 합격했다. I got accepted to ~ University.

• 외국 학생을 위한 안내책자를 읽었다. I read a brochure for international students.
* brochure 안내책자, 팸플릿

유학 생활

• 드디어 그 대학에 등록했다. I was finally enrolled in the university.

• 3년 정도 ~에서 머무를 예정이다. I am going to stay in ~.

• 1년 정도 어학 연수를 받을 것이다. I will take a language course for about one year.

• 비용이 많이 들 것이라고 예상했다. I expected it to cost a lot of money.

• 학비가 너무 비쌌다. The tuition fee was very expensive.

• 부모님께서 해외 유학 비용을 책임져 주셨다. My parents covered the expenses for my overseas education.

• 아버지가 모든 비용을 대 주셔서 감사하게 생각한다. I am thankful that my dad pays for all the expenses.

• 나는 ~에 아는 사람이 하나도 없다. I have no acquaintances in ~.
* acquaintance 아는 사람, 아는 사이

• 우리나라와는 다르게 대학의 학기가 6월에 시작한다. Unlike in my country, the academic year of the university begins in June.
* unlike ~와는 달리

• 많은 학생들이 험난한 취업 시장에 대해 걱정하고 있다. Many students are worried about the tough job market.

• 이곳에 공부하러 온지 벌써 1년이 지났다. It has already been one year since I came here to study.

• 학교를 그만둘까 생각 중이다. I am thinking of dropping out of school.

• 가끔 향수병이 느껴진다. I sometimes feel homesick.

• 고향 생각이 간절하다. I long for my hometown.

• 가족이 그립다. I miss my family.

• 가족이 그리울 땐 편지를 보냈다. I sent a letter when I missed my family.

향수병

고향을 그리워하는 마음인 '향수'를 표현하는 말로는 homesick과 nostalgia가 있는데, 의미가 조금 다릅니다. homesick은 고향이 너무 그리워서 다시 고향으로 돌아가고 싶어 하는 마음을 나타내고, nostalgia는 옛날에 있던 좋았던 추억에 잠겨 옛 일이나 장소를 기억하며 그리워하는 것을 말합니다.

DIARY 13

April Fool

Friday, April 1. Fine

Today was April first, April Fool's Day. This year, we made a fool of the teachers, so we are very tired now.

Today we were supposed to have a math test, but we didn't want it, so we exchanged classrooms with some other students. But the math teacher came to us personally to tell us we had to take a test, so we failed to play a trick on him.

During the next World History class, we set the alarms to each of our cell phones for 2 o'clock and hid them. We expected them to ring at the same time, but it wasn't as effective as we had expected, because a cell phone rang in advance.

We discussed what to do during Japanese class. Finally, 8 students including me moved to another class. The teacher shouted at us, "Students who moved to this classroom, come forward!". We were surprised and came back to our own class. We couldn't help it. Anyway, we were able to have a really exciting day.

두근두근 만우절

4월 1일 금요일 맑음

오늘은 4월 1일, 만우절이다. 올해는 선생님들께 장난을 많이 쳐서 이제는 피곤할 정도이다.

오늘 우리는 수학 시험을 보기로 되어 있었는데 시험 보기가 싫어서 다른 아이들과 교실을 바꾸었다. 하지만 수학 선생님께서 시험을 봐야만 한다고 하시며 직접 올라오시는 바람에 선생님을 속이는 것을 실패하고 말았다.

그 다음 세계사 시간에 우리는 각자의 핸드폰으로 2시 정각에 알람을 맞춰놓고 숨겨두었다. 일시에 울리기를 기대했었는데 누군가의 핸드폰이 먼저 울리는 바람에 기대했던 만큼은 효과를 거두지 못했다.

일어 시간에는 어떻게 할지 의논하다가 결국 나를 포함한 8명의 아이들이 다른 교실로 들어갔다. 선생님께서 "교실을 이동한 학생들, 앞으로 나와!" 하시며 고함을 치셨다. 우리는 깜짝 놀라 우리 교실로 돌아오고 말았다. 어쩔 수 없었다. 어쨌든 정말 재미있는 하루였다.

NOTES

April fool's day 만우절 | **make a fool of** ~에게 장난치다 | **transfer** 이동하다, 전학가다 | **personally** 몸소, 스스로 | **in advance** 미리

You are never given a dream without also being given
the power to make it true.
You may have to work for it, however.

꿈은 반드시 이를 실현할 수 있는 힘과 같이 주어진다.
그러나 꿈을 이루기 위해서는 노력해야 한다.

CHAPTER

14

학교 행사

1. 입학
2. 체육 대회
3. 학교 축제
4. 동아리
5. 캠핑
6. 소풍
7. 수학여행
8. 졸업

01 입학

SCHOOL ENTRANCE

• 올해 나는 중학교에 입학한다. | I enter middle school this year.

• 오늘은 학교 입학식이 있었다. | Today I had initiation at school.
* initiation 입학식, 입회식

• 새 교복을 입고 입학식에 참석했다. | I attended the entrance ceremony in my new uniform.

• 우리는 훌륭한 학생이 될 것을 선서했다. | We swore that we would be good students.
* swore swear(맹세하다)의 과거형

• 오늘은 새로운 학교생활의 시작이다. | Today is the beginning of the new school year.

• 가슴이 매우 벅차올랐다. | I felt very emotional.

• 신입생들을 위한 오리엔테이션이 있었다. | There was an orientation for freshmen.

• 교감 선생님께서 학교 규칙 및 지켜야 할 사항들에 대해 알려 주셨다. | The school vice principal let us know the school rules and other things that we should keep.

• 새 학교를 둘러 볼 때 약간 긴장이 됐다. | I was a little nervous when I looked around the new school.

• 낯선 얼굴들이 많았다. | There were lots of unfamiliar faces.

• 아는 사람들을 몇 명 만나 반가웠다. | I was glad to meet some familiar people.

• 담임 선생님은 누가 될지 몹시 궁금했다. | I wondered who would be my homeroom teacher.

• 우리 담임 선생님이 발표되었다. | My homeroom teacher was announced.

• 내가 공부하게 될 교실에 가 보았다. | I went to my class where I would study.

• 선생님께서 새 교과서를 나누어 주셨다. | The teacher distributed new textbooks.
* distribute 분배하다, 나누어 주다

• 학용품도 새것을 쓰게 될 것이다. | I will use new school supplies.
* school supplies 학용품

• 우리는 서로를 소개했다. | We introduced ourselves to one another.

• 친구들과 잘 지내고 싶다고 말했다. | I said that I wanted to get along with them.

• 부모님과 입학 기념사진을 찍었다. | I took pictures with my parents to celebrate my entrance.

• 부모님께서는 새로운 마음가짐으로 학교생활을 잘하라고 말씀하셨다. | My parents advised me to have the will to lead a good school life.
* will 의지, 결의, 마음가짐

02 체육 대회

SPORTS DAY

체육 대회

- 오늘은 우리 학교 체육 대회 날이다. — Today was sports day at school.
- 체육 대회는 학교의 연중행사이다. — Sports day is a part of the annual school program.
  - ⋆ annual 매년의, 1년 마다의
- 올해는 체육 대회가 5월 6일에 열렸다. — The athletic competitions are held on the sixth of May this year.
  - ⋆ athletic 운동의, 체육의, 경기의 | competition 경쟁, 시합
- 체육 대회 하기에 매우 좋은 날씨였다. — The weather was perfect for sports day.
- 대부분의 학생들이 체육 대회에 참가했다. — Most students attended the sports day.
- 우리는 몇 가지 경기에서 다른 반과 겨루었다. — We competed with other classes in a few sports events.
- 우리는 여러 경기에 참가했다. — We took part in several games.
- 비가 와서 경기가 연기되었다. — Because of the rain, the game was postponed.
  - ⋆ be postponed 연기되다

달리기

- 경주를 위해 달리기 연습을 열심히 했다. — I practiced hard for the race.
- 나는 네 명의 릴레이 대표 중의 한 명으로 마지막 주자였다. — I was one of the four relay representatives, and the last runner.
- 우리 팀 세 명은 일등을 하고 있었다. — My three teammates were in the lead.
- 나는 달리기할 때 전속력으로 뛰었다. — I ran at full speed in the race.
- 죽을 힘을 다해 달렸다. — I made a run for my life.
- 경쟁자를 따라잡았다. — I caught up with my rival.
- 달리기의 테이프를 끊었다. — I broke the finish tape.
- 달리기에서 일등을 했다. — I was first in a running race.
- 달리기에서 꼴찌로 들어왔다. — I was last in the race.
- 달리기에서는 그를 당할 자가 없었다. — He was the best runner.
- 그는 신호에 앞서 먼저 뛰었다. — He jumped the gun.
- 그는 발이 무척 빨랐다. — He ran like a deer.

경기

- 팽팽한 경기가 많았다. There were many close games.
  * close (시합 등의) 우열을 가릴 수 없는
- 우리는 그 경기를 포기했다. We threw out the game.
  * throw out 내던지다
- 줄다리기에서 우승했다. We won the tug of war.
  * tug of war 줄다리기
- 800미터 릴레이 경기가 가장 흥미로웠다. The 800-meter relay was the most exciting.
- 단체 경기에서 개인플레이는 도움이 되지 못한다. Individual play in a team game is not helpful.
- 내가 농구에서 최고 득점을 했다. I scored the most points in basketball.
- 우리 반이 이길 거라고 확신했다. I felt confident that my class would win.
- 우리들은 열심히 싸웠지만 결국 지고 말았다. We played well, but we lost the game in the end.
  * in the end 결국은, 마침내
- 누가 이기든지 나에겐 별로 중요하지 않았다. Whichever team won, it didn't matter to me.
  * whichever 어느 ~가 …하든지
- 우리 팀을 열심히 응원했다. We rooted for our team.
  * root for ~를 응원하다
- 드디어 경기가 끝났다. Finally, the game was over.
- 우리 반이 모든 경기를 이겼다. My class won all the games.
- 우리 반은 2등을 했다. My class won the second prize.
- 우리 반은 단합상을 탔다. My class won the prize for good team spirit.

03 학교 축제 SCHOOL FESTIVAL

축제

- 우리 학교는 매년 10월에 축제가 있다. There's a festival at my school in October each year.
- 조별로 학교 축제에 대해 논의했다. We discussed the school festival in groups. We had a discussion about the school festival in groups.

- 각 동아리들이 다양한 행사를 준비했다. — Each school club prepared for various events.
- 우리 학교 축제의 전야제가 있었다. — We celebrated the eve of my school festival.
- 행사 중에 가장행렬이 있었다. — Among the events, there was a costume parade.
- 나는 여자로 분장했다. — I made up myself as a woman.
  * make up 화장하다, 분장하다
- 나는 공주 옷을 입었다. — I was dressed in a princess costume.
- 학교 정원에서 시화전이 있었다. — There was an exhibition of illustrated poems at the school garden.
  * exhibition 전람회, 전시회 | illustrated 삽화를 넣은
- 운동장에서는 바자회가 열렸다. — The bazaar was held on the sports field.
  * bazaar 바자회, 자선시장 | be held 열리다, 개최되다
- 싼 가격에 내가 원하는 물건을 살 수 있었다. — I was able to get what I wanted at a cheap price.
- 행사에 참여하기 위해 친구들과 여기저기 돌아다녔다. — I hung around with my friends to take part in the events.
- 학교 축제를 즐겼다. — I enjoyed myself at the school festival.

연극 발표

- 오후에는 강당에서 학생들의 발표회가 있었다. — In the afternoon, there were students' presentations in the hall.
- 나는 무대 공포증이 있다. — I have stage fright.
  * fright 공포
- 우리는 학교 축제 때 무대에서 연극을 했다. — We performed a play on stage at the school festival.
- 처음으로 많은 관중 앞에서 연극을 했다. — I performed before a large audience for the first time.
- 나는 ~의 역할을 했다. — I played the part of ~.
- 그 연극을 위해 동아리 회원들이 한 달 동안 매우 많이 연습했다. — The club members have practiced very much for the play for a month.
- 대본을 완벽하게 외웠다고 생각했다. — I thought I memorized the play script completely.
  * script 대본, 각본
- 어젯밤에는 처음부터 끝까지 연극 예행연습을 했다. — We rehearsed the play from beginning to end last night.
- 무대에 올라가기 전에 대본을 빠르게 훑어보았다. — I skimmed through the script before going out on the stage.
- 무대의 막이 오르자 당황해서 내 대사가 생각나지 않았다. — As soon as the stage curtain went up, I got embarrassed and couldn't remember my dialogue.

• 커튼 뒤에 있던 친구가 작은 목소리로 대사를 읽어 주어서 그럭저럭 내 역할을 할 수 있었다.

A friend behind the curtain read my dialogue in a low voice, so I could manage to play my role.

* manage to+**동사원형** 그럭저럭 ~하다

• 성공적으로 연극을 잘 마쳤다.

We performed the play successfully.

장기 자랑

• 나는 학생 장기 자랑을 위해 특이한 것들을 준비했다.

I prepared unusual things for the students' talent show.

• 나는 무대에서 색소폰을 연주했다.

I played the saxophone on the stage.

• 나는 태권도 시범을 보였다.

I showed my Taekwondo skills.

• 나는 선생님들의 말투를 흉내 냈다.

I imitated the teachers' way of speaking.

* imitate 모방하다, 흉내 내다

• 댄스 경연 대회가 있었다.

There was a dance contest.

• 강당에서 댄스 파티가 열렸다.

We held a big dance in the hall.

• 나는 음악에 맞춰 열심히 춤을 추었다.

I danced fervently to the music.

* fervently 열심히, 격렬하게

• 무대 위에서 내 춤 실력을 뽐냈다.

I displayed my dancing skills on the stage.

• 내가 그 대회에서 대상을 받았다.

I won the grand prize in the contest.

04 동아리

CLUBS

동아리 가입

• 우리 학교는 다양한 동아리가 있다.

There are various clubs at my school.

• 나는 어느 동아리에도 속해 있지 않다.

I don't belong to any clubs.

• 컴퓨터 동아리를 만들었다.

We formed a computer club.

* form 형성하다, 구성하다

• 선생님께서는 내게 공부하는 동아리에 들어가라고 권하셨다.

The teacher recommended that I join the academic club.

- 나는 그 동아리에 가입하고 싶었다. I wanted to get into the club.
- 나는 컴퓨터 동아리에 가입했다. I joined the computer club.
- 나는 영화를 좋아해서 영화 동아리에 가입했다. As I was very fond of movies, I joined a movie club.
  * be fond of ~를 좋아하다
- 나는 영어에 관심이 많아서 영어회화 동아리에 가입했다. I was interested in English, so I joined an English conversation club.
- 나는 축구부에 있다. I am in a soccer club.
- 나는 합창부에 속해 있다. I belong to a chorus club.
- 나는 독서 동아리의 회원이다. I am a member of a reading club.

써클과 클럽의 차이

우리는 보통 '동아리'를 '써클(circle)'이라고 하는데, 이에 대한 올바른 영어표현은 club입니다. circle은 동일한 이해관계나 직업을 가진 사람들의 집단을 나타내는 말로, business circle(실업계)에서처럼 '~계', '집단'의 의미를 나타내고, club은 공식적으로 조직되어 정기적으로 만나는 동아리를 나타내는 말입니다.

동아리 활동

- 나는 연극부 행사에 참여했다. I took part in a drama club event.
- 나는 동아리 회의에 참석했다. I attended a club meeting.
- 컴퓨터 동아리에서 선배들로부터 컴퓨터에 관해 많은 것을 배울 수 있었다. In the computer club, I could learn much about computers from the older students.
- 우리 동아리가 다른 사람들을 위해 무슨 일을 해 왔는지 생각해 보았다. I wondered what my club has done for others.
- 우리 동아리 회원들이 불쌍한 사람들을 도와 줄 것을 제안했다. I proposed that my club members should help the poor.
- 우리 동아리는 일주일에 한 번 모임을 갖는다. My club has a meeting once a week.
- 우리 동아리의 회비는 한 달에 ~이다. The membership fee for my club is ~ a month. The club dues of my club are ~ a month.
  * due 요금, 수수료, 회비
- 나는 친구들에게 우리 동아리에 가입할 것을 권유했다. I asked my friends to join my club.
- 동아리 회원들이 돈을 각출해서 행사를 준비했다. The club members combined some money together and prepared for the events.

• 나는 동아리 친구들과 마음이 잘 안 맞는다. I don't get along with the club members.

• 조만간 나는 동아리에서 탈퇴할 것이다. Sooner or later, I will withdraw from the club.
* withdraw 탈퇴하다, 철회하다

05 캠핑

CAMPING

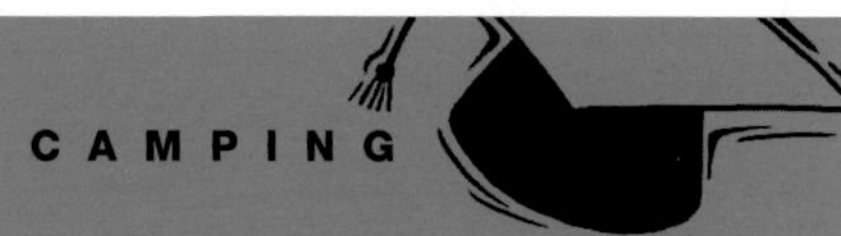

캠핑 준비

• 보이 스카우트 캠핑을 갈 것이다. I am going to a boy scout camp.

• 어젯밤에 짐을 꾸렸다. I packed up last night.

• 필요한 물건이 무엇인지 잘 몰랐다. I didn't know what I would need.

• 침낭을 포함해서 캠핑에 필요한 물품들이 매우 많았다. There were so many camping requisites including an overnight bag.
* requisite 필수품, 필요품

• 칫솔, 치약, 여분의 옷 등을 배낭에 챙겼다. I put a toothbrush, toothpaste, spare clothes and so on in the backpack.

• 형이 내가 짐 꾸리는 것을 도와주었다. My brother helped me pack.
* pack 싸다, 꾸리다

• 빠뜨린 것이 있는지 다시 점검했다. I checked again for what I had missed.

• 많이 설렌다. My heart flutters.
* flutter 조마조마하다, 두근거리다, 설레다

• 이번 캠핑이 기대가 된다. I am looking forward to this camp.

• 너무 흥분돼서 잠이 안 온다. I am so excited that I can't fall asleep.

설렘

마음이 설레서 가슴이 콩닥거리는 것을 flutter를 사용하여 My heart flutters.라고 하는데, flutter는 나비가 팔랑거리며 날아가는 것, 꽃잎이 살랑살랑 떨어지는 것을 나타내는 표현입니다. '그녀를 볼 때마다 설렌다'고 하려면 My heart flutters whenever I see her.라고 하면 됩니다.

캠핑

• 이른 아침에 모임 장소로 갔다.	I went to the meeting place in the early morning.
• 모두들 들떠 있었다.	Everyone was excited.
• 우리 동아리는 부산으로 캠핑을 갔다.	My club went to camp in Busan.
• 숲 속에서 야영을 했다.	We camped out in the woods.
• 해변에서 캠핑을 했다.	We set up camp on the beach.
• 캠핑은 3일간 계속되었다.	Camping lasted for 3 days.
• 이것이 내 첫 야영이었다.	This was my first-time camping out.
• 야영지에 도착하자마자 우리는 텐트를 쳤다.	As soon as we arrived at the campsite, we pitched tents.
• 극기 훈련을 받았다.	We received training in self-control.
• 각종 재미있는 이벤트가 있었다.	There were various interesting events.
• 캠프에서 많은 친구들을 사귀게 되었다.	I got to make many friends while camping.
• 우리 모두는 캠프파이어 둘레에 모였다.	We all gathered around the campfire.
• 우리는 캠프파이어를 가운데에 두고 동그랗게 둘러섰다.	We stood in a circle with the campfire in the center.
• 캠프파이어에 불을 붙였다.	Someone lit the flame in the campfire.
• 우리는 환호성을 질렀다.	We cheered.
• 불꽃놀이를 했다.	We set off fireworks. * set off 폭발시키다, 발사하다
• 장기 자랑을 했다.	We had a talent show.
• 나는 장기 자랑 대회에서 인기가 좋았다.	I was very popular in the talent show contest.
• 캠프파이어 앞에 앉아서 친구들과 이런저런 이야기를 나누었다.	We sat before the campfire talking about things with my friends.
• 늦게까지 자지 않고 친구들과 이야기를 나누었다.	I stayed up late talking with my friends.
• 잠들기 전에 가족들이 보고 싶었다.	I missed my family before falling asleep.
• 그 다음날 아침에 캠프장에서 철수했다.	The next morning, we struck camp.
• 정말 재미있는 캠핑이었다.	It was a really interesting camp.
• 내게는 정말 흥미롭고 유익한 캠프였다.	It was a very exciting and helpful camp for me.

06 소풍

SCHOOL TRIP

소풍 준비

- 내일 우리는 놀이 공원으로 소풍을 간다. Tomorrow we are going on a school trip to an amusement park.
- 슈퍼마켓에 가서 소풍 때 먹을 것을 샀다. I went to the supermarket to buy food for a school trip.
- 내일 아침 엄마가 점심 도시락을 싸 주실 것이다. My mom will pack a lunch tomorrow morning.
- 소풍이 기대된다. I am looking forward to the school trip.
- 즐거운 소풍이 되었으면 좋겠다. I hope we will have a pleasant school trip.
- 소풍에 딱 맞는 아주 편한 옷차림을 했다. I wore quite a casual outfit, just right for the school trip.
  * outfit 의상, 용품
- 도시락과 마실 것을 배낭에 넣었다. I packed my lunch and drink in my backpack.
- 소풍에 늦지 않도록 일찍 출발했다. I started early not to be late for the school trip.

소풍날 날씨

- 내일 날씨가 좋지 않으면, 우리는 소풍을 가지 않을 것이다. Unless it is fine tomorrow, we won't go on a school trip.
- 내일 날씨가 화창하면 좋겠다. I hope it will be fine tomorrow.
- 날씨가 좋아서 다행이었다. It was fortunate that the weather was fine.
- 소풍 가기에 너무나 좋은 날씨였다. It was ideal weather for a trip.
- 궂은 날씨 때문에 소풍을 포기해야 했다. We had to abandon our school trip because of bad weather.
- 비가 억수처럼 쏟아져서 소풍이 연기되었다. The school trip was put off because there was a downpour.
- 하늘의 뜻이라 어쩔 수 없었다. We couldn't help it, because it was an act of God.
- 비가 왔는데도 불구하고 소풍을 갔다. Even though it was rainy, we went on a school trip.

소풍 장소

- 계룡산으로 소풍을 갔다. We went to Kyeryong Mountain for a school trip.
- 나는 그곳을 여러 번 가 보았다. I have been there several times.
- 산을 오르느라 숨이 찼다. I was out of breath from hiking up the mountain.
  * out of breath 숨이 차는
- 산에 오르기는 힘들었지만 정상에 도착하니 기분이 좋았다. It was hard to hike up the mountain, but I felt good when we got to the top.
- 길이 미끄러워서 산에서 천천히 내려왔다. I descended the mountain slowly because the path was slippery.
  * slippery 미끄러운
- 선생님께서 미리 선물 이름을 적어둔 쪽지들을 숨겨 놓으셨다. The teacher hid the slips of paper on which he had written present names in advance.
  * slip 종이쪽지
- 보물찾기를 했다. We had a hunt to find the slips of paper.
- 나는 두 개의 보물 쪽지를 찾았다. I found two slips.
- 선물을 두 개 받을 수 있었다. I could have two presents.
- 소풍 가서 친구들과 사진을 찍었다. I took pictures with my friends on the trip.
- 정말 즐거운 소풍이었다. It was a really happy trip.
- 견학을 다녀왔다. We had a field trip.
- 잊지 못할 추억거리가 될 것이다. This will be one of my most unforgettable events.
- 이번 소풍은 정말 재미없었다. I really didn't enjoy this trip.
- 점심만 먹고 집에 돌아왔다. Just after lunch, I came back home.

찾았다!

우리말로 '찾다'는 look for와 find가 있는데, 의미가 다르므로 구분해서 사용해야 합니다. look for는 필요하거나 잃어버린 것을 찾는 동작이나 과정을 나타내는 말인 '찾아보다', 즉 try to find의 의미이고, find는 look for하는 동작 후의 결과, 즉 '찾다', '발견하다'라는 뜻입니다. '그 쪽지를 찾아보았으나, 찾을 수가 없었다'라고 하려면 I looked for the slips, but I couldn't find them.이라고 해야 합니다.

07 수학여행 SCHOOL EXCURSION

- 제주도로 3박 4일 동안 수학여행을 갈 것이다. — We are going on a school excursion to Jeju Island for 3 nights and 4 days.
  * excursion 단체 여행, 소풍
- 우리는 봄에 제주도로 수학여행을 갈 것이다. — We will take a school excursion to Jeju Island in the spring.
- 역사적인 유적지 탐방과 한라산 등반을 할 계획이었다. — We had plans to visit the historical sites and climb Hanla Mountain.
- 오늘이 제주도로 가는 3일 간의 여행 첫날이었다. — Today was the first day of the three-day school excursion to Jeju Island.
- 아침에 들뜬 마음으로 여행을 떠났다. — I started the excursion in high spirits in the morning.
  * in high spirits 기분이 좋아서, 들떠서
- 우리는 아침 8시에 출발하여 12시에 완도에 도착했다. — We departed at 8:00 in the morning and arrived at Wando at 12:00.
- 점심 식사를 하고 배에 올라탔다. — After lunch, we boarded the ship.
- 배를 타고 제주도로 갔다. — We went to Jeju Island by ship.
- 우리가 그곳에 도착했을 때에는 날씨가 매우 흐렸다. — When we arrived there, the weather was very cloudy.
- 밤새 친구들과 놀았다. — I played all night with friends.
- 밤에 선생님들께 장난을 쳤다. — We played tricks on the teachers at night.
- 밤에 잠을 잘 못 자서 버스 안에서 내내 졸았다. — I was sleepy all the time in the bus, because I didn't sleep well at night.
- 버스 안에서 대중가요들을 불렀다. — We sang popular songs in the bus.
- 배를 타고 선상 여행을 했다. — We went on a sightseeing tour by boat.
- 가족들에게 줄 기념품도 몇 개 샀다. — I bought some souvenirs for my family.
  * souvenir 기념품, 선물
- 제주에서 비행기를 타고 돌아왔다. — We returned from Jeju Island by plane.
- 나는 비행기를 타 본 적이 없다. — I have never flown before.
- 나는 비행기를 처음 타 봤다. — I flew for the first time.
- 비행기가 이륙할 때 좀 흥분이 됐다. — I was a little excited when the plane was taking off.
- 어두워지고 나서야 도착했다. — We hadn't arrived until it was dark.
  * not ~ until ... …하고 나서야 ~하다

• 수학여행에서 돌아와 학교 앞에서 해산했다. We came back from the excursion and parted ways in front of the school.
* part ways 갈라지다, 각자의 길을 가다

• 여행 중에 찍은 사진을 빨리 보고 싶다. I can't wait for the pictures from the trip.

• 수학여행의 추억을 영원히 간직할 것이다. I will keep this memory of the school excursion.

• 꿈같은 여행이었다. The trip was like a dream.

• 가족들에게 여행에 대해서 해 줄 이야기가 많았다. There was so much to tell my family about the trip.

기다릴 수가 없다는 말은 ~

어떤 일을 빨리 하고 싶다는 표현은 [can't wait to+동사원형/can't wait for+명사] 구문으로 나타낼 수 있습니다. 즉, 기다릴 수 없을 정도로 빨리 그 일을 하고 싶다는 말이죠. '그곳에 빨리 가고 싶다'면 I can't wait to go there., '빨리 휴가를 받으면 좋겠다'고 하려면 I can't wait for my vacation.이라고 하면 됩니다.

08 졸업 GRADUATION

졸업식 전날

• 나는 올해 학교를 졸업하게 된다. I will graduate from school this year.

• 졸업식은 일반적으로 2월에 한다. Graduation ceremonies are usually held in February.

• 졸업식 예행연습을 했다. We had a graduation ceremony rehearsal.

• 나는 꼴찌로 간신히 졸업했다. I barely graduated last on the list.

• 그는 나보다 1년 먼저 졸업했다. He graduated from school one year ahead of me.

• 나는 학교생활에 좋은 추억이 많다. I have many good memories from my school days.

• 그 추억들을 언제까지나 기억할 것이다. I will keep the memories fresh forever.

• 타임캡슐 안에 우리의 추억을 담았다. We put our memories into the capsule.

• 땅을 파고 타임캡슐을 묻었다. We dug a hole and buried our time capsule.
* dug dig(파다)의 과거형, 과거분사형 | bury 묻다, 매장하다

졸업식

- 오늘 졸업식이 있었다. — The graduation ceremony was held today.
- 졸업을 하게 되어 무척 기뻤다. — I was so happy to graduate.
- 가족과 친척들이 졸업을 축하해 주었다. — My family and relatives celebrated my graduation.
- 삼촌이 멋진 꽃다발을 주셨다. — My uncle gave me a nice bouquet of flowers.
- 부모님께서는 선물로 가방을 주셨다. — My parents gave me a bag for my graduation present.
- 친척들이 내 졸업을 축하해 주었다. — My relatives congratulated me on my graduation. My relatives gave me their congratulations on my graduation.
- 졸업장 그 자체는 내게 별 의미가 없었다. — The diploma itself had no meaning for me.
  * diploma 졸업 증서
- 친구들과 헤어지기 싫어서 울었다. — I cried because I didn't want to part from my friends.
- 졸업식이 끝나고 우리는 서로에게 밀가루와 달걀을 던졌다. — After the graduation ceremony, we threw flour and eggs at one another.
- 모자를 공중에 날렸다. — We threw our hats in the air.
- 학교를 졸업하니 시원섭섭했다. — I was both happy and sad to graduate from school.
- 착잡한 마음으로 학교를 졸업했다. — I graduated from school with mixed emotions.

상장 수여

- 졸업장을 받았다. — I received a graduation diploma.
- 3년 개근상을 받았다. — I received a prize for 3 years of perfect attendance.
- 3년 동안 하루도 학교를 결석하지 않았다. — I have never been absent from school for 3 years.
- 3년 정근상을 받았다. — I got a prize for 3 years of good attendance.
- 우등상을 타서 자랑스러웠다. — I was proud of winning an honor prize.
- 전 과목 모두 A로 졸업했다. — I graduated with an all-A record.
- 우수한 성적으로 졸업했다. — I graduated with honors.
- 수석으로 졸업했다. — I graduated with top honors.
- 공로상을 받았다. — I got a prize for distinguished achievement.
  * distinguished 현저한, 공훈을 세운
- 효행상을 받았다. — I got a prize for respecting my elders.

• 선행상을 받았다. I got a prize for my good conduct.
* conduct 행위, 행동, 품행

• 모범상을 받았다. I got a prize for my exemplary behavior.
* exemplary 모범적인

졸업 후 계획

• 졸업하면 이제 대학생이 된다. After this graduation, I will be a university student.

• 졸업 후의 계획은 아직 없다. I have no plans after graduation.

• 졸업하면 당장 운전 면허증을 따고 싶다. After graduating, I want to get my driver's license at once.

• 졸업 후에 좋은 직업을 갖고 싶다. I want to get a good job after graduation.

• 졸업 후에 세계 일주를 하고 싶다. I want to travel around the world after graduation.

• 졸업 후에 친구들과 적어도 한 달에 한 번씩은 만나자고 약속했다. I promised my friends that we would have get-togethers at least once a month after graduation.
* get-together 친목회(=reunion) | at least 적어도

• 졸업하고 10년 후에 만나기로 했다. We decided to meet in 10 years after graduation.

Orientation

Thursday, February 26. Cold

I met my "soon to be" college friends today. It was so awkward. We were divided into 14 groups. I was in group 5. We got on the bus to go OO university's camp site.

I sat by a student who was listening to her MP3 player. I wanted to break the ice, so I tried to make eye contact with her. That didn't work out because she kept looking out the window. I squirmed in my seat to attract her attention. But all my efforts were in vain. It took us 3 hours and 30 minutes to arrive at the destination. Guess what? I didn't get to say even one word to her!

As time went by, I was able to make friends. The really wonderful party started at night. We got intoxicated easily with the exciting atmosphere because we were young! We played games with the older students and the professors who came with us. I stayed up all night talking with my new friends.

오리엔테이션에 가다

2월 26일 목요일 추움

나는 오늘 예비 대학생들을 만났는데 매우 어색했다. 우리는 열네 그룹으로 나뉘었는데 나는 5그룹에 배정되었다. 우리는 OO 대학의 캠핑장으로 가기 위해 버스에 몸을 실었다.

나는 MP3 플레이어를 듣고 있는 한 학생 옆에 앉게 되었다. 나는 어색한 분위기를 깨고 싶어서 그녀와 눈을 맞춰 보려고 애썼다. 그녀는 계속 창밖을 보고 있어서 별 효과가 없었다. 그녀의 주위를 끌어 보려고 의자에서 움찔움찔 움직여 보기도 했다. 그러나 이런 내 모든 노력은 허사로 돌아갔다. 도착지에 도착하기까지는 3시간 30분이 걸렸다. 그 동안 무엇을 했는지 추측해 보라. 그녀에게 한마디도 걸지 못했다.

시간이 흐르면서 친구들을 사귀게 되었다. 밤에는 정말로 멋진 파티가 시작되었다. 우리는 흥겨운 분위기에 금세 도취되었는데, 그것은 아무래도 우리의 젊음 때문이 아닐까 싶다. 우리와 함께 온 선배들, 교수님들과 함께 게임을 했다. 새로 사귄 친구들과 밤새워 이야기도 했다.

NOTES

soon to be 곧 ~가 될 사람 | **break the ice** 시작을 트다, 터놓고 말하는 사이가 되다 | **squirm** 꿈틀거리다, 움직이다 | **attract one's attention** ~의 주의를 끌다 | **intoxicate** 심취시키다, 도취시키다

CHAPTER 15

친구

1. 친구 사귀기
2. 좋은 친구
3. 사이가 나쁜 친구
4. 친구와의 다툼
5. 옛 친구

01 친구 사귀기 MAKING FRIENDS

친구를 가리키는 말

학교 친구	schoolmate	좋은 친구	good friend
학급 친구	classmate	진정한 친구	true friend
한 방 친구	roommate	친한 친구	close friend
오랜 친구	old friend, a friend of long standing	단짝 친구	buddy

친구란

- 사람들은 주위 사람들에게 쉽게 영향을 받는다. People are easily influenced by those around them.
- 사귀는 친구에 따라 성격이 바뀔 수도 있다. Our personality can change according to the friends we keep.
  * according to ~에 따라
- 친구를 지혜롭게 선택하는 것은 아주 중요하다. It is very important to choose our friends wisely.
- 친구는 얻기보다 잃기가 쉽다. A friend is easier lost than found.
- 공통 관심사가 있으면 서로 친해질 수 있다. With mutual interests, we can get along with each other.
  * mutual 서로의, 공통의
- 친구가 어떤 사람인지 알려면 그와 함께 1주일 동안 여행을 해보면 된다. In order to know what kind of person our friend is, we have only to travel with him for a week.
- 사람은 사귀는 친구를 보면 알 수 있다. A man is known by the company he keeps. You can judge a man by the company he keeps.
  * be known by ~를 보면 안다 | judge 판단하다
- 어려울 때 도와주는 친구야말로 진정한 친구다. A friend in need is a friend indeed.
- 유유상종(類類相從)이다. Birds of a feather flock together.
  * flock 떼 지어 몰려 다니다, 모이다
- 친구와 포도주는 오래될수록 좋다. Friends and wines improve with age.

사귀고 싶은 친구

• 나는 그와 친구가 되고 싶다.	I want to be friends with him.
• 나는 그와 친하게 지내고 싶다.	I want to keep company with him.
• 그는 사귀기 어려운 사람이다.	He is hard to get along with.
• 그는 사귀기 쉬운 사람이다.	He is easy to get along with.
• 그는 나이에 비해 매우 성숙하다.	He is very mature for his age.
• 그가 나와 친구가 되고 싶어 하는지 궁금하다.	I wonder whether he would like to be a friend of mine.
• 그는 같이 있으면 좋은 사람이다.	He is a good company.
• 그는 멋진 미소를 짓는다.	He has a nice smile.
• 그는 불행을 함께 나누는 친구이다.	He is a companion in my time of misery. * companion 친구, 동료
• 그는 재미있는 이야기를 잘한다.	He always says funny things.

친구 사귀기

• 좋은 친구를 사귀도록 해야 한다.	We have to keep good company.
• 정직하고 공부도 열심히 하는 친구를 사귀면 나도 그렇게 되리라 생각한다.	I think that if I become friends with a person who is honest and hardworking, I will be the same kind of person.
• 새 친구들을 사귀고 싶다.	I want to make new friends.
• 나쁜 친구는 피하려고 한다.	I try to avoid bad company.
• 폭 넓게 친구들을 사귀고 싶다.	I want to have a wide circle of friends. * circle (교우, 활동)의 범위
• 외국에서 온 친구가 있다는 것은 매우 흥미로운 일이다.	Having a friend from abroad is very exciting.
• 책에 대한 내 관심사를 공유할 수 있는 친구가 있었으면 좋겠다.	I want a friend who can share my interest in books.
• 고민을 털어놓을 수 있는 친구가 필요하다.	I need someone to tell my troubles to.
• 무엇이든 이야기할 수 있는 친구가 필요하다.	I need someone whom I can talk to about everything.
• 그와 사귀게 되었다.	I got acquainted with him. * get acquainted with ~와 아는 사이가 되다
• 그와 친구가 되었다.	I made friends with him.

친구가 되다

'~와 친구가 되다', '~를 사귀다'는 make friends with ~ 또는 become friends with ~로 표현하는데, 이때 friends는 복수 형태로 써야 합니다. 친구가 되는 것처럼 두 사람 또는 두 개 이상의 것이 있어야 상호적으로 작용되는 것을 나타낼 때는 복수 형태로 씁니다. 예를 들면, '~와 악수하다'는 shake hands with ~, '~와 자리를 바꾸다'는 exchange seats with ~, '기차를 갈아타다'는 change trains라고 표현합니다.

02 좋은 친구 GOOD FRIENDS

내 친구

• 나와 수진이는 매우 좋은 친구 사이이다.	Sujin and I are very good friends.
• 우리는 같이 자랐고, 같은 학교를 함께 다녔다.	We grew up together, and went to the same school together.
• 우리는 어릴 때부터 친구였다.	We are friends from childhood.
• 그는 우리 동네에 산다.	He lives in my neighborhood.
• 그는 우리 집 가까이에 산다.	He lives just two doors away.
• 그는 우리 집 근처에 산다.	He lives near my house.
• 그의 집은 우리 집과 매우 가깝다.	His house is really close to mine.
• 그와 나는 그저 이야기를 나누는 사이이다.	I am on speaking terms with him.
• 그는 내 가장 친한 친구이다.	He is my best friend.
• 나는 그를 가장 친한 친구라고 생각한다.	I regard him as my best friend. * regard ~ as ... ~를 …로 여기다, 생각하다
• 그는 친구가 없다.	He is friendless. He has no friends.
• 우리는 서로 더 가까워졌다.	We got closer to each other.
• 그는 이성 친구가 많다.	He has many acquaintances of the opposite sex. * acquaintance 아는 사람, 아는 사이
• 나에게 가장 중요한 것은 친구를 잃지 않는 것이다.	The most important thing to me is not to lose my friends.

- 우리의 우정이 결코 깨지지 않기를 간절히 바란다. — I do hope our friendship will never break.
- 우리의 우정이 영원히 지속되길 바란다. — I hope our friendship will last forever.
  * last 지속되다, 계속되다

사이좋은 친구

- 우리는 항상 붙어 다닌다. — We always stick together.
  * stick together 붙어 다니다, 사이가 좋다
- 우리는 5년 동안 친구로 지내왔다. — We have been friends for 5 years.
- 우리는 비록 멀리 떨어져 살지만 여전히 좋은 친구이다. — Even though we live far apart, we are still very good friends.
- 그 친구는 내게 무엇이든 이야기한다. — That friend tells me everything.
- 나는 그와 친하다. — I am close with him.
- 나는 그와 친한 사이이다. — I am on close terms with him.
  * terms 교제 관계, 친한 사이
- 우리는 매우 친하다. — We are hand in glove with each other.
  * be hand in glove with ~와 매우 친한 사이이다.
- 나는 그와 사이가 좋다. — I am on good terms with him.
- 나는 그와 사이좋게 잘 지낸다. — I get along well with him.
- 그와 나는 서로 잘 지낸다. — He and I get on well with each other.
- 우리는 마음이 잘 맞는다. — We hit it off.
  * hit it off 마음이 잘 맞다, 사이좋게 지내다

좋은 친구

- 우리는 서로 잘 이해한다. — We understand each other well.
- 나는 항상 친구를 이해하려고 노력한다. — I always try to understand my friends.
- 나는 그가 다른 사람을 욕하는 걸 들어 본 적이 없다. — I've never heard him speak ill of others.
- 그는 사교적이다. — He is sociable.
- 나는 그를 좋아하는데 취미가 같기 때문이다. — I like him because we have the same hobbies.
- 나는 친구와 절대 싸우지 않는다. — I never fight with my friends.
- 웬만해선 친구와 싸우지 않는다. — I fight with my friends once in a blue moon.
  * once in a blue moon 극히 드물게, 좀처럼 ~않다
- 나는 그와 좋은 친구이다. — I am good friends with him.

- 나는 그와 좋은 관계를 유지하고 있다. I keep a good relationship with him.
- 그는 비밀을 잘 지키고 나를 흉보지 않는다. He keeps secrets well and doesn't criticize me.
  * criticize 비평하다, 비난하다
- 나는 그에게 신세를 많이 졌다. I owed him a big one.
- 그는 나에게 잘해 준다. He is very good to me.
- 그는 참 재미있는 친구이다. He is a very amusing guy.
- 그의 이야기는 언제나 날 즐겁게 한다. His stories always amuse me.
- 그는 참 행실이 바르다. 그래서 모두에게, 특히 선생님들에게 사랑 받는다. He is well-behaved. That's why he is loved by all and especially by the teachers.
- 나는 좋은 친구들이 있어서 정말 행운이라고 생각한다. I think I am really lucky because I have wonderful friends.
- 우리는 우정을 돈독히 하기 위해 자주 만난다. We often meet to cement the bonds of friendship.
  * cement ~을 굳게 하다

03 사이가 나쁜 친구 BAD FRIENDS

비열한 친구

- 그는 진정한 친구가 아니다. He is not a true friend.
- 그는 좋을 때만 친한 척한다. He is a fair-weather friend.
  * fair-weather 좋을 때의, 유리할 때만의
- 그가 내 잘못을 선생님께 일러바쳤다. He told the teacher about my offense.
- 그가 나를 선생님께 고자질했다. He told on me to the teacher.
- 그는 내게 정말 못되게 군다. He is really mean to me.
  * mean 비열한
- 그는 영악하다. He is shrewd.
  * shrewd 빈틈없는, 약빠른
- 그가 나를 바보라고 부르면서 모욕했다. He insulted me by calling me a fool.
  * insult 무례하게 대하다, 모욕하다
- 그는 나를 눈엣가시로 여긴다. He thinks I am a pain in the neck.
  * a pain in the neck 눈엣가시

- 그는 종종 약한 친구들을 괴롭힌다. He often bothers the weaker students.
  * bother 괴롭히다, 성가시게 하다
- 그는 남의 약점을 잘 이용한다. He takes advantage of others' weaknesses.
  * take advantage of ~를 이용하다
- 그는 절대 자신의 본색을 드러내지 않는다. He never shows his true colors.
- 그는 양가죽을 쓴 늑대처럼 속과 겉이 다르다. He looks like a wolf in sheep's clothing.
- 그는 위선적인 것 같다. He seems to be hypocritical.
- 그는 자신의 잘못을 남의 탓으로 돌리는 경향이 있다. He tends to blame his own wrongdoing on others.
  * blame ~ on ... ~를 …탓으로 비난하다 | wrongdoing 나쁜 짓, 비행, 범죄
- 그가 내 험담을 하고 다닌다고 들었다. I heard he was backstabbing me.
  * backstab 뒤에서 험담하다

뒷담화

비열한 사람 중에는 다른 사람 뒤에서 그 사람에 대해 이러쿵저러쿵 이야기하는, 즉 뒷담화하는 사람도 있죠. '뒷담화하다'는 영어표현은 talk behind one's back이라고 하는데, 욕이나 좋지 않는 험담으로 뒷담화를 할 경우는 speak ill of ~ behind one's back이라고 표현하면 됩니다. 그렇게 뒤에서 '험담하는 사람'은 backbiter라고 합니다.

놀리는 친구

- 그는 종종 친구들을 놀린다. He often pulls his friends' legs.
  * pull somebody's leg ~를 놀리다
- 그가 날 놀렸다. He teased me.
  He made fun of me.
  He poked fun at me.
  He made a fool of me.
  He made an ass of me.
  He made a mockery of me.
- 그가 내게 농담을 했다. He fooled me.
  He played a joke on me.
- 그가 내 머리 모양을 놀렸다. He teased me about my hairstyle.
  * tease 괴롭히다, 놀리다
- 그는 모든 사람의 신경을 거슬리게 한다. He gets on everyone's nerves.
  * get on ~ nerves ~의 신경을 거슬리게 하다, ~를 짜증나게 하다
- 친구를 놀리지 말아야 한다. We had better not bully our friends.
  * bully (약한 친구를) 못살게 굴다

- 약한 자를 괴롭히는 일은 비열한 일이다. It is mean to tease the weak.
- 그는 몹시 떠드는 편인데 그렇지만 않으면 좋은 아이이다. He makes a lot of noise. Otherwise he is a nice boy.
  * otherwise 그렇지 않으면

신경 쓰지 마!

놀림을 받는 친구에게 아이들이 뭐라고 하는 것에 '신경 쓰지 마!'라고 하고 싶으면 Never mind!라고 하세요. 그럴 때 그 친구가 It's OK. I don't care., 즉 '괜찮아. 난 그런 것 신경 안 써'라고 대답하면 좋겠네요.

나와 맞지 않는 친구

- 그는 비디오 게임방을 돌아다니며 술, 담배를 한다. He smokes and drinks, hanging out at video game rooms.
- 그는 장난이 심하다. He is so playful. He is such a naughty boy.
  * naughty 장난꾸러기의, 버릇없는
- 그는 문제아다. He is a troublemaker.
- 그는 항상 나를 괴롭힌다. He bothers me all the time.
- 그녀는 말괄량이다. She is a tomboy.
- 그는 사교적이지 못하다. He is unsociable.
- 우리 반 아이들은 그를 멀리한다. He is shunned by my class.
  * shun 피하다, 멀리하다
- 그는 우리 반에서 왕따이다. He is an outcast in my class.
  * outcast 버림받은 사람, 추방당한 사람
- 그는 우리 반에서 소외당한다. He is left out of my class.
- 그는 친구들 사이에서 평판이 좋지 않다. He is spoken ill of by our friends.
  * speak ill of ~를 나쁘게 말하다
- 그는 사람들에게 욕을 잘한다. He calls people names. He insults others well.
- 그는 다른 사람들 욕을 잘한다. He speaks against others well.
- 그는 다른 사람들에 대해 험담을 잘한다. He is good at speaking ill of others.
- 나는 특별한 이유 없이 그가 싫다. I dislike him for no specific reason.
- 나는 종종 그와 잘 맞지 않는다. I often disagree with him.
- 나는 그와 견해가 잘 맞지 않는다. I don't see eye to eye with him.
  * see eye to eye with ~와 견해가 일치하다

- 나는 그와 관계가 별로 좋지 않다. — I am on bad terms with him.
- 나는 그와 사이가 나쁘다. — I am on the outs with him.
- 친구가 되는 것보다 원수가 되기가 더 쉬운 법이다. — It's easier to make enemies than to make friends.
- 근묵자흑(近墨者黑)이다. — One rotten apple spoils the bunch.

04 친구와의 다툼 QUARRELS

사소한 다툼

- 친구와 사소한 문제로 다투었다. — I quarrelled with my friend over a trivial matter.
  * trivial 사소한, 하찮은
- 친구들과 종종 다툼을 하곤 했다. — I used to quarrel with my friends on and off.
  * on and off 종종
- 친구 사이의 다툼은 흔히 일어나는 일이다. — Quarrels between friends are common.
- 그는 나를 지적하는 경향이 있다. — He tends to point me out.
- 나는 그가 잘못했다고 생각했다. — I thought it was his fault.
  In my opinion, he was wrong.
  In my mind, he was at fault.

used to ~

[used to+동사원형]은 '~하곤 했다', '과거에 ~였다'의 의미이지만, [be used to+동사원형]은 '~하기 위해 사용되다'라는 말이고, [be/get used to+명사/동명사]는 '~에/~하는 것에 익숙하다/해지다'라는 표현이니 혼돈하지 않도록 해야 합니다. 예를 들어, I used to cook Western food.라고 하면 '나는 과거에 서양음식을 요리하곤 했다'이지만 I am used to cooking Western food.라고 하면 '나는 이제 서양음식을 요리하는 것에 익숙하다'라는 말이 됩니다.

오해

- 그가 나를 오해했다. He got me wrong.
He misunderstood me.
He took me the wrong way.
- 나는 그 오해를 벗기 위해 이런 저런 변명을 했다. I made excuses to fix the misunderstanding.
- 우리 사이에 오해가 있었던 것 같다. There seemed to be some misunderstandings between us.
- 뭔가 일이 꼬이는 것 같았다. Something seemed to go wrong.
- 나는 그에게 따질 게 있었다. I've got a bone to pick with him.
- 나는 그에게 따졌다. I picked a bone with him.
  * pick a bone with ~와 논쟁하다, ~에게 따지다
- 그가 거짓말을 한 게 분명했다. It was obvious that he told a lie.
  * obvious 명백한, 명료한, 분명한
- 이번에는 그를 용서할 수 없었다. I couldn't forgive him this time.
- 그의 변명을 이해할 수가 없었다. I couldn't understand his excuse.
- 내 논리로는 그의 말을 이해할 수가 없었다. I couldn't understand what he said when applying my logic.
  * logic 논법, 논리
- 그것은 발뺌하기 위한 변명일 뿐이었다. It was just an excuse for explaining it away.
- 이제 그는 더 이상 내 친구가 아니다. He isn't my friend any more.
- 나는 "두고 보자!"고 하면서 나와버렸다. I went out, saying "Wait and see!"
- 그가 왜 그렇게 말을 했는지 이해할 수가 없었다. I couldn't understand why he had talked like that.

말다툼

- 우연히 그가 내 험담을 하는 것을 들었다. By chance I heard him talk about me behind my back.
- 그의 말을 듣고 매우 화가 났다. I was very angry to hear his words.
- 그가 내 감정을 상하게 했다. He hurt my feelings.
- 그가 내게 말하는 태도를 참을 수가 없었다. I couldn't stand the way he talked to me.
- 그는 나를 완전히 깔보고 있었다. He was totally taunting me.
  * taunt 비웃다, 깔보다
- 그와 말다툼을 했다. I argued with him.
I had arguments with him.
I wrangled with him.
  * wrangle 말다툼하다, 언쟁하다

• 우리는 그것에 대해 말다툼을 했다. We argued about it.

• 나는 그 일에서 빠지고 싶었다. I wanted to stay out of it.

싸움의 발단

• 그의 행동이 너무 지나쳤다. He went too far.
* go too far 정도를 지나치다.

• 완전히 무시당했다. I was totally blown off.
* be blown off 무시당하다

• 그는 나를 정말 난처하게 만들었다. He really made me perplexed.

• 너무 불쾌해서 참을 수가 없었다. It was too unpleasant to endure.
* endure 참다, 견디다, 인내하다

• 진정할 수가 없었다. I couldn't calm myself down.

• 그런 모욕은 참을 수가 없었다. I couldn't stand such an insult.

• 그를 째려보았다. I gave him a nasty look.

• 그의 그런 행동에 이제는 신물이 난다. I am sick and tired of his behaving like that.

• 그를 외면해 버렸다. I gave him the cold shoulder.
* give ~ the cold shoulder ~에게 냉담한 태도를 보이다

• 지렁이도 밟으면 꿈틀한다. A worm will turn.

너무해!

누군가와 갈등이 시작되면서 상대방의 행동이 지나치다고 생각될 때 '너 정말 너무 오버한다'로 싸움이 시작되는 경우가 많은데, 이를 You do too much.나 It's over. 등으로 말하면 적절한 표현이 아닙니다. '너 정말 너무 한다'는 말은 You went too far.입니다.

싸움

• 그가 내게 싸움을 걸었다. He took me on.

• 결국 그와 싸움을 하게 되었다. Finally I got to fight with him.

• 나는 그와 싸웠다. I fought with him.
I had a fight with him.
I got in a fight with him.

• 그가 나를 꼬집었다. He pinched me.

• 그가 나에게 달려들어 발길질을 했다. He ran at me and kicked me.

• 그가 내 머리를 쳤다. He beat me on the head.
* beat 때리다

• 그가 내 뺨을 때렸다. He slapped me on the face.
* slap 찰싹 때리다

• 그가 내 얼굴을 쳐서 눈이 퍼렇게 멍들었다. He punched me in the face, so I have a black eye.

• 나는 그를 때려 눕혔다. I knocked him down.

• 결판이 날 때까지 싸웠다. We fought to the finish.
* to the finish 최후까지, 끝까지

• 우리는 서로 등을 돌리고 앉았다. We sat with our backs turned to each other.

• 그에게 아는 체도 안 할 것이다. I won't give him the time of day.

• 그들의 싸움에 휘말리고 싶지 않았다. I didn't want to get involved in their fight.
* get involved in ~에 연루되다, ~에 말려들다

신체에 행위를 가할 때

'그가 내 머리를 쳤다'는 He hit my head.라고 하는 경우가 많은데, 신체 부위에 어떤 행위가 가해질 때는 [동사+사람+전치사+the+신체 부위]의 구문으로 표현합니다. 그래서 '그가 내 머리를 쳤다'고 할 때는 He hit me on the head., 뺨을 때렸을 경우에는 He slapped me on the face.라고 합니다.

화해

• 나는 그가 왜 내게 화가 났는지 궁금했다. I wondered why he got angry with me.

• 그것에 대해 그와 이야기를 해야 했다. I had to talk about it with him.

• 그의 감정을 상하게 할 의도는 아니었다. I didn't mean to offend him.
* offend 기분(감정)을 상하게 하다

• 사실은 그에게 호의를 품고 있었다. As a matter of fact, I meant well to him.

• 내가 먼저 미안하다고 말했다. First I said that I was sorry.

• 그에게 사과했다. I apologized to him.

• 그가 내 사과를 받아들였다. He accepted my apology.

• 우리가 싸운 것은 잊어버리기로 했다. We will forget about our fight.

• 그와 화해했다. I made up with him.
* make up with ~와 화해하다

- 물론 친구와 다투는 것은 어리석은 일이라는 것을 알고 있다. — Of course, I know that it is stupid to quarrel with friends.
- 지는 것이 이기는 것이다. — To back down is to win.

사과를 받아줘

누군가 나에게 용서를 구하러 왔는데 그의 잘못이나 오해가 그를 본 순간 녹아내려 그의 구구절절한 변명과 사과를 들을 필요가 없다면 이렇게 말하세요. You had me at Hello. 이는 '너를 보는 순간 용서했다'는 의미입니다.

05 옛 친구 OLD FRIENDS

그리운 옛 친구

- 그 사진을 보면 옛 친구들이 생각난다. — The picture reminds me of my old friends.
  - * remind ~ of ... ~에게 …를 생각나게 하다
- 때때로 옛 친구들이 그리울 때가 있다. — Sometimes I miss my old friends.
- 오랫동안 그를 못 만났다. — I haven't seen him for ages.
- 우리는 만난 지 오래되었다. — It has been ages since we met. / It has been a long time since we last met.
- 우리는 서로 오랫동안 만나지 못했다. — We haven't seen each other for a long time.
- 그는 옛날 모습 그대로였다. — He looked just the same.
- 그는 하나도 변하지 않았다. — He hasn't changed at all.
- 그가 너무 많이 변해서 첫눈에 알아볼 수가 없었다. — He had changed so much that I couldn't recognize him at a glance.
  - * at a glance 첫눈에, 얼른 봐서
- 그동안 어떻게 지냈는지 물어봤다. — I asked him how he has been getting along.
- 그는 예전처럼 말쑥해 보이지 않았다. — He didn't look as neat as he had used to.
- 친구들에게 안부를 전해 달라고 그에게 부탁했다. — I asked him to give my regards to some friends. / I asked him to give my best wishes to some friends.

반가운 옛 친구

- 그가 낯익어 보였다. He looked familiar to me.
- 나는 그를 아는 사람으로 착각하고 그에게 인사를 했다. I mistook him for someone I knew and said hello to him.
- 그는 전에 어디에선가 본 사람 같았다. He seemed to be a person I had seen somewhere before.
- 그는 고등학교 동창이었다. He was one of my high school alumni.
- 그는 여자 친구와 같이 있었다. He was accompanied by his girlfriend.
- 우리는 고등학교 때 이후로 연락이 끊어졌다. We haven't kept in touch since high school.
- 오랫동안 그의 소식을 듣지 못했다. I didn't hear anything from him for long.
- 우연히 옛 친구를 만났다. I ran into an old friend of mine.
  I ran across an old friend of mine.
  I bumped into an old friend of mine.
  I came across an old friend of mine.
  I met an old friend of mine by chance.
  I happened to meet an old friend of mine.
- 나는 어릴 적 친구를 우연히 만났다. I encountered a childhood friend by chance.
  * encounter 우연히 마주치다 | by chance 우연히, 뜻밖에
- 우리의 만남은 정말로 우연이었다. Our meeting was quite an accident.
- 정말 우연한 만남이었다. It was just a casual encounter.
- 도서관에 가는 길에 그를 만났다. I met him on the way to the library.
- 몇 년 만에 만나는 것이었다. It's been a few years since we last met.
- 그의 이름이 생각나질 않았다. I wasn't able to recall his name.
- 그의 이름이 혀끝에서 맴돌았다. His name was on the tip of my tongue.
- 정말 뜻밖이었다. It was a nice surprise.
- 정말 세상 좁구나! What a small world!
- 나는 그를 못 본 척했다. I pretended not to see him.
- 그와 몇 시간 동안 즐거운 이야기를 나누었다. I had a happy conversation with him for several hours.

동창회

- 오늘 동창회가 있었다. There was an alumni meeting today.
  * alumni 동창생

- 우리는 1년에 한 번 동창 모임을 갖는다. We have a reunion once a year.
  * reunion 재결합, 재회, 모임
- 오랜만에 옛 친구들을 만나서 매우 반가웠다. I was very glad to see old friends after a long time.
- 10년만에 만났지만 그를 단번에 알아볼 수 있었다. Even though I had not seen him for 10 years, I recognized him in a flash.
  * in a flash 단번에, 매우 빨리
- 우리는 초등학교 때 같은 반이었다. We were in the same class together at the elementary school.
- 동창회에서 중학교 때 단짝을 만났다. I met my middle school buddy at the reunion.
- 그는 내가 보고 싶어 했던 그 사람이었다. He was just the person whom I had wanted to see.
- 초등학교 다닐 때 그를 짝사랑했었다. When I was in elementary school, I had a crush on him.
- 그는 여전했다. He remained the same.
- 장난꾸러기였던 아이들이 이제는 점잖아졌다. The students who had been naughty were gentle now.
- 가장 공부를 잘했던 친구는 교수가 되었다. The most studious student became a professor.
- 몇몇 친구들은 성공한 것 같았다. Some of them looked very successful.
- 어떻게 지내는지에 대해 이야기를 나누었다. We talked about how we had been doing.
- 우리는 학창 시절의 추억에 잠겼다. We reminisced about the memories of school days.
  * reminisce 추억하다, 추억에 잠기다
- 학창 시절의 추억이 아직도 마음속에 남아 있다. The memory of my school days dwells in my mind.
  * dwell 살다, 거주하다, 머무르다
- 우리는 옛 학창 시절 이야기를 하면서 기억들을 되살려 보았다. We refreshed our memories talking about our old school days.
  * refresh 상쾌하게 하다, 새롭게 하다
- 동창회에 참석하지 않은 친구들이 보고 싶었다. I missed those who didn't attend the reunion.
- 우리는 더 자주 만나자는 약속을 하고 헤어졌다. We parted, promising to meet more often.

돌이켜보면 ~

동창회에 가면 옛 추억을 회상해보며 즐거운 시간을 갖게 됩니다. 돌이켜 보면 창피한 일도 있고, 아쉬운 일도 있고, 즐거웠던 일도 많았고… 그런 추억들을 하나씩 꺼내어 이야기하며 웃음 짓게 될 겁니다. '돌이켜보면'은 영어로 in retrospect라고 표현합니다. '돌이켜보면 즐거웠던 일이 많았다'는 In retrospect, I had a lot of great times.라고 하면 됩니다.

DIARY 15

Chatting With an E-Pal

Saturday, October 17. Very cool

Today I chatted with my e-pal, Giulia. We were really excited that we were able to chat together even if we were far away. I became her e-pal 5 years ago or so by chance. She asked me if I had an MSN ID once. Of course I did, so it was possible to chat with each other on the Internet.

I didn't sleep until about 1 o'clock in the morning, and she sent a message to me. I asked what time it was in Italy then, and she answered that it was 5:00 p.m. Wow! I realized the remarkable development of communication. We chatted about Johnny Depp, Giulia's favorite movie star, for about one hour. He was an actor of the movie *Pirates of the Caribbean*. She was crazy about him. She recommended that I see the movie, *From Hell*. She said Johnny Depp was fantastic in that movie. And then we talked about our future such as what to do in the future.

채팅이 좋아!

10월 17일 토요일 매우 쌀쌀함

오늘은 이메일 친구인 쥴리아와 채팅을 했다. 우리 둘은 비록 멀리 떨어진 곳에 있지만 채팅을 할 수 있다는 것에 정말 기뻤다. 나는 한 5년 전쯤 쥴리아와 우연히 이메일 친구가 되었다. 한 번은 쥴리아가 나한테 MSN ID가 있는지 물어봤다. 난 당연히 가지고 있었다. 그래서 인터넷상에서 채팅을 할 수 있게 되었다.

새벽 1시까지 안 자고 있었는데 쥴리아가 나한테 메시지를 보냈다. 그때 이탈리아는 몇 시인지 물어봤는데 오후 5시라고 했다. 와! 통신 기술의 놀라운 발달을 실감할 수 있었다. 우리는 약 한 시간 정도 쥴리아가 가장 좋아하는 영화배우인 조니 뎁에 대해 수다를 떨었다. 조니 뎁은 〈캐리비안의 해적〉에서 연기한 배우이다. 그 아이는 조니 뎁에게 푹 빠져 있었다. 나에게 영화 〈프롬 헬〉을 보라고 추천해 주었다. 조니 뎁이 그 영화에서 정말 환상적이었다고 했다. 그리고 우리의 미래에 대해, 즉 앞으로 무엇을 해야 할지와 같은 것들에 대해 이야기했다.

NOTES

or so ~쯤, ~정도 | **by chance** 우연히 | **remarkable** 현저한, 주목할 만한, 두드러진 | **be crazy about** ~에 푹 빠져 있다 | **recommend** 추천하다

CHAPTER

16

사랑

1. 미팅
2. 사랑
3. 연애
4. 이별
5. 결혼

01 미팅 BLIND DATES

미팅

• 소개팅을 했다.	I had a blind date.
• 소개팅을 할 장소와 시간을 정했다.	I set a place and time for the blind date.
• 친구가 그를 내게 소개시켜 주었다.	A friend of mine introduced him to me.
• 그가 소개팅을 주선해 주었다.	He set me up on a blind date.
• 나는 몇 년 동안 데이트 한 번을 못해 봤다.	I haven't gone out on a date in years.
• 그는 나를 소개팅 장소로 억지로 끌고 갔다.	He dragged me to the place for the blind date. * drag 끌어당기다, 끌고 가다
• 나는 그에 대해서 많은 이야기를 들었다.	I've heard much about him.
• 나는 그를 카페에서 처음 만났다.	I met him face to face for the first time in the cafe. * face to face 마주 보고, 직접 대면하여 | for the first time 처음으로
• 두 명씩 하는 미팅이었다.	It was a double date.
• 가슴이 몹시 설레었다.	I was very thrilled.
• 멋진 사람을 만날 수 있기를 바랐다.	I hoped to meet a nice person.
• 여러 명 중 단발머리를 한 사람이 내 파트너가 되기를 희망했다.	Among them, I hoped the bobbed-haired girl would be my partner. * bobbed-haired 단발머리를 한
• 내가 그녀에게 눈짓을 했으나, 그녀는 나에게 관심을 두지 않았다.	I made eyes at her, but she wasn't interested in me. * make eyes at ~에게 눈짓을 하다, ~에게 추파를 던지다
• 그는 어디서 많이 본 사람 같았다.	He looked kind of familiar.

마음에 안 드는 파트너

• 그는 내 타입이 아니었다.	He was not my cup of tea.
• 그에 대해 별 특별한 감정이 없었다.	I didn't have any special feelings about him.
• 일명 그는 허풍쟁이였다.	He was what is called a braggart. * what is called 일명, 이른바 | braggart 자랑을 잘 하는 사람, 허풍쟁이
• 그는 내가 싫어하는 것을 다 가지고 있었다.	He had all the qualities that I didn't like.
• 그는 여자를 유혹하는 방법에 대해 많이 아는 것 같았다.	He seemed to know a lot about how to attract ladies.

• 그는 여자를 잘 다루는 것 같았다. | I thought he had a way with the ladies.

• 그는 말을 느끼하게 했다. | He said slimy things.
* slimy 진흙의, 미끈거리는, 느끼한

• 그는 바람둥이 같았다. | He seemed to be a womanizer.
* womanizer 바람둥이

• 그는 한 여자에게만 충실할 것 같지 않다. | He doesn't seem to stick to one woman.

• 그는 소개받은 사람마다 다 쫓아다닌다. | He runs after every lady he is introduced to.

• 그의 첫 인상이 험악했다. | His first impression was threatening.
* threatening 협박하는 찌뿌린, 험악한

• 그는 못생겼다. | He looked ugly.

• 머리도 약간 벗겨졌다. | He is slightly bald.

• 깔끔해 보이지 않았다. | He didn't look neat.

• 말하는 매너가 좋지 않았다. | His manner of speech was not good.

• 그는 아주 무례한 사람이었다. | He was very rude.

• 그는 마마보이였다. | He was a mama's boy.

• 그가 내 파트너가 안 되길 바랐다. | I hoped he wouldn't be my partner.

• 불행히도 그가 내 파트너가 되었다. | Unfortunately, he became my partner.

얼짱! 몸짱!

소개팅을 한 상대방이 얼짱이고 몸짱이었나요? '그는 얼짱이다'는 표현은 He is a good looker., '몸짱'이라면 He is in good shape.라고 할 수 있어요. 누구나 파트너가 되고 싶어 하는 '아주 멋진 킹카'였다면 He is a hunk!라고 하면 됩니다. 이때 hunk는 '아주 멋진 남자'를 말합니다.

이상형

• 그는 내 이상형이었다. | He was my Mr. Right.

• 그녀는 내 이상형이었다. | She was my Mrs. Right.

• 그는 내 타입이었다. | He was my type.

• 꿈에 그리던 사람을 찾았다. | I have found the man of my dreams.

• 우리는 첫눈에 사랑에 빠졌다. | We fell in love at first sight.

• 나는 첫눈에 그에게 사랑에 빠졌다. | I fell in love with him at first sight.

• 나는 그를 보고 첫눈에 반했다. | It was love at first sight when I saw him.

• 그는 정말 킹카였다.	He was a real hunk. * hunk 멋진 남자
• 그는 매너가 참 좋았다.	He had good manners.
• 그는 인상이 좋았다.	He made a good impression on me.
• 그녀가 눈에 띄었다.	She was an eyeful.
• 그녀는 너무 귀여워 보였다.	She looked so cute.
• 그녀의 머리가 찰랑거렸다.	She has bouncy hair.
• 나는 그에게 데이트 신청을 했다.	I asked him out. I asked him for a date. I asked him on a date.
• 그와 즐거운 데이트를 했다.	I had a happy date with him.

Who's your date?

I don't have a date.는 '날짜를 모른다'가 아니라 '사귀는 사람이 없다'는 의미입니다. date가 연인과의 데이트 또는 사귀고 있는 상대를 나타내는 말로 쓰여서 Who's your date?라고 하면 '너는 누구랑 사귀니?'라는 표현입니다. My date is Susan.이라고 하면 '내가 사귀는 사람은 수잔이야'라는 말이 되죠.

매력적인 파트너

• 그는 말도 잘 하지만 남의 이야기를 더 잘 들어주었다.	He was a good speaker, but a better listener.
• 처음에 그는 내게 별로 강한 인상을 주지 못했다.	At first, he didn't make much of an impression on me.
• 그는 매력적이었다.	He was attractive.
• 그는 박력이 있었다.	He was powerful.
• 그는 활동적이었다.	He was a go-getter.
• 그의 외모가 아주 인상적이었다.	His appearance was very impressive.
• 그는 기품이 있어 보였다.	He looked distinguished. * distinguished 눈에 띄는, 유명한, 고귀한
• 그는 유머 감각이 있었다.	He had a sense of humor.
• 그는 내심으로는 낭만적인 사람이었다.	He was a romantic at heart.
• 그는 내가 만난 사람 중에 가장 멋진 사람이었다.	He was the nicest man I'd ever met.
• 그는 미소가 멋진 남자였다.	He had a beautiful smile.

• 나는 감정적인 사람보다 이지적인 사람이 좋다. I like a man of intellect rather than of emotion.

* rather than ~라기 보다는

• 열 번 찍어 안 넘어가는 나무 없다. Little strokes fell great oaks.

* stroke 한번의 치기, 찍기 | oak 오크 나무

여자친구를 만들고 싶나요?

여자친구 또는 남자친구를 만들고 싶으니 누구를 소개시켜 해달라고요? 여자친구를 만들고 싶다고 해서 I want to make a girlfriend.라고 하면 복제하거나 해서 인간을 만들고 싶다는 말이 됩니다. 이런 경우에는 I want to find a girlfriend.라고 해야 하죠. 또한 소개팅을 주선해 달라는 말은 set up을 사용해서 Please set me up with someone.이라고 하세요.

02 사랑 LOVE

사랑이란

• 사랑이란 말보다 더 로맨틱한 말은 없다. No word is more romantic than love.

• 사랑에 빠지면 행복해진다. People become happy when they are in love.

• 사랑에는 국경이 없다. Love has no frontier.

• 사랑은 나이와 상관없다. Love is not related to age.
Age has nothing to do with love.

* have nothing to do with ~와 관계가 없다

• 나도 동감이다. I feel the same way.

• 나는 사랑은 이해를 의미한다고 생각한다. In my mind, love means understanding.

• 나는 변함없는 사랑을 원한다. I want constant love.

• 제 눈에 안경이다. Beauty is in the eye of the beholder.

* beholder 보는 사람

• 사랑에 빠지면 추녀도 미인으로 보인다. Every lover sees a thousand graces in the beloved object.

• 뜨거운 사랑은 쉽게 식는다. Hot love is soon cold.

• 사랑이란 끝이 없는 것이다. | Love knows no bounds.
* bound 경계, 한도, 범위

• 짚신도 짝이 있다. | Every Jack has his Jill.
Every shoe has its match.

첫사랑 · 짝사랑

• 첫사랑은 실패하기 쉽다고 한다. It is said that first loves are likely to fail.

• 내 첫사랑을 잃고 싶지 않았다. I didn't want to lose my first love.

• 결국에는 첫사랑을 지키지 못했다. At last, I lost my first love.

• 내 첫사랑이 그립다. I miss my first love.

• 내 사랑은 짝사랑이었다. My love was never returned.

• 그는 모르지만 나는 그를 사랑한다. I love him secretly.

• 그를 보면 가슴이 두근거린다. He makes my heart flutter.

• 설레어서 가슴이 계속 두근거린다. My heart keeps fluttering.

• 가슴이 벅차기까지 하다. I am completely overwhelmed.

• 누군가에게 끌린다는 게 어떤 것인지 알 것 같다. I understand what it is like to feel attracted to someone.

• 그 사람은 내가 그를 사랑하고 있는 줄 모른다. He doesn't know that I love him.

• 나도 그에게 사랑받고 싶다. I want to be loved by him.

• 이심전심이면 좋겠다. I wish the feeling could be mutual.
* mutual 서로의, 공통의

• 나는 짝사랑을 하고 있다. I have unrequited love.
* unrequited 보답 없는

• 짝사랑은 때론 매우 고통스럽다. Unrequited love is often very painful.

• 절대 일방적인 짝사랑은 하지 않을 것이다. I will never love one-sidedly.

사랑에 빠지다

• 누군가를 사랑할 것만 같다. I feel like falling in love with someone.

• 마음에 두고 있는 사람이 있다. I have someone special in mind.

• 그녀는 내가 꿈에 그리던 여자다. She is the girl of my dreams.

• 나는 그녀에게 반했다. I am falling for her.

• 내가 그와 사랑에 빠지다니 정말 웃기는 일이다.	It's so funny that I fell in love with him.
• 우리는 서로 사랑한다.	We love each other.
• 우리는 서로에 대해 똑같은 감정을 느끼고 있었다.	We both felt the same way about each other.
• 우리의 우정이 점차 사랑으로 바뀌었다.	Our friendship grew into love by degrees. * by degrees 점차로, 차츰
• 그녀의 사랑을 얻게 되어 정말 행복하다.	I am very happy to win her heart.
• 나는 지금 사랑에 빠져 있다.	I am falling in love.
• 나는 그에게 푹 빠져 있다.	I am stuck on him.
• 나는 그에게 미쳐 있다.	I am nuts about him. * be nuts about ~에 미치다, ~에 열중해 있다
• 나는 그에게 홀딱 빠져 있다.	I have a crush on him. * have a crush on ~에 반하다, ~에 홀리다
• 나는 그에게 깊이 빠져 있다.	I am falling head over heels in love with him. * head over heels 거꾸로, 깊이
• 우리는 서로에게 푹 빠져 있다.	We're crazy about each other.
• 나는 변함없이 그를 사랑하고 있다.	I love him as much as ever. * as ever 변함없이, 전과 같이
• 그의 결점에도 불구하고 나는 그를 사랑한다.	I love him despite his faults. * despite ~에도 불구하고
• 그의 유일한 결점은 좀 말랐다는 것이다.	His only drawback is that he is skinny. * drawback 결점, 약점
• 나는 진심으로 그를 사랑한다.	I love him with all my heart. I love him with my whole heart. I love him from the bottom of my heart. * from the bottom of one's heart 마음속으로부터, 진심으로
• 그의 모습 그대로를 사랑한다.	I love him the way he is.

사랑의 밀어

사랑을 하는 연인들 간에 속삭이는 '사랑의 밀어'는 sweet nothings라고 합니다. They always whisper sweet nothings.라고 하면 '그들은 늘 사랑의 밀어를 속삭인다'는 의미입니다. 뭔가를 얻어내기 위해 하는 입 발린 달콤한 말로 사랑을 속삭이는 밀어는 honeyed words라고 합니다.

사랑에 눈이 멀다

• 나는 사랑에 눈이 멀었다.	I am blinded by love.
• 사랑은 사람을 눈멀게 한다.	Love makes people blind.
• 사랑에 눈이 멀어 그의 단점이 보이지 않는다.	My love for him blinds me to his faults.
• 그를 위해서는 무슨 일이든 할 수 있다.	I am willing to do everything for him. * be willing to+동사원형 기꺼이 ~하다
• 그는 내가 원하는 것은 무엇이든지 해 주었다.	He did whatever I wanted.
• 그는 나의 전부이다.	He is my everything. He is everything to me.
• 나는 그에게 미쳐 있다.	I am crazy about him.
• 그가 없는 세상은 상상할 수도 없다.	I can't imagine this world without him.
• 누가 뭐라고 하든지 나는 그와 사귈 것이다.	No matter what others say, I will see him.
• 그가 나에게 얼마나 큰 의미인지 깨달았다.	I realized how much he meant to me.
• 그는 나의 운명이다.	He is my destiny.
• 나는 그녀의 매력에 빠져 있다.	I am attracted to her.
• 그녀 없이는 못 살 것 같다.	I don't think I can live without her.
• 그가 없으면 생활에 낙이 없을 것 같다.	There would be no fun in my life without him.
• 나는 인생에서 가장 행복한 시기에 있는 것 같다.	I think I'm living in the happiest times of my life.
• 우리는 천생연분인 것 같다.	We seem to be made for each other.
• 드디어 내 불같은 사랑을 고백했다.	Finally, I confessed my ardent love. * confess 고백하다, 인정하다
• 나는 그를 영원히 사랑할 것이다.	I will love him forever.
• 우리의 사랑이 영원하길 바란다.	I hope our love will be endless.
• 우리의 사랑이 영원히 지속되길 바란다.	I wish for our love to last forever.
• 그는 항상 내 마음속에 있다.	He is always in my heart. He is always on my mind.
• 그가 날 필요로 하면 언제든지 그의 곁에 있을 것이다.	I'll be there for him whenever he needs me.

원하는 것은 무엇이든지 ~

사랑을 하게 되면 연인에게 원하는 것은 무엇이든지 해 주고 싶어 합니다. '네가 원하는 것이라면 무엇이든지 해 줄게' 라고 하려면 Your wish is my command.라고 하면 됩니다.

03 연애 GOING STEADY

연애

• 나는 멋진 사람과 사귀고 있다.	I am going out with a nice person. * go out with ~와 사귀다
• 우리는 1년 동안 사귀었다.	We have been going out for a year.
• 매일 그와 데이트를 한다.	I have dates with him every day.
• 그는 항상 데이트 약속 시간보다 일찍 나와 나를 기다린다.	He is always early for our dates and waits for me.
• 그와 함께 있으면 즐겁다.	He is fun to be with.
• 그와 함께 있으면 마음이 편하다.	I feel at home when I am with him.
• 우리는 전혀 말다툼을 하지 않는다.	I never have quarrels with him.
• 데이트할 때 그가 항상 식사비를 낸다.	He always pays for our meals when we go out.
• 그녀는 애교를 잘 부린다.	She acts cute.
• 그녀는 귀엽게 행동한다.	She acts charmingly.
• 그녀는 정말 사랑스럽다.	She is really adorable.
• 그녀에게서 장미꽃 향기가 난다.	She smells like a rose.
• 나는 그의 팔짱을 끼고 걸었다.	I walked taking his arm.
• 우리는 손을 잡고 걸었다.	We walked hand in hand.
• 밤이나 낮이나 그와 함께 있고 싶다.	I want to be with him day and night.
• 우리는 자주 티격태격하지만, 본심으로는 서로를 아주 사랑한다.	We often don't see eye to eye, but at heart we both love each other very much. * see eye to eye 의견을 같이 하다

헤어짐

• 헤어질 시간이 되었다.	It was time to say goodbye.
• 집에 혼자 가기 싫었다.	I didn't like going back home alone.
• 그가 집에 데려다 주었다.	He saw me home.
• 그가 날 차로 집에 데려다 주었다.	He took me home in his car.

• 그가 나를 택시에 태워 집에 보내 주었다.	He sent me home in a taxi.
• 그가 사랑의 표시로 내 뺨에 키스해 주었다.	He kissed me on the cheek as a token of his love. * as a token of ~의 표시로, 증거로
• 그가 날 꼭 안아 주었다.	He held me tight. He hugged me tight.
• 그를 자주 만나기를 바란다.	I hope to see him frequently.
• 그를 몹시 다시 만나고 싶다.	I can't wait to meet him again. * can't wait to+동사원형 ~하기를 몹시 기다리다
• 그와 함께 있는 게 정말 즐거웠다.	I really enjoyed his company.
• 그가 나하고만 사귀었으면 좋겠다.	I want him to date only me. I want him to go steady with me.

헤어진 후 ~

헤어진 후 다시 만날 수 있도록 계속 연락을 취하고 싶은 경우, '~와 계속 연락을 취하다'는 표현인 [keep in touch with ~]를 사용하여 I want to keep in touch with him.이라고 하면 됩니다. 그와 연락이 끊어졌다면 '~와 연락이 끊어지다'라는 표현인 [lose touch with ~]를 사용하여 I lost touch with him.으로 씁니다.

04 이별 SAYING GOODBYE

사랑이 식다

• 나는 사소한 일로 그와 자주 말다툼을 한다.	I often quarrel about trivial things with him.
• 우리 문제는 의사소통이 잘 안돼서 일어난다.	Our problems are caused by a breakdown in communication. * breakdown 결렬, 좌절
• 우리는 서로 말이 잘 안 통한다.	We are not speaking the same language. * speak the same language 생각이나 태도가 같다
• 생각할 시간이 필요했다.	I needed some time to think.
• 그녀는 나를 거절했다.	She refused me. She turned me down.

- 그녀의 행동이 그녀답지 않았다. — Her behavior was unlike her.
- 그녀가 전화를 뚝 끊어버렸을 때, 나는 좀 당황했다. — I was a little upset when she just hung up on me.
- 나는 그녀에게 차였다. — I got rejected by her.
  I got dumped by her.
- 그녀의 마음이 변했다. — She had a change of heart.
- 그녀의 마음을 돌려 보려고 했으나 허사였다. — I tried in vain to make her change her mind.
- 그녀는 내게서 등을 돌렸다. — She turned her back on me.
- 그녀가 나를 배신했다. — She betrayed me.
  ＊ betray 배반하다, 배신하다
- 그녀가 그렇게 했을 때 배신감을 느꼈다. — I felt betrayed when she did so.
- 나는 그에게 한 달 동안 말 한마디 하지 않았다. — I haven't spoken a word to him for a month.
- 그녀는 나를 더 이상 좋아하지 않는다. — She doesn't like me any more.
- 우리는 만나자마자 헤어졌다. — The instant that we met, we said goodbye.
  ＊ the instant (that) ~하자마자
- 처음에는 그가 좋았으나 곧 흥미를 잃었다. — I liked him at first, but soon lost interest.
- 다른 사람을 찾아야 한다. — I had better find somebody else.
- 그는 나를 바람맞혔다. — He stood me up.
  ＊ stand ~ up 약속시간에 오지 않다, 바람맞히다
- 그는 나를 두 시간 동안 기다리게 했다. — He made me wait for two hours.
- 그는 나를 오랫동안 계속 기다리게 했다. — He kept me waiting for a long time.
- 내 사랑이 식기 시작했다. — My love began to cool down.

이별

- 우리는 서로 어울리지 않는 것 같다. — I think we are a mismatch.
  ＊ mismatch 어울리지 않는 짝
- 우리는 여러 면에서 맞지 않는다. — We don't see eye to eye in many areas.
  ＊ see eye to eye ~와 의견이 완전히 일치하다
- 우리 관계에 대해 좀 더 생각해 볼 시간이 필요하다. — I need some time to think about our relationship.
- 그와 만나는 것에 대해 다시 생각해 봐야 할 것 같다. — I think I have to reconsider dating him.
  ＊ reconsider 재고하다, 다시 생각하다
- 그가 내게 왜 갑자기 헤어지자고 했는지 그 이유를 모르겠다. — I couldn't figure out why he said good-bye to me all of a sudden.
  ＊ figure out 이해하다, 생각해 내다 | all of a sudden 갑자기

- 우리 관계는 끝났다. We are finished.
- 우리는 끝낼 때가 됐다. We reached the end of the line.
- 우리의 관계를 끝냈다. We ended our relationship.
- 나는 그와 헤어졌다. I am done with him.
I broke up with him.
- 나는 그와 갈라섰다. I parted from him.
- 그와 끝냈다. I am through with him.
- 우리는 갈라섰다. We split up.
- 우리는 헤어졌다. We broke up.
- 우리는 서로를 떠났다. We left each other.
- 그와 연락이 끊어졌다. I lost touch with him.

헤어진 이유는 양다리를 걸쳐서?

두 사람을 동시에 만나는 경우, '양다리를 걸친다'고 하죠. 이는 two-times라고 표현합니다. '그는 미나 몰래 수미와 양다리를 걸친다'고 하려면 He two-times Mina with Sumi.라고 하면 됩니다.

이별 후

- 그가 가버리면 나는 우울해질 것이다. When he goes away, I will be gloomy.
- 그가 없으니 마음이 텅 빈 듯하다. I feel empty without him.
- 그를 몹시 그리워할 것이다. I'll miss him a lot.
- 그가 보고 싶어 죽겠다. I am dying to see him.
- 그가 무척이나 보고 싶다. I am anxious to see him.
- 기쁠 때나 슬플 때나 그가 보고 싶다. I miss him in joy and in sorrow.
- 그 사진을 보면 그가 생각난다. That picture reminds me of him.
- 그를 다시 만나는 날이 올 것이다. The time will come when I meet him again.
- 그가 왜 작별 인사도 없이 떠났는지 궁금하다. I wonder why he left without saying goodbye.
- 그녀 생각을 떨쳐버릴 수가 없다. I can't get her out of my mind.
- 나는 감정을 드러내지 않으려고 노력했다. I tried not to reveal my feelings.
- 나는 상사병이 났다. I am lovesick.
- 그에 대한 기억을 모두 잊을 것이다. I will erase all the memories of him.

- 나는 사랑을 하기에 너무 어리다.
  I am too young to be in love.
- 사랑하는 사람이 없으면 외롭고 우울해진다.
  When I have no one to love, I feel lonely and depressed.
- 그와 다시 사귀려고 노력했으나 허사였다.
  I tried to make it up to him, but it was in vain.
- 안 보면 더욱더 보고 싶어진다.
  Absence makes the heart grow fonder.
- 안 보면 멀어진다.
  Long absent, soon forgotten.
- 눈에서 멀어지면 마음에서도 멀어진다.
  Out of sight, out of mind.

05 결혼 GETTING MARRIED

약혼

- 나는 가능한 한 빨리 그와 약혼식을 하겠다고 발표했다.
  I announced that I would have an engagement ceremony with him as soon as possible.
  * engagement 약혼, 약속, 계약
- 우리 부모님은 내가 그와 약혼하는 것을 원하지 않으셨다.
  My parents didn't want me to get engaged to him.
- 그가 우리 부모님께 약혼을 허락해 달라고 설득했다.
  He persuaded my parents to allow us to get engaged.
- 약혼식 때 분홍색 드레스를 입었다.
  I wore the pink dress at the engagement ceremony.
- 약혼식에는 부모님과 친척분들, 그리고 친구 몇 명이 참석했다.
  My parents, some relatives, and some friends attended our engagement ceremony.
- 우리는 약혼반지를 서로 교환했다.
  We exchanged rings with each other.
- 친구들이 멋진 약혼 선물을 해 주었다.
  My friends gave me nice engagement presents.
- 나는 그와 약혼한 사이다.
  I am engaged to him.
- 그는 내 약혼자이다.
  He is my fiancé.
- 그녀는 내 약혼녀이다.
  She is my fiancée.
- 우리는 서로 잘 어울린다.
  We are made for each other.
- 우리는 천생연분이다.
  We are a match made in heaven.
- 몇몇 사람들은 우리가 서로 닮았다고 한다.
  Some people say that we look alike.

- 오해로 인해 약혼이 깨졌다. Our engagement was broken off because of a misunderstanding.
- 약혼자가 약혼을 깬 것이 내게는 견디기 어려운 시련이었다. When my fiance broke our engagement, it was a bitter pill for me to swallow.
  * bitter pill for ~ to swallow ~에게 힘든 시련, 안 할 수 없는 일
- 결국 우리는 파혼했다. At last, we called off the engagement.

청혼

- 삼촌이 우리를 중매했다. My uncle set us up.
  * set ~ up ~를 소개시켜 주다
- 우리의 결혼을 중매한 사람이 바로 우리 삼촌이다. It was my uncle who arranged our marriage.
- 그가 내게 청혼했다. He proposed to me. He made a proposal of marriage to me. He popped the question.
  * pop the question (여자에게) 구혼하다
- 그가 나에게 반지를 주면서 청혼했다. He proposed to me, giving me a ring.
- 그가 무릎을 꿇고 내게 청혼을 했을 때 난 정말 행복했다. When he got down on his knees and asked for my hand, I was really happy.
  * ask for somebody's hand ~에게 청혼하다
- 그는 평생 내 곁에 있어주겠다고 말했다. He said that he would stand by me for a lifetime.
- 너무 당황해서 애매한 대답을 했다. I was so embarrassed that I answered vaguely.
- 결국 그의 청혼을 받아들였다. Finally, I accepted his proposal.
- 그의 청혼을 거절했다. I declined his proposal.
- 그와 결혼하기로 결심했다. I decided to marry him.
- 그와 영원히 함께하고 싶다. I wish to stay with him forever.
- 그를 행복하게 해 주고 싶다. I want to make him feel happy.
- 오늘이 내 평생 가장 행복한 날 중 하루일 것이다. I think today is one of the happiest days of my life.

결혼 승낙

- 그의 청혼을 받아들였다. I accepted his proposal.
- 그의 청혼을 거절했다. I declined his proposal.
  * decline 사절하다, 거절하다

• 사랑하면 결혼하는 것은 당연한 일이라고 생각한다.	I think it is natural to marry when people are in love.
• 결혼에 있어서 사랑이 전부라고는 생각하지 않는다.	I don't think love is everything in a marriage.
• 중요한 것은 그의 사람됨이지 그의 재산이 아니다.	The important thing is not what he has but what he is.
• 우리 부모님은 내가 그와 결혼하는 것을 허락하지 않으실 것이다.	My parents won't allow me to marry him.
• 우리 부모님은 결혼을 위해 사랑 하나로는 충분하지 않으니 좀 더 현실적으로 생각하라고 말씀하셨다.	My parents told me that love alone is not sufficient for marriage and I should be more realistic. * sufficient 충분한 | realistic 현실적인
• 결국 부모님께서 우리의 결혼을 승낙해 주셨다.	At last, my parents allowed our marriage.
• 이젠 그와 결혼할 수 있게 되었다.	Now I can settle down with him. * settle down (결혼하여) 정착하다
• 결혼 날짜를 잡았다.	We set a date for the wedding.
• 결혼 날짜가 5월 5일로 잡혔다.	The wedding has been fixed for May 5th.
• 내가 결혼을 한다니 초조하고 흥분이 된다.	I am anxious and excited to be getting married.
• 친구들 모두에게 결혼 청첩장을 보냈다.	I sent wedding invitations to all of my friends.

결혼식

• 다음 주말에 그와 결혼할 것이다.	I will get married to him next weekend.
• 우리는 결혼 준비로 바빴다.	We were busy with the wedding preparation.
• 웨딩드레스를 고르러 갔는데 흰 드레스들이 정말 아름다웠다.	I went to pick out my wedding dress, and the white dresses were really beautiful.
• 내일이 우리의 결혼식 날이다.	Tomorrow is my wedding day.
• 오늘은 우리 일생에서 가장 의미 있는 날이다.	Today is the most significant day in our lives.
• 신부와 신랑이 아름다웠다.	The bride and bridegroom were wonderful.
• 신부의 얼굴이 면사포에 가려져 있었다.	The bride's face was covered with a veil.
• 신부의 부케는 장미꽃으로 만들어졌다.	The bride's bouquet was made out of roses.
• 결혼식장을 걸어들어 갈 때 매우 떨렸다.	I felt so excited when I was walking down the aisle. * aisle 복도, 통로
• 조카가 신부의 들러리를 했다.	The niece was the flower girl.
• 신랑이 신부에게 결혼반지를 껴 주었다.	The bridegroom gave the bride a wedding ring.

• 신랑의 교수님이 결혼식 주례를 해 주셨다.	The bridegroom's professor officiated the wedding. * officiate 식을 집행하다, 사회하다
• 그는 죽음이 우리를 갈라놓을 때까지 서로 사랑하라고 하셨다.	He told us to love each other until death does us part.
• 결혼 서약을 했다.	We took marital vows. * marital 혼인의 ∣ vow 맹세, 서약
• 결혼식 사회자가 신랑에게 만세 삼창을 하라고 했다.	The master of the wedding ceremony asked the bridegroom to cry 'Hurray!' three times.
• 부모님께 절을 했다.	We bowed to our parents.
• 신부가 친구에게 뒤로 부케를 던졌다.	The bride, with her back facing her friends, tossed the bouquet.
• 한 노처녀가 부케를 받았다.	A spinster caught the bouquet.
• 결혼식이 금방 끝났다.	The wedding ceremony finished quickly.
• 하객들이 정말 많았다.	There were so many guests.
• 내 결혼을 축하해 주기 위해 친한 친구들이 모두 왔다.	All my close friends came to celebrate my marriage.
• 방명록에 하객들의 이름들을 모두 적어 놓도록 했다.	I had the names of all the wedding guests written down in the guest book.
• 결혼 피로연에 가서 하객들에게 감사의 표현을 했다.	We expressed our gratitude to the guests at the wedding reception.
• 헤어지지 않고 영원히 행복하게 살 것이다.	I will live happily ever after without divorcing.
• 행복과 웃음이 가득 한 가정을 이루도록 노력할 것이다.	I try to fill our home with happiness and laughter.

DIARY 16

Confession of Love

Wednesday, March 9. Cold.

What on earth is the feeling 'like'? Yesterday I had barely decided to send him a letter, and I prepared it today. But after discussing it with Ji-yeon, I gave up sending the letter to him. While I was reading the letter contents that I had written, I thought that if someone read it, he or she would think 'She seems to know everything about love stories and cartoons.'

At last, I tore it up because it was childish. I was not sure whom I liked and I was really confused. Ji-yeon suggested that I confess to him first by messenger, but I had no courage to do so. Sending him a letter is my one-sided act, but talking with him by using messenger on the Internet is direct communication which makes me aware of his reactions.

How about confessing to him tomorrow? I am so nervous. Why have I come to like him? How confused I am! I want some cool solution.

고백할까? 말까?

3월 9일 수요일 추움

도대체 좋아한다는 감정은 어떤 걸까? 어제 겨우 그에게 편지를 보낼 마음을 먹고 오늘은 준비까지 해놨는데 지연이를 만나서 상의한 후, 그에게 편지 보내는 걸 포기했다. 내가 쓴 편지 내용을 읽을면서 누군가 그것을 읽는다면, 내가 '연애소설이나 만화에 대한 것들을 모조리 알고 있는 것 같다'고 생각할 것 같았다.

결국 너무 유치해서 편지를 찢어버렸다. 내가 누굴 좋아하는지도 모르겠고 혼란스럽기 그지없었다. 지연이는 일단 메신저를 이용해서 고백을 해보라는데, 그렇게 할 용기가 나지 않았다. 그에게 편지를 보내는 것은 내 일방적인 행동이지만, 인터넷에서 메신저로 대화하는 것은 그의 반응을 알 수 있는 직접적인 의사소통이다.

그냥 내일 고백을 해버릴까? 정말 긴장된다. 난 왜 그 친구를 좋아하게 된 것일까? 정말 혼란스럽다. 시원한 해결책이 있었으면 좋겠다.

NOTES

on earth (의문문에서) 도대체 | **barely** 간신히, 겨우 | **tore** tear(찢다)의 과거형 | **confess** 고백하다 | **one-sided** 일방적인 | **reaction** 반응, 반작용 | **confused** 혼돈스러운, 혼란스러운

The best and most beautiful things
in the world cannot be seen or even touched.
They must be felt with the heart.

세상에서 가장 아름답고 소중한 것은 보거나 만질 수 없다.
단지 가슴으로만 느낄 수 있을 뿐이다.

_Helen Keller 헬렌 켈러

CHAPTER 17

취미 활동

1. 취미
2. 등산
3. 독서
4. 음악
5. 악기
6. 노래
7. 춤
8. 그림
9. 사진
10. 애완동물
11. 연예
12. 수집
13. 재봉 · 자수

01 취미 HOBBIES

취미 활동

음악감상	listening to music	피아노연주	playing the piano
영화감상	watching movies	컴퓨터게임	playing computer games
독서	reading	썰매	sledding
춤	dancing	줄넘기	skipping[jumping] rope
그림그리기	painting	자전거타기	cycling
사진찍기	taking pictures	낚시	fishing
TV시청	watching TV	등산하기	mountain climbing
우표수집	collecting stamps	종이접기	paper folding
여행	traveling	뜨개질	knitting
서예	calligraphy	자수	embroidering
원예	gardening		

취미

- 취미는 취향에 따라 다르다.
  Hobbies vary according to taste.
  * vary 달라지다, 다양하다
- 취미를 시간 낭비라고 생각하는 사람도 있지만 나는 그렇게 생각하지 않는다.
  Some people think a hobby is a waste of time, but I don't think so.
- 취미는 단지 시간을 보내기 위한 것만은 아니다.
  Having a hobby is not only for killing time.
- 취미는 우리의 감정을 안정시키고 긍정적인 사고를 키워준다.
  Hobbies relax us and promote positive thinking.
  * promote 조장하다, 증진시키다
- 친구가 나와 똑같은 취미가 있다는 것을 알고 매우 기뻤다.
  I am very happy to know that my friend has the same hobby as me.
- 우리 두 사람은 취미에 있어 공통점이 많다.
  The two of us have a lot of hobbies in common.
  * have ~ in common ~을 공통으로 가지고 있다

내 취미

- 나는 다양한 취미를 가지고 있다.
  I am interested in various pastimes.
- 나는 취미가 많은데 그 중 ~를 제일 좋아한다.
  I have lots of hobbies. Among them, my favorite hobby is ~.

- 내 취미는 음악 감상이다. — My hobby is listening to music.
- 나는 여행하기를 좋아한다. — I am fond of traveling.
- 내가 가장 좋아하는 취미는 자수이다. — My favorite hobby is embroidering.
  * embroider 수를 놓다, 꾸미다
- 내가 가장 좋아하는 취미 중 하나는 십자수이다. — One of my favorite hobbies is cross-stitching.
- 내 취미는 꽃꽂이다. — My hobby is arranging flowers.
  * arrange 배열하다, 정리하다
- 나는 낚시 가는 것을 좋아한다. — I like to go fishing.
- 나는 일을 쉴 수 있을 때마다 낚시를 간다. — I go fishing whenever I can get off from work.
- 나는 사진 찍는 것이 재미있다는 것을 알게 되었다. — I found it fun to take pictures.
- 나는 손재주가 많다. — I am good with my hands.
- 내 특기는 노래를 잘 부르는 것이다. — My strong point is singing well.
- 나는 노래 부르기에 특별한 재능이 있다. — I have a special talent for singing.

내 취미는 ~

'내 취미는 축구다'라고 해서 My hobby is soccer.라고 하지 않습니다. 나의 취미는 축구가 아니라 축구를 하는 것이지요. 그래서 '~하는 것'을 나타내는 to부정사나 동명사(~ing)의 형태로 써서, My hobby is to play soccer. 또는 My hobby is playing soccer.라고 해야 합니다.

취미 개발

- 나는 이렇다 할 취미가 없다. — I don't have any hobbies worth mentioning.
  * worth -ing ~할 가치가 있는, ~할 만한
- 나는 특별한 취미가 없다. — I have no hobby in particular.
- 나는 수집에 재능이 없다. — I have no talent for collecting.
- 나는 손재주가 없다. — I am all thumbs.
  * be all thumbs 손재주가 없다, 무디다
- 굼벵이도 구르는 재주가 있는 법이다. — Every man to his own trade.
- 꽃꽂이를 배우고 싶다. — I want to learn floristry.
- 나는 서예와 체스, 그리고 기타를 연주하는 법을 배우고 싶다. — I'd like to learn calligraphy, chess and how to play the guitar.
  * calligraphy 서예
- 나는 취미로 애완견을 기르고 싶다. — I want to raise a pet dog for my hobby.

02 등산

HIKING

등산을 가다

• 나는 어렸을 때부터 등산이 취미였다.	Mountain hiking has been my hobby since I was a child.
• 나는 거의 모든 등산 장비를 가지고 있다.	I have almost all the equipment for hiking.
• 나는 상쾌한 공기를 마시러 친구들과 등산을 갔다.	I went mountain hiking with friends to breathe in a refreshing atmosphere.
• 이번 휴일에는 가족과 함께 산에 올라갔다.	I hiked up the mountain with my family this holiday.
• 그 산은 등산하기에 지루했다.	The mountain was boring on the way up.
• 그는 매우 빨리 산에 올랐다.	He hiked the mountain so fast.
• 그를 따라잡을 수가 없었다.	I couldn't keep up with him. * keep up with ~를 따라잡다
• 이마에 땀이 맺혔다.	I had sweat on my forehead.
• 그렇게 높은 산을 올라가 본 적이 없었다.	I had never hiked such a high mountain before.
• 암벽 등반을 갔다.	I went rock climbing.
• 암벽 등반을 하다가 다리를 다쳤다.	I hurt my leg when I was rock climbing.

등산

산에 오를 때 암벽 등반처럼 등산장비를 갖추고 하는 산악 등반은 climb이고, 도보여행이나 가볍게 걸어서 산에 오르는 등산은 hike라고 합니다.

정상에서

• 산 정상에 도착하자 기분이 상쾌했다.	I felt refreshed when I reached the top of the mountain.
• 전망대에서 아래 풍경을 내려다 볼 수 있었다.	I could see the lower scenery from the viewing deck. * viewing deck 전망대

• 전망대에서 풍경을 내려다 보니 가슴이 후련했다.	I felt refreshed when I looked at the scenery on the viewing deck. ⋆ scenery 풍경, 경치
• 그곳에서 멀리까지 볼 수 있었다.	I could see far from there.
• 산꼭대기에서 마을이 잘 보였다.	From the top of the mountain, I had a clear view of the village. ⋆ view 전망, 조망, 견해, 시야
• 산을 등반하고 난 후 우리는 산 경치에 감탄했다.	After hiking up the mountain, we admired its scenery.
• 해가 산 너머로 지는 것을 볼 수 있었다.	I could see the sun dipping behind the mountain.
• 정상에서 보는 일몰은 장관이었다.	The sunset from the summit was magnificent. ⋆ summit 꼭대기, 정상, 절정
• 숨이 멎을 정도로 경치가 장관이었다.	The view was breathtaking. The view took my breath away.
• 말로 표현이 안 될 정도였다.	It was beyond description. ⋆ beyond ~를 넘어선 | description 설명, 묘사
• 경치가 말로 표현할 수 없을 정도로 아름다웠다.	The scenery was beautiful beyond expression.

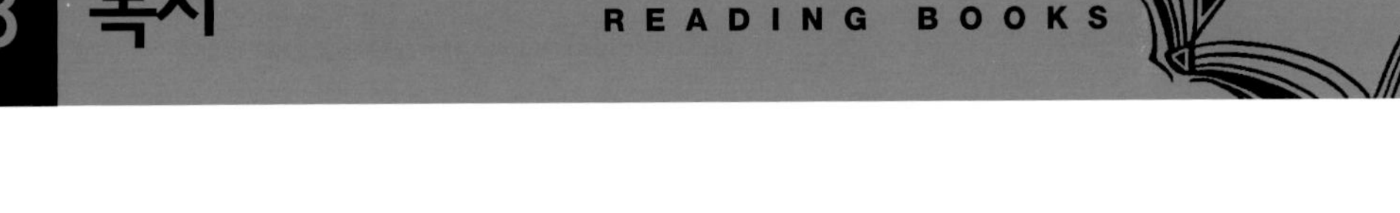

03 독서 READING BOOKS

책의 종류

동화	fairy tale	시	poem
소설	novel	잡지	magazine
위인전	biography	정기 간행물	periodical
추리소설	mystery	자서전	autobiography
탐정소설	detective story	수필	essay
공상소설	fantasy	만화책	comic books
모험소설	adventure story	백과사전	encyclopedia
영웅소설	epic		

독서

• 나는 책 읽는 것을 좋아한다.	I am fond of reading books.
• 나는 책 읽기를 아주 좋아한다.	I love reading books.
• 나는 독서를 좋아하는 사람이다.	I am a book lover.
• 독서가 내 유일한 취미이다.	Reading books is my only hobby.
• 학교에서 읽으라고 하는 책들을 읽었다.	I read the books required by my school.
• 가을은 저녁에 독서하기에 가장 좋은 계절이다.	Autumn is the best season for reading books in the evening.
• 일요일에는 대부분의 시간을 독서로 보낸다.	On Sundays I spend most of my time reading books.
• 나는 한 달에 적어도 소설 한 권은 읽는다.	I read at least one novel a month.
• 매일 한 시간 이상 꼭 책을 읽는다.	I make it a rule to read books for more than an hour every day. * make it a rule to+동사원형 ~하는 것을 규칙으로 삼다
• 나는 잠자리에서 책을 읽는 것을 좋아한다.	I like to read books in bed.
• 항상 새로운 책들을 읽으려고 노력한다.	I always try to keep abreast of new books. * keep abreast of ~에 뒤지지 않고 따라가다
• 책을 읽다가 깜빡 졸았다.	I nodded off while reading a book.
• 책을 읽다가 잠이 들었다.	I fell asleep while I was reading.
• 나는 책을 읽지 않는다.	I don't read any books.
• 책을 읽을 기분이 아니었다.	I was in no mood to read a book.
• 모두가 내게 책을 읽으라고 하지만 나는 독서가 재미있지 않다.	Everyone advised me to read books, but I am not interested in reading books.
• 나는 항상 인터넷으로 책을 구입한다.	I always purchase books online. * purchase 구입하다, 구매하다
• 인터넷에서 역사에 관한 책 몇 권을 주문했다.	I ordered a few books about history on the Internet.
• 독서와 정신의 관계는 음식과 육체의 관계와 같다.	Reading is to the mind what food is to the body.
• 문(文)은 무(武)보다 강하다.	The pen is mightier than the sword.

독서에 빠지다

• 나는 책벌레다.	I am a bookworm.
• 나는 책에 묻혀 산다.	I am buried in books.

- 나는 닥치는 대로 책을 읽는다. I read books at random.
  * at random 되는 대로, 닥치는 대로
- 나는 독서에 푹 빠져 있다. I am crazy for books.
- 나는 독서에 사로잡혀 있다. I am caught up in reading.
- 다 읽을 때까지 책을 내려놓지 않았다. I didn't put the book down until I finished it.
- 그 책에 푹 빠졌다. I lost myself in the book.
  * lose oneself in 몰두하다
- 나는 항상 책만 읽는다. My nose is always in a book.
- 나는 항상 책을 가지고 다닌다. I always carry a book.
- 그 책은 결코 쉬운 읽을거리가 아니다. That is by no means an easy book.
  * by no means 결코 ~가 아닌
- 세 달만에 그 책을 다 읽었다. I finished reading that book in three months.
- 하루 저녁에 그 책을 다 읽었다. I got through the book in one night.
  * get through 통과하다, 끝마치다
- 그 소설을 다 읽었다. I'm through with the novel.
  * be through with ~를 끝내다
- 읽던 페이지의 모서리를 접어 두었다. I dog-eared the page I was on.
  * dog-ear 책의 모서리를 접다
- 나는 글 속에 숨은 의미를 이해하려고 노력한다. I try to understand the deeper meaning.
- 나는 우리 학교에서 책을 가장 많이 읽는다. I am the greatest reader at my school.

독서 취향

- 나는 역사 이야기에 관심이 아주 많다. I am quite interested in historical nonfiction.
- 지금 아주 재미있는 탐정소설을 읽고 있다. I am reading a very exciting detective story right now.
- 나는 특히 만화책 읽기를 좋아한다. I especially like reading comic books.
- 만화책은 좋은 점이 많다. Comic books have many advantages.
- 만화책은 재미있을 뿐 아니라 교육적이기도 하다. Comic books are instructive as well as funny. Comic books are at once funny and instructive.
- 만화책을 읽음으로써 어려운 경제학도 공부할 수 있다. We can even study difficult economics by reading comic books.
- 나는 성경책을 즐겨 읽는다. I enjoy reading the Bible.
- 나는 보통 문학서적을 읽는다. I usually read literary books.

• 나는 세계의 유명한 문학 작품들을 읽는 것을 좋아한다.	I am fond of reading world-famous literary works.
• 최근에 나는 마거릿 미첼이 쓴 〈바람과 함께 사라지다〉를 번역판으로 읽었다.	Recently I've read 'Gone with the Wind' by Margaret Mitchell in translation.
• 그 책은 한국어로 번역되어 있었다.	The book has been translated into Korean.
• 내가 좋아하는 작가는 어니스트 헤밍웨이이다.	My favorite writer is Ernest Hemingway.
• 그는 가장 인기 있는 작가 중 한 사람이다.	He is one of the most popular writers.
• 나는 소설뿐 아니라 시와 수필에도 흥미가 있다.	I am interested in poems and essays as well as novels.
• 나는 책을 정독한다.	I read books intensively. * intensively 집중적으로
• 나는 속독에 능하다.	I am good at speed reading.
• 광범위하게 책을 읽는다.	I read books extensively. I am an extensive reader. * extensive 광범위한

도서관에서

• 책을 빌리기 위해 도서관에 갔다.	I went to the library to check out some books. * check out 대출하다
• 하루 종일 도서관에서 책을 읽으며 보냈다.	I spent all day reading at the library.
• 도서관에서 책을 빌리기 위해서는 도서관 카드가 있어야 한다.	I need a library card to check out books in the library.
• 한 번에 3권씩 빌릴 수 있다.	We can check out three books at a time.
• 내가 대출하고 싶은 책은 참고 서적이어서 대출을 할 수 없었다.	What I wanted was one of the reference books, so I couldn't check it out.
• 나는 그 책을 열람실에서 읽어야 했다.	I had to read the book in the reading room.
• 대출 기간은 2주일 동안이다.	I can have books for two weeks.
• 내가 찾는 책이 벌써 대출이 되어 있었다.	The book that I looked for had already been checked out.
• 그 책의 반환기한이 지났다.	The book is overdue. * overdue 지불기한이 넘은
• 연체료를 지불해야 했다.	I had to pay the overdue charges. * charge 요금, 청구금액
• 그 책을 이틀 더 보고 싶었다.	I wanted to keep the book a couple more days.
• 대출 기간을 연장해 달라고 사서에게 부탁했다.	I asked the librarian to extend the loan time.

• 책을 다 읽고 반납했다. I returned the books after reading them.

독후감

• 나는 책을 읽고 난 후에 독후감을 쓴다. After reading, I write a book review.

• 나는 ~를 읽고 읽는데 아주 재미있다. I am reading ~, and it is very interesting.

• 그 책은 지루하다. The book is boring.

• 그 책은 시시하다. The book is silly.

• 그 이야기는 시시하다. The story is wishy-washy.
* wishy-washy 묽은, 시시한

• 그 책은 극적이다. The book is dramatic.

• 그 책은 웃긴다. The book is funny.

• 그 책은 끔찍하다. The book is dreadful.

• 그 책은 환상적이다. The book is fantastic.

• 그 책은 이해하기 어렵다. The book is difficult to understand.

• 그 책은 읽기에 매우 쉽고 재미있다고 생각했다. I found the book very easy and pleasant to read.

• 그 책은 내가 읽기에는 너무 어려웠다. The book was too difficult for me to read.

• 그 책이 너무 재미있어서 하루 종일 읽었다. The book was so interesting that I read it all day long.

• 나는 그 책을 읽고 감상적인 기분이 되었다. I felt sentimental after reading the book.

• 그 책을 통해 놀라운 사실을 알게 되었다. I got to know amazing facts through the book.

• 우리는 책을 통해 많은 간접 경험을 할 수 있다. We can have vicarious experiences through books.
* vicarious 대리의, 대신하는

• 그 책은 나에게 많은 정보를 알려 주었다. The book taught me a lot of information.

• 그 책은 읽을 가치가 있는 책이었다. The book was worth reading.
The book was worthwhile to read.

• 그 책이 내게 가장 많은 영향을 끼쳤다. That book had the most influence on me.

• 그 책은 올해의 베스트셀러이다. The book is a best-seller this year.

• 나는 그 책을 읽어보라고 친구들에게 추천해 주었다. I recommended my friends to read the book.

04 음악

MUSIC

나와 음악

• 나는 음악에 취미가 있다.	I have a taste for music. * have a taste for ~에 취미를 가지다
• 우리 부모님은 내가 어릴 때부터 음악에 재능이 있었다고 하신다.	My parents say that I've had a talent for music since childhood.
• 나는 음악을 배운다.	I take music lessons.
• 나는 그 음악을 클라리넷용으로 편곡했다.	I arranged the music for the clarinet. * arrange 정돈하다, 각색하다, 편곡하다
• 피아노를 위한 감미로운 음악을 작곡했다.	I composed the melodious music for the piano.
• 내 취미는 음악을 녹음하는 것이다.	My hobby is recording music.
• 나는 CD를 수집하고 있다.	I am collecting CDs.
• CD 가격이 너무 비싸서 내가 원하는 만큼 살 수 없다.	The price of CDs is so high that I can't afford to buy as many as I want. * can't afford ~할 여유가 없다
• 인터넷에서 노래를 다운받는다.	I download songs on the Internet.
• 나는 언제 어디서든 음악을 듣기 위하여 항상 MP3 플레이어를 가지고 다닌다.	I always carry my MP3 player to listen to music anytime, anywhere.
• 음악은 내 관심사 중 하나이기 때문에 나는 음악회 가는 것을 좋아한다.	Music is one of my interests, so I like going to concerts.
• 또 다른 취미는 음악에 맞춰 춤을 추는 것이다.	Another hobby of mine is dancing to music.

내가 좋아하는 음악

• 나는 음악을 좋아한다.	I love music.
• 나는 음악 애호가이다.	I am a music lover.
• 나는 팝송을 좋아한다.	I like pop music.
• 나는 댄스곡을 좋아한다.	I like dance music.
• 나는 랩 음악을 좋아한다.	I like rap music.
• 나는 힙합 음악을 좋아한다.	I like hip hop music.
• 나는 헤비메탈 음악을 좋아한다.	I like heavy metal music.

- 나는 클래식 음악을 좋아한다. I like classical music.
- 나는 시끄러운 음악을 좋아한다. I like loud music.
- 나는 조용한 음악을 좋아한다. I like soft music.
- 나는 특히 모차르트의 작품을 좋아한다. I especially like the works of Mozart.
- 베토벤은 내가 제일 좋아하는 작곡가이다. Beethoven is my favorite composer.
- 모차르트는 내가 음악을 좋아하게 만든 사람이다. Mozart is the one who made me like music.

클래식 음악

우리가 보통 클래식 음악, 즉 '고전 음악'이라고 칭하는 것은 classic music이 아니라 classical music이라고 해야 합니다. classic은 문학, 음악 등의 예술 분야에서 명곡이나 걸작과 같은 최고의 작품을 일컫는 말입니다. 클래식 음악의 클래식은 '고전적인'의 뜻을 나타내는 classical로 표현합니다.

음악 감상

- 나는 때때로 음악을 즐기는데, 특히 감미로운 음악을 즐긴다. Sometimes I enjoy music, especially melodious music.
- 나는 클래식 음악 듣기를 좋아하는데, 특히 피아노와 바이올린 2중주를 좋아한다. I like listening to classical music, especially piano and violin duets.
- 나는 클래식 음악을 몇 시간씩 들으며 앉아 있곤 했다. I used to sit for hours listening to classical music.
- 그 음악은 옛 추억을 떠올리게 한다. The music brings back old memories.
- 그 음악을 들으면 옛날 생각이 난다. The music reminds me of old times.
- 음악은 나에게 감동을 준다. Music touches me.
- 그 음악은 정말 감동적이었다. The music really got to me.
- 그 음악은 내게 깊은 감동을 주었다. The music moved me deeply. I was deeply impressed by the music.
- 그 음악은 정말 인상적이었다. The music was really impressive to me.
  * impressive 인상적인, 감동적인
- 나는 음악의 박자에 맞추어 발을 구르는 것을 좋아한다. I like to tap my foot to the beat of the music.
- 영혼을 맑게 해 주는 좋은 음악을 들을 기회를 가졌다. I had an opportunity to hear some good music to refresh the spirit.
- 이제 좋은 음악 감상에 귀가 좀 트이는 것 같다. I think I am beginning to appreciate good music.
  * appreciate 감상하다

- 음악은 감정을 공유하도록 도와준다. — Music helps us share our feelings.
- 나는 좋은 음감을 가지고 있다. — I have a very good ear for music.
  * ear 청각, 들어서 분간하는 힘
- 나는 음악엔 문외한이다. — I have no ear for music. / I am not a musical person.
- 그는 음악광이어서 음악과 관련된 것은 모두 다 안다. — He is a music buff and knows everything that has to do with music.
  * music buff 음악광

입가에 맴도는 노래

아침에 어떤 노래를 들었는데, 그 노래의 특정한 후렴구나 가사 부분이 계속해서 머리에서 맴돌다가 수시로 콧노래로 부르게 된 경험이 있을 것입니다. 이렇게 계속해서 머리에 맴도는 멜로디나 노래를 영어로 earworm이라고 합니다. 좋아하지도 않는 노래이고 원하지도 않는데 계속 머리속에서 맴돈다하여 brainworm이라고도 합니다.

05 악기

INSTRUMENTS

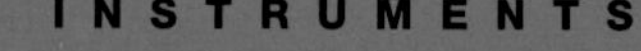

- 나는 2년 동안 바이올린 레슨을 받아 왔다. — I have been taking violin lessons for two years.
- 나는 1주일에 두 번씩 피아노 레슨을 받는다. — I take piano lessons twice a week.
- 나는 피아노 연주를 잘한다. — I can play the piano well.
- 피아노가 연주하기에 가장 좋은 악기 같다. — I think piano is the best musical instrument to play.
- 나는 그저 즐기기 위해 피아노를 친다. — I play the piano just for my own enjoyment.
- 바이올린은 여러 가지 소리를 낼 수 있어서 좋다. — I like the violin because it can make various sounds.
- 나는 전자 기타 치는 것을 좋아한다. — I like playing my electric guitar.
- 오늘은 학교에서 단소 부는 법을 배웠다. — Today I learned how to play the danso at school.
- 소리 내기가 어려웠다. — It was difficult for me to make a sound.
- 나는 우리 학교의 음악 부원이다. — I belong to the music club at my school.
  * belong to ~에 속해 있다, ~의 일원이다

• 나는 학교 밴드에서 클라리넷을 분다. I play the clarinet in the school band.

• 클라리넷을 불기 전에 먼저 음을 맞추었다. I tuned up my clarinet before playing.
* tune up (악기를) 조율하다

• 나는 어떤 악기도 연주할 줄 모른다. I can't play any musical instrument.

• 나는 색소폰을 배우고 싶다. I want to learn how to play the saxophone.

악기 이름 앞에 ~

악기를 연주한다고 할 때 play 동사와 함께 악기 이름 앞에 정관사 the를 써야 합니다. 달과 하늘처럼 세상에 하나 밖에 없는 명사 앞이나 최상급의 형용사, 서수, only(단 하나의), same(같은) 등의 앞에서도 꼭 정관사 the를 붙입니다. 하지만 계절, 식사, 운동경기 이름 앞에는 관사를 붙이지 않습니다.

악기의 종류

관악기	wind instrument	호른	horn
목관악기	wood-wind instrument	트럼펫	trumpet
금관악기	brass-wind instrument	색소폰	saxophone
현악기	string instrument	피콜로	piccolo
건반악기	keyboard	백파이프	bagpipe
타악기	percussion	피아노	piano
첼로	cello	오르간	organ
바이올린	violin	실로폰	xylophone
비올라	viola	하프	harp
콘트라베이스	double bass	북	drum
기타	guitar	트라이앵글	triangle
클라리넷	clarinet	리코더	recorder
플룻	flute	탬버린	tambourine
오보에	oboe		

06 노래 SINGING

나와 노래

• 나는 음악을 듣는 것보다 노래하는 것을 더 좋아한다.	I like singing more than listening to music.
• 나는 피아노에 맞추어 노래하는 것을 좋아한다.	I like to sing a song along with the piano.
• 나는 열정적으로 노래를 부른다.	I am an enthusiastic singer. * enthusiastic 열정적인
• 나는 큰 소리로 노래 부르는 것을 좋아한다.	I like to belt out tunes. * belt out 큰 소리로 노래 부르다
• 나는 노래를 잘해서 친구들에게 인기가 있다.	I am popular with my friends because I sing really well.
• 내 멋진 목소리 때문에 그들은 나를 좋아한다.	They like me because of my fantastic voice.
• 나는 그 노래를 좋아하는데 노래 가사가 좋기 때문이다.	I like the song because the lyrics are really great.
• 나는 좀 서글픈 노래를 좋아한다.	I like kind of melancholy songs.
• 그 노래는 옛 친구를 생각나게 한다.	The song reminds me of an old friend of mine.
• 나는 노래 부를 때 음을 못 맞춘다.	I can't sing in tune.
• 나는 음치이다.	I am tone-deaf. I can't carry a tune.
• 나는 많은 사람 앞에서 노래하는 것을 싫어한다.	I don't like singing in front of many people.

노래방에서

• 가끔 친구들과 노래방에 간다.	Sometimes I go to a karaoke with my friends.
• 우선 노래를 선곡했다.	First, I selected a song.
• 노래의 번호를 눌렀다.	I entered the number of the song.
• 내가 첫 번째로 마이크를 잡았다.	I took the microphone first.
• 노래를 부르기 전에 목청을 가다듬었다.	I cleared my throat before singing.
• 내가 멋지게 한 곡 불렀다.	I turned a tune nicely.
• 나는 항상 최신곡을 부른다.	I always sing the latest songs.

- 음이 너무 높았다. The tone of the song was too high.
- 낮은 음정으로 불렀다. I sang at a low pitch.
- 친구들은 탬버린을 흔들며 함께 노래했다. My friends sang together shaking the tambourines.
- 노래로 기분 전환을 했다. I refreshed myself with a song. I diverted myself in singing.
  ⋆ divert 기분 전환하다
- 우리는 교대로 노래를 불렀다. We sang by turns.
  ⋆ by turns 교대로, 차례로
- 그를 위해 코러스를 넣어주었다. I became a backup singer for him.
- 그가 노래를 중간에서 끊었다. He cut me off in the middle of the song.
- 그는 마이크를 잡으면 놓으려고 하지 않는다. He never lets go of the microphone once he takes it.
- 다 같이 부를 수 있는 노래를 골랐다. I picked a song that we could sing together.
- 모두 다 함께 노래를 불렀다. We sang a song all together.
- 즐겁게 춤추며 노래를 불렀다. We sang a song, dancing merrily.
- 음악에 맞추어 박수를 쳤다. I clapped along with the music.
- 그 노래는 발을 구르게 할 만큼 흥겨웠다. The song was merry enough to make my feet tap.
- 노래를 너무 크게 불러서 목이 아팠다. I sang so loudly that I got a sore throat.
- 친구들이 노래할 때 나는 박수만 쳤다. I only clapped my hands when my friends sang.
- 백점을 받았다. I got a 100. I got a perfect score.
- 내가 부르고 싶은 노래가 없었다. There was no song I wanted to sing.
- 주인이 30분을 더 주었다. The owner gave us 30 more minutes.
- 가끔은 혼자 노래방에 가고 싶다. Sometimes, I want to go to a karaoke alone.

나의 18번 노래는 ~

노래방에 가면 빠트리지 않고 하는 '18번 노래'를 eighteen number song이라고 하면 우리는 이해할 수 있지만 원어민은 무슨 말인지 알지 못하겠죠. '18번 노래'는 자신이 가장 좋아하는 노래를 일컫는 말이므로, favorite song이라고 표현하면 됩니다.

07 춤 DANCING

나와 춤

• 나는 친구들과 춤추는 것을 아주 좋아한다.	I love to dance with my friends.
• 예전에는 춤을 자주 추곤 했는데, 이제는 더 이상 춤추는 것을 좋아하지 않는다.	I used to dance often, but I don't like to dance anymore.
• 나는 춤을 잘 추는 법을 배우고 싶다.	I want to learn how to dance well.
• 나는 춤을 잘 춘다.	I am a good dancer. I am good at dancing.
• 나는 춤추는 것을 좋아하지만 춤은 잘 못 춘다.	I am fond of dancing, but I am poor at it.
• 춤을 추다가 그의 발을 여러 번 밟았다.	I stepped on his feet several times while dancing.
• 나는 춤을 잘 추지는 못하지만 자주 즐겨 춘다.	I can't dance well, but I enjoy it often.

춤을 추다

• 나에게 춤은 스트레스를 날려 버릴 정도로 재미있는 것이다.	Dancing is fun enough for me to release my stress.
• 나는 종종 댄스 클럽에 춤추러 간다.	I go dancing at a dance club now and then. * now and then 종종, 가끔
• 음악이 시작되자 모두 일어나 춤을 추었다.	When the music started, everyone got up to dance.
• 내가 춤을 이끌었다.	I led the dance.
• 나는 춤에 푹 빠졌다.	I am crazy about dancing.
• 신나는 음악에 맞추어 즐겁게 춤을 추었다.	We danced merrily to the delightful music.
• 그는 어깨춤을 잘 추었다.	He danced well using his shoulders.
• 우리는 블루스 음악에 맞추어 함께 춤을 추었다.	We danced together to the melody of blues.
• 우리는 각자의 파트너와 춤을 추었다.	We danced with each partner.
• 하와이 춤인 훌라 춤을 배웠다.	I learned how to dance hula, which is a Hawaiian dance.
• 남미 춤인 룸바 댄스를 좋아한다.	I like the rumba, a Latin-American dance.
• 그가 탭 댄스 추는 것을 보니 참 멋졌다.	It was really wonderful to see him tap dance.

백댄서

노래하는 사람 뒤에서 노래에 맞추어 춤을 추는 사람을 back dancer라고 하는데, 이는 잘못된 표현입니다. 올바른 영어표현은 background dancer입니다. 따라서 back dancing도 background dancing이라고 해야 맞는 표현이겠죠. 우리가 흔히 백뮤직이라고 하는 것도 back music이 아니라 background music이라고 해야 합니다.

08 그림 DRAWING & PAINTING

나와 그림

• 나는 펜으로 그림을 그리는 취미가 있다.	I have a taste for drawing pictures with a pen. * draw 펜 · 목탄 등으로 그리다
• 그림 그리는 것은 내가 가장 좋아하는 취미 중 하나이다.	Painting is one of my favorite hobbies. * paint 물감으로 그리다
• 나는 그림에 큰 재능이 있다.	I have a great talent for drawing and painting.
• 나는 삽화가가 되고 싶다.	I want to be an illustrator.
• 나는 그림은 잘 그리지 못하지만, 그림 그리기를 좋아한다.	I like painting even though I am not a good painter.
• 휴식이 필요할 때에는 그림을 그린다.	When I need to relax, I draw a picture.
• 그림을 그리는 동안에는 마음이 편안하다.	I feel at ease while drawing. * at ease 마음 편한, 여유 있는
• 그림 그리기는 마음을 편하게 해 주고 잠시나마 일을 잊도록 해 준다.	Drawing is relaxing and takes my mind off my work.
• 나는 방에 르누아르의 그림을 걸어 놓았다.	I hung a Renoir in my room.
• 나는 그에게 내가 그린 그림을 하나 주었다.	I gave him a picture which I had drawn.
• 그 그림을 벽에 걸기 위해 액자에 넣었다.	I had the picture framed to hang it on the wall.

그림을 그리다

- 나는 일요일에 친구들과 스케치를 하러 밖으로 나갔다.
  I went out sketching with my friends on Sunday.
- 유화물감으로 풍경화를 그렸다.
  I painted a landscape in oils.
- 수채화로 정물화를 그렸다.
  I painted a still-life picture with watercolors.
  * still-life 정물화의
- 목탄으로 그의 초상화를 그렸다.
  I drew his portrait with a piece of charcoal.
  * portrait 초상화
- 꽃 그림을 그렸다.
  I painted a picture of flowers.
- 나는 데생을 잘한다.
  I am good at drawing.
- 가끔은 삽화도 그린다.
  I often draw illustrations.
  * illustration 삽화
- 내 그림을 따라갈 사람이 없다고 생각한다.
  I think that no one can match my drawing.
- 내 그림은 멀리서 보면 훨씬 더 멋지게 보인다.
  My picture looks much nicer when I look at it from a distance.

훨씬 더 ~

그림을 멀리서 보면 훨씬 더 멋져 보인다고요? 이처럼 비교하는 문장을 쓸 때 비교급으로 표현합니다. 비교급은 형용사나 부사 다음에 -er을 붙이거나 그 앞에 more를 써서 나타내는데, 비교급을 강조하여 '훨씬 더 ~한'의 의미를 표현하기 위해서는 비교급 앞에 even, still, far, a lot, much를 쓰면 됩니다. 하지만 very나 many는 비교급을 강조하는 말로 쓰일 수 없다는 것 주의하세요.

09 사진 TAKING PICTURES

사진 관련 표현

사진관	photo studio	연속 사진	picture sequence
렌즈	lens	스냅 사진	snapshot
렌즈 뚜껑	lens cap	반신 사진	head shot
조리개	aperture ring	전신 사진	full-length photograph
셔터	shutter	확대 사진	enlarged picture
사진	picture, photograph	클로즈업 사진	close-up shot
컬러 사진	color picture	필름 한 통	a roll of film
흑백 사진	black and white photograph	필름 현상	film development
즉석 사진	Polaroid	인화	print

카메라

- 나는 외출할 때마다 카메라를 가지고 나간다. I take my camera with me whenever I go out.
- 내 카메라는 자동이어서 초점을 맞출 필요가 없다. My camera is automatic, so I don't have to focus.
- 디지털카메라로 찍는 사진은 수정할 수 있어서 좋다. The digitalized pictures are good because they can be corrected.
- 36장짜리 칼라 필름을 한 통을 샀다. I bought a roll of color film with 36 exposures.
  * exposure 노출, 한 장의 사진 필름
- 나는 카메라에 필름을 넣었다. I loaded my camera.
  * load (카메라에) 필름을 넣다
- 렌즈를 돌리면서 카메라 초점을 맞췄다. I focused the camera by turning the lens.
- 카메라 렌즈를 조절했다. I set the camera lens.
- 내 디지털카메라는 1,000만 화소이다. My digital camera has 10 million pixels.
- 내 카메라 렌즈는 광학 줌이 20배이다. My camera's optical lens can zoom to 20 times.
- 내 카메라는 아주 작고 얇다. My camera is very compact and slim.
- 액정 화면도 크고 넓다. The display of my camera has a big and wide screen.

• 내 디지털카메라에 1,000장 이상의 사진을 저장할 수 있다.	I can save more than 1,000 photos on my digital camera.
• 내 카메라는 연속 촬영이 기능이 있다.	My camera has a continuous shooting function.
• 그것은 손 떨림 방지 기능이 있다.	It has an image stabilizing function.
• 그것은 동영상 녹화 기능이 있다.	It has a video recording function.
• 내 카메라는 사진을 찍은 후에 보정을 할 수 있다.	After taking a picture, I can make changes to the picture.

사진 촬영

• 나는 풍경 사진 찍는 것을 좋아한다.	I like to take pictures of scenery.
• 나는 인물보다 경치를 찍는 것에 더 관심이 있다.	I am more interested in taking pictures of scenery than of people.
• 디지털카메라로 꽃 사진을 찍었다.	I took a picture of flowers with my digital camera.
• 아기들을 스냅 사진으로 찍었다.	I took snapshots of babies.
• 얼굴을 줌 인해서 찍었다.	I zoomed in on the face.
• 나는 사진을 부탁해서 찍었다.	I had my photograph taken.
• 그에게 셔터를 누를 때 흔들리지 않도록 해달라고 부탁했다.	I asked him not to shake the camera when pressing the shutter.
• 사진을 찍기 위해 포즈를 잡을 때 어색했다.	I felt awkward when I posed for the picture.
• 나는 달리는 것처럼 포즈를 취했다.	I posed as if I was running.
• 포즈를 여러 번 바꾸었다.	I changed my pose several times.
• 나는 머리를 바람에 날리도록 했다.	I let my hair loose in the wind.
• 사진을 두 통 찍었다.	I took two rolls of film.
• 찍은 사진을 빨리 보고 싶었다.	I couldn't wait to see the picture that I had taken.
• 찍은 사진을 보기 위해 기다려야 하는 게 싫어서 폴라로이드 카메라를 샀다.	I hated waiting to see the picture that I had taken, so I bought a Polaroid camera.
• 나는 사진 찍는 것을 좋아하지 않는다.	I am camera-shy. * camera-shy 사진 찍기를 싫어하는
• 나는 사진 콘테스트에서 1등상을 탔다.	I won first prize in the photo contest.
• 카메라의 배터리가 떨어져 가고 있었다.	My camera was running low on its battery.
• 여분의 배터리를 가지고 있어야 했다.	I should have carried an extra battery.
• 메모리 카드를 바꾸었다.	I changed the memory chip.
• 마음이 들지 않는 사진들을 지웠다.	I deleted the pictures that I didn't like.

현상 · 인화

- 필름 한 통을 현상했다. I had a role of film developed.
- 인화하고 싶은 사진을 골랐다. I selected the pictures that I wanted to have printed.
- 현상 필름을 인화했다. I had the negative printed.
  ∗ negative 사진 원판
- 사진이 초점이 맞질 않았다. The picture was out of focus.
- 사진이 몇 장은 흐리고 어둡게 나왔다. Some pictures turned out blurry and dark.
- 플래시를 사용하지 않아서 그렇다. That's because I didn't use a flash.
- 필름이 빛에 노출돼서 사진들을 망쳤다. The pictures were spoiled because the film was exposed to light.
- 그 사진을 확대하고 싶었다. I wanted to enlarge the picture.
  ∗ enlarge 크게 하다, 확대하다
- 그 사진을 두 배로 확대했다. I had the picture enlarged to double its original size.

사진

- 나는 사진이 잘 나온다. I am photogenic.
  I photograph well.
  I look good in a photograph.
- 사진들이 잘 나왔다. The pictures came out well.
  The pictures turned out well.
- 사진이 실물보다 잘 나왔다. The picture flatters me.
  ∗ flatter 아첨하다, 실물 이상으로 좋게 나타내다
- 사진이 흔들렸다. The picture is shaky.
- 사진이 과다 노출되어 밝게 나왔다. The picture is over-exposed.
- 사진이 과소 노출되어 어둡게 나왔다. The picture is under-exposed.
- 사진 속의 모습이 실제 인물보다 더 낫다. The photo looks better than the real appearance.
- 나는 누군가 내 옆모습을 찍을 때 가장 사진이 잘 받는다. I am very photogenic when someone takes a picture of my profile.
  ∗ profile 옆모습
- 실물이 더 낫다. I look better in person.
  ∗ in person 실물로, 몸소
- 나는 사진이 잘 안 받는다. I don't photograph well.
  I don't look good in pictures.

- 사진이 실물보다 못 나왔다.

The pictures didn't do me justice.
* do ~ justice 실물대로 나타내다

- 내가 그 사진을 액자에 넣었다.

I framed the picture.
* frame 뼈대를 만들다, 틀에 끼우다, 액자에 넣다

10 애완동물 PETS

애완동물의 종류

강아지	**puppy**	토끼	**rabbit**
개	**dog**	금붕어	**goldfish**
새끼고양이	**kitten**	열대어	**tropical fish**
고양이	**cat**	이구아나	**iguana**
앵무새	**parrot**	뱀	**snake**
잉꼬	**parakeet**	딱정벌레	**beetle**
햄스터	**hamster**		

내 애완동물

- 애완동물을 기르고 싶었다. — I wanted to raise a pet.
- 드디어 애완동물을 갖게 되었다. — I finally got to have a pet.
- 내 취미는 애완동물을 돌보는 것이다. — My hobby is taking care of my pet.
- 내 애완동물은 나를 잘 따른다. — My pet always obeys me.
- 내 애완동물은 무엇이든 물어뜯는다. — My pet bites everything.
- 내 애완동물은 큰 소리가 나면 무서워한다. — My pet is frightened by big sounds.
- 내 애완동물은 나만 보면 꼬리를 흔든다. — My pet wags his tail whenever it sees me.
  * wag 흔들다
- 나는 그렇게 사랑스런 애완동물을 본 적이 없다. — I have never seen such a lovely pet.
- 먹을 것을 주는 것만으로는 애완동물을 키울 수 없다. — Just feeding a pet is not all there is to raising it.

- 애완동물을 아기처럼 보살펴야 한다. We have to take care of the pet like a baby.
- 내 애완동물은 내 팔 위에서 자는 것을 좋아한다. My pet likes to sleep on my arm.
- 그곳은 애완동물이 허용되지 않는다. No pets are allowed there.
- 내 애완동물은 순종이다. My pet is a pure-breed.
  * breed 종족, 혈통, 종류
- 내 애완동물은 잡종이다. My pet is a cross-breed.
- 나는 애완동물을 끈으로 묶지 않는다. I don't keep my pet on a leash.
  * leash 가죽 끈, 사슬, 속박
- 내 애완동물은 대소변을 가리는 훈련을 받았다. My pet is house-trained.
- 내 애완동물은 사람들과 함께 있는 것을 좋아한다. My pet likes to be with people.

애완견

- 개는 충직한 동물이라고 생각한다. I think that a dog is a faithful animal.
- 개들도 사람들처럼 사랑과 애정을 필요로 한다. Dogs, like people, need love and affection.
- 부드러운 털을 가지고 있어서 내 애완견의 이름은 '퍼리'이다. My pet's name is 'Furry' because it has such soft fur.
- 나는 개를 산책시켰다. I took my dog for a walk.
- 나는 개를 데리고 산책을 나갔다. I went out for a walk with my pet.
- 끈으로 묶고 개를 산책시켰다. I walked my dog on a leash.
- 개는 날마다 운동을 시킬 필요가 있다. Dogs need to have exercise every day.
- 나는 애완견의 털에 매일 빗겨 준다. I brush and comb my dog's fur every day.
- 털을 자주 빗겨 주면 털이 광택이 난다. When I brush its fur often, it glistens.
  * glisten 반짝이다, 빛나다
- 그 개는 졸리면 바닥에 몸을 쭉 편다. When the dog is sleepy, it stretches out on the floor.
- 매일 아침이면 개가 침대 위로 올라와 나를 깨운다. Every morning the dog gets up on my bed and wakes me up.
- 내 애완견은 내 손에 발을 올려놓을 수 있다. My dog can put his paws on my hands.
  * paw 발톱이 있는 동물의 발
- 내가 물건을 던지면, 내 애완견은 달려가 그것을 물어온다. When I throw something, my dog runs and brings it back to me.
- 내가 이름을 부르면 곧장 나에게 달려와 내 무릎 위에 눕는다. When I call his name, he runs to me immediately and lies on my knees.
- 귀를 쫑긋 세우면, 매우 귀여워 보인다. When my pet pricks up his ears, he looks very cute.

• 개를 길들이는 데 오랜 시간이 걸렸다. — It took a long time to tame my dog.
* tame 길들이다

• 내 개는 낯선 사람을 보면 항상 큰 소리로 짖는다. — My dog always barks loudly when it sees a stranger.

• 집에 들어가자마자 개가 내게 달려 왔다. — As soon as I got home, my dog ran to me.

• 개가 으르렁거렸다. — The dog growled.
* growl 으르렁거리다

• 개가 내 팔을 할퀴었다. — The dog scratched my arm.

• 개에게 밥 줄 시간이다. — It is time to feed the dog.

• 목욕을 시켜야 한다. — The dog is in need of a bath.

• 개를 목욕시켰다. — I bathed the dog.

• 나는 어디를 가든 애완견을 데리고 다닌다. — Wherever I go, I always take my dog.

• 내 개는 턱 밑을 긁어 주는 것을 좋아한다. — My dog likes being scratched under his chin.

• 내 개는 배 만져주는 것을 좋아한다. — My dog likes being petted on his stomach.

• 그 개는 변기 훈련이 되어 있다. — The dog is potty-trained.
* potty 어린이용 작은 변기 | trained 훈련이 된

• 나의 개는 아무 데나 용변을 본다. — My dog is incontinent.

• 나의 개는 용변 훈련이 필요하다. — My dog needs to be house-trained.

애완 고양이

• 고양이가 한 마리 있었으면 좋겠다. — I wish I had a cat.

• 나는 애완동물로 고양이를 기른다. — I have a cat as a pet.

• 나는 고양이를 굉장히 좋아한다. — I am a cat lover.

• 고양이는 강아지보다 더 깨끗하고 더 조용하다. — Cats are cleaner and quieter than dogs.

• 고양이는 먹이를 먹은 후, 자신을 핥아서 깨끗이 한다. — The cat licked herself clean after a meal.
* lick 핥다

• 고양이는 보살핌을 별로 필요로 하지 않는다. — Cats don't need much care.

• 그런 이유로 나는 강아지보다 고양이가 더 좋다. — That's why I prefer cats to dogs.

• 내가 없는 동안은 동생이 고양이를 돌본다. — My sister looks after my cat while I am away.

• 고양이가 아픈 것 같았다. — My cat seemed to be sick.

• 고양이를 데리고 동물 병원에 가야 했다. — I had to go to the veterinary hospital with the cat.
* veterinary 동물을 치료하는

• 수의사가 아무 문제 없다고 했다. | The veterinarian said that it had no problem.
* veterinarian 수의사

• 나는 고양이를 무서워한다. | I am scared of cats.

• 나는 고양이 알레르기가 있다. | I am allergic to cats.

~하면 좋겠다

'~하면 좋겠다', '~하면 좋을 텐데'처럼 현실적으로 그렇지 않거나 이루기 어려운 소원을 나타내고 싶을 때는 [I wish (that) 주어+동사의 과거형 ~] 구문으로 나타내세요. '애완동물이 하나 있으면 좋겠다'고 하려면 I wish I had a pet.이라고 하면 됩니다.

11 연예 ENTERTAINMENT

내가 좋아하는 가수

• 내가 좋아하는 가수는 ~이다. | My favorite singer is ~.

• 나는 그 가수를 좋아하는데, 그 이유는 그가 다재다능하기 때문이다. | I like the singer, because he is multi-talented.

• 그는 타고난 연예인이다. | He is a born entertainer.

• 그의 다재다능함이 청중을 계속 놀라게 하고 즐겁게 한다. | His versatile talents continue to surprise and delight audiences.
* versatile 다재다능한

• 그는 히트곡 ~로 유명하다. | He is well known for his popular song, ~.

• 그는 노래뿐 아니라 기타도 친다. | Not only does he sing, but also plays the guitar.

• 그의 음악은 항상 재미있고 신난다. | His music is always entertaining and exciting.
* entertaining 대접하는, 즐겁게 하는

• 그는 다양한 음악 스타일을 가지고 있는 훌륭한 신인 가수이다. | He is a great new singer who mixes many musical styles.

• 그 가수의 노래가 지금 방송되고 있다. | That singer's song is now on the air.

• 내가 좋아하는 가수가 텔레비전에 나왔다. | My favorite singer appeared on TV.

- 그의 노래를 듣자마자 그에게 푹 빠졌다. As soon as I heard his songs, I got a crush on him.
- 그 가수는 녹음된 노래에 맞추어 입만 움직였다. The singer lip-synced.
  * lip-sync 립싱크로 노래하다, 녹음에 맞추어 입만 움직여 노래하다
- 그 가수가 라디오에 나와 이야기를 했다. The singer talked on the radio.
- 그는 어깨를 위아래로 움직이는 춤을 추며 노래를 부른다. He sings his song dancing with his shoulders moving up and down.

인기 가수

- 그는 요즈음 가장 인기가 좋은 가수 중 한 명이다. He is one of the most popular singers these days.
- 그는 참 유명한 가수이다. He is a big-time singer.
- 그 가수는 갑작스럽게 인기를 얻었다. He grew popular quickly.
- 그의 폭발적인 인기가 정말 놀랍다. I was so surprised at his tremendous popularity.
- 그는 감정을 잘 표현하며 얼굴 표정도 잘 짓는다. He expresses his feelings and makes facial expressions well.
- 그의 신곡들이 유행이다. His new songs are in vogue.
  * in vogue 유행하고 있는
- 그의 신곡들은 팬들에게 큰 호응을 얻었다. His new songs went over big with his fans.
  * go over (노래 · 연극 등이) 성공하다
- 그의 신곡이 몇 주 동안 인기 순위에 들어 있었다. His new song has been on the charts for weeks.
  * chart 월 · 주간 순위표
- 그가 입은 옷 스타일이 유행이 되었다. The style of his clothes became popular.
- 그는 올해 인기를 많이 얻었다. He gained popularity this year.

연예계 이야기

- 내 친구는 연예계에 있는 사람을 잘 알고 있다. My friend knows someone in the entertainment world.
- 한 신문 기자가 그의 스캔들을 폭로하는 기사를 썼다. A newspaper reporter wrote the article to expose his scandal.
- 나는 연예인들의 무대 뒤 이야기를 다루는 스포츠 신문을 본다. I read sports dailies which deal with the entertainers' backstage stories.
  * daily 일간 신문
- 그녀의 그런 나쁜 소문 때문에 인기가 떨어지고 있다. She is losing popularity because of such a bad rumor.

- 그녀는 악성 루머로 고전하고 있다. She is suffering from a groundless rumor.
  ⋆ groundless 근거 없는
- 그녀는 아직도 연예 활동을 한다. She is still active in showbiz.
- 그녀는 예쁘긴 하지만 좋은 가수는 아니다. Even though she is pretty, she is not a good singer.

12 수집 COLLECTION

- 나는 희귀한 것을 수집한다. I have a collection of rare things.
- 내 취미는 전 세계의 우표를 모으는 것이다. My hobby is collecting stamps from all over the world.
- 나는 우표 수집가이다. I am a stamp collector.
- 새로운 우표가 나올 때마다 나는 그것들을 수집하기 위해 우체국에 간다. Whenever new stamps come out, I go to the post office to collect them.
- 나는 취미가 많은데 그 중에 외국 동전 모으는 것을 제일 좋아한다. I have lots of hobbies. Among them, my favorite hobby is collecting foreign coins.
- 나는 외국을 여행할 때 각 나라의 동전을 수집한다. When I travel abroad, I collect coins of each country.
- 다양한 동전을 수집함으로써 다른 나라의 문화에 대해 알 수 있다. By collecting various coins, I can know about other countries' cultures.
- 나는 방문하는 여러 곳에서 기념품을 수집한다. I collect souvenirs from various places I have visited.
- 나는 영화 포스터를 모으고 있다. I am collecting movie posters.
- 작은 영화 포스터들은 영화관에서 무료로 얻을 수 있다. I can get small posters of the movies for free in the theater.
- 오랜 시간 후에 그것들을 보고 그 영화를 다시 기억할 수 있어서 좋다. After a long time, it is good for me to look at them and remember the movies again.
- 나는 취미로 미니카를 수집한다. I collect miniature cars as a hobby.
- 어떤 사람들은 수집품의 가치가 높아져서 생기는 이익을 기대하고 수집품을 모으기도 한다. Some people collect items expecting the benefit of its value increasing.
  ⋆ benefit 이익, 이득, 혜택

13 재봉 · 자수 SEWING & EMBROIDERING

재봉

• 재봉틀로 드레스를 만들었다.	I made a dress using a sewing machine.
• 바느질할 때는 항상 골무를 낀다.	When I sew, I always wear my thimble. * thimble 골무, 고리
• 천 위에 초크와 줄자를 이용해서 옷본을 그렸다.	I drew a pattern on the clothing by using chalk and a tape-measure.
• 재단되어 나온 종이 옷본은 사용하기가 아주 편리하다.	It is very convenient to use cut-out paper patterns.
• 옷본에 있는 선을 따라 잘랐다.	I cut the lines of the pattern.
• 핀으로 천을 고정시켰다.	I used pins to fix the clothing.
• 재봉하기 전 정확한 사이즈에 맞추기 위해 입어 보았다.	I tried on the clothes to fit them to my correct size before sewing it.
• 냅킨과 식탁보, 앞치마 같은 주방용품을 만들었다.	I made table supplies such as napkins, tablecloths and aprons.
• 계절이 바뀔 때 커튼과 침대보, 베갯잇, 의자 커버 같은 것들을 몇 개씩 만든다.	I sew a few things like curtains, bed sheets, pillow cases and seat covers, when the season changes.

뜨개질

• 털실로 장갑을 짜 봤다.	I tried knitting gloves out of wool.
• 그를 위한 스웨터를 짰다.	I knitted a sweater for him.
• 코바늘로 조끼를 짰다.	I crocheted a vest. * crochet 코바늘로 뜨개질하다
• 졸다가 한 코를 빠뜨렸다.	I dropped a stitch while dozing off. * doze off 깜빡 졸다
• 오늘은 열 줄밖에 못 짰다.	I knitted only ten rows today.
• 하루 종일 뜨개질을 했더니 손이 뻐근하다.	My hands are so stiff from knitting all day.
• 스웨터가 그에게 너무 커서 풀어서 다시 뜨개질을 해야 했다.	The sweater was so big for him that I had to unsew it and knit again. * unsew ~의 실밥을 풀다
• 내가 짠 스웨터가 그에게 꼭 맞았다.	The sweater that I had knitted fit him.

자수

- 새틴 스티치와 러닝 스티치 같은 여러 종류의 수놓는 방법을 배웠다. I learned different types of stitches like satin stitches and running stitches.
- 식탁보 가장자리에 수를 놓았다. I embroidered the sides of the table cloths.
- 다채로운 색실로 식탁보를 수놓았다. I embroidered the tablecloths with colorful threads.
- 베개에 꽃무늬의 수를 놓았다. I embroidered flower patterns on the pillows.
- 퀼트 쿠션을 만들었다. I made a quilted cushion.

십자수

- 휴식을 취할 때 나는 십자수를 한다. When relaxing, I cross-stitch.
- 십자수를 하는 동안은 마음이 편안하다. I feel comfortable while cross-stitching.
- 예쁜 식탁보를 만들기 위해 십자수를 했다. I cross-stitched to make a pretty tablecloth.
- 도안에 따라 십자수를 했다. I cross-stitched according to the pattern.
- 십자수를 할 바늘과 실, 도안 그리고 천을 샀다. I bought needles, thread, patterns, and fabric to cross-stitch with.

  * thread 실 | fabric 천
- 십자수 가게에는 고를 수 있는 여러 도안들이 있었다. At the cross-stitching shop, there were nice samples to choose from.
- 하나를 완성하는 데 오랜 시간이 걸렸다. It took a long time to complete one.
- 한 작품을 끝내는 데 많은 인내심이 필요했다. It took a lot of patience to finish a piece.
- 나는 십자수를 제대로 완성해 본 적이 없다. I have never completed a cross-stitch.
- 모든 땀은 같은 방향으로 교차되어야 한다. All the stitches should be crossed in the same direction.
- 친구들에게 선물로 줄 열쇠고리를 만들었다. I made key chains as a gift for my friends.
- 사진을 십자수로 수놓을 도안으로 만들었다. I had a picture made into a pattern for me to cross-stitch.
- 십자수로 시계를 만들었다. I had my cross-stitch made into a clock.
- 완성된 십자수 작품을 액자에 넣어 벽에 걸었다. I had the completed cross-stitch piece framed and hung it on the wall.

DIARY 17

Exciting Concert

Thursday, September 22. Refreshing

Wow! I had such a good day! The whole student body today except 3rd graders went to a school music concert. Since I love listening to music, I was really excited to join it. A 2nd grade student sang a drama theme song. It was so amazing how such a loud voice could come out from such a small body. The voice was really sweet. After a few songs, we watched some boy students dance, Korean traditional dance. I have seen that kind of dance several times on TV before, but I didn't know it was so exciting like that. I was so impressed. I clapped so much that my hands seemed to be on fire.

I hadn't been to music concerts for 3 years because I hadn't had much time. I spent most of my time studying either at home or at school. I hope my school will let the students have more opportunities to experience various cultural activities.

신나는 음악회

9월 22일 목요일 상쾌함

와! 오늘은 정말 즐거웠다. 3학년을 제외한 전체 학생들이 단체로 학교 음악회에 갔다. 나는 음악 듣는 것을 좋아하기 때문에 거기에 가는 것이 정말 신났다. 한 2학년 학생이 드라마의 주제가를 불렀는데, 그렇게 자그마한 몸에서 어떻게 그런 큰 목소리가 나올 수 있는지 매우 놀라웠다. 그 목소리는 정말 감미로웠다. 몇 곡의 노래가 끝나고 몇몇 남학생들이 추는 한국의 전통 춤을 보았다. 나는 전에 TV에서 그런 종류의 춤을 본 적이 있었지만 그렇게 신날 줄을 몰랐다. 매우 인상적이었다. 박수를 너무 많이 쳐서 손바닥에 불이 나는 줄 알았다. 시간이 여유롭지 못해서 3년 동안 음악회에 가 본 적이 없었다. 대부분의 시간을 집이나 학교에서 공부를 하며 보냈다. 우리 학교가 학생들에게 다양한 문화를 경험할 수 있는 기회를 더 많이 제공해 줬으면 좋겠다.

NOTES

body 집단, 단체 | **except** ~를 제외하고 | **grader** ~학년생 | **amazing** 놀라운 | **sweet** 달콤한, 감미로운 | **impressed** 감동적인, 인상적인 | **clap** 손뼉을 치다, 박수갈채하다 | **spend+시간+-ing** ~하면서 …을 보내다 | **either ~ or ...** ~ 또는 … 중의 하나 | **opportunity** 기회

CHAPTER

18

운동

01 운동

WORKING OUT

운동 기구

달리기	running	스키타기 기구	ski machine
조깅	jogging	운동용 자전거	stationary bike
걷기	walking	아령	dumbbell
에어로빅	aerobics	아령 기구	dumbbell curl
역기 들기	bench press	러닝머신	treadmill
계단밟기 기구	stair master	역기 기구	lifting machine
노젓기 기구	rowing machine		

운동 경기

농구	basketball	서핑	surfing
야구	baseball	수영	swimming
축구	soccer, football	수구	water polo
배구	volleyball	스키	skiing
핸드볼	handball	스노우보딩	snow boarding
탁구	table tennis, ping-pong	스케이트	skating
테니스	tennis	마라톤	marathon
하키	hockey	펜싱	fencing
골프	golf	행글라이딩	hang gliding
스쿼시	squash tennis	윈드서핑	wind surfing
볼링	bowling	승마	riding
권투	boxing	크리켓	cricket

운동

- 운동을 좀 해야 한다. — I need some exercise.
- 운동 부족이 건강을 나쁘게 만드는 것 같다. — A lack of exercise is likely to lead to poor health.
- 일반적으로 운동을 하는 사람들이 운동을 하지 않는 사람들보다 더 오래 건강하게 산다. — Generally, people who exercise live longer and better lives than those who don't exercise.

- 운동을 하지 않는 사람들이 더 쉽게 다치는 경향이 있다. — Those who do not exercise are more injury-prone.
  * prone ~하는 경향이 있는, ~하기 쉬운
- 걷기는 효율적인 운동 중 하나라고들 한다. — It is said that walking is one of the effective methods of exercise.
- 규칙적으로 걷는 운동만 해도 건강하고 활기찬 생활을 할 수 있다. — Simply walking regularly makes us enjoy a healthy and active life.
- 운동을 하면 식욕이 좋아진다. — Exercise gives me a good appetite.
- 운동은 적당히 해야 한다. — We should exercise moderately.
  * moderately 적당히, 적절하게
- 적절한 운동은 혈액 순환을 활발하게 한다. — Moderate exercise stimulates blood circulation.
  * stimulate 자극하다, 활발하게 하다 | circulation 순환, 유통
- 적당한 운동이 건강에 좋다. — Moderate exercise is good for one's health.
- 적절한 운동은 건강을 증진시킨다. — Proper exercise promotes good health.
- 과도한 운동은 해가 될 수 있다. — Excessive exercise can be harmful.
- 스트레칭을 하는 것만으로도 도움이 될 수 있다. — It can be helpful just to stretch out.
- 스트레칭은 유연성을 향상시켜 준다. — Stretching improves flexibility.
  * flexibility 유연성, 융통성, 신축성
- 운동 전에 하는 준비 운동은 부상을 예방하는 데 도움이 된다. — Warming up before a workout helps prevent injuries.

운동 좀 하자

exercise는 '운동'이라는 명사와 '운동하다'라는 동사로도 쓰이는 말입니다. '운동하다'라는 말은 exercise 동사 하나로도 충분히 표현 가능합니다. '운동하다'의 또 다른 표현으로 work out이 있는데, 이 말은 붙여 써서 workout이라고 하면 명사형이 되고, work out이라고 띄어 쓰면 '운동하다'라는 동사형이 됩니다.

나와 운동

- 나는 어떤 운동이든 다 좋아한다. — I like any kind of sport.
- 나는 반사 신경이 빠르다. — I have quick reflexes.
  * reflexes 반사 신경, 반사 능력
- 나는 운동 신경이 좋다. — I have good motor skills.
- 나는 운동을 좋아한다. — I like to exercise.
- 나는 운동에 빠져 있다. — I am into sports.
  * be into ~에 빠져 있다, 몰두하다

• 나는 스포츠를 꽤 잘한다. I play sports quite well.

• 나는 스포츠를 잘 못한다. I am not much of an athlete.

• 나는 스포츠를 전혀 못한다. I am a total klutz at sports.
* klutz 재주가 없는 사람

• 나는 스포츠를 잘하지는 못하지만 경기를 보는 것은 좋아한다. I am not good at sports, but I like to watch games.

• 나는 스포츠에 별 관심이 없다. I have little interest in sports.
Sports have little appeal to me.

• 내 특기는 달리기다. My strong point is running.

• 나는 승마를 잘한다. I am good at horse riding.
I am an equestrian.
* equestrian 말을 타는 사람, 기수

• 나는 운동으로 조깅을 한다. I jog for exercise.

• 나는 매일 조깅으로 운동을 한다. I work out every day by jogging.

• 나는 물구나무를 서서 걸을 수 있다. I can walk on my hands.

• 나는 매일 아침 운동을 하고 샤워를 한다. I take a shower after exercising every morning.

• 나는 매일 운동하러 체육관에 다닌다. I go to the gym for my daily workout.

• 그 체육관은 쾌적하게 운동할 수 있는 환경을 제공한다. The gym provides a comfortable workout environment.

• 나는 실내 운동보다 실외 스포츠가 더 좋다. I prefer outdoor sports to indoor exercises.

• 실내 운동이 내 체질에 맞는다. Doing indoor activities suits my constitution.
* constitution 체질, 성질

• 스쿼시도 자주 한다. I often play squash.

• 규칙적으로 운동을 할 것이다. I will exercise regularly.

• 운동을 지나치게 하지 않도록 해야겠다. I will not exercise too much.

• 운동을 한 후에는 기분이 좋아지고 힘이 솟는다. After a workout I feel cheerful and energetic.

헬스

• 나는 헬스클럽에서 운동하는 것을 좋아한다. I like to exercise in the fitness center.
* fitness center 헬스클럽, 휘트니스 센터

• 헬스클럽에 등록했다. I signed up for the fitness center.
* sign up for ~에 수강 신청하다, 등록하다

• 몸을 좀 단단히 해야겠다. I need to build myself up.

• 배에 왕(王)자 복근을 만들려고 하루에 윗몸 일으키기를 300번씩 한다. | I do 300 sit-ups a day to get six-pack abs.
* abs(abdominal muscles의 줄임말) 복근

• 헬스클럽에서 1주일에 세 번 운동을 한다. | I work out at the fitness center three times a week.

• 그 헬스장에는 헬스기구가 많다. | There is various equipment in the fitness center.

• 운동을 하기 전에 준비 운동을 했다. | I warmed up before the workout.

• 운동을 하기 전에 몸을 좀 풀었다. | I loosened up a little before the workout.
* loosen up (운동이나 경기 전에) 몸을 풀다

• 근육을 키우고 싶다. | I want to build up my muscle strength.

• 근육을 더 키우기 위해 무거운 것을 드는 운동을 했다. | I tried weight training to make my muscles bigger.

• 나는 근육을 키우고 지구력을 증진시키기 위한 운동을 한다. | I do exercises to increase muscle and develop endurance.
* endurance 지구력, 인내심

• 웨이트 트레이닝을 잘 하는 방법을 배우고 싶다. | I want to learn how to perform weight training well.
* perform 실행하다, 수행하다

• 매일 1시간 30분씩 역기를 든다. | I lift weights for an hour and a half every day.

• 러닝머신을 매일 1시간씩 한다. | I run on the treadmill for an hour every day.
* treadmill 러닝머신, 쳇바퀴

• 매일 팔 굽혀 펴기를 100번씩 한다. | I do 100 push-ups every day.

• 턱걸이를 10번 했다. | I did 10 pull-ups.

• 헬스 자전거를 매일 30분씩 탄다. | I ride the stationary bike for half an hour every day.
* stationary 움직이지 않는, 고정시킨

• 무거운 것을 드는 운동을 한 후에는 보통 심근 강화 운동을 한다. | I usually lift weights, and then do cardiovascular exercises.
* cardiovascular 심장 혈관의

운동의 효과

• 나는 매일 운동을 하기 때문에 매우 건강하다. | I am very healthy because I work out every day.

• 나는 스트레스를 받는다고 생각되면 운동을 한다. | When I am under stress, I exercise.

• 나는 운동 부족으로 피로를 자주 느낀다. | I often feel tired because of a lack of exercise.

• 나는 운동으로 스트레스를 해소한다. | I work off stress.

• 나는 스트레스를 해소하려고 운동을 한다. | I work out to get rid of my stress.

• 운동은 휴식에 도움이 된다. | Exercise helps me relax.

- 운동으로 기분을 전환했다. — I distracted myself with exercise.
  * distract 마음을 딴 데로 돌리다, 기분 전환하다
- 기분 전환을 위해 운동을 했다. — I worked out to get my spirits up.
- 운동을 하면 힘이 솟는다. — I feel energized after working out.
- 운동으로 몸을 좀 다듬을 것이다. — I'm going to put myself through a workout.
- 스트레칭을 포함한 몇 가지 간단한 운동으로 근육을 풀었다. — Doing some simple exercises including stretching made my muscles relaxed.
- 정신적 긴장을 풀기 위해 요가를 배우고 있다. — I am learning yoga in order to relax myself.
- 요가를 할 때는 균형을 잘 잡는 것이 정말 중요하다. — It is really all a matter of balance when doing yoga.
- 요가는 집중력을 많이 필요로 한다. — Yoga requires a lot of concentration.
- 달리기를 너무 많이 했더니 다리에 알이 배였다. — I ran too much, so my calves became too big.
  * calves calf(장딴지, 종아리)의 복수형

운동하는 동사

보통 어떤 운동을 한다고 할 경우 동사 play를 사용하여 play soccer, play tennis 등과 같이 쓰지만, 요가나 에어로빅 그리고 태권도, 유도를 한다고 할 때는 do를 사용하여 do yoga, do aerobics, do taekwondo, do judo로 표현합니다.

02 축구 SOCCER

축구에 빠지다

- 나는 축구에 빠져 있다. — I am into soccer.
- 나는 축구에 미쳐 있다. — I am nuts about soccer. / I am crazy about soccer.
- 나는 축구에 푹 빠져 있다. — I am absorbed in soccer.
- 나는 축구에 정신을 빼앗겼다. — I got wrapped up in soccer.
  * get wrapped up in ~에 열중하고 있다, ~에 정신을 빼앗기다

• 나는 축구에 열광한다. I am enthusiastic about soccer.

• 선생님께서 축구부에 가입해 보라고 권하셨다. My teacher encouraged me to join the soccer club.

• 나는 축구부에 속해 있다. I am in the soccer club.

• 나는 축구부의 일원이다. I am a member of the soccer club.

• 축구 선수로 선발되었다. I was singled out as a soccer player.
* single out ~를 선발하다

• 내 백넘버는 11번이다. My uniform number is 11.

• 경기 규칙에 대해 자세히 배웠다. I learned the rules of the game in detail.

• 지금은 후보 선수이다. I am a benchwarmer now.
* benchwarmer 후보 선수

• 축구를 하기 전에 팔다리를 풀었다. I stretched my arms and legs before playing soccer.

• 방과 후 해가 질 때까지 축구 연습을 했다. I practiced soccer after school till sunset.

• 너무 어두워져서 공이 보이지 않을 때까지 축구를 했다. We played soccer until it was too dark to see the ball.

• 공차기를 하루에 2시간씩 연습했다. I practiced kicking balls for two hours a day.

• 나는 할 수 있는 만큼 세게 공을 찼다. I kicked the ball as hard as I could.

축구 관련 Broken English

축구와 관련된 올바른 영어표현에 대해 알아봅시다. 워밍업(warming up)은 warm-up, 백넘버(back number)는 uniform number, 치어 걸(cheer girl)은 cheer leader, 원사이드 게임(one-side game)은 one-sided game, 메인 스탠드(main stand)는 grand stand, 터닝 슛(turning shoot)은 turned and shot, 오버헤드 킥(overhead kick)은 bicycle kick, 헤딩(heading)은 header, 센터링(centering)은 cross, 백 패스(back pass)는 backward pass, 헤드 트릭(head trick)은 hat trick, 킬 패스(kill pass)는 killer pass, 골 세러모니(goal ceremony)는 goal celebration이라고 해야 합니다.

축구 경기

• 비 때문에 그 경기가 취소되었다. The game was called off because of rain.

• 매년 열리는 학교 간 대항 경기가 있었다. There was an annual interscholastic match.
* interscholastic 학교 대항의

• 다른 학교 축구팀과 축구 경기를 했다. My team played soccer with another school's team.

• 우리 팀이 준결승전에 올랐다. My team went on to the semifinals.

• 오늘은 준결승전이 있었다. Today we had a semifinal match.

- 우리 팀이 결승전까지 올라갔다. — My team has advanced to the finals.
  * advance 전진하다, 나아가다
- 우리 팀이 결승전을 했다. — My team played in the finals.
- 나는 오늘 결승전에서 최고 득점을 올렸다. — Today I scored the most goals in the final round.
- 내가 실수로 자살골을 넣었다. — I made a mistake and kicked the ball in the wrong goal.
- 나는 부상 때문에 경기에 뛰지 못했다. — I was out with an injury.
- 나는 부상이 심해 팀에서 빠졌다. — I was dropped from the team because of my serious injury.
- 그가 헤딩으로 골을 넣었다. — He headed the ball into the goal.
- 한 선수의 반칙으로 우리 팀이 페널티 킥을 얻었다. — My team got a penalty kick because of a player's violation.
  * penalty 반칙으로 인해 얻은 것, 벌금
- 심판의 호루라기 소리가 나고 경기는 끝이 났다. — The game was over when the referee blew the whistle.
  * referee 심판, 중재인
- 우리 팀이 져서 침울했다. — I was depressed because my team lost.
  * depressed 우울한, 침울한
- 우리는 정정당당히 경기했다. — We played fairly.
- 우리 팀을 응원했다. — I cheered my team on.
- 그는 우리의 열렬한 응원에 힘을 얻은 것 같았다. — He seemed to be encouraged by our loud cheers.
- 나는 그 팀의 열렬한 팬이다. — I am a keen fan of the team.
  I am a great fan of the team.
  I am an enthusiastic fan of the team.

응원

자신이 좋아하는 선수나 팀을 응원할 때 흔히 쓰게 되는 Fighting!은 '싸움(치고 받는) 또는 싸우고 있는 중'이라는 뜻이고 Play! Play! Korea!라고 응원하기도 하는데, 이는 한국식 영어표현입니다. 이에 대한 적절한 영어표현으로는 Come on!, Way to go!, Go!가 있습니다. 한국팀을 응원한다면 Come on, Korea! Let's go! Go!와 같이 하면 되겠죠.

축구 중계

- TV 경기 중계를 보러 집에 일찍 왔다. — I went home early to watch the game on TV.
- 그 경기는 생중계로 방송되었다. — The game was broadcast live.
  * live 생방송으로, 실황으로

- 나는 축구를 하는 것보다는 보는 것을 좋아한다. I like watching soccer more than playing.
- 그는 TV로 축구를 보는 것은 시간 낭비라고 생각한다. He thinks watching soccer games on TV is such a waste of time.
- 내가 좋아하는 축구 선수는 박주영이다. My favorite soccer player is Ju-young, Park.
- 그는 한국에서 가장 인기 있는 운동선수 중 한 명이다. He is one of the most popular athletes in Korea.
  ⋆ athlete 운동선수, 경기하는 사람
- 그는 한국 축구팀의 베테랑 스트라이커이다. He is a veteran striker of the Korean soccer team.
  ⋆ veteran 노련한 사람, 경험이 많은 사람
- 그는 헤딩과 공격에 뛰어난 감각을 가지고 있다. He has a superior sense in heading and attacking.
  ⋆ superior 우수한, 뛰어난, 보다 나은
- 그가 득점할 좋은 기회를 가졌다. He had a good chance at scoring a goal.
- 그가 멋지게 두 골을 넣는 것을 보았다. I saw him score two nice goals.
- 그는 수비수를 뚫고 슛을 했다. He got the shot through the defense.
- 골키퍼가 슛을 잘 막았다. The goalkeeper blocked the shot well.
  ⋆ block 막다, 방해하다
- 우리 팀이 막판에 한 골을 넣어 동점이 되었다. Our team evened the score with a last-minute goal.
- 우리 축구팀을 응원했다. We cheered our soccer team on.
- 마음을 졸이는 경기였다. I felt sort of edgy during the game.
  It was the game which kept me on edge.
  ⋆ edgy 초조한 | on edge 안절부절하여, 불안하여
- 그 선수는 많은 돈을 받고 다른 팀으로 이적했다. The player transferred to another team after he was paid big money.
- 그 선수는 올해의 가장 훌륭한 선수로 뽑혔다. He was voted the Most Valuable Player this year.
  ⋆ vote 투표하다, 투표하여 결정하다

결승골

결승골은 winning goal과 golden goal로 두 가지가 있습니다. 두 팀이 동점으로 경기를 하다가 한 골을 추가하여 팀을 승리로 이끌었을 때는 winning goal이라고 하고, 연장전에서 먼저 득점한 팀이 승리하게 되는 경우의 결승골은 golden goal이라고 합니다. 득점을 했을 경우 경기를 중계하는 아나운서가 말하는 goal in은 He scored a goal.로, 득점하지 못했을 경우에는 No point. 또는 No score.라고 말해야 적절한 영어표현입니다.

03 야구

BASEBALL

야구 용어

투수	pitcher	감독	manager
포수	catcher	스트라이크	strike
타자	batter	볼	ball
주자	runner	파울 볼	foul ball
유격수	shortstop	사구	hit by pitch
좌익수	left fielder	안타	hit
우익수	right fielder	2루타	two-base hit
내야	infield	직구	liner
외야	outfield	변화구	curve ball
심판	umpire	땅볼	grounder
누심	base umpire	도루	steal
코치	coach		

나와 야구

- 나는 모든 스포츠 중에서 야구를 가장 좋아한다. Of all the sports, I like baseball the best.
- 매주 금요일마다 친구들과 야구를 한다. I play baseball with my friends every Friday.
- 어떤 팀이 먼저 할지 결정하기 위해 동전을 던졌다. I flipped a coin to see which team would start.
  * flip 손으로 튕겨 던지다
- 나는 우리 학교 팀에서 1루수를 보았다. I played first base for my school team.
- 나는 강타자라서 우리 팀의 4번 타자였다. I was a slugger and the fourth batter of my team.
  * slugger 강타자
- 나는 팀에서 외야수였다. I was an outfielder on the team.
- 나는 왼손잡이 투수이다. I am a left-handed pitcher.
- 나는 오늘 최고 득점을 올렸다. Today I scored the most points.

야구 경기 관람

- 나는 TV로 프로 야구 경기를 보았다. I watched the professional baseball game on TV.

- 폭우가 내리는데도 경기는 계속 진행되었다. In spite of the heavy rain, the game went on.
- 쏟아지는 비 때문에 경기는 취소되었고 우천 교환권을 받았다. Because of the pouring rain, the game was called off and I took a rain check.
  * rain check 우천시 입장 교환권, 연기
- 나는 LG 트윈스의 열렬한 팬이다. I am a great fan of the LG Twins.
- 나는 친구들과 야구장에 갔다. I went to the baseball park with my friends.
- 정면 특별관람석 티켓을 샀다. I bought tickets for the grandstand.
  * grandstand 정면 특별 관람석
- 나는 흥분을 하지 않을 수 없었다. I couldn't help but be excited.
  * can't help but ~하지 않을 수 없다
- 정말 흥미진진하게 본 게임이었다. The game was really exciting to watch.
- 그 투수의 공은 변화구였기 때문에 똑바로 가지 않았다. The pitcher's ball didn't fly in a straight line because it had a curve.
- 그는 급경사가 있는 변화구를 던졌다. He pitched sharply breaking curve balls.
- 그가 파울 볼을 쳤다. He hit the foul balls.
- 그가 삼진아웃 되었다. He was struck out.
- 1루에서 터치아웃당했다. He was tagged at first base.
  * tag 터치아웃 시키다
- 그는 2루측 땅볼로 아웃되었다. He grounded out to second base.
- 그는 5타수 3안타를 쳤다. He made three hits in five at bats.
- 그는 타자를 사구로 내보냈다. He walked the batter to load the bases.
- 그의 타율은 3할 4푼 5리였다. His batting average was 0.345.
- 타자의 팔에 공이 맞았다. The ball hit the batter on the arm.
- 그는 외야에서 공을 잘 잡았다. He caught the ball well in the outfield.
- 그는 내야와 외야에서 모두 능하다. He can play outfield as well as infield.
- 그가 1루를 맡았다. He played first base.
- 그 팀은 내야 수비가 강하다. The team has a sure-handed infield.
- 그 팀의 1루수가 9회 말에 큰 실책을 하고 말았다. The team's first baseman committed a big error in the bottom of the ninth inning.
  * commit 범하다, 저지르다, 위임하다
- 그가 2루로 도루를 했다. He stole second base.
- 그는 2루 도루에 완벽하게 성공했다. He made a clean steal to second base.
- 그는 이번 게임에서 세 번째 도루를 했다. He stole his third base of this game.
- 그는 홈으로 슬라이딩했으나 터치아웃되었다. He slid into home plate, but he was tagged.

- 그는 2루에 머리부터 슬라이딩을 해서 세이프 되었다. — He slid head-first into second base safely.
- 그는 도루에 실패했다. — He was caught stealing.
- 그는 도루왕이다. — He leads in the number of stolen bases.
- 그가 홈런을 쳤다. — He hit a homer. / He hit a home run. / He hammered a homer.
- 그가 만루 홈런을 쳤다. — He hit a grand slam homer.
- 그는 9회 초에 장외 홈런을 쳤다. — He hit an out-of-the-park homer in the top of the ninth inning.
- 그는 9회 말에 3점 홈런을 쳤다. — He hit a three-run homer in the bottom of the ninth inning.
- 그는 그 홈런으로 자신의 기록을 갱신했다. — He broke his record again by hitting the home run.
- 그 팀은 만루 상태였다. — The bases were loaded for the team.
  * loaded 가득 찬, 짐을 가득 실은
- 9회 말 투아웃 상황이었다. — It was the bottom of the ninth inning with two down.
- 그 팀이 3점을 지고 있었다. — The team was losing by three runs.
- 그 팀이 3점을 이기고 있었다. — The team was leading by three runs.
- 그가 홈으로 들어왔다. — He scored a run.
- 그에게 질까 봐 우리 팀은 한층 더 분발했다. — Not to be outdone by him, our team worked harder.
- 안타 한 개로 역전을 했다. — A hit turned the tide in the game.
  * turn the tide 형세를 바꾸다, 역전하다
- 그의 2루타로 2점을 얻었다. — He drove in two runs with a double.
- 우리 팀이 9회 말에 역전을 했다. — My team reversed the score at the bottom of the last inning.
- 그 경기는 연장전까지 갔다. — The game went into extra innings.
- 그 팀의 성공에는 그의 공이 컸다. — He got a lot of credit for the team's success.
- 우리 팀은 일부러 게임에서 져 주었다. — Our team lost against the other team deliberately.

피구, 족구는 뭐라고 할까?

일정한 구역 안에서 공으로 상대편을 맞히는 공놀이인 '피구'는 공을 피해야 하므로, 몸을 살짝 피한다는 dodge를 사용하여 dodge ball이라고 합니다. 그리고 발로 공을 차서 네트를 넘기는 '족구'는 kick ball이라고 합니다.

04 수영

SWIMMING

수영

• 수영은 어린이들뿐 아니라 모두에게 좋은 운동이다.	Swimming is a good sport for everyone including children.
• 수영은 긴장을 풀어 주고 기분을 좋게 도와 준다.	Swimming relaxes me and helps me feel good.
• 수영은 가장 좋은 운동 형태 중 하나라고 한다.	Swimming is said to be one of the best forms of exercise.
• 수영은 근육을 강화시키는 데 도움이 된다.	Swimming helps develop strong muscles.
• 수영을 할 때는 안전 규칙을 잘 지켜야 한다.	We have to keep safety rules in swimming.
• 안전 장비를 착용해야 한다.	We had better wear safety equipment. * equipment 장비, 비품, 준비

수영을 하다

• 친구와 함께 집 근처 수영장으로 수영하러 갔다.	I went swimming in a pool near my house with my friends.
• 우리 동네에 좋은 수영장이 있다.	There is a good swimming pool in my neighborhood.
• 실내 수영장에 수영하러 갔다.	I went swimming at an indoor swimming pool.
• 수영복과 수영 모자, 물안경을 가지고 갔다.	I brought a bathing suit, a swimming cap, and goggles with me.
• 수영장으로 서둘러 뛰어 들어갔다.	I quickly jumped into the swimming pool.
• 나는 수영을 잘한다.	I am a good swimmer.
• 나는 수영을 못한다.	I sink like a rock. I can't tread water. I swim like a stone.
• 나는 개헤엄밖에 못 친다.	I can only do the dog paddle.
• 수영을 배우고 싶었다.	I wanted to learn how to swim.
• 그래서 매일 수영을 연습했다.	That's why I practice swimming every day.
• 1주일에 두 번, 1시간씩 수영을 배운다.	I take swimming lessons for an hour twice a week.
• 짧은 시간에 많이 늘었다.	I made a lot of progress in a short time. * progress 진전, 경과, 향상

- 나는 평영으로 약 100미터를 수영할 수 있다. I can swim about 100 meters of breast stroke.
- 배영은 어렵지만 재미있다. Backstroke is hard but interesting.
- 나는 주로 접영으로 수영을 한다. I usually swim the butterfly stroke.
- 나는 자유형을 좋아한다. I like the freestyle stroke.
- 물 속으로 다이빙했다. I dived into the water.
- 귀에 물이 들어갔다. I got water in my ears.
- 올 여름에는 바다로 수영하러 갈 것이다. I am going to swim in the sea this summer.
- 바다에서 스노클링과 스쿠버 다이빙을 해 보았다. I experienced snorkeling and scuba diving in the sea.
- 스노클링을 위해서는 산소통과 잠수복, 물안경이 필요했다. I needed air tanks, wet suits and goggles for snorkeling.
- 지난 여름에 스노클링을 많이 했다. I did a lot of snorkeling last summer.

수영은 play하지 않는다

여럿이 함께하는 운동경기나 구기 종목을 할 때는 play soccer, play tennis처럼 play 동사와 함께 쓰지만, 수영이나 스케이트처럼 혼자 하는 스포츠나 그저 오락이나 활동을 위한 것은 [go -ing] 형태로 나타냅니다. 이렇게 표현하는 것은 go swimming(수영하다), go bowling(볼링 치다), go skating(스케이트를 타다), go skiing(스키를 타다), go jogging(조깅하다), go hiking(등산하다), go fishing(낚시하다) 등이 있습니다.

05 탁구

- 탁구를 치러 체육관에 갔다. I went to a gym to play table tennis.
- 시합을 하기 위해 두 팀으로 나누었다. We made two teams to compete with each other.
- 내가 먼저 서브를 넣었다. I was the first to serve the ball.
- 공을 너무 세게 쳤다. I hit the ball too hard.
- 공이 밖으로 나갔다. The ball hit outside.
- 나는 공을 되받아 치지 못했다. I missed returning the ball.
  * miss -ing ~할 것을 하지 못하다

- 나는 공을 앞으로 잘 돌려 친다. I have a strong forehand spin.
- 뒤로는 공을 잘 돌려 치지 못한다. I have a weak backhand spin.
- 점수가 듀스가 되었다. The score became deuce.
- 다른 팀을 이기기가 어려웠다. It was hard to defeat the other team.
- 상대팀이 우리 팀을 이겼다. The other team won against my team.
- 게임에서 져서 기분이 좋지 않았다. I felt bad for losing the game.
- 탁구를 치고 나면 기분이 좋아진다. I feel great, after playing table tennis.

06 테니스

- 나는 1년 동안 테니스 레슨을 받고 있다. I have taken tennis lessons for a year.
- 나는 테니스 클럽 회원이다. I am a member of a tennis club.
- 테니스를 치기 위해 코트를 예약했다. I reserved a court to play tennis.
- 그와 1 대 1로 쳤다. I played singles with him.
- 친구들과 2 대 2로 쳤다. I played double with my friends.
- 혼합 복식으로 쳤다. I played mixed doubles.
- 오늘 우리는 테니스를 세 게임 쳤다. We played three games of tennis.
- 나는 서비스 에이스를 받았다. I served an ace.
- 내 포핸드 스트로크가 아주 좋았다. My forehand stroke was excellent.
- 나는 백핸드 치는 것에 익숙하지 않았다. I was not used to hitting backhands.
  * be used to -ing ~하는 것에 익숙하다
- 그의 서브가 너무 빨라서 받지 못했다. His serve was too fast for me to receive the ball.
- 내가 서브할 차례였다. It was my turn to serve.
- 내가 가장 좋아하는 테니스 선수는 아가시다. My favorite tennis player is Agassi.
- 얼마 전에 그는 ~ 토너먼트에서 우승했다. He won the ~ Tournament the other day.
- 그는 뛰어난 선수이다. He is an extraordinary player.
- 그는 포핸드에서 최고이다. He has the best forehand.

07 승패

WINNING & LOSING

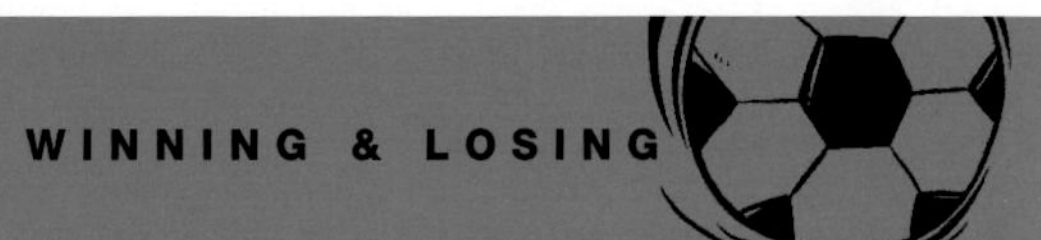

승리하다

• 이길 승산이 있는 경기였다.	It was a winning game.
• 우리 팀은 기권승을 얻었다.	My team won a game by default.
• 우리 팀이 이겼다.	We won the game.
• 우리 팀이 상대팀을 이겼다.	My team defeated the other team.
• 우리 팀이 다른 모든 팀을 이기기를 바란다.	I hope my team beats all the other teams.
• 우리가 5연승을 거두었다.	We won 5 straight games.
• 우리는 세 경기를 연속해서 이겼다.	We won three games in a row. ⋆ in a row 연속적으로
• 우리 팀이 6 대 4로 이겼다.	My team won the game with a score of 6 to 4.
• 3 대 0으로 이겼다.	We won the game 3 to nothing.
• 3 대 2의 점수로 이겼다.	We won with a score of 3 to 2.
• 우리 팀이 2점차로 이겼다.	My team won by two points.
• 우리가 압도적인 차로 이겼다.	We won overwhelmingly.
• 우리는 경쟁팀을 쉽게 이겼다.	We won an easy victory over our rival.
• 모든 역경을 극복하고 경기에서 이겼다.	Against all odds, we won the game. ⋆ odds 핸디캡, 차이
• 패배 직전에서 이겼다.	We snatched victory from the jaws of defeat. ⋆ snatch 쟁취하다 | jaw 위기, 턱
• 근소한 차로 이겼다.	We edged out the other team. We won by a narrow majority.
• 역전승을 했다.	We came from behind to win.
• 정정당당히 싸워 이겼다.	We won fairly.
• 정당하지 못하게 이겼다.	We won by foul play.
• 나는 아직 경기에서 져 본 적이 없다.	I have never lost a game yet.
• 나는 어느 누구에게도 승리를 양보하고 싶지 않다.	I don't want to concede the defeat to anyone.
• 아슬아슬하게 그 경기에서 이겼다.	We won the game by a close shave.

• 그 경기에서 간신히 이겼다.	We won the game by a narrow margin.
• 마지막 순간에 이겼다.	We won the game at the last moment.
• 우리는 챔피언이 되었다.	We became champions.
• 승리를 축하하기 위해 파티를 열었다.	We had a party in celebration of the victory.

비기다

• 막상막하의 경기였다.	It was a close game. The game was neck and neck.
• 그 경기는 비겼다.	We were even. * even 대등한, 비긴, 평평한
• 그 경기는 동점으로 끝났다.	The game ended in a tie.
• 그 경기는 동점이었다.	The game ended in a draw. The game was a tie. The game was tied.
• 2 대 2로 비겼다.	The score was tied, two to two.

지다

• 이길 가망이 없는 경기였다.	It was a losing game.
• 우리는 시합에서 졌다.	We lost the game.
• 우리 팀이 졌다.	My team was defeated.
• 우리는 참패했다.	We were crushed.
• 우리 팀이 2 대 3으로 졌다.	We lost the game 2 to 3.
• 우리는 5 대 0으로 완패했다.	We were totally blown away, 5 to 0.
• 우리 팀은 10 대 6으로 경쟁팀에게 졌다.	My team lost to the rival team by a score of 10 to 6.
• 우리는 패배를 받아들였다.	We accepted our loss.
• 우리는 패배를 인정했다.	We admitted our defeat.
• 콜드 게임으로 끝났다.	The game ended as a called game.
• 그 경기의 결과는 우리가 예상했던 것과는 반대였다.	The result of the game was opposite of what we had expected.

DIARY 18

Martial Arts

Saturday, November 14. A little chilly

I'm so nervous! I'm finally getting the chance to check out my Taekwondo skills. I'm going to OO university to compete with other amateur college students. Even though they're not professional athletes, they can really kick butt! I've been practicing hard. I have over 7 bruises just on my leg. After seeing all the bruises, a few friends ask me why I'm learning Taekwondo. I just simply answer them "Because I like it."

At first, I started learning Taekwondo, hoping to lose weight. But as time went on, I realized that Taekwondo helped me not only physically but also mentally. It seemed to make me be a better person. For example, I have learned how to be patient and have more confidence about myself. I wish people would stop saying martial arts are only for men. They're for everybody regardless of age or gender. Anyway, wish me luck! I'd better go to bed now. Tomorrow morning, I have to wake up early not to be late for the competition.

태권도 대회 출전 전야

11월 14일 토요일 조금 쌀쌀함

매우 긴장이 된다. 드디어 내 태권도 실력을 점검해 볼 수 있는 기회를 갖게 된다. 나는 다른 아마추어 대학생들과 겨루기 위해 OO 대학에 가게 되었다. 그들이 프로 운동선수들은 아니지만 정말 내 엉덩이가 걷어 차일 수도 있다. 지금껏 열심히 연습을 해 왔다. 다리에만도 7군데가 넘게 멍이 들었을 정도니까. 내가 멍든 것을 본 몇몇 친구들은 태권도를 왜 배우냐고 묻기도 한다. 나는 그저 "좋아서."라고 대답한다. 처음에는 살을 좀 빼보려고 태권도를 시작했다. 그러나 시간이 지나면서 태권도가 육체적뿐만 아니라 정신적으로도 내게 도움이 된다는 것을 알게 되었다. 나를 더 나은 사람으로 만들어 주는 것 같았다. 예를 들자면, 참을성을 배웠고 내 자신에 대한 자신감이 더 생겼다. 사람들이 무술은 남자들만을 위한 것이라고 말하는 것을 그만뒀으면 좋겠다. 태권도는 나이와 성별에 상관없이 모두를 위한 것이다. 어쨌든 나에게 행운이 있기를 바란다. 이제 잠자리에 들어야겠다. 내일 아침, 대회에 늦지 않도록 일찍 일어나야 한다.

NOTES

check out 점검하다, 확인하다 | **compete with** ~와 겨루다, 경쟁하다 | **bruise** 멍, 타박상 | **physically** 육체적으로, 물질적으로 | **mentally** 정신적으로 | **patient** 인내심이 있는, 참을성이 있는 | **martial arts** 무술, 무예 | **regardless of** ~와 상관없이

CHAPTER 19

쇼핑

01 쇼핑 SHOPPING

상점의 종류

도매시장	wholesale market	기념품가게	souvenir store
소매시장	retail market	철물점	hardware store
백화점	department store	화장품가게	beauty counter
시장	market place	면세점	duty-free shop
서점	bookstore, bookshop	문구점	stationery store
귀금속가게	jewelry store	슈퍼마켓	supermarket
가전제품점	home appliances store	옷가게	clothing store
전당포	pawnshop, hock shop	스포츠용품점	sporting goods store
여행사	travel agency	생활용품점	household goods store
편의점	convenience store	자판기	vending machine
유제품 판매소	dairy	세탁소	dry cleaners
채소가게	vegetable store	셀프 세탁방	laundromat
신발가게	shoe store	제과점	bakery
정육점	butcher's shop	가구점	furniture shop
식료품가게	food store, grocery	꽃가게	flower shop
선물가게	gift shop	사진관	photo shop

쇼핑

• 그에게 선물을 사드려야겠다고 생각했다.	I thought I should buy him a gift.
• 친구들에게 함께 쇼핑을 가자고 했다.	I asked my friends to go shopping with me.
• 쇼핑을 하기 위해 백화점에서 친구들과 만났다.	I met my friends at the department store to shop.
• 우리는 백화점으로 쇼핑을 갔다.	We went shopping in a department store.
• 백화점은 매우 붐볐다.	The department store was very crowded.
• 동대문 시장에 가면 더 싸게 살 수 있을 것이라고 생각했다.	I thought I could get good prices at Dongdaemoon Market.
• 오늘 친구들과 함께 쇼핑을 했다.	I went shopping with my friends today.
• 대부분의 남자들은 쇼핑은 피곤한 일이라고 한다.	Most men think that shopping is tiring.
• 우리는 토요일마다 쇼핑을 한다.	We do the shopping every Saturday.

• 나는 충동구매를 잘한다.	I am an impulsive shopper. * impulsive 충동적인, 감정에 끌린
• 나는 쇼핑 중독자는 아니다.	I am not a shopping addict. * addict 중독자, 열광적인 애호가
• 그녀는 쇼핑 중독자이다.	She is a shopaholic.
• 그녀는 쇼핑을 하지 않으면 안절부절못한다.	She becomes restless if she is not shopping.
• 그녀는 싼 것을 잘 찾아다닌다.	She is a bargain-hunter.
• ~가 닳아서 새것을 사러 백화점에 갔다.	As ~ was worn out, I went to the department store to buy a new one. * wear out 닳다
• ~를 사러 갔다.	I went shopping for ~.

어디로 쇼핑갈까?

백화점은 department store, 대형할인마트는 large discount store, 제조업체의 직판점은 outlet, 큰 건물에 식당, 영화관, 상점이 다 있는 복합상가는 mall이라고 합니다. 쇼핑 장소로는 어디가 좋을까요? 벼룩시장이 좋겠다고요? '벼룩시장'은 flea market이라고 하죠. 그리고 '~로 쇼핑하러 가다'라고 할 때, [go shopping to+장소]가 아니라 [go shopping at/in+장소]로 써야 한다는 것에 주의하세요.

아이쇼핑

• 아이쇼핑만 했다.	I just window-shopped.
• 그저 구경만 했다.	I just browsed. I just looked around.
• 그저 구경만 해도 좋다.	I feel happy just browsing.
• 기분 전환을 위해 아이쇼핑을 했다.	I went window-shopping for a change.
• 사고 싶은 물건들이 정말 많았다.	There were so many items that I wanted to buy.
• 마음에 드는 것이 하나도 없었다.	Nothing appealed to me. * appeal to ~의 마음에 들다 | fancy 좋아함, 기호, 공상
• 가전제품 코너에서 신상품이 나왔는지 둘러 보았다.	I looked around the appliance section to see whether the brand-new products had come out.
• 좀 더 둘러 보았다.	I looked around some more.
• 덜 사고 더 저축하려고 노력하고 있다.	I am trying to buy less and save more.
• 사치품은 거의 사지 않는다.	I purchase few luxuries. * few 거의 ~없는

• 주차권을 받아 오는 것도 잊지 않았다. I didn't forget to get my parking validation.

a few와 few의 차이

a few는 '약간'의 의미이지만 few는 '거의 없는'을 나타내는 말로 가산명사 앞에 쓰이며, 동사를 부정형으로 사용하지 않고도 부정의 의미를 나타내는 문장이 되므로 not과 함께 쓰지 않습니다. 불가산명사 앞에서 '약간'을 나타내는 말로는 a little이고, little은 '거의 없는'의 의미를 나타냅니다.

세일

• 백화점이 세일 중이었다. The department store was having a sale.

• ~가 세일 중이었다. They were having a sale on ~.

• 그 가게가 재고 정리 세일 중이었다. The store was having a clearance sale.

• 그 가게는 점포정리 세일 중이었다. The store was having a going-out-of-business sale.

• 그 가게는 폭탄 세일 중이었다. The store was having a blow out sale.

• 그것은 이번 주말에만 세일 판매하는 상품이었다. It was on sale for only this weekend.

• 세일 마지막 날이어서 남아 있는 물건이 많지 않았다. There was not too much remaining, since it was the last day of the sale.

• 우리는 세일 북새통이 시작되기 전에 도착했다. We arrived before the shopping frenzy started.
⋆ shopping frenzy 세일 중 일어나는 북새통

• 그것은 날개 돋친 듯 팔리고 있었다. It was selling like hot cakes.

• 재고가 있었다. It was in stock.

• 재고가 없었다. It was out of stock.

• 그 상품은 다 팔리고 없었다. The item was sold out.
⋆ be sold out 다 팔리다, 매진되다

• 그 상품은 다 떨어져서 다음 주에 물건이 새로 들어온다고 한다. They said that they were out of stock on the item and the new shipment would be in next week.
⋆ shipment 발송, 선적

• 유사품에 속았다. I was deceived by similar products.
⋆ deceive 속이다, 사기 치다

• 그것을 사느라 용돈을 다 써 버려서 무일푼이 되었다. I spent all my allowance buying it, so I am broke.

• 무분별한 구매를 하지 않아야 한다. I need to stop mindless buying.

• 충동구매는 하지 않을 것이다. I won't buy something impulsively.

• 우리는 차고 앞 중고품 세일을 계획했다. We planned a garage sale.

• 차고 세일에서 의자를 만 원에 샀다. I bought a chair at a garage sale for 10,000 won.

세일 중~

어떤 물건이 세일 중일 때는 on sale로 나타냅니다. for sale은 '세일 중'이라는 뜻이 아니라 '판매하려고 내 놓은', 즉 '판매 중'이라는 의미입니다. The bag is on sale.은 '그 가방이 세일 중이다'라는 의미이고, The bag is for sale.이라고 하면 '그 가방이 판매 중이다'라는 의미입니다. 그리고 세일 품목에 All sales are final.이라고 되어 있으면 구입 후 환불이나 교환이 안 된다는 말이므로 신중하게 구매해야 합니다.

물건을 고르다

• 여성복 코너에는 여러 종류의 바지가 있었다. There were various types of pants in the ladies' apparel section.
* apparel 의복, 복장

• 친구의 것과 똑같은 것이 있었다. It was the same as my friend's.

• 무엇을 사야 할지 결정할 수가 없었다. I couldn't decide which one to buy.

• 다른 스타일의 것을 보고 싶었다. I wanted to see another one in a different style.

• 나는 옷에 대한 안목이 없는 모양이다. It seems that I have no fashion sense.

• 점원이 내가 사고 싶은 것을 고르도록 도움을 주었다. The salesperson helped me pick out what I wanted to buy.

• 점원에게 다른 것을 보여 달라고 했다. I asked the salesperson to show me another.

• 때때로 점원이 내가 물건 사는 것을 돕는 것이 싫을 때가 있다. Sometimes I don't like it when the salesperson waits on me.
* wait on ~의 시중을 들다

• ~를 사는 데 1시간 가량 걸렸다. It took about an hour to pick out ~.

• 먼저 그것의 가격이 얼마인지 물어 보았다. First of all, I asked how much it cost.

• 가격이 좀 더 좋은 데가 있는지 알아보러 다녔다. I shopped around for better prices.
* shop around for ~를 보러 여기저기 다니다

• 마지막 결정을 하기 전에 여러 군데 가게를 돌아다녀 보았다. I went to several different stores before making a final decision.

• 가격과 물건을 비교하며 하는 쇼핑을 할 필요가 있다. We need to comparison shop.

• 옷을 입어 보기 위해 점원에게 탈의실이 어디 있는지 물었다. I asked a salesperson where the dressing room was to try them on.

• 마음에 드는 것을 발견하고는 입어 보았다. I found something that I liked and tried it on.

• 여러 종류의 ~를 입어 보았다. I tried on several types of ~.

- 진짜 가죽으로 된 ~를 사고 싶었다. — I want to buy an authentic leather ~.
  ⋆ authentic 진짜의, 믿을 만한
- ~은 윗부분이 자석으로 여닫는 것이다. — ~ has a magnetic flap over the top.
  ⋆ flap 여닫는 것의 반쪽
- 흠이 있는지 자세히 살펴보았다. — I checked it out in detail to see whether it had some flaws.
  ⋆ in detail 자세히, 상세히 | flaw 결점, 흠집
- 내가 기대했던 것만큼 좋지 않았다. — It was not as good as I had expected.
- 같은 값이면 다홍치마. — Other things being equal, choose the better one.

마음에 드는 물건

- 한 가게에서 내가 사고 싶은 것을 찾아냈다. — At one store, I found exactly what I wanted to buy.
- 첫눈에 마음에 쏙 들었다. — At first glance, it appealed to me.
  ⋆ glance 흘긋 봄, 한 번 봄
- 그것은 진열장에 전시된 물건 중에 있었다. — It was among the ones that were on display in the window.
- 그것은 최신 브랜드였다. — It was the latest brand.
- 최근에 나온 신상품이었다. — It was brand-new and came out recently.
- 중국에서 만들어진 옷이었다. — The clothes were made in China.
- 그것은 프랑스에서 수입된 것이었다. — It was imported from France.
- 나는 질이 가장 좋은 물건을 사고 싶었다. — I wanted to purchase the best quality product.
  ⋆ quality 질, 품질, 양질
- 그 옷의 스타일과 색깔이 맘에 들지 않았다. — The style and color of the clothes didn't appeal to me.
- 그것은 내가 마음에 두고 있었던 스타일이 아니었다. — It wasn't the style I had had in mind.
- 내가 찾는 스타일은 없었다. — There wasn't the style that I was looking for.
- 옷의 색 배합이 마음에 들지 않았다. — I didn't like the color combination of the clothes.
  ⋆ combination 배합, 결합, 단결
- 내게는 색깔이 좀 화려했다. — The color was a little bit flashy for me.
  ⋆ flashy 야한, 번지르르한, 번쩍이는
- 면으로 된 ~를 원했다. — I wanted ~ made of cotton.
- 아무리 비싸도 그것을 사고 싶었다. — I wanted to get it at any cost.
- 드디어 내가 원하던 것을 손에 넣었다. — Finally I obtained what I had wanted.

• 그것을 선물포장해 달라고 했다. | I asked her to gift-wrap it.

옷을 사다

• 내 사이즈의 ~가 다 팔렸다. | All the ~ in my size were sold out.

• 내게 맞는 사이즈의 ~가 없었다. | There was no ~ in my size.

• 나는 작은 사이즈를 입는다. | I wear a small size.

• 내 사이즈의 옷을 찾기가 어려웠다. | My size was difficult to find.

• 그 코트는 허리 부분이 너무 컸다. | The coat was too loose around my waist.

• 그 ~는 좀 조였다. | The ~ was a little tight.

• 그 ~는 좀 헐렁했다. | The ~ was baggy.

• 그 ~가 나에게 꼭 맞았다. | The ~ fit me very well.

• 나는 주저없이 그것을 샀다. | I didn't hesitate to buy it.
* hesitate 주저하다, 머뭇거리다

• 그것에 어울릴 만한 ~를 사야겠다. | I will buy a new ~ to go with it

• 세탁기로 세탁할 수 있는 옷을 샀다. | I bought machine-washable clothes.

• 그것은 질이 아주 좋다. | The quality is excellent.

• 품질 보증이 되는 제품이다. | It has a warranty.

• 품질 보증 기간은 1년이다. | The warranty period is one year.

• 잘 선택한 것 같다. | I think I made a good choice.

• 선택을 잘못했다. | I made a bad choice.

기타 쇼핑

• 가끔은 텔레비전 홈쇼핑 프로그램을 보고 쇼핑을 한다. | Every now and then I do television shopping.
* every now and then 가끔, 때때로

• 가능한 빨리 주문을 하면 할인이 되기도 한다. | Sometimes we can get a discount if we order as quickly as possible.

• ~를 구입하기로 결정하고 홈쇼핑 채널에 전화를 했다. | I decided to purchase ~, and made a phone call to the home TV shopping channel.

• 주문하려고 전화를 했다. | I called to place an order.
* place an order 주문하다

• 상품의 모델명을 말했다. | I told her the model of the item.

• 카드 번호와 카드 만기일을 알려 주었다.	I gave her my credit card number and its expiration date.
• 할부 구입이 가능했다.	I can pay in installments.
• 주문을 하면서 하는 선금 결제 방법을 택했다.	I chose cash on order.
• 물건을 받고 나서 후불 결제하는 것을 원했다.	I wanted cash on delivery
• 신용카드로 결제했다.	I charged it to my credit card.
• 인터넷 쇼핑을 했다.	I shopped online.
• 인터넷 쇼핑은 무엇이든, 언제든지 그리고 어디에서든지 쇼핑할 수 있어서 자주 이용한다.	I frequently use online shopping services because I can shop for anything, anytime and anywhere. * frequently 자주, 빈번하게
• 인터넷으로 최저 가격을 확인해 보았다.	I checked the lowest price on the Internet.
• 가격에 배송료가 포함되어 있다고 했다.	They said that the price included delivery. * include 포함시키다
• 배송비가 포함되어 있지 않았다.	The price excluded delivery. * exclude 배제하다, 제외하다
• 물건의 배달 비용은 그들이 부담했다.	They paid for the delivery of the items.
• 주문한 물건을 받기까지 며칠을 기다렸다.	I waited for a few days to receive the products that I ordered.
• 배송 추적을 해 보았다.	I tracked my shipment. * shipment 선적, 배송, 수송
• 물건에 흠이 있어서 되돌려 보냈다.	I sent the item back because there was a flaw on it.
• 교환할 새 물건을 보내 주었다.	They sent me a replacement.
• 나는 교환을 원하지 않았기 때문에 전액 환불을 요구했다.	I asked for a full refund because I didn't want to exchange it. * refund 환불, 상환, 반환
• 인터넷 사기를 조심할 필요가 있다.	We need to be careful about Internet scams. * scam 신용 사기

02 장보기

GROCERY STORE

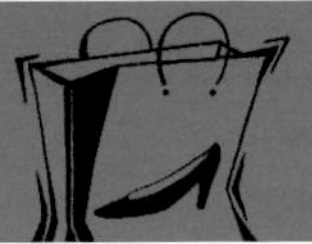

식료품의 단위

양배추 한 통	a head of cabbage	우유 한 팩	a carton of milk
당근 한 묶음	a bunch of carrots	피자 한 조각	a slice of pizza
바나나 한 송이	a bunch of bananas	케이크 한 조각	a piece of cake
달걀 한 꾸러미	a dozen eggs	초콜릿 한 개	a bar of chocolate
잼 한 병	a jar of jam	아이스크림 한 스쿱	a scoop of ice cream
밀가루 한 봉지	a bag of flour	설탕 한 스푼	a spoonful of sugar
빵 한 덩어리	a loaf of bread	후추 한 티스푼	a teaspoon of pepper
시리얼 한 박스	a box of cereal	우유 한 잔	a glass of milk
케첩 한 병	a bottle of ketchup	커피 한 잔	a cup of coffee
고기 1파운드	a pound of meat	두 개들이 팩	twin-pack
오렌지 1킬로그램	a kilogram of oranges	세 개들이 팩	three-pack

장을 보다

- 식료품점에 갔다. — I went to the grocery store.
- 엄마가 내게 장을 봐 오라고 하셨다. — My mom made me do the shopping.
- 장보기 전에 필요한 물건들의 목록을 만들었다. — I made a list of necessary items before shopping.
- 필요하지 않은 물건들은 사지 않으려고 노력했다. — I tried not to buy unnecessary things.
- 무엇을 사야 할지 쇼핑 목록을 확인했다. — I checked my shopping list to see what I should buy.
- 쇼핑용 비닐 주머니를 가지고 가는 것을 잊지 않았다. — I didn't forget to bring a plastic bag for shopping.
- 가끔은 카트 대신에 비구니를 사용한다. — Sometimes I use a basket instead of a cart.
  ★ instead of ~대신에
- 고기를 사러 정육점 코너에 갔다. — I went to the meat counter for meat.
- 비계가 없는 찌개용 돼지고기 반 근을 샀다. — I bought half a pound of pork without the fat for a stew.
- 정육점 아저씨에게 비계가 없는 살코기를 달라고 했다. — I asked the butcher to cut the meat lean.
  ★ lean 기름기 없는 살코기

- 생활용품도 몇 가지 사야 했다. I had to purchase a few household supplies.
- 화장지, 칫솔 등을 포함해서 다른 여러 가지 물건들을 샀다. I bought other things including toilet paper, toothbrushes and other things.
- 주스가 필요할 때는 무가당으로 산다. When I need juice, I buy sugar-free juice.
  * -free ~가 없는
- 그 가게의 물건들은 항상 싱싱하고 깨끗하다. The items at the store are always fresh and clean.
- 내가 좋아하는 과일을 샀다. I bought my favorite fruits.
- 수박이 제철이라 아주 맛있다. The watermelon is sweet because it is in season.
- 가게 주인은 그것들이 농장 직거래 물건이라고 했다. The storekeeper said that they were brought directly from the farm.
- 유기농 재배 채소를 샀다. I bought organically-grown vegetables.
  * organically 유기적으로
- 그 채소에는 벌레의 흔적이 있었다. The vegetables had traces of worms.
- 과일들이 모두 싱싱해 보였다. All the fruits looked fresh.
- 과일들이 잘 익었다. The fruits were very ripe.
- 몇 개는 무른 것 같았다. Some of them seemed to be mushy.
  * mushy 죽 같은, 흐늘흐늘한
- 일부는 이미 상했다. Some of them were already spoiled.
- 유통 기한을 확인했다. I checked out the expiration date.
  * expiration 기간의 만료
- 유통 기한이 지났다. The expiration date had passed.
- 재래시장에 가면 더 싼 가격에 더 싱싱한 야채를 살 수 있다. When we go to an open market, we can buy fresher vegetables at cheaper prices.
- 농산물 직거래장에 가면 보통 슈퍼마켓보다 농산물을 약 30%는 더 싸게 살 수 있다. When we go to the farmers' market, we can buy produce at about 30% cheaper than a regular supermarket.
  * produce 농산물

덤 · 떨이 · 쿠폰

- 그는 나에게 덤을 더 주셨다. He gave me more for free.
  * for free 무료로
- 그는 덤이 있었다. There was a freebie.
  * freebie 덤, 공짜로 받는 것, 경품
- 그는 덤으로 ~를 주었다. He threw in ~ for free.
- 하나를 사면 덤으로 하나를 더 주었다. When I bought one item, I got one free.

• 사은품 가방을 하나 받았다.	I got a promotional bag. ⋆ promotional 홍보용의, 촉진용의
• 그는 넘치게 많이 주었다.	He gave me more than enough.
• 가격이 표시되어 있지 않았다.	The prices were not marked.
• 가격표를 그 물건 위에 붙여 주었다.	They attached a price tag to the item.
• 떨이 물건이었다.	They were giveaway items. ⋆ giveaway 헐값으로 주는
• 떨이로 팔고 있었다.	They were selling at a great loss. ⋆ at a loss 밑지고, 손해 보면서
• 남아 있는 물건들을 싼 가격으로 팔고 있었다.	They were selling the remaining items at cheaper prices.
• 가게에서 샘플 제품을 나누어 주고 있었다.	The store was distributing sample products.
• 무료 샘플을 가져 왔다.	I took a free sample.
• 가게 주인이 넉넉하게 많이 주셨다.	The storekeeper gave me extra for good measure. ⋆ good measure 넉넉한 분량
• 슈퍼마켓에서 이번 주의 특별 할인 제품을 샀다.	I bought special offers at the supermarket this week. ⋆ special offer 특별 할인 제품
• 그 가게의 쿠폰을 가지고 갔다.	I brought the store coupons.
• 쿠폰을 사용해서 돈을 조금 절약할 수 있었다.	I could save some money by using the coupons.
• 쿠폰을 사용하면 전체 금액에서 10%를 할인받을 수 있다.	We can save 10% off of our bill by shopping with coupons.
• 몇 장의 쿠폰은 더 이상 사용할 수 없었다.	Some of the coupons were not valid anymore.
• 그 쿠폰은 그 날 하루 동안만 유효했다.	The coupon was valid just for the day. ⋆ valid 유효한, 정당한
• 그 쿠폰은 유효 기간이 끝난 것이었다.	The coupon has expired.
• 집에 오는 길에 학용품을 사려고 문구점을 들렀다.	I stopped by a stationery store on the way home to buy some school supplies.
• 공짜라면 양잿물도 마신다.	Anything given as a gift is welcome at any time.

1+1 무료 증정

대형마트에 가면 '1+1 무료 증정'이라는 쓰여 있는 물건들이 있는데, 이는 하나를 사면 하나를 더 준다면 말이죠. 영어로는 Buy one, get one free.라고 합니다. 또한 두 개 사면 하나를 덤으로 주는 행사는 Buy two, get one free.라고 합니다.

배달

• 내가 담은 물건들로 카트가 가득 찼다.	The cart was full of the things that I had put into it.
• 그 마트는 배달 서비스를 해 준다.	The mart has a delivery service.
• 그 마트의 배달은 매우 빠르다.	The delivery of the mart is so quick.
• 배달 비용은 없었다.	They don't charge for delivery.
• 나는 물건을 많이 사게 되면 배달 서비스를 이용한다.	When I buy a lot of items, I use the delivery service.
• 나는 그 물건들을 배달받기를 원했다.	I wanted to get the items delivered.
• 내가 산 것들을 배달해 달라고 부탁했다.	I asked for what I had bought to be delivered.
• 내가 산 물건을 집에서 받았다.	I had my purchase delivered at home.

03 가격 PRICE

흥정

• 가격이 다양했다.	The prices varied.
• 정찰제였다.	The prices were fixed.
• 그 물건에는 정찰 가격이 붙어 있었다.	It had a marked price. * marked 표시된
• 그들은 정찰 가격으로만 판매했다.	They sold only at a fixed price.
• 원가는 ~원이었다.	The original price was ~ won.
• 세일가는 ~원이었다.	It was on sale for ~ won.
• 그 물건은 딱 ~원이었다.	The item cost exactly ~ won.
• 가격을 깎았다.	I haggled over it. * haggle over ~의 값을 깎으려고 옥신각신하다
• 가격을 깎아 달라고 했다.	I asked him to lower the prices.
• 나는 흥정을 잘한다.	I play my ace well. * play one's ace 거래를 잘 하다, 흥정을 잘하다

• 그는 가격을 깎아 주었다. He reduced the price.
He gave me a discount.

• 그는 좋은 가격으로 주었다. He gave me a better price.

• 가격을 10% 깎아 주었다. He gave me a ten percent discount.

• 가격이 적절했다. The price was reasonable.

• 가격에 비해서 물건이 좋았다. It was good for the price.

• 좋은 값에 샀다. I bought it at a good price.

• 그것을 ~원에 샀다. I bought it for ~ won.

가격이 문제

물건 값에 대해 말할 때는 물건이 주어로 오면 '비싼'의 의미인 expensive, costly를, '값싼'의 의미를 나타내는 inexpensive, cheap 등으로 표현합니다. 가격이 어떠했다는 문장으로 쓰기 위해 the price를 주어로 하면, 값이 비쌌다면 high로, 값이 쌌다면 low로 써야 합니다. 즉, The price is expensive.는 잘못된 문장이 됩니다. The price is high.라고 해야겠죠.

비싸다

• 높은 가격 때문에 망설였다. I hesitated because of the high price.

• 너무 비싸서 세일할 때까지 기다릴 것이다. It is too expensive, so I will wait for it to go on sale.

• 저축을 더 많이 했어야만 했다. I should have saved more.

• 필요 없는 것을 사는 데 돈을 써버렸다. I spent money buying unnecessary things.

• 큰 맘 먹고 샀다. It was a big purchase.

• 그것은 비쌌다. It was costly.

• 꽤 비쌌다. It was quite expensive.

• 높은 가격이었다. It was high-priced.

• 값이 터무니없이 비쌌다. The price was ridiculous.
It was overpriced.
⋆ ridiculous 우스운, 어리석은

• 터무니없는 가격이었다. It was an exorbitant price.
⋆ exorbitant 터무니없는, 부당한

• 바가지를 썼다. I got ripped off.

• 아주 비싼 가격에 그것을 샀다. I paid an extreme amount of money for it.

• 나는 그것을 살 여유가 없었다. I could not afford it.

- 돈이 부족해 살 수 없었다. I ran short and was not able to buy it.
- 그것을 살 만큼 돈이 충분하지 않았다. I didn't have enough money to buy it.
- 좀 더 싼 것을 원했다. I wanted something cheaper.

베블렌 효과(Veblen Effect)

특히 여성들은 가격이 비쌀수록 사고 싶어 한다고 합니다. 다른 사람들보다 돋보이거나 뽐내고 싶어서 비싼 물건일수록 사려고 하는 인간의 심리를 '베블렌 효과(Veblen Effect)'라고 합니다. 이런 '베블렌 효과'는 주위 사람들에게 자신의 부를 과시하고 으스대기 위하여 값 비싼 물건들을 선뜻 구입하는 사람들의 소비 심리를 표현하는 말입니다.

싸다

- 싸게 잘 샀다. It was a good buy.
- 그것을 특별 할인가로 샀다. I got it for a bargain.
  * for a bargain 할인가로, 특매가로
- 정말 좋은 가격으로 샀다. I bought it at a good bargain.
- 저렴했다. It was cheap.
- 그리 비싸지 않았다. It wasn't so expensive.
- 가격이 낮았다. It was low in price.
- 세일 중이어서 50% 할인된 가격으로 샀다. I bought it for 50 percent off because they were on sale.
- 그것은 반값으로 아주 싼 것이었다. It was half-price, a real bargain.
- 그것은 거저나 다름없었다. It was almost a steal.
  * steal 도둑질, 횡재
- 그것을 거저 산 것이나 다름없다. I bought it for a steal.
- 그것을 거의 공짜로 샀다. I got it for almost nothing.
- 이례적으로 싼 가격이었다. It was an exceptional bargain.
  * exceptional 예외적인, 이례적인
- 거의 헐값에 샀다. I got it for a song.
  * for a song 노래 한 곡을 부르고 받을 정도로 싼값에
- 나는 믿을 수 없이 싼 가격에 그것을 샀다. I bought it at an incredible price.
- 특별 할인 매장에서 우연히 좋은 물건을 싸게 샀다. I picked up a good bargain at the bargain basement.
- 싼 게 비지떡이다. We get what we pay for.

싼 것은 cheap

cheap는 가격이 저렴하다는 의미이지만 싸구려라는 뉘앙스가 있어서 '싼 티 나는', '싸구려인'이라는 뜻으로 쓰입니다. 물건에 비해 가격이 비싸지 않고 적당하다는 말은 inexpensive, reasonable을 사용합니다.

계산

• 내가 살 물건들을 계산하기 위해 계산대로 갔다.	I took my things that I had picked up to the checkout counter to pay for them.
• 계산대에서 줄을 섰다.	I stood in line at the checkout counter.
• 그 상점은 어느 형태의 지불 방법이든 다 가능하다.	The store accepts all forms of payment.
• 신용 카드로 지불했다.	I paid by credit card.
• 수표로 지불했다.	I paid by check.
• 현금으로 지불했다.	I paid by cash.
• 일시불로 지불해야 했다.	I had to pay in full.
• 일시불로 지불했다.	I paid for it in one payment.
• 나는 그것을 할부로 샀다.	I bought it in installments.
• 그것을 6개월 할부로 했다.	I paid for it in 6 monthly installments.
• 거스름돈과 영수증을 받았다.	I received some change and a receipt.
• 내가 산 것보다 더 많은 금액이 청구되었다.	I was overcharged.
• 계산원이 실수를 한 것 같았다.	The cashier seemed to make a mistake.
• 그녀가 계산을 잘못했다.	She calculated incorrectly. * calculate 계산하다, 산정하다
• 그녀가 거스름돈 ~원을 덜 주었다.	She short-changed me ~ won.
• 그 상점은 계산원이 고객에게 잘못된 금액을 청구할 경우 실수에 대한 보상으로 ~원을 더 준다.	When a cashier charges the customers wrong prices, the store compensates an additional ~ won for the mistake. * compensate 보상하다, 변상하다

쿠폰, 상품권

물건 값을 지불할 때 coupon을 잘 이용하면 저렴하게 살 수 있죠. 쿠폰은 영어로 발음할 때 쿠폰이라고 하지 않고 '큐판'이라고 해요. 또한 누군가로부터 받은 상품권을 사용하여 물건 값을 지불하는 경우도 있는데, '상품권'은 영어로 gift certificate라고 합니다.

환불

- 교환을 하고 싶었다. I wanted to exchange it for a different one.
- 반품을 하려면 반송하는 비용을 지불해야 한다. If we return the product, we have to pay for return shipping.
  * shipping 운송, 수송
- 마음에 안 들 경우 환불받을 수 있다. If someone doesn't like it, it is refundable.
- 그 물건값을 환불받고 싶었다. I wanted to get a refund on the item.
- 그들은 특별 세일 제품은 환불이 안 된다고 했다. They said that special sale items couldn't be refunded.
- 내가 환불을 요구하자 그들은 영수증을 보여 달라고 했다. As I asked for a refund, they asked me to show the receipt.
  * receipt 영수증, 인수증
- 그들은 영수증을 확인하고 돈을 환불해 주었다. They gave me a refund after checking the receipt.
- 나는 신용 카드 거래 취소를 원했다. I wanted to reverse the transaction from my credit card.
  * reverse 뒤엎다, 번복하다 | transaction 거래, 처리, 취급

DIARY 19

Big Sale

Monday, August 9. Sunny

Today I went shopping at the department store with my friends. All the downtown department stores were having big sales and I needed to buy a birthday present for a friend of mine. Her birthday is in a week. She really likes wearing stylish rings, so I decided to buy her a fantastic ring. There were two jewelry stores in the department store. At the first store that I visited, I saw a ring that was very beautiful. But it was too expensive. I looked around more. Finally, I found exactly what she wanted to wear. Luckily, it was on sale. I was very pleased that I was able to buy her the ring at a discount. I really hope that she will like the gift that I bought for her.

My sister's birthday is next month. From now on, I have to save some money so that I will be able to buy a good present for her. It's as if my savings were just for buying some presents.

빅 세일

8월 9일 월요일 화창함

오늘은 친구들과 백화점에 쇼핑하러 갔다. 시내의 모든 백화점들이 빅 세일을 하고 있었고, 나는 친구의 생일 선물을 사야 하기도 했다. 친구의 생일은 다음 주이다. 그녀는 멋진 반지를 끼고 다니는 것을 정말 좋아해서 나는 그녀에게 끝내주는 반지를 하나 사 주어야겠다고 마음 먹었다. 백화점 안에는 두 개의 보석 가게가 있었다. 내가 간 첫 번째 가게에서 정말 예쁜 반지 하나를 보았다. 그러나 너무 비쌌다. 더 둘러보았다. 드디어 그녀가 정말 끼고 싶어 하는 것을 발견했다. 다행히도 그것은 세일 품목이었다. 싼 가격으로 그녀에게 그 반지를 사 줄 수 있어서 매우 기뻤다. 내가 사 준 그 선물이 그녀의 마음에 꼭 들기를 바란다.

언니의 생일도 다음 달에 있다. 지금부터는 언니에게 좋은 선물을 사 줄 수 있도록 돈을 좀 모아야 한다. 내가 저축하는 것은 그저 선물들을 사기 위한 것만 같다.

NOTES

stylish 멋진, 유행하는 | **jewelry** 보석 | **look around** 둘러보다 | **on sale** 세일 중인, 팔려고 내놓은 | **pleased** 기쁜, 즐거운 | **at a discount** 할인하여, 내린 값으로 | **from now on** 지금부터 | **as if** 마치 ~인 것처럼 | **saving** 절약, 검약, 저축

At every stage of life we sustain losses - and grow in the process.

삶의 모든 단계에서 우리는 손실을 겪는다.
그러나 그 과정에서 성장한다.

_Alexander M. Schindler 알렉산더 M. 쉰들러

CHAPTER

20

여가 활동

01 문화생활 CULTURAL EXPERIENCES

문화

• 다른 문화를 경험하고 싶다.	I want to experience other cultures.
• 문화 수준을 올리고 싶다.	I want to become more cultured.
• 나는 다양한 문화를 경험하려고 한다.	I'm going to experience various cultures.
• 문화는 사람을 사람 되게 하는 가장 중요한 것 중 하나이다.	Culture is one of the most important things that make a person.
• 다양한 문화를 경험한 사람은 마음이 넓어진다고 한다.	It is said that when people experience many cultures, they become broad-minded. * broad-minded 마음이 넓은, 도량이 큰
• 다양한 방법으로 다른 문화를 경험할 수 있다.	We can experience other cultures in various ways.
• 여러 문화를 경험하면 사람들을 더 잘 이해할 수 있게 된다.	Experiencing different cultures makes me understand people better.
• 경험이 최고의 스승이다.	Experience is the best teacher.
• 경험은 바보도 지혜롭게 만든다.	Experience makes even fools wise.

전시회

• 나는 미술 전시회에 자주 간다.	I often go to art exhibitions. * exhibition 전람회, 전시회
• 가을이면 나는 전시 중인 그림을 보러 종종 화랑에 간다.	In the fall, I often visit galleries to see pictures on exhibition.
• 우리 가족은 지난 주말에 미술관에 갔다.	My family visited a gallery last weekend.
• 그 미술관은 가 볼 만한 곳이다.	The gallery is worth visiting.
• 그 미술관은 연중 개방되어 있다.	The gallery is open all year round.
• 그 전시관은 무료이다.	The gallery is free of charge. We can enter the gallery for nothing. We are allowed to enter the gallery without paying.
• 친구에게 전시회에 같이 가자고 했다.	I asked a friend of mine to go to an exhibition with me.
• 그 전시회는 내 친구의 취향이 아니어서 나 혼자 전시회에 갔다.	I went to the exhibition alone, because it was not my friend's cup of tea. * one's cup of tea ~의 취향, ~가 좋아하는 것

- 그곳에는 항상 다양한 종류의 전시회가 있다. There are always various exhibitions there.
- 우리 미술 선생님의 전시회가 시내 화랑에서 있었다. My art teacher's exhibition was at the downtown gallery.
- 전시회는 성공적이었다. The exhibition was a success.
- 지금은 세계적으로 유명한 화가들의 그림이 전시되고 있다. Now the pictures by the internationally renowned painters are on exhibit.
  * renowned 유명한, 명성이 있는 | be on exhibit 전시되다
- 그 그림들은 예술적 창의성을 보여주었다. The pictures showed artistic creativity.
- 나는 그림 보는 안목이 있다. I have an eye for painting.
- 그 그림은 원본이었다. The painting was an original.
- 그림들이 모사품인 것 같았다. I thought the paintings were copies.
- 그림들 중 하나가 매우 인상 깊었다. I was so impressed by one of the pictures.

02 음악회 CONCERTS

음악회 관련 표현

음악회	concert	독주	solo
독창회	recital	이중주	duet
서곡	overture	삼중주	trio
야상곡	nocturne	4중주	quartet
광상곡	rhapsody	5중주	quintet
교향곡	symphony	악기	musical instrument
협주곡	concerto	악보	musical note
소야곡	serenade	합주	ensemble
소나타	sonata	지휘자	conductor
합창	chorus	지휘대	podium
독창	vocal solo	교향악단	symphonic orchestra

연주회

- 나는 음악회에 잘 가지 않는다. — I am not a concert-goer.
- 나는 음악회에 직접 가서 음악을 감상하는 것을 좋아한다. — I like to appreciate music directly attending concerts.
- 나는 가족들과 함께 음악회에 자주 간다. — I often go to concerts with my family.
- 음악회 티켓을 예매했다. — I bought the concert ticket in advance.
  ⋆ in advance 미리
- 초대권이 두 장 있었다. — I had two invitation tickets.
- 오늘밤에 시내에서 야외 음악회가 있었다. — There was an outdoor concert downtown tonight.
- 음악회에 놀라울 정도로 많은 사람들이 왔다. — There was a surprisingly large turn-out at the concert.
  ⋆ turn-out 출석자, 참석자
- 음악회가 지연되었다. — The concert was delayed.
- 지연에 대한 사과 방송이 들렸다. — I heard an announcement explaining the delay.
- 그는 훌륭한 연주자처럼 피아노를 잘 쳤다. — He played the piano like a great pianist.
- 음악회에서 바이올리니스트가 매우 열정적으로 연주했다. — At the concert, a violinist played very energetically.
- 그는 교향악단과 협연했다. — He was accompanied by the symphonic orchestra.
  ⋆ accompany ~를 동반하다
- 연주자들이 모차르트 제2번 교향곡을 연주했다. — The performers played Mozart's 2nd Symphony.
- 나는 미완성 교향곡이 제일 좋았다. — I liked the Unfinished Symphony most.
- 지휘자의 지휘가 매우 훌륭했다. — The conductor did very well.
- 그는 아주 열정적으로 오케스트라를 지휘했다. — He conducted the orchestra with great vigor.
  ⋆ conduct 지휘하다, 안내하다 | vigor 열정, 활기, 활력
- 그는 요즘 가장 눈에 띄는 음악가 중 한 사람이다. — He is one of the most outstanding musicians these days.
  ⋆ outstanding 두드러진, 현저한
- 그는 음악적 재능을 타고 난 것 같다. — He seems to be endowed with musical talents.
  ⋆ be endowed with ~를 타고 나다
- 그 음악에 매우 감동받았다. — I was so moved by the music.
  ⋆ move 감동시키다, 흥분시키다
- 그 음악이 내 마음에 와 닿았다. — The music touched my heart.
  ⋆ touch 마음을 움직이다, 감동시키다
- 그의 열정적인 연주가 매우 인상적이었다. — His passionate performance was so impressive.
  ⋆ passionate 열정적인, 열의에 찬 | performance 상연, 공연, 실행

• 한 곡이 끝날 때마다 우리는 박수갈채를 보냈다. We clapped and applauded whenever each piece was finished.
* clap 박수치다 | applaud 성원하다, 박수갈채하다

콘서트

• 내가 좋아하는 가수가 콘서트를 하면 나는 꼭 간다. Whenever my favorite singer has a concert, I always attend his concert.

• 내가 가장 좋아하는 가수가 콘서트를 열었다. My favorite singer gave a concert.

• 그것은 젊은 청중들에 맞추어진 콘서트였다. That concert was angled towards a young audience.
* be angled towards ~의 취향에 관점을 맞추다

• 그의 콘서트 티켓이 인터넷에서 1시간 만에 매진되었다고 한다. They said that the tickets for his concert were sold out in one hour on the Internet.

• 운 좋게도 무대가 잘 보이는 자리의 티켓을 두 장 구했다. Luckily, I got two tickets for seats with a good view of the stage.

• 콘서트 장에 들어서자 정말 흥분이 되었다. When I entered the concert hall, I was really excited.

• 너무 일찍 도착해서 한 시간을 기다려야 했다. I arrived so early that I had to wait for an hour.

• 많은 팬들이 야광 봉을 들고 있었다. Many fans were carrying glow sticks.

• 우리는 그 가수를 환호와 큰 박수로 맞이했다. We greeted the singer with cheers and loud applause.
* greet 인사하다, 맞이하다 | applause 박수갈채

• 그 콘서트는 라이브 공연이었다. The concert was a live performance.

• 그가 내 우상이라고 말할 수 있다. I can say he is my idol.
* idol 숭배 받는 사람, 우상

• 그는 그 그룹의 리드 싱어이다. He is the lead singer in the group.

• 그의 목소리는 아주 우렁찼다. His voice was very powerful.

• 그의 노래가 젊은이들에게 인기가 좋았다. His song caught on with the young.

• 상당히 많은 열성 팬들이 있었다. There was a considerable number of his enthusiastic fans.
* a considerable number of 상당한 수의

• 일부 학생들은 청중석에서 수치스러운 행동을 했다. Some students had disgraceful behavior in the audience.

• 객석에서 어떤 아이들은 야유하는 소리를 냈다. Certain boys catcalled in the audience.
* catcall 야유하는 소리를 내다

• 그 가수가 우리가 가장 좋아하는 노래를 불렀을 때 우리는 손을 흔들며 소리를 질렀다. When the singer sang our favorite songs, we yelled, waving our hands.

• 그들의 노래를 들으면서 나는 춤을 추고 싶은 생각이 들었다.	When I heard their song, I felt like dancing.
• 춤 공연이 있었다.	There was a dance performance.
• 우리는 박수를 치며 앙코르를 외쳤다.	We shouted "Encore!" clapping our hands.
• 그의 공연 전체가 정말 멋졌다.	His entire performance was really fantastic.
• 우리는 그렇게 멋진 공연에 기립 박수를 보냈다.	We gave a standing ovation for such an outstanding performance. * ovation 열렬한 박수갈채
• 콘서트는 두 시간 정도 계속되었다.	The concert lasted two hours or so.
• 마지막 노래가 끝나고 그가 무대를 떠날 때는 섭섭한 마음이 들었다.	I felt sad when he was going off the stage after his last song.
• 콘서트가 끝난 후 그의 콘서트 CD를 샀다.	After the concert, I bought his concert CD.

사인을 받았다

콘서트에 가서 좋아하는 가수를 만났거나, 작가 사인회에 가면 사인을 받는 경우가 종종 있죠. 이렇게 연예인이나 작가 등 유명인사로부터 받는 사인은 autograph라고 하고, 계약서나 합의서에 하는 사인은 signature라고 합니다. sign은 '사인하다'라는 뜻의 동사이고, 명사로 쓰이면 '표지판', '신호', '징조'의 의미입니다.

03 연극 PLAYS

연극 공연

• 나는 연극을 보러 가는 것을 좋아한다.	I like to go to plays. I like to go to the theater.
• 곧 훌륭한 새 연극이 상연될 예정이다.	A good new play will be presented soon.
• 대학에서 연극을 전공하고 싶다.	I want to major in drama at university.
• 오늘밤 공연 티켓이 두 장 있었다.	I had two tickets for tonight's performance.
• 그 연극의 입장료는 ~원이었다.	The admission fee for the play was ~ won.
• 특별관람석 티켓을 샀다.	I bought a ticket for the grandstand.

• 그 연극의 팸플릿을 샀다.	I bought a brochure for the play.
• 연극을 보러 갔다.	I went to see a play.
• 유명한 브로드웨이 뮤지컬을 보았다.	I watched a famous Broadway musical.
• 그 연극은 지금도 극장에서 상연되고 있다.	The play is still showing at the theater.
• 이 연극은 하루에 3회 공연된다.	This play is presented three times a day.
• 그 연극은 장기 공연이다.	It is a long-running play.
• 공연이 취소되어 환불을 받았다.	The performance was cancelled and we got a refund.
• 그 연극은 순회공연 중이다.	They are taking the play on the road. * on the road 여행 중, 순회공연 중
• 연극 첫날 사람들이 매우 많았다.	There were plenty of people at the opening of the play.
• 그것은 1막짜리 연극이었다.	It was a one-act play.
• 그 연극은 허구였다.	The play was fiction.
• 그 연극은 실제 이야기를 연극으로 꾸민 것이다.	The play was based on a true story. * be based on ~를 근거로 하다, ~에 기초를 두다

훌륭한 연극

• 무대장치가 정말 실제처럼 꾸며졌다.	The sets were very realistic.
• 배우들의 의상들도 매우 멋졌다.	The costumes that actors wore on stage were wonderful.
• 그 연극의 분위기가 정말 마음에 들었다.	I really liked the atmosphere of the play.
• 나는 배우들에게서 매우 강한 열정을 느꼈다.	I felt such strong passion from the actors.
• 내가 예상했던 것보다 더 훌륭했다.	It was more marvelous than I had expected.
• 그 연극의 주인공은 연기를 아주 잘했다.	The hero of the play performed his role very well.
• 연기자들의 연기가 자연스러웠다.	The actors acted naturally.
• 그 연극은 평판이 아주 좋다.	The play is getting fantastic reviews. * review 비평, 논평, 복습
• 신문에서 그 연극에 대해 격찬을 했다.	The play got rave reviews in the newspaper. * rave 격찬
• 그 연극을 아주 재미있게 봤다.	I enjoyed the play very much.
• 그 연극은 유쾌했다.	The play was amusing.
• 그 연극은 참 즐거웠다.	The play was enjoyable.

• 배우들에게 박수갈채를 보냈다. I gave the actors a big hand.

• 관객들은 약 5분간 계속 박수갈채를 보냈다. The audience applauded continually for about 5 minutes.

• 그 연극은 엄청난 흥행을 거두었다. The play became a tremendous hit.

• 그것은 내가 지금까지 본 연극 중 가장 재미있는 연극이었다. It was the most interesting play I'd ever seen.

• 연극이 끝난 후에도 자리를 뜨지 못했다. I couldn't leave my seat after the play ended.

• 그 연극은 인기가 많아서 6개월 동안 계속 공연되었다. The drama won great popularity and has run for six months.

지루한 연극

• 그 연극은 그저 그랬다. The play was just so-so.

• 그 연극은 별로였다. The play was not so good.

• 나는 별로 재미없었다. I was not amused.

• 그 연극은 이해하기가 어려웠다. The play was too hard to understand.

• 연기자들의 연기가 과장되었다. The actors overacted.

• 연기가 어색했다. The acting was awkward.

• 그들은 모두 아마추어인 것 같았다. They all seemed to be amateurs.

• 그 연극은 따분했다. The play was dull.

• 그 연극은 싱거웠다. The play was insipid.
* insipid 김빠진, 싱거운, 활기 없는, 무미건조한

• 그 연극은 호소력이 없었다. The play was unappealing.
* unappealing 매력이 없는, 호소력이 없는

• 그 연극은 단조로웠다. The play was monotonous.

• 그 연극은 정말 재미없었다. The play was awful.

• 그 연극은 형편없었다. The play was terrible.

• 그 연극은 매우 지루했다. The play was very boring.

• 지루해서 견딜 수가 없었다. I couldn't put up with the boredom.
* put up with ~를 참다, 견디다

• 2막에서는 잠이 들었다. I fell asleep during the second act.

terrible과 terrific

terrible과 terrific은 둘 다 '끔찍한', '무시무시한'의 뜻을 가지고 있지만, terrible은 '아주 형편없는', terrific은 '아주 좋은'의 의미로 서로 다른 뜻을 갖고 있습니다. 또한 awful과 awesome도 둘 다 '두려운', '무서운'의 뜻을 가지고 있지만 awful은 terrible과 같은 의미를, awesome은 terrific과 같은 의미입니다.

04 영화

MOVIES

영화의 종류

영화	film, movie	무성 영화	silent film
개봉 영화	newly released film	입체 영화	3D film
공상 과학 영화	science-fiction film	만화 영화	animation
교육 영화	educational film	공포 영화	horror movie
단편 영화	short film	첩보 영화	espionage movie
장편 영화	full-length film	모험 영화	adventure movie

나와 영화

- 영화를 봄으로써 다른 문화에 대해 많은 것을 배울 수 있어서 좋다.
  It is good to learn a lot about other cultures by watching movies.
- 나는 영화 보는 것을 좋아한다.
  I love watching movies.
- 나는 영화 감상하는 것을 좋아한다.
  I like to appreciate movies.
  ⋆ appreciate 감상하다, 고맙게 생각하다, 인정하다
- 나는 영화 애호가이다.
  I am a great movie fan.
- 나는 코미디 만화 영화를 좋아한다.
  I am fond of comic animations.
- 나는 서부영화를 좋아한다.
  I like Westerns.
  ⋆ Westerns 서부 영화

- 내가 가장 좋아하는 영화 장르는 코미디이다. My favorite movie genre is comedy.
- 영화 감상은 영어를 배우는 데 도움이 된다. Watching movies helps us learn English.
- 나는 오랫동안 인기가 있는 옛날 영화를 좋아한다. I like old movies which stay popular for many years.
- 영화는 재미와 오락을 제공한다. Movies are fun and entertaining.
- 나는 주말이면 주로 친구들과 영화를 보러 간다. I usually go to the movies with friends on the weekend.
- 최근에는 너무 바빠 영화 보러 갈 시간이 없었다. I've been so busy lately that I had no time to go to the movies.
- 정말 영화 보러 가고 싶었다. I was eager to go to the movies.
  * be eager to+동사원형 ~하기를 열망하다
- 흥행하는 공포 영화를 보고 싶었다. I wanted to see the box-office horror movie.
  * box-office 크게 인기를 끈
- 공부를 하지 않을 때는 영화를 보러 간다. I go to the movies when I am not studying.
- 보통 한 달에 한 번 영화를 보러 간다. I go to the movies once a month.
- 보통 2주에 한 번 영화를 보러 간다. I go to the movies once every other week.
- 보통 3주에 한 번 영화를 보러 간다. I go to the movies once every three weeks.
- 나는 영화에 별 관심이 없다. I am not interested in movies.
- 나는 비현실적인 공상 영화는 정말 싫어한다. I really don't like unbelievable fiction movies.
- 영화를 끝까지 보는 것이 내게는 어려운 일이다. It is difficult for me to sit through a movie.
- 영화 자막을 읽는 것이 싫다. I don't like to read the subtitles in a movie.
- 더빙된 영화는 좋아하지 않는다. I don't like seeing dubbed movies.

무서운 공포영화

무서운 영화는 terrible movie라고 하지 않고 horror movie라고 합니다. terrible이 물론 '무서운', '끔찍한'의 의미를 갖고 있지만, '형편없는'이란 말로도 쓰여서 terrible movie라고 하면 '형편없는 영화'를 나타내는 말이 됩니다. 그리고 fear, horror, thrill, suspense의 차이는 무엇일까요? fear는 무대에 섰을 때나 어두워지면 느끼는 공포와 같은 두려움, horror는 소름끼치고 혐오스러운 것으로부터 느끼는 공포, thrill은 두근두근하고 오싹오싹 떨리는 공포, suspense는 어쩔 줄 모르게 긴장된 상태를 말합니다.

영화표

- 무료 초대권이 있었다. I had a complimentary ticket.
  * complimentary 무료의, 초대의

• 인터넷으로 티켓 2장을 예매했다. | I bought two tickets in advance on the Internet.
* in advance 미리, 먼저

• 영화표를 사기 위해 많은 사람들이 매표소 앞에 줄지어 서 있었다. | A lot of people lined up to get tickets in front of the box office.

• 나는 영화표를 사려고 줄을 섰다. | I stood in line to get a ticket.

• 매표소에서 두 장의 표를 샀다. | I bought two tickets at the box office.

• 내 영화 클럽 회원 카드는 모든 영화를 20% 할인해 준다. | My movie club card gets me 20% off all movies.

• 다행히 남아 있는 표가 조금 있었다. | Fortunately, there were some tickets available.
* available 이용할 수 있는, 유용한

• 남아 있는 표가 없었다. | There were no tickets left.
There were no more tickets available.

• 티켓이 매진되었다. | The tickets were sold out.

극장에 가다

• 그 영화가 언제 어디서 상영되는지 찾아보았다. | I looked for when and where the movie was showing.

• 나만 빼고 모두 영화를 보러 갔다. | Everyone went to the movies, leaving me alone.
* leave ~ alone ~를 홀로 남겨 두다

• 영화 시사회에 갔다. | I went to a movie preview.

• 자동차 극장에서 영화를 봤다. | I watched a drive-in movie.
* drive-in 차를 탄 채로 볼 수 있는

• 그 영화는 지금 ~에서 상영 중이다. | The film is now showing at the ~.

• 형이 나에게 그 영화를 추천해 주었다. | My brother recommended the movie to me.

• 나는 최근에 개봉된 영화를 보러 갔다. | I went to see a recently released film.
* release 개봉하다, 공개하다, 풀어 주다

• 간이매점에서 팝콘을 조금 샀다. | I bought some popcorn at the snack counter.

• 표 받는 사람이 내 표를 잘라 반은 다시 돌려주었다. | The ticket-taker tore my ticket and gave me back the stub.
* stub (입장권의) 반

• 그 영화는 2관에서 했다. | The movie was shown in the second theater.

• 앞자리에 앉았다. | I sat in the front row.

• 중간 자리에 앉았다. | I sat in the middle of the theater.

• 뒷자리에 앉았다. | I sat at the back.

• 앞에 앉은 사람이 내 시야를 가리고 있었다. | The person in front of me was blocking my view.

• 그에게 옆으로 좀 비켜달라고 부탁했다.	I asked him to get out of the way.
• 우리는 공연장에서 휴대 전화를 꺼 놓아야 한다.	We have to keep our cell phone off in the theater.
• 영화가 시작되기 전에 휴대 전화를 껐다.	I turned off my cell phone before the movie started.
• 영화의 예고편을 봤다.	I watched the trailer of the movie. * trailer 예고편
• '스타 워즈'의 속편을 보았다.	I watched the sequel to 'Star Wars.' * sequel 속편
• 거액을 들여 만든 영화라고 했다.	It was said to be a big budget film.
• 그것은 여성 취향의 영화가 아니었다.	It wasn't a chick flick. * chick flick 여성 취향의 영화

영화를 보다

• 그 영화의 상영 시간은 2시간이었다.	The running time of the movie was 2 hours. * running time 상영시간
• 그 영화는 원작에 충실한 영화였다.	The movie was faithful to the original work.
• 그 영화는 특수효과를 많이 이용해서 만들었다.	The movie was made using a lot of special effects.
• 그 영화를 만들기 위해 컴퓨터 애니메이션이 사용되었다.	Computer animation was used to make the movie.
• 그 영화는 블록버스터가 되었다.	The movie became a blockbuster.
• 그 영화는 상업적으로 성공했다.	The movie was a big hit commercially.
• 그 영화는 우리말로 더빙되어 있다.	The movie is dubbed in Korean.
• 내가 좋아하는 배우가 그 영화에 출연한다.	My favorite actor appears in the movie.
• 스타들이 총출동한 영화였다.	The movie had an all-star cast. * cast 영화의 출연 배우들
• 그가 그 영화에서 주연을 맡았다.	He starred in the movie. He played the lead role in the movie. * star 주연을 하다
• 그는 조연으로 출연했다.	He played a supporting role. * supporting 보조하는
• 배우들의 연기가 뛰어났다.	The actors' performances were excellent.
• OO가 카메오 출연을 했다.	OO made a cameo appearance. * cameo 유명인이나 명배우의 깜짝 등장
• 그 감독은 정말 재능 있는 사람 같았다.	The director seemed to be talented.
• 그는 영화계에 새로운 바람을 일으켰다.	He brought a new sensation to the film industry.

• 그 영화의 주제곡이 감미로웠다.	The theme song of the movie was sweet.
• 누군가가 영화를 보는 내내 흐느꼈다.	Someone kept sobbing throughout the whole movie. * sob 흐느끼다, 흐느껴 울다
• 영화가 끝나갈 무렵에 잠이 들었다.	I fell asleep when the movie was almost over.
• 자막이 오르면서 영화가 끝났다.	The movie ended with the credits rolling.

우는 것도 가지가지

소리 내어 우는 것은 cry, 소리 내지 않고 눈물만 주르륵 흘리는 것은 weep, 흐느껴 우는 것은 sob, 통곡하며 울부짖으며 우는 것은 wail, 울음을 터트리기 전에 울먹울먹하는 것은 whimper, 엉엉 우는 것은 blubber이라고 합니다. 반대로 눈물이 나는 것을 애써 참을 경우는 fight back tears로 표현합니다.

영화평

• 그 영화는 눈물나게 하는 영화였다.	The movie was a tearjerker. * tearjerker 눈물을 짜면서 보는 영화
• 나는 그 영화의 마지막 장면을 보고 눈물을 흘렸다.	The last scene of the movie brought tears to my eyes.
• 그 영화는 마지막까지 손에 땀을 쥐게 했다.	The movie was a real cliffhanger. * cliffhanger 스릴이 넘치는 영화
• 그 영화는 굉장히 스릴이 있었다.	The movie was very thrilling.
• 끝에 대단한 반전이 있었다.	There was a big plot twister at the end. * plot twister 반전
• 정말로 무서운 영화였다.	It was a really scary movie.
• 그 영화는 소름을 돋게 할 정도로 무서웠다.	The movie was frightening enough to give me goose bumps.
• 그 영화는 너무 무서워서 머리가 쭈뼛 설 정도였다.	The movie was so terrifying that it made my hair stand on ends.
• 머리가 곤두서는 오싹한 영화였다.	It was a hair-raising movie.
• 그 공포 영화를 보고 난 후, 며칠 동안 무서워 혼이 났다.	After seeing the horror movie, I was scared stiff for a few days.
• 그 영화는 폭력으로 가득 차 있었다.	The film was filled with violence.
• 나는 그런 폭력적이고 잔인한 영화를 싫어한다.	I hate such violent and cruel films.
• 그 영화는 난폭한 장면들이 많았다.	The movie had many brutal scenes. * brutal 잔인한, 사나운

• 많은 범죄자들이 폭력적인 영화들로부터 영향을 받았다고 한다.	Many criminals say that they have been influenced by violent movies. * criminal 범죄자, 범인
• 영화에서의 폭력적인 장면은 미성년자들에게 부정적인 영향을 끼칠 수 있다.	Violent scenes in movies may have negative effects on minors. * minor 미성년자
• 그 영화는 내가 본 영화 중 가장 웃기는 영화였다.	The movie was the funniest that I had ever watched. I have never seen such a funny movie.
• 그 영화는 우리에게 역사적 교훈을 준다.	The movie gives us a history lesson.
• 그 장면이 내 기억에 남아 있다.	The scene has stayed in my memory.
• 그 장면이 아직도 생생하다.	The scene is still vivid in my mind.
• 그 영화는 심금을 울렸다.	The movie was moving.
• 그 영화는 감동적이었다.	The movie was touching.
• 그 영화에 깊이 감동받았다.	I was deeply touched by the movie.
• 감동에 겨워 눈물이 났다.	I was moved to tears.
• 그 영화는 의외로 재미있었다.	The movie was unexpectedly interesting. * unexpectedly 예기치 않게, 의외로
• 말로 형용할 수 없을 정도로 훌륭했다.	It was great beyond description.
• 비평가들은 그 영화를 높이 평가했다.	The critics rated the movie highly. * rate 평가하다
• 그 영화는 내게 인생에 대해 많은 생각을 하게 했다.	The film made me think about a lot of things in life.
• 그 영화는 관객들로부터 호평을 받고 있다.	The film is being well received by audiences.
• 그 영화는 모든 면에서 훌륭했다.	The movie was spectacular in every way. * spectacular 구경거리가 되는, 장관인
• 정말 추천할 만한 영화였다.	That was a highly recommendable movie.
• 그 영화는 정말 실패작인 것 같다.	The movie seems to be a real bomb. * bomb 흥행의 실패

영화 등급

• 그 영화는 너무 어려워서 이해할 수가 없었다.	The movie was hard for me to understand.
• 미성년자는 그 영화를 볼 수 없었다.	Minors are not allowed to see the movie. * minor 미성년자
• 그 영화는 12세 미만의 어린이를 대상으로 했다.	The movie was for children under 12.

- 18세 미만은 그 영화를 볼 수 없었다.

Anyone under the age of eighteen was not allowed to see the movie.

- 그 영화는 성인용이었다.

The movie was rated for adults.

* rate ⓢ 등급을 매기다 ⓜ 등급

- 그 영화는 미성년자들이 보기에는 적절하지 않았다.

The movie was not appropriate for minors to watch.

* appropriate 적절한, 적당한

- 그 영화는 상영이 금지되었다.

The film was banned.

* ban 금지시키다

등급의 종류

모두가 볼 수 있는 영화	G (=General Audience)
부모의 지도가 필요한 영화	PG (=Parental Guidance Suggested)
13세 미만 부모 동반 필요	PG-13 (=Parents Strongly Cautioned)
17세 미만 부모 동반 필요	R (=Restricted)
17세 이하 입장 불가	NC-17 (=No One 17 and Under Admitted)
등급 미분류 영화	NR (=No Rating)
성인 영화	X-rated

05 공원

PARKS

공원

- 우리 가족은 주말에 가까운 공원에 간다.

On weekends, my family goes to a nearby park.

- 나는 ~ 교외에 살고 있어서 갈 만한 공원이 많다.

I live in a suburb of ~, so there are many parks to go to.

- 친구들과 공원으로 소풍을 갔다.

I went on a picnic at the park with my friends.

- 공원에는 사람들이 많이 있었다.

There were a lot of people in the park.

- 자전거 길에서 자전거를 타러 갔다.

I went riding a bicycle on the bicycle path.

- 가족들과 공원으로 나들이를 갔다. I went to the park for a picnic with my family.
- 우리 가족은 공원에서 음식을 해 먹었다. My family had a cookout in the park.
  * cookout 야외 요리(파티)
- 공원에서 동생과 둥근 원반을 가지고 놀았다. I played frisbee with my brother in the park.
- 공원에서 그와 배드민턴을 쳤다. I played badminton with him in the park.
- 강아지와 마음껏 뛰어 놀았다. I ran with my dog to my heart's content.
  * to one's heart's content 마음껏
- 많은 아이들이 잔디에서 뛰어 놀고 있었다. The kids were frolicking about on the lawn.
  * frolic about 장난치다, 들떠서 떠들다
- 잔디밭에 들어갈 수 없었다. We had to keep off the grass.
- 분수가 계속 물을 뿜어내고 있었다. The water was continuously flowing from the fountain.
- 그네도 타고 사진도 찍으면서 공원에서 휴일을 즐겼다. I enjoyed the holiday swinging and taking pictures in the park.
- 시원한 나무 그늘 밑 벤치에서 낮잠을 잤다. I took a nap on a bench under the shade of trees.
- 해질녘에야 집으로 돌아왔다. I didn't go home until sunset.
- 공원에서 종종 야외 음악회가 열린다. There are occasional open-air concerts at the park.
- 가로등 불빛이 있어서 밤에 공원에 가도 괜찮다. It is all right to go to the park at night since there is light from street lamps.
- 밤에는 수많은 가로등이 공원을 밝혀준다. Numerous street lamps brighten up the park at night.

놀이 공원

- 우리 가족은 지난 일요일에 놀이 공원에 갔다. My family went to an amusement park last Sunday.
- 매표소에서 입장권을 샀다. I bought an admission ticket at the ticket window.
- 자유 이용권을 샀다. I bought a pass for all the rides.
- 놀이 공원에는 꽤 많은 사람들이 있었다. There were quite a number of people in the amusement park.
- 사람들이 너무 많아 제대로 즐길 수 없었다. I couldn't enjoy it much because of the crowd.
- 놀이 공원에는 다양한 놀이 기구와 행사가 있었다. The amusement park had various amusement rides and many events.
- 아이들을 위한 인형극이 있었다. There was a puppet show for kids.
- 점심 먹기 전에 동화의 집을 구경했다. Before lunch, we looked around the fairies' house.

- 그곳은 신비롭고 환상적이고, 모험으로 가득했다. — It was magical, fantastic and adventurous.
- 그곳은 독특하고 멋진 즐거움을 경험하게 해 주었다. — It offered a unique and wonderful entertainment experience.
- 우리는 유령의 집에 들어갔다. — We entered the haunted house.
  ⋆ haunted 유령이 나오는
- 안에는 온통 깜깜했다. — It was all dark inside.
- 유령들 때문에 정말 무서웠다. — I was so scared of the ghosts.
- 어떤 유령은 나를 때리기도 했다. — Certain ghosts hit me.
- 나는 비명을 지르며 도망갔다. — I ran away screaming.
- 놀이공원 직원들 몇 명이 유령 역할을 하고 있었다. — Some amusement park staff pretended to be ghosts.
- 나는 유령들에게 장난을 치기도 했다. — I played tricks on the ghosts.
- 길거리 퍼레이드가 아주 환상적이었다. — The street parades were fantastic.
- 눈이 휘둥그레질 정도로 매우 멋졌다. — We got an eyeful.
- 눈이 튀어나올 정도로 굉장했다. — It was eye-popping.
- 퍼레이드의 인물들이 재미있었다. — The characters in the parade were funny.
- 하루 종일 공원 안 여기저기에서 다양한 행사가 열렸다. — Various activities were held here and there in the park all day long.
- 다른 나라의 음악과 춤을 감상할 수 있는 문화 행사가 시간마다 있었다. — There were hourly cultural events, so we appreciated the music and dances of other foreign countries.
- 솜사탕을 사 먹었다. — I bought and ate cotton candy.
- 하늘에는 기구들이 높이 떠 있었다. — There were balloons floating high up in the sky.
- 밤에는 화려한 불꽃놀이를 볼 수 있었다. — I could catch the splendid fireworks display.
  ⋆ splendid 화려한, 빛나는, 훌륭한
- 놀이 공원의 장미 축제 마당에 들렀다. — I dropped by the Rose Festival.
  ⋆ drop by ~에 들르다
- 꽃을 짓밟지 않도록 조심했다. — We were careful not to trample flowers down.
  ⋆ trample 짓밟다, 짓밟아 뭉개다
- 꽃을 꺾지 말라고 되어 있었다. — We were asked not to pick the flowers.

놀이 기구

- 우리는 먼저 회전목마를 탔다. — First of all, we enjoyed the carousel.
- 우리는 회전목마를 타고 빙글빙글 돌았다. — We went round and round on the carousel.

• 아이들은 흔들목마를 탔다.	Toddlers rode rocking horses. * toddler 아장아장 걷는 나이의 아이
• 롤러코스터를 타려면 한 시간을 기다려야 했다.	We had to wait for an hour to ride a roller coaster.
• 롤러코스터를 탈까 말까 망설였다.	I hesitated to ride the roller coaster. * hesitate 망설이다, 주저하다
• 롤러코스터 표를 샀다.	I bought a ticket for the roller coaster.
• 내 동생은 그 놀이 기구를 타기에는 키가 작았다.	My brother was not tall enough to go on the ride.
• 한 시간 동안 줄 서 있었다.	I stood in line for an hour.
• 줄을 서서 오래 기다렸다.	I waited a long time in line.
• 어떤 사람이 새치기를 했다.	Someone cut in line.
• 한참을 기다린 후에 그것을 타게 되었다.	I got to ride it after a long wait.
• 드디어 롤러코스터를 타게 되었다.	Finally, I got to ride the roller coaster.
• 세 번이나 돌아가는 롤러코스터였다.	It was a triple loop roller coaster. * triple 3배의, 3겹의
• 그것을 타는 내내 소리를 지르면서 눈을 감고 있었다.	I was keeping my eyes closed, shouting for the whole ride.
• 스릴이 넘쳤다.	It was thrilling.
• 롤러코스터에서 내리니 정말 어지러웠다.	After getting off the roller coaster, I felt really dizzy.
• 범퍼 카를 타고 서로 부딪치는 것이 재미있었다.	It was fun to collide with each other in bumper cars.
• 드롭다운은 내가 타기에는 너무 높았다.	A drop-down was too high for me to ride.
• 드롭다운을 타고 올라갈 때 떨렸다.	When going up in the drop-down, I was nervous.
• 그것은 올라 갈 때 천천히 올라가다가 내려 올 때는 매우 빠르게 내려온다.	When going up, it goes slowly, but when dropping down, it is very fast.
• 그것이 높이 올라 갈수록 더 겁이 났다.	The higher it went up, the more scared I was. * the+비교급, the+비교급 ~할수록 더 …하다
• 큰 회전 기구를 타는 게 재미있었다.	I enjoyed riding the ferris wheel.
• 회전 기구에서 놀이 공원 전체를 볼 수 있었다.	I could see the whole amusement park on the ferris wheel.
• 회전 기구가 가장 높이 올라갔을 때 좀 무서웠다.	When the ferris wheel went up to the highest point, I was a little scared.
• 바이킹이 흔들릴 때 나는 날아갈 것만 같았다.	When the viking ship was swinging, I felt like flying away.
• 무서운 놀이 기구는 타지 않았다.	I didn't go on the scary rides.
• 하루 종일 놀이 공원에서 놀이 기구를 모두 타면서 재미있게 보냈다.	I enjoyed all the rides in the amusement park all day long.

06 동물원

ZOO

동물의 종류

기린	giraffe	하이에나	hyena
얼룩말	zebra	악어	crocodile
말	horse	고슴도치	hedgehog
암말	mare	원숭이	monkey
조랑말	pony	박쥐	bat
코뿔소	rhinoceros	도마뱀	lizard
하마	hippopotamus	곰	bear
코끼리	elephant	두더지	mole
코끼리의 코	trunk	너구리	raccoon
상아	tusk	여우	fox
당나귀	donkey	늑대	wolf
코알라	koala bear	스라소니	lynx
사슴	deer	코요테	coyote
노루	roe deer	돼지	pig
오리	duck	타조	ostrich
암탉	hen	까치	black-billed magpie
수탉	cock	까마귀	crow
병아리	chicken	참새	tree sparrow
암소	cow	카나리아	canary
수소	bull	플라밍고	flamingo
황소	ox	앵무새	parrot
송아지	calf	올빼미	owl
스컹크	skunk	독수리	eagle
산양	goat	매	hawk
영양	antelope	불사조	phoenix
양	sheep	학	crane
다람쥐	squirrel	황새	stork
낙타	camel	종달새	skylark
뱀	snake	기러기	wild goose
구렁이	serpent	갈매기	sea gull
호랑이	tiger	뻐꾸기	cuckoo
호랑이암컷	tigress	딱따구리	woodpecker
사자	lion	백조	swan
사자암컷	lioness	공작	peacock
표범	leopard	거위	goose
치타	cheetah		

곤충의 종류

무당벌레	**ladybug**	나방	**moth**
모기	**mosquito**	나비	**butterfly**
파리	**fly**	누에	**silkworm**
메뚜기	**grasshopper**	고치	**cocoon**
개미	**ant**	애벌레	**larva**
지렁이	**earthworm**	풍뎅이	**gold beetle**
귀뚜라미	**cricket**	메뚜기	**locust**
거미	**spider**	지네	**centipede**
바퀴벌레	**cockroach**	땅강아지	**mole cricket**
잠자리	**dragonfly**	전갈	**scorpion**
하루살이	**mayfly, dayfly**	개똥벌레	**firefly**

- 어린이날에 우리 가족들은 동물원에 갔다. My family went to a zoo on Children's Day.
- 동물들이 불쌍해 보였다. The animals looked poor.
- 동물들에게 먹이를 주고 싶었다. I felt like feeding the animals.
- 사슴을 제외하고는 동물들에게 먹이 주는 것이 금지되어 있었다. We were not allowed to feed the animals except for the deer.
- 어느 꼬마가 동물들에게 무언가를 던졌다. A kid threw something to the animals.
- 북극곰은 수영을 하고 있었다. The polar bear was swimming.
- 호랑이와 사자는 우리 안에서 잠을 자고 있었다. The tigers and lions were sleeping in the cages.
- 뱀을 보니 징그러웠다. I felt crept out at the sight of snakes.
  * creepy 오싹하는, 기어 다니는, 근질거리는
- 원숭이가 사람 흉내를 내는 것을 보니 우스웠다. It was funny to watch monkeys act like humans.
- 원숭이들은 우리에게 먹을 것을 달라는 몸짓을 했다. Monkeys made gestures to give them some food.
- 내가 모르는 새 종류들이 매우 많았다. There were so many kinds of birds that I didn't know.
- 바쁘게 그 이름을 익혔다. I was busy understanding their names.
- 백조는 내가 상상했던 것만큼 우아해 보이지 않았다. The swans didn't look as graceful as I imagined.
- 독수리의 눈빛은 매우 매서웠다. The light in the eagle's eyes was very fierce to me.
- 일부 동물들은 만질 수도 있었고 그들과 함께 가까이에서 사진도 찍을 수 있었다. I could touch some of the animals and take pictures closely with them.

- 나는 물고기에게 먹이도 주고 앵무새를 내 어깨에 앉히기도 했다. — I fed fish and let the parrot sit on my shoulder.
- 거미가 거미집을 짓는 것을 볼 수 있었다. — I could see a spider spinning a web.
- 낙타를 탈 기회가 있었다. — I had an opportunity to ride a camel.
- 마차를 타고 공원 전체를 돌아다녔다. — I rode a horse-drawn carriage and went all over the park.
- 버스를 타고 호랑이, 사자 같은 야생 동물들을 가까이서 볼 수 있었다. — I could closely watch wild animals, such as tigers and lions, by bus.
- 야생 동물들이 버스 밖에 달려 있는 고기들을 잡기 위해 버스 창문을 만지는 것을 볼 수 있었다. — We could see wild animals touching the bus window to catch the meat hanging out of the bus.
- 처음에는 야생 동물들이 버스 창문을 깨지 않을까 정말 두려웠다. — At first, I was so afraid that the wild animals would break the bus window.
- 야생 동물들은 매우 잘 길들여져 있는 듯 보였다. — The wild animals looked very tame.
  * tame 길들인, 온순한
- 동물들이 우리에서 풀려나기를 원하는 것 같았다. — The animals seemed to want to be set free from their cages.
- 박제된 동물들이 몇몇 있었다. — There were a few stuffed specimens of animals.
  * stuffed 박제된, 속을 채운 | specimen 표본, 견본
- 박제된 동물들이 살아 있는 것 같았다. — It looked like the stuffed animals were alive.
- 동물원에서 공룡 전시회가 있었다. — There was a dinosaur exhibit at the zoo.

07 식물원 BOTANICAL GARDEN

나무의 종류

호두나무	walnut	단풍나무	maple tree
소나무	pine	은행나무	ginkgo tree
전나무	fir	서양 측백나무	arborvitae
느릅나무	elm	사철나무	spindle tree
떡갈나무	oak	향나무	juniper
잣나무	Korean nut pine	아카시아	acacia tree
후박나무	silver magnolia	회화나무	pagoda
버드나무	willow	마로니에 나무	marronnier
수양버들	weeping willow	선인장	cactus
목련	magnolia		

- 식물에 관한 리포트를 쓰기 위해 식물원에 갔다. I went to a botanical garden to write a paper about plants.
  * botanical 식물성의, 식물의
- 그 식물원에는 각기 다른 1,000종의 식물들이 있었다. The botanical garden contained 1,000 different kinds of plants.
- 그 식물원에는 나비 전시장이 있었다. The botanical garden had a pavilion with a butterfly exhibit.
  * pavilion 전시장, 전시관
- 그 전시장에 여러 가지 나비가 전시되어 있었다. A variety of butterflies were displayed in the pavilion.
  * a variety of 다양한, 여러 가지의
- 유명한 화가들의 나무 그림이 전시되고 있었다. The paintings of trees by famous painters were on exhibit.
- 멸종 위기에 처한 식물들의 표본도 볼 수 있었다. I could see the botanical specimens of endangered plants.
  * endangered 멸종 위기에 처한
- 거대한 온실 안에는 여러 종류의 열대 식물들이 있었다. There were various kinds of tropical plants in the huge greenhouse.
- 일부 꽃들은 매우 화려해서 내 시선을 끌었다. Some flowers were so flashy that they caught my eyes.

• 어떤 꽃은 매우 소박했으나 좋은 향기가 났다. A certain flower was very simple, but it had a nice fragrance.
* fragrance 방향, 향기

• 꽃이 핀 선인장들이 매우 아름다웠다. The blossomed cacti were very beautiful.

• 손에 가시가 찔렸다. I got my finger pricked by a thorn.
* prick 찌르다

• 가시를 뺐다. I pulled out the thorn.

• 식충 식물이 곤충을 잡아먹는 것을 보니 흥미로웠다. It was exciting to watch the insectivorous plants catch insects.
* insectivorous 식충의, 벌레를 먹는

• 생소한 식물들이 매우 많았다. There were so many unfamiliar plants.

• 허브 정원이 제일 좋았다. My favorite part was the herb garden.

• 집에서 허브를 키워 보려고 몇 그루의 허브를 샀다. I bought some roots of herbs to raise them at home.

• 식물원의 공기가 너무 신선했다. The air of the botanical garden was so fresh.

08 여행 TRAVELING

여행을 꿈꾸다

• 여행의 목적은 견문을 넓히는 데 있다. The purpose of a tour is to see more of the world.

• 도보 여행을 하고 싶다. I want to go on a hike.

• 그저 집을 벗어나서 여기저기를 다니고 싶다. I just want to get out of the house and go here and there.

• 자유롭게 전국 일주를 하고 싶다. I want to travel all over the country freely.

• 일상생활에서 탈출하고 싶다. I want to escape from my ordinary life.

• 우울할 때면 여행을 가고 싶다. When I am depressed, I want to take a trip.

• 여행의 계획을 짜는 것은 언제나 즐거운 일이다. It is always fun to plan a journey.

• 이제 방학이 되었으니 어디로든 여행을 갈 수 있다. Now that I have a vacation, I can travel anywhere.

• 가방을 싸는 대로 곧 여행을 떠날 것이다. When the suitcase is packed, I will hit the road at once.

• 내일 우리는 여행을 갈 것이다. Tomorrow we are going on a journey.

여행 계획

• 주말여행을 갈 것이다. I will go on a weekend trip.

• 주말 낀 연휴여서 우리 가족은 3일간의 여행을 떠나기로 결정했다. Since it is a long weekend, my family decided to go on a three-day trip.

• 친구 몇 명과 함께 여행 계획을 세우기 위해 모였다. We got together with some friends to plan the trip.

• 나는 ~ 지리에 밝다. I know my way around ~.

• 여행을 위한 것들을 준비했다. I prepared several things for my journey.

• 섬으로 여행을 갈 계획을 세우고 있다. I am planning to go to an island.

• 여행갈 날짜를 잡았다. I set a date for a trip.

• 모든 것이 예정대로 잘 진행되고 있었다. Everything was going pretty much on schedule.

• 여행을 위한 모든 것이 다 준비된 것 같다. Everything seems to be ready for our trip.

• 여행을 떠나기 전에 자동차를 철저히 점검했다. I checked the car thoroughly before setting out on the journey.
* thoroughly 철저하게, 완벽하게

• 이번 여행을 고대하고 있다. I am looking forward to this trip.

• 즐거운 여행이 되었으면 좋겠다. I hope we have a pleasant trip.

• 계획이 수포로 돌아갔다. The plan broke down.

• 계획을 다시 짜야 한다. We have to re-make our plans.

아 ~ 기다리고 기다리던…

기다리고 기다리던 여행이 기대가 되나요? 여행가는 것을 기대하고 있다면 '~를 학수고대하다'라는 [look forward to+명사/동명사]를 써서 I look forward to this trip.이라고 쓰면 됩니다. 여행을 가서 그를 만나기로 했나요? 그럼 그를 만나는 것도 기대가 되겠군요. 그렇다면 I look forward to meeting him.이라고 하면 됩니다. 주의할 것은 이 구문에서 to는 전치사이기 때문에 그 뒤에 명사나 동명사가 와야 하므로 to meet him이 아닌 to meeting him이 써야 한다는 것입니다.

여정

• 여름휴가가 시작되자마자 제주도로 여행을 떠났다.	We started on a journey for Jeju Island, as soon as the summer holidays began.
• 여행가서 가족들과 사진을 많이 찍었다.	We took lots of pictures with my family on our trip.
• 우리는 많은 유적지를 방문했다.	We visited many historical sites.
• 우리 가족은 시골길을 따라 드라이브를 했다.	My family drove along a country road.
• 우리 가족은 휴가 때 온천을 갔다.	My family went to a hot spring during vacation.
• 여행 중에 날씨가 매우 좋았다.	We had wonderful weather on our tour.
• 우리는 1주일간의 여행에서 밤늦게 돌아왔다.	We returned from a week's tour late at night.
• 정말 행복한 여행이었다.	It was a really happy trip.
• 로마에 가면 로마법을 따르라.	When in Rome, do as the Romans do.
• 백문이 불여일견이다.	Seeing is believing. A picture is worth a thousand words.

자전거 하이킹

• 나는 주말에 자전거를 즐겨 탄다.	I enjoy riding my bicycle on weekends.
• 나는 접이식 자전거가 있다.	I have a collapsible bicycle. * collapsible 접을 수 있는
• 자전거를 타고 여행을 하자고 친구들에게 제안했다.	I suggested to my friends that we should go on a cycling tour.
• 모두가 내 제안에 동의했다.	Everyone agreed to my suggestion.
• 우선 부모님의 허락을 얻어야 했다.	First of all, we had to get our parents' permission.
• 그는 자전거를 못 타서, 우리와 함께 갈 수가 없었다.	He couldn't cycle, so he couldn't go with us.
• 조만간 그는 자전거를 배울 것이다.	Sooner or later, he will learn how to ride a bicycle.
• 우리는 함께 모여 자전거 여행을 준비했다.	We got together and arranged our cycling tour. * arrange 준비하다, 마련하다
• 자전거가 없는 사람은 대여하기로 했다.	Those who didn't have their bicycles agreed to borrow them.
• 자전거를 탈 때는 항상 헬멧을 써야 한다.	When riding a bicycle, we had better wear a helmet at all times.
• 사고가 났을 경우 헬멧이 머리를 보호해 줄 것이다.	The helmet will protect my head in case of an accident.

- 자전거 여행하기에 아주 좋은 날씨였다. It was perfect weather for cycling.
- 자전거 도로를 잘 이용하였다. We made good use of bicycle lanes.
- 열심히 자전거 페달을 밟았다. I pedaled on my bicycle continuously.
- 사람들 때문에 길이 좀 복잡했다. The trails were a little crowded.
  ★ trail 오솔길
- 한 번 넘어지긴 했지만 그리 심각하진 않았다. I fell off my bicycle, but it was not so serious.
- 커브를 돌다가 다른 자전거와 마주쳤다. When turning around a curve, I came face to face with another bike.
  ★ face to face 정면으로, 마주 대하여
- 그것과 부딪혔더라면 크게 다쳤을 것이다. If I had hit it, I could have been seriously injured.
- 그림 같은 주변 경관을 즐기며 달렸다. I pedaled my way enjoying the picturesque surrounding.
  ★ picturesque 그림 같은, 아름다운 | surrounding 환경, 주위
- 경치가 너무 좋아 잠시 자전거를 나무에 기대어 놓고 쉬었다. The scenery was so good that I leaned the bicycle against a tree and took a break.
- 자전거 바퀴에 바람이 빠져 바람을 넣었다. The tire of my bicycle got flat, so I pumped it up.
- 자전거로 오르막길을 오르기가 매우 힘들었다. It was very difficult to ride up a hill by bicycle.
- 자전거 바퀴의 살 하나가 부러졌다. One of the spokes of my bicycle was broken.
  ★ spoke 자전거 바퀴의 살
- 자전거를 수리하도록 맡겼다. I had the bicycle repaired.

자전거 안전 수칙

Do's – Wear a bike helmet at all times. 항상 자전거 헬멧을 쓰세요.
Always let cars and people go first. 항상 자동차와 사람들을 먼저 가게 하세요.
Slow down at all intersections. 교차로에서는 속도를 늦추세요.

Don't –Don't ride double. 2인 승차하지 마세요.
Don't ride at night without a light. 밤에는 라이트 없이 자전거를 타지 마세요.
Never go between two cars. 자동차 사이로 절대 가지 마세요.

09 해외여행 TRAVELING ABROAD

여행과 문화

- 다른 특이한 문화를 배우는 것은 흥미로운 일이다. It is exciting to learn about other unusual cultures.
- 여행은 우리에게 다른 문화를 경험할 수 있는 기회를 안겨 준다. Traveling provides us with opportunities to experience other cultures.
- 여행은 견문을 넓혀 준다. Traveling broadens our perspective.
  * broaden 넓게 하다 | perspective 시각, 견해, 경치, 조망
- 돈을 충분히 벌면 언젠가는 세계 여행을 할 것이다. When I earn enough money, I will travel all over the world some day.
- 나는 세계 여행을 통해 여러 문화를 경험하고 싶다. I want to experience different cultures through traveling around the world.
- 다른 나라의 다양한 민족들을 만나 보고 싶다. I want to meet various peoples from other countries.
- 다른 나라를 여행하려면, 미리 그 나라의 문화에 대해 알아두는 게 좋다. When we want to travel to other countries, it is better to know about their cultures in advance.

여행 준비

- 다음 휴가 때 해외여행을 가자고 제안했다. I suggested that we should go abroad next holiday.
- 우리는 해외여행 준비를 하고 있다. We are preparing for a trip abroad.
- 우리 가족은 뉴욕 관광 여행을 계획하고 있다. My family is planning a sightseeing trip to New York.
- 유럽으로 여행갈 계획을 세우고 있다. I am planning to go to Europe.
- 우리 가족은 5박 6일간의 여행을 떠날 것이다. My family members are going on a trip for 5 nights and 6 days.
- 배낭여행을 갈 것이다. We will go backpacking.
- 배를 타고 ~를 갈 것이다. I am going to ~ by ship.
- 이번에는 단체 여행으로 가고 싶다. I want to take a group tour this time.
- 여행을 위해 준비할 것들이 많다. There are many things to prepare for the journey.
- 우선 여권과 비자를 신청했다. First of all, I applied for a passport and a visa.

- 비자받는 데 시간이 오래 걸렸다. It took a long time to get a visa.
- 미리 여행사에 예약을 했다. I made a reservation with a travel agency in advance.
- 5월 5일 ~행 비행기의 좌석을 두 개 예약했다. I booked two seats to ~ on May 5.
- ~까지의 비행기 요금이 꽤 비쌌다. The plane fare to ~ was very high.
  ★ fare 통행료, 운임, 요금
- 호텔을 트윈 룸으로 예약했다. I made a hotel reservation for a twin room.
  ★ twin room twin bed가 있는 방
- 더블 룸은 빈방이 없었다. There were no vacancies for double rooms.
  ★ vacancy 빈 방, 빈 공간 | double room (호텔 등의) 2인용 방
- 비행기가 예약이 되어 있는지 확인했다. I confirmed whether the flight had been booked.
  ★ confirm 확실히 하다, 확인하다
- 짐을 꾸렸다. I packed my luggage.
  ★ luggage 수화물, 여행용 가방, 짐

공항에서

- 가족들이 배웅을 해 주었다. My family saw me off.
  ★ see ~ off 전송하다
- 비행기를 타기 위해 서둘러야 했다. I had to hurry to catch the plane.
- 비행기가 한 시간 연착되었다. The flight landed an hour late.
- 비행기가 한 시간 늦었다. The flight was an hour behind time.
- 안개 때문에 비행기가 뜰 수가 없었다. The plane couldn't take off because of the fog.
- 어쩔 수 없이 출발을 하루 늦추어야만 했다. Unavoidably I had to delay for a day.
- 공항에서 출국 수속을 밟았다. I went through the departure procedures in the airport.
- 탑승 수속 카운터에서 탑승 수속을 했다. I checked in at the check-in counter.
- 비행기의 창가쪽 자리를 원했다. I wanted the window seat in the airplane.
- 통로쪽 좌석만 있었다. There were only aisle seats.
- 공항 이용료를 지불했다. I paid the airport usage tax.
- 각각의 짐에 꼬리표를 붙였다. I attached a label to each piece of luggage.
- 보안검색을 받았다. I went through the security check.
- 탑승하기 전에 면세점에서 물건 몇 개를 샀다. I bought some things in a duty-free shop before boarding.
- 탑승시간이 바뀌었다는 안내 방송이 있었다. There was an announcement that the boarding time had been changed.

• 탑승 예고 방송이 있었다. There was a pre-boarding announcement.

• 3시 ~행 대한항공 707편의 출발을 알리는 소리를 들었다. I heard Korean Airlines announce the departure of flight number 707 for ~ at three o'clock.

• 35번 탑승구에서 비행기를 탔다. I got on the airplane at boarding gate 35.

기내에서

• 승무원에게 탑승권을 보여 주었다. I showed my boarding pass to a flight attendant.
* flight attendant 비행기 승무원

• 승무원이 자리를 안내해 주었다. The flight attendant showed me to my seat.

• 좌석이 붙어 있지 않아서 다른 사람에게 바꿔 달라고 부탁했다. We couldn't get seats together, so I asked someone to change seats.

• 나는 처음으로 비행기를 타고 여행을 했다. I flew on a plane for the first time.

• 비행기가 배보다 훨씬 더 편하다고 생각했다. I found the plane much more comfortable than a ship.

• 가방을 선반 위에 올려놓았다. I put my bags in the overhead bin.

• 안전벨트를 착용했다. I buckled up.
I fastened my seat belt.

• 비행기가 이륙하자 속이 울렁거렸다. I felt nauseous when the plane took off.
* nauseous 메스꺼운, 울렁거리는

• 비행기 멀미를 했다. I suffered from nausea.
* nausea 메스꺼움, 멀미

• 토할 것 같았다. I felt like throwing up.

• 구토용 봉투가 필요했다. I needed a barf bag.
* barf 구토

• 멀미약을 먹었어야 했다. I should have taken anti-nausea medicine.

• 비행기를 타니 귀가 멍멍했다. I felt pressure in my ears when I was flying.

• 귀가 뚫리도록 침을 삼켰다. I swallowed saliva to pop my ears.
* saliva 침

• 의자를 뒤로 젖혔다. I put my seat back.

• 의자 뒤로 기댔다. I reclined my seat.
* recline 기대다, 몸을 눕히다

• 창 가리개를 내리고 잠을 잤다. I pulled the shade down and went to sleep.

• 기내 영화를 보았다. I watched the in-flight movie.

스튜어디스

예전에는 비행기 남자 승무원은 steward, 여자 승무원은 stewardess라고 했지만, 요즘은 남녀 구별 없이 flight attendant라고 합니다.

입국 수속

• 예정대로 도착했다.	We arrived on schedule.
• 예정보다 1시간 늦게 도착했다.	We arrived an hour behind schedule.
• 입국 심사를 받았다.	I went through immigration.
• 도착해서 입국 신고서를 작성했다.	After arriving, I filled out a landing card.
• 세관 신고서를 작성했다.	I filled out a customs declaration form.
• 나는 신고할 것이 없었다.	I had nothing to declare.
• 세관 검사소를 통과해야 했다.	I had to go through customs inspection. * inspection 검사, 점검, 조사
• 세관에 걸렸다.	I failed to make it through customs.
• 그 물건에 대한 관세를 내야 했다.	I had to pay a duty for the item.
• 삼촌께 공항에 나와 달라고 부탁했다.	I had asked my uncle to meet us at the airport.
• 그가 마중나왔다.	He came out to greet me.
• 그곳에 도착하자마자 가족에게 전화를 했다.	As soon as I arrived there, I called my family.
• 시차 적응을 잘했다.	I got over my jet lag. * jet lag 시차적응을 못해서 일어나는 증세
• 시차 적응을 잘 못해서 내내 졸렸다.	I felt sleepy all the time because I didn't get over my jet lag.

수하물 찾는 곳

비행기에서 내리면 출국 수속을 마치고 짐을 찾아야 하는데, '짐 찾는 곳'을 baggage claim area라고 합니다. 빙빙 돌아가며 가방을 운반하는 회전대는 carrousel이라고 하는데, 이는 놀이공원에 있는 회전목마를 칭하는 말이기도 합니다. 아무리 기다려도 짐이 안 보인다고요? 그럼 lost and found, 즉 '분실물 보관소'로 가봐야겠네요.

관광

• 우리는 5일 동안 최고급 호텔에 머물렀다.	I stayed at the best hotel for 5 days.
• 그 호텔은 시설이 좋았다.	The hotel was well furnished. * furnished 시설이 갖춰져 있는, 가구가 딸려 있는
• 호텔 시설은 꽤 좋았으나 숙박료가 비쌌다.	The accommodations of the hotel were quite good, but it was expensive. * accommodation 숙박 시설
• 우리의 호텔 방은 바다가 보이는 전망 좋은 곳이었다.	Our hotel room had a fine view of the sea.
• 호텔에서 아침을 무료로 제공했다.	The hotel gave us free breakfast.
• 관광버스로 시내를 둘러보았다.	I looked around the town on a sightseeing bus.
• 일정이 빡빡했다.	My schedule was tight.
• ~을 두루 둘러보며 여행했다.	I travelled throughout ~.
• 거기에 가는 길을 몰라 어떤 사람에게 물어보았다.	I asked someone how to get there.
• 길이 매우 헷갈렸다.	The streets were very confusing.
• 그는 내게 약도를 그려 주었다.	He drew a map for me.
• 그가 길을 자세히 가르쳐 주었다.	He gave me detailed directions.
• 별 어려움 없이 그곳을 찾을 수 있었다.	I was able to find it without any difficulty.
• 관광 안내소에서 지도와 팸플릿을 구했다.	I got a map and pamphlets from the tourist information office.
• 지도에서 그곳을 찾아보았다.	I looked it up on the map.
• 유명한 관광 명소가 어디에 있는지 확인했다.	I checked out where well-known tourist attractions were. * attraction 매력, 매혹, 사람들을 끌어들이는 인기 있는 것
• 안내원이 그 도시의 볼거리 몇 곳을 추천해 주었다.	A guide recommended some sights of the city.
• 세계에서 가장 큰 박물관에 다녀왔다.	I have been to the biggest museum in the world.
• 구경할 만한 것들이 많았다.	There were many things worth seeing. * worth -ing ~할 가치가 있는
• 관광객들이 꼭 봐야 할 것들은 놓치지 않고 보려고 했다.	I tried not to miss the must-sees for tourists.
• 거리 상인들이 팔고 있는 그 지역의 특산 요리도 맛보았다.	We tasted some exotic local food the street vendors were selling. * exotic 이국적인 | vendor 노점 상인, 행상인

• 다른 나라의 독특한 맛을 경험해 보는 것이 아주 흥미로웠다.	It was very interesting to experience the exquisite flavors of another country. * exquisite 절묘한, 독특한, 맛 나는
• 배를 타고 섬을 일주하는 선상 여행을 했다.	We joined the boat trip around the island.
• 삼촌이 우리를 데리고 구경시켜 주셨다.	My uncle showed us around. * show ~ around ~를 구경시키다
• 그 풍경은 말로 표현할 수 없이 아름다웠다.	The beauty of the scenery was beyond description.
• 그렇게 믿을 수 없을 정도로 멋진 풍경을 지금껏 본 적이 없었다.	I have never seen such an incredibly wonderful sight in my life.
• 그 풍경은 그림처럼 아름다웠다.	The scene was as beautiful as a picture.
• 가족들에게 줄 기념품을 사야 했다.	I needed to buy some souvenirs for my family.
• 기념할 만한 것을 사고 싶었다.	I wanted to buy some memorable things. * memorable 기억할 만한, 잊지 못할
• 선물 가게에서 수공예 기념품을 몇 개 샀다.	I bought a few handcrafted souvenirs at the gift shop. * handcrafted 수공예로 만든
• 다른 나라의 다양한 문화를 경험했다.	I experienced various cultural aspects of another country. * aspect 양상, 모습, 국면
• 문화적 차이를 느낄 수 있었다.	I could feel the cultural differences.
• 그가 우리를 태워 가기 위해 공항에 왔다.	He came to pick us up at the airport.
• 언젠가 세계 일주 여행을 하고 싶다.	I want to take a journey around the world someday.

DIARY 20

Going for Europe

Monday, June 29. Sunny

I'm going to Europe next Monday! I've been waiting for this day all month. Of course I know it will be a long and hard trip. I'm planning to travel all over Europe for 36 days! I've never been away from home for so long. I'm so excited and worried at the same time. What if I get lost? What if I have my wallet stolen? What if! What if! All these What if's are driving me crazy. But I am full of confidence. I will be able to make it through. I was able to get a lot of information and reserve airplane tickets and hotels on the Internet. I saved a lot of money by using the Internet service.

I studied about Europe before leaving for it. Europe seems to be full of energy. I can't wait to depart! I will have an incredible summer vacation. I am looking forward to seeing museums, historical sites and the breathtaking scenery of other countries.

가자, 유럽으로!

6월 29일 월요일 화창함

다음 월요일이면 유럽에 가게 된다. 한 달 내내 이 날을 기다리고 있다. 물론 길고도 험한 여행이 되리라는 것을 알고 있다. 나는 36일 동안 유럽 전역을 여행할 계획이다. 나는 그렇게 오랫동안 집을 떠나 있어 본 적이 한 번도 없다. 흥분되기도 하고 동시에 걱정이 되기도 한다. 길을 잃으면 어쩌지? 누군가 내 지갑을 훔쳐 가면 어쩌지? 만일 무슨 일이 생기면 어쩌지 하는 생각들이 나를 미치게 만들고 있다. 그러나 나는 자신만만하다. 나는 잘해낼 수 있을 것이다. 나는 인터넷을 통해 많은 정보를 얻을 수 있었고 비행기 티켓이나 호텔을 예약할 수 있었다. 인터넷 서비스를 이용해서 많은 돈을 절약했다.

나는 유럽으로 떠나기 전에 유럽에 대해 공부를 했다. 유럽은 활기로 가득 차 있는 것 같다. 어서 빨리 출발하고 싶다! 정말 끝내주는 여름 방학을 보내게 될 것이다. 다른 나라의 박물관, 유적지 그리고 정말 멋진 경치들을 보게 될 것을 간절히 기대하고 있다.

NOTES

at the same time 동시에 | **get lost** 길을 잃다 | **have ~ stolen** ~를 도난당하다 | **reserve** 예약하다 | **be full of** ~로 가득 차다 | **can't wait to**+동사원형 ~하고 싶어 못 견디다, 빨리 ~하고 싶다 | **incredible** 믿을 수 없는, 엄청난 | **look forward to -ing** ~하기를 학수고대하다 | **breathtaking** 아슬아슬한, 깜짝 놀랄 만한

Life is nothing until it is lived;
but it is yours to make sense of, and the value of it is
nothing other than sense you choose.

인생이란 살아 보기 전에는 아무것도 아니다.
그러나 인생의 의미를 부여하는 것은 우리 자신이고,
그것의 가치는 우리가 부여하는 의미 이외의 아무것도 아니다.

_Jean Paul Sartre 장 폴 사르트르

CHAPTER

21

직장 생활

1. 직업
2. 취업
3. 직장 생활
4. 사업

01 직업

JOB

직업의 종류

가수	singer
가정교사	tutor
가정부	maid, housekeeper
가정주부	homemaker
간호사	nurse
감독	director
건축가	architect
검사	prosecuting attorney
검찰관	prosecutor
경리	bookkeeper
경비원	(security) guard
경찰관	policeman, police officer
고고학자	archaeologist
곡예사	acrobat
공무원	civil servant
	government employee
과학자	scientist
광고대행업자	publicity agent
광부	miner
교사	teacher
교수	professor
교장	principal
교정원	proofreader
교환원	operator
구청 직원	ward officer
국회의원	Assemblyman
	Congressman
군인	military personnel
	soldier (육군)
	marine (해병대)
	air man (공군)
기자	reporter
기차표 매표인	ticket agent
노동자	laborer
농부	farmer
뉴스기자	newsman
뉴스앵커	anchorman, anchorwoman
대서인	scrivener
대통령	president
댄서	dancer
도매상인	wholesale dealer
도서관 사서	librarian
동물 조련사	animal trainer
목사	priest
목수	carpenter
미용사	hairdresser, beauty artist
바텐더	bartender
배관공	plumber
배달원	carrier, delivery man
배우	actor, actress
버스운전사	bus driver
번역가	translator
법무사	judicial scrivener
법무장관	attorney general
벨 보이	bellboy
벽돌공	bricklayer
변호사	lawyer
보험 대리점	insurance agent
부동산 업자	real estate agent, realtor
부서 책임자	manager
부통령	vice-president
비서	secretary
비행기 조종사	pilot
사무원	clerk
사장	company president
사진사	photographer
상담원	counselor
선원	mariner, sailor
선장	captain
설계사	designer
성우	voice actor
성직자	pastor
소매상인	retail dealer

소매치기	pickpocket
소방관	fire fighter
수녀	nun
수위	janitor
수의사	veterinarian
스튜어디스	stewardess
스튜어드	steward
승무원	crew, flight attendant
시인	poet
시장	mayor
신문기자	journalist
신문잡지 판매원	news agent, newsdealer
실내 장식가	interior designer
쓰레기 수거인	garbage collector
아나운서	announcer
안경사	optician
야구 선수	baseball player
양재사	seamstress
어부	fisher, fisherman
엔지니어	engineer
여행 안내원	travel guide
여행사직원	travel agent
연구원	researcher
연극배우	stage actor
연예인	entertainer
영업사원	salesperson
예술가	artist
외교관	diplomat
요리사	cook
용접공	welder
우주 비행사	astronaut
운동선수	athlete
운송업자	forwarding agent
운전기사	chauffeur
운전사	driver
웹 디자이너	web designer
위탁판매인	commission agent
은행원	bank employee
은행출납계원	teller
음악가	musician
의사	doctor
이민 알선자	emigrant agent
이발사	barber
인쇄공	printer
일용근로자	journeyman
임시교원	substitute teacher
자동차 수리공	car mechanic
자동차 판매업자	automobile dealer
자영업자	business owner
작가	author, writer
장관	minister
재단사	tailor
전기공	electrician
점쟁이	fortuneteller
접수계원	receptionist
정비공	mechanic
정육점 주인	butcher
정치가	politician, statesman
제빵사	baker
주방장	chef
지휘관	commander
직속상사	supervisor
직업군인	professional soldier
첩보요원	secret agent
청소부	cleaner, sweeper
출납원	cashier
컴퓨터 프로그래머	computer programmer
타이피스트	typist
탐험가	explorer
택시운전사	taxi driver, cab driver
통역	interpreter
판매 점원	sales assistant
판사	judge
패션 디자이너	fashion designer
편집자	editor
프리랜서 작가	freelance writer
해운업자	shipping agent
호텔 경영자	hotelier, hotel manager
환경미화원	street sweeper
회계사	accountant

직업 선택

• 직업을 잘 선택하는 것은 중요한 일이다.	It is important to choose our profession carefully.
• 좋은 직업을 갖는 것은 쉬운 일이 아니다.	It is not easy to get a good job.
• 안정된 직업이 있다는 것은 행운이라고 생각한다.	I think it is good fortune to have a regular job.
• 좋은 직업을 갖기를 원하는 사람들은 사람들과의 관계가 좋아야 하고, 적어도 하나 정도의 외국어는 유창하게 할 수 있어야 한다.	Those who want to have a good job must be good with people, and speak at least one foreign language fluently.
• 직업에는 귀천이 없다.	All legitimate trades are equally honorable. * legitimate 합법의, 옳은, 진정한 | honorable 명예로운, 올바른, 고귀한
• 일하지 않는 자는 먹지도 마라.	No song, no supper.
• 일자리에 지원하기에 앞서 내가 가장 잘할 수 있는 일이 무엇인지 생각해 보았다.	I thought about what I did best before applying for a job.
• 내게 맞는 직업을 찾기 위해 직업 적성 검사를 해 보았다.	To find the job right for me, I took a vocational test. * vocational 직업의, 직업상의
• 앞으로 존경받는 직업을 갖고 싶다.	I want to have a respectable occupation in the future. * occupation 업무, 직업, 일
• 우리 과학 선생님처럼 완벽한 선생님이 되고 싶다.	I want to be a perfect teacher like my science teacher.
• 나는 공무원 같은 직업을 갖고 싶다.	I want to have a job such as a government employee.
• 보수가 많은 직업을 갖고 싶다.	I want to have a job with good pay.
• 근무 시간을 자유롭게 조절해서 일할 수 있는 직장에 다니고 싶다.	I want to join a company that can give me a flexible schedule. * flexible 우연성이 있는, 융통성이 있는
• 직업을 갖지 않고 알뜰한 가정주부가 되고 싶다.	I want to be a thrifty homemaker without a job. * thrifty 검소한, 절약하는, 알뜰한
• 돈을 많이 벌게 해 주는 직업이 무엇인지 궁금하다.	I wonder what job promises good fortune. * fortune 행운, 재산
• 유망한 기업에 들어가고 싶다.	I want to get into a leading company.

나에게 맞는 일

• 내가 그 일에 적임자라고 생각한다.	I think I am the right person for the job.
• 내가 그 일에 아주 적임자다.	I am cut out for the work. * be cut out for ~에 적임이다, 꼭 맞다

• 내가 그 일에 적당한 사람이다. I am suitable for the work.

• 나는 그 업무에 필요한 모든 자질을 다 갖추고 있다. I have every quality needed for the job.

• 내가 그 자리에 적합하다고 생각한다. I think I am qualified for the position.

• 내 적성에 잘 맞는 직업이다. It is my type of work.

• 그 직업은 내 성격에 맞는다. The job fits my personality.

• 그 일은 내게 잘 맞지 않는다. It is not my type of work.

• 나는 그 일을 하기에 기술이 부족하다. I have insufficient skills for the position.
⋆ insufficient 불충분한, 부족한, 능력이 없는

• 어떤 직장을 가질 것인지 아직 결정하지 못했다. I have not decided yet what job to get.

• 직업을 선택하는 것이 이렇게 어려운 줄 몰랐다. I didn't know how difficult it would be to choose my profession.
⋆ profession 직업

NEET족이란?

니트(NEET)족이란 Not in Education, Employment or Training의 줄임말로, '학교에 다니지 않으면서 일할 의지도 없고 가사일도 하지 않는 청년 무직자'를 가리킵니다. 필요한 돈이 모일 때까지만 일하고 쉽게 일자리를 떠나는 사람은 '프리터(Freeter)족'이라고 하는데, 이는 Free Arbeiter를 일컫는 말입니다.

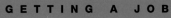

02 취업 GETTING A JOB

구직

• 요즘 일자리를 찾고 있다. I am looking for a job these days.

• 일자리 구하기가 매우 어렵다. It is very difficult to find employment.

• 요즘은 취업하기가 매우 어렵다. These days the job market is very tight.

• 학교를 졸업하자마자 일자리에 지원할 계획이다. As soon as I graduate from school, I plan to apply for a job.

- 나는 1년간 취업 교육을 받았다. — I took a career preparation course for a year.
- 취업 박람회에 가 보았다. — I went to a career fair.
- 내가 일하고 싶은 회사가 몇 군데 있었다. — There were several companies I wanted to work for.
- 내가 지원할 그 일에 5년간의 실무 경험이 있다. — I have five years experience at the job I am applying for.
- 그 회사는 어느 정도의 직업 경험을 필요로 했다. — The company required some work experience.
- 그 회사에서 일하려면 높은 토익 점수는 필수이다. — A high TOEIC score is a must to work in the company.
- 나는 국제 무역 회사에 근무했었다. — I used to work for an international trade company.
- 신문 구인 광고에 있는 회사의 전화번호를 보고 전화를 했다. — I called the number of a company in the want ads of a newspaper.
- 그 회사에 지원하려고 했으나 마감일이 어제였다. — I wanted to apply to the company, but the application deadline was yesterday.
- 엔지니어를 구하는 광고를 보고 전화를 했더니 아직도 그 자리가 비어 있었다. — I called about the advertisement for an engineer and it was still open.
- 그 회사가 진취적인 면이 있어서 지원했다. — I applied to the company because it is aggressive.
  * aggressive 진취적인, 호전적인
- 컴퓨터 관련 직업에 지원했다. — I applied for the job related to computers.
  * related to ~에 관련된, ~에 관계되는

빽이라도 있으면 좋겠다

취업은 안 되고 답답하고 막막하면 빽이라도 있어서 어느 회사로든 입사하면 좋겠다는 생각을 하는 사람도 있겠죠. 여기서 '빽'이라 함은 '연줄'에 해당하는 말로 영어로는 connections라고 합니다. '그는 빽이 좋다'는 표현은 He is a person of good connections.라고 합니다.

입사 시험

- 오늘 그 회사 입사 시험이 있었다. — Today I had an entrance exam for the company.
- 경쟁률이 아주 높았다. — The competition was very intense.
- 입사 시험이 어려웠지만 합격을 했다. — The entrance exam was hard, but I passed it.
- 면접 시간이 잡혔다. — I had an appointment for an interview.
- 오늘 면접이 있었다. — Today I had a job interview.
- 면접을 위해 정장을 입고 머리를 단정히 빗었다. — I dressed up and combed my hair neatly for the job interview.

- 많은 지원자들이 면접에 왔다. | There were many applicants for the job interview.
- 회사의 인사담당 직원들이 내게 몇 가지 질문을 했다. | The personnel officers of the company asked me several questions.
- 나는 면접관들의 질문을 주의 깊게 듣고 자신감 있고 정중하게 대답했다. | I listened to the interviewer's questions carefully and I answered confidently and politely.
- 그들에게 내가 가진 기술과 경험에 대해 설명했다. | I described my skills and experience to them.
  * describe 설명하다, 묘사하다
- 특히 그 직업에 대한 내 관심을 강조했다. | I especially emphasized my interest in the job.
- 면접관의 질문에 대답을 적절히 잘한 것 같았다. | I thought I gave proper answers to the interviewer's questions.

취업

- 면접에 합격했다. | I passed the job interview.
- 드디어 직장을 구했다. | I've got a job finally.
- 마침내 취업이 되었다. | I was employed at last.
- 대기업에 입사하게 되었다. | I got to join a big company.
- 일을 시작하게 되어 매우 기뻤다. | I was glad to begin working.
- 삼촌의 주선으로 일자리를 얻게 되었다. | I got the job thanks to my uncle.
- 그분 덕분으로 일자리를 구했다. | I've got a position thanks to him.
- 그가 나에게 일자리를 주선해 주었다. | He found me a position.

my job은 어디에 ~

직장을 찾는다고 해서 I want to get my job.이라고 하면 듣는 외국인이 어리둥절해할 것입니다. 뭐가 이상해서 그럴까 하며 말한 사람도 당황하겠죠. my job이라고 하면 어딘가에 내 직업으로 미리 정해 놓은 것이 있는데, 그걸 잃어버려서 찾고 있다는 표현이 되므로 I want to get a job.이라고 해야 합니다.

03 직장 생활

OFFICE LIFE

내 직장

• 나는 신입 사원이다.	I am a new recruit.
• 나는 취업되어 일하고 있다.	I am at work.
• 나는 사무직 근로자이다.	I am an office worker.
• 지금 나는 컴퓨터 회사에서 근무한다.	Now I work for a computer company.
• 나는 해외 무역에 종사하고 있다.	I am engaged in foreign trade. I am occupied with foreign trade.
• 나는 관리자의 직책을 맡고 있다.	I am in charge of managing. ⋆ be in charge of ~를 맡고 있다, ~담당이다
• 나는 내 직업에 만족한다.	I am satisfied with my job.
• 나는 회사에 충실하려고 항상 노력한다.	I always try to be loyal to the company.
• 사실, 직장에서 일하는 것이 학교에서 공부하는 것보다 훨씬 더 스트레스를 많이 받는다.	In fact, working at my job is much more stressful than studying at school.
• 요즘 우리 회사는 사업이 잘 되고 있다.	My company has been doing well recently.
• 그 회사에는 여러 가지 복지 제도가 있다.	The company has several benefits.
• 그 회사는 직원들에게 무료로 숙식을 제공해 준다.	The company provides the employees with free room and board. ⋆ room and board 거주지와 식사
• 가능한 한 빨리 승진하고 싶다.	I want to get promoted as soon as possible.
• 사장님이 나를 부장으로 승진시키셨다.	The boss promoted me to a departmental manager.
• 나는 부장으로 승진했다.	I was promoted to the chief of my department.
• 나는 내 직업에 자부심을 가지고 있다.	I take pride in my job.
• 나는 다른 자리로 좌천되었다.	I was demoted to another position. ⋆ demote 지위를 떨어뜨리다, 좌천시키다

직위

어떤 기관이나 회사의 사장을 president, principal 또는 boss라고 하죠. 또한 최고 경영자를 나타내는 말인 CEO라고 하기도 하는데, 이는 Chief Executive Officer의 이니셜입니다. 부장은 director, 차장은 deputy general manager, 실장은 general manager, 과장은 manager, 과장대리는 deputy manager, 대리는 assistant manager입니다. 그리고 회사의 평사원은 rank-and-file worker라고 합니다.

근무 시간

• 나는 1주일에 5일 근무한다.	I work five days a week.
• 우리 회사의 근무 시간은 오전 9시부터 오후 6시까지이다.	I work nine-to-six. The working hours are from 9 a.m. to 6 p.m.
• 나는 9시에 출근해서 6시에 퇴근한다.	I get in at 9 a.m and go home at 6 p.m.
• 나는 오전 9시부터 오후 5시까지 하루에 8시간 일한다.	I work eight hours a day from 9 a.m. to 5 p.m.
• 8시까지 출근한다.	I get to work by 8 o'clock.
• 8시에 일이 시작된다.	My work starts at 8 o'clock. I start my work at 8 o'clock.
• 12시에 한 시간 동안 점심시간이 있다.	We have a one-hour lunch break at 12 o'clock.
• 오늘은 오전 근무조로 일했다.	I worked the morning shift today. * shift 교대, 교대조, 교체
• 6시에 퇴근을 하여 7시까지 집에 들어간다.	I leave the office at 6 o'clock and come home by 7 o'clock.
• 우리는 3교대제로 근무한다.	We work on a three-shift system.
• 8시간 단위로 교대 근무를 한다.	I work an eight-hour shift.
• 나는 야간조 근무를 한다.	I work the night shift.
• 나는 주간조 근무를 한다.	I work the day shift.
• 오늘은 야간 근무조이다.	I am on the night shift today.
• 오늘은 야근을 해야 했다.	Today I had to take night duty.
• 1주일에 한두 번은 야근을 한다.	I work overtime once or twice a week. * overtime 초과 근무, 규정 시간 외의 근무
• 그 프로젝트를 끝마치기 위해 야근을 했다.	I worked the night shift to finish the project.
• 요즘은 거의 매일 야근을 한다.	These days I work overtime almost every day.
• 일을 마치고 집에 돌아갔다.	I called it a day and went home.
• 나는 일이 끝나면 곧장 집으로 간다.	I make a beeline for home after work. * make a beeline for ~에 일직선으로 가다
• 오늘은 쉬는 날이다.	I am off today. I took off today.
• 내일은 출장을 갈 것이다.	I will take a business trip tomorrow. I will be away on business tomorrow. I will travel on official business tomorrow.
• 힘들게 하루 일을 마치고 나면 지친다.	I am worn out after a hard day's work.

- 이제 오늘의 일을 끝마쳤다. I have just finished today's work.
- 내일은 쉴 것이다. I am going to be off tomorrow.
- 나는 1주일에 이틀을 쉰다. I have two days off each week.
- 며칠간 쉬었으면 좋겠다. I want to have a few days off.
- 당분간 휴가를 가고 싶다. I want to go on vacation for the time being.
  * for the time being 당분간

근무 중입니까?

오늘은 내가 근무하는 날이라면 I am on duty today., 오늘은 근무하지 않는 비번이라면 I am off duty today.라고 하면 됩니다. '~시에 근무가 시작된다/끝난다'고 하려면 [go on/off duty at ~]의 형태를 씁니다.

출근

- 아침 일찍 출근 준비를 했다. I got ready for work early in the morning.
- 나는 ~에서 …로 지하철로 통근한다. I commute from ~ to ... by subway.
  * commute 통근하다, 통학하다
- 출근하는 데 지하철로 ~분 걸린다. I commute for ~ minutes by subway to work.
- 집에서 사무실까지 지하철로 한 시간 정도 걸린다. It takes about one hour from my home to the office by subway.
- 아침 러시아워에는 지하철에 사람이 너무 많다. There are so many people in the subway during the morning rush hour.
- 나는 통근 버스를 이용한다. I use commuter buses.
- 나는 항상 같은 시간에 버스를 탄다. I take a bus at the same time.
- 나는 동료 한 명과 카풀을 한다. I formed a car pool with a fellow worker.
- 나는 카풀로 출근한다. I carpool to work.
- 우리 회사는 집에서 아주 가까운 곳에 있다. My company is just a stone's throw from my house.
- 걸어서 7분밖에 안 걸린다. It is just a seven-minute walk.
- 정각에 출근했다. I punched in on time.
  * punch in 출근시간을 기록하다
- 아파서 회사에 지각했다. Since I was sick, I reached the office late.
- 길이 너무 막혀 지각했다. The road was so congested that I was late.
- 아파서 출근을 못한다고 전화했다. I called in sick.

바쁜 직장 생활

- 일이 익숙해질 때까지는 무척 바빴다. I was busy until I got used to my job.
- 일에 익숙해지고 있다. I am getting used to the work.
- 요즈음은 일에 압도될 정도로 많다. I have had an absolutely overwhelming amount of work lately.
- 한 가지 일을 채 끝마치기도 전에 또 다른 일이 밀려온다. I never complete one assignment before another one comes along.
- 할 일이 많아 꼼짝 못하고 있었다. I was hung up with work. I was tied up with a lot of work. I was swamped with work. I was stuck at the desk with work.
- 시간에 쫓기고 있었다. I was pressed for time.

업무 진행

- 내가 맡은 일을 매우 잘해내고 있다. I am doing very well at my job responsibilities.
- 쉬지 않고 일했다. I worked without any break.
- 나는 밤낮으로 열심히 일했다. I worked hard around the clock. I worked hard all the time, day and night.
- 헌신적으로 일을 했다. I did the work with devotion. I devoted myself to the work. I did the work with my whole heart.
- 나는 일벌레가 된 것 같다. I seem to have become a workaholic.
  * workaholic 일을 많이 하는 사람, 일벌레
- 나는 항상 일에 얽매여 있다. I am always obsessed with work.
  * obsessed ~에 사로잡힌, 얽매인
- 할 일이 산더미 같다. I am swamped with work.
  * swamped 바빠서 정신을 못 차리는
- 신선한 공기를 마시며 한 숨 돌리기 위해 잠시 밖으로 나갔다. I went out for a while to get a breath of fresh air.
- 나는 소매를 걷어 올리고 열심히 일했다. I worked hard, rolling up my sleeves.
- 나는 다른 사람보다 두 배나 빨리 일한다. I work twice as fast as others.
- 그 일은 혼자 하기에는 너무 벅찬 일이었다. There was just too much work for one person.
- 솔직히 말해서 그 일은 나에게 버거운 일이다. Frankly, the work is beyond my ability.

• 나는 그 일을 할 만한 자격이 안 된다. I am not qualified enough to do my job.
* qualified ~의 자격이 있는

• 나는 항상 근면하게 일을 하려고 노력한다. I always try to be an industrious worker.
* industrious 근면한, 부지런한

• 그는 일을 부지런히 한다. He is a workhorse.
* workhorse 일을 부지런히 하는 사람

• 다른 사람들보다 앞서기 위해 열심히 일한다. I work hard to get ahead of others.

월급날

• 오늘은 월급날이다. Today is payday.

• 첫 월급을 탔다. I got my first paycheck.
I got paid for the first time.

• 초봉은 그리 많지 않았다. The starting pay was not that much.

• 후한 월급을 받고 있다. I get a good salary.

• 내 보수는 많은 편이다. My salary is somewhat generous.

• 한 달에 적어도 ~는 받는다. I get paid at least ~ a month.

• 다음 달에는 월급을 더 많이 받게 될 것이다. I will get better pay next month.

• 월급이 인상되어 기쁘다. I am happy to get a raise.

• 이번 달에는 성과급을 받았다. I got an incentive bonus this month.
* incentive 장려금, 격려금, 성과급

• 내 월급에 만족한다. I am satisfied with my salary.

• 월급이 삭감됐다. I was given a cut in salary.

• 일은 많이 하지만 월급은 적다. I am overworked and underpaid.

• 월급이 너무 적다. My salary is so low.

• 쥐꼬리만한 월급이다. It is a chicken feed.

• 내 월급으로는 살아갈 수가 없다. I can't get along on my pay.

• 월급이 올랐으면 좋겠다. I want a raise.

• 사장님에게 월급 인상을 요구했다. I asked my boss for a raise.

• 그는 월급을 올려 주었다. He raised my pay.

• 기대하고 있었는데 월급을 인상해 주지 않았다. He didn't give me the raise I was hoping for.

회사에서 주는 돈

월급이나 연봉 같은 보수는 salary라고 하고, 아르바이트처럼 일한 시간이나 양만큼만 주는 임금은 wage라고 합니다. 또한 월급이나 임금 이외에 특별한 이유로 주는 수당은 allowance이라고 하죠. 그래서 가족 수당은 family allowance, 초과 수당은 overtime allowance, 위험 수당은 danger allowance이라고 합니다. 그리고 열심히 일해서 특별한 실적을 남긴 사람에게 주는 장려금은 incentive이고, 명절이나 연말 같은 특별한 때에 주는 상여금은 bonus입니다.

근무 조건

- 우리 회사는 근무 조건이 아주 좋다. My company has excellent working conditions.
- 우리 회사의 근무 조건은 매우 열악하다. The working conditions of my company are very poor.
- 나는 사장과 사이가 좋지 않다. I don't get along well with my boss.
- 사장은 직원들을 시키는 대로 일하도록 한다. The boss has the employees under his thumb.
- 사장은 항상 우리에게 어조를 낮추어 이야기 한다. The boss always talks down to us.
  * talk down to ~에게 어조를 낮추어 이야기하다
- 사장은 참견하기 좋아하는 사람이라 항상 이래라 저래라 한다. My boss is like a back seat driver as he is always telling me what to do.
- 사장한테 질책을 받았다. I was reprimanded by the boss.
  * reprimand 호되게 꾸짖다, 질책하다
- 사장님에게 불만이 많았다. I had a lot of complaints about my boss.
  * complaint 불평, 불만
- 많은 동료들이 근무 조건에 만족하지 못하고 있다. My coworkers are not satisfied with the working conditions.
- 다른 동료들도 그들의 문제점을 사장에게 터놓고 이야기하고 싶어 했다. Other employees wanted to discuss their concerns openly to the boss.
- 아무도 고양이 목에 방울 다는 일은 하지 않으려고 했다. Nobody wanted to bell the cat.
- 내 일에 열의가 없어졌다. I became uncommitted to my work.
  * uncommitted 의무를 지지 않는, 얽매이지 않는
- 너무나 오랫동안 임금이 적어서 직업을 바꾸기로 결심했다. I've been doing the same low-paid job for so long that I decided to change jobs.
- 나는 다음 주에 서울로 전근을 갈 것이다. I am going to be transferred to Seoul next week.
- 더 좋은 직장을 찾을 때까지 지금 직장에 그대로 있기로 했다. I decided to hang on to my present job until I find a better one.

- 기회가 되면 즉시 직업을 바꿀 것이다. — As soon as I have an opportunity, I am going to change jobs.
- 다른 직장으로 옮겼다. — I left the company for another job.

회사원입니까?

'회사원이다'라는 표현은 I am a company man.이라고 하지 않습니다. company man은 회사 일만 생각하는 일벌레를 나타내는 말입니다. '나는 회사원이다'라고 하려면 I work for a company.라고 해야 합니다.

실직

- 회사 거래를 하다가 큰 실수를 저질러 정직 당했다. — I was suspended because I made a big mistake in a company transaction.
  * suspended 정지당한, 정학당한, 정직당한
- 나에겐 그 일을 잘해낼 능력이 없다고 생각한다. — I think I lack the competence to do the job well.
  * competence 적성, 자격, 능력
- 회사가 파업 중이다. — My company is on strike.
- 회사를 그만둘 것이다. — I am leaving the company.
- 직장을 그만둘까 생각 중이다. — I am thinking about quitting my job.
- 마침내 나는 일을 그만두었다. — I finally retired.
- 사직서를 냈다. — I submitted my letter of resignation.
  * resignation 사직, 사표, 사임
- 충동적으로 일을 그만두었다. — I quit my job on the spur of the moment.
  * on the spur of the moment 얼떨결에
- 회사가 정리해고를 했다. — The company made cutbacks.
  * cutback 인원의 삭감, 가지치기
- 정리해고 당했다. — I got laid off.
- 해고당했다. — I got fired.
  I got sacked.
  I got the sack.
  I was dismissed.
  I was discharged.
  I was let go.
- 내가 해고당하리라고는 생각지 못했다. — I hadn't expected to be laid off.
- 게으름 때문에 직장을 잃었다. — I lost my job because of my idleness.

• 유학을 가려고 일을 포기했다. I gave up work in order to study abroad.

• 아파서 일을 쉬고 있다. I am out because of my sickness.

• 나는 지금 실업자이다. I have no job.

• 나는 일이 없다. I am out of work.

• 나는 직업이 없다. I am out of a job.

• 나는 지금 실직 상태다. I am unemployed now.

• 직장을 자주 옮기는 것은 바람직하지 못하다. It is not desirable to change jobs frequently.

• 나는 이 직장 저 직장을 전전했다. I jumped from one job to another.

• 나는 요즘 일정한 직업이 없다. I have no regular occupation these days.

• 약 1년간 직업이 없었다. I have been out of a job for about one year.

• 안정된 직업을 갖고 싶다. I want to have stable work.
* stable 안정된, 견실한, 영속적인

• 직업이 없을 때는 스스로 나약하게 느껴진다. When I have no job, it makes me feel weak.

• 직장을 잃었을 때 무력감을 느꼈다. When I lost my job, I felt incompetent.
* incompetent 무능한, 쓸모없는

• 백수로 지내는 것도 이젠 지긋지긋하다. I am fed up with being unemployed.
* be fed up with ~에 질리다, ~가 지긋지긋하다

• 자신감을 잃어서 지금 당장은 다른 직장을 찾기가 힘들다. I lost my confidence, so it is hard for me to look for another job right now.

• 직업이 없어서 근근이 살아가고 있다. Since I have no job, I live from hand to mouth.

해고당하다

'해고당한다'는 말은 이미 제시되었듯이 여러 가지 표현이 있지만, 그중에 lay off는 정리해고되었거나 일시적으로 해고당했을 경우 사용합니다. 또한 해고통지서는 pink slip이라고 하는데, 이는 예전에 해고통지서를 분홍색 쪽지로 주었다는 데서 유래되었다고 합니다.

04 사업 BUSINESS

개인 사업

• 졸업 후 나는 나만의 사업을 시작할 계획이다.	After graduation, I am planning to start my own business.
• 나는 자영업을 하고 싶다.	I want to be self-employed. I want to work for myself.
• 나는 작은 가게를 운영하고 싶다.	I want to run a small store.
• 나는 가업을 이어받을 것이다.	I will be handling my family business.
• 아버지께서 내게 사업을 물려주실 것이다.	My father will hand his business down to me. * hand ~ down ~를 물려주다, 상속하다
• 우리 부모님은 사업에 있어 나를 상당히 신뢰하신다.	My parents trust me considerably in business.
• 아버지의 식당을 인계받았다.	I took over my father's restaurant.
• 가업을 이어받기보다는 내 자신의 사업을 시작하고 싶다.	I want to start my own business rather than run my family's business.
• 나는 자동차에 관심이 많아서 정비소를 열고 싶다.	I want to open a garage because I am interested in cars.
• 사업을 잘 운영하기 위해서는 관리를 잘해야 한다.	In order for the business to run well, we need to have good management.

사업 준비

• 사업에 착수하려면 자금이 필요하다.	I need funds to set up the business.
• 그 사업을 시작하려면 꽤 많은 돈이 필요하다.	It takes a sizable amount of money to start a business. * sizable 꽤 큰, 꽤 많은
• 그는 가지고 있는 돈을 모두 사업에 투자했다.	He invested all the money he had in his business. * invest 맡기다, 투자하다
• 은행으로부터 약간의 돈을 대출받아야 했다.	I had to borrow some money from the bank.
• 사무실을 임대했다.	I leased an office.
• 사업 중심가에 있는 사무실을 찾을 수 있었다.	I was able to find an office in a business center.

• 나는 지역 신문에 사업을 시작한다는 공고를 냈다.	I announced in a local newspaper that I started my business.
• 사업을 곧 시작한다는 광고를 냈다.	I advertised that my business would open soon.
• 내 사업은 컴퓨터를 취급한다.	My business deals with computers. ⋆ deal with ~를 다루다, 취급하다
• 그 사업을 시작하기 전에 그 분야에 대한 공부를 했다.	Before setting up the business, I studied about the field.
• 그 사업을 위한 사전 조사가 필요했다.	I needed a feasibility study for my business. ⋆ feasibility study 타당성 조사, 예비 조사
• 그 조사에는 기술, 경제, 재정 등에 관한 조사가 포함되었다.	The study contained technical, economic, financial and other research.
• 그 가게를 열기 전에, 근처에 경쟁상대가 몇이나 되는지 알아야 했다.	Before opening the store, I had to know how many competitors I had nearby.
• 얼마나 많은 사람들이 그 서비스를 필요로 하는지 미리 조사했다.	I investigated beforehand how many people needed the service. ⋆ investigate 조사하다, 연구하다, 점검하다 | beforehand 미리, 사전에
• 물건을 시장에 내놓기 전에 몇 가지 사전 작업을 했다.	I did some preliminary work before I put the item on the market.

사업 시작

• 직원을 몇 명 고용했다.	I hired some clerks.
• 모두에게 친절하라고 직원들을 교육시켰다.	I taught the clerks to be kind to everyone.
• 직원들이 열심히 일하지 않으면 즉시 해고할 것이다.	If the clerks don't work hard, I will fire them at once.
• 개업식에 친구들과 지인들을 초대했다.	I invited my friends and other acquaintances to the opening ceremony.
• 가게 앞에 개업 광고 현수막을 걸었다.	I hung a banner to advertise the opening on the front of my store.
• 많은 사람들이 개업을 축하하러 와 주었다.	Many people came to celebrate the opening.
• 첫 거래는 성공적이었다.	The first transactions were successful.
• 이번 달은 흑자이다.	I am in the black this month.
• 매출을 올렸다.	I increased the sales.
• 사업이 잘 돼서 확장했다.	I developed my business because it went well.
• 사업이 계속 번창하고 있다.	The business keeps flourishing. ⋆ flourish 번영하다, 번성하다, 번창하다

- 내가 예상했던 것보다 훨씬 많은 돈을 벌 수 있었다. I was able to make much more money than I had expected.
- 직원들을 관리하는 일이 사업에서 가장 어려운 일 중 하나다. One of the hardest things in running a business is managing employees.
- 매달 말에 직원들에게 급여를 준다. At the end of each month, I pay them. At the end of every month, I give them their salaries.
- 내 성공에 대해 겸손해야겠다. I'll be modest about my success.

불경기

- 지난 번 거래의 결과가 만족스럽지 않았다. The outcome of the last transaction was not satisfactory.
- 요즘은 경기가 매우 좋지 않다. Business is very slow lately.
- 우리 가게는 불경기의 영향이 크다. My store is greatly affected by the recession.
  * recession 불경기, 후퇴
- 경기 불황으로 고전하고 있다. My business is suffering from the recession.
- 이 불경기가 빨리 끝나기를 바란다. I hope this recession will be over soon.
- 경기 회복을 위해 무슨 조치를 취해야겠다. I need to take some measures for the business to recover.
- 경기가 곧 회복되기를 바란다. I want business to rally soon.
  * rally 다시 모으다, 회복하다
- 경기가 다시 좋아지고 있다. Business is improving again.
- 회사가 오래 못 갈 것 같다. The company won't be in business for long.
- 회사가 파산 직전이다. The company is on the verge of bankruptcy.
  * on the verge of ~하기 직전에 | bankruptcy 파산, 도산
- 회사가 파산했다. The company has gone bankrupt.
- 회사가 폐업했다. The company was out of business.
- 급기야는 회사가 문을 닫고 말았다. Eventually the company closed.
  * eventually 드디어, 결국에는, 급기야는

DIARY 21

Mastering English

Wednesday, July 6. Rainy

Most in Korea study English and try to master it. Of course, I think that to master English can be a great help because it is an essential language when we try to understand the people from other countries. I think English is necessary for our survival in the world. We have to know English to get new information from the world through the Internet. English seems to be required everywhere in modern society. That's why even Korean society demands that we should be proficient in English.

I have been studying English for many years, but English is really hard for me. Sometimes I am upset because of English. I feel frustrated when I can't express myself well in English. I wish I could speak English fluently. Aren't there magic ways to become proficient in English in a short time? Learning English takes time. From now on, I am going to study English continuously step by step.

영어를 잘하려면?

7월 6일 수요일 비

한국인 대부분이 영어를 공부하고 영어에 통달하려고 노력한다. 물론 우리가 다른 나라 사람들을 이해하려고 할 때 영어가 필수적인 언어이기 때문에 영어를 자유자재로 구사하면 도움이 될 것이다. 영어는 이 세계에서 살아남기 위해 필수적인 것이라고 생각한다. 인터넷을 통해 세계의 새로운 정보를 얻기 위해서는 영어를 알아야만 한다. 영어는 현대 사회의 어느 곳에서나 필요한 것 같다. 그런 이유로 한국 사회에서도 우리가 영어에 능통하기를 요구하고 있다.

나는 수년 동안 영어를 공부해 왔지만 영어는 나에게 정말 어렵다. 가끔은 영어 때문에 화가 나기도 한다. 내가 하고 싶은 말을 영어로 표현하지 못할 때는 좌절감마저 느낀다. 정말 영어를 유창하게 말하고 싶다. 단기간에 영어에 통달하는 마술 같은 방법은 없을까? 영어를 배우는 것은 하루아침에 이루어지는 것이 아니다. 지금부터라도 조금씩 꾸준히 영어를 공부해야겠다.

NOTES

master ~에 정통하다, 숙달되다 | **essential** 필수적인, 본질적인, 가장 중요한 | **survival** 살아남기, 생존 | **be required** 요구되다 | **fluently** 거침없이, 유창하게 | **proficient** 능숙한, 숙달된 | **take time** 시간이 걸리다 | **step by step** 한 걸음씩, 단계적으로

Every man I meet is my superior in some way.

In that, I learn of him.

내가 만나는 사람은 누구나 어떤 면에서 나보다 더 낫다.
그런 점에서 나는 그에게서 배운다.

_Emerson 에머슨

DIARY